■2025年度中学受験用

明治大学付属明治中学校

5年間(＋3年間HP掲載)スーパー過去問

●収録内容一覧

入試問題と解説・解答の収録内容

2024年度　１回	算数・社会・理科・国語	実物解答用紙DL
2024年度　２回	算数・社会・理科・国語	実物解答用紙DL
2023年度　１回	算数・社会・理科・国語	実物解答用紙DL
2023年度　２回	算数・社会・理科・国語	実物解答用紙DL
2022年度　１回	算数・社会・理科・国語	実物解答用紙DL
2022年度　２回	算数・社会・理科・国語	実物解答用紙DL
2021年度　１回	算数・社会・理科・国語	
2021年度　２回	算数・社会・理科・国語	
2020年度　１回	算数・社会・理科・国語	
2020年度　２回	算数・社会・理科・国語	
2019～2017年度(HP掲載) 「カコ過去問」 （ユーザー名）koe （パスワード）w8ga5a1o	問題・解答用紙・解説解答DL ◇著作権の都合により国語と一部の問題を削除しております。 ◇一部解答のみ（解説なし）となります。 ◇９月下旬までに全校アップロード予定です。 ◇掲載期限以降は予告なく削除される場合があります。	

～本書ご利用上の注意～　以下の点について，あらかじめご了承ください。

★別冊解答用紙は巻末にございます。実物解答用紙は，弊社サイトの各校商品情報ページより，一部または全部をダウンロードできます。
★編集の都合上，学校実施のすべての試験を掲載していない場合がございます。
★当問題集のバックナンバーは，弊社には在庫がございません（ネット書店などに一部在庫あり）。

合格を勝ち取るための

『スーパー過去問』の使い方

本書に掲載されている過去問をご覧になって，「難しそう」と感じたかもしれません。でも，多くの受験生が同じように感じているはずです。なぜなら，中学入試で出題される問題は，小学校で習う内容よりも高度なものが多く，たくさんの知識や解き方のコツを身につけることも必要だからです。ですから，初めて本書に取り組むさいには，点数を気にしすぎないようにしましょう。本番でしっかり点数を取れることが大事なのです。

過去問で重要なのは「まちがえること」です。自分の弱点を知るために，過去問に取り組むのです。当然，まちがえた問題をそのままにしておいては意味がありません。

本書には，長年にわたって中学入試にたずさわっているスタッフによるていねいな解説がついています。まちがえた問題はしっかりと解説を読み，できるようになるまで何度も解き直しをしてください。理解できていないと感じた分野については，参考書や資料集などを活用し，改めて整理しておきましょう。

このページも参考にしてみましょう！

◆どの年度から解こうかな　「入試問題と解説・解答の収録内容一覧」

本書のはじめには収録内容が掲載されていますので，収録年度や収録されている入試回などを確認できます。

※著作権上の都合によって掲載できない問題が収録されている場合は，最新年度の問題の前に，ピンク色の紙を差しこんでご案内しています。

◆学校の情報を知ろう!!「学校紹介ページ」

このページのあとに，各学校の基本情報などを掲載しています。問題を解くのに疲れたら息ぬきに読んで，志望校合格への気持ちを新たにし，再び過去問に挑戦してみるのもよいでしょう。なお，最新の情報につきましては，学校のホームページなどでご確認ください。

◆入試に向けてどんな対策をしよう？「出題傾向＆対策」

「学校紹介ページ」に続いて，「出題傾向＆対策」ページがあります。過去にどのような分野の問題が出題され，どのように対策すればよいかをアドバイスしていますので，参考にしてください。

◇別冊「入試問題解答用紙編」

本書の巻末には，ぬき取って使える別冊の解答用紙が収録してあります。解答用紙が非公表の場合などを除き，（注）が記載されたページの指定倍率にしたがって拡大コピーをとれば，実際の入試問題とほぼ同じ解答欄の大きさで，何度でも過去問に取り組むことができます。このように，入試本番に近い条件で練習できるのも，本書の強みです。また，データが公表されている学校は別冊の１ページ目に過去の「入試結果表」を掲載しています。合格に必要な得点の目安として活用してください。

本書がみなさんの志望校合格の助けとなることを，心より願っています。

株式会社　声の教育社　編集部

明治大学付属明治中学校

所在地	〒182-0033 東京都調布市富士見町4-23-25
電　話	042-444-9100(代)
ホームページ	https://www.meiji.ac.jp/ko_chu/
交通案内	京王線「調布駅」よりスクールバス20分(7:30～8:15は「飛田給駅」発) JR中央線「三鷹駅」，JR南武線「矢野口駅」よりスクールバス25分

くわしい情報は
ホームページへ

トピックス

★2022年度入試より，従来の郵送方式からWeb出願方式に変更となりました。
★入学金以外は併願校の合格発表翌日(最長で2/13)まで延納可能(参考：昨年度)。

創立年
明治45年

男女共学

高校募集
あり

応募状況

年度	募集数			応募数	受験数	合格数	倍率
2024	①	約45名	男	326名	280名	114名	2.5倍
		約45名	女	315名	278名	76名	3.7倍
	②	約30名	男	297名	170名	44名	3.9倍
		約30名	女	315名	176名	45名	3.9倍
2023	①	約45名	男	283名	252名	119名	2.1倍
		約45名	女	290名	256名	84名	3.0倍
	②	約30名	男	269名	142名	40名	3.6倍
		約30名	女	282名	169名	46名	3.7倍
2022	①	約45名	男	289名	247名	121名	2.0倍
		約45名	女	298名	267名	79名	3.4倍
	②	約30名	男	319名	168名	43名	3.9倍
		約30名	女	306名	188名	47名	4.0倍

本校の特色

本校では週６日制で十分な授業時間を確保しながら，これに加えて各学年週１回ずつ，英語と数学の補習講座を７時間目に設定しています。また，教科によっては多少の「先取り」学習もありますが，友達との連帯感や先生への信頼感が学びの効果を高めるとの考えから，時には授業をストップしてでも人としてどうあるべきかを語りかける，そういう温かさも大切にしています。

明治大学への推薦制度

明治高等学校は，大学の中で「学生の核となる人材」に成長するような優れた資質の生徒を明治大学に入学させることを期待されています。生徒は，高校３年間の学習成績(英検２級，TOEIC450点以上も条件です)と人物・適性・志望理由にもとづいて推薦され，毎年９割近い生徒が明治大学へ進学しています。国公立大学(指定大学校をふくみます)の場合，明治大学の推薦資格を保持したまま併願受験できます。私立大学の場合，併願する明治大学の学部・学科ごとに条件が異なりますが，一部併願可能です。

説明会等日程（※予定）

【５・６年生対象オープンキャンパス】〔要予約〕
６月22日　９:00～12:30
【学校説明会】〔要予約〕
９月５日　10:30～11:50
10月５日　10:00～11:50／14:00～15:50
11月９日　10:30～11:50／14:00～15:20
【紫紺祭(文化祭)】
９月21日　10:00～16:00
９月22日　９:30～15:30
【体育祭】
10月24日　９:15～15:30
【６年生対象入試対策説明会】〔要予約〕
11月30日　10:00～11:50／14:00～15:50
※詳細は学校ホームページでご確認ください。

編集部注―本書の内容は2024年4月現在のものであり，変更されている場合があります。正確な情報は，学校のホームページ等で必ずご確認ください。

算数　出題傾向＆対策

◆基本データ（2024年度１回）

試験時間／満点	50分／100点
問題構成	・大問数…５題 計算・応用小問１題（５問） ／応用問題４題 ・小問数…15問
解答形式	解答らんには単位が印刷されている。応用問題では，すべての設問で式や考え方を書く必要がある。
実際の問題用紙	Ｂ５サイズ，小冊子形式
実際の解答用紙	Ｂ４サイズ

◆過去５年間の出題率トップ５

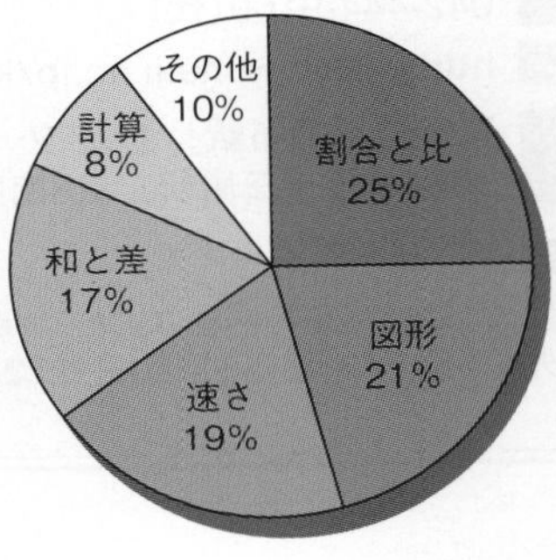

※　配点（推定ふくむ）をもとに算出

◆近年の出題内容

【　2024年度１回　】		【　2023年度１回　】	
大問 1	逆算，旅人算，濃度，比の性質，相似，表面積	大問 1	逆算，つるかめ算，通過算，速さと比，比の性質，濃度，辺の比と面積の比
2	数列	2	流水算
3	比の性質，差集め算	3	売買損益，つるかめ算
4	売買損益，割合と比，和差算	4	ニュートン算
5	ニュートン算	5	立体図形－表面積，展開図

◆出題傾向と内容

内容的には，**四則計算と比較的単純な応用小問が最初にまとめて１題出されるほかは，応用問題が中心**です。

計算問題では，逆算のややこみ入ったものがメインとなっています。

図形問題では，展開図や図形の移動，立体の切断，切り取りにからむ求積問題が見られます。面積，体積の出題がきわ立って多いのが特ちょうです。数の性質では，約数・倍数，あるいはこれを利用した数列，規則性などが重点的に出題されています。約束記号を使った問題はあまり見られませんが，今後取り入れられる可能性があります。

特殊算では，旅人算，つるかめ算，過不足算・差集め算などの出題率が高いですが，応用小問を中心に，さまざまな問題が出されています。例年２～３問は見られます。

比からは，応用小問で基本的な問題が出されることもありますが，ほとんどはほかの単元と組み合わせて相似比や面積比を求めさせるものです。

◆対策～合格点を取るには？～

まず，計算力は算数の基礎力養成の最低条件ですから，反復練習することが大切です。

図形は，面積や体積ばかりでなく，長さ，角度，展開図，縮尺，相似比と面積比，体積比などの考え方や解き方をはば広く身につけ，割合や比を使ってすばやく解けるようになること。

数量分野では，数の性質，規則性，場合の数などをマスターしましょう。教科書にある重要事項を自分なりに整理し，類題を数多くこなして，基本的なパターンを身につけてください。

また，特殊算からの出題は少なめですが，参考書などにある「○○算」というものの基本を学習し，問題演習を通じて公式をスムーズに活用できるようになりましょう。

なお，算数では答えを導くまでの考え方や式がもっとも大切ですから，**ふだんからノートに自分の考え方，線分図，式をしっかりとかく習慣をつけておきましょう。**

算数 出題分野分析表

分野 \ 年度		2024		2023		2022		2021		2020	
		1回	2回	1回	2回	1回	2回	1回	2回	1回	2回
計算	四則計算・逆算	○	○	○	○	○	○	○	○	○	○
	計算のくふう										
	単位の計算										
和と差	和差算・分配算	○	◎								
	消去算								○		
	つるかめ算		○	◎			○	○	○		○
	平均とのべ					○					
	過不足算・差集め算	○	○		○	○	○		○		
	集まり		○								
	年齢算		○								
割合と比	割合と比	○									
	正比例と反比例										
	還元算・相当算		○					○			○
	比の性質	◎		○						○	
	倍数算							○			
	売買損益	○		○					○		
	濃度	○	○	○			○	○	○		○
	仕事算		○			○				○	
	ニュートン算	○	○	○	○	○	○	○		○	
速さ	速さ				○						
	旅人算	○			○		○		◎	◎	
	通過算			○							
	流水算		○	○		○			○		○
	時計算										
	速さと比		○	○	○	◎		○	○	○	○
図形	角度・面積・長さ		○		○	○			○		◎
	辺の比と面積の比・相似	○		○	○	○	◎	○		◎	○
	体積・表面積	○		○					◎	○	
	水の深さと体積										
	展開図			○							
	構成・分割						○			○	
	図形・点の移動								○		○
表とグラフ									○		
数の性質	約数と倍数										
	N進数										
	約束記号・文字式										
	整数・小数・分数の性質		○					○			○
規則性	植木算							○			
	周期算				○					○	
	数列	○					○				○
	方陣算										
	図形と規則						○				
場合の数											
調べ・推理・条件の整理											○
その他											

※ ○印はその分野の問題が１題，◎印は２題，●印は３題以上出題されたことをしめします。

社会 出題傾向＆対策

◆基本データ（2024年度１回）

試験時間／満点	40分／75点
問　題　構　成	・大問数…３題 ・小問数…29問
解　答　形　式	記号の選択，用語の記入，記述問題など，バラエティーに富んだ構成となっている。記述問題に字数指定はなく，あたえられたわく内で書くものとなっている。
実際の問題用紙	Ｂ５サイズ，小冊子形式
実際の解答用紙	Ｂ４サイズ

◆過去５年間の分野別出題率

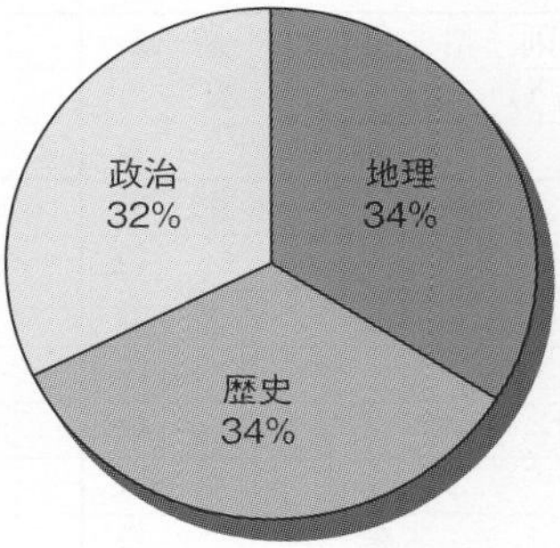

※　配点（推定ふくむ）をもとに算出

◆近年の出題内容

【　2024年度１回　】			【　2023年度１回　】		
大問	Ⅰ	〔**地理**〕日本各地の地形・産業と地形図の読み取り	大問	Ⅰ	〔**地理**〕日本各地の地形・産業と資料の読み取り
	Ⅱ	〔**歴史**〕各時代の歴史的なことがら		Ⅱ	〔**歴史**〕歴史研究を題材とした問題
	Ⅲ	〔**政治**〕地方自治を題材とした問題		Ⅲ	〔**政治**〕情報通信を題材とした問題

◆出題傾向と内容

本校の社会は，**地理，歴史，政治の三分野からほぼ均等に出題**され，しかも，**時事的なことがらに関する知識・理解も見る**というものになっています。

地理では，地図や資料が多用されており，それらを読み取って設問に答えるものが少なくありません。特に地形図がよく顔を見せていて，設問も，地図の読み取り（地図記号など）はもちろんのこと，地形的特色とそれに関連することがら（天災，産業，土地利用など）にまで広がっています。

歴史では，古代から近代・現代まで，しかも政治，経済，文化，世界とのかかわりなど，あらゆる時代・ジャンルが出題の対象となっています。そのほとんどは基礎知識がありさえすれば答えることができますが，なかには細部を問うものも見られるため，高得点をめざすには相当な努力が必要です。

現代の政治に関する設問では，日本国憲法とその定めるところの政治のしくみが中心で，内容は，日本国憲法前文，三権分立（立法・司法・行政），日本国憲法の三原則，国会のしくみなどが取り上げられています。そして時事的分野では，現在の日本の経済・財政・社会の状況，人権問題，エネルギー問題，日本と外国との関係などが問われます。

◆対策～合格点を取るには？～

まず基礎を固めることを心がけてください。教科書のほか，説明がていねいでやさしい標準的な参考書を選び，基本事項をしっかりと身につけましょう。

地理では，日本の産業を自然的条件や世界とのむすびつきと合わせておさえておく必要があります。産業分布図，雨温図，貿易についての表やグラフはよく見ておきましょう。

歴史では，日本の歴史上のふし目となったできごとは年号や時代名，関連する人名などを，制度や改革についてはそれらが生まれた原因などをおさえておく必要があります。

政治では，日本国憲法，三権分立，国際連合などを中心にまとめておきましょう。時事問題もよく取り上げられているので，新聞やテレビのニュースなどには日頃から関心を持っておくことが大切です。

社会 出題分野分析表

分野 ＼ 年度			2024		2023		2022		2021		2020	
			1回	2回	1回	2回	1回	2回	1回	2回	1回	2回
日本の地理	地図の見方		○	○		○	○	○	○		○	○
	国土・自然・気候		○	○	○	○	○		○	○	○	○
	資源				○		○	○				
	農林水産業		○		○	○	○		○	○	○	○
	工業		○	○		○	○	○	○	○	○	
	交通・通信・貿易			○					○	○	○	
	人口・生活・文化		○	○	○			○				
	各地方の特色							○			○	
	地理総合		★	★	★	★	★	★	★	★	★	★
世界の地理												
日本の歴史	時代	原始～古代	○	○	○	○	○	○	○	○	○	○
		中世～近世	○	○	○	○	○	○	○	○	○	○
		近代～現代	○	○	○	○	○	○	○	○	○	○
	テーマ	政治・法律史										
		産業・経済史										
		文化・宗教史										
		外交・戦争史										
		歴史総合	★	★	★	★	★	★	★	★	★	★
世界の歴史												
政治	憲法		○	○	○	○		○	○			
	国会・内閣・裁判所		○	○	○	○	○	○	○		○	○
	地方自治		○									
	経済		○	○		○			○	○	○	○
	生活と福祉				○		○					
	国際関係・国際政治			○		○	○	○	○	○	○	○
	政治総合		★	★	★	★	★	★	★	★	★	★
環境問題				○								○
時事問題			○	○	○	○	○				○	○
世界遺産											○	○
複数分野総合				★								

※　原始～古代…平安時代以前，中世～近世…鎌倉時代～江戸時代，近代～現代…明治時代以降

※　★印は大問の中心となる分野をしめします。

理科　出題傾向＆対策

◆基本データ（2024年度１回）

試験時間／満点	40分／75点
問題構成	・大問数…７題 ・小問数…35問
解答形式	記号選択と適語・数値の記入が中心となっており，作図問題などは見られない。記号選択は，あてはまるものを複数選択するものも出題されている。
実際の問題用紙	Ｂ５サイズ，小冊子形式
実際の解答用紙	Ｂ４サイズ

◆過去５年間の分野別出題率

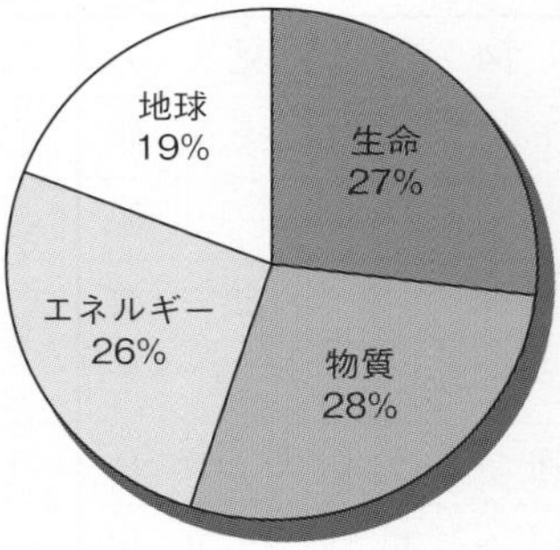

※　配点（推定ふくむ）をもとに算出

◆近年の出題内容

【　2024年度１回　】			【　2023年度１回　】		
大問	Ⅰ	〔**地球**〕火山と岩石	大問	Ⅰ	〔**物質**〕アンモニアの性質
	Ⅱ	〔**物質**〕水溶液の性質		Ⅱ	〔**物質**〕銅の燃焼
	Ⅲ	〔**物質**〕水溶液と金属の反応		Ⅲ	〔**生命**〕食物連鎖
	Ⅳ	〔**生命**〕インゲンマメの発芽と成長		Ⅳ	〔**生命**〕遺伝，エンドウマメ
	Ⅴ	〔**生命**〕じん臓のはたらき		Ⅴ	〔**地球**〕透明半球上の太陽の動き
	Ⅵ	〔**エネルギー**〕浮力と力のつり合い		Ⅵ	〔**エネルギー**〕電気回路
	Ⅶ	〔**エネルギー**〕電熱線の発熱		Ⅶ	〔**エネルギー**〕台車の運動

◆出題傾向と内容

問題量や計算量が多いので，試験時間内にこなすのはかなり骨がおれそうです。

分野別では，「生命」「物質」「エネルギー」「地球」の各分野からまんべんなく出されています。全体的な比率では，「物質」と「エネルギー」，「生命」からの出題がやや多く，この分野が重視されているのがわかります。「生命」では，動物や植物の特ちょうによる分類，植物の成長など，「物質」では，熱，気体や水溶液の性質と識別など，「エネルギー」では，回路と豆電球の明るさ，てこ・滑車・ばねなどの力のつり合い，密度など，「地球」では，星座・太陽・月などの動き，岩石と地層などがそれぞれの出題の対象です。このうち，比かく的出題率が高いのは，力のつり合い，植物のしくみと成長，気体や水溶液の性質の３つです。

また，実験や観察の結果をもとにした問題が大半をしめています。単なる知識だけを身につけるのではなく，学校の授業を大切にし，筋道立てて論理的に考える力が要求されているといえるでしょう。

◆対策～合格点を取るには？～

各分野からまんべんなく出題されていますから，**基礎的な知識をはやいうちに身につけ，そのうえで問題集で演習をくり返しながら実力アップをめざしましょう。**

「生命」は，身につけなければならない基本知識の多い分野ですが，楽しみながら確実に学習する心がけが大切です。「物質」では，気体や水溶液，金属などを重点的に学習しましょう。「エネルギー」は，かん電池のつなぎ方や磁力の強さなども出題が予想される単元ですから，学習計画から外すことのないようにしましょう。「地球」では，太陽・月・地球の動き，季節と星座の動き，天気と気温・湿度の変化，地層のでき方などが重要なポイントとなっています。時事的な内容も出題されています。日ごろから科学ニュースなどにふれるようにしましょう。

理科 出題分野分析表

分野 ＼ 年度		2024 1回	2024 2回	2023 1回	2023 2回	2022 1回	2022 2回	2021 1回	2021 2回	2020 1回	2020 2回
生命	植物	★	★		★		★	★		★	★
	動物				★	★	★				★
	人体	★	○			★		★	★	★	
	生物と環境			★							
	季節と生物										
	生命総合		★	★							
物質	物質のすがた				★						
	気体の性質			★	★	★			★		
	水溶液の性質	★	★			★	★	★	★		
	ものの溶け方				★						★
	金属の性質	★		○						★	
	ものの燃え方			★							
	物質総合		★				★			★	★
エネルギー	てこ・滑車・輪軸		★		★		★				
	ばねののび方	○	★			★			★		○
	ふりこ・物体の運動			★				★			★
	浮力と密度・圧力	★								★	
	光の進み方							★			
	ものの温まり方				○						★
	音の伝わり方										
	電気回路	★		★		★	★		★	★	
	磁石・電磁石										
	エネルギー総合										
地球	地球・月・太陽系		★	★							○
	星と星座					★					★
	風・雲と天候				★		★	★			
	気温・地温・湿度										
	流水のはたらき・地層と岩石								★	★	
	火山・地震	★									
	地球総合										
実験器具					○			★		○	
観察											
環境問題									★		
時事問題		○				○		○			
複数分野総合											

※　★印は大問の中心となる分野をしめします。

国語　出題傾向＆対策

◆基本データ（2024年度１回）

試験時間／満点	50分／100点
問題構成	・大問数…２題 文章読解題１題／知識問題１題 ・小問数…24問
解答形式	記号選択，適語の記入，記述問題などの混合。記述問題は，字数制限のあるものとないものがある。
実際の問題用紙	Ｂ５サイズ，小冊子形式
実際の解答用紙	Ｂ４サイズ

◆過去５年間の分野別出題率

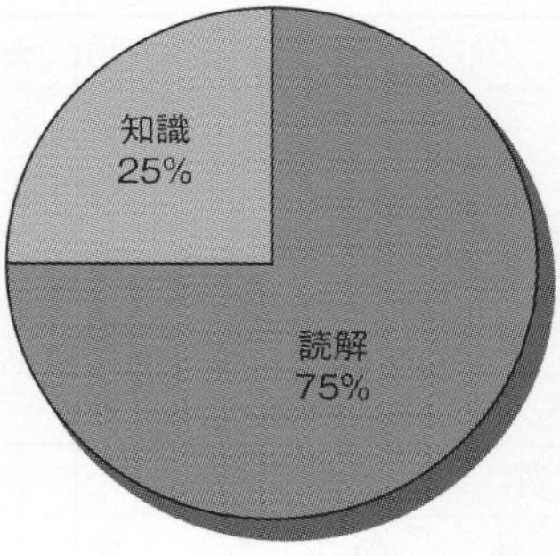

※　配点（推定ふくむ）をもとに算出

◆近年の出題内容

【　2024年度１回　】			【　2023年度１回　】		
大問	一	〔説明文〕沢田允茂『考え方の論理』（約9,800字）	大問	一	〔説明文〕岡本裕一朗『十二歳からの現代思想』（約10,000字）
	二	〔知識〕漢字の書き取り		二	〔知識〕ことわざ・慣用句の知識
				三	〔知識〕漢字の書き取り

◆出題傾向と内容

長文の題材となる文章は論理的文章がメインで，物語や韻文はほとんど出題されません。試験時間は，問題量からすればちょうどよいでしょう。

設問は，読解に関するものが大部分をしめています。論理的文章が中心ですから，書かれてある内容を順序だてて整理し，理解する能力が問われます。段落分け，指示語の理解，要旨のはあくなどが確実にできるかどうかが，勝負の分かれ目となってくるでしょう。接続語の選択もよく出されますが，基本的な問題がほとんどです。また，「どういうことか」や「なぜか」といった設問も多いので，文脈をおさえつつ，理由や根拠などの細部を正しく読み取ることも必要です。さらに，記述問題が多く出されていますので，文章表現力も要求されているといえます。

漢字の書き取りは，レベルがやや高めです。ことばの知識問題では，慣用句，ことわざ，四字熟語をはじめ，熟語の組み立てなどが出されています。

◆対策～合格点を取るには？～

本校の国語は，読解力と表現力をみる問題がバランスよく出題されていますから，**まず読解力をつけ，そのうえで表現力を養う**ことをおすすめします。

読解力をつけるためには読書が必要ですが，長い作品よりも短編のほうが主題が読み取りやすいので，特に国語の苦手な人は短編から入るとよいでしょう。

次に表現力ですが，これには内容をまとめるものと自分の考えをのべるものとがあります。内容をまとめるものは，数多く練習することによって，まとめ方やポイントのおさえ方のコツがわかってきます。自分の考えをのべるものは，答えに必要なポイントをいくつか書き出し，それらをつなげるような練習を心がけましょう。

次に，知識に関しては，参考書を１冊仕上げるとよいでしょう。ことわざ・慣用句は体の一部を用いたもの，動物の名前を用いたものなどに分類して覚えましょう。ことばのきまりは，ことばのかかりうけ，品詞の識別などの学習を進めます。また，漢字や熟語については，読み書きはもちろん，同音（訓）異義語，その意味についても辞書で調べておくようにするとよいでしょう。

国語　出題分野分析表

分野＼年度			2024		2023		2022		2021		2020	
			1回	2回	1回	2回	1回	2回	1回	2回	1回	2回
読解	文章の種類	説明文・論説文	★	★	★	★	★	★	★	★	★	★
		小説・物語・伝記										
		随筆・紀行・日記										
		会話・戯曲										
		詩										
		短歌・俳句										
	内容の分類	主題・要旨	○	○	○	○	○	○	○	○	○	
		内容理解	○	○	○	○	○	○	○	○	○	○
		文脈・段落構成	○	○	○	○		○		○		
		指示語・接続語	○	○	○	○	○	○	○	○	○	○
		その他	○	○	○	○	○	○	○	○	○	○
知識	漢字	漢字の読み										
		漢字の書き取り	★	★	★	★	★	★	★	★	★	★
		部首・画数・筆順										
	語句	語句の意味										
		かなづかい										
		熟語		○			○	○			○	○
		慣用句・ことわざ	○	○	★	○		★	○			○
	文法	文の組み立て										
		品詞・用法										
		敬語										
	形式・技法											
	文学作品の知識						○					
	その他											
	知識総合											
表現	作文											
	短文記述											
	その他											
放送問題												

※　★印は大問の中心となる分野をしめします。

2024年度 明治大学付属明治中学校

【算　数】〈第１回試験〉（50分）〈満点：100点〉

注意　１．解答は答えだけでなく，式や考え方も解答用紙に書きなさい。（ただし，**1** は答えだけでよい。）

２．円周率《えんしゅうりつ》は3.14とします。

３．定規・分度器・コンパスは使用してはいけません。

1　次の□にあてはまる数を求めなさい。

(1)　$6\div2.4\div\frac{5}{6}-\left(\frac{2}{7}\div\frac{7}{11}+\square\right)\times3\frac{1}{2}=\frac{3}{7}$

(2)　毎時110kmの速さで，８分間かくで運行している上りの電車があります。その電車が走っている線路に沿った道路を，電車の反対方向に毎時50kmの速さで車が走ります。車と電車は［(ア)］分［(イ)］秒ごとに出会います。

(3)　容器Ａには６％の食塩水が300g，容器Ｂには12％の食塩水が500g入っています。両方の容器から同じ量の食塩水を同時に取り出し，それぞれもう一方の容器に入れたところ，Ａに入っている食塩水の濃《こ》さは10％になりました。Ｂに入っている食塩水の濃さは□％になります。

(4)　ある塾《じゅく》に通う５年生と６年生の人数の比は４：５で，４年生は５年生より24人少ないです。塾生全員にマスクを配るのに，１人に５枚ずつ配ると６枚余るので，今度は６年生に６枚，５年生に５枚，４年生に３枚ずつ配ると余りなく配ることができました。この塾に通う５年生は全部で□人です。

(5)　右の図のように，AB＝９cm，BC＝４cm，CD＝６cm，角Ｂと角Ｃが直角の台形ABCDがあります。この台形を辺BCを軸として１回転させてできる立体の表面積は□cm^2です。

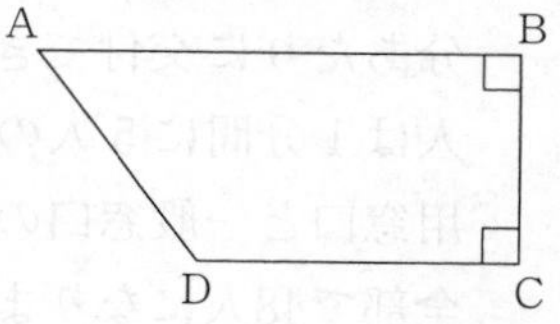

2　右のように，奇《き》数を１から順に１段目に１個，２段目に２個，３段目に３個，……と，左から小さい順に並べていきます。このとき，次の各問いに答えなさい。

（１段目）　　1
（２段目）　3　5
（３段目）　7　9　11
　　⋮　　　⋮

(1)　51は何段目の左から何番目の数ですか。

(2)　１段目から10段目までに並んだ数をすべてたすといくつですか。

(3)　ある段に並んだ数をすべてたすと729になりました。何段目に並んだ数をすべてたしましたか。

3　３種類のお菓《か》子Ａ，Ｂ，Ｃがあり，１個の値段はＡが100円，Ｂが150円，Ｃが180円です。これらのお菓子をそれぞれ何個か買うために，おつりなくお金を準備してお店に行きます。このとき，次の各問いに答えなさい。ただし，消費税は考えないものとします。

(1)　Ｂだけを何個か買うために準備したお金で，Ａにすべてかえて買ったところ，16個多く買え，おつりはありませんでした。準備したお金はいくらですか。

(2)　Ｂ，Ｃをそれぞれ何個か買うために，7440円を準備しましたが，まちがえてＢとＣの個数を逆にして買ったので，360円のおつりがありました。店に行く前に，Ｂは何個買う予定でしたか。

(3)　Ａ，Ｂ，Ｃをそれぞれ何個か買うために，9010円を準備しました。ＡとＢの個数を逆にして買うと8710円，ＡとＣの個数を逆にして買うと7890円になります。店に行く前に，Ａは何個買う予定でしたか。

4　Ｍマートでは，品物Ａを１個800円で仕入れて，１割の利益を見込《こ》んで定価をつけ，品物Ｂを１個いくらかで仕入れて，３割の利益を見込んで定価をつけます。ある日，ＡとＢの売れた個数の比は3：2で，得られた利益の半分はＡの利益でした。翌日はＡとＢを同じ金額だけ値下げして売ったところ，ＡとＢの売れた個数の比は1：1となり，ＡとＢをあわせると前日と同じ個数だけ売れて，得られた利益は前日の半分でした。２日間とも売れ残りがないとき，次の各問いに答えなさい。ただし，消費税は考えないものとします。

(1)　Ｂは１個いくらで仕入れましたか。

(2)　翌日は品物を何円値下げしましたか。

5　あるマイナンバーカード交付会場には，予約した人の専用窓口と予約なしの人の一般《ぱん》窓口があり，それぞれ一定の割合でカードを交付します。専用窓口と一般窓口では，１か所につき１分あたりに交付できる人数の比は5：3で，予約した人は１分間に13人の割合で，予約なしの人は１分間に５人の割合で来場します。ある日，交付待ちの人がいない状態の午前９時に，専用窓口と一般窓口のそれぞれ３か所で交付を開始したところ，午前９時８分に交付待ちの人が全部で48人になりました。このとき，次の各問いに答えなさい。

(1)　午前９時８分の一般窓口での交付待ちの人は何人ですか。

(2)　午前９時８分にすべての窓口を一度閉め，専用窓口を７か所に増やし，一般窓口は３か所のままで午前９時９分に交付を再開しました。再開後，交付待ちの人が２回目に25人になるのは午前何時何分ですか。

【社　会】〈第１回試験〉（40分）〈満点：75点〉

Ⅰ　日本の地理に関する，以下の問いに答えなさい。

1　あとの**(1)**〜**(6)**について，**A**〜**C**の文を読み，正誤の組み合わせとして正しいものを，次の〈選択肢群〉**ア**〜**ク**の中からそれぞれ１つ選び，記号で答えなさい。なお，〈選択肢群〉中の記号は何度も使うことができます。

〈選択肢群〉

ア	**A**―正	**B**―正	**C**―正	**イ**	**A**―正	**B**―正	**C**―誤
ウ	**A**―正	**B**―誤	**C**―正	**エ**	**A**―正	**B**―誤	**C**―誤
オ	**A**―誤	**B**―正	**C**―正	**カ**	**A**―誤	**B**―正	**C**―誤
キ	**A**―誤	**B**―誤	**C**―正	**ク**	**A**―誤	**B**―誤	**C**―誤

(1)　**A**　四国山地は険しい山が多く，最高地点は活火山である石鎚山の標高3776ｍである

B　北海道を縦断する北見山地と日高山脈は，かつて氷河におおわれていたことから北アルプスと呼ばれる

C　紀伊半島には紀ノ川以南に紀伊山地があり，南端の潮岬は太平洋に面している

(2)　**A**　信濃川，利根川，淀川の流域には，いずれも２つ以上の都道府県庁所在地がある

B　阿武隈川，天竜川，熊野川は，いずれも太平洋に流れ込んでいる

C　最上川，九頭竜川，四万十川は，いずれも日本海に流れ込んでいる

(3)　**A**　奈良盆地と甲府盆地には都道府県庁所在地があるが，松本盆地と北上盆地には都道府県庁所在地がない

B　積丹半島，丹後半島は日本海に面しているが，男鹿半島，牝鹿半島は日本海に面していない

C　仙台平野，富山平野には新幹線の停車駅があるが，讃岐平野，宮崎平野には新幹線の停車駅がない

(4)　**A**　松江市は，高知市と高松市に比べて，12〜２月の降水量が多く，12〜２月の平均気温が低い気候となる

B　高知市は，松江市と高松市に比べて，年間降水量が多く，年平均気温が高い気候となる

C　高松市は，松江市と高知市に比べて，年間降水量が少ない気候となる

(5)　**A**　日本の最東端にある南鳥島は東経153度59分に位置し，春分の日における日の出の時刻は兵庫県明石市と比べて約１時間遅くなる

B　日本の最西端にある与那国島は，行政区分上，東京都小笠原村にある

C　日本の最南端にある沖ノ鳥島には気象観測所と飛行場が設置され，関係省庁の職員が常駐する

(6)　**A**　台風などが通過する際に海面が上昇することを高潮といい，満潮と高潮が重なると大きな災害が発生しやすい

B　津波は，沿岸の地形の影響などにより一部の波が高くなったり，沿岸付近で急激に高くなったりすることがある

C　1891年以降，日本で観測されたマグニチュード８以上の大規模地震の震源は，南海トラフに沿って集中する

2　次の表は，1909年，1955年，2008年における日本の工業生産額について，上位の産業別に都道府県順位を示しています。表中**A**～**C**にあてはまる都道府県の組み合わせとして正しいものを，あとの**ア**～**カ**の中から1つ選び，記号で答えなさい。

産業別の生産額の都道府県順位(1909年)

	染織	飲食物	化学	機械器具
1位	**A**	兵庫	**A**	**C**
2位	長野	**A**	**C**	**A**
3位	**B**	**C**	兵庫	兵庫
4位	**C**	福岡	**B**	長崎
5位	京都	神奈川	神奈川	栃木

産業別の生産額の都道府県順位(1955年)

	食料・飲料	繊維・衣服	化学	鉄鋼
1位	**C**	**B**	**C**	兵庫
2位	兵庫	**A**	**A**	福岡
3位	神奈川	**C**	神奈川	**A**
4位	**A**	三重	山口	神奈川
5位	北海道	京都	福岡	**C**

産業別の生産額の都道府県順位(2008年)

	輸送機械	電気機械	一般機械	食料・飲料
1位	**B**	**B**	**B**	静岡
2位	静岡	静岡	神奈川	北海道
3位	神奈川	三重	兵庫	**B**
4位	三重	兵庫	**A**	兵庫
5位	広島	長野	茨城	神奈川

[経済産業省 2011「我が国の工業」より作成]

ア　**A**－東京　**B**－大阪　**C**－愛知　**イ**　**A**－東京　**B**－愛知　**C**－大阪
ウ　**A**－大阪　**B**－東京　**C**－愛知　**エ**　**A**－大阪　**B**－愛知　**C**－東京
オ　**A**－愛知　**B**－東京　**C**－大阪　**カ**　**A**－愛知　**B**－大阪　**C**－東京

3　次の図は，主な農産物の農業総出荷額の推移を示しています。図中**A**～**C**にあてはまる農産物の組み合わせとして正しいものを，あとの**ア**～**カ**の中から1つ選び，記号で答えなさい。

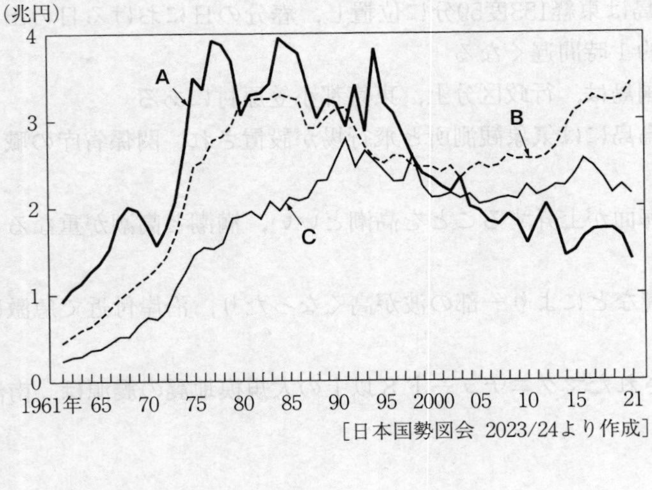

[日本国勢図会 2023/24より作成]

ア　**A**－コメ　**B**－畜産　**C**－野菜　**イ**　**A**－コメ　**B**－野菜　**C**－畜産
ウ　**A**－畜産　**B**－コメ　**C**－野菜　**エ**　**A**－畜産　**B**－野菜　**C**－コメ
オ　**A**－野菜　**B**－コメ　**C**－畜産　**カ**　**A**－野菜　**B**－畜産　**C**－コメ

4　次の図は，日本の人口について，年齢区分別人口の割合の推移を示しています。図中**A**～**D**にあてはまる年齢区分の組み合わせとして正しいものを，あとの**ア**～**カ**の中から１つ選び，記号で答えなさい。ただし，各年度における年齢区分別人口の割合**A**～**D**の合計は100％になりません。

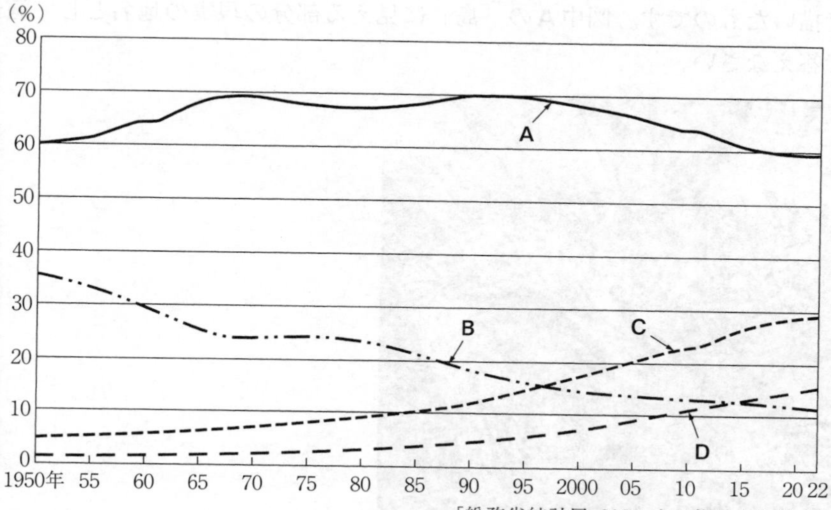

［総務省統計局 2022 人口推計より作成］

ア　**A**－15歳未満　**B**－75歳以上　**C**－15～64歳　**D**－65歳以上
イ　**A**－15歳未満　**B**－15～64歳　**C**－65歳以上　**D**－75歳以上
ウ　**A**－15～64歳　**B**－15歳未満　**C**－75歳以上　**D**－65歳以上
エ　**A**－15～64歳　**B**－15歳未満　**C**－65歳以上　**D**－75歳以上
オ　**A**－65歳以上　**B**－15～64歳　**C**－75歳以上　**D**－15歳未満
カ　**A**－65歳以上　**B**－75歳以上　**C**－15～64歳　**D**－15歳未満

5　右の図は，店舗種類別の販売額推移を示しています。また，次の**ア**～**エ**は，店舗種類別の販売額推移に関する状況について説明したものです。誤った説明をしているものを，**ア**～**エ**の中から１つ選び，記号で答えなさい。

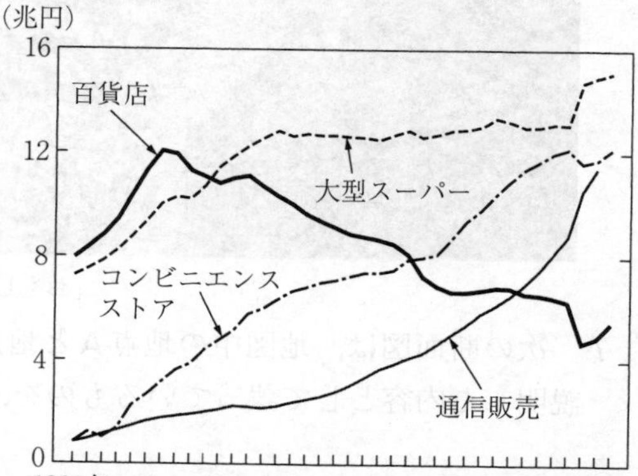

［日本国勢図会 2023/24より作成］

ア　消費動向の変化により大型スーパーが2000年頃まで，コンビニエンスストアが2010年代まで増加したのに対して，百貨店は1991年をピークに減少傾向にある

イ　2019年から2020年にかけて大型スーパーが一段と増加するのは，新型コロナウイルス感染症の拡大に伴う緊急事態宣言により，生活必需品を求めて人々が殺到したことと関係がある

ウ　1990年代以降，通信販売は増加するが，2019年から2020年にかけて販売額が一層増加するのは，新型コロナウイルス感染症の拡大に伴い積極的な外出行動が推奨されなかったことと関係がある

エ　コンビニエンスストアは，24時間営業やATMの設置など利便性を高めていたことで，新型コロナウイルス感染症の拡大に伴う状況によって2019年から2020年にかけての販売額は一層増加した

6　次の図は，日本付近をある縮尺で，東西と南北，さらに海抜高度のプラスとマイナスを現実とは逆のイメージで描《えが》いたものです。図中**A**の「島」に見える部分の現実の地名として適当なものを，漢字４字で答えなさい。

[おもしろ地図と測量より作成]

7　次の断面図は，地図中の地点**A**と地点**A′**の断面を表したものです。断面図と地図について説明した内容として誤っているものを，あとの**ア**～**エ**の中から１つ選び，記号で答えなさい。

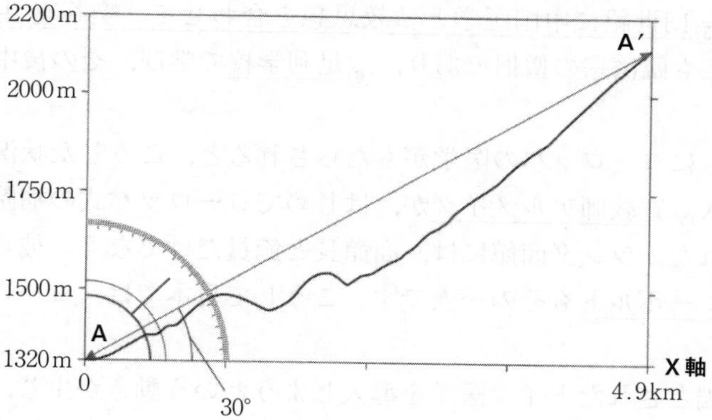

断面図

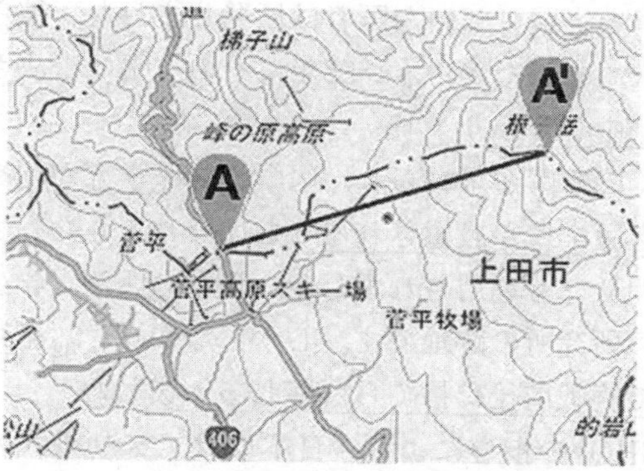

地図

［Web 地形断面図メーカーより作成］

ア　地図上の地点**A**と地点**A′**の標高差(垂直距離)は約800mである

イ　地図上の地点**A**と地点**A′**の距離(水平距離)は約4900mである

ウ　断面図の線分**A**－**A′**で示される距離(斜距離)は，地図上の地点**A**と地点**A′**の距離(水平距離)より長くなる

エ　断面図のなかで，線分**A**－**A′**と**X軸**がなす角度30度は，実際の地点**A**から地点**A′**を見上げた角度と等しい

Ⅱ　次の文章を読み，以下の問いに答えなさい。なお資料や図は，わかりやすく編集しています。

日本の医学・医療は，古代から他国の影響を受けながら，現代まで変化してきました。①古代の指導者は，まじないや儀式を通してクニを治めました。このまじないには，病気を治すものもあると考えられました。また，ヤマト政権にはまじないと医療を担当する専門の役人もいました。彼らは②渡来人により朝鮮からもたらされた知識を活用したと考えられます。『日本書紀』には，允恭《いんぎょう》天皇が朝鮮から医者を呼んだとあります。

遣隋使や遣唐使が派遣されるようになると，中国医学が日本にもたらされました。例えば，恵日《えにち》は遣隋使と遣唐使として，中国に渡って医学の知識を得た人物です。また，仏教が栄えると，治癒《ちゆ》のために僧侶の祈禱《きとう》が重視されるようになりました。奈良時代に③光明皇后が設置した施薬院《せやくいん》は，貧しい人びとに薬と仏の教えを与えるための施設で，医療と仏教の結びつきがよく表れています。

こうした結びつきは，④平安時代を経て鎌倉時代へと受け継がれていきます。例えば，臨済宗を日本に伝えた栄西は，⑤13世紀に中国医学と仏教思想を合わせて『喫茶《きっさ》養生記《ようじょうき》』を著しました。16世紀の曲直瀬《まなせ》道三《どうさん》も臨済宗の僧侶であり，⑥足利学校で学び，その後中国医学を学んで医療に従事しました。

しかし，キリスト教とともにヨーロッパの医学がもたらされると，こうした状況が変化します。16世紀にはポルトガル人⑦宣教師アルメイダが，はじめてヨーロッパ式の病院を開きました。17世紀に出島に設置されたオランダ商館には，商館長と館員だけでなく，彼らを診察する医者もいました。例えば⑧シーボルトもその一人です。こうして日本では，ヨーロッパ医学が徐々に広まっていきました。

明治時代には当時，最先端とされたドイツ医学を導入しようという動きが生じ，ドイツへ留学生も派遣されました。また，医師免許の試験も整備されます。しかし，ヨーロッパ医学を中心とした試験に対して，中国医学を実践していた医者は反発しました。彼らは，帝国議会に医師免許の取得についての改正を求めましたが，⑨1895年にその主張は否決されました。これ以降，⑩日本ではヨーロッパ医学が中心となります。

第二次世界大戦に際しては多くの軍医が求められ，医学校・医学部が増やされました。また，⑪日本の統治下にあった地域にも医学校が設置されることになりました。さらに，医学的な知識は，毒ガスや細菌《さいきん》兵器などの開発にも利用されました。現在の明治大学生田キャンパスは，そうした兵器開発がなされた登戸研究所の跡地です。しかしながら，⑫登戸研究所で作成された資料の多くは，日本軍の命令で終戦前後に捨てられてしまいました。

終戦後に連合国軍総司令部(GHQ)の指導により，日本にはアメリカ式の医療・医学制度が導入されることになります。また，GHQは感染症など，日本の衛生・健康問題にも取り組みました。しかし，20世紀から21世紀にかけて，⑬人類は，新たな病・健康被害と向き合うことになります。

1　下線部①に関連して，こうした古代の政治や社会の様子は，出土品から考察されたものです。弥生時代の出土品として正しいものを，次の**ア**～**エ**の中から１つ選び，記号で答えなさい。

ア

イ

ウ

エ

2　下線部②について，渡来人が伝えたとされるものとして誤っているものを，次の**ア**～**エ**の中から１つ選び，記号で答えなさい。

ア　漢字　　**イ**　機織り　　**ウ**　儒教　　**エ**　土師器

3　下線部③について，次の資料は光明皇后が亡くなった聖武天皇のために作成した薬の一覧である「種々薬帳《しゅじゅやくちょう》」の一部です。資料を参考にして，この一覧が捧《ささ》げられた寺院として正しいものを，あとの**ア**～**エ**の中から１つ選び，記号で答えなさい。

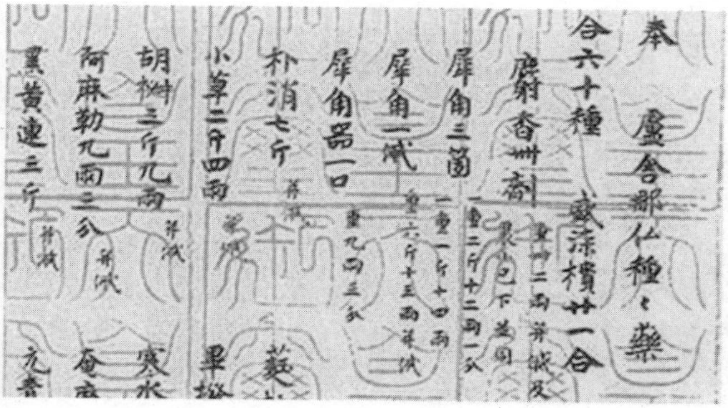
奉盧舎那仏種々薬
合六十種
麝香卅剤
犀角三箇
犀角一袋
犀角器一口
朴消七斤
小草二斤四両
胡椒三斤九両
阿麻勒九両三分
黄連三斤

ア　飛鳥寺　　**イ**　東大寺　　**ウ**　薬師寺　　**エ**　興福寺

4　下線部④に関連して，次の**ア**～**エ**は11～12世紀のできごとです。**ア**～**エ**を時代が古い順に並べ，記号で答えなさい。

ア　平清盛が太政大臣となった

イ　白河上皇が院政を行う中，延暦寺の僧兵が強訴《ごうそ》を行った

ウ　奥州藤原氏が源氏によって滅ぼされた

エ　平治の乱の結果，源頼朝が伊豆に追放された

5　下線部⑤に関連して，13世紀の日本と中国の関係についての説明として誤っているものを，次の**ア**～**エ**の中から１つ選び，記号で答えなさい。

ア　琉球王国が，日本と中国の間で中継貿易を行った

イ　中国から従うよう求められたが，北条時宗が退けた

ウ　中国が，朝鮮(高麗)の人びとを伴って日本を攻めた

エ　道元が中国へと渡り，仏教について学んだ

6　下線部⑥について，足利学校の史跡では，その歴史に関係した体験プログラムが行われてい

ます。そのプログラムの説明文として正しいものを，次の**ア**～**エ**の中から１つ選び，記号で答えなさい。

ア　「まが玉の解説を受けた後，オリジナルのまが玉を作っていただきます。」

イ　「日本古来の山岳信仰に由来する滝行を一般信徒に開放しております。」

ウ　「孔子の教えである論語を読む，音読体験を行っています。」

エ　「神社の参拝作法や鳥居についての勉強や，みそぎ体験ができます。」

7　下線部⑦について，アルメイダは各地での布教の末，天草で死亡しました。天草の説明として正しいものを，次の**ア**～**エ**の中から１つ選び，記号で答えなさい。

ア　コレジオが設置され，キリスト教の教育が行われた土地である

イ　ポルトガル船の来航禁止などに反発した天草四郎が，キリスト教徒とともに幕府への反乱を起こした土地である

ウ　イエズス会士フランシスコ・ザビエルがはじめて訪れた日本の土地である

エ　教皇の使者である天正遣欧使節が，ローマから送られてきた土地である

8　下線部⑧について，シーボルトはあるものを国外に持ち出そうとしたことをきっかけとして，幕府により国外追放されることになります。そのものとして正しいものを，次の**ア**～**エ**の中から１つ選び，記号で答えなさい。

ア

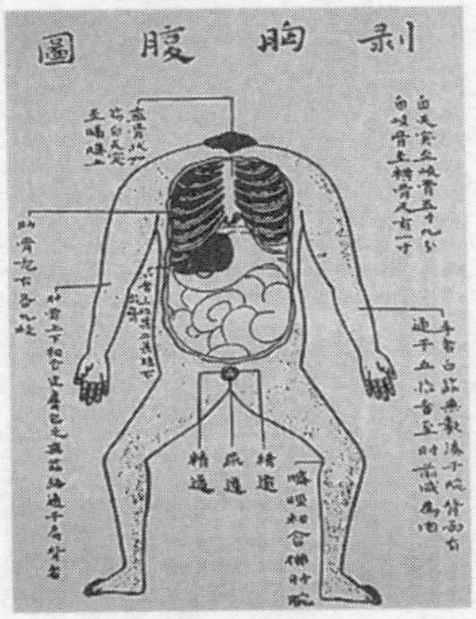

イ

ウ

エ

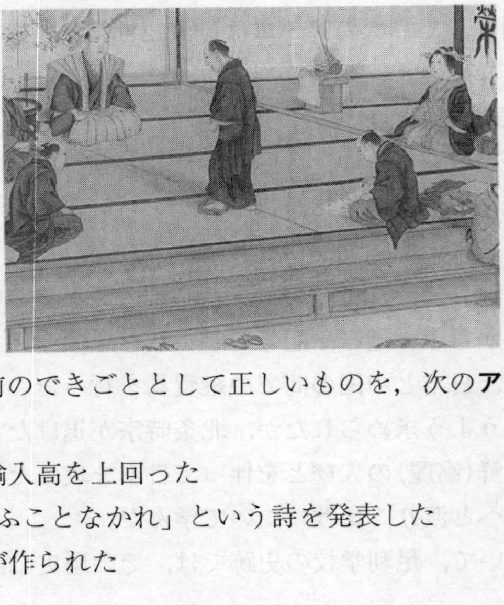

9　下線部⑨について，1895年以前のできごととして正しいものを，次の**ア**～**エ**の中から１つ選び，記号で答えなさい。

ア　綿糸の輸出高が，はじめて輸入高を上回った

イ　与謝野晶子が，「君死にたまふことなかれ」という詩を発表した

ウ　北九州に官営の八幡製鉄所が作られた

エ　東京に鹿鳴館が開館された

10　下線部⑩に関連して，明治時代の医学的発見として正しいものを，次の**ア**～**エ**の中から１つ選び，記号で答えなさい。

ア　野口英世によるペスト菌の発見

イ　鈴木梅太郎による黄熱ウイルスの発見

ウ　北里柴三郎によるビタミンB1の発見

エ　志賀潔による赤痢菌の発見

11　下線部⑪について，このとき日本により医学校や医科大学が設置された地域として誤っているものを，次の**ア**～**エ**の中から１つ選び，記号で答えなさい。

ア　朝鮮　　**イ**　関東州　　**ウ**　台湾　　**エ**　北樺太

12　下線部⑫について，次の資料は第二次世界大戦中，国際法として機能したと考えられるジュネーヴ議定書(1925年)の一部です。この資料を参考に，登戸研究所で作成された資料が日本軍の命令で捨てられた理由を答えなさい。

> 窒息性ガスや毒性ガス，またはこれらに類するガスおよびこれらと類似のすべての液体，物質または考案を戦争に使用することが，文明世界の世論によって正当にも非難されている。そのため，こうした兵器の使用の禁止が，世界の大多数の国を当事者とする諸条約中に宣言されている。(中略) なおかつ，この禁止を細菌学的戦争手段の使用についても適用する。

13　下線部⑬について，次の**ア**～**エ**は20世紀から21世紀にかけての病や健康被害に関するできごとです。**ア**～**エ**を時代が古い順に並べ，記号で答えなさい。

ア　湾岸戦争では，放射性物質を利用した劣化ウラン弾が使用された

イ　公害問題をふくめ，環境問題などを広範に扱う環境省が設置された

ウ　チョルノービリ(チェルノブイリ)原子力発電所で事故が起きた

エ　ビキニ環礁での水爆実験により，第五福竜丸の船員が被ばくした

Ⅲ　次の文章を読み，以下の問いに答えなさい。

みなさんは「地方自治は民主主義の学校である」という言葉を聞いたことがあるでしょうか。①地域の問題はそこに住んでいる人が一番よくわかっているのだから，住民自身の手で解決するべきで，その色々な過程の中で民主主義を学ぶ場になっている，というような意味です。日本国憲法でも地方自治については章を設けて定めるなど，重要なものになっています。

2023年は，４月に４年に１度の「 あ 地方選挙」が行われ，それ以降も全国各地の い (知事や市区町村長のこと)や議会の議員が任期満了となり，②数多くの自治体で選挙が行われました。投票率が30％を割り込み過去最低となった群馬・埼玉の③県知事選挙，多くの政治家の推薦を受けた現職が敗れた市長選挙，④立候補の要件を満たしておらずに当選が無効となった地方議会選挙，⑤高校生たちが立候補者全員の情報やアンケート結果をまとめてインターネットで発信していた市議会選挙など，多様な選挙が見られました。埼玉県議会選挙では，日本各地の神社をまとめている神社本庁の関連団体が，選挙で応援する条件として，LGBT 理解増進や選択的夫婦別姓制度の導入に反対することなどを求める公約書を候補者に

送っていたことが報じられました。昨年の５月にG7［う］サミットが開かれ，性的少数者への差別を禁止する法律を持たないのは日本だけだと言われていたことも影響し，サミット前の法整備が急がれましたが与党の一部の根強い反対などで原案がまとまらず，⑥結局翌月の国会会期末にLGBT理解増進法という形で成立しました。昨年の通常国会ではこのほか，いわゆる⑦入管法の改正案が，参議院では怒号の飛び交う中で採決されました。いずれも，みなさんと一緒に身近な地域に暮らしている人々に関する法律ですが，その人たちの暮らしをより良くしていく内容にはなっていないとの意見も少なくありません。地方自治体は法律に違反しない範囲で［え］を定めることができます。⑧人種や民族，性的指向(どの性別の人にひかれるか)などについてのあらゆる差別を禁止し，特にヘイトスピーチについては刑事罰を科すことのできる［え］を定めている自治体もあります。どの自治体も各々の特徴を出したいと考えているはずですが，自治体の業務は範囲が広く，⑨予算が足りないという問題も各地で起きています。

1　空らん［あ］～［え］に入る適切な語句や地名を漢字で答えなさい。

2　下線部②について，元号が平成になった頃3000以上あった市町村数は，現在1700余りに減少しました。その主な理由として正しいものを，次の**ア**～**エ**の中から１つ選び，記号で答えなさい。

ア　「平成の大合併」と言われるほど，全国各地で市町村合併が行われたため
イ　限界集落とよばれた地域の人口流出が止まらず，継続できない町が増えたため
ウ　財政破たんを起こす市町村が多く，隣の自治体に吸収される例が増えたため
エ　人口が減少した複数の「町」が集まり，各地で特別区として再編されたため

3　下線部③について，知事と地方議会や有権者の関係として正しくないものを，次の**ア**～**エ**の中から１つ選び，記号で答えなさい。

ア　一定数の有権者の署名が集まれば，知事の解職を問う住民投票が行われる
イ　解職を求める署名が有権者の過半数集まった場合，知事は直ちに解職となる
ウ　３分の２以上の議員の出席で，地方議会は知事への不信任決議案を話し合える
エ　地方議会で知事の不信任案が可決された場合，知事は地方議会を解散できる

4　下線部⑤について，未成年者は選挙運動ができません。有権者ではない未成年者が選挙期間中に行うと公職選挙法違反になる可能性が最も高いものを，次の**ア**～**エ**の中から１つ選び，記号で答えなさい。

ア　自分の関心のある問題について，全候補者にメールで質問して考えを聞いた
イ　自分が興味を持った候補者が駅前で演説していたので，その様子を撮影した
ウ　家族が立候補して公約をSNSに投稿したので，自分のSNSにも再投稿した
エ　好感の持てる公約を掲げる候補者がいるので，選挙事務所へ話を聞きに行った

5　下線部⑥について，国会の会期末に可決されたLGBT理解増進法の内容として正しいものを，次の**ア**～**エ**の中から１つ選び，記号で答えなさい。

ア　家庭や地域住民らが反対した場合，学校での教育が妨《さまた》げられる可能性がある
イ　性的少数者の人権を保護し，差別の禁止を明確に定めた，日本初の法律である
ウ　政府・学校・企業等は理解増進のための環境を整備しないと，罰則が科される
エ　裁判所に申し立てなくても，戸籍上で割り当てられた性別を自由に変更できる

6　下線部⑦について，出入国の管理，外国人材の受け入れや難民の認定を行う行政機関は，何省に設置されていますか。正しいものを，次の**ア**～**エ**の中から１つ選び，記号で答えなさい。

ア　外務省　**イ**　総務省　**ウ**　防衛省　**エ**　法務省

7　下線部⑧について，これは日本国憲法とも共通する理念がこめられていると考えられます。下の憲法の条文の空らんに入る適切な語句を答えなさい。

「第13条　すべて国民は，［　　　］として尊重される」

8　下線部⑨について，以下の問いに答えなさい。

(1)　下の円グラフは令和３年度の都の財政に関するものです。東京都には他の道府県に書かれている項目がありません。自治体間で公的サービスに格差が生じないように国が支出しているお金を指す，その名称を答えなさい。

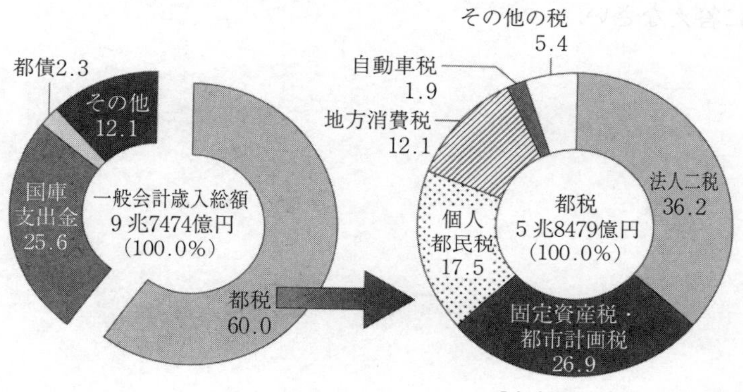

［東京都の統計より作成］

(2)　近年，返礼品の競争や都市部から地方への税金の流出が問題視されていますが，もともとは「自分の生まれ育った地方に貢献できる・自分の意思で応援したい自治体を選べる」制度として創られた寄附《きふ》のしくみを何というか答えなさい。

9　下線部①と④について，次の先生と生徒の会話を読み，あとの問いに答えなさい。

生徒：この場合，どうして当選が無効になってしまったのでしょうか。

先生：地方議会の議員に立候補するためには，その自治体に３ヶ月以上住んでいることが必要ですが，この要件を満たしていない候補がしばしばいるのです。

生徒：その地域の問題を考えるためには，一定期間そこに住んでいる必要があるということなのですね。

先生：そうですね。これは選挙権についても同様で，３ヶ月以上の居住の実態が必要なので，転居したばかりの人は投票ができないことになっています。

生徒：都道府県議会の場合は，引っ越しをしたとしても，その都道府県内に３ヶ月以上住んでいれば，要件を満たすことになるのでしょうか。

先生：都道府県議会議員や知事の選挙で投票する場合は同一の自治体であることも求められるので，都議会議員選挙であれば，「三鷹市に１ヶ月，調布市に２ヶ月居住」では要件を満たしていないことになります。一方で，都道府県知事や市区町村長に立候補する場合，この居住に関する要件はありません。

生徒：議員になるためには３ヶ月以上住み続ける必要があるのに，知事や市区町村長になるためには，その地域に住んでいなくてもよいのですか。

先生：法律ではそうなっています。これについてどのような考えを持ちますか。

生徒：お

先生：またその地域に長年住み続け，住民税などの税金を納めていても，日本国籍を持たない人は選挙で立候補することも投票することもできません。

生徒：都内の議会で外国籍の人の住民投票参加案が否決された報道を思い出しました。地域「住民」とは誰のことを指すのかわからなくなってしまいました。

(1)　空らん お に，あなたならどのように答えるか，自分の考えを書きなさい。

(2)　３ヶ月以上その自治体に住んでいて，住民税などを納めていても，日本国籍を持たない住民は地方選挙に参加することはできません。住民投票については参加を認めている自治体もあります。これらのことについて，あなたはどのような考えを持ちますか。本文と会話文の内容をふまえて，具体的に答えなさい。

【理　科】〈第１回試験〉（40分）〈満点：75点〉

Ⅰ　日本には多くの火山があり，火山の形は，マグマのねばりけによって図１のＡ～Ｃのような３種類に分けられます。

マグマのねばりけは，マグマに含まれる二酸化ケイ素という物質の割合によって決まります。マグマに含まれる二酸化ケイ素の割合が多いと $_a$<u>白っぽい岩石</u>が多い火山に，割合が少ないと $_b$<u>黒っぽい岩石</u>が多い火山になります。

気象庁は，全国にある火山の観測・監視《かんし》を行っています。噴火《ふんか》に伴い，生命に危険を及《およ》ぼす火山現象の発生が予想される場合や，その危険が及ぶ範囲の拡大が予想される場合，警戒《けいかい》が必要な地域に対して $_c$<u>噴火警報</u>が発表され，入山が規制されます。図１を見て，問いに答えなさい。

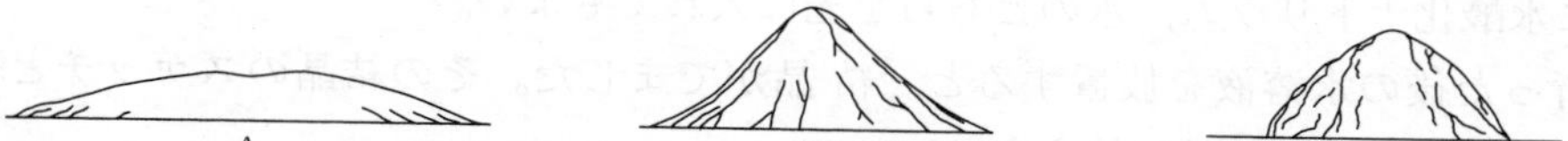

図１

(1)　図１のＡ～Ｃのうち，①マグマのねばりけが最も強い火山，②マグマのねばりけが最も弱い火山の形を選び，それぞれ記号で答えなさい。

(2)　図１のＡ～Ｃと形が似ている火山を選び，それぞれア～オの記号で答えなさい。

ア　槍《やり》ヶ岳《たけ》　　イ　昭和新山　　ウ　富士山

エ　キラウエア山　　オ　エベレスト山

(3)　マグマが冷えて固まった岩石の中で，下線部ａ，ｂにあてはまる岩石を選び，それぞれア～コの記号で答えなさい。

ア　花こう岩　　イ　砂岩　　ウ　玄武《げんぶ》岩　　エ　斑《はん》れい岩

オ　れき岩　　カ　流紋《もん》岩　　キ　安山岩　　ク　せん緑岩

ケ　凝灰《ぎょうかい》岩　　コ　チャート

(4)　下線部ａの白っぽい岩石をルーペで観察すると，キラキラした透明《とうめい》の結晶がありました。この鉱物の名称を答えなさい。

(5)　図２は，下線部ｂの黒っぽい岩石をルーペで観察した結果をスケッチしたものです。図２のように，鉱物の結晶が大きく成長し，大きさがほぼそろった組織を何といいますか。

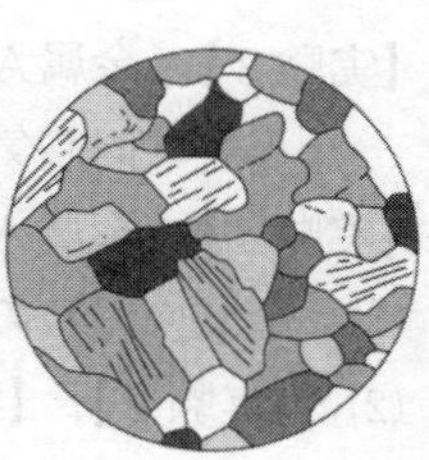

図２

(6)　2023年に，下線部ｃの噴火警報が発表されていた火山を選び，ア～オの記号で答えなさい。

ア　富士山　　イ　箱根山　　ウ　磐梯《ばんだい》山

エ　桜島　　オ　伊豆《いず》大島(三原山)

Ⅱ　４種類の水溶液《すいようえき》Ａ～Ｄがあり，うすい塩酸，水酸化ナトリウム水溶液，食塩水，砂糖水のいずれかであることがわかっています。この４種類の水溶液に対し，【実験１】，【実験２】を行いました。これらの実験について，問いに答えなさい。

【実験１】

水溶液Ａ～Ｄの水溶液に紫《むらさき》キャベツの煮汁《にじる》を入れると，Ａ，Ｂはうすい紫色，Ｃは赤色，Ｄ

は黄色になった。

【実験２】

水溶液Ｃと水溶液Ｄが過不足なく反応すると水溶液Ａになった。

(1)　【実験２】の化学変化を何といいますか。正しいものを選び，ア～オの記号で答えなさい。

ア　酸化　　イ　還元《かんげん》　　ウ　燃焼　　エ　中和　　オ　化合

(2)　20℃の飽和《ほうわ》食塩水を540ｇつくるとき，必要な水と食塩の重さはそれぞれ何ｇですか。ただし，20℃の水100ｇに食塩は最大35ｇ溶《と》けます。

(3)　水酸化ナトリウム水溶液をつくる操作として正しいものを選び，ア～ウの記号で答えなさい。

ア　ビーカーに水酸化ナトリウムを先に入れ，そこに水を加える。

イ　ビーカーに水を先に入れ，そこに水酸化ナトリウムを加える。

ウ　ビーカーに水酸化ナトリウム，水のどちらを先に入れてもよい。

(4)　【実験２】を行った後の水溶液を放置すると，結晶《けっしょう》がでました。その結晶のスケッチとして正しいものを選び，ア～オの記号で答えなさい。

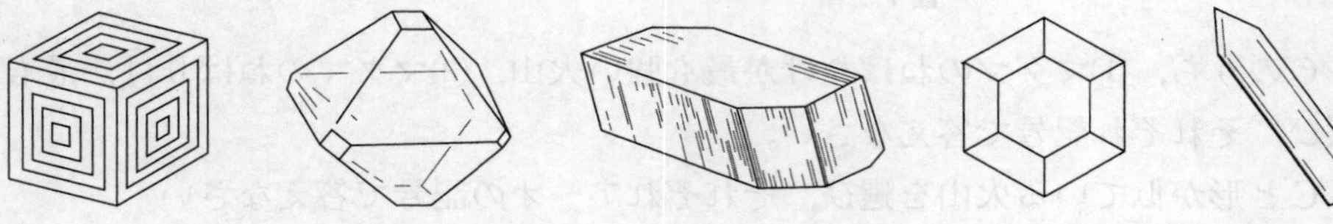

ア　　イ　　ウ　　エ　　オ

(5)　水溶液Ａ～Ｄの名称《めいしょう》をそれぞれ答えなさい。

Ⅲ　４種類の金属Ａ～Ｄがあり，アルミニウム，鉄，銅，金のいずれかであることがわかっています。金属Ａ～Ｄがそれぞれどの金属か調べるために【実験１】～【実験４】を行いました。これらの実験について，問いに答えなさい。

【実験１】　金属Ａ～Ｄに磁石を近づけると金属Ｃだけ磁石に引きつけられた。

【実験２】　金属Ａ～Ｄをうすい塩酸に加えたところ，金属ＡとＣは反応して，同じ気体が発生した。

【実験３】　金属Ａ～Ｄを水酸化ナトリウム水溶液に加えたところ，金属Ａは反応して，【実験２】と同じ気体が発生した。

【実験４】　金属Ａ～Ｄを加熱すると，金属Ｄだけは変化しなかった。

(1)　金属Ａ～Ｄの名称をそれぞれ答えなさい。

(2)　【実験２】，【実験３】で発生した気体の性質として正しいものを選び，ア～エの記号で答えなさい。

ア　空気中に約21％含《ふく》まれていて，他の物質が燃えるのを助ける性質をもつ。

イ　水に溶けて弱い酸性を示し，石灰水に通すと白くにごる。

ウ　すべての気体の中で最も軽く，燃えたときに水になる。

エ　鼻をつくようなにおいがあり，空気より軽い。

(3)　【実験２】，【実験３】で発生した気体を集める方法として正しいものを選び，ア～ウの記号で答えなさい。

ア　水上置換《ちかん》法　　イ　上方置換法　　ウ　下方置換法

(4)　金属の性質について，誤っているものを選び，ア～エの記号で答えなさい。

ア　特有の光沢《こうたく》をもつため，表面が光っているように見える。

イ　電気や熱を最も通しやすい金属は銅である。

ウ　たたいたときにうすく広がる性質，引っ張るとのびる性質をもつ。

エ　常温(25℃)で固体のものだけではなく，液体のものもある。

(5)　【実験3】で気体が0.84L発生したとき，完全に反応した金属Aは何gですか。答えは小数第3位まで答えなさい。ただし，2.7gの金属Aが【実験3】と同じ濃度《のうど》の水酸化ナトリウム水溶液と完全に反応すると，気体が3.36L発生します。

Ⅳ　インゲンマメを用い，【実験1】，【実験2】を行いました。これらの実験について，問いに答えなさい。

【実験1】

①　大型の容器に5cmの深さに土をしきつめ，その上に粒《つぶ》のそろったインゲンマメの種子を100粒まいた。この容器を，23℃でよく日の当たる場所に置き，水分が不足しないように，毎日，水を少しずつやった。

②　発芽した種子を，2日ごとに10粒ずつ取り出して，土を取り払《はら》い，よく乾燥《かんそう》させて，その重さ(乾燥重量)を測り，1粒の平均の重さを求めた。

【実験2】

①　【実験1】と同様に準備した容器を，23℃でまったく光の当たらない場所(暗所)に置き，水分が不足しないように，毎日，水を少しずつやった。

②　発芽した種子を，2日ごとに10粒ずつ取り出して，土を取り払い，よく乾燥させて，その重さ(乾燥重量)を測り，1粒の平均の重さを求めた。

【結果】

日の当たる場所に置いた場合，1粒の乾燥重量の平均は，発芽当初は減ったものの，途中《とちゅう》から増えてきていることがわかった。また，暗所に置いた場合，1粒の乾燥重量の平均は，減り続けることがわかった。

(1)　図1はマメ科の種子と，マメ科以外の植物の種子を模式的に示したものです。マメ科の種子の子葉を選び，ア～カの記号で答えなさい。

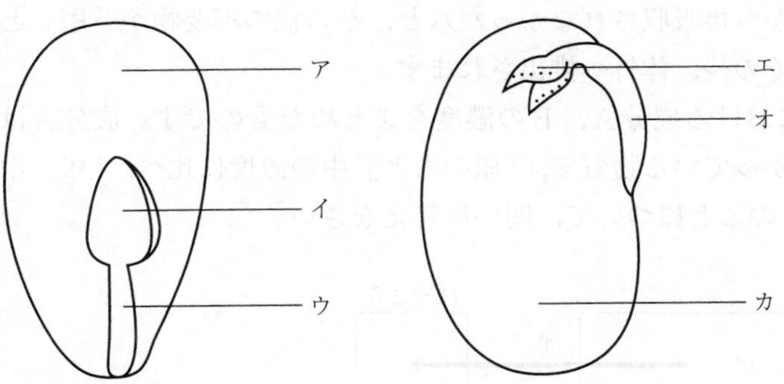

図1

(2)　図2は，いろいろな植物の芽生えのようすを模式的に示しています。

インゲンマメの芽生えのようすとして正しいものを選び，ア～キの記号で答えなさい。

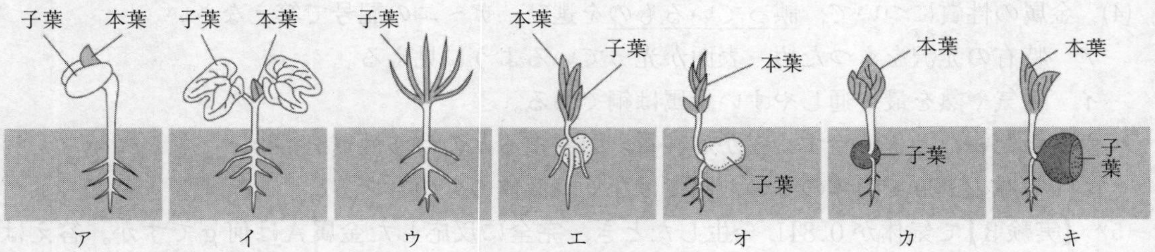

図２

(3)　【実験１】，【実験２】において，発芽当初に乾燥重量が減っていく理由として，正しいものを選び，ア～エの記号で答えなさい。

ア　おもに光合成のために，蓄《たくわ》えていた養分が使われたため。

イ　おもに呼吸のために，蓄えていた養分が使われたため。

ウ　おもに周りの土に，蓄えていた養分を移動させたため。

エ　おもに周りの水に，蓄えていた養分を移動させたため。

(4)　マメ科の植物を選び，ア～オの記号で答えなさい。

ア　イチゴ　　イ　サツマイモ

ウ　フジ　　エ　トウモロコシ

オ　ラッカセイ

(5)　マメ科の植物の根には，こぶのようなもの(根粒《こんりゅう》)ができることがあります。この根粒は根粒菌《きん》によるもので，根粒菌とマメ科植物は互《たが》いに利益があるような関係(相利共生)です。相利共生の関係の組み合わせとして正しいものを選び，ア～エの記号で答えなさい。

ア　アオムシとアオムシコマユバチ　　イ　アリとアブラムシ

ウ　ナマコとカクレウオ　　エ　キリンとシマウマ

Ⅴ　ヒトの腎臓《じんぞう》は，血液中から尿素《にょうそ》などの不要物をこしだし，尿をつくる器官です。

図は，「尿のもと」から「尿」がつくられ，ぼうこうに移動する過程を模式的に示したものです。腎臓内の毛細血管から血液の一部がこしだされ，「尿のもと」がつくられます(図中①)。その「尿のもと」が腎臓の中を移動する過程で，「尿のもと」中の水のほとんどと，水に溶けている成分の多くが腎臓内の毛細血管に戻《もど》ります。この毛細血管に戻される過程を再吸収(図中②)といいます。「尿のもと」から再吸収されなかった水と，その他の不要物が「尿」となってぼうこうに移動し(図中③)，その後，体外へ排《はい》出されます。

表は，「尿のもと」と「尿」における成分Ａ，Ｂの濃度をまとめたものです。成分Ａは，まったく再吸収されないことがわかっている物質で，「尿のもと」中の濃度に比べ，「尿」中の濃度は120倍になっていました。このことについて，問いに答えなさい。

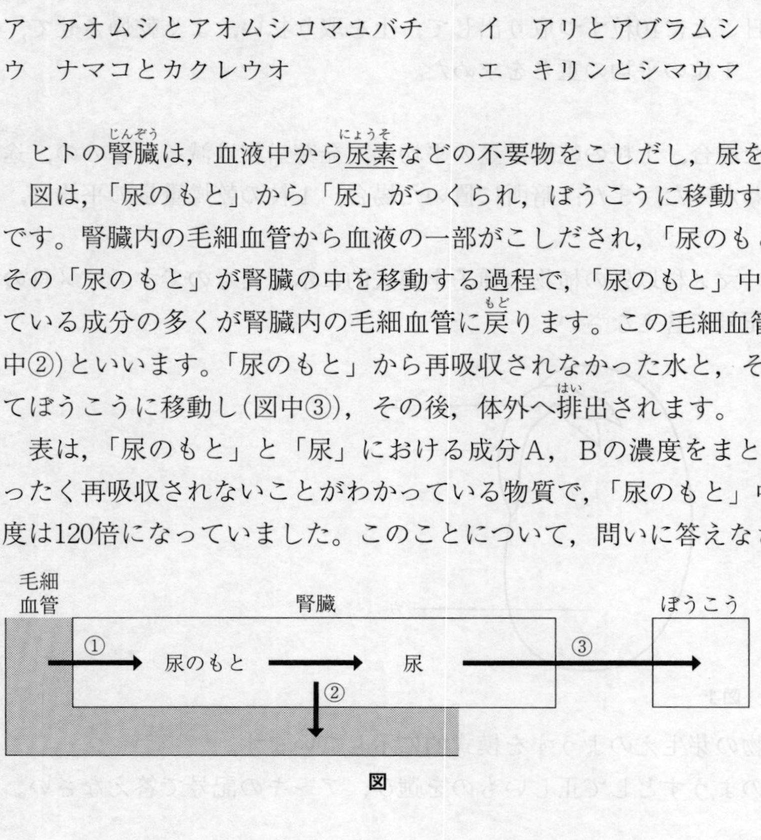

図

成分	「尿のもと」中の濃度(%)	「尿」中の濃度(%)
A	0.1	12
B	0.3	0.34

表

(1)　ヒトの腎臓に関する説明として正しいものを選び，ア～エの記号で答えなさい。

ア　腹側に１つある。　　　　イ　腹側に１対ある。

ウ　背中側に１つある。　　　エ　背中側に１対ある。

(2)　下線部の尿素に関する説明として正しいものを選び，ア～エの記号で答えなさい。

ア　肝臓《かんぞう》で，アミノ酸からつくられる。

イ　肝臓で，アンモニアからつくられる。

ウ　すい臓で，アミノ酸からつくられる。

エ　すい臓で，アンモニアからつくられる。

(3)「尿」がぼうこうに移動するときに通る管の名称を答えなさい。

(4)　１日の「尿」量が1.5Lであったとすると，１日の「尿のもと」量は何Lつくられますか。なお，成分Aは，まったく再吸収されないため，１日の「尿のもと」量に含まれる量と，１日の「尿」量1.5Lに含まれる量は同じです。

　ただし，「尿」，「尿のもと」の１Lの重さはともに1000gとします。

(5)　(4)の１日の「尿」量と，１日の「尿のもと」量から考えると，表中の成分Bは，１日あたり何g再吸収されますか。

Ⅵ　重さのわからない一辺10cmの立方体の物体A，重さのわからない底面積20cm^2，高さ10cmの物体B，重さのわからない体積300cm^{3}の物体C，100gのおもりをつるすと0.5cmのびるばねを用いて，【実験１】～【実験６】を行いました。これらの実験について，問いに答えなさい。ただし，物体をつるしている糸，ばねの体積と重さは考えないものとし，物体はそれぞれ均一な材質からできていて，水平を保ったまま静止しています。また，水１cm^{3}の重さは１gとします。

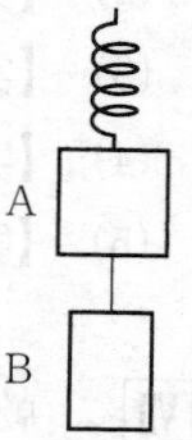

図１

【実験１】

　図１のように，物体Aと物体Bを糸でつないでばねにつるしたところ，ばねののびが４cmになった。

【実験２】

　図２のように，物体Aを水に入れたところ，物体Aは水面から７cm出た状態で浮《う》いた。

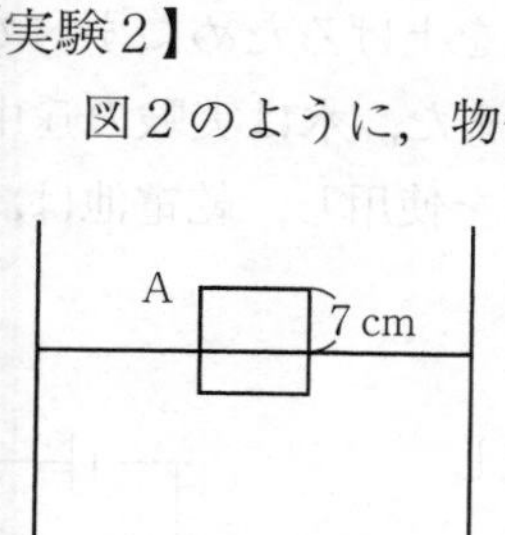

図２

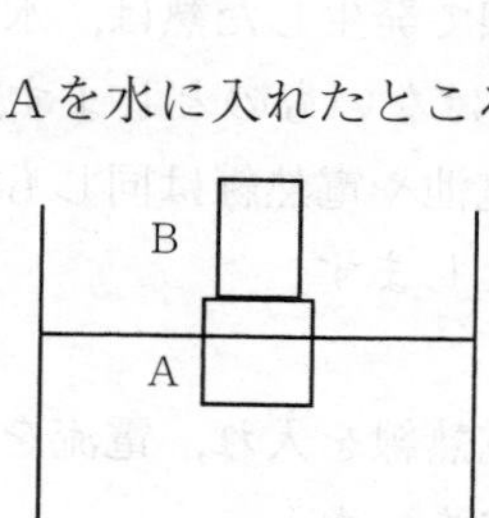

図３

【実験３】

図３のように，物体Ａの上に物体Ｂを重ねて水に入れたところ，物体Ｂの全部と，物体Ａの一部が水面より上に出た状態で浮いた。

【実験４】

図４のように，物体Ａと物体Ｂを糸でつないで水に入れたところ，物体Ａの一部が水面から出た状態で浮いた。

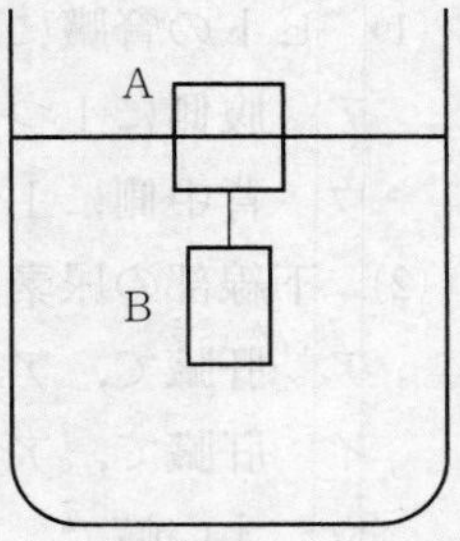

図４

【実験５】

図５のように，物体Ａ，Ｂ，Ｃを糸でつなぎ，ばねにつるして水に入れたところ，ばねののびは２cm，物体Ａは水面から５cm 出た状態で浮き，物体Ｃは底につかなかった。

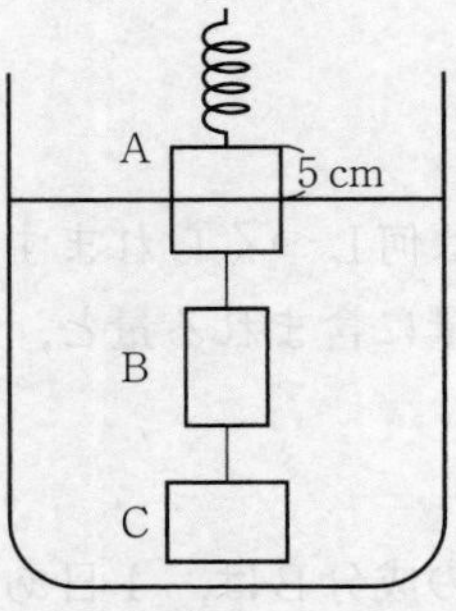

図５

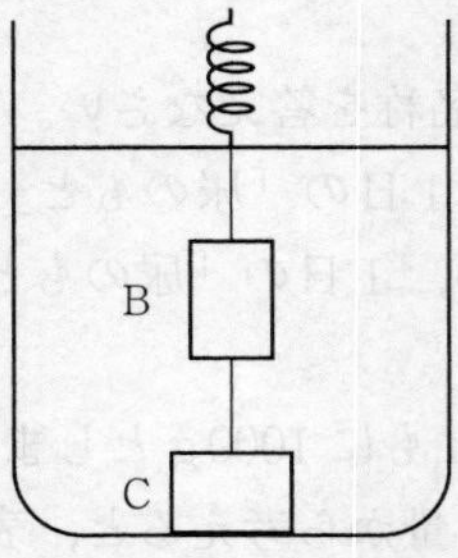

図６

【実験６】

図６のように，物体Ｂと物体Ｃを糸でつなぎ，ばねにつるして水に入れたところ，ばねののびは1.5cm となり，物体Ｂと物体Ｃの間にある糸は張られた状態で，物体Ｃは底についた。

(1)　物体Ａ１cm^3 あたりの重さは何ｇですか。

(2)　【実験３】のとき，物体Ａは水面から何 cm 出た状態で浮きましたか。

(3)　【実験４】のとき，物体Ａは水面から何 cm 出た状態で浮きましたか。

(4)　【実験５】のとき，物体Ｃの１cm^3 あたりの重さは何ｇですか。

(5)　【実験６】のとき，底から物体Ｃにはたらく力は何ｇですか。

Ⅶ　乾《かん》電池と電熱線を用いて，水をあたためる【実験１】～【実験８】を行いました。これらの実験について，問いに答えなさい。ただし，電熱線で発生した熱は，水温を上げるためにすべて使われ，水温は均等に上昇《じょうしょう》し，熱はまわりににげないものとします。また，水は実験の途中で蒸発しないものとします。実験で使用する乾電池や電熱線は同じものを使用し，乾電池は，すべての実験で同じ個数を直列に接続するものとします。

【実験１】

図１のように，水100ｇが入った容器Ａに電熱線を入れ，電流を流したところ，容器Ａの水温の変化は表１のようになった。

電流を流し始めてからの時間(分)	2	4	6	8
容器Ａの水温(℃)	20.2	21.4	22.6	23.8

表１

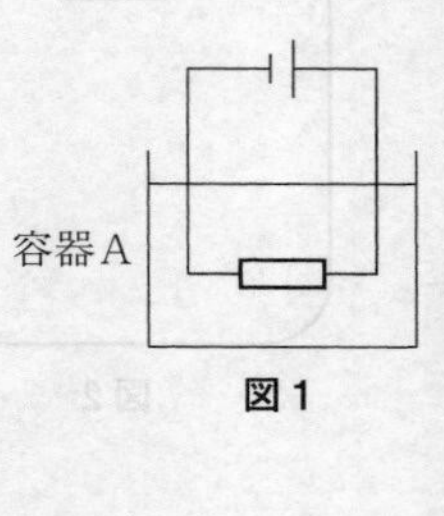

図１

【実験２】

図２のように，水200gが入った容器Ｂに電熱線を入れ，電流を流したところ，容器Ｂの水温の変化は表２のようになった。

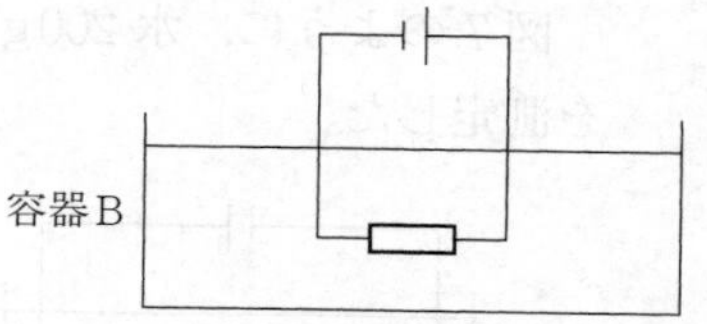

図２

電流を流し始めてからの時間(分)	2	4	6	8
容器Ｂの水温(℃)	19.6	20.2	20.8	21.4

表２

【実験３】

図３のように，水100gが入った容器Ｃと，容器Ｄに電熱線を入れ，電流を流したところ，容器Ｃの水温の変化は表３のようになった。

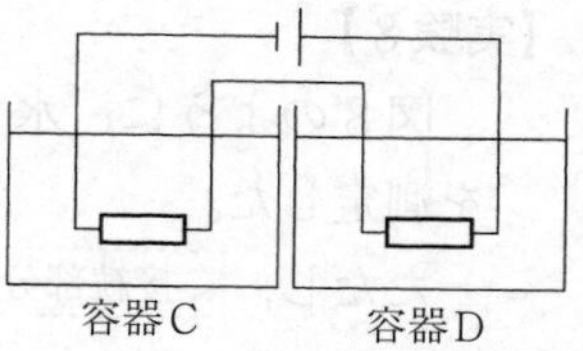

図３

電流を流し始めてからの時間(分)	2	4	6	8
容器Ｃの水温(℃)	19.3	19.6	19.9	20.2

表３

【実験４】

図４のように，水100gが入った容器Ｅと，容器Ｆに電熱線を入れ，電流を流したところ，容器Ｅの水温の変化は表４のようになった。

電流を流し始めてからの時間(分)	2	4	6	8
容器Ｅの水温(℃)	20.2	21.4	22.6	23.8

表４

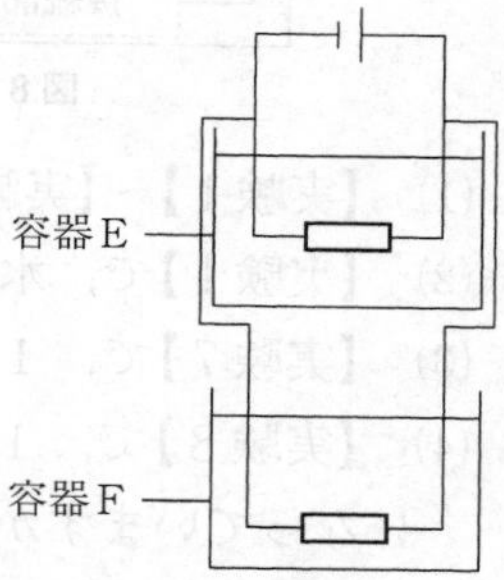

図４

【実験５】

図５のように，水100gが入った容器Ｇに電熱線を入れ，電流を流したところ，容器Ｇの水温の変化は表５のようになった。

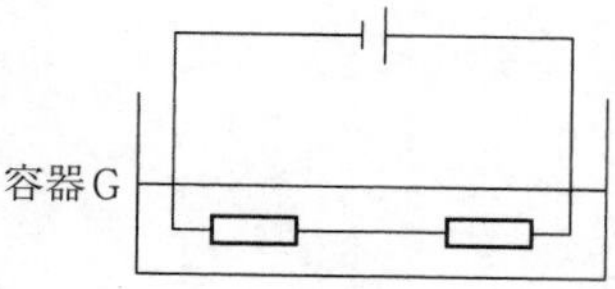

図５

電流を流し始めてからの時間(分)	2	4	6	8
容器Ｇの水温(℃)	19.6	20.2	20.8	21.4

表５

【実験６】

図６のように，水100gが入った容器Ｈに電熱線を入れ，電流を流したところ，容器Ｈの水温の変化は表６のようになった。

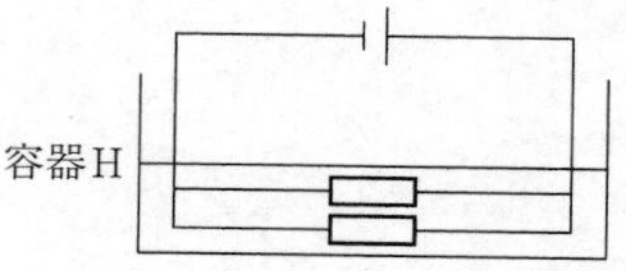

図６

電流を流し始めてからの時間(分)	2	4	6	8
容器Ｈの水温(℃)	21.4	23.8	26.2	28.6

表６

【実験７】

図７のように，水200ｇが入った容器Ｉに電熱線を入れ，電流を流し，容器Ｉの水温の上昇を測定した。

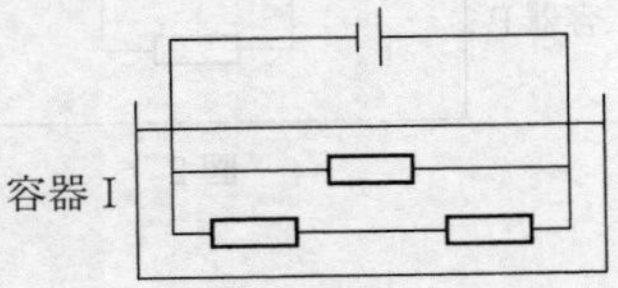

図７

【実験８】

図８のように，水100ｇが入った容器Ｊに電熱線を入れ，電流を流し，容器Ｊの水温の上昇を測定した。

ただし， 接続部分 は記録を忘れたため，電熱線の接続のようすはわからなかった。

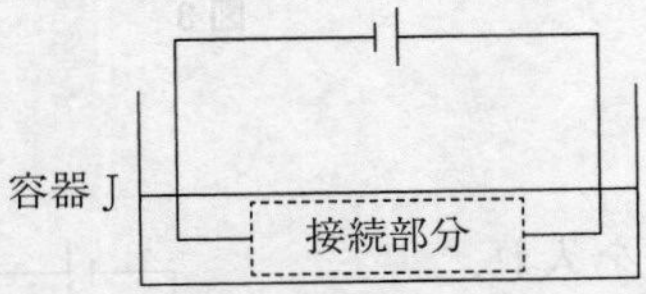

図８

(1)　【実験１】～【実験６】で，電流を流し始めたときの水温は何℃ですか。

(2)　【実験１】で，水温は１分間に何℃ずつ上昇しますか。

(3)　【実験７】で，１分間の水温の上昇は【実験１】の何倍になりますか。

(4)　【実験８】で，１分間の水温の上昇は【実験１】と同じになりました。 接続部分 はどのようになっていますか。正しいものを選び，ア～エの記号で答えなさい。

ア 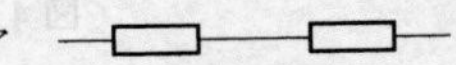

イ 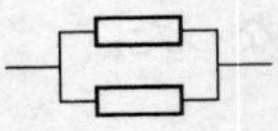

ウ 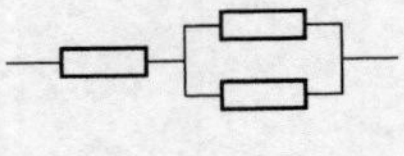

エ 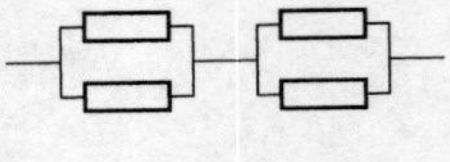

ア　赤い鳥　　イ　青い鳥
ウ　白い鳥　　エ　金の鳥

問九　――部⑥「ただ遠くへ旅行すると同じようなものの考え方をしてしまう」とは、ここではどのようなことを意味しているか答えなさい。

問十　文中の[11]にあてはまる内容を考えて答えなさい。

問十一　文中の[A]～[D]の段落を、適切な順に並べ替《か》えなさい。

問十二　文中の[12]～[14]にあてはまる言葉として最適なものを、次のア～オから選び、記号で答えなさい。ただし、同じ記号は二度使えません。

ア　抽象的　　イ　意欲的　　ウ　気分的
エ　比喩《ゆ》的　　オ　客観的

問十三　文中の[15]にあてはまる言葉を答えなさい。

問十四　この文章における筆者の主張を、百字以内でまとめなさい。

二

次の１～10の文中の（カタカナ）を漢字で書きなさい。

1　（シヤ）を広げる。
2　（ユウビン）を出す。
3　（リッキョウ）をわたる。
4　大学を（ソウセツ）する。
5　市民の（ケンリ）を守る。
6　（リンカイ）公園で遊ぶ。
7　選挙の（トウヒョウ）に行く。
8　歴史的な（ケンゾウ）物を見る。
9　（アタタ）かな気候。
10　穴に（クダ）を通す。

しかし、じっさいは気持ちのもち方の問題だけで、けっして時間のかかるものではありません。日本人はむかしから理くつを言わないことが良いこととされていましたが、いまのような社会ではこれはかえって欠点になっています。もちろん、すじのとおらない理くつはよくはありませんが、たとえへりくつでも多くの人のへりくつをあつめると、あんがい正しい理くつが出てくるものです。正しくとも正しくなくとも、理くつを言うという気持ちがたいせつで、この気持ちをもっていれば、へりくつがだんだんと正しい理くつになってくるものです。

私たちも、大いに理くつを言いたいものです。いま、みなさんが言いはじめている理くつは、多くのばあいへりくつかもしれません。しかし、少しでも正しい理くつを言おうとする気持ちがあれば、かならず正しい理くつが生まれてきます。その正しい理くつのうえに正しい生活や人生がつくられていくでしょう。ただし注意しなければならないのは「正しい理くつ」というのはそんなにかんたんに言えるものではないし、「へりくつ」または「誤った理くつ」を「正しい理くつ」に成長させていくためには、論理の筋道だけでなくて、そのなかに使われることばの意味の正しい理解が欠くことのできない条件だということを心がけることです。そしてことばの意味の正しい理解のためには、いろいろな多くの経験にぶつかり、それを偏《へん》見なしにみつめて、どういうことばでそれらを表現したらいいか、ということを十分に考えてみることが必要です。

この本が、みなさんのへりくつを正しい理くつにまで成長させることに役立てば、こんなよろこばしいことはありません。いまの論理学がはっきりとときまった真理を、みなさんに教えることができるはんいは小さいものです。そのまわりには、あいまいな意味の世界がとりまいています。これをできるだけはっきりとさせるのは、みなさんのこれからのしごととして残されています。

（沢《さわ》田《だ》允茂《のぶしげ》『考え方の論理』より・一部改変）

問一　文中の[1]にあてはまる言葉を考えて、漢字二字で答えなさい。

問二　文中の[2]、[3]にあてはまる内容を考えて、十七字以内で答えなさい。

問三　文中の[4]にあてはまる内容として最適なものを、次のア〜エから選び、記号で答えなさい。

ア　pならばqだ。ところがqではない。だからpではない。
イ　pならばqだ。しかしqではない。なぜならpだからだ。
ウ　pもしくはqだ。ところがqではない。だからpではない。
エ　pもしくはqだ。しかしqではない。なぜならpではないからだ。

問四　――部①「語の意味のあいまいさをなくすことは、たいへんむずかしい」とありますが、その理由を筆者はどのように説明しているか、百字以内で答えなさい。

問五　――部②「これ」、④「これ」、⑦「そういうこと」の指示内容を答えなさい。

問六　――部③「色めがね」の意味として最適なものを、次のア〜エから選び、記号で答えなさい。

ア　歴史観　イ　人生観
ウ　先入観　エ　世界観

問七　――部⑤「この図の中に五つものがあることになるでしょう」とありますが、これに従って文中の[5]〜[9]にあてはまる言葉を、それぞれ四字以内で答えなさい。ただし、[5]、[6]、[7]の解答の順は問いません。

問八　文中の[10]にあてはまる言葉として最適なものを、次のア〜エから選び、記号で答えなさい。

る。反省がたえず反省することによって思想は迷路にふみこんでしまって、一歩進むごとに思想はすべての内容から遠ざかっていった。……」（キェルケゴールの『イロニーの概念』から）

の意味を考えてみましょう。これはキェルケゴールというデンマークの名高い哲学者が、フィヒテというドイツの名高い哲学者の哲学を批評した文章です。みなさんには、なんのことかわからないかもしれません。さいわい哲学を勉強している私には、かれが何を言おうとしているのかはわかります。しかし、いま、じっさいに私たちが行っている日々の行動や生活と、どのように結びつくかをはっきりと知ることができるほど、じゅうぶんにはわかりません。じつは、この文章そのものが、そのような形で説明されていないのです。「自我」とか「反省」とか、そのほか多くの［12］なことばが使われているだけではなくて、このようなことばの意味が、この文だけではあいまいだからです。前にあげた数学や論理学の式は、［12］かもしれませんが、じっさいの生活の中で、かなり正確にはたらいています。後の例は、ふだんのことばで書かれてありますが、多分に［13］でありあいまいさを持っているといえるでしょう。

私は何も、すべて数学やへんな記号で表したほうが、正確だと言っているのではありません。ただ、ふだん私たちが使ってきたことばを、前にお話したようなしかたで、もっとはっきりさせることが必要で、こうすることが私たちの考え方をいっそう正確にしていくのだと考えているのです。

あいまいな、大ざっぱなことばで議論をしていると、［14］に反対したくなるものです。また、おたがいに、ことばのうえでわかりあったような気がしても、こまかい点では一つもわかりあっていないばあいもあります。「道徳は人間にとって必要だ。そして道徳は手や足で教えるものではない。良いとか悪いとかは口ではっきり言えるものだ。だから口で教えるための道徳教育は必要だ。」と、ある人は言います。「道徳が人間にとって必要なのはあたりまえだ。しかし、道徳はそれだけ別にして口だけで教えられるものではない。だから道徳教育を別にやるのは不必要だ」と、ほかの人が答えます。

しかし、このふたりのことばの中に使われている「［15］」は、ほんとうに「いままで言ったことからかならず、ひとりでにつぎのようなことが言われる。」ということでしょうか。どうも、この「［15］」は、それほど論理のうえで正確ではないようです。というのは、それまでに言われている（たとえば点をうってあるような）語の意味が、あいまいで、言われていることの中の論理のすじみちを見つけ出すことができないからです。「教える」ということばは自転車に乗ることにも、しょうぎをさすことにも、ダンスをすることにも、歴史を知ることにも、哲学についても、みんないうことができますし、小さい子どもたちに教えるというばあいと、大学生に教える、犬に教えるなど、みんな、じっさいに表しているものはちがっているはずです。ほかのことばのばあいでも同じです。こんなにあいまいなことばで議論して、反対したり賛成したりすることは、ほんとうにむだな話です。道徳教育というものが、何かほかの目的のために使われるならば話はべつですがほんとうにみなさんのためを思って言っているならば、こんなあいまいな議論をやめて、もっとはっきりとした問題をつかまえて、一歩一歩すすんでいくべきではないでしょうか。みなさんが求めているのは、ほんとうは⑦そういうことなのだと思います。

ことばの意味をはっきりさせるということは、それ自身はっきりとした基準がなくて、あるばあいには、ひじょうにむずかしく、またあるばあいには、ばかばかしい気もして、こんなことに頭を使うことにがまんしきれなくなるでしょう。人間には、もっとほかにやることがあるはずだと考えるかもしれません。

あなたの考え方をまげてしまったのでしょう。

このように、もし私たちが正しくものごとを考えようとするならば、正しく推論することも、またできるだけ正しい判断をくだすことも必要ですが、それとともに、私たちが使っている語の意味（概念と言うことと同じです。）を、はっきりさせることも必要です。

[A] こうして、自分の気持ちを前のことばとはべつのことばで言いなおしてみると、前のことばが、どういうことを表すために使われていたのかがわかってきます。ですから、ことばの意味をはっきりさせるということは、一度ことばから離《はな》れて、じっさいのものごとをよく考えてみて、もう一度、もっとよいことばでこれを表すことなのだと言っていいと思います。

[B] このように、ことがらをできるだけそのとおりに表すような、べつのことばにうつしなおして考えるということは、あいまいな語や概念でものを考えないで、あいまいな語や概念を多くの文または判断でよく説明してから考える、ということにもなります。抽《ちゅう》象的ということばは現実の世界のことがらから離れて、頭の中で世界の中の骨組みだけをぬき出したというような意味によく使われます。ふつうには、じっさいのできごとに役立たないとか、現実のなまのままの感覚を失ったもの、というあまりよくないひびき【意味合い】を持っているようです。しかし、これはまちがった感じ方で、たとえば、

$$\frac{\partial^2\psi}{\partial x^2}+\frac{\partial^2\psi}{\partial y^2}+\frac{\partial^2\psi}{\partial z^2}+\frac{2m}{\hbar^2}(E-V)\psi=0,$$

（シュレーディンガーの方程式）

$$N_3(t):\equiv:N_2(t-1).v.N_1(t-1).(\exists x)t-1\{N_1(x)\cdot N_2(x)\}$$

（ある神経回路のはたらきを表わした論理式）

のような数字の式や論理学の式は、たしかにじっさいに使われていることばでなくて、あまり親しみのない記号で書かれています。しかし、それは習慣からきた表面だけのことで、このような式で表されているものは、じつは現実の世界の中でいつもはたらいているものなのです。

[C] 別なことばで言いかえると、たとえば「人生の目的を知りたい。」と私が考えたとき、一度いま言ったことばをぜんぶ忘れて、自分の気持ちをもう一度、「人生」とか「目的」とか「知る」などということばにまよわされないように、たしかめてみるのです。そうして、たとえどんなに複雑で、おもしろみのないことばでもいいのですから、自分のほんとうの気持ちを、べつなことばでできるだけそのとおりに表してみるのです。どうせ、ことばなしには自分の感情にも形をあたえることはできないものです。しかし、美しい言い方や、ものにたとえた言い方でくらまされているほんとうの気持ちを、美しいことばづかいなどをすてて、できるだけそのとおり表してみるのです。

[D] ことばの意味をはっきりさせるということは、ことばの文法上の解釈《しゃく》や、語の起こりの歴史を知ることではありません。辞書をひいて、いろいろな言いかえ方を知ることでもないのです。ことばの意味をはっきりさせるというのは、そのことばが、どういうじっさいのことを表すために使われているかを知ることです。

これにたいして、ふだんのことばで書かれたつぎのような文章、

「自我が自我の内をかえりみることに深入りすればするほど、この自我はますますやつれてゆき、ついには、あけぼの【夜明け】の神アウローラの夫のように不死のゆうれいとなった。この自我はちょうど、キツネにおせじを言われて、うちょうてん【得意の絶頂】になり、くわえていた骨をなくしてしまったカラスに似てい

な、ものの側にあるように表現します。そこで何か私たちの外に真とか善とか美というものがあるように思って、真や善や美を発見するために、チルチル、ミチルのようにはるか遠くに出かけるのです。しかし、ほんとうはこのような 10 は、遠い世界のかなたにではなくて、私たちの家の中にいるのでした。

もちろん、私たちは真理【道理】や美や善をさがすのに、じっさいに遠くまで旅行するのではありません。⑥ただ遠くへ旅行すると同じようなものの考え方をしてしまうのです。

ほんとうにものをさがすときには、まず手近《てぢか》な、さがしやすいところからはじめて、だんだんと遠くまでさがして行くものです。遠くに旅行するには、前もってそこへ行く道をいろいろとさがし、出発の方向をきめ、しかもとちゅう、いつも、つぎつぎと道をさがしながら行くものです。そのように真理を求めるときにも、まず真理という語が手近に毎日使われるいろいろなちがった意味をよりわけて、はっきりさせなければなりません。もし、それらに共通なものがあれば、（ことばが共通だというのではなくて）それがじっさいにどういうことであるかを少しずつ明らかにしていくのがよいでしょう。チルチルとミチルが、ふしぎな魔《ま》法の力で一足飛びにとちゅうをとび越《こ》えて、生まれる前の国や死者の国へ行ったように、とちゅうで注意ぶかくしらべることをわすれて「真理とは」「真理とは」と心あせって問いつづけても、むだでしょう。このような学問のしかたからは、じっさいとは縁《えん》遠いお説教か、あるいは一時の熱心な気持ちがさめれば、色あせて、ふつうの鳥になってしまう机《き》上の空論しか残らないでしょう。

あなたたちの中のだれかは「私たちって、なんのために生きているのかしら。」と、ため息をついたことはありませんか。そして「もし私に人生の目的を知ることができたらなあ。」と考えたことはありませんか。ここまではいいのです。しかし、そのあとで、もしもあなたが、人生には目的があるんだから、「だれか知っているはずだ」と考えて、えらい哲学者や宗教家のところへ聞きに行ったとします。そして「人生の目的は幸福に生きることだ。」とか「人生の目的は他人を愛することだ。」とか「ほんとうの自分自身をつくりあげることだ。」などと、いろいろおそわっても、そしてあなたが一刻もはやく人生の目的を知りたいと思って、ひとりで満足せず、多くの哲学者のところをぐるぐるまわり歩いたとしても、けっきょく、あなたは人生の目的などわからないで失望したり、へんな信仰《こう》にこって、他人にめいわくをかけるようなことになりがちです。

もともと「目的」とは、私たちが「そうしたい」ことなのです。かならずそこへ行きつく以外にないような到《とう》着点が目的ならば、だれも目的など気にしないはずです。到着点が気になるのは、そこがはたして自分が望んでいるところかどうかを区別することができるから気になるのです。そして「そうしたい」のは「それが私にとって良いことだから、そうしたい」のです。しかし、何が良いことかは、私たちが何かやりはじめたあとでわかってくるものです。何もやらないならば、何がいいかわかりません。もしあなたが大学へでも入学するときに、面接の先生から「あなたは 11 」と聞かれても、あなたがぜんぜん学問のことについて知らなければ、答えようがないでしょう。なんでもいいから学問をしはじめてくると、はじめてやりたいことがしだいしだいにはっきりとした形をとってきます。そして、このようにつぎつぎに何かをやっているうちに、あなたの学校での目的、そしてやがて社会へ出てからの目的、としよりになってからの目的などが、つぎつぎとはっきりした形をとりはじめてくるのです。そして、これがあなたの人生の目的だったのです。何もしないで、人生の目的という大まかな、はっきりしない目的を追っていることは、じつは「人生には目的がある。」とか「目的を知る。」という言い方が、ひとりでにうに、それぞれ一種類の語しか使いません。②これは日本語を使うときに区別しなければならないような社会的な身分の区別が、ほかの国ではないか、または、ひじょうに弱いことを表しています。

　そこでわかってくることは、私たちのことばは私たちの社会生活のあり方や、私たちの国の歴史によって大きく影響《えいきょう》されているということです。ことばは社会や歴史によってつくられてきた面を持っていて、世界じゅうのすべての国民や民族に共通なものは、思ったよりも少ないのです。そして私たちは、一定の社会のことばの③色めがねで世界をながめていますし、またこまかいところでは、ひとりひとりによって少しずつちがった意味で語を使いながら世界をながめているのです。

　いままでお話したことから出てくるたいへんだいじなことは、私たちが使う語のさすものが、じっさいの世界の中にもあるのだと考えるのは、まちがいだということなのです。しかし、これはいまでも多くの人びとがしらずしらずのうちにもっている考え方です。

　④これは二つの意味でまちがいです。第一には、私たちの使っている語は、原則として一つ一つのものの名まえではなくて、似たものの類の名まえであり、しかも、どういう立場から見るかによって似た点もちがってきますから、一つ一つのもののほかにこのような語がさしているものがあると考えるのはおかしいことです。

　つぎの図を見てください。

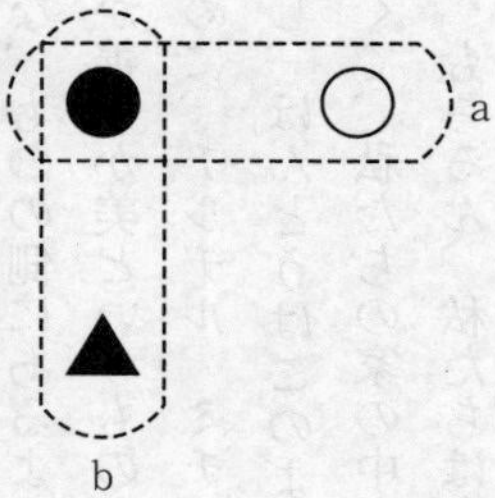

　図の中にあるのは、[5]と[6]と[7]の三つです。しかし私たちはaのように似ている点をまとめて[8]という語をつくり、またbのようにまとめて[9]という語をつくることができます。あとの二つの語がさすものが独立にあるとすれば、⑤この図の中に五つものがあることになるでしょう。

　第二には、じっさいの世界にあって語の中にないものが考えられ、語だけあって、じっさいの世界にないものがあり、じっさいの世界の区分と語による区分とが同じでないばあいなどがあります。ですから、語で表されたものは、かならず世界のどこかに存在していると考えたり、私たちのことばを通じて考えられたものが、じっさいの世界のすべてだと考えたりすることはまちがいです。私たちの感覚は、ある一定限度のしげきにしか反応しないようにできていますから、世界にはぜんぜん私たちに知られないようなものが無数にあるということも考えられましょう。また「無名兵士」などという語は、じっさいの兵士はそれぞれ名まえを持っているのですから、それ以上に無名兵士にあたるものが独立にあるわけではありません。

　このようなことは、みなさんにとってはあたりまえのことと思われるかもしれませんが、かえって過去の哲《てつ》学者とよばれる人びとの多くがおかしてきたまちがいであり、あるばあいには、みなさんもうっかりと落ちこんでしまうわなのようなものです。なぜなら、私たちのふだんのことばづかいは、このようなわなに落ちいりやすいようにできているのです。「美の発見」とか「真理をさがし求める」とか「美しい絵」「悲しい手紙」「良い本」「真の日本人」などという例は、このようなものの一つの例にすぎません。「悲しい手紙」は手紙が悲しいという性質をじっさいもっているのではなくて、その手紙を読んだ人の気持ちが悲しいのです。ですから、べつの人が同じ手紙を読んで、反対にうれしくなることだってあります。「美しい絵」のばあいにも「良い本」や「真の日本人」のばあいにも、少しずつ持つ気持ちはちがいますが、同じことが言えましょう。

　ところが、このような表し方はすべて自分の気持ちをものの中にあるかのように表しています。悲しみも、美しさも善良さも真理もみんまた、語がさしているありさまが何をもとにして言っているのかが、あいまいなばあいもあります。

一ぴきの犬が一ぴきの馬のまわりをぐるぐるとまわって走っています。しかし、馬は犬が動くにつれて犬の方に鼻づらを向けてまわります。いったいこの犬は馬のまわりをまわっているのでしょうか。［ 2 ］という意味では、まわっていますが、しかし、一度も［ 3 ］という意味では、まわっていないといわなければならないでしょう。

あなたの前にぜんぜん見知らぬ子どもが急にあらわれて、「ぼくは自由だよ。」と言ったとしましょう。あなたには、この子が何を言っているのかわかりますか。学校の授業が終わったので自由だ、と言っているのか、あるいは、わるものどもにとじこめられていたへやからぬけ出して来たので、そう言っているのか、これだけではわかりません。こんなわからないことばを使って「自由とはなんだろう。」と考えたり「アメリカは自由の国だ。」とか「ソビエトの国は自由の国だ。」などと言ったのでは、いっそうなんのことかはっきりしないにきまっています。

推論【推理した論】の規則のばあいには、世界じゅうのどのような人でも、この規則は正しい、この推論はまちがいだということについての意見は、まったくぴったりと合います。だれが考えても「［ 4 ］」ということには、なんのあいまいさもありません。

また「たしからしい」知識のばあいでも、ふつうのばあいはみんなの考える「らしさ」はだいたい同じようなものです。また、ひじょうに複雑なことがらについては、たしからしさのわけについての人びとの知識が同じであれば（同じような知識をもつならば）だいたい同じような意見になるでしょう。

ところが、①語の意味のあいまいさをなくすことは、たいへんむずかしいことなのです。あいまいさをなくすためには、世界じゅうにあるものや、できごとの一つ一つにちがった名まえをつけ、一つ一つの名まえについてはすべての人間がこれを使う、ということが必要でしょう。しかし、そのためには私たちは何億どころか無限の語をおぼえなければならないことになってしまいます。

したがって人間は、やはり同じようなものをひとまとめにしてよぶという、大ざっぱなやり方でことばを使うほうが、むだがないし、第一、そうしかできないでしょう。そうなると標準型にどのようなものをきめるか、どのような気持ちを標準にして美しいとか偉大とか言うか、ということをきめるのは人びとのかってで、薬の名まえとか自然科学の中の学術【学問】用語などのわずかなもののほかは、なかなか共通な標準など求められそうにもないのです。

それに、薬の名まえや数学の用語などは、私たちの生活の中から生まれてきたものではないので、共通なものを定めやすいのです。しかし、私たちのものの感じ方や気分を表すことばは、それぞれの国の伝統や社会のあり方に深いつながりを持っていますから、世界じゅうが一つの文化、一つの社会にならなければ、共通のものは求められないということになります。また、生活がいろいろとちがえば、ある国ではひじょうに注意を向けるものやできごとでも、ほかの国ではほとんど注意を向けないということもありましょう。

英語のジェントルマンにあたる日本語がないということは、ある人をジェントルマンとよぶことのできるような見方が日本人のあいだにないことをしめしています。「紳《しん》士」と訳したのでは、意味がちがってしまうのです。反対に、日本語では自分のことを「私」「ぼく」「おれ」「わし」「あたし」などと、いろいろちがったことばでよびますが、英語ではI（アイ）、ドイツ語ではIch（イヒ）と言います。また、フランス語ではJe（ジュ）と言いますし、ロシア語ではЯ（ヤー）というふ

2024年度

明治大学付属明治中学校

【国　語】〈第一回試験〉（五〇分）〈満点：一〇〇点〉

注意　字数制限のある問題については句読点・記号を字数に含《ふく》めること。

一　次の文章を読んで、あとの問いに答えなさい。ただし、【　】は語句の意味で、解答の字数に含《ふく》めないものとします。

ここでは私たちの知識の中にある「あいまい」な部分のことについてお話をしましょう。

ぜったいに真（真か偽《ぎ》かのどちらかしかないばあい）だとか、たしからしい（真や偽に程度の区別がつけられるばあい）ということは、形のうえからいえば、みんな一つの文（または判断）やいくつもの文（または判断）が結びついてできた複雑な文や判断について言われたことなのです。しかし、「あいまいさ」ということは、文や判断の中で使われている語の意味（または概念《がい》）についていわれることなのです。

たとえば、ものの名まえというものは特別のただ一つだけのものをさすとはかぎりません。「犬」という語は、あなたたちの中のだれかの家にいるコリーのポピーだけをさすことばではなくて、ポピーと似ているすべての動物をさすことができます。しかし、これらのすべての動物が、あなたのおうちのポピーちゃんと同じ姿をしているわけではありません。犬とよばれる動物の中には、ブルドッグ、ドーベルマン、チン、シェパードなど、そのほかたくさんのちがった［1］があります。見ただけですぐに犬だとわかるのもいれば、犬だかオオカミだかわからないようなのもいます。「音楽」ということばは、バッハやモーツァルトの音楽をさすと同時に、ジャズもさすでしょう。浪《ろう》曲（なにわぶし）が音楽かどうかということになると、音楽だと言う人もあり、音楽でないと言う人も出てきます。「ジャズなんか音楽じゃないよ。」と言う人にとっては、音楽ということばがさすものは、もっともっとせまくて、バッハかベートーベンの音楽に似たものだけが音楽とよばれているのでしょう。

もちろん、薬の名まえのように、どれもこれも同じような規格【定められた標準】にあったものだけにつけられた名まえもありますが、このように、はっきりときまったものだけをさす語はあんがい少ないのです。私たちが使っている大部分の語は、そのさすもののあり方が同じではないのです。だれでもがそれとわかる標準になるようなものが中心にあって、まれにしか出会わないようなもの、円の中心から遠くにあるものは、だんだんと標準型からはずれて、おしまいにはほかの名まえでよばれるものとの区別をつけることがむずかしくなってきます。

また、ある語は犬や音楽とのあいだの似かたとはちがった点から似たものを考えて、まったくちがったものを同じことばでよんでいます。「美しい花」と「美しいおこない」、「偉《い》大な山の峰《みね》」と「偉大な英雄《ゆう》」などという言い方のときに「花」と「おこない」、「山の峰」と「英雄」のそれぞれのものの中には、ものとして似たものはなに一つありません。しかし、これらのものにぶつかったとき私たちがいだく気持ちとか、それらから受ける感情などが似ているので、同じことばでよんでいるのです。

ものの名まえというものは、もののあいだにある似た点をひとまとめにして名づけるのですが、この似かたは、そんなにはっきりしているものではありませんし、また、似ているのが、ものの中の特ちょうではなくて、私たちの気持ちにすぎないけれども、これを一つの語でよぶばあいもあります。

2024年度

明治大学付属明治中学校　▶解説と解答

算　数　＜第１回試験＞（50分）＜満点：100点＞

解　答

1 (1) $\frac{2}{7}$　(2) (ア)　5　(イ)　30　(3)　9.6　(4)　56　(5)　602.88　2 (1)　7段目，５番目　(2)　3025　(3)　９段目　3 (1)　4800円　(2)　16個　(3)　13個
4 (1)　400円　(2)　52円　5 (1)　４人　(2)　午前９時41分

解　説

1　逆算，旅人算，濃度《のうど》，比の性質，相似，表面積

(1)　$6\div2.4\div\frac{5}{6}=6\div\frac{12}{5}\div\frac{5}{6}=\frac{6}{1}\times\frac{5}{12}\times\frac{6}{5}=3$，$\frac{2}{7}\div\frac{7}{11}=\frac{2}{7}\times\frac{11}{7}=\frac{22}{49}$より，$3-\left(\frac{22}{49}+\square\right)\times3\frac{1}{2}=\frac{3}{7}$，$\left(\frac{22}{49}+\square\right)\times3\frac{1}{2}=3-\frac{3}{7}=\frac{21}{7}-\frac{3}{7}=\frac{18}{7}$，$\frac{22}{49}+\square=\frac{18}{7}\div3\frac{1}{2}=\frac{18}{7}\div\frac{7}{2}=\frac{18}{7}\times\frac{2}{7}=\frac{36}{49}$　よって，$\square=\frac{36}{49}-\frac{22}{49}=\frac{14}{49}=\frac{2}{7}$

(2)　電車と電車の間の距離《きょり》は，$110\times\frac{8}{60}=\frac{44}{3}$(km)だから，車と電車が出会う間かくは，$\frac{44}{3}\div(110+50)=\frac{11}{120}$(時間)ごとである。これは，$60\times\frac{11}{120}=5\frac{1}{2}$(分)，$60\times\frac{1}{2}=30$(秒)より，５分30秒ごととなる。

(3)　はじめにＡとＢに含《ふく》まれていた食塩の重さの合計は，$300\times0.06+500\times0.12=78$(g)とわかる。ここで，それぞれの容器から同じ重さの食塩水を取り出しているから，やりとりの後のＡ，Ｂの食塩水の重さははじめと変わらない。よって，やりとりの後にＡに含まれている食塩の重さは，$300\times0.1=30$(g)なので，やりとりの後にＢに含まれている食塩の重さは，$78-30=48$(g)とわかる。したがって，やりとりの後のＢの食塩水の濃《こ》さは，$48\div500\times100=9.6$(%)と求められる。

(4)　５年生の人数を④人，６年生の人数を⑤人とする。また，４年生の人数を24人増やすと，４年生の人数も④人になる。下の図１の㋐の配り方で，４年生の人数を24人増やすと配る枚数は，$5\times24=120$(枚)増えるから，$120-6=114$(枚)不足することになる。同様に，㋑の配り方で，４年生の人数を24人増やすと配る枚数は，$3\times24=72$(枚)増えるので，72枚不足することになる。よって，㋐と㋑で配る枚数の差は，$114-72=42$(枚)になる。また，㋐と㋑で５年生に配る枚数は同じだから，４年生と６年生に配る枚数の合計の差が42枚となる。さらに，㋐と㋑で４年生と６年生に配る

図１

㋐

	人数	枚数
４年生	④人	５枚
５年生	④人	５枚
６年生	⑤人	５枚

㋑

	人数	枚数
４年生	④人	３枚
５年生	④人	５枚
６年生	⑤人	６枚

図２

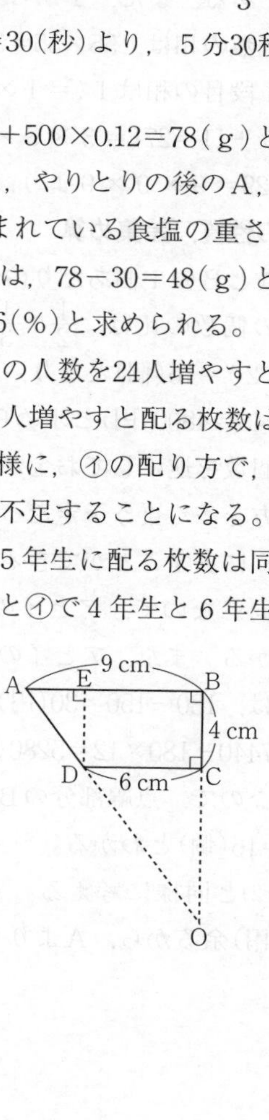

枚数の合計の差は，（５×④＋５×⑤）－（３×④＋６×⑤）＝㊺－㊷＝③だから，①にあたる数は，42÷３＝14となり，５年生の人数は，④＝14×４＝56(人)と求められる。

(5)　上の図２で，AE＝９－６＝３(cm)なので，三角形ADEは３つの辺の長さの比が３：４：５の直角三角形であり，AD＝５cmとわかる。また，BCとADをそれぞれ延長して交わる点をOとすると，三角形ADEと三角形DOCは相似になるから，DC：DO＝３：５より，DO＝$6\times\frac{5}{3}$＝10(cm)と求められる。次に，台形ABCDをBCを軸《じく》として１回転させると，三角形AOBを１回転させてできる円すい㋐から三角形DOCを１回転させてできる円すい㋑を取り除いた形の立体(円すい台)ができる。円すい㋐と円すい㋑の底面積の和は，９×９×3.14＋６×６×3.14＝(81＋36)×3.14＝117×3.14(cm²)となる。また，円すいの側面積は，(母線)×(底面の円の半径)×(円周率)で求めることができるので，円すい㋐の側面積は，(５＋10)×９×3.14＝135×3.14(cm²)，円すい㋑の側面積は，10×６×3.14＝60×3.14(cm²)とわかる。よって，円すい台の表面積は，117×3.14＋(135×3.14－60×3.14)＝192×3.14＝602.88(cm²)と求められる。

2　数列

(1)　51は１からかぞえて，(51＋１)÷２＝26(番目)の奇数《きすう》である。また，１＋２＋３＋４＋５＋６＝21より，６段目までに並んでいる個数の合計は21個とわかるから，26番目の奇数は７段目の左から，26－21＝５(番目)の数である。

(2)　１段目から10段目までに並んでいる個数の合計は，１＋２＋…＋10＝(１＋10)×10÷２＝55(個)である。また，１から連続する奇数の和は，(個数)×(個数)で求めることができるので，これらの奇数の和は，55×55＝3025と求められる。

(3)　１段目の和は１(＝１×１×１)，２段目の和は，３＋５＝８(＝２×２×２)，３段目の和は，７＋９＋11＝27(＝３×３×３)のように，N段目の和は，($N\times N\times N$)と表すことができる。よって，729＝９×９×９より，和が729になるのは９段目とわかる。

3　比の性質，差集め算

(1)　AとBの１個あたりの値段の比は，100：150＝２：３だから，同じお金で買うことができるAとBの個数の比は，$\frac{1}{2}:\frac{1}{3}$＝３：２となる。この差が16個なので，比の１にあたる個数は，16÷(３－２)＝16(個)となり，買ったAの個数は，16×３＝48(個)とわかる。よって，準備したお金は，100×48＝4800(円)と求められる。

(2)　個数を逆にしてお金が余ったから，値段が高いCの方を多く買う予定だったことになり，右の図１のように表すことができる。図１で，点線部分の金額は同じなので，アとイの部分の金額の差が360円とわかる。また，アとイの部分の１個あたりの金額の差は，180－150＝30(円)だから，アの部分の個数は，360÷30＝12(個)であり，点線部分の金額は，7440－180×12＝5280(円)と求められる。さらに，BとCの１個の値段の和は，150＋180＝330(円)なので，点線部分のBの個数，つまり予定のBの個数は，5280÷330＝16(個)とわかる。

図１

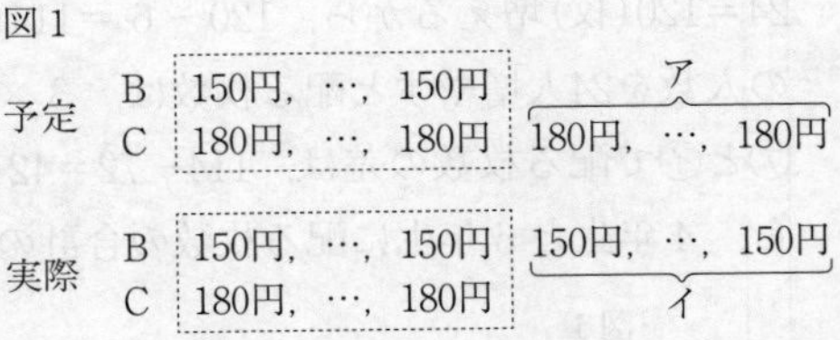

(3)　(2)と同様に考える。AとBの個数を逆にすると，9010－8710＝300(円)余るから，AよりもBの方を，300÷(150－100)＝６(個)多く

図２

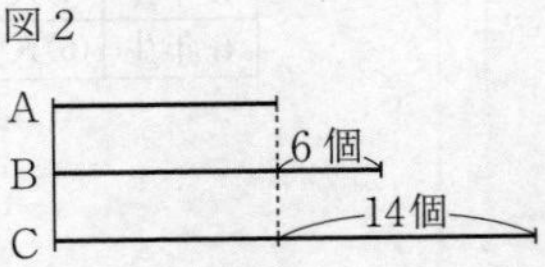

買う予定だったことになる。また，ＡとＣの個数を逆にすると，9010－7890＝1120(円)余るので，Ａよりも Ｃの方を，1120÷(180－100)＝14(個)多く買う予定だったことになる。よって，予定の個数は上の図２のようになる。次に，Ｂの個数を６個，Ｃの個数を14個減らすと，全体の金額は，9010－(150×６＋180×14)＝5590(円)になる。さらに，Ａ，Ｂ，Ｃの１個の値段の和は，100＋150＋180＝430(円)だから，予定のＡの個数は，5590÷430＝13(個)と求められる。

[4] 売買損益，割合と比，和差算

⑴　Ａの１個あたりの利益は，800×0.1＝80(円)である。また，Ｂの１個あたりの利益を□円とすると，前日(ある日)にＡとＢの売れた個数の比は３：２であり，ＡとＢの利益は等しいから，80×３＝□×２と表すことができる。よって，□＝80×３÷２＝120(円)と求められる。これはＢの仕入れ値の３割にあたるので，Ｂの仕入れ値は，120÷0.3＝400(円)とわかる。

⑵　前日に売れた個数を，Ａが30個，Ｂが20個とすると，翌日に売れたＡとＢの個数の合計は，30＋20＝50(個)になるから，翌日に売れたＡとＢの個数はどちらも，$50\times\frac{1}{1+1}$＝25(個)とわかる。また，前日の利益の合計は，80×30＋120×20＝4800(円)なので，翌日の利益の合計は，4800÷２＝2400(円)となる。よって，翌日の１個あたりの利益を，Ａが□円，Ｂが△円とすると，下の図１のようになる。図１で，翌日の25個ずつの利益の合計が2400円だから，□＋△＝2400÷25＝96(円)となる。また，ＡとＢを同じ金額ずつ値下げしたので，翌日の１個あたりの利益の差は前日の差と等しく，120－80＝40(円)とわかる。したがって，下の図２のようになるから，□＝(96－40)÷２＝28(円)と求められ，値下げした金額は，80－28＝52(円)となる。

図１

		利益	個数	利益の合計
前日	Ａ	80円	30個	4800円
	Ｂ	120円	20個	

		利益	個数	利益の合計
翌日	Ａ	□円	25個	2400円
	Ｂ	△円	25個	

図２

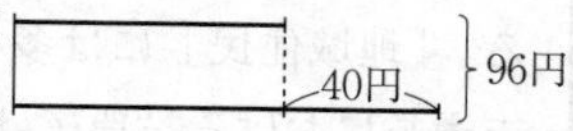

[5] ニュートン算

⑴　専用窓口１か所が１分間に交付する人数を[5]人，一般《いっぱん》窓口１か所が１分間に交付する人数を[3]人とする。９時から９時８分までの８分間で，専用窓口に来場した人数は，13×８＝104(人)であり，そのうち交付を受けた人数は，[5]×３×８＝[120](人)である。一方，一般窓口に来場した人数は，５×８＝40(人)であり，そのうち交付を受けた人数は，[3]×３×８＝[72](人)である。よって，来場した人数の合計は，104＋40＝144(人)であり，そのうち交付を受けた人数の合計は，[120]＋[72]＝[192](人)だから，交付待ちの人数の合計は，144－[192](人)と表すことができる。これが48人なので，144－[192]＝48より，[1]＝(144－48)÷192＝0.5(人)と求められる。したがって，９時８分の一般窓口での交付待ちの人数は，40－0.5×72＝４(人)である。

⑵　９時８分の専用窓口での交付待ちの人数は，48－４＝44(人)だから，９時９分の交付待ちの人数は，専用窓口が，44＋13＝57(人)，一般窓口が，４＋５＝９(人)であり，合わせて，57＋９＝66(人)となる。この後，専用窓口を７か所にすると，専用窓口では１分間に，0.5×５×７＝17.5(人)に交付するので，専用窓口での交付待ちの人数は１分間に，17.5－13＝4.5(人)の割合で減る。一方，一般窓口では１分間に，0.5×３×３＝4.5(人)に交付するから，一般窓口での交付待ちの人数は１分間に，５－4.5＝0.5(人)の割合で増える。よって，全体では１分間に，4.5－0.5＝４(人)の割合で減っていき，交付待ちの人数が25人になる。その後，専用窓口は再開してから，57÷4.5＝$12\frac{2}{3}$(分

後）に交付待ちの人がいなくなるから，交付待ちの人数が２回目に25人になるのは，一般窓口での交付待ちの人数が25人になるときである。したがって，再開してから，(25－９)÷0.5＝32（分後）なので，９時９分＋32分＝９時41分と求められる。

社　会　＜第１回試験＞（40分）＜満点：75点＞

解　答

Ⅰ　１　(1)　キ　(2)　イ　(3)　キ　(4)　ア　(5)　ク　(6)　イ　２　エ　３　ア　４　エ　５　エ　６　猪苗代湖　７　エ　Ⅱ　１　ウ　２　エ　３　イ　４　イ→エ→ア→ウ　５　ア　６　ウ　７　ア　８　イ　９　エ　10　エ　11　エ　12　（例）　毒ガスや細菌兵器の使用は国際法で禁じられているので，敗戦後に戦争犯罪として処罰されないように証拠隠滅を図ったため。　13　エ→ウ→ア→イ　Ⅲ　１　あ　統一　い　首長　う　広島　え　条例　２　ア　３　イ　４　ウ　５　ア　６　エ　７　個人　８　(1)　地方交付税交付金　(2)　ふるさと納税　９　(1)　（例）　仕事などで現在は居住していなくても，自分の出身地でより良い街づくりを行いたいと考える人たちに道が開かれているのは良いことだと考えます。（現在居住していなければ，その地域のことを理解できているとは考えにくく，有名人などが知名度だけで当選してしまう不安があります。）　(2)　（例）　地域の問題は地域住民の手で解決すべきであるが，３か月以上居住していなくても首長になれる一方，日本国籍が無いことを理由に地域住民が地方自治に参画できないことは矛盾している。「地域住民」には多様な背景を持つ人々が含まれており，日本国籍の保有者でなくても，地方選挙における投票権は認めるべきだ。

解　説

Ⅰ　日本各地の自然の特色や都市，災害についての問題

１　(1)　四国山地で最も標高が高いのは石鎚《いしづち》山（愛媛県）の1982ｍで，活火山ではない（Ａ…×）。北アルプスとよばれるのは飛騨《ひだ》山脈（富山県，岐阜県，長野県）である（Ｂ…×）。　(2)　利根川は前橋市（群馬県），宇都宮市（栃木県）を流れ，利根川本流から分流する江戸川は葛飾区，江戸川区を通る（Ａ…〇）。阿武隈《あぶくま》川は福島県，天竜川は静岡県，熊野川は和歌山県で太平洋に流れこんでいる（Ｂ…〇）。最上川は山形県で日本海，九頭竜《くずりゅう》川は福井県で日本海に流れこんでいるが，四万十川は高知県で太平洋に流れこんでいる（Ｃ…×）。　(3)　松本盆地に県庁所在地（長野市）はないが，北上盆地には県庁所在地（盛岡市）がある（Ａ…×）。牡鹿《おしか》半島（宮城県）は太平洋に面しているが，男《お》鹿《が》半島（秋田県）は日本海に面している（Ｂ…×）。　(4)　松江市（島根県）は日本海側の気候に属しており，冬の北西季節風の影響《えいきょう》を受け，太平洋側の高知市や瀬戸内海沿岸の高松市より12～２月の降水量が多く，平均気温も低い（Ａ…〇）。高知市は太平洋側の気候に属しており，梅雨や台風の影響により，年間降水量が多く，年平均気温が高い（Ｂ…〇）。高松市（香川県）は瀬戸内の気候に属しており，夏の南東季節風を四国山地に，冬の北西季節風を中国山地にさえぎられることで年間降水量が少ない（Ｃ…〇）。　(5)　東経153度59分の南鳥島（東京都）は東経135度の明石市よりも日の出の時刻が約１時間早くなる（Ａ…×）。与那国《よなぐに》島は沖縄県与那国町に属している（Ｂ…×）。沖ノ鳥

島(東京都)は無人島で，気象観測所と飛行場が設置されているのは南鳥島である(Ｃ…×)。 (6)
東海地方から四国地方の沖合約100kmの海底にある水深4000ｍ級の溝《みぞ》状の地形を南海トラフというが，2011年にマグニチュード9.0の地震が発生した東北地方太平洋沖地震(東日本大震災)は，宮城県の牡鹿半島沖を震源としていた(Ｃ…×)。

２　Ｂは2008年の輸送機械などが１位であることから，世界的な自動車工業都市の豊田市がある愛知県である。戦前の1909年には阪神工業地帯が日本最大の工業地帯であったが，戦後は京浜工業地帯が中心となっていたことから考えると，Ａが大阪，1955年に食料・飲料と化学が１位であるＣが東京と判断できる。

３　1990年代まで出荷額が１位であったＡは日本の主食であるコメ，近年出荷額が１位であるＢは畜産，残ったＣは野菜となる。

４　Ａは最も人口の割合が多いので15～64歳，Ｂは少子化により減少傾向にあるので15歳未満である。ＣとＤは増加傾向にあるのでどちらも高齢者であるが，より人数の多いＣが65歳以上，人数の少ないＤが75歳以上と判断できる。

５　コンビニエンスストアは右肩上がりに販売額が増加していたが，2019年から2020年にかけては減少している。これは新型コロナウイルス感染症《かんせんしょう》の拡大に伴《ともな》い，チケット販売など食品以外の売り上げが減ったことや，外出自粛《じしゅく》によって自宅ですごす時間が長くなり売り上げが減ったことなどが原因であると考えられる(エ…×)。

６　図を上下逆にし，うすいグレーで塗《ぬ》りつぶされた部分をよく見れば，日本列島付近を反転した地図であることがわかる。山ひだの部分は日本海と太平洋，図中Ａの「島」に見える部分の上に描かれている色の濃い部分は，日本列島の中央にあたるので，群馬県，長野県，岐阜県に連なる標高の高い地域であると推測できる。Ａはその北に位置するので，東北地方南部の中央付近である。また，「島」に見えるということは，実際は標高の低い部分であるから，福島県の猪苗代《いなわしろ》湖と考えられる。

７　断面図では，縦軸(標高)と横軸(Ｘ軸)の目盛りが表す長さが異なっているので，そこで表される角度と実際の地点Ａから地点Ａ′を見上げた角度は等しくならない(エ…×)。

Ⅱ　日本の医学・医療の移り変わりを題材とした問題

１　ウの銅鐸《どうたく》は，弥生時代に朝鮮半島から伝わった青銅の鋳造《ちゅうぞう》技術により日本で独自につくられたとされる青銅製の鐘《かね》で，祭りごとの道具として用いたと考えられている。表面には高床の倉庫や人物などのほか，農作業や狩猟《しゅりょう》の様子が描かれたものもある。なお，ア，イ，エはいずれも，古墳のまわりや上などに置かれた埴輪《はにわ》である。

２　古代の４～７世紀にかけて，朝鮮半島や中国から日本に移り住んだ人々を渡来《とらい》人といい，鉄製の農具，大きなため池，須恵器《すえき》をつくる技術や，機《はた》織り，漢字，儒教《じゅきょう》などを伝えたが，土師器《はじき》は弥生土器の流れをくむ日本の伝統的な素焼きの土器である。

３　資料には「奉　盧舎那仏《るしゃなぶつ》種々薬」と書かれている。この盧舎那仏は，ききんや災害，伝染病などで混乱した世をしずめ，人々の不安を仏教の力で取りのぞこうとして，743年に聖武天皇が東大寺につくることを命じた金銅の大仏である。

４　アの平清盛が太政《だいじょう》大臣となったのは1167年，イの白河上皇が院政を開始したのは1086年，ウの奥州藤原氏が源氏に滅ぼされたのは1189年，エの平治の乱は1159年のことなので，年代の古い順に並べると，イ→エ→ア→ウとなる。

5　琉球王国が成立したのは1429年(15世紀)のことである(ア…×)。琉球王国が成立すると，明(中国)や日本と交易するだけでなく，東南アジアのルソン島(フィリピン)やスマトラ島(インドネシア)にまで交易範囲を広げ，輸入した品物を他の国へ輸出する中継貿易をさかんに行っていた。

6　足利学校の創建については諸説あるが，室町時代に上杉憲実《のりざね》が関東管領になると学問所として再興し，武士や僧などに儒学や易学，医学を教えた。『論語』は儒学の中心文献《ぶんけん》である四書五経の１つで，孔子《こうし》とその弟子の言行が書かれている。

7　1591年から1597年まで，天草には宣教師養成のためのコレジオ(コレジヨ)が設置された(ア…○)。なお，イの天草四郎らが領主の厳しい年貢取り立てやキリシタン弾圧に抵抗して島原・天草一揆を起こしたのは1637年，ポルトガル船の来航禁止はその後の1639年の出来事である。ウのフランシスコ・ザビエルがはじめて訪れたのは鹿児島，エの天正遣欧《けんおう》使節は日本のキリシタン大名がローマ教皇のもとに送った少年使節である。

8　ドイツ人のシーボルトは，19世紀前半にオランダ商館の医師として来日し，長崎の郊外に診療所と蘭学《らんがく》塾を兼《か》ねた鳴滝塾を開いた。シーボルトは1828年に帰国するとき，国外への持ち出しが禁止されていた「大日本沿海輿地《よち》全図」を持ち出そうとしたため，国外退去処分とされた。

9　1895年の前年である1894年に，日本は日英修好航海条約を結んだことで領事裁判権(治外法権)の撤廃《てっぱい》に成功した。エの鹿鳴館《ろくめいかん》は，江戸幕府が幕末に結んだ不平等条約を改正するため，日本が近代国家になったことを欧米諸国にアピールすることを目的として1883年に建てられた。1882～87年に外務卿《きょう》・外務大臣を務めた井上馨《かおる》は，改正交渉を成立させるため，ここで毎晩のように外国の使節団を招待し，舞踏《ぶとう》会などを開いていわゆる鹿鳴館外交を展開した。なお，アは1897年，イは1904年，ウの八幡製鉄所の操業開始は1901年の出来事である。

10　志賀潔《きよし》は，明治時代から昭和時代にかけて活躍した細菌《さいきん》学者で，現在の東京大学医学部を卒業後に北里柴三郎のもとで研究し，1897(明治30)年に赤痢《せきり》菌を発見した(エ…○)。なお，アのペスト菌は北里柴三郎，イの黄熱ウイルスは野口英世，ビタミンB_1は鈴木梅太郎と関連が深いものである。

11　朝鮮は1910年の韓国併合《へいごう》により，関東州は1932年の満州国建国により，台湾は1895年の下関条約により日本の統治下に置かれ，医学校が設置されたが，北樺太《からふと》は日本の領土となっていない。なお，1905年のポーツマス条約により，北緯50度以南の樺太は日本の統治下に置かれた。

12　1925年に結ばれたジュネーヴ議定書では，ガスを用いた兵器や細菌学的戦争手段の使用を禁止しているので，毒ガスや細菌兵器などの開発に関する資料が見つかると，国際法違反で責任を問われることになる。

13　アの湾岸戦争は1991年，イの環境省の設置は2001年，ウのチョルノービリ原発事故は1986年，エの第五福竜丸事件は1954年のことなので，年代の古い順に並べると，エ→ウ→ア→イとなる。

Ⅲ　地方自治についての問題

1　**あ，い**　統一地方選挙は，４年に１度の４月に任期満了《まんりょう》となる首長や議員がいる地域で，いっせいに選挙が実施されることから，このように呼ばれる。通常，４月前半に都道府県知事と議員，政令指定都市の市長と議員の選挙が行われ，後半に政令指定都市以外の市町村の首長と議員の選挙が行われる。　**う**　2023年５月19日から21日にＧ７広島サミットが開かれ，岸田首相をはじめ，アメリカ・イギリス・フランス・ドイツ・カナダ・イタリア・EUの首脳のほか，招待国としてオーストラリア，インドなど８か国と，ゲスト国としてウクライナのゼレンスキー大統領が出席した。　**え**　憲法と法律の範囲内で地方議会が制定し，その地方自治体(自治体)の中でのみ適用されるきまりを条例という。ヘイトスピーチに対して刑事罰を科すことのできる条例は，全国で初めて川崎市が制定し(川崎市差別のない人権尊重のまちづくり条例)，2020年７月に施行された。

２　総務省などが中心となって地方分権をすすめるために1999年に始まった「平成の大合併」により，市町村数は3232から2010年には1700あまりに減少した。国から自治体に権限を移そうという地方分権の流れの中，行政・財政の効率化と地域の活性化をめざし，住民に充実したサービスを提供することで，住民が安心して暮らせる町づくりをするため，市町村合併は進められた(ア…○)。

３　首長や議員の解職を求めるには，有権者の３分の１以上の署名を集めて選挙管理委員会に提出し，その後に行われる住民投票で過半数の同意があれば，解職が成立する(イ…×)。

４　選挙に関するきまりをまとめた公職選挙法では，18歳未満(未成年者)の者の選挙活動を禁じているので，立候補者がかかげた公約をSNSに投稿することは，公職選挙法違反になる可能性がある(ウ…×)。

５　LGBT理解増進法の正式名称は，「性的指向及《およ》びジェンダーアイデンティティの多様性に関する国民の理解の増進に関する法律」である。この法律には，「家庭や地域住民，その他の関係者の協力が必要」という規定が盛りこまれたため，家庭や地域住民が学校での理解増進に反対した場合は，学校での教育や取り組みが妨《さまた》げられる可能性がある(ア…○)。

６　法務省には，国籍や登記に関する事務や国民の人権を守ることを仕事とし，出入国の管理や外国人材の受け入れを行う出入国在留管理庁，公安審査委員会，公安調査庁が設置されている。

７　日本国憲法第13条では，「すべて国民は，個人として尊重される。生命，自由及び幸福追求に対する国民の権利については，公共の福祉に反しない限り，立法その他の国政の上で，最大の尊重を必要とする」と定められている。

８　(1)　地方財政の歳入の格差をなくすために，国が使いみちを指定せず，財源の少ない地方公共団体に配分するお金のことを，地方交付税交付金といい，財政に余裕のある東京都には配分されていない。　(2)　ふるさと納税(制度)は，自分の生まれ育ったふるさとの自治体や，応援したい地方自治体などに寄附《きふ》することができる制度で，一定額以上を寄附すると，それに応じて納める住民税や所得税が安くなり，そのお礼として寄附した地方自治体から特産品や名産品がもらえるという特典がある。

９　(1)　その地域に住んでいなくても知事や市区町村長になれることに対する賛成意見として，自分の出身地をよりよい方向に変えたい人が立候補できる点，反対意見として，その地域と関わりがなく理解もできていない有名人が当選する可能性がある点があげられる。　(2)　本文から，地域の問題は住民自身の手で解決すべきということ，会話文から，それにもかかわらず知事や市区町村長には居住に関する要件がないことがわかるので，住民税を納めるという義務を果たしている外国籍の人にも，地方選挙において投票する権利を認めるべきだという解答が導き出せる。

理 科 ＜第１回試験＞（40分）＜満点：75点＞

解 答

Ⅰ ⑴ ① C　② A　⑵ A エ　B ウ　C イ　⑶ a ア，カ　b ウ，エ　⑷ 石英　⑸ 等粒状組織　⑹ エ　Ⅱ ⑴ エ　⑵ 水…400 g　食塩…140 g　⑶ イ　⑷ ア　⑸ A 食塩水　B 砂糖水　C うすい塩酸　D 水酸化ナトリウム水溶液　Ⅲ ⑴ A アルミニウム　B 銅　C 鉄　D 金　⑵ ウ　⑶ ア　⑷ イ　⑸ 0.675 g　Ⅳ ⑴ カ　⑵ ア　⑶ イ　⑷ ウ，オ　⑸ イ　Ⅴ ⑴ エ　⑵ イ　⑶ 輸尿管　⑷ 180 L　⑸ 534.9 g　Ⅵ ⑴ 0.3 g　⑵ 2 cm　⑶ 4 cm　⑷ 2 g　⑸ 300 g　Ⅶ ⑴ 19℃　⑵ 0.6℃　⑶ $\frac{3}{4}$倍　⑷ エ

解 説

Ⅰ 火山と岩石についての問題

⑴，⑵　Aはたてをふせたようなゆるやかな傾斜《けいしゃ》の火山で，マグマのねばりけが弱く流れやすいときにできる。このような火山としては，ハワイのキラウエア山やマウナロア山などがあてはまる。また，Cは盛り上がったドームのような形の火山で，マグマのねばりけが強く流れにくいときにできる。このような火山にあてはまるのは，昭和新山や雲仙普賢岳《うんぜんふげんだけ》などである。Bは円すい形になっていることから，マグマのねばりけが中くらいで，溶岩《ようがん》と火山灰などが交互《こうご》にふり積もってできた火山とわかる。このような火山の例として，富士山や浅間山などがあげられる。なお，槍ヶ岳《やりがたけ》やエベレストは土地が隆起《りゅうき》してできた山である。

⑶　マグマが冷えて固まった岩石を火成岩という。火成岩のうち，白っぽい岩石として，流紋《もん》岩や花こう岩などがあてはまり，黒っぽい岩石としては，玄《げん》武岩や斑《はん》れい岩などがあげられる。中間の色の火成岩として，流紋岩やせん緑岩などもある。

⑷　白っぽい火成岩には，キラキラした透《とう》明の結晶《しょう》の石英や白色の長石が多く含《ふく》まれている。

⑸　図２のように，鉱物の結晶が大きく成長し，それぞれの粒《つぶ》の大きさがほぼそろった組織を等《とう》粒《りゅう》状組織という。このような組織は，マグマが地下深いところでゆっくりと冷え固まった岩石に見られる。

⑹　2023年に噴《ふん》火警報が発表された火山は桜島や浅間山である。気象庁は全国の活火山を観測していて，噴火災害の軽減のために噴火警報や予報を発表している。

Ⅱ 水溶液《すいようえき》の性質についての問題

⑴　紫《むらさき》キャベツの煮汁《にじる》を酸性の水溶液に入れると赤色に，アルカリ性の水溶液に入れると緑色や黄色に変化するが，中性では紫色のまま変わらない。実験１から，水溶液Cは赤色に変化したので，酸性のうすい塩酸，水溶液Dは黄色になったので，アルカリ性の水酸化ナトリウム水溶液とわかる。また，うすい塩酸と水酸化ナトリウム水溶液を過不足なくまぜあわせると，中和によって食塩水となる。

⑵　20℃の水100 gに食塩35 gを溶《と》かすと，100＋35＝135（g）の飽和《ほうわ》食塩水ができる。540 gの飽和食塩水は，この，540÷135＝4（倍）の重さなので，必要な水の重さは，100×4＝400（g），食塩の

重さは，35×４＝140（ｇ）とわかる。

⑶　水酸化ナトリウムを水に溶かすと熱が発生する。このとき，水の体積が少ないと温度が上がりすぎることがあり危険なので，水を先にビーカーに入れてから，水酸化ナトリウムを少しずつ加えるようにする。

⑷　実験２でできた水溶液Ａは食塩水である。食塩水の水分を蒸発させると，アのような形の食塩の結晶が出てくる。なお，イはミョウバン，ウは硫《りゅう》酸銅，エはホウ酸，オは硝《しょう》酸カリウムの結晶である。

⑸　⑴で述べたように，水溶液Ｃはうすい塩酸，水溶液Ｄは水酸化ナトリウム水溶液，水溶液Ｃと水溶液Ｄがちょうど中和してできる水溶液Ａは食塩水である。残った水溶液Ｂは砂糖水とわかる。

Ⅲ　水溶液と金属についての問題

⑴　実験１から，金属Ｃは磁石に引きつけられることから鉄である。また，実験２で，うすい塩酸と反応する金属はアルミニウムと鉄だから，金属Ａはアルミニウムとわかる。アルミニウムは水酸化ナトリウム水溶液にも反応するので，実験３でも確かめられる。さらに，実験４で金属Ｄは加熱しても変化しないので金，残りの金属Ｂは銅である。

⑵　実験２，実験３で発生した気体は水素である。水素は最も軽い気体で，燃えて酸素と結びつくと水になるので，ウが正しい。なお，アは酸素，イは二酸化炭素，エはアンモニアがあてはまる。

⑶　水素は水にほとんど溶けないので，水上置換《かん》法で集めることができる。

⑷　ア　金属は，みがくと表面が光る性質があるので正しい。　　イ　金属は，ほかの物質と比べて電気や熱を通しやすい。金属のうち，最も電気を通しやすいのは銀，最も熱を伝えやすいのも銀なので，誤りである。　　ウ　金属には，たたいたり引っ張ったりすると，のびる性質がある。よって，正しい。　　エ　常温で液体である金属には水銀があるので，適切である。

⑸　2.7ｇのアルミニウムが水酸化ナトリウム水溶液と完全に反応すると3.36Ｌの水素が発生することから，0.84Ｌの水素を発生させるためには少なくとも，$2.7\times\frac{0.84}{3.36}=0.675$（ｇ）のアルミニウムが必要である。

Ⅳ　インゲンマメの発芽と成長についての問題

⑴　図１の左の図はカキなどの種子で，アは胚《はい》乳，イは子葉，ウは胚軸《じく》である。右がマメ科の種子で，エが幼芽，オが胚軸，カが子葉である。

⑵　インゲンマメを土にうえると，はじめに幼根が出て根がのび，全体をおし上げるようにして地上に出て，子葉の間から幼芽であった部分が出て本葉となる。したがって，アが正しい。

⑶　インゲンマメは，呼吸することによって，子葉に蓄《たくわ》えていた養分を成長のためのエネルギーにかえている。このとき，使った養分の分だけ乾燥《かんそう》重量が減るが，日の当たる場所では本葉が光合成をはじめて養分をつくり出すため，乾燥重量は再び増えはじめる。

⑷　マメ科の植物としては，フジやラッカセイ，エンドウやシロツメクサなどがあげられる。なお，イチゴはバラ科，サツマイモはヒルガオ科，トウモロコシはイネ科である。

⑸　相利共生はたがいに利益がある関係である。アのアオムシコマユバチはアオムシの体内に卵をうみ，アオムシに利益がないので，あてはまらない。イのアリとアブラムシは，アリがアブラムシの天敵となるテントウムシを追いはらい，アブラムシはアリにあまいみつのようなものをからだから出してあたえるので，相利共生といえる。なお，ウのカクレウオは，ナマコの体内に寄生するの

で，ナマコに利益がなく，適当でない。また，キリンとシマウマはどちらも草食で，利益も不利益もないため，相利とはいえない。

Ⅴ 腎《じん》臓のはたらきについての問題

⑴　ヒトの腎臓は，背中側の腰《こし》のあたりに左右１対あり，にぎりこぶしぐらいの大きさでソラマメのような形をしている。

⑵　体内でアミノ酸が利用されると，アンモニアが発生する。アンモニアは有毒な物質なので，肝《かん》臓で無毒な尿《にょう》素につくりかえられ，腎臓でこしとられて不要物として排《はい》出される。

⑶　腎臓でつくられた尿は，輸尿管を通ってぼうこうに移動し，一時蓄えられたあと，体外に出される。

⑷　成分Ａはまったく再吸収されないので，「尿のもと」に含まれる重さと「尿」に含まれる重さが等しくなる。よって，成分Ａの「尿」中の濃《のう》度は，「尿のもと」中の濃度の120倍なので，１日につくられる「尿のもと」の体積は「尿」の120倍になる。よって，1.5×120＝180より，１日の「尿のもと」の体積は180Ｌとわかる。

⑸　１日につくられる「尿のもと」に含まれる成分Ｂの重さは，180×1000×0.003＝540(ｇ)である。いっぽう，１日につくられる「尿」に含まれる成分Ｂは，1.5×1000×0.0034＝5.1(ｇ)なので，成分Ｂが１日に再吸収される重さは，540－5.1＝534.9(ｇ)となる。

Ⅵ 力のつり合いと浮《ふ》力についての問題

⑴　水中の物体は，物体がおしのけた水と同じ重さの上向きの力を受ける。この上向きの力を浮力という。また，物体が水に浮《う》いているとき，物体の重さ(下向きの力)と物体にはたらく浮力(上向きの力)は等しくなっている。実験２で，物体Ａにはたらく浮力は，１×10×10×(10－７)＝300(ｇ)なので，物体Ａの重さも300ｇである。また，物体Ａの体積は，10×10×10＝1000(cm^3)だから，物体Ａ１cm^{3}あたりの重さは，300÷1000＝0.3(ｇ)となる。

⑵　実験１から，物体Ａと物体Ｂの合計の重さは，100×$\frac{4}{0.5}$＝800(ｇ)とわかる。すると，実験３で，物体Ａと物体Ｂにはたらく浮力も800ｇなので，物体Ａの水中にある部分の体積は，800÷１＝800(cm^3)である。したがって，物体Ａが水面から出ている長さは，10－800÷(10×10)＝２(cm)となる。

⑶　⑵から，物体Ａと物体Ｂの重さの合計が800ｇなので，実験４ではたらく浮力の合計も800ｇである。物体Ａが水面から□cm出ているとすると，水の中の体積の合計から，１×｛10×10×(10－□)＋20×10｝＝800が成り立つ。よって，□＝４(cm)とわかる。

⑷　物体Ａ～Ｃにはたらく浮力の合計は，１×｛10×10×(10－５)＋20×10＋300｝＝1000(ｇ)なので，上向きの力と下向きの力のつり合いから，100×$\frac{2}{0.5}$＋1000＝800＋(Ｃの重さ)が成り立つ。これより，(Ｃの重さ)＝600(ｇ)と求められるので，物体Ｃの１cm^{3}あたりの重さは，600÷300＝２(ｇ)である。

⑸　物体Ｂの重さは，800－300＝500(ｇ)，ばねが上向きに引く力の大きさは，100×$\frac{1.5}{0.5}$＝300(ｇ)だから，上向きの力と下向きの力のつり合いより，300＋１×(20×10＋300)＋(底から物体Ｃにはたらく力)＝500＋600が成り立つ。したがって，(底から物体Ｃにはたらく力)＝300(ｇ)と求められる。

Ⅶ 電熱線の発熱についての問題

⑴　実験１で，２分間で上昇《しょう》した水温は，21.4－20.2＝1.2(℃)で一定なので，電流を流し始めたときの水温は，20.2－1.2＝19(℃)である。実験２～６についても同様に，19℃と求めることができる。

⑵　２分間で上昇した水温が1.2℃なので，１分間に上昇した水温は，1.2÷２＝0.6(℃)とわかる。

⑶　実験１と実験５から，仮に容器Ｉに入った水が100ｇであれば，１分間に，0.6＋(20.2－19.6)÷２＝0.9(℃)水温が上昇する。実験１と実験２から，水の重さが，200÷100＝２(倍)になると，上昇温度は，(20.2－19.6)÷1.2＝$\frac{1}{2}$(倍)になるから，実験７の水200ｇの上昇温度は，１分間に，0.9×$\frac{1}{2}$＝0.45(℃)である。したがって，実験１で１分間に上昇した水温に対する，実験７で１分間に上昇した水温の割合は，0.45÷0.6＝0.75＝$\frac{3}{4}$(倍)と求められる。

⑷　実験１と実験５から，電熱線を２個直列につなげると，上昇温度が$\frac{1}{2}$倍となり，実験１と実験６から，電熱線を２個並列につなげると，上昇温度が２倍になることがわかる。エは，並列に接続した２本の電熱線どうしを直列に接続しているので，$\frac{1}{2}$×２＝１より，実験１と同じ上昇温度になると考えられるから，エが正しい。なお，アは実験５と同じ，イは実験６と同じ結果になり，正しくない。また，ウは実験１の電熱線より上昇温度が小さくなる。

国　語　＜第１回試験＞（50分）＜満点：100点＞

解　答

一　**問１**　（例）　種類　**問２**　２　（例）　馬のいる場所のまわりをまわっている　３　（例）　馬のしっぽを正面から見ていない　**問３**　ア　**問４**　（例）　一つ一つの事物に違う名まえをつけて使用するのは現実的ではないうえ，ものの感じ方を表すことばの場合は，国の伝統，社会のあり方に深いつながりを持っているため，共通な標準が求められないから。　**問５**　②　（例）　自分のことをよぶ語が，英語，ドイツ語，フランス語，ロシア語にはそれぞれ一種類しかないこと。　④　（例）　私たちが使う語のさすものが，じっさいの世界の中にもあると考えること。　⑦　（例）　あいまいな議論をやめて，はっきりした問題をつかまえて一歩一歩すすむこと。　**問６**　ウ　**問７**　５～７　（例）　黒い円／黒い三角／白い円　８　（例）　丸い図形　９　（例）　黒い図形　**問８**　イ　**問９**　（例）　真善美が自分の外にあるかのように思うこと。　**問10**　（例）　何を勉強する目的で入学しますか。何を勉強したいのですか。　**問11**　Ｄ→Ｃ→Ａ→Ｂ　**問12**　12　ア　13　エ　14　ウ　**問13**　だから　**問14**　（例）　あいまいなことばが多い世界では理くつを言う気持ちがたいせつで，ことばの意味の正しい理解のためには，多くの経験にぶつかり偏見なしに見つめて，どういうことばで表現したらいいかと十分に考える必要がある。　**二**　下記を参照のこと。

●漢字の書き取り

二　１　視野　２　郵便　３　陸橋　４　創設　５　権利　６　臨海　７　投票　８　建造　９　暖(かな)　10　管

解説

一　**出典：沢田《さわだ》允茂《のぶしげ》『考え方の論理』**。人間がものを考えたり議論したり，意思を伝えたりするときに必要な「ことば」について，そのあいまいな部分を指摘《してき》しながら，ことばを使ううえで大事なことは何かが述べられている。

問１　「動物」に対する「犬」のように，さらに具体的な一部のものをさすことばの例として，「犬」より細かい分類である「ブルドッグ」や「シェパード」といった名称《めいしょう》があげられているので，空らん１には，犬の「種類」が入ると考えられる。

問２　**２**　犬が「馬のまわりをぐるぐるとまわって」いる点を重視すれば，馬のいる場所の周辺を回っているといえる。　**３**　「馬は犬が動くにつれて犬の方に鼻づらを向けて」まわっており，“犬は終始，馬の鼻づらしか見ていない”という意味においては，「馬のまわりをまわっている」とはいえない。

問３　ここには，「だれが考えても」正しい推論があてはまる。この場合，ｐであれば必ずｑであるとするならば，ｑが成立しない場合，ｐであることもないというアが合う。なお，イは，「ｐならばｑ」であることが前提なので，ｐだからｑではないというのは成り立たない。ウとエは，「ｐもしくはｑ」である場合，どちらか一方が成立するので，両方ともそうでないというのは矛盾《むじゅん》する。

問４　続く部分で，筆者は，あいまいさをなくすのがむずかしいおもな理由を述べている。まず，「世界じゅう」のものごとの「一つ一つにちがった名まえをつけ」て，「すべての人間がこれを使う」ことにすればあいまいさはなくせるが，「無限」に増える語を私たちが覚えるのは無理である。また，「世界じゅうが一つの文化，一つの社会」にならなければ，「共通な標準など求められそうにない」。なぜなら「生活の中」から生まれる「ものの感じ方や気分を表すことば」は，「国の伝統や社会のあり方」と深くつながっているからである。これらをふまえて，「全てのものごとにちがう名まえをつければあいまいさはなくなるが，無限に増える語を覚えるのは不可能であり，生活の中から生まれることばは伝統や社会と深く結びついているため，標準型を決めるのもむずかしいから」のようにまとめる。

問５　②　筆者によれば，日本語に比べて他言語では，社会的な身分の区別を表す必要性が低い。このことを示す現象なので，英語，ドイツ語，フランス語，ロシア語では「自分のこと」を呼ぶ語が「一種類」だけであることをさす。　④　筆者は，直前にある「多くの人びとがしらずしらずのうちにもっている考え方」がまちがっていると指摘している。その考え方とは，「私たちが使う語のさすものが，じっさいの世界の中にもあるのだと考える」ことである。　⑦　ほんとうに「みなさんが求めている」ことは，むだを省くため，「あいまいな議論をやめて，もっとはっきりとした問題をつかまえて，一歩一歩すすんでいく」ことだ，と筆者は主張している。

問６　「色めがね」は，偏見《へんけん》や思いこみなどのこと。

問７　**５～７**　色と形に注目すると，３つの図形は黒い円，黒い三角，白い円である。円は丸でもよい。　**８**　ａの共通点は丸いことだから，丸い図形や丸い形のように答える。　**９**　ｂの共通点は黒いことなので，黒い図形や黒い形のように答えればよい。

問８　チルチルとミチルは，ベルギーの作家メーテルリンクの童話劇『青い鳥』に登場する兄と妹。近所のお金持ちの家をいつもうらやんでいた貧しい家庭のチルチルとミチルが，クリスマスイブの晩に，娘《むすめ》が病気だという魔法《まほう》使いから頼《たの》まれて，幸せを呼ぶ青い鳥をさがす旅に出る。光の妖精《ようせい》に導かれた二人は，思い出の国などいろいろなところをおとずれて青い鳥をつかまえるが，どこの青い鳥も持ち帰ろうとすると色が変わったり死んでしまったりする。そして，二人が目覚めると，そこは自分たちの家で，部屋の鳥かごにいた白い鳥が青く変わっていることに気づく。となりの家のおばあさんから，病気の娘がその青い鳥を見たがっていると言われた二人は，娘に鳥を貸すが，元気になった娘が青い鳥を二人に返そうとすると，鳥はかごから逃《に》げ出してしまう。幸福は身近にあるものだ，などのさまざまな教訓がこめられた物語である。

問９　問８でみたチルチルとミチルのように，人は「真や善や美」をさがしに「遠い世界のかなた」へ出かけていくが，ほんとうは，このようなさがし物は私たちの身近にあると述べられている。これをもとに，「真や善や美などが，私たちの内側でなく，遠くにあると思うこと」のようにまとめる。

問10　面接時に大学の先生から聞かれても「学問のことについて知らなければ，答えようがない」質問が入るので，「大学で何を学びたいと考えていますか」「何を勉強する目的で入学しますか」「どのような勉強をする目的で受験しましたか」といった内容でまとめるとよい。

問11　Ａ～Ｄの前で，筆者は，「正しくものごとを考えようとする」場合，「語の意味」を「はっきりさせる」必要があると述べている。この内容を，「ことばの意味をはっきりさせるということは」と受けて説明するＤが最初にくる。Ｄの終わりで，語の意味を明確にするというのは，「そのことばが，どういうじっさいのことを表すために使われているかを知ること」だと述べられているので，これを「別なことばで言いかえ」て具体的に説明しなおすＣが続く。Ｃでは，ことばの意味をはっきりさせる方法として，自分が一度言ったことを「べつなことばで～表してみる」ようにすすめられている。それを「こうして～べつのことばで言いなおしてみると」で受けて，Ｃの内容をまとめるＡがその次にくる。そして，ＣとＡの内容をふまえて「このように」で受け，「あいまいな語や概念《がいねん》でものを考えない」こと，つまり抽象化《ちゅうしょうか》することは「じっさいのできごとに役立た」ず，「現実のなまのままの感覚を失ったもの」ととらえられがちだが，それはまちがいだと述べ，Ａ～Ｄの後に続く部分にある「数学やへんな記号」の例をあげているＢが最後になる。

問12　**12**　キェルケゴールの文章で使われている「自我《じが》」「反省」などは，意味があいまいで，実体がないものごとをさす「抽象的」な語である。　**13**　「前にあげた数学や論理学の式」が「じっさいの生活の中で，かなり正確にはたらいてい」るのに対し，「後の例」つまりキェルケゴールの文章は「ふだんのことば」を使っているものの，「自我は～不死のゆうれいとなった」のようなたとえが用いられていて現実味に欠けるので，「比喩的《ひゆてき》」が入る。　**14**　「あいまいな，大ざっぱなことばで議論をしている」と「反対したくなる」ときのようすで，「論理のすじみちを見つけ出すことができ」ない状態なので，「気分的」がふさわしい。なお，あいまいなのだから，「意欲的」「客観的」な反論は不自然である。

問13　「このふたりのことば」とは，前段落の「道徳は人間にとって必要だ～だから～道徳教育は必要だ」と「道徳が人間にとって必要なのはあたりまえだ～だから道徳教育を別にやるのは不必要だ」をさす。ここに共通して「使われ」，「いままで言ったことから～言われる」ことを表す語は，原因や根拠《こんきょ》に結果や結論をつなぐ接続詞「だから」である。

問14　筆者は，ことばの「あいまい」性を説明し，語の意味のあいまいさをそのままにしたむだな議論をやめて，「はっきりとした問題をつかまえて，一歩一歩すすんでいくべき」ではないかと問いかけている。これをふまえ，最後の四つの段落で，よりくわしく述べられた主張をまとめる。あいまいなことばがあふれる「いまのような社会」では大いに「理くつ」を言うべきで，理くつを「正しい理くつ」に成長させていくには「ことばの意味の正しい理解」が欠かせない。そのためには「多くの経験にぶつかり，それを偏見なしにみつめて，どういうことばでそれらを表現したらいいか，ということを十分に考えてみることが必要」だと書かれている。これをもとに，「語の意味があいまいな議論が行われているいまの社会では大いに理くつを言うべきで，その理くつの成長に欠かせないのが，多くの経験に接し，偏見なしに見つめ，どんなことばで表したらいいか十分に考えることである」のようにまとめればよい。

二 漢字の書き取り

1　ものごとを考えたり判断したりする範囲《はんい》。　**2**　書状やはがき，荷物などをあて先の人に送り届ける通信事業。そのシステムによって送られる物品のこと。　**3**　人や車が渡《わた》るために，道路や鉄道線路などの上にかけた橋。　**4**　施設《しせつ》や機関を新しくつくること。　**5**　あるものごとを自分の意志によって自由に行ったり，他人に要求したりすることのできる資格。　**6**　海がすぐそばにあること。　**7**　選挙や採決のときに自分の意思を示すため，決められた用紙に，一定のやり方で，選出したい人の名や賛否を記してさし出すこと。　**8**　建物や船舶《せんぱく》など大規模なものをつくること。　**9**　音読みは「ダン」で，「温暖」「暖冬」などの熟語がある。　**10**　音読みは「カン」で，「水道管」「血管」などの熟語がある。

2024年度 明治大学付属明治中学校

【算　数】〈第２回試験〉（50分）〈満点：100点〉

注意　１．解答は答えだけでなく，式や考え方も解答用紙に書きなさい。（ただし，**1** は答えだけでよい。）

２．円周率《えんしゅうりつ》は3.14とします。

３．定規・分度器・コンパスは使用してはいけません。

1　次の □ にあてはまる数を求めなさい。

(1)　$1\frac{5}{16}\times\left\{\left(\square-\frac{2}{3}\right)\times\left(0.35+\frac{1}{40}\right)\right\}\div0.625-7\frac{1}{2}=3$

(2)　２種類の機械ＡとＢを何台かずつ使って，ある仕事をします。Ａだけを12台使うとちょうど８日間で，Ｂだけを16台使うとちょうど10日間で終わります。Ａ６台とＢ５台を同時に使うと，この仕事は □ 日目に終わります。

(3)　ある店の１日の来店者数を調べたところ，午前は全体の $\frac{4}{9}$ より300人多く，午後は全体の $\frac{2}{3}$ より450人少ない人数でした。１日の来店者数は □ 人でした。

(4)　父母兄妹の４人家族がいます。今から３年後には，父と妹の年齢《れい》の平均と，母と兄の年齢の平均はともに29.5歳《さい》になります。また，今から５年後には，父と母の年齢の平均と，兄と妹の年齢の平均の差は33歳になります。父は母より４歳年上であるとき，現在の妹は □ 歳です。

(5)　右の図で，AB＝ED，BC＝CD，角㋐の大きさは75°，角㋑の大きさは30°であり，角㋒の大きさは角㋓の大きさの２倍です。このとき，角㋔の大きさは □°です。

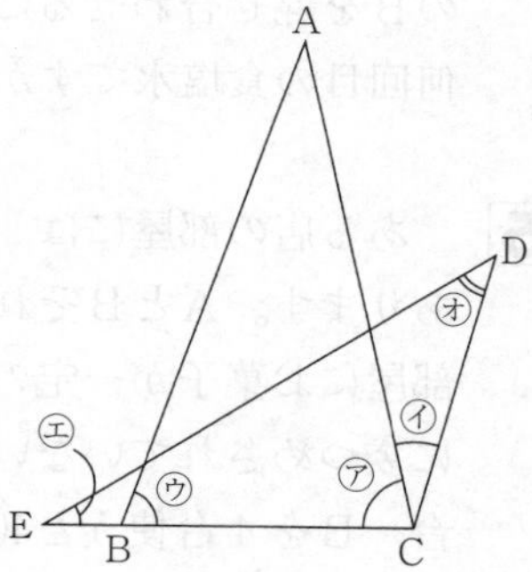

2　いくつかのえんぴつと消しゴムが入った文具セットがあり，えんぴつの本数は消しゴムの個数の３倍です。何人かの子どもたちに１セットの中の文具を分けて配ります。１人あたりえんぴつを２本，消しゴムを１個配ると，えんぴつは９本余り，消しゴムは３個足りませんでした。このとき，次の各問いに答えなさい。

(1)　子どもの人数は何人ですか。

(2)　同じ文具セットをいくつか用意し，１人あたり何本かのえんぴつと何個かの消しゴムを配ると，余ることなくちょうど全員に配ることができました。このとき，少なくとも何セットの文具セットが必要ですか。また，１人あたり何本のえんぴつを配りましたか。

3　川の上流にある北町と下流にある南町との間をくり返し往復する船があり，この船は北町と南町に着くとそれぞれ21分間休けいします。Ａ君は川沿いの道を一定の速さで歩きます。Ａ君は北町を，船は南町を同時に出発すると，Ａ君は途《と》中で北町に向かう船と初めてすれ違《ちが》い，その後，南町に向かう船に追い越《こ》され，さらにその後，北町に向かう船と再びすれ違い，南町に着きました。初めてすれ違ってから再びすれ違うまでの間は84分間で，Ａ君が北町を出発して２時間20分後に，Ａ君は南町に，船は北町に同時に着きました。静水時での船の速さは毎時21.6kmで，川の流れの速さは一定です。このとき，次の各問いに答えなさい。

(1)　船が北町から南町まで下るのに何分かかりますか。

(2)　川の流れの速さは毎時何kmですか。

(3)　Ａ君と船が再びすれ違ったのは，北町から何kmのところですか。

4　濃《こ》さが８％の食塩水Ａと濃さが６％の食塩水Ｂがあります。Ａ，Ｂから食塩水を取り出し，混ぜ合わせて新しい食塩水を作ります。このとき，次の各問いに答えなさい。ただし，２種類の食塩水は十分な量があるものとします。

(1)　ＡとＢをそれぞれ何ｇかずつ取り出して混ぜ合わせる予定をまちがえて，逆にして混ぜ合わせたため，濃さが予定より0.5％減りました。取り出す予定だったＡとＢの量の比を，もっとも簡単な整数の比で表しなさい。

(2)　ＡとＢを(1)の予定通りに混ぜ合わせ，１回目の食塩水を作ります。できた食塩水に予定通りに取り出したのと同じ量のＢを再び混ぜ合わせ，２回目の食塩水を作ります。同様に，同じ量のＢを混ぜ合わせることを繰り返します。できた食塩水の濃さが初めて6.5％未満となるのは何回目の食塩水ですか。

5　ある店の部屋には，お菓《か》子を一定の割合で袋《ふくろ》づめする２種類の機械ＡとＢがそれぞれ何台かあります。ＡとＢそれぞれ１台では，１分あたりに袋づめするお菓子の個数の比は5:8です。部屋にお菓子が一定の割合で運びこまれると同時に，ＡとＢを使って袋づめを始めます。部屋に袋づめされていないお菓子が1440個あった日は，Ａを２台，Ｂを６台使うと60分で，Ａを６台，Ｂを４台使うと40分で部屋のお菓子はすべて袋づめされました。このとき，次の各問いに答えなさい。

(1)　部屋に運びこまれるお菓子は１分あたり何個ですか。

(2)　ある日，部屋に袋づめされていないお菓子が540個ありました。お菓子が運びこまれてから20分で部屋のお菓子はすべて袋づめされました。ＡとＢをそれぞれ何台使いましたか。

(3)　翌日，部屋に袋づめされていないお菓子が3150個ありました。ＡとＢをそれぞれ何台か用意し，Ａを使って15個入り袋を，Ｂを使って24個入り袋を作ることにします。お菓子が運びこまれてから25分で部屋のお菓子はすべて袋づめされ，あわせて325袋できました。24個入り袋は何袋できましたか。

【社　会】〈第２回試験〉（40分）〈満点：75点〉

Ⅰ　次の先生と生徒の会話文を読み，以下の問いに答えなさい。

先生：みなさん，明治中学校の初代校長はご存じですか。

生徒：はい。鵜沢総明《うざわふさあき》先生です。

先生：そうですね。スクールバスロータリーのところに先生の胸像がありますよね。鵜沢先生は明治時代から昭和時代にかけて，様々な分野で活躍されました。その１つが司法の世界です。弁護士として様々な裁判に関わりました。日本の公害問題の原点と言われる事件は何でしょうか。

生徒：①足尾銅山鉱毒事件です。

先生：その通りです。足尾銅山鉱毒事件に関わる裁判では，暴徒として逮捕された農民の弁護を行いました。また，日比谷焼打ち事件・ジーメンス事件・大逆事件などの裁判でも弁護にあたりました。極東国際軍事裁判では日本側の弁護団長を務めました。

生徒：歴史の教科書にのっている事件の裁判に関わられたのですね。ところで，なぜ鵜沢先生は弁護士の道を目指したのですか。

先生：鵜沢先生は少年時代に，父親が無実の罪で勾留《こうりゅう》されてしまいました。その時の苦労を知り，当時の人々の間にはあまり定着していなかった②人権意識を持った弁護士になろうと，志を持ったのかもしれませんね。

生徒：そのような強い思いを持って，弁護士を志したのですね。

先生：そうですね。鵜沢先生は，教育の分野でも活躍しました。明治大学をはじめいくつかの大学の教壇に立たれ，法学に関する授業を担当しました。特に，「権利自由」「独立自治」を建学の精神とする明治大学は，人権を大切にする意識を持つ鵜沢先生にとって，最適な活躍の舞台だったのかもしれません。1912年には，本校の初代校長に就任します。この年，日本ではどのようなできごとが起こったか分かりますか。

生徒：［　**あ**　］。

先生：そうですね。このことからも，本校は古い歴史を持っていることが分かります。本校では，『校友会誌』が発行され，鵜沢先生は巻頭言を書いていました。**資料１**は，『校友会誌』第４号の巻頭言です。何年に発行されたものだと思いますか。

生徒：**資料１**の下線部分から，［　**い**　］年に発行されたものだと思います。

先生：その通りです。日本の歴史と学校の歴史のつながりが感じられますね。**資料２**は，『学友会誌』第10号の巻頭言です。この資料から，鵜沢先生は学問をどのようなものだと述べているか，読み取ることができますか。

生徒：［　**う**　］，ということが読み取れます。

先生：そうですね。鵜沢先生は政治の世界でも活躍されました。政治家として，衆議院と③貴族院の両院で，通算するとおよそ25年にわたって議員を務め，特に貴族院議員を務めていた時期には，④1931年に公布された法律の制定に大きく貢献したことで知られています。また，女子教育の拡充や女性が弁護士資格を有することができるようにすることにも努められたようで，国の委員会にも参加しました。現在の司法試験にあたる高等文官試験司法科に，女性で最初に合格した武藤（三淵）嘉子ら３名が明治大学の出身者であることを考えると因縁を感じますね。鵜沢先生にとって，国会議員であることは，みずからが理想とする社会を実現するための「実践の場」だったのかもしれません。

生徒：わたしたちは，明治中学生として鵜沢先生の思いを知り，日々熱心に学問に向き合うと共に，社会の一員として行動を起こしていかなければなりませんね。

資料１ (一部，分かりやすいように改変しました)

昨年十一月十一日，ドイツの休戦条約調印と共に，今年の講和は思ったよりも順調に進みました。我日本国もまた，世界五大強国の一つとしてフランスパリの檜《ひのき》舞台に立ったのであります。ベルサイユ宮殿鏡の間の講和条約調印は，実に国際連盟の基礎であります。

資料２ (一部，分かりやすいように改変しました)

およそ，人間の一生涯は見様によっては学問の一生涯である。ただ学問ということは，学校にいる時ばかり，本を読む時ばかり，道理を考えている時ばかりだと思ってはならない。学問を専門とする人は考えたり読んだり書いたりすることが学問であるが，国家社会の必要に応じてそれぞれ働く人々の間においては，電光石火その目醒《めざ》めた活動は，みな学問である。学校へ入学して学生である以上は，もとより学校の教育を受け，正直に，真面目に勉強せねばならない。これは言うまでも無いことである。しかし，ただ学校にいる時ばかりが学問の時間であり，その時ばかりが学問であると，誤解してはならない。鋤《すき》や鍬《くわ》を取るなら，田園そのものに学問がなければならない。算盤《そろばん》を執《と》る，簿記を記《かきつ》ける，商売をする，その活動の中に学問は存在することを忘れてはならない。工場にも学問がある。道路の上にも学問がある。それゆえ，中学の学問を修了して更に高等の学校に学ぶのも学問であるが，すぐに実際の社会で働くのもまた学問である。この心掛けは，誠に大切である。

1 下線部①について，足尾銅山が発生源となり起きた公害の影響は，現在でも残っており，次のページの**図１**の地図からも読み取ることができます。地図中の河川とその周辺についてまとめた次の文章を読んで，以下の問いに答えなさい。

図１中の**A**の川は，下流に［え］遊水地があり，利根川と合流する［え］川です。［え］川の上流部にあたる久蔵《きゅうぞう》川，［え］川と合流する出川と神子内《みこうち》川の周辺の土地利用に着目してみましょう。久蔵川・出川と神子内川とでは土地利用が大きく異なっています。久蔵川と出川の周辺の斜面は［お］が広がっているのに対し，神子内川周辺の斜面は［か］などが広がっています。［か］は赤倉山山頂の西側にも広がっています。

(1) 空らん［え］～［か］に入る語句を答えなさい。

(2) 久蔵川と出川の周辺の斜面が［お］になっているのは，公害の影響によるものです。久蔵川と出川の周辺の斜面が［お］になっていることと，最も関係のあることがらを次の**ア**～**エ**の中から１つ選び，記号で答えなさい。

ア 本山製錬所から出された亜硫酸ガスをふくむ煙や雨

イ 本山製錬所から出されたカドミウムをふくむ川の水

ウ 本山製錬所から出された有機水銀をふくむ川の水

エ 本山製錬所から出された放射性物質をふくむ土

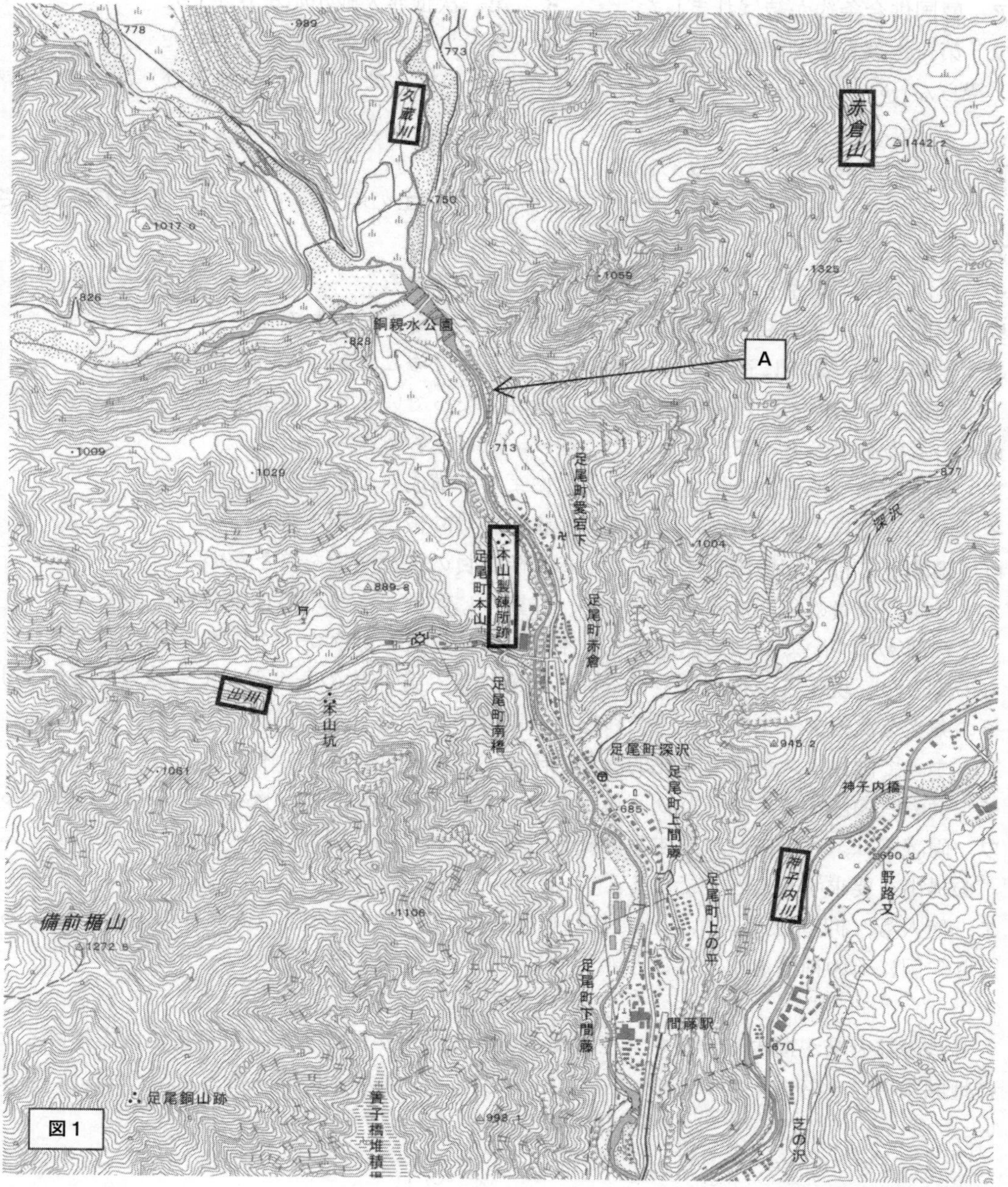

図１

［電子地形図25000より作成］

2　下線部②について，日本国憲法には，被疑者や被告人の人権を尊重する規定があります。その内容の説明として正しくないものを次の**ア**～**エ**の中から１つ選び，記号で答えなさい。

ア　被告人の個人情報を保護するため，裁判は常に非公開で行わなければならない

イ　どのような人でも，自己に不利益な唯一の証拠が本人の自白である場合には，有罪とされない

ウ　拷問《ごうもん》・脅迫《きょうはく》による自白は，証拠とすることができない

エ　どのような人でも，法律の定める手続によらなければ，刑罰を科せられない

3　空らん［あ］に入る文として正しいものを次の**ア**～**エ**の中から１つ選び，記号で答えなさい。

ア　韓国併合条約が結ばれました　　**イ**　第一次世界大戦が始まりました
ウ　第一次護憲運動が始まりました　　**エ**　ポーツマス条約が結ばれました

4　空らん［い］に入る年号として正しいものを次の**ア**～**エ**の中から１つ選び，記号で答えなさい。

ア　1914　　**イ**　1919　　**ウ**　1924　　**エ**　1929

5　空らん［う］に入る文として正しいものを次の**ア**～**エ**の中から１つ選び，記号で答えなさい。

ア　学問とは，学校にいる時にのみ学べるものである
イ　学問とは，商売をするなど，活動の中にも存在する
ウ　学問とは，専門家のみが考えたり，書いたりすることである
エ　学問とは，高校に進学する裕福な人のみが受けることができるものである

6　下線部③について，現在の国会では参議院になっています。参議院に関して述べた文として正しいものを次の**ア**～**エ**の中から１つ選び，記号で答えなさい。

ア　参議院は，天皇から指名された議員によって構成される
イ　満25歳の日本国民である女子は，参議院議員の被選挙権を持たない
ウ　満30歳の日本国民である男子は，参議院議員の被選挙権を持たない
エ　参議院議員の任期は６年であるが，任期中に解散があった場合議員資格を失う

7　下線部④について，この法律は大日本帝国憲法に規定のなかった権利を保障する道をひらくものでした。現在この権利は，日本国憲法第40条で請求《せいきゅう》権の一部として保障されていますが，その条文を次の**ア**～**エ**の中から１つ選び，記号で答えなさい。

ア　すべて国民は，健康で文化的な最低限度の生活を営む権利を有する。
イ　勤労者の団結する権利及び団体交渉その他の団体行動をする権利は，これを保障する。
ウ　両議院は，各々国政に関する調査を行ひ，これに関して，証人の出頭及び証言並びに記録の提出を要求することができる。
エ　何人も，抑留《よくりゅう》又は拘禁《こうきん》された後，無罪の裁判を受けたときは，法律の定めるところにより，国にその補償を求めることができる。

［Ⅱ］　３つの都府県が接する場所を「三県境」と言うことがあります。東京都に例を挙げると，次の地図中の①～③のいずれもが「三県境」です。「三県境」に関する，以下の問いに答えなさい。

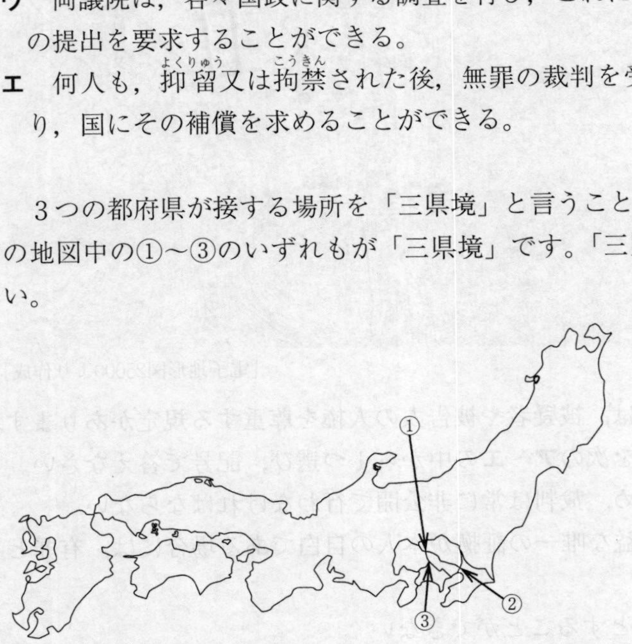

1　長野県・静岡県・愛知県の「三県境」は，全長200kmを超える河川に位置します。その河川の名前を答えなさい。

2　都府県の中には多数の「三県境」をもつものがあります。次の**Ａ**～**Ｉ**の９地点いずれもが，ある都府県の「三県境」になっています。この都府県名を答えなさい。なお，都・府・県の区別が分かるように答えること。

	標高	緯度(北緯)	経度(東経)
Ａ	877ｍ	35°13′	136°25′
Ｂ	606ｍ	34°47′	136°1′
Ｃ	282ｍ	34°44′	136°3′
Ｄ	185ｍ	34°1′	136°0′
Ｅ	62ｍ	33°55′	135°55′
Ｆ	59ｍ	33°55′	135°53′
Ｇ	38ｍ	33°52′	135°51′
Ｈ	36ｍ	33°52′	135°52′
Ｉ	１ｍ	35°8′	136°40′

※　標高と緯度・経度は地理院地図で計測した。

3　次の**ア**～**エ**は，山地に「三県境」がある４組の府県に関する文です。正しい説明をしているものを次の**ア**～**エ**の中から１つ選び，記号で答えなさい。

ア　島根県・広島県・山口県のうち，広島県と山口県にある島の中には，国立公園に指定されている場所があるが，島根県の島にはない

イ　鳥取県・岡山県・広島県の各県庁所在地の中で年間降水量が最も少ないのは，鳥取砂丘がある鳥取市である(総務省『日本の統計2023』による)

ウ　徳島県・愛媛県・高知県の３県の最高所がある場所は，四国地方で最も標高が高い活火山である石鎚山の山頂である

エ　三重県・滋賀県・京都府の各府県には，淀川の流域にあたるところがある

4　茨城県・栃木県・埼玉県は「三県境」でたがいに接しています。次の表は，これら３つの県の１事業所あたりの製造品出荷額等と５つの製造業の製造品出荷額等の全製造品出荷額等に占める割合を示しています。**Ａ**～**Ｃ**にあてはまる県の組み合わせとして正しいものをあとの**ア**～**カ**の中から１つ選び，記号で答えなさい。

	１事業所あたりの製造品出荷額等(百万円)	印刷・印刷関連業(%)	化学工業(%)	鉄鋼業(%)	電気機械器具製造業(%)	輸送用機械器具製造業(%)
Ａ	2404.6	1.0	13.8	7.6	7.3	6.9
Ｂ	1772.7	0.6	7.9	3.1	9.6	11.8
Ｃ	1078.5	5.2	12.0	2.7	3.3	16.9

[2022年　経済構造実態調査より作成]

ア　**Ａ**－茨城県　**Ｂ**－栃木県　**Ｃ**－埼玉県
イ　**Ａ**－茨城県　**Ｂ**－埼玉県　**Ｃ**－栃木県
ウ　**Ａ**－栃木県　**Ｂ**－茨城県　**Ｃ**－埼玉県
エ　**Ａ**－栃木県　**Ｂ**－埼玉県　**Ｃ**－茨城県
オ　**Ａ**－埼玉県　**Ｂ**－茨城県　**Ｃ**－栃木県
カ　**Ａ**－埼玉県　**Ｂ**－栃木県　**Ｃ**－茨城県

5　山形県・福島県・新潟県は「三県境」でたがいに接しています。次の**Ａ**～**Ｃ**の図は，これら

３つの県内にある市町村の2020年の人口(横軸)と，2015年から2020年にかけて増加または減少した人口(縦軸)を示しています。**Ａ～Ｃ**の図を見て，以下の問いに答えなさい。

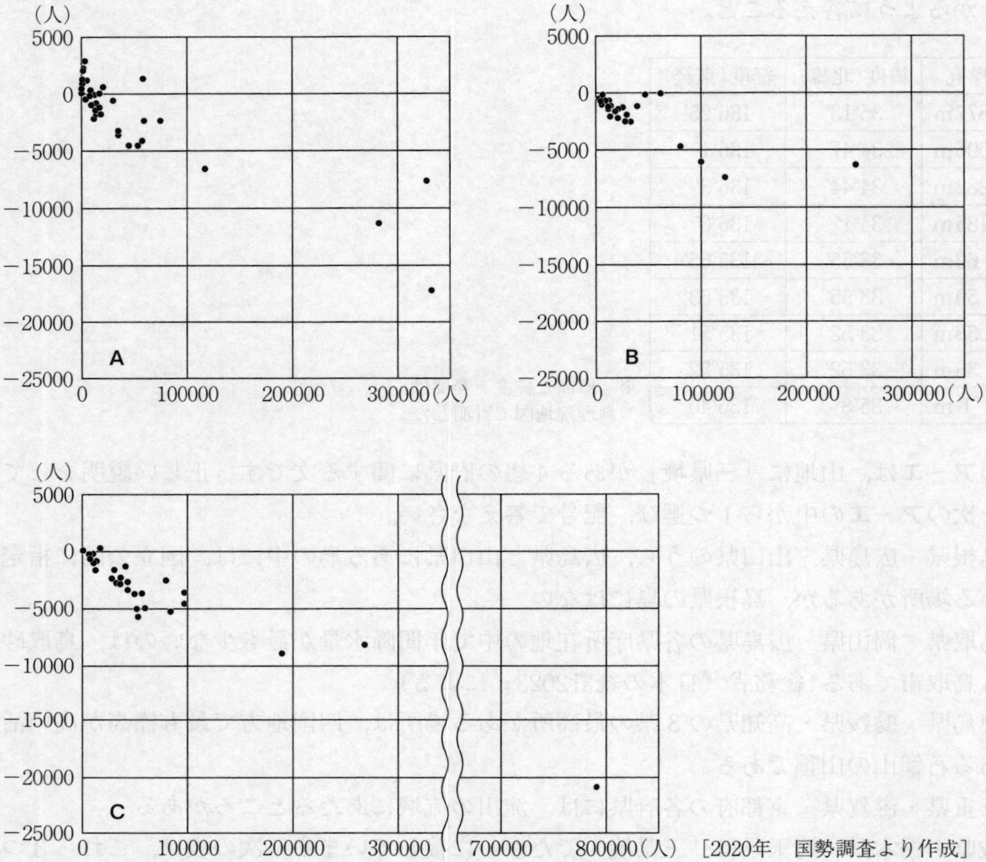

［2020年　国勢調査より作成］

※　縦軸の０より上の部分は増加を，０より下の部分は減少を意味する。

(1)　**Ａ**の市町村の中で，2015年から2020年の間に人口が1000人以上増えたところがあり，その中には３倍以上増加したところもふくまれています。また，これらの市町村の大半は，県内のある地域に位置しています。その位置の説明として，最も適切なものを次の**ア～カ**の中から１つ選び，記号で答えなさい。

ア　県北の西部の平野・盆地　　**イ**　県中央の平野・盆地
ウ　県中央の山間部　　**エ**　県東の臨海部
オ　県南の西部の臨海部　　**カ**　県南の西部の山間部

(2)　**Ａ～Ｃ**にあてはまる県の組み合わせとして正しいものを次の**ア～カ**の中から１つ選び，記号で答えなさい。

ア　**Ａ**―山形県　**Ｂ**―福島県　**Ｃ**―新潟県
イ　**Ａ**―山形県　**Ｂ**―新潟県　**Ｃ**―福島県
ウ　**Ａ**―福島県　**Ｂ**―山形県　**Ｃ**―新潟県
エ　**Ａ**―福島県　**Ｂ**―新潟県　**Ｃ**―山形県
オ　**Ａ**―新潟県　**Ｂ**―山形県　**Ｃ**―福島県
カ　**Ａ**―新潟県　**Ｂ**―福島県　**Ｃ**―山形県

6　北海道・佐賀県・長崎県・沖縄県には「三県境」がありません。次の表は，これら4つの道県の空港の数と，2020年から2023年の間に開業した鉄道駅と廃止になった鉄道駅の数を示しています。長崎県と沖縄県にあてはまる記号を表中の**ア**～**エ**の中からそれぞれ1つ選び，記号で答えなさい。

	空港の数	鉄道駅の開業数	鉄道駅の廃止数
ア	14	1	77
イ	13	0	0
ウ	6	2	0
エ	1	1	0

[国土交通省ホームページと国土数値情報などより作成]

※　ここでの空港には，ヘリポートと飛行共用飛行場はふくまれない。ここでの鉄道駅は，旅客駅のことであり，貨物のみを取りあつかう駅はふくまれない。

Ⅲ

小学校の夏休みの宿題で，日記を書いたことがある人は多いと思います。なぜ日記を書かなければならないのかと，疑問に思いながら書いた人もいるでしょう。明治維新以降の近代に入って日記の書き手は，性別・年齢・職業を越えて増えました。近年のブログをふくめれば，その数はさらに多くなります。ここでは，歴史上の日記に注目したいと思います。なお，ここであつかう史料は現代語に訳し，わかりやすいように一部を改めています。

1　本庄繁『本庄日記』より一部抜粋《ばっすい》

この日，拝謁《はいえつ》した時，①彼等行動部隊の陸軍将校の行為は，陛下の軍隊を，勝手に動かし，統帥権を犯すことは，はなはだしきことで，もとより，許すべきものではないが，その精神に至っては，君国への思いから出たもので，必ずしも咎《とが》めるべきものではないと申し述べた。しかし，後に御召があり，②朕の最も信頼する老臣を殺害し，このような兇暴《きょうぼう》の将校等，その精神においてもどうして許すべきことがあろうかと仰せられた。

2　ある中学校の生徒の日記より一部抜粋

・三月十五日　クルーズ船，新たに十五人の感染を確認。(クルーズ船の)健康観察完了。食事会をとりやめ，クルーズ船の乗客の方の回復を願いたい。

・三月十六日　③G7がテレビ会議，サミット発足以来初，全世界で協力していくことが大切。

3　藤原宗忠『中右記』の七月七日の記事

④禅定法王は，……後三条天皇が亡くなった後，天下の政治を行うこと五十七年に及んだ。……⑤幼い三代の天皇の政治を後見し，斎王六人の親となった。このような例は桓武天皇以来，その例がない。

4　⑥ベルツ『ベルツの日記』の二月九日の記事

東京全市は，十一日の［　あ　］発布をひかえてその準備のため，言語に絶した騒ぎを演じている。到るところ，奉祝門《ほうしゅくもん》，照明(イルミネーション)，行列の計画。だが，こっけいなことには，誰も［　あ　］の内容をご存じないのだ。

5　寺田寅彦『震災日記』の九月二日の記事

御茶の水の方へ上がって行くと，女子高等師範の庭は杏雲堂病院の避難所になっていると立札が読まれる。御茶の水橋は中程の両側が少し崩れただけで残っていたが，駿河台は全部焼けて跡形もなかった。⑦明治大学前に黒こげの死体がころがっていて，一枚の焼けたトタン板が被せてあった。……帰宅してみたら焼け出された浅草の親戚のものが十三人避難して来ていた。いずれも何一つ持出すひまもなく，⑧昨夜上野公園で露宿していたら巡査が来て○○人の放火者がウロウロするから注意しろと言ったそうだ。井戸に毒を入れるとか，爆弾を投げるとかさまざまな浮説が聞こえて来る。こんな場末の町へまでも荒らして歩くためには，一体何千キロの毒薬，何万キロの爆弾がいるであろうか，そういう概算の勘定だけからでも自分にはその話は信じられなかった。

[6] 紀貫之『土佐日記』より一部抜粋

・二十日の夜の月が出た。山の端もなくて，海の中から出て来る。このような光景を見てか，昔，[い]といった人は，中国に渡って，帰って来ようとした時に，舟に乗るはずの所で，中国の人が宴《うたげ》を開き，別れを惜しんで，漢詩を作ったりした。……[い]は，「あをうなばらふりさけ見れば春日なる三笠の山にいでし月かも」という歌を詠《よ》んだ。

・二十三日。日が照って，曇った。このあたりは，⑨海賊の襲《おそ》って来る恐れがあるというので，神仏に祈る。

[7] 英俊『多聞院日記』の⑩七月十七日の記事

天下の百姓の刀をことごとく取る。大仏のくぎに刀を使うべし。現世には刀を持つことで戦いになって命を失うことから救うため，死後にはくぎに使うことで，すべての人にご利益をもたらし，現世と来世のための都合のよい方法であると仰せつけられた。実のところは一揆を防止するためだとの評判である。

1 文中の空らん[あ]・[い]に入る最もふさわしい語句を答えなさい。[あ]は漢字２字で答えなさい。

2 下線部①のできごととして正しいものを次の**ア**～**エ**の中から１つ選び，記号で答えなさい。

ア 二・二六事件　**イ** 大逆事件　**ウ** 秩父事件　**エ** 五・一五事件

3 下線部②に該当する人物を次の**ア**～**エ**の中から１人選び，記号で答えなさい。

ア 岡田啓介　**イ** 昭和天皇　**ウ** 大正天皇　**エ** 斎藤実

4 下線部③の出席者として正しくない人物を次の**ア**～**エ**の中から１人選び，記号で答えなさい。

ア メルケル首相(ドイツ)　**イ** トルドー首相(カナダ)

ウ プーチン大統領(ロシア)　**エ** マクロン大統領(フランス)

5 下線部④の人物が行ったこととして正しいものを次の**ア**～**エ**の中から１つ選び，記号で答えなさい。

ア 保元の乱に参加した

イ 太政大臣に就任した

ウ 法勝寺などのお寺を造営した

エ 諸国の守護・地頭に対して執権の追討命令を発した

6 下線部⑤に該当しない人物を次の**ア**～**エ**の中から１人選び，記号で答えなさい。

ア 堀河　**イ** 鳥羽　**ウ** 崇徳　**エ** 後白河

7 下線部⑥の人物は，1876年に来日し，帝国大学で医学講義を行いました。彼の出身国として正しいものを次の**ア**～**エ**の中から１つ選び，記号で答えなさい。

ア アメリカ合衆国　**イ** ドイツ

ウ フランス　**エ** イギリス

8　[5]と次の地図を見て，以下の問いに答えなさい。

(**1**)　次の地図は，[5]の１ヶ月後に印刷された地図で，灰色の部分は震災による焼失地域を示しています。**×A～D**は，「青山学院」，「帝国大学」，「明治大学」，「早稲田大学」のいずれかです。下線部⑦の明治大学の場所を，地図中の**×A～D**の中から１つ選び，記号で答えなさい。

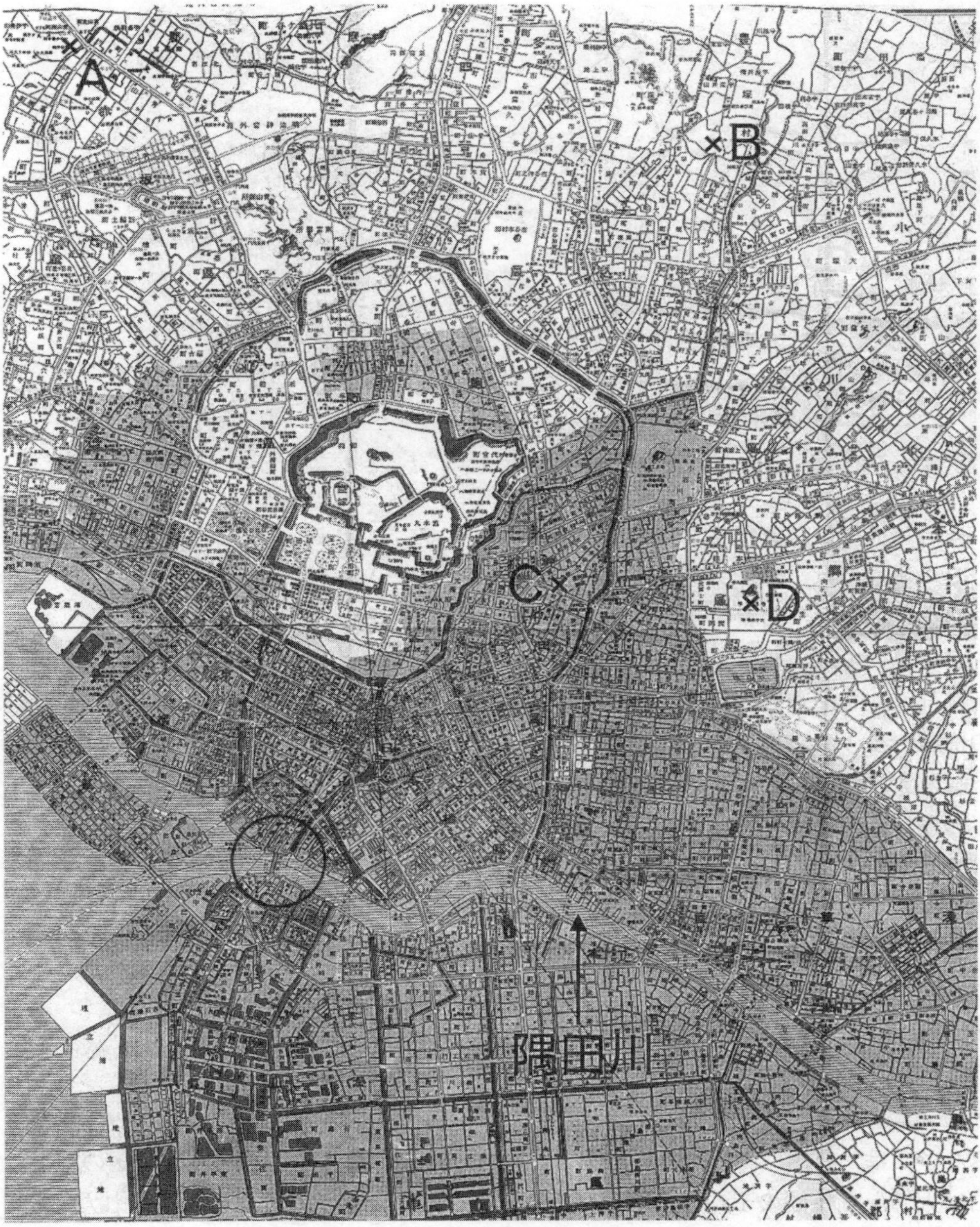

［「大正十二年九月一日震災焼失図最新東京市全図」八紘測量開発株式会社より作成］

(**2**)　[5]と地図から読み取れることとして正しくないものを次の**ア～エ**の中から１つ選び，記号で答えなさい。

ア　地図は，右側が北を示している

イ　隅田川にかかっている○の中にある橋は，被害を受けた

ウ　西郷隆盛像のある上野公園の大半は，被害を免《まぬか》れた

エ　隅田川右岸の浅草一帯は，被害を免れた

9　下線部⑧の結果，次の絵画のような虐殺《ぎゃくさつ》が至る所で行われました。次の絵画から読み取れることとして正しくないものをあとの**ア**～**エ**の中から１つ選び，記号で答えなさい。

［河目悌二による絵画（国立歴史民俗博物館蔵）より作成］

ア　**A**の場面では，青年団・自警団が人を殺害している

イ　**B**の場面では，軍隊・在郷軍人が死体を処理している

ウ　**C**の場面では，警察官が後手にしばられた人を連行している

エ　**D**の場面では，軍隊・在郷軍人が銃を突き付けている

10　下線部⑨から紀貫之は海賊を恐れていたことがわかります。紀貫之と同時代に生き，瀬戸内海の海賊の棟梁《とうりょう》となり，日振島を拠点に反乱を起こした人物を答えなさい。

11　下線部⑩について，この記事に書かれている内容として正しくないものを次の**ア**～**エ**の中から１つ選び，記号で答えなさい。

ア　武士から刀を取り上げることが書かれている

イ　刀を取り上げる名目は大仏建立のためだと書かれている

ウ　刀を大仏のくぎに使うことで，来世にも利益があると書かれている

エ　法令の意図が一揆防止であったことが見抜かれている

12　1～7の記事を時代の古い順に並べ，番号で答えなさい。

Ⅳ　次の文章を読み，以下の問いに答えなさい。

みなさんは，自由について考えたことはありますか。日本をはじめとする国の社会の中で，自由は大切な価値観の１つであると考えられており，①2023年５月に開催されたG7サミット後の会見で岸田首相は，「法の支配に基づく自由で開かれた国際秩序を堅持し，平和と繁栄を守り抜く決意を世界に示す，それが本年のG7議長国である日本に課された使命と言えます」と述べました。明治大学の建学の精神の１つにも，「権利自由」が掲《かか》げられています。

日本国憲法においても自由は大切にされ，基本的人権の１つとして②自由権を保障していま

す。自由権は，③基本的人権の歴史の中でもっとも早く確立した権利です。17世紀～18世紀のイギリスやフランスなどにおいて，権力が国王に集中した絶対王政を批判する考えに基づく市民革命を経て確立されました。それがやがて，日本国憲法にも取り入れられたのです。

日本をはじめとする国の経済活動においても，自由は大切にされています。かつて，18世紀に活躍したアダム＝スミスは，個人の自由な利益を求める行動こそが，「見えざる手」に導かれて，社会全体の富を増大させると説きました。このような考え方が基になって，④資本主義経済が成立しました。

わたしたちの身の回りでも，自由という言葉を使うことがあります。みなさんは，この言葉をどのようにとらえて生活していますか。例えば，学校生活の中で，自由に過ごせるからといって，他人にいやがらせをしたり，ものを勝手にとったり，ろう下で騒《さわ》いだりしてもよいのでしょうか。もしこのようなことをしてよければ，かえってわたしたちの生活はしづらくなるでしょう。そこで，生活する人たちの間で話し合って合意した⑤きまりをつくり，それを皆で守りながら生活することで，対立が起きず，安心して暮らせるようにしています。

⑥自由という言葉は，社会の中でも，またわたしたちの生活の中でも耳にしますが，それをめぐる考え方には長い歴史があり，深い意味があります。みなさんも，これからの⑦学習や学校生活の中でじっくり考えてみてください。

1　下線部①に関する以下の問いに答えなさい。

(1)　下線部①が開催された都市の説明として正しいものを次の**ア**～**エ**の中から１つ選び，記号で答えなさい。

ア　1945年にアメリカ軍と日本軍との間で住民をまきこんだ地上戦が行われた

イ　1945年８月６日にアメリカによって原子爆弾が投下された

ウ　1997年に温室効果ガスの削減目標を定めた議定書が採択された

エ　「杜の都」とよばれ，2011年には東日本大震災の被害を大きく受けた

(2)　下線部①で採択された首脳宣言の内容についての説明として正しくないものを次の**ア**～**エ**の中から１つ選び，記号で答えなさい。

ア　普遍的人権，ジェンダー平等及び人間の尊厳を促進する

イ　ロシアの違法な侵略戦争に直面する中で，必要とされる限りウクライナを支援する

ウ　G7内及びその他の国々との協力を通じ，将来のクリーン・エネルギー経済への移行を推進する

エ　国際平和を実現するため，核抑止の理論を基にした取り組みを強化する

2　下線部②に関する以下の問いに答えなさい。

(1)　日本国憲法の中で，下線部②を保障した条文として正しいものを次の**ア**～**エ**の中から１つ選び，記号で答えなさい。

ア　何人も，いかなる奴隷的拘束《どれいてきこうそく》も受けない。

イ　すべて国民は，法律の定めるところにより，その能力に応じて，ひとしく教育を受ける権利を有する。

ウ　すべて国民は，法の下に平等であつて，人種，信条，性別，社会的身分又は門地により，政治的，経済的又は社会的関係において，差別されない。

エ　すべて国民は，健康で文化的な最低限度の生活を営む権利を有する。

(2) 下線部②にも制約がかかることがあります。このことが表れている次の日本国憲法の条文中の空らん [あ] にあてはまる語句を5字で答えなさい。

第22条　何人も，[あ] に反しない限り，居住，移転及び職業選択の自由を有する。

3 下線部③に関連して，次の日本国憲法の条文中の空らん [い]・[う] にあてはまる語句をそれぞれ漢字2字で答えなさい。

第97条　この憲法が日本国民に保障する基本的人権は，人類の多年にわたる自由獲得の [い] の成果であつて，これらの権利は，過去幾多《いくた》の試錬《しれん》に堪《た》へ，現在及び将来の国民に対し，侵《おか》すことのできない [う] の権利として信託されたものである。

4 下線部③について，下線部④が発達したことにより，18～19世紀にさまざまな社会問題が起きたため，20世紀になると新たな人権が確立し，ワイマール憲法で初めて定められました。この人権について，以下の問いに答えなさい。

(1) この人権が20世紀に確立した背景となる，さまざまな社会問題にはどのようなものがありますか。具体的に1つ答えなさい。

(2) この人権を具体的に保障するための法律として正しくないものを次の**ア**～**エ**の中から1つ選び，記号で答えなさい。

ア　生活保護法　　**イ**　労働基準法　　**ウ**　刑事訴訟法　　**エ**　教育基本法

5 下線部④に関して述べた次の文章について，以下の問いに答えなさい。

資本主義経済において，売り手も買い手も多数存在し，自由な競争が行われている完全競争市場では，需要量が供給量より少なければ，価格は [え] がり，需要量が供給量より多ければ，価格は [お] がって，適正な価格が決まります。しかし，競争があまり行われなくなると，大企業である1社が，一方的に価格を決めるなど，市場を支配するようになることがあります。これを [か] といい，この状態になると，消費者が不利益を受けることもあります。そこで，法律によって，企業間の自由な競争を確保することをめざしています。

(1) 文章中の空らん [え]・[お] にあてはまる語句の組み合わせとして正しいものを次の**ア**～**エ**の中から1つ選び，記号で答えなさい。

ア　**え**－上　**お**－上　　**イ**　**え**－上　**お**－下

ウ　**え**－下　**お**－上　　**エ**　**え**－下　**お**－下

(2) 文章中の空らん [か] にあてはまる語句を漢字2字で答えなさい。

6 下線部⑤の1つに，法律があります。法律に関連する日本社会のしくみについて述べた文として正しいものを次の**ア**～**エ**の中から1つ選び，記号で答えなさい。

ア　法律は国の最高法規であり，法律に反する憲法の内容は無効となる

イ　天皇は国政に関する権能を有しないが，国事行為として法律を国民に公布する

ウ　「憲法の番人」である裁判所が認可しない法律案は成立させることができない

エ　内閣総理大臣が提出した法律案は閣議において可決されると直ちに法律となる

7 下線部⑥・⑦について，利用にあたってのきまりがなく，自由な自習室があったとします。利用者である**Aさん**は，「静かに勉強する自由があるので，静かに自習室で勉強したい」と考えています。一方，**Bさん**は，「皆で楽しく教え合いながら勉強する自由があるので，話しながら自習室で勉強したい」と考えています。

あなたは，**Aさん**と**Bさん**のどちらの考えに近いですか。解答らんの適する方に○をつけな

さい。また，その人の考えの立場に立ったとき，反対の考えの立場の人をふくめた両者が，できるだけ納得して気持ちよく自習室を利用するために，あなたならどのようにするか答えなさい。ただし，次の〈**1**〉～〈**3**〉の**条件**を守ることとします。

(**条件**)

〈**1**〉　自習室は１室しかなく，別室や個室をつくることはできない。

〈**2**〉　「先生に言う」「先生にまかせる」など，他人をたよる解答は不可とし，自分と相手との間で解決できるようにすること。

〈**3**〉　自分の考えを一方的におしつけたり，相手の考えに一方的に合わせたりする解答は不可とする。

【理　科】〈第２回試験〉（40分）〈満点：75点〉

Ⅰ　濃度《のうど》の異なるうすい塩酸Ａ，Ｂと，濃度の異なる水酸化ナトリウム水溶液《すいようえき》Ｃ，Ｄを使って次の実験を行いました。この実験について，問いに答えなさい。

【実験】

うすい塩酸Ａ，Ｂそれぞれに水酸化ナトリウム水溶液Ｃ，Ｄを加えてよくかきまぜたあと，BTB溶液を加えたところ，次の組み合わせのときに水溶液が緑色になった。

①　うすい塩酸Ａ 1 cm^3 と水酸化ナトリウム水溶液Ｃ 1 cm^3

②　うすい塩酸Ｂ 2 cm^3 と水酸化ナトリウム水溶液Ｃ 1 cm^3

③　うすい塩酸Ｂ 1 cm^3 と水酸化ナトリウム水溶液Ｄ 2 cm^3

(1)　うすい塩酸と水酸化ナトリウム水溶液それぞれに紫《むらさき》キャベツの煮汁《にじる》を入れたとき，何色になりますか。正しいものをそれぞれ選び，ア～エの記号で答えなさい。

ア　紫色　　イ　赤色　　ウ　黄色　　エ　無色

(2)　亜鉛《あえん》にうすい塩酸を加えると，気体が発生します。この気体の性質について正しいものを選び，ア～カの記号で答えなさい。

ア　水に溶《と》けやすい　　　　イ　水に溶けにくい

ウ　同じ体積の空気より軽い　　エ　同じ体積の空気より重い

オ　臭《にお》いがない　　　　　カ　刺激臭《しげきしゅう》がある

(3)　(2)の気体を発生させる方法として正しいものを選び，ア～オの記号で答えなさい。

ア　アルミニウムに，水酸化ナトリウム水溶液を加える。

イ　石灰石に，うすい塩酸を加える。

ウ　二酸化マンガンに，濃い塩酸を加えて加熱する。

エ　二酸化マンガンに，過酸化水素水を加える。

オ　塩化アンモニウムと水酸化カルシウムをまぜて加熱する。

(4)　うすい塩酸Ａ 1 cm^3 に水酸化ナトリウム水溶液Ｄを加えてよくかきまぜたあと，BTB溶液を加えたところ，水溶液が緑色になりました。このとき加えた水酸化ナトリウム水溶液Ｄは何 cm^3 ですか。

Ⅱ　図のような装置を用いて，炭酸水素ナトリウム(重曹《じゅうそう》)を加熱する実験を行ったところ，水がつくられ，気体が発生し，試験管Ａには白い固体が残りました。この実験について，問いに答えなさい。

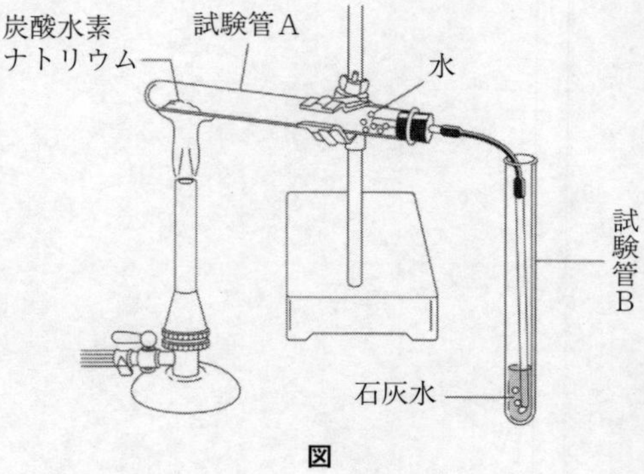

図

(1)　炭酸水素ナトリウムの加熱のように，１種類の物質が２種類以上の物質に分かれる化学変化を何といいますか。正しいものを選び，ア～エの記号で答えなさい。

ア　酸化　　イ　還元《かんげん》　　ウ　化合　　エ　分解

(2)　実験の結果，発生した気体によって試験管Ｂの石灰水が白くにごりました。発生した気体と同じ気体を発生させるため，２種類の物質を使用しました。このとき，使用した物質を選び，ア～キの記号で答えなさい。

ア　二酸化マンガン　　イ　炭酸カルシウム　　ウ　塩化アンモニウム
エ　塩酸　　　　　　　オ　過酸化水素水　　　カ　水酸化カルシウム
キ　亜鉛

(3)　BTB溶液を加えたとき，炭酸水素ナトリウム水溶液と同じ色になる水溶液を選び，ア～クの記号で答えなさい。

ア　うすい塩酸　　イ　アンモニア水　　ウ　酢酸《さくさん》　　エ　石灰水
オ　砂糖水　　　　カ　食塩水　　　　　キ　炭酸水　　　　　　ク　水酸化ナトリウム水溶液

(4)　この実験で，炭酸水素ナトリウムを完全に反応させたとき，残った白い固体は，炭酸ナトリウムであることがわかりました。その後，さまざまな重さの炭酸水素ナトリウムを完全に反応させ，残った炭酸ナトリウムの重さをはかると次の表のようになりました。

炭酸水素ナトリウムの重さ(g)	168	336	504	672
炭酸ナトリウムの重さ(g)	106	212	318	424

表

①　420gの炭酸水素ナトリウムを完全に反応させたとき，残った炭酸ナトリウムは何gですか。

②　残った炭酸ナトリウムが159gのとき，加熱した炭酸水素ナトリウムは何gですか。ただし，炭酸水素ナトリウムは完全に反応したものとします。

③　420gの炭酸水素ナトリウムを加熱し，途中《とちゅう》で加熱をやめたところ，炭酸水素ナトリウムは完全には反応せず，残った白い固体の重さは389gでした。残った白い固体の中に炭酸ナトリウムは何％含《ふく》まれますか。ただし，つくられた気体と水の重さは考えないものとし，答えは小数第２位を四捨五入して小数第１位まで答えなさい。

Ⅲ　下の文章を読み，問いに答えなさい。

Ａ型インフルエンザに効く新しいインフルエンザワクチンが開発され，話題となっています。新しいワクチンも，従来からのワクチンも，ヒトの血液によるはたらきを利用しています。

そのヒトの血液は，大きく分けて，赤血球，（　a　），（　b　），c血しょうの４つの成分に分けられます。赤血球が赤いのは（　d　）という物質を含んでいるためです。（　d　）は（　e　）を含んでおり，全身の組織に（　f　）を運搬《うんぱん》する役割を果たしています。組織では，g糖などの栄養素を（　f　）を使って分解し，活動するためのエネルギーを得ています。

ワクチンをつくるためには，（　a　）のはたらきを利用しています。（　a　）がつくる抗体《こうたい》には，体内に侵入《しんにゅう》したウイルスの増殖《ぞうしょく》を阻止し，発症《はっしょう》や重症《じゅうしょう》化《か》を防ぐはたらきが知られています。

今回開発されたh新しいインフルエンザワクチンは，効果が２，３年持続できる可能性があり，毎年注射するのではなく，数年に一度の注射ですむことが期待されています。

(1)　文中の（a），（b），（d），（f）にあてはまる語句をそれぞれ答えなさい。

(2)　文中の（e）にあてはまるものを選び，ア～エの記号で答えなさい。

ア　亜鉛　　イ　マグネシウム　　ウ　鉄　　エ　カルシウム

(3)　下線部cの血しょうの特徴《とくちょう》として，正しいものを選び，ア～カの記号で答えなさい。

ア　ごくうすい黄色である。

イ　ごくうすい赤色である。

ウ　静脈血にくらべ，動脈血に多く含まれる。

エ　動脈血にくらべ，静脈血に多く含まれる。

オ　肺静脈にくらべ，肺動脈を流れる血液に多く含まれる。

カ　大動脈にくらべ，門脈を流れる血液に多く含まれる。

(4)　下線部ｇの現象は何といいますか。

(5)　下線部ｈについて，従来のインフルエンザワクチンは毎年注射しなければならないのはなぜですか。最もあてはまるものを選び，ア～エの記号で答えなさい。

ア　インフルエンザウイルスが変異しないから。

イ　インフルエンザウイルスが日々変異しつづけているから。

ウ　抗体が，ヒトの体内ですぐに分解されるから。

エ　抗体が，ヒトの体内でつくられすぎるから。

Ⅳ　アサガオには，一部に緑色でない部分(ふ)を含む葉があり，この葉を「ふ入りの葉」といいます。アサガオのふ入りの葉を用いて，次の実験を行いました。この実験について，問いに答えなさい。

【実験】

①　図のように，ふ入りの葉の一部をアルミはくでおおい，十分に光をあてた。

②　この葉を切り取ってアルミはくを外し，熱湯につけた後，あたたかいエタノールにつけた。

③　葉をヨウ素液につけ，色の変化を観察した。

図

(1)　アサガオの葉を観察すると，葉脈が網《あみ》の目のように広がっていました。このような葉脈をもつ被子《ひし》植物を何といいますか。

(2)　実験の②で，アサガオの葉をあたたかいエタノールにつけたところ，アサガオの葉から緑色が抜《ぬ》け，エタノールは緑色に変色しました。アサガオの葉から抜けた緑色の物質の名称《めいしょう》を答えなさい。

(3)　実験の③で，アサガオの葉をヨウ素液につけたところ，ヨウ素液の色が変化した部分と，変化しなかった部分がありました。ヨウ素液の色が変化した部分として正しいものを選び，ア～エの記号で答えなさい。

ア　アルミはくでおおった緑色の部分

イ　アルミはくでおおったふの部分

ウ　アルミはくでおおわなかった緑色の部分

エ　アルミはくでおおわなかったふの部分

(4)　実験の③で，ヨウ素液の色が変化する原因となる物質の名称を答えなさい。

(5)　この実験の結果のみから考えたとき，アサガオの葉が(4)で答えた物質をつくるために必要な条件としてあてはまるものを選び，ア～カの記号で答えなさい。

ア　光　　　イ　酸素　　　ウ　二酸化炭素

エ　適切な温度　　オ　葉の緑色の部分　　カ　水

Ⅴ　図は，太陽のまわりを惑星《わくせい》が公転するようすを，地球の北極側から表したもので，図中のａは地球，図中のｂ，ｃ，ｄは，地球のすぐ内側の惑星Ａ，ｅ，ｆは地球のすぐ外側の惑星Ｂの位置を表しています。図を見て，問いに答えなさい。

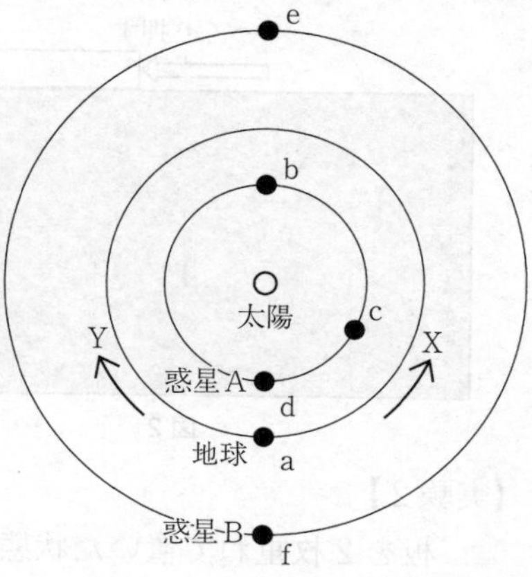

図

(1)　地球が公転する向きとして正しいのは，図中のＸ，Ｙのどちらですか。記号で答えなさい。

(2)　惑星Ａ，Ｂの名称をそれぞれ答えなさい。

(3)　真夜中に見ることができる惑星はどれですか。正しいものを選び，ア～エの記号で答えなさい。

ア　惑星Ａ　　イ　惑星Ｂ
ウ　惑星Ａ，Ｂの両方　　エ　惑星Ａ，Ｂともに見えない

(4)　地球がａの位置にあるときに見ることができない惑星の位置を選び，ｂ～ｆの記号で答えなさい。

(5)　地球がａ，惑星Ｂがｆの位置にあるとき，惑星Ｂの見え方として正しいものを選び，ア～エの記号で答えなさい。

ア　明け方の東の空　　イ　明け方の西の空
ウ　夕方の東の空　　エ　夕方の西の空

(6)　地球がａ，惑星Ａがｃの位置にあるとき，惑星Ａの見え方として正しいものを選び，ア～エの記号で答えなさい。

ア　明け方の東の空　　イ　明け方の西の空
ウ　夕方の東の空　　エ　夕方の西の空

(7)　地球がａ，惑星Ａがｃの位置にあるとき，(6)で答えた時刻に惑星Ａを天体望遠鏡で観測すると，惑星Ａはどのように見えますか。正しいものを選び，ア～オの記号で答えなさい。

ア　　イ　　ウ　　エ　　オ

Ⅵ　長さが24cmで厚さが均一な板を台の上にのせ，板が傾《かたむ》く直前のようすを調べる【実験１】～【実験３】を行いました。最初は図１のように，１枚の板を台の上にのせ，板のはしと台のはしをそろえて置きました。これらの実験について，問いに答えなさい。

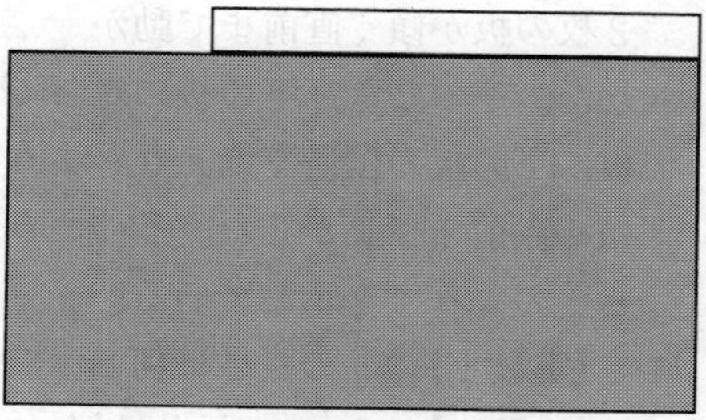
図１

【実験１】

図１の状態から，板の左はしをゆっくり押《お》し，板が傾く直前まで動かした。図２は，そのときのようすを示していて，台からはみ出した長さをaとする。

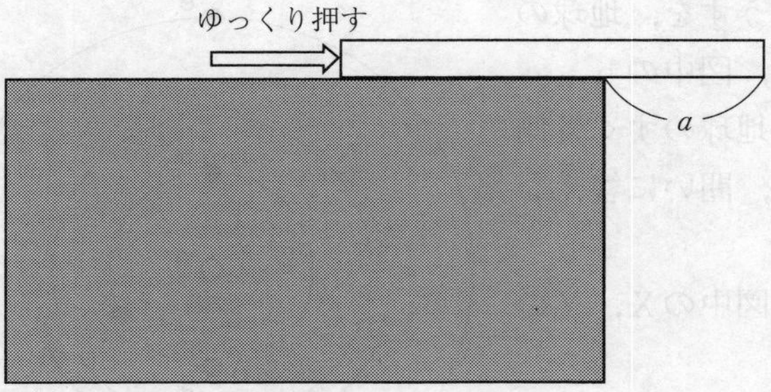

図2

【実験2】

板を2枚重ねて置いた状態から，上の板の左はしをゆっくり押し，上の板が傾く直前まで動かした。そのとき，下の板に対して上の板がはみ出した長さを b とする。次に，上の板と下の板の位置を変えないように重ねたまま，下の板の左はしをゆっくり押し，２枚の板が傾く直前まで動かした。図3は，そのときのようすを示していて，下の板が台からはみ出した長さを c とする。

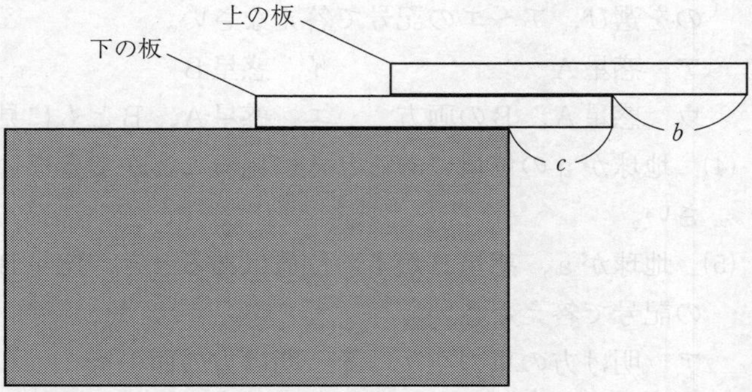

図3

【実験3】

板を3枚重ねて置いた状態から，上の板の左はしをゆっくり押し，上の板が傾く直前まで動かした。そのとき，中の板に対して上の板がはみ出した長さを d とする。次に，上の板と中の板の位置を変えないように重ねたまま，中の板の左はしをゆっくり押し，２枚の板が傾く直前まで動かした。そのとき，下の板に対して中の板がはみ出した長さを e とする。続いて，上の板，中の板，下の板の位置を変えないように重ねたまま，下の板の左はしをゆっくり押し，３枚の板が傾く直前まで動かした。そのとき，下の板が台からはみ出した長さを f とする。図4は，そのときのようすを示している。

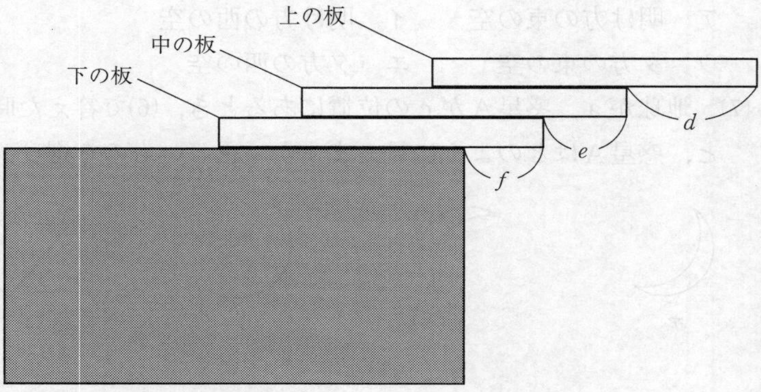

図4

(1)　【実験1】の a の長さは何 cm ですか。

(2)　【実験2】の $b+c$ の長さは何 cm ですか。

(3)　【実験3】の $d+e+f$ の長さは何 cm ですか。

Ⅶ　ばねとおもり，斜面《しゃめん》を使って【実験１】，【実験２】を行いました。これらの実験の結果を用いて，問いに答えなさい。ただし，おもりはすべて静止しており，ばねや糸の重さは考えず，面や滑車《かっしゃ》には摩《ま》擦《さつ》がないものとします。また，(1)〜(5)の装置は，水平な場所に置かれています。

【実験１】

ばねにおもりをつるして，おもりの重さとばねののびとの関係を調べたところ図１のようになった。

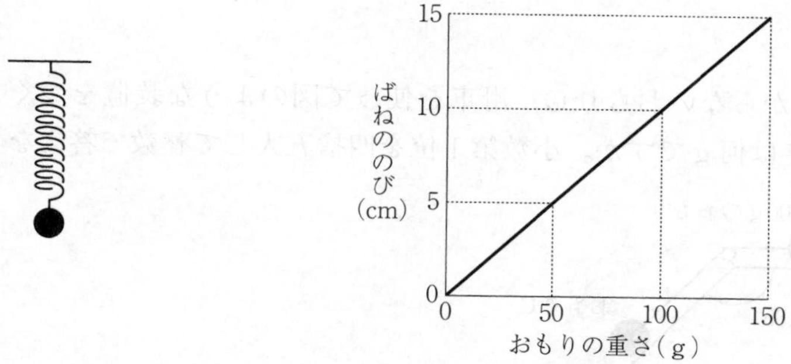

図１

【実験２】

ばねに100gのおもりをつるして，図のようにばねとおもりを傾けたところ，角度とばねののびとの関係は図２のようになった。

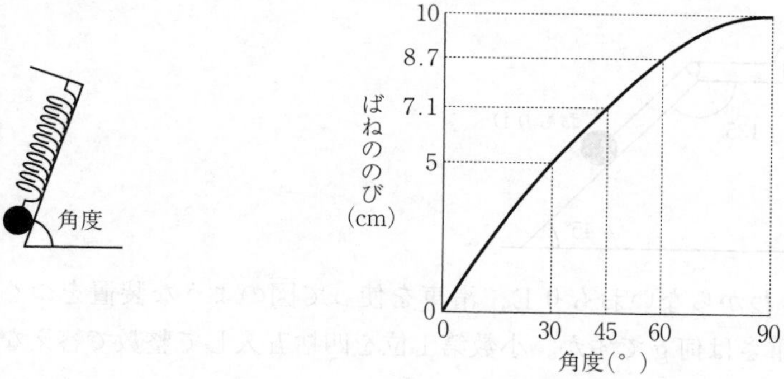

図２

(1)　100gのおもりと重さのわからないおもりA，滑車を使って図のような装置をつくりました。このとき，おもりAの重さは何gですか。

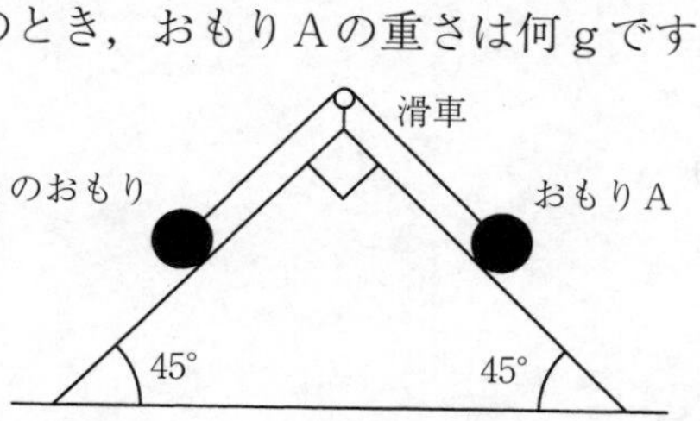

(2)　100gのおもりと重さのわからないおもりB，滑車を使って図のような装置をつくりました。このとき，おもりBの重さは何gですか。

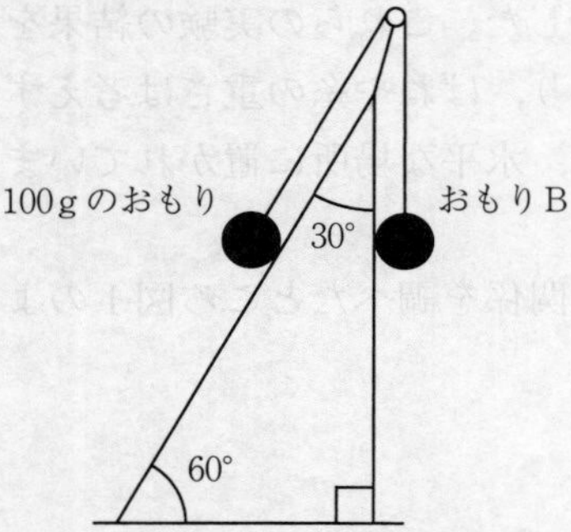

(3)　100ｇのおもり３個と重さのわからないおもりＣ，滑車を使って図のような装置をつくりました。このとき，おもりＣの重さは何ｇですか。小数第１位を四捨五入して整数で答えなさい。

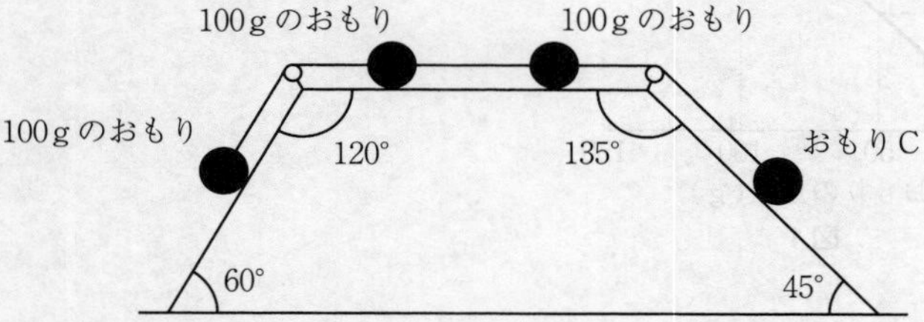

(4)　100ｇのおもりと重さのわからないおもりＤ，【実験１】，【実験２】で使用したばね，滑車を使って図のような装置をつくりました。このとき，ばねののびは何cmですか。

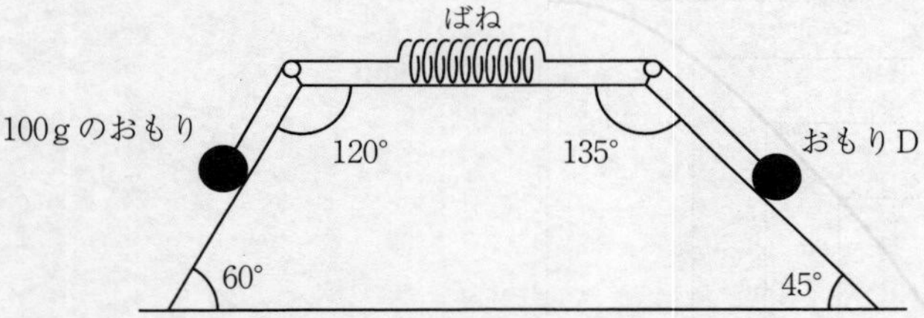

(5)　100ｇのおもり２個と重さのわからないおもりＥ，滑車を使って図のような装置をつくりました。このとき，おもりＥの重さは何ｇですか。小数第１位を四捨五入して整数で答えなさい。

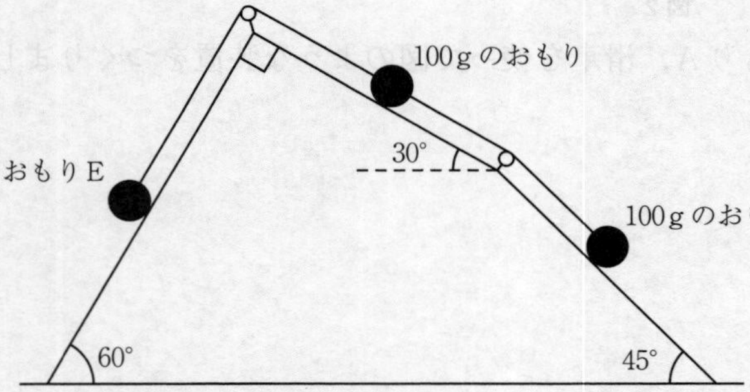

問九　文中の[E]～[H]には、ア「自分」、イ「他者」のどちらかが入る。それぞれ記号で答えなさい。

問十　――部⑦「二つの学問」が指すものを答えなさい。

問十一　――部⑧「生物学を乗っ取った情報学は、人間を知能偏重に変えました」とありますが、その結果、人間関係においてどのようなことが問題になると筆者は考えているか、答えなさい。

問十二　文中の[I]、[J]にあてはまる言葉を、次のア～エから選び、記号で答えなさい。ただし、同じ記号は二度使えません。

ア　遺伝的　イ　表面的
ウ　分析《せき》的　エ　意識的

問十三　――部⑨「ＩＣＴのネットワークには中心がありません」とありますが、その結果起きる問題を答えなさい。

問十四　文中の[K]にあてはまることわざを、次のア～エから選び、記号で答えなさい。

ア　他山の石　イ　どんぐりのせいくらべ
ウ　雨後の筍《たけのこ》　エ　目の上のたんこぶ

問十五　文中の[L]にあてはまる言葉を、漢字二字で抜き出しなさい。

問十六　筆者の主張を、解答欄に合うように百字以内で説明しなさい。

[二]

次の1～10の文中の（カタカナ）を漢字で書きなさい。

1　（モクハン）画。
2　（オンセン）に入る。
3　熱心に（トウギ）する。
4　（フウフ）で出席する。
5　勇気を（ブキ）にする。
6　石炭の（コウミャク）を探す。
7　江戸（バクフ）について調べる。
8　展覧会で（ドウショウ）を取る。
9　鏡に姿が（ウツ）る。
10　（アツ）い壁《かべ》にはばまれた。

て、インターネットを通じて［L］がつなぎ合わされている感覚を何らかの手段でつくることができれば、それはすごいことだと思います。でも今のところ、それは望めそうにありません。

　情報技術によって利便性が高まった生活自体をもとに戻すことはできません。未来の社会を考えたとき、ＩＣＴやＡＩは受け入れざるを得ないでしょう。付き合う人数を増加させるというＩＣＴの進化の方向は、人類の進化と同じです。そこにあるのは、付き合う人の数を増やし、仲間の範《はん》囲を広げれば、ビジネスチャンスは増すし、知識も増える、自分の可能性も広がる、という考えです。しかし、人間が共感によってつながる人の数には限界がある。感情を置き去りにして「脳」だけでつながる人間の数を増やせば増やすほど、［L］のつながりが失われ、人間は孤独《こどく》を感じるようになります。ぼくたちは、コミュニティの規模に応じて、適切なコミュニケーションツールやルールを使い分けなくてはいけません。本当に信頼できる人とのつながりをつくるには、時間と空間を共有し、五感を使った付き合いをする必要があります。

　それは、生物としての人間が、そういう付き合いをして進化をしてきたからです。その進化の跡《あと》は、今の人間社会のいろいろなところに、気がつかないまま埋め込まれています。大事なのは、人間は「生物として」進化してきたことを自覚し、生物としての人間の幸福な在り方、生き方を考え、現代文明と付き合っていくことです。ほかの動物に見習うべきところはあるかもしれませんが、見つめるべきは人間独自の生物的な部分です。今、その大事な人間の特性がないがしろにされ【軽んじられ】ている。だから、人間は人間らしさを失いかけているし、つらい状況にも陥っているのです。

（山極寿一《やまぎわじゅいち》『スマホを捨てたい子どもたち』より・一部改変）

問一　――部①「このギャップの大きさ」が生まれる原因を筆者はどのように考えているか答えなさい。

問二　――部②「いくつかの特徴を発達させた」とありますが、具体的にどのようなことを指しているか、すべて答えなさい。

問三　文中の［1］、［2］にあてはまる説明を、文中の語句を用いて、［1］は十字以上十五字以内で、［2］は四十字以上四十五字以内でそれぞれ答えなさい。

問四　――部③「『150』という数字は、実に面白い数字である」とありますが、どのような点を筆者は面白いと考えているか答えなさい。

問五　文中の［A］にあてはまる四字熟語を、次のア～エから選び、記号で答えなさい。

ア　弱肉強食　　イ　古今東西
ウ　一期《ご》一会《え》　　エ　喜怒《ど》哀《あい》楽

問六　――部④「そのつながり」、⑤「こうした継続的な同調作用」、⑥「こうした日々の活動」の指示内容を、それぞれ答えなさい。

問七　本文からは次の段落が抜けています。どの形式段落の前に入れるのが適当ですか。その段落の初めの五字を答えなさい。

　しかし、ＩＣＴやＡＩは、個人を拡張する方向に進んでいて、異なるもの同士がつながり合って新しいことを生み出すことを目指していないように思います。インターネットは、「同じである」ことを前提として付き合うバーチャルな空間です。相手も自分も同じように行動することを前提につながっている。

問八　文中の［B］～［D］にあてはまる言葉を、次のア～オから選び、記号で答えなさい。ただし、同じ記号は二度使えません。

ア　でも　　イ　なぜなら　　ウ　さらに
エ　たとえば　　オ　つまり

る感情や、他者に対する自分の感情が、「好き」という言葉で表される感情に匹《ひっ》敵する【並ぶ】ものかどうなのかも判断できないのです。その不安が、身近な人への過度なこだわりや要求となり、それがいじめや嫉妬《しっと》、暴力につながっているのではないでしょうか。実際には生み出されていない信頼を、一番近くにいる仲間に過剰《かじょう》に求めるがゆえに起きている不幸な事件も多いのではないかと思います。

ぼくたちが直面している社会の情報化は、AIの進歩によって、どんどん加速するでしょう。

⑨ICTのネットワークには中心がありません。これは、一面を見れば利点です。誰かを中心に線や面でつながるリアルな世界では、その中心の人物に従わなくてはいけないというプレッシャーを受け、それがしがらみとなります。だから人を介してグループに入ると、簡単に抜《ぬ》けられなくなりますね。紹《しょう》介してくれた人のメンツ【顔】をつぶしたくないので、抜けるからにはけじめをつけなくてはいけなくなります。一方、点と点でつながるインターネット上のつながりであれば、点をつくり、点を消せばいいだけですから、入りやすいし抜けやすい。すべてバーチャルな【仮想の】場で行われるので楽でいい。いろいろなコミュニティなりグループなりが K のように現れ、一人がいくつもの集団に属することも簡単です。「点である自分」は身体をもっていないので、いろいろなものに扮《ふん》することもできます。考えようによっては、自分をマルチ【多面的】に表現できるわけですから、可能性を広げることもできるでしょう。

しかし、中心がないから入りやすく抜けやすいというネットワークの利便性は、中心がないからリーダーができずに意見を集約できず、すぐに炎《えん》上するという欠点にもなります。誰もがリーダーになることができるし、誰もが誰かをリーダーにさせないことができる。そうすると、結局何も行動に移せないまま、バーチャルな空間に点として浮《う》かんでいるだけになってしまいます。他者とつながっている感覚も失われていきます。利便性【便利さ】を追求すればするほど自分の自由度は増すかもしれませんが、自分がこれからしようとしている行動を誰も見守っていないし、期待もしていない。そんな状況《きょう》に陥《おちい》る可能性もあります。

こういう時代は、確信がもちにくく、自分というものがわからなくなります。特に子ども時代に「自分は世界に受け入れられている」という思いを抱けなかった人ほど、インターネット上で必死に自己実現を図《はか》ろうとしています。フェイスブックで「いいね!」を押《お》してもらおうと、荒《あら》っぽいことをするのもそのためでしょう。自分がやっていることを他者に認めてもらいたい、注目してもらいたいと思うからです。自分というストーリーの中で生きようとすれば、他者を巻き込まなければ完結しません。だから、他者を強引《ごう》に自分のストーリーの中に入れることのできるインターネットは都合がいいのです。

自分本位のインターネットの世界は、言葉を手に入れ、フィクション【虚《きょ》構】の中で生きるようになった人間が行き着いた場所です。人間は、フィクションによって自分を認めてもらう方式をつくり出したわけです。そうして、フェイスブックやライン、ツイッターを駆使して、どこかで他人とつながろうとする。でも、 L のつながりなくして、本当につながることはできません。

自分のやっていることを他者に認めてもらいたい、注目してもらいたいという願望をもち続けてきたからこそ、人間はその進化の過程で付き合う仲間の数を増やそうとしてきました。しかし、真につながれる数は150人のまま増やせてはいないのです。今後、技術が進歩し間はほかの生物とは異なる特別な存在であると考えられていました。自然を支配し、管理する権利を神から与《あた》えられ、神の姿に似せてつくられた存在だとされていたのです。それが、生物学の登場によって、人間もほかの生物と同じようにＤＮＡという遺伝子によってつくられていることが明らかになりました。つまり人間をつくるのも遺伝情報であり、その情報をいじれば、病気など、人間の抱えている問題は解決でき、身体や性格さえも意のままに変えられるという予測が成り立つようになったのです。

その予測は、まず栽培《さいばい》植物と家畜という形で現実になりました。今、地球の全陸地に占める牧草地、放牧地、農耕地の割合は36％に達しています。そして地球上に生きている哺《ほ》乳動物の９割以上は人間と家畜です。人間と、人間が手をかけてつくり上げた動物が地球上の哺乳類のほとんどを占めてしまった。今は海の魚にまで人間が手を加えています。このまま行くと、人間の手にかからない生命はなくなってしまうかもしれません。それほどまでに生命をつくり変えた人間は、さらに自分自身も遺伝子編集や遺伝子組み換えによってつくり変えようとしています。神経細胞《ぼう》の間をつなぐインパルス（電流）によって、記憶も思考もすべて解釈できる。心も脳の中にある。生物学はそう断じたわけです。

こうして哲学を乗っ取った生物学は、やがて情報学に乗っ取られます。情報であるＤＮＡを操作すれば、有機物であれ無機物であれ、あらゆるものをつくり出すことができる。生物も、遺伝的アルゴリズム【計算手順】でできた情報の塊《かたまり》です。人間も同じ。遺伝的アルゴリズムを解釈すれば、いくらでも情報は書き換えることができる。情報として捉《とら》えれば、世界の在り方もすべて数学的に解釈ができるわけです。こうして、哲学が人間を定義し、人間の生きる意味を考える時代は終わりました。

⑧生物学を乗っ取った情報学は、人間を知能偏重《へんちょう》に変えました。情報学が扱《あつか》うのは、人間がもつ二つの能力、知能と意識のうちの知能の部分だけです。大脳辺縁《えん》系が司る意識の部分は切り捨て、情報になる部分、つまり大脳新皮質が司る知能だけで解決していこうというのが今の情報革命の中心理念だからです。ＡＩも、知能だけを拡張したものであって、感情や意識の部分はもっていません。人間は、感情や意識を忘れ、知能に偏《かたよ》り始めたことで、本来、決してわかるはずのない「好き嫌い」や「共感」、「信頼」といった感情を、情報として「理解」しようとするようになりました。

情報学に乗っ取られてから、人間はどんどん［ Ｉ ］になり、すべてを情報化しなくては気が済まなくなりました。人間は、感じたことで衝《しょう》動づけられたり助け合ったりします。あるいは、食卓《たく》を囲んで楽しい思いをしたり、踊って興奮したりする。こうした感性の部分は情報化できません。たとえ情報に還《かん》元した【戻した】ところで、［ Ｊ ］な情報にしかならないでしょう。そして今、「わかろうとすることがわからないことにつながる」という矛盾《むじゅん》が生じています。情報化するということは、わからないことを無視するということです。それは、隠《かく》されているものを捨てていく作業だからです。人間は、情報化することで逆にバカになってしまいました。

共感というのは「相手の気持ちがわかる」ことです。それを、「相手を理解すること」だと誤解している人たちが、多いように思います。相手を「理解」するのではなく、ただ「了《りょう》解」することが、互いの信頼関係を育んだり、好きになったりする架《か》け橋になるということがわからない。同調する能力があるにもかかわらず、それがお互いの信頼関係を育んだりすることもわからない。さらには、他者の自分に対すにあるのは、相手を100%理解することではなく、「相手のことはわからない」という認識です。わからないからこそ知りたいと思うわけで、極端《たん》なことをいえば、わかってしまったら、もう知る必要はありません。自分と同じようにできていて、自分と同じ心をもっていると思えば、何もその人と付き合う必要はなく、自分だけを拡張していけばいいからです。

生身の人間の触れ合いより、ネット上の世界に重きを置いていると、人間同士の付き合いが、「お互いに違う」ことを前提としているということがわからなくなります。スマホなど、非常に便利と思われるコミュニケーションツールによって、本来違うはずの人間が均質化する【同じような性質を持つ】方向に誘《ゆう》導されている。

これが、現代に闇《やみ》をもたらしている正体ではないでしょうか。

世界のあらゆるものが数値化されることによって相対的に評価されるようになる中、人間も、生身の身体ではなく、デジタル情報に置き換えられて評価されるようになってきました。たとえば中国では、ある企《き》業が人間の点数化を始めています。高級な家に住んだり、社会的に高い地位についたり、高級なレストランや店に行って食事や買い物をしたりすれば点数が上がる。そして、その点数が近い人同士は相性がいい、あるいは、自分より点数の高い人を友だちとして選んだほうが自分の利益になるといった考えのもと、点数を基準に友だち選びをする人たちが登場しています。こうして直につながりのないものへの情報による評価が、信頼のツールになり始めています。

人間は、もともと［E］で［F］を定義することができません。ゴリラやチンパンジーとの共通の祖先だった時代から、［G］の目によって［H］を評価したり意識したりする生き物でした。人間は強い共感力をもっているために、相手から期待されていることを感じ取れるからです。そう考えれば、進化のプロセス【過程】を経て、人間の社会が情報化時代に至ったことは理解できます。そのほうが、評価がわかりやすい。

でも、人間は不確かなものです。人間は、数値を見て、好きになったり、嫌《きら》いになったりするわけではなく、相手と直接会ってその具体的な姿や行動や表現などを見て、どこかに憧《あこが》れたり、どこかで拒《きょ》否したり、共感したりする。王子さまが、貧しい家に生まれた女の子に心を動かされ、身分をわきまえずに結婚《こん》するシンデレラ物語のようなことは、おとぎ話の中だけではなく現実にも起こります。

人間と人間との出会いや関係は、決して予測できるものではなく、どういうところで火花が散るかわかりません。それは、人間はそれぞれ、予測がつかないような中身をもっているからです。どう表現されるかは、その時々によって変わり、それを他者は、数値でなく直観で判断します。人間と自然の出会いも、人間と動物の出会いも、動物同士の出会いも同じ。そこで新たな関係が生まれ、別の出来事によってその関係が壊れ、あるいは関係が持続されたり強化されたりする。そこで起こることを100%予測することはできません。だからこそ人間と動物の出会い、人間同士の関係は面白いのです。

この面白さこそが、生きる意欲につながる。そう考えれば、今、人間が見失っているのは、生きる意味だと言えるかもしれません。

なぜ自分はこの世に生まれ、なぜ生き続けているのか。もともと、この問いを考えるのは哲《てつ》学の役割でした。哲学は、世界をわかりやすく解釈すること、そして、生きる意味を教えること、という二つの使命を負っていました。しかし、社会の大きな変化により、哲学は⑦二つの学問に乗っ取られてしまいます。

20世紀、哲学は生物学にその地位を譲《ゆず》り渡《わた》しました。それまで、人

［Ｂ］、情報通信技術の発達によって、継続的な身体のつながりで社会をつくるという、人類が何百万年もかけてつくり上げてきた方法が崩壊《ほうかい》しかけています。一人一人の人間が、家族や地域などのコミュニティ【共同体】から引きはがされてバラバラになったことで、これまで信頼関係で結ばれてきた共同体が機能しなくなっている。インターネットは、継続性だけは保証しました。インターネットで情報を交換し合っていれば、絶えずつながっていると思うことは可能だからです。ライン、ツイッターといったツール【手段】を通じて、時間や空間を軽々と超えて常時つながっている感覚を得るようになりました。

［Ｃ］、それは言葉をはじめとする「シンボル」を通じてつながっているだけで、身体がつなぎ合わされているわけではありません。スマホを通じたコミュニケーションでは、ダンスによる同調のように、同時に行うこと、同時に感じることができません。スマホの動画の中で人が動いていたとしても、それは記録されたものであって生身の動きではありません。たとえそれがライブであったとしても、自分の都合で止めることができます。記録されたものは、逆に延々とリピートすることもできます。それは、自分だけの時間だからです。

一方、リアルな社会は現在進行形がずっと続いていて、振《ふ》り出しに戻ることができません。現実というのは、自分の時間であるとともに相手の時間でもあります。そのため、「時間を共有している」という感覚は自分だけの都合で続けることはできません。いつか終わります。

身体をつなぎ合わせるためのイベントとして祭りなどがあるものの、これは一過性のものです。イベント志向の強い現代ではスポーツの大会やコンサートが各地で開催《さい》されますが、そこでいっしょに騒《さわ》いでもそのつながりはその場限りです。共同体を継続させる大きな効果はもちません。その欠陥《かん》を埋めるために、ＳＮＳがもてはやされて【ほめそやされて】いるわけですが、それらは決して身体をつなぐ代替《たい》にはなっておらず、逆に疎外《そがい》感【のけものにされる感じ】をつくる結果となっています。

しかし、インターネットでつながることに慣れると、肌《はだ》で接している現実の世界の自分より、スマホの中にいる自分のほうがリアリティをもつものになってしまう可能性があります。［Ｄ］、現実はなかなか自分の意図するようにはならないからです。思い通りにするには他者と交渉《しょう》しなくてはいけない。そこでは他者からプレッシャーをかけられて泣くこともあるでしょう。こんな厄介《やっかい》な現実世界より、自分の思い通りになるほうが、居心地がいい。スマホの世界は、面白くなければやめればいいし、振り出しに戻って繰り返すことだってできます。こういう世界に慣れると、どうしても現実よりスマホの世界にいたくなる。

人間は、適応能力の高い動物です。それでも大人はある程度完成されているので、身体や心を適応させるのが難しい面がありますが、若い人たちの適応能力は非常に高い。とりわけ子どもたちの適応能力の高さには目を見張るものがあります。スマホでのやりとりにもすぐに適応してしまう。生まれたときからスマホが身近にある子どもたちは、自分で操作できるスマホの世界がリアルになり、スマホ以外の現実が二の次になってしまう可能性がある。ここにこそぼくの不安があります。

本来、人間は「互いに違《ちが》う」ことを前提に、違うからこそお互いに協力し、異なる能力を合わせながら、一人一人の力ではなし得ないことを実現してきました。そのために、人間は他者とのつながりを拡大するように進化してきたわけです。人間同士が尊重し合うことの前提拡大できるという幻《げん》想に取り憑《つ》かれている。こうした誤解や幻想が、意識のギャップや不安を生んでいるのではないか。ぼくはそう考えています。そして、子どもたちの漠とした不安も、このギャップからきているのではないでしょうか。

人間はこれまで、同じ時間を共有し、「同調する」ことによって信頼関係をつくり、それをもとに社会を機能させてきました。「同調する」というのは、たとえば、ダンスを踊《おど》ったり歌を歌ったり、スポーツをしたり、あるいは一緒に掃除《そうじ》をしたり、同じように身体を動かしたり調子を合わせたりしながら共同作業をするということです。

人間のコミュニケーションにおいて大事なのは、時を共有して同調することであり、信頼はそこにしか生まれません。母と子が、何の疑いもなく信頼関係を結べるのは、もともと一体化していたからです。胎児《たいじ》のときは、お母さんの動きを直《じか》に感じとっています。そのつながりは、その後、赤ちゃんとして母親の身体の外に出た後、へその緒《お》を切っても残ります。

そして、④そのつながりを、音楽や音声、あるいは一緒に何かをするという形で継《けい》続しているのが家族や仲間などの共同体です。こうした共同体がもつ文化の底流には、同じような歌を歌ったり、同じテーブルを囲んで食事をしたり、同じような服を着たり、同じような作法を共有したりといった、身体を同調させる仕掛《か》けが埋《う》め込《こ》まれています。人々はそれを日々感じることで、疑いをもつことなく信頼関係をつくり上げています。信頼は、⑤こうした継続的な同調作業がなければつくれません。

人間と共通の祖先をもつサルやゴリラを見てもそれはよくわかります。彼《かれ》らは身体的なつながりで群れをつくっています。これは必ずしも、文字通り「身体を接触《しょく》させる」ということではなく、日々、お互いの存在を感じ合うことで、仲間として認識するということです。挨拶を欠かさないのもその一つ。ニホンザルであれば、親しい者同士、グルーミング(毛づくろい)をする。一方で、数日間群れを離《はな》れるなどしていったん身体的なつながりが切れてしまうと、二度と群れの仲間と認識しなくなります。群れのトップに君臨して【勢力を持って】いたニホンザルであっても、群れを離れれば二度と同じ地位には戻れません。オスの最下位に甘《あま》んじて、いじめられることになります。言葉をもっていない彼らは、⑥こうした日々の活動を通して、「身体がつながりあっている」という感覚を明確にもちます。

一方、言葉をもった人間は、言葉で表現しなければ納得できなくなっています。すでに述べたように、脳の発達には、集団サイズが関係しています。おそらく人の移動が頻繁《ひんぱん》になり、集団が分裂や統合を繰《く》り返して150人を超《こ》える集団が生まれるなどしたときに、言葉を使った情報処理能力が必要になり始めたのでしょう。言葉をもったからこそ、農耕牧畜が始まって以降、多くの集団が統合されて民族や宗教の大集団が生まれ、数々の王朝や国家などといった規模にまで拡大したのです。

しかし、言葉で表現できるものはごく一部にすぎず、言葉だけで信頼関係をつくることはできません。だから、頭の中では言葉を通じて仲間とつながっていても、身体がつながっている感覚が得られない。逆にいえば、身体でのつながりを得ていないために、言葉にこだわってしまう。「そもそも言葉と身体は一致《ち》することがないものである」ということを理解できずに、一致を求めてさまようようになりました。

言葉をもったからこそ集団サイズを大きくできた一方で、その言葉によって、お互いがつながっているという感覚をもつことが難しくなってしまったのです。

団の大きさといえます。サッカーが11人、ラグビーが15人など、スポーツのチームを考えるとわかりやすいでしょう。これは、皆さんが、互いに信頼し合って［ 1 ］の数に当たります。２００万年前、脳が大きくなり始めた頃の集団サイズの推定値は30〜50人程度。ちょうど先生一人でまとめられる一クラスの人数ですね。日常的に顔を合わせて暮らす仲間の数、誰《だれ》かが何かを提案したら分裂《れつ》せずにまとまって動ける集団の数です。

その後、人間の脳は急速に発達します。今から約60万〜40万年前には、ゴリラの３倍程度の１４００ccに達し、現代人の脳の大きさになりました。そして、この大きさの脳に見合った集団のサイズが、１００〜１５０人。これが［ 2 ］に当たる数です。

これは、ロビン・ダンバーというイギリスの人類学者が、人間以外の霊《れい》長類の脳の大きさと、その種の平均的な集団サイズの相関関係【たがいに影響《えいきょう》しあう関係】から導き出した仮説に基《もと》づく数字です。ダンバーは、平均的な集団サイズが大きければ大きいほど、脳に占《し》める大脳新皮質、つまり知覚、思考、記憶《おく》を司《つかさど》る【支配する】部分の割合が大きいことを明らかにしました。

そして、現代人の脳の大きさに見合った集団の人数を示す、この③「１５０」という数字は、実に面白い数字であることがわかりました。文化人類学者の間で「マジックナンバー」といわれているのはそのためです。

食料生産、つまり農耕牧畜《ちく》を始める前まで、人間は、この１５０人くらいの規模の集団で狩猟《しゅりょう》採集生活を送っていました。天の恵《めぐ》みである自然の食物を探しながら移動生活をする人々には、土地に執着《しゅうちゃく》したり【こだわったり】、多くの物を個人で所有したりといったことがありません。限られた食料をみんなで分け合い、平等な関係を保って協力し合いながら移動生活を送るためには、１５０人が限度なのでしょう。そして、現代でも、このような食料生産をしない狩猟採集民の暮らしをしている村の平均サイズが、実に１５０人程度なのです。言い換《か》えれば、１５０人というのは、昔も今も、人間が安定的な関係を保てる人数の上限だということです。皆さんの生活でいえば、一緒《しょ》に何かを経験し、［ A ］を共にした記憶でつながっている人ということになるでしょうか。ぼくにとっては、年賀状を出そうと思ったとき、リストを見ずに思いつく人の数がちょうどこのくらいです。互《たが》いに顔がわかって、自分がトラブルを抱《かか》えたときに、疑いもなく力になってくれると自分が思っている人の数ともいえます。

今、ぼくたちを取り巻く環《かん》境はものすごいスピードで変化しています。人類はこれまで、農耕牧畜を始めた約１万２０００年前の農業革命、18世紀の産業革命、そして現代の情報革命と、大きな文明の転換《かん》点を経験してきました。そして、その間隔《かく》はどんどん短くなっています。農業革命から産業革命までは１万年以上の年月があったのに、次の情報革命まではわずか数百年。この四半世紀の変化の激しさを考えれば、次の革命まではほんの数十年かもしれません。その中心にあるのがＩＣＴ(Information and Communication Technology＝情報通信技術)です。インターネットでつながるようになった人間の数は、狩猟採集民だった時代からは想像もできないくらい膨大《ぼうだい》になりました。

一方で、人間の脳は大きくなっていません。つまり、インターネットを通じてつながれる人数は劇的に増えたのに、人間が安定的な信頼関係を保てる集団のサイズ、信頼できる仲間の数は１５０人規模のままだということです。テクノロジーが発達して、見知らぬ大勢の人たちとつながれるようになった人間は、そのことに気づかず、ＡＩ(Artificial Intelligence＝人工知能)を駆使《くし》すればどんどん集団規模は

2024年度

明治大学付属明治中学校

【国　語】〈第二回試験〉（五〇分）〈満点：一〇〇点〉

注意　字数制限のある問題については句読点・記号を字数に含《ふく》めること。

一　次の文章を読んで、あとの問いに答えなさい。ただし、【　】は語句の意味で、解答の字数に含《ふく》めないものとします。

スマホへの漠《ばく》とした【はっきりしない】不安の正体は何なのか。この問いについて考える前に、まず、皆《みな》さんに質問をしたいと思います。

①　日常的におしゃべりする友だちは何人くらいいますか？

②　年賀状やＳＮＳ、メールで年始の挨拶《あいさつ》を発信しようと思うとき、リストに頼《たよ》らず、頭に浮《う》かぶ人は何人くらいいますか？

いかがでしょう。ぼくが今まで学生などに聞いた限り、①は10人くらい、②は１００人くらいまで、というのが標準的な答えです。これは、おそらく全国どこでも同じだと思います。

ぼくが、なぜこのような質問をしたかというと、今、「自分がつながっていると思っている人」の数と、「実際に信頼関係でつながることができている人」や「信頼《らい》をもってつながることができている人」の数の間にギャップ【隔《へだ》たり】が生まれているのではないか、そして、①このギャップの大きさが、現代に生きる人たち、特に生まれたときからデジタルに囲まれた世界に生きる若者たちの不安につながっているのではないか、そう思うからです。

人間は、進化の歴史を通じ、一貫《かん》して付き合う仲間の数を増やしてきました。これは、人間の祖先が熱帯雨林からサバンナという危険な場所に進出したことが関係しています。長い歴史のある時点において、おそらく地球規模の寒冷・乾燥《かんそう》化が起こり、それによって熱帯雨林が分断され、そこで暮らしていた動物たちはサバンナに出て行くか、森が残る山に登るか、低地に散在する熱帯雨林に残るかの選択《たく》を迫《せま》られたのでしょう。結果的に人間は熱帯雨林を出ました。

そこで、②いくつかの特徴《ちょう》を発達させたのです。その一つが集団の大きさです。危険な場所では、集団の規模は大きいほうが有利です。数が多ければ、一人が狙《ねら》われる確率は低くなるし、防衛力も増します。危険を察知する目がたくさんあれば、敵の発見効率も高まります。実際、森林ゾウとサバンナゾウでは、サバンナゾウのほうが、身体も大きく、集団規模も大きい。人間も、危機から自分の命、そして仲間の命を守るために、集団の規模を大きくしなければなりませんでした。ただし、集団を大きくすると、食物や安全な休息場所をめぐってトラブルが増えます。仲間の性質や、自分との関係をきちんと頭に入れておかないとうまく対処できなくなります。そのためには脳を大きくする必要がありました。皆さんの中には、人間の脳は、言葉を使い始めたことで大きくなったと思っている人がいるかもしれませんが、人間が言葉を話し始めたのは7万年ほど前にすぎません。一方で、脳が大きくなり始めたのは、それよりずっと以前の約２００万年前に遡《さかのぼ》り【戻《もど》り】ます。言葉を使ったから脳が大きくなったのではないのです。

人間の脳の大きさには、実は集団規模が関係しています。チンパンジーとの共通祖先から分かれた約７００万年前から長らくの間、人間の脳は小さいままでした。この頃《ころ》の集団サイズは10～20人くらいと推定されています。これは、ゴリラの平均的な集団サイズと同じ。言葉ではなく、身体の同調だけで、まるで一つの生き物のように動ける集

2024年度

明治大学付属明治中学校 ▶解説と解答

算 数 ＜第２回試験＞（50分）＜満点：100点＞

解 答

[1] (1) 14　(2) 11　(3) 1350　(4) 8　(5) 40　[2] (1) 18人　(2) 6セット，15本　[3] (1) 28分　(2) 毎時2.4km　(3) 8.96km　[4] (1) 5：3　(2) 6回目　[5] (1) 150個　(2) A 7台　B 3台　(3) 225袋

解 説

[1] 逆算，仕事算，集まり，相当算，年齢《ねんれい》算，和差算，角度

(1) $0.35+\frac{1}{40}=\frac{7}{20}+\frac{1}{40}=\frac{14}{40}+\frac{1}{40}=\frac{15}{40}=\frac{3}{8}$より，$1\frac{5}{16}\times\left\{\left(\square-\frac{2}{3}\right)\times\frac{3}{8}\right\}\div0.625-7\frac{1}{2}=3$，$1\frac{5}{16}\times\left\{\left(\square-\frac{2}{3}\right)\times\frac{3}{8}\right\}\div0.625=3+7\frac{1}{2}=10\frac{1}{2}$，$1\frac{5}{16}\times\left\{\left(\square-\frac{2}{3}\right)\times\frac{3}{8}\right\}=10\frac{1}{2}\times0.625=\frac{21}{2}\times\frac{5}{8}=\frac{105}{16}$，$\left(\square-\frac{2}{3}\right)\times\frac{3}{8}=\frac{105}{16}\div1\frac{5}{16}=\frac{105}{16}\div\frac{21}{16}=\frac{105}{16}\times\frac{16}{21}=5$，$\square-\frac{2}{3}=5\div\frac{3}{8}=5\times\frac{8}{3}=\frac{40}{3}$　よって，$\square=\frac{40}{3}+\frac{2}{3}=\frac{42}{3}=14$

(2) 仕事全体の量を1とすると，A1台が1日にする仕事の量は，$1\div12\div8=\frac{1}{96}$，B1台が1日にする仕事の量は，$1\div16\div10=\frac{1}{160}$となる。よって，A6台とB5台を同時に使うと1日に，$\frac{1}{96}\times6+\frac{1}{160}\times5=\frac{3}{32}$の仕事ができるから，仕事が終わるまでに，$1\div\frac{3}{32}=10\frac{2}{3}$(日)かかる。したがって，仕事が終わるのは11日目である。

(3) 1日の来店者数を1として図に表すと，右の図1のようになる。図1の太線部分に注目すると，$\frac{4}{9}+\frac{2}{3}-1=\frac{1}{9}$にあたる人数が，$450-300=150$(人)とわかるので，(1日の来店者数)$\times\frac{1}{9}=150$(人)より，1日の来店者数は，$150\div\frac{1}{9}=1350$(人)と求められる。

図1

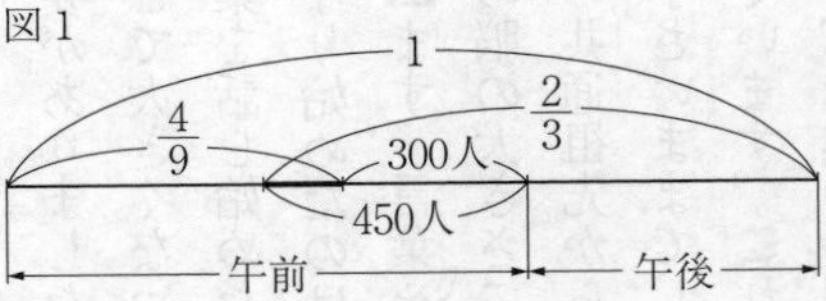

(4) (平均)＝(合計)÷(人数)より，(合計)＝(平均)×(人数)となるから，今から3年後の父と妹の年齢の合計，母と兄の年齢の合計はどちらも，29.5×2＝59(歳《さい》)になる。よって，これら2人の現在の年齢の合計はどちらも，59－3×2＝53(歳)とわかる。また，今から5年後には，父と母の年齢の合計は兄と妹の年齢の合計よりも，33×2＝66(歳)上になるが，何年たっても年齢の差は変わらないので，現在の年齢の差も66歳である。したがって，現在の年齢を式に表すと上の図2のア～エのようになる。図2で，アの式にイの式を加えるとオのようになり，ウの式にオの式を加えると，([父]＋[母])の2倍が，66＋106＝172(歳)とわかる。すると，[父]＋[母]＝172÷2＝86(歳)となるから，これとエの式よ

図2

[父]＋[妹]＝53(歳)…ア
[母]＋[兄]＝53(歳)…イ
([父]＋[母])－([兄]＋[妹])＝66(歳)…ウ
[父]－[母]＝4(歳)…エ
([父]＋[母])＋([兄]＋[妹])＝106(歳)…オ

り，父の年齢は，(86＋４)÷２＝45(歳)と求められる。最後にこれをアの式にあてはめると，妹の年齢は，53−45＝８(歳)となる。

⑸　角Ｅ(問題文中の角㊓)の大きさを①とする。右の図３のように，三角形ABCをＣを中心にして時計回りに，75＋30＝105(度)回転する。すると，BCとDCの長さは等しく，かげをつけた部分の角の大きさが，75＋30＋75＝180(度)になるので，三角形DEA′ができる。さらに，この三角形はDEとDA′の長さが等しい二等辺三角形だから，角Ａ′の大きさは①となる。

図３

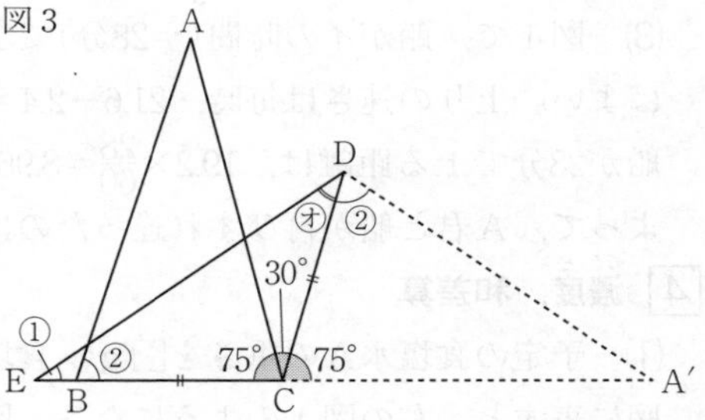

よって，①＋②＝③にあたる大きさが，180−75＝105(度)なので，①＝105÷３＝35(度)となり，角㋔＝角DCA′−角Ｅ＝75−35＝40(度)と求められる。

２ 差集め算，整数の性質

⑴　消しゴムの個数を３倍にして考える。このとき，１人に配る個数も不足する個数もすべて３倍になるから，右の図のように，消しゴムを１人に，１×３＝３(個)配ると，３×３＝９(個)不足することになる。えんぴつの本数と消しゴムの個数は同じなので，３−２＝１の差が子どもの人数だけ集まったものが，９＋９＝18とわかる。よって，子どもの人数は，18÷１＝18(人)である。

(えんぴつ)２本，…，２本 → ９本余る
(消しゴム)１個，…，１個 → ３個不足

⬇

(えんぴつ)２本，…，２本 → ９本余る
(消しゴム)３個，…，３個 → ９個不足

⑵　えんぴつは消しゴムの３倍配ればよいから，消しゴムの個数で考える。１セットの中の実際の消しゴムの個数は，１×18−３＝15(個)なので，必要な消しゴムの個数は15と18の最小公倍数の90個である。よって，必要なセットの数は，90÷15＝６(セット)と求められる。このとき，１人に配る消しゴムの個数は，90÷18＝５(個)だから，１人に配るえんぴつの本数は，５×３＝15(本)となる。

３ 流水算，速さと比

⑴　２時間20分は，60×２＋20＝140(分)だから，船とＡ君が１回目にすれ違《ちが》った地点をＰとしてグラフに表すと，右の図１のようになる。このグラフは点対称《てんたいしょう》な形をしているので，アとイの時間は等しく，どちらも，(140−84)÷２＝28(分)となる。よって，Ａ君が北町からＰ地点まで進むのにかかった時間と，Ｐ地点から南町まで進むのにかかった時間の比は，28：(140−28)＝１：４だから，北町からＰ地点までとＰ地点から南町までの距離《きょり》の比も１：４であり，船がＰ地点から北町まで進むのにかかった時間は，$28\times\frac{1}{4}$＝７(分)とわかる。したがって，船が上りにかかる時間は，28＋７＝35(分)なので，船が下りにかかる時間は，140−(35＋21)×２＝28(分)と求められる。

図１

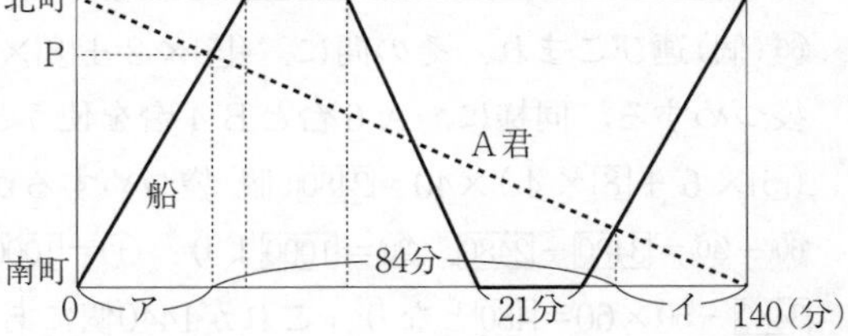

⑵　船が上りと下りにかかる時間の比は，35：28＝５：４だから，上りと下りの速さの比は，$\frac{1}{5}$：$\frac{1}{4}$＝４：５となり，下の図２のように表すことができる。図２から，静水時の速さと川の流れの速

さの比は，$\frac{4+5}{2}$：$\frac{5-4}{2}$＝９：１とわかるので，川の流れの速さは毎時，$21.6\times\frac{1}{9}=2.4$(km)である。

図２

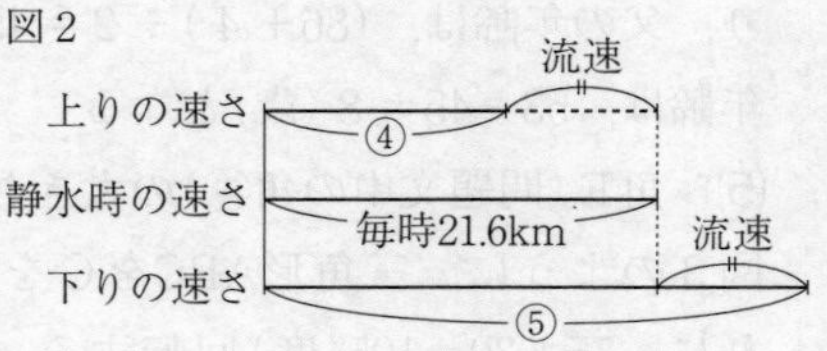

⑶　図１で，船がイの時間(＝28分)で上る距離を求めればよい。上りの速さは毎時，21.6－2.4＝19.2(km)だから，船が28分で上る距離は，$19.2\times\frac{28}{60}=8.96$(km)とわかる。

よって，Ａ君と船が再びすれ違ったのは，北町から8.96kmのところである。

4　濃度《のうど》，和差算

⑴　予定の食塩水Ａの重さを□ｇ，食塩水Ｂの重さを△ｇとして図に表すと，右の図１のようになる。図１から，ア＋イ＝８－６＝２(％)，イ－ア＝0.5(％)とわかるから，右下の図２のようになる。よって，ア＝(２－0.5)÷２＝0.75(％)，イ＝0.75＋0.5＝1.25(％)と求められるので，ア：イ＝0.75：1.25＝３：５とわかる。したがって，予定のＡとＢの重さの比は，□：△＝$\frac{1}{3}$：$\frac{1}{5}$＝５：３である。

図１

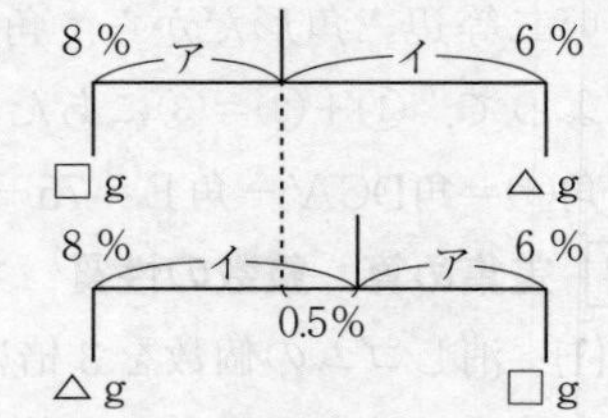

図２

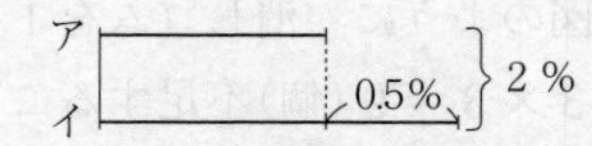

⑵　予定のＡ，Ｂの重さをそれぞれ⑤ｇ，③ｇとする。また，濃《こ》さが6.5％になったときの操作の回数を■回として図に表すと，右の図３のようになる。図３で，ウ：エ＝(８－6.5)：(6.5－６)＝３：１だから，混ぜた食塩水の重さの比は，$\frac{1}{3}$：$\frac{1}{1}$＝１：３となり，③×■＝⑤×$\frac{3}{1}$＝⑮とわかる。よって，■＝⑮÷③＝５(回)より，この操作を５回行うとちょうど6.5％になるから，初めて6.5％未満になるのは６回目の操作を行ったときである。

図３

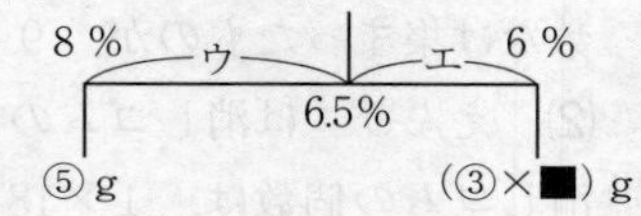

5　ニュートン算，つるかめ算

⑴　１分間に運びこまれる個数を①個とする。また，Ａ１台が１分間に袋《ふくろ》づめする個数を$\boxed{5}$個，Ｂ１台が１分間に袋づめする個数を$\boxed{8}$個とする。Ａ２台とＢ６台を使うとき，60分で，①×60＝⑹⓪(個)運びこまれ，その間に，($\boxed{5}$×２＋$\boxed{8}$×６)×60＝$\boxed{3480}$(個)袋づめする。同様に，Ａ６台とＢ４台を使うとき，40分で，①×40＝㊵(個)運びこまれ，その間に，($\boxed{5}$×６＋$\boxed{8}$×４)×40＝$\boxed{2480}$(個)袋づめするから，右上の図１のように表すことができる。図１で，⑹⓪－㊵＝$\boxed{3480}$－$\boxed{2480}$，⑳＝$\boxed{1000}$より，①＝$\boxed{1000}$÷20＝$\boxed{50}$とわかる。すると，最初にあった個数は，$\boxed{3480}$－$\boxed{50}$×60＝$\boxed{480}$となり，これが1440個にあたるので，$\boxed{1}$＝1440÷480＝３(個)と求められる。よって，１分間に運びこまれる個数は，①＝$\boxed{50}$＝３×50＝150(個)である。

図１

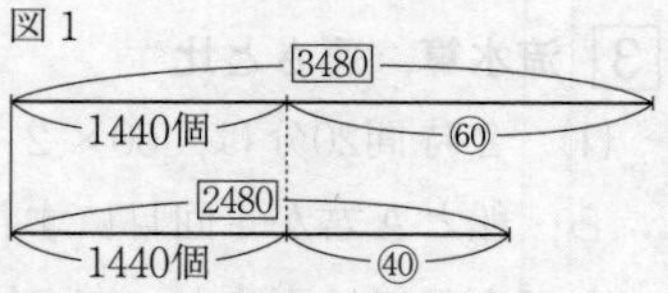

⑵　Ａ１台が１分間に袋づめする個数は，３×５＝15(個)，Ｂ１台が１分間に袋づめする個数は，３×８＝24(個)である。また，20分で540個減ったから，１分間に，540÷20＝27(個)の割合で減ったことになり，１分間に袋づめした個数は，27＋150＝177(個)とわかる。よって，Ａの台数をa台，Ｂの台数をb台とすると，$15\times a+24\times b=177$と表すことができ，等号の両側を３で割ると，$5\times a+8\times b=59$となる。この式を満たすのは，$a=7$，$b=3$なので，Ａを７台，Ｂを３台使ったことがわかる。

(3)　25分で運びこまれた個数は，150×25＝3750(個)だから，25分で袋づめした個数は，3150＋3750＝6900(個)であり，右の図２のようにまとめることができる。15個入りを325袋作ったとすると，15×325＝4875(個)となり，実際よりも，6900－4875＝2025(個)少なくなる。15個入りのかわりに24個入りを作ると，１袋あたり，24－15＝９(個)多くなるので，24個入りの袋の数は，2025÷９＝225(袋)と求められる。

図２

15個入り 24個入り	合わせて 325袋で6900個

社　会　＜第２回試験＞（40分）＜満点：75点＞

解　答

[Ⅰ]　１　(1)　え　渡良瀬　　お　荒地　　か　広葉樹林　　(2)　ア　　２　ア　　３　ウ　　４　イ　　５　イ　　６　イ　　７　エ　　[Ⅱ]　１　天竜　　２　三重県　　３　エ　　４　ア　　５　(1)　エ　　(2)　ウ　　６　長崎県…ウ　　沖縄県…イ　　[Ⅲ]　１　あ　憲法　　い　阿倍仲麻呂　　２　ア　　３　イ　　４　ウ　　５　ウ　　６　エ　　７　イ　　８　(1)　C　　(2)　エ　　９　イ　　10　藤原純友　　11　ア　　12　[6]→[3]→[7]→[4]→[5]→[1]→[2]　　[Ⅳ]　１　(1)　イ　　(2)　エ　　２　(1)　ア　　(2)　公共の福祉　　３　い　努力　　う　永久　　４　(1)　(例)　貧富の差が発生したこと。　　(2)　ウ　　５　(1)　ウ　　(2)　独占　　６　イ　　７　(例)　Aさん／Bさんと話し合いをし，自分はBさんが話をするのを許す代わりに，Bさんには小さな声で話すようにお願いする。

解　説

[Ⅰ]　本校初代校長の鵜沢《うざわ》先生の活躍《かつやく》を題材とした問題

１　(1)　**え**　渡良瀬《わたらせ》遊水地は，茨城県，栃木県，群馬県，埼玉県の４県にまたがる日本最大の遊水地で，明治時代後半，渡良瀬川上流の足尾銅山から流された鉱毒により流域の田畑が荒廃《こうはい》するという足尾銅山鉱毒事件が起きたさい，鉱毒を沈殿《ちんでん》・無毒化させる広い土地が必要だったため，もともとあった谷中村を廃村《はいそん》にしてつくられたものである。　**お**　久蔵《きゅうぞう》川と出川の周辺にみられる(ılı)の地図記号は荒地《あれち》を表している。　**か**　神子内《みこうち》川周辺の斜面《しゃめん》と赤倉山山頂の西側にみられる(Q)の地図記号は，サクラ，カエデ，シイ，カシなどのように幅《はば》広い葉を持つ広葉樹林を表している。
(2)　本山製錬《せいれん》所は，銅の増産を目的に1884年に稼働《かどう》を始めた銅の製錬所である。日本の近代化と工業化に大きな役割を果たす一方，亜硫酸《ありゅうさん》ガスの排出《はいしゅつ》が周囲の環境《かんきょう》に悪影響《あくえいきょう》をおよぼし，近辺の山ははげ山となって崩壊《ほうかい》がすすんだ。

２　日本国憲法第82条１項《こう》で裁判は公開しなければならないことが定められ，２項で公の秩序《ちつじょ》を乱すような場合に裁判官の意見が全員一致《いっち》すれば裁判を非公開にできると規定されている(ア…×)。

３　1912年，内大臣の桂太郎が陸軍や藩閥《はんばつ》，官僚《かんりょう》などを後ろだてに第三次内閣を組織すると，立憲政友会の尾崎行雄や立憲国民党の犬養毅《いぬかいつよし》らが中心となって，藩閥政府に反対し，憲法の精神にのっとった政治をすべきだと主張する第一次護憲運動がおしすすめられた(ウ…○)。なお，アの韓国併合《へいごう》条約は1910年，イの第一次世界大戦の始まりは1914年，エのポーツマス条約は1905年のことである。

4　ベルサイユ条約が結ばれたのは1919年のことである。この条約は，連合国と敗戦国ドイツの代表がフランスにあるベルサイユ宮殿《きゅうでん》に集まって開かれた第一次世界大戦の講和条約である。これによりドイツは全ての植民地を失い，多額の賠償《ばいしょう》金を支払《しはら》うことになった。

5　鵜沢先生は，「算盤《そろばん》を執《と》る，簿記《ぼき》を記《かきつ》ける，商売をする，その活動の中に学問は存在することを忘れてはならない」と述べている(イ…○)。なお，アについて，学校にいる時ばかりが学問の時間であると誤解してはならないとある。ウについて，人間の一生涯《しょうがい》は見様《みよう》によっては学問の一生涯であるとある。エについて，高等の学校に学ぶのも学問であるが，すぐに実際の社会で働くのもまた学問であるとある。

6　参議院議員に立候補できる年齢《ねんれい》は30歳《さい》以上であるから，満25歳であれば男性でも女性でも被《ひ》選挙権を持たないことになる。

7　日本国憲法第40条は刑事《けいじ》補償《ほしょう》請求《せいきゅう》権について規定されており，犯人でなかったときには，拘《こう》留《りゅう》されていた日数に応じて国から補償を受けられる(エ…○)。なお，アは生存権について規定した第25条，イは労働三権について規定した第28条，ウは国政調査権について規定した第62条である。

Ⅱ　「三県境」を題材とした日本の自然や都市，産業，交通についての問題

1　全長213kmの天竜川は，長野県の中央部に位置する諏訪《すわ》湖を水源とし，赤石山脈(南アルプス)と木曽山脈(中央アルプス)の間を南に流れ，長野県，静岡県，愛知県の「三県境」を通って浜松市(静岡県)東部で遠州灘《なだ》に注いでいる。

2　この都府県は，東京(北緯約35度)より南，兵庫県明石市(東経135度)よりやや東に位置していることがわかるので，近畿地方の三重県，奈良県，和歌山県あたりと見当がつく。和歌山県の一部が飛び地になっていることから，この３県の三県境は５か所(Ｄ～Ｈ)もあり，Ｉにあたる長良川河口部は三重県・岐阜県・愛知県，Ａにあたる三国岳《だけ》は三重県・滋賀県・岐阜県の三県境になっている。なお，Ｂは三重県・京都府・滋賀県，Ｃは三重県・奈良県・京都府の三県境である。

3　琵琶湖を水源とする淀《よど》川は，滋賀県・京都府・大阪府をほぼ南西に流れ，大阪湾《わん》に注いでいるが，支流が三重県を流れているため，三重県にも流域にあたるところがある(エ…○)。なお，アについて，島根県の隠岐《おき》諸島は「大山隠岐国立公園」に指定されている。イについて，年間降水量が最も少ないのは瀬戸内の気候に属する岡山市である。ウについて，石鎚《いしづち》山(標高1982m)は愛媛県にある四国の最高峰であるが，活火山ではない。

4　Ａは化学工業や鉄鋼《てっこう》業がさかんであることから，鹿島臨海工業地域のある茨城県，Ｃは印刷・印刷関連業の割合が他の２県より大きいことから，首都東京に隣接《りんせつ》している埼玉県，Ｂは残った栃木県と判断できる。

5　(1)　2011年３月11日に発生したマグニチュード9.0の東北地方太平洋沖地震《じしん》の揺《ゆ》れと巨大津波により，福島第一原子力発電所で大量の放射性物質がもれ出す重大な原発事故が起こった。このとき，周辺地域である県東の臨海部に位置する市町村に避難《ひなん》指示が出され，多くの人々が住みなれた土地を離《はな》れざるをえなかった。2014年以降，避難指示区域が少しずつ解除され，避難していた人々が元の市町村にもどりつつある。よって，エが当てはまる。　(2)　(1)より，10近くの市町村で人口が増加しているＡが福島県，80万人近くの人口をかかえる都市(新潟市)のあるＣが新潟県，残ったＢが山形県となる。

6　空港の数が多いアとイは面積の大きい北海道か離島《りとう》の多い沖縄県，少ないウとエは佐賀県か長崎県である。アは鉄道駅の廃止《はいし》数が多く，イは０であることから，アが北海道，イが「ゆいレール」というモノレール以外の鉄道が走っていない沖縄県となる。ウは空港の数が６つあり，エは１つであることから，ウが対馬や壱岐《いき》，五島列島など多くの島々がある長崎県，エが佐賀県となる。

Ⅲ 各時代の日記を題材とした問題

１　あ　ドイツ人医師ベルツは，1876年に来日し，26年間にわたり現在の東京大学医学部のお雇《やと》い教師として活躍《かつやく》した。その日記で，1889年２月11日に大日本帝国憲法が発布される直前の東京のようすについてふれており，「こっけいなことには，誰《だれ》も憲法の内容をご存じないのだ」と記している。　**い**　阿倍仲麻呂は，８世紀初めに留学生として遣唐使とともに唐《とう》(中国)にわたり，のちに玄宗《げんそう》皇帝に仕えたが，帰国する船が難破して現在のベトナムに漂着《ひょうちゃく》し，再び唐にもどってその一生を終えた。この和歌は，ふるさとの奈良の春日をしのんで詠《よ》んだもので，百人一首に収められている。なお，『土佐日記』にはこの和歌の冒頭《ぼうとう》は「あをうなばら」とあるが，百人一首には「あまのはら」とある。

２　1936年２月26日，陸軍の急進的な青年将校たちが，武力による政治改革をめざして首相官邸《かんてい》や警視庁などを占拠《せんきょ》したが，４日目に反乱軍として鎮圧《ちんあつ》された。この事件を二・二六事件といい，大蔵大臣の高橋是清《これきよ》や内大臣の斎藤実《まこと》らが殺害され，これ以降，軍部の発言力がいっそう強まることとなった。

３　「朕《ちん》」は天皇が自分のことを指して言う言葉である。この言葉を発したのは二・二六事件のときであるから，「朕」にあたるのは昭和天皇である。

４　年に１回開かれ，世界の諸問題について議論し，対処するサミット(主要国首脳会議)は，1975年にフランス，アメリカ，イギリス，ドイツ，日本，イタリアの６か国によって始められ，1976年にカナダ，1977年にEU(欧州《おうしゅう》連合)，1997年にロシアが加わった。しかし，ロシアは2014年３月にクリミアを一方的に編入したことから参加を停止され，それ以降はロシアを除いたＧ７サミットが毎年開催《かいさい》されている。

５　「禅定《ぜんじょう》法王(皇)」は，仏門に入った上皇のことである。白河天皇は1086年に自分の子で８歳の堀河天皇に位をゆずり，上皇となって院政を開始した。白河上皇は天皇だったときに藤原師実《もろざね》から別荘地をゆずり受け，1077年に法勝寺を建立した。

６　白河上皇は，子の堀河，孫の鳥羽，ひ孫の崇徳《すとく》という３代の天皇の政治を1129年まで後見した。その後，鳥羽天皇の子で29歳のときに即位《そくい》した後白河天皇が，1156年の保元の乱で兄の崇徳上皇と対立し，これをやぶって権力をにぎり，1158年から院政を開始した。

７　１の「あ」の解説を参照のこと。

８　⑴　この地図は，東京湾《わん》が左下にあり，隅田《すみだ》川が右から左に流れていること，下半分が焼失地域で「下町」とよばれる地域であることから，右が北，下が東，左が南，上が西を指している。よって，千代田区駿河《するが》台にある「明治大学」は，皇居の北側(右側)のＣに位置していることがわかる。なお，Ａは「青山学院」，Ｂは「早稲田大学」，Ｄは「帝国大学(のちの東京大学)」。　⑵　隅田川右岸の浅草一帯は，「隅田川」という文字の右斜《なな》め上に位置しており焼失地域に含《ふく》まれるので，エが正しくない。

９　1923年の関東大震災《だいしんさい》直後には，「朝鮮人が暴動を起こす」という根拠《こんきょ》のないうわさが，東京や横浜を中心にとびかった。このとき，各地で竹槍《たけやり》や銃剣《じゅうけん》などで武装した自警団が組織され，朝鮮人や中国人をつかまえて軍隊や警察に引き渡したり殺害したりした。Ｂの場面では青年団・自警団と思われる人物が死体を処理しているので，イが正しくない。

10 10世紀前半，藤原純友《すみとも》は伊予国(愛媛県)に朝廷《ちょうてい》から派遣《はけん》された地方官僚《かんりょう》であったが，任期を終えても都にもどらず，瀬戸内海の海賊《かいぞく》を率いて伊予国の日振《ひぶり》島を拠点《きょてん》に略奪《りゃくだつ》をくり返し，瀬戸内海沿岸にある国府(役所)や大宰府《だざいふ》を襲撃《しゅうげき》したが，その後，朝廷の派遣軍にに鎮圧《ちんあつ》された。

11 １行目に「天下の百姓《ひゃくしょう》の刀をことごとく取る」と書かれているので，刀を取り上げられたのは武士ではなく，百姓である。なお，この記事は，1588年に豊臣秀吉が出した刀狩令について述べたものである。

12 [1]は昭和時代(二・二六事件)，[2]は令和時代(コロナ禍《か》でのＧ７サミット)，[3]は平安時代後期(白河上皇の院政)，[4]は明治時代(大日本帝国憲法の発布)，[5]は大正時代(関東大震災)，[6]は平安時代中期(紀貫之の土佐(高知県)からの帰京，藤原純友の乱)，[7]は安土・桃山時代(刀狩令)のことなので，年代の古い順に並べると，[6]→[3]→[7]→[4]→[5]→[1]→[2]となる。

Ⅳ 「自由」を題材とした問題

1 (1) 2023年５月のＧ７サミットは，広島市で開催された。広島市には第二次世界大戦末期の1945年８月６日，人類史上初の原子爆弾《ばくだん》が投下された(イ…○)。なお，アは地上戦が行われた沖縄，ウは京都議定書が採択《さいたく》された京都，エは東日本大震災《だいしんさい》で大きな被害《ひがい》を受けた仙台についての説明である。 (2) 広島サミットの首脳宣言では，核を持つことで相手に核を使用させないという核抑《よく》止《し》の理論ではなく，「核兵器のない世界」の実現に向けて取り組むことを表明した(エ…×)。

2 (1) 奴隷《どれい》的拘束《こうそく》を受けないことを定めた日本国憲法第18条は，精神の自由，身体の自由，経済活動の自由からなる自由権のうち，身体の自由を保障した条文である(ア…○)。なお，イは教育を受ける権利(社会権にふくまれる)，ウは法の下の平等(平等権)，エは生存権(社会権にふくまれる)を保障した条文である。 (2) 自由権について，日本国憲法第22条１項では，「何人も，公共の福祉《ふくし》に反しない限り，居住，移転及《およ》び職業選択の自由を有する」と定められている。

3 日本国憲法第97条では，基本的人権について，「人類の多年にわたる自由獲得《かくとく》の努力の成果」であって，「侵《おか》すことのできない永久の権利」であると明記されている。

4 (1) 社会権は，資本主義経済の発展により資本家と労働者の間にいちじるしい貧富の差が発生したことなどを背景に，20世紀になって確立したもので，誰《だれ》もが人間らしい生活を送れることを保障した権利である。 (2) 刑事訴訟《そしょう》法は，起訴《きそ》された被告《ひこく》人が犯罪行為《こうい》をしたのかどうか，刑《けい》罰《ばつ》を科すべきかどうかなどについて判断するための手続きを定めた法律である。したがって，ア・イ・エの生存権，労働者の権利，教育を受ける権利などがふくまれる社会権を具体的に保障するための法律ではない。

5 (1) 一般に，需要《じゅよう》量(買い手)が供給量(売り手)より少なければ，売れないので価格は下がり，需要量が供給量より多ければ，高くなっても売れるので価格は上がる。 (2) 大企業《きぎょう》である１社が生産や販売《はんばい》市場を支配している状態を独占《どくせん》といい，このときにその１社が一方的に決定する価格を独占価格という。

6 天皇の国事行為の１つに，法律の公布がある(イ…○)。なお，アについて，国の最高法規は憲法で，憲法に反する内容の法律は無効となる。ウについて，法律案の成立に裁判所は関与しない。ただし，裁判所には，法律の内容が憲法に違反《いはん》するかどうかを判断する権限(違憲《いけん》立法審査《しんさ》権)があたえられている。エについて，法律案の審議《しんぎ》と議決は国会で行われる。

7　たとえば，Ｂさんの考えに近い場合，Ａさんと話し合い，１時間のうち40分間はおたがい静かに勉強する代わりに，残りの20分間は楽しく教え合いながら勉強するのを認めてもらうことなどが考えられる。

理　科　＜第２回試験＞（40分）＜満点：75点＞

解　答

Ⅰ　(1)　**うすい塩酸**…イ　**水酸化ナトリウム水溶液**…ウ　(2)　イ，ウ，オ　(3)　ア　(4)　4 cm^3　Ⅱ　(1)　エ　(2)　イ，エ　(3)　イ，エ，ク　(4)　①　265 g　②　252 g　③　13.6%　Ⅲ　(1)　**a**　白血球　**b**　血小板　**d**　ヘモグロビン　**f**　酸素　(2)　ウ　(3)　ア　(4)　呼吸　(5)　イ　Ⅳ　(1)　双子葉類　(2)　葉緑素　(3)　ウ　(4)　デンプン　(5)　ア，オ　Ⅴ　(1)　X　(2)　**惑星Ａ**…金星　**惑星Ｂ**…火星　(3)　イ　(4)　ｂ，ｄ，ｅ　(5)　イ，ウ　(6)　ア　(7)　エ　Ⅵ　(1)　12cm　(2)　18cm　(3)　22cm　Ⅶ　(1)　100 g　(2)　87 g　(3)　123 g　(4)　8.7cm　(5)　139 g

解　説

Ⅰ　水溶液《すいようえき》の性質，中和についての問題

(1)　紫《むらさき》キャベツの煮汁《にじる》を酸性の水溶液に入れると赤色になり，アルカリ性の水溶液に入れると緑色や黄色になる。また，中性の水溶液に入れても紫色のまま変わらない。よって，酸性のうすい塩酸は赤色，アルカリ性の水酸化ナトリウム水溶液は黄色になる。

(2)，(3)　亜鉛《あえん》やアルミニウム，鉄などの金属にうすい塩酸を加えると水素が発生する。また，アルミニウムに水酸化ナトリウム水溶液を加えたときにも水素が発生する。水素には，無色とう明でにおいがない，水に溶《と》けにくく同じ体積の空気より軽い，燃えて水ができるなどの性質がある。

(4)　うすい塩酸と水酸化ナトリウム水溶液がちょうど反応して中性になると，BTB溶液は緑色になる。【実験】の③の結果より，うすい塩酸Ｂ２cm^3と過不足なく反応する水酸化ナトリウム水溶液Ｄの体積は，$2 \times 2 = 4$（cm^3）なので，②の結果から，同じうすい塩酸Ｂ２cm^3とちょうど反応するのに必要な水酸化ナトリウム水溶液の体積は，Ｃなら１cm^3，Ｄなら４cm^3とわかる。これより，水酸化ナトリウム水溶液Ｃは水酸化ナトリウム水溶液Ｄの４倍の濃《こ》さとわかる。よって，①の結果より，うすい塩酸Ａをちょうど中和するためには，水酸化ナトリウム水溶液Ｃ１cm^3のかわりに，水酸化ナトリウム水溶液Ｄを，$1 \times 4 = 4$（cm^3）加えればよい。

Ⅱ　炭酸水素ナトリウムの熱分解についての問題

(1)　炭酸水素ナトリウムを加熱すると，水，二酸化炭素（気体），炭酸ナトリウム（白い固体）の３種類の物質に分かれる。このような化学変化を分解という。

(2)　試験管Ｂの石灰水が白くにごったことから，二酸化炭素が発生したことがわかる。二酸化炭素は，炭酸カルシウムを多く含《ふく》む物質（石灰石など）に塩酸を加えても発生する。

(3)　炭酸水素ナトリウムの水溶液はアルカリ性なので，BTB溶液を加えると青色になる。よって，アルカリ性の水溶液である，アンモニア水，石灰水，水酸化ナトリウム水溶液が選べる。なお，うすい塩酸，酢酸《さくさん》，炭酸水は酸性でBTB溶液は黄色に変化し，砂糖水と食塩水は中性の水溶液なので，BTB溶液は緑色を示す。

(4)　①　表から，炭酸水素ナトリウムの重さと，残った炭酸ナトリウムの重さは比例していることがわかる。したがって，420ｇの炭酸水素ナトリウムを完全に反応させると，$106\times\frac{420}{168}=265$(ｇ)の炭酸ナトリウムが残る。　②　残った炭酸ナトリウムの重さが159ｇであるとき，加熱した炭酸水素ナトリウムの重さは，$168\times\frac{159}{106}=252$(ｇ)である。　③　①から，炭酸水素ナトリウム420ｇを完全に反応させると，炭酸ナトリウムが265ｇ残るので，水と二酸化炭素が合わせて，$420-265=155$(ｇ)出ていったことがわかる。すると，残った白い固体の重さが389ｇのとき，出ていった水と二酸化炭素の重さは合わせて，$420-389=31$(ｇ)なので，残った炭酸ナトリウムの重さは，$265\times\frac{31}{155}=53$(ｇ)とわかる。よって，残った白い固体の中に含まれている炭酸ナトリウムの割合は，$53\div389\times100=13.62\cdots$より，13.6％と求められる。

Ⅲ　ヒトの血液の成分，インフルエンザワクチンについての問題

(1)～(3)　血液には，おもに固体成分である赤血球，白血球，血小板と，液体成分である血しょうの４つの成分がある。赤血球の赤色は，ヘモグロビンという色素によるもので，ヘモグロビンに含まれている鉄は，全身の組織に酸素を運搬《うんぱん》するはたらきをする。白血球は体内に侵入《しんにゅう》したウイルスなどを殺し，抗体《こうたい》をつくるはたらきなどがある。また，血小板は血液を固めて，傷口をふさぐはたらきをする。血しょうはごくうすい黄色をしていて，栄養素や不要物などのうち，水に溶ける物質を運搬することができる。

(4)　全身の組織の細胞《さいぼう》では，血液によって運ばれた糖などの栄養素を，酸素を使って分解し，活動するためのエネルギーを得ている。これを呼吸(細胞呼吸)という。

(5)　従来のインフルエンザワクチンは，注射するとウイルスの表面にあるトゲの形をしたたんぱく質の先端《せんたん》部につく抗体をつくりだして，ウイルスが増えないようにする。しかし，この先端部は変異しやすく，型ごとに異なるため，流行しそうな型を予想しても，予想がはずれて効果が小さくなってしまうことがあった。これに対し，新しいインフルエンザワクチンによってできる抗体は，先端部よりも変異しにくい根元の部分につくようになっていて，いくつかの型に対応できるため，効果がより長く持続する可能性がある。

Ⅳ　光合成についての問題

(1)　被子《ひし》植物のうち，網《あみ》の目のような葉脈をもつものを，双《そう》子葉類という。双子葉類は根が主根と側根からなり，茎《くき》の道管と師管の集まり(維管束《いかんそく》)が輪のようにならんでいる。

(2)　アサガオの葉をあたたかいエタノールにつけると，葉の緑色の色素である葉緑素がエタノールに溶け出ていき，葉は白っぽくなる。

(3)～(5)　アサガオなどの植物の多くは，細胞の中にある葉緑体とよばれる粒《つぶ》で光合成を行い，水と二酸化炭素から，光のエネルギーを利用して，デンプンと酸素をつくり出す。アルミはくでおおって光が当たらない部分や，葉緑素のない“ふ”の部分では光合成が行われないが，アルミはくでおおわなかった緑色の部分ではデンプンができるので，ヨウ素液につけると黄色から青紫色に変化する。

Ⅴ　惑星《わくせい》の見え方についての問題

(1)　地球は太陽のまわりを，北極側から見て反時計まわりに公転している。

(2)　太陽のまわりを公転する惑星には，太陽から近い順に，水星，金星，地球，火星，木星，土星，天王《てんのう》星，海王星の８つがある。よって，惑星Ａは金星，惑星Ｂは火星となる。

(3)　水星や金星は，地球の内側を公転しているため真夜中に見ることができない。いっぽう，火星や木星，土星などは，地球の外側を公転しているので真夜中でも見ることができる。

(4)　惑星は，太陽の光を反射することで光って見えるから，太陽と同じ方向にあるときは見ることができない。

(5)　惑星Ｂは，ｆの位置にあるとき，地球から見て太陽の反対側に見える。よって，夕方の東の空からのぼり，真夜中に南中して，明け方の西の空にしずむ。

(6)　地球から見て，ｃの位置にある惑星Ａは，太陽の西側にあるように見える。明け方に，太陽より先に地平線からのぼって東の空に見える金星を，明けの明星とよぶ。太陽が高くなって明るくなると見えなくなり，夕方には太陽より先に地平線にしずんでしまう。

(7)　惑星Ａがｃの位置にあるとき，太陽とｃを結ぶ線と，地球とｃを結ぶ線がほぼ垂直になる。したがって，明け方に東の空に見える金星は，地球から見て左側半分が光って見える。これを天体望遠鏡で観測すると，上下左右が逆さまに見えるため，右半分が光って見えるエが適当である。

Ⅵ　重ねた板のつり合いについての問題

(1)　厚さが均一な板の重さが１点に集まる点(重心)は，板の真ん中にあり，重心が台の右はしからはみ出すと，板が右を下にして傾《かたむ》く。したがって，板が傾く直前のaの長さは，24÷２＝12(cm)である。

(2)　(1)から，上の板は下の板の右はしから12cm(図３のb)まで出すことができる。このとき，下の図①のように，上の板と下の板を合わせた板２枚の重心(点Ｐとする)は，上の板の重心と下の板の重心の真ん中なので，cの長さが，12÷２＝６(cm)までは，板は傾かない。したがって，板が傾く直前の，($b+c$)の長さは，12＋６＝18(cm)である。

図①

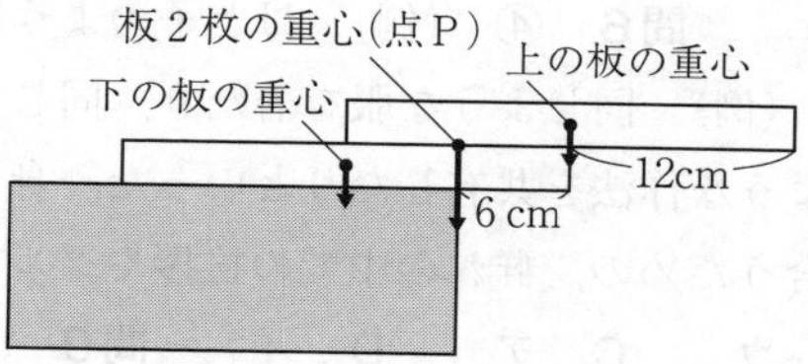

図②

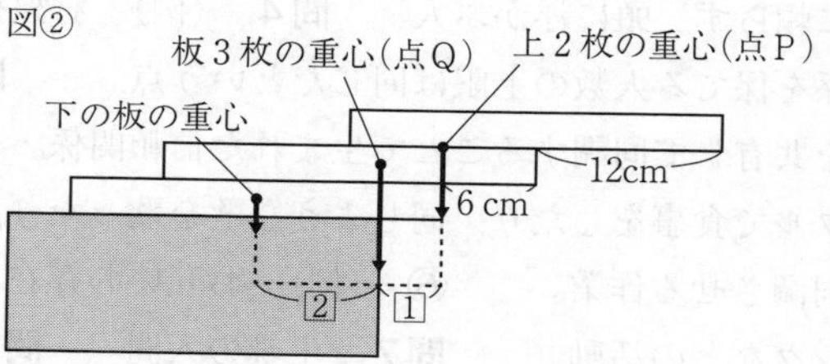

(3)　(1)，(2)から，dは12cm，eは６cmとなる。上の図②のように，上の板，中の板，下の板を合わせた板３枚の重心(点Ｑとする)は，点Ｐと下の板の真ん中の点を２：１に分ける点なので，$12\times\frac{1}{2+1}=4$(cm)より，fが４cmのとき，点Ｑは台の右はしの位置にくる。以上から，板が傾く直前の($d+e+f$)の長さは，12＋６＋４＝22(cm)とわかる。

Ⅶ　ばねののびと力のつり合いについての問題

(1)　おもりが静止しているとき，糸を引く力は滑車《かっしゃ》の左右で等しい。左右の斜面《しゃめん》の傾きがどちらも45度だから，おもりＡの重さは左のおもりと同じ100ｇである。

(2)　【実験１】の結果から，おもりの重さとばねののびは比例していて，おもりの重さが100ｇのとき，ばねは10cmのびる。すると，【実験２】より，60度の斜面で100ｇのおもりをつるしたときにばねにかかる力は，$100\times\frac{8.7}{10}=87$(ｇ)である。(2)の装置の100ｇのおもりが糸を引く力は87ｇだから，おもりＢの重さは87ｇとわかる。

⑶　100ｇのおもりのうち，水平な台の上にのっている２個は，おもりのつり合いには関係しないから，左はしの100ｇのおもりを支える糸にかかる力とおもりＣを支える糸にかかる力とのつり合いを考える。⑵から，左はしの100ｇのおもりを支える糸にかかる力は87ｇである。よって，おもりＣの重さを□ｇとすると，図２より $\square \times \frac{7.1}{10} = 87$（ｇ）が成り立つので，□＝122.5…より，123ｇと求められる。

⑷　60度の斜面上の100ｇが糸を引く力は87ｇである。よって，水平面上のばねにも87ｇの力がかかるから，ばねののびは，$10 \times \frac{87}{100} = 8.7$（cm）となる。なお，おもりＤを支える糸にも同じ87ｇの力がかかる。

⑸　45度の斜面上の100ｇのおもりが糸を引く力は，$100 \times \frac{7.1}{10} = 71$（ｇ），30度の斜面上の100ｇのおもりが糸を引く力は，$100 \times \frac{5}{10} = 50$（ｇ）なので，おもりＥを支える糸にかかる力は，71＋50＝121（ｇ）である。よって，おもりＥの重さを△ｇとすると，$\triangle \times \frac{8.7}{10} = 121$が成り立つので，△＝139.0…より，139ｇとわかる。

国　語　＜第２回試験＞（50分）＜満点：100点＞

解　答

□一 **問１**　（例）　人間が安定的な信頼関係を保てる集団のサイズは変わっていないのに，発達したテクノロジーを駆使すれば集団規模は拡大できると思い込んでいること。　**問２**　（例）　集団規模を大きくすることと，脳の大きさを大きくすること。　**問３**　**１**　（例）　おしゃべりをする友だち　**２**　（例）　年賀状やSNS，メールで年始の挨拶を発信しようと思うとき，リストに頼らず，頭に浮かぶ人　**問４**　（例）　狩猟採集生活を送っていた時代も現代も，安定的な関係を保てる人数の上限は同じだという点。　**問５**　エ　**問６**　④　（例）　母と子のように時を共有して同調することで生まれた信頼関係。　⑤　（例）　同じような服を着たり，同じテーブルで食事をしたり，同じような歌を歌ったり，同じような作法を共有したりといった，身体を同調させる作業。　⑥　（例）　お互いの存在を感じ合うための，群れの中での挨拶やグルーミングなどの活動。　**問７**　生身の人間　**問８**　**Ｂ**　ウ　**Ｃ**　ア　**Ｄ**　イ　**問９**　**Ｅ**　ア　**Ｆ**　ア　**Ｇ**　イ　**Ｈ**　ア　**問10**　生物学／情報学　**問11**　（例）　相手を「理解」するのではなく，ただ「了解」することが信頼関係を育んだり好きになったりする架け橋になるということがわからず，その不安が，過度なこだわりや要求となり，いじめや嫉妬，暴力につながっていくこと。　**問12**　**Ｉ**　ウ　**Ｊ**　イ　**問13**　（例）　リーダーが不在で意見を集約できずすぐ炎上することや，他者とつながっている感覚が失われてしまうこと。　**問14**　ウ　**問15**　身体　**問16**　（例）　（社会の情報化が加速するなかで，）人間が共感でつながる人数には限界があるという生物としての進化の跡を忘れず，コミュニティの規模に応じてツールやルールを使い分け，信頼できる人と時間と空間を共有し，五感を使った付き合いをする必要がある。

□二 下記を参照のこと。

●漢字の書き取り

三 1 木版　2 温泉　3 討議　4 夫婦　5 武器　6 鉱脈
7 幕府　8 銅賞　9 映(る)　10 厚(い)

解　説

一 **出典：山極寿一《やまぎわじゅいち》『スマホを捨てたい子どもたち―野生に学ぶ「未知の時代」の生き方』**。筆者は，スマホで人とつながることに漠然《ばくぜん》とした不安を感じる若者がいることにふれ，インターネットなどで拡大する人とのつながりは「生物としての人間」に見合わないことや，その問題点と解決法を説明している。

問１　「このギャップ」は，「今，『自分がつながっていると思っている人』の数と，『実際に信頼《しんらい》関係でつながることができている人』の数」の差を指す。この後で筆者は，ギャップが生じる理由について，昔も今も「人間が安定的な信頼関係を保てる集団のサイズ」は変わらないにもかかわらず，「インターネット」を通じてつながれる人数が劇的に増えたことで，現代人が，テクノロジーを駆《く》使《し》すれば「集団規模は拡大できるという幻想《げんそう》に取り憑《つ》かれ」たからだと説明している。これをもとにまとめる。

問２　進化の過程で熱帯雨林からサバンナに出た人間が，生きるために発達させた特徴《とくちょう》について，筆者は，「集団の規模を大きく」して防衛力を増したことをあげ，集団をまとめるために「脳を大きくする必要」があったと説明している。

問３　本文のはじめにある①と②の質問について，筆者が学生などに聞いた「標準的な答え」が，「①は10人くらい，②は100人くらいまで」だったことをふまえ，空らん１と空らん２をふくむ二つの段落で，「脳」が大きくなると「集団規模」も大きくなると述べられていることもおさえて考える。　**1**　まだ脳が小さかったころの人間の集団サイズは「10～20人」程度で，①の「日常的におしゃべりする友だち」の数にあたる。　**2**　脳が急速に発達して，現代人とほぼ同じ脳の大きさになったころの人間に見合った集団サイズは「100～150人」とあり，②の「年賀状やSNS，メールで年始の挨拶《あいさつ》を発信しようと思うとき，リストに頼《たよ》らず，頭に浮《う》かぶ人」の数に近い。

問４　筆者が，現代人の脳の大きさに見合った集団の人数を示す「150」という数字の何を「面白い」，つまり「興味深い」と感じているのかについては，続く二つの段落で説明されている。「狩《しゅ》猟《りょう》採集生活」を送っていた時代の人間は，互《たが》いに協力し合って平等な関係を築ける「150人くらいの規模の集団」で暮らしていたが，現代でも狩猟採集生活を送っている人々の集団サイズの平均は「150人程度」だと書かれている。「人間が安定的な関係を保てる人数の上限」が，人間が進化した今も昔と変わらず「150人」くらいである点に，筆者は面白さを感じているので，これをもとに「狩猟採集生活のころから現代まで，安定的な関係を保てる人数の上限は同じ150人程度だという点」のようにまとめればよい。

問５　直前にあるように，150人というのは，生活のなかで「一緒《いっしょ》に何かを経験」した人々である。同じ経験をすることで，感情や記憶《きおく》を共有していると考えられるので，エの「喜怒哀楽《きどあいらく》」が合う。

問６　④　「そのつながり」とは，前の段落の「母と子」の「信頼関係」を指す。子は胎児《たいじ》のときから，母と「時を共有して同調する」ことで「信頼関係」を結ぶと述べられているので，「時を共有して同調することで結んだ母と子の信頼関係」のようにまとめる。　⑤　「継続《けいぞく》的な同調作業」

とは，「家族や仲間などの共同体」でつながりを継続するために日々行われる，「身体を同調させる仕掛《しか》け」を指す。同じ段落であげられている具体例をもとに答えればよい。　⑥「こうした日々の活動」は，「言葉をもっていない」サルやゴリラが群れの中で行う，「身体がつながりあっている」という感覚が得られるような活動のことで，「お互いの存在を感じ合う」ための「挨拶」や「グルーミング」を指す。「群れの中で挨拶やグルーミングなどを行い，お互いの存在を感じ合う活動」のように整理してまとめる。

問７　戻《もど》す段落では，ICT，AI，インターネットは「相手も自分も同じように行動することを前提」にしたテクノロジーであり，「異なるもの同士」がつながって新しいものを生み出すことは目指していないと述べられている。逆接の「しかし」で段落が始まっているので，この前には，自分と他者は違《ちが》う存在であると認め，「異なるもの同士」がつながることで一人一人の力ではできなかったことができるようになるという内容が来ると考えられる。よって，「生身の人間」で始まる段落の前に入れると文意が通る。

問８　**Ｂ**　「継続的な身体のつながり」を難しくするものとして「言葉」をあげ，次に「情報通信技術の発達」をあげているので，前のことがらに別のことをつけ加えるときに使う「さらに」が入る。　**Ｃ**　時空を超《こ》えたつながりが感じられるようになったというインターネットの長所をあげた後，言葉などの「シンボル」でつながっているだけで，実際の身体がつながっているわけではないという短所が続く。よって，前のことがらに対し，後のことがらが対立する関係にあることを表す「でも」がよい。　**Ｄ**　続く部分に，「現実はなかなか自分の意図するようにはならないからです」とあり，これが，前の文の現実よりスマホの中の自分のほうがリアリティをもってしまう理由になっているので，前のことがらの理由・原因を後につなげるときに用いる「なぜなら」がふさわしい。

問９　**Ｅ～Ｈ**　続く部分で，人間も動物も，大昔から「相手と直接会ってその具体的な姿や行動や表現などを見て」，直観で「他者」に判断してもらうことで，「自分」に対する期待や生きる意味を感じ取ってきたと筆者は述べている。しかし，空らんＥの直前では，中国で人間が点数化されて評価されるようになってきたことを例に，現代においては，ネット上など直接的なつながりのないところで「他者」につけられた点数が，人間を評価し信頼するツールになっていると説明されている。つまり，昔も今も，人間は「他者」の評価によってしか「自分」を定義できない生きものであるというのが筆者の意見なので，空らんＥ，Ｆ，Ｈには「自分」，Ｇには「他者」が入る。

問10　「哲学《てつがく》」に代わって人間の「生きる意味」を問う役目を担《にな》うようになった「二つの学問」については，続く三つの段落で説明されている。「20世紀，哲学は生物学にその地位を譲《ゆず》り渡《わた》し」，「生物学は，やがて情報学に乗っ取られ」たとある。

問11　ぼう線部⑧をふくむ段落の後半で，情報学の台頭によって，知能だけでものごとを解決しようとし始めた人間は，AIが「本来，決してわかるはずのない『好き嫌《きら》い』や『共感』，『信頼』といった「感情や意識」も情報として「理解」しようとするようになったと述べられている。それが人間関係にもたらす問題を，筆者は続く部分で説明している。人間は，感性まで情報化しなくては気が済まなくなったために，相手を「理解」するのではなく，ただ「了解《りょうかい》」することが「信頼関係を育んだり，好きになったりする架《か》け橋になる」のだということがわからなくなった。相手を理解できないことで「不安」になると，身近な人に対して信頼や好意を「過剰《かじょう》に求め」，それが「いじめや嫉妬《しっと》，暴力」につながるのだと筆者は考えている。これらの部分をもとに，「信頼関係や好きな気持ちは，相手をただ『了解』するだけで育まれるということがわからず，自分や他者を理解できない不安から，身近な人へ過剰に信頼を求め，それがいじめや嫉妬や暴力につながること」といった形でまとめるとよい。

問12　**I**　「すべてを情報化」しようとする人間の姿勢を表しているので，ものごとを要素に分けて詳細《しょうさい》に調べ，その性質や関係性を明らかにして正確に理解しようとするさまを示す，ウの「分《ぶん》析《せき》的」が入る。　**J**　食事の楽しさや踊《おど》ったときの興奮など，「情報化」できない感性を「情報に還元《かんげん》」しようとしても，その楽しさや興奮の本質的な部分はとらえきれないのだから，イの「表面的」が合う。「表面的」は，うわべだけで内実がともなわないようす。

問13　点と点でつながるインターネットを例に，「しかし」で始まる次の段落で問題点をあげている。「中心がないからリーダーができずに意見を集約できず，すぐに炎上《えんじょう》」して「何も行動に移せないまま」になり，自分の行動が誰《だれ》からも見守られず期待もされないため，「他者とつながっている感覚も失われて」しまう。これらをふまえ，「リーダーがいないため意見を集約できず，行動に移せないまま炎上したり，他者とつながっている感覚が失われたりすること」のようにまとめるとよい。

問14　インターネット上に，いろいろなコミュニティやグループが現れるようすを表しているので，ウの「雨後の筍《たけのこ》」が入る。「雨後の筍」は，ものごとが次々に現れることのたとえ。なお，「他山の石」は，よその山から出た粗悪《そあく》な石も自分の玉(宝石)を磨《みが》くのに使えることから，人のつまらぬ言動も自分の成長の助けとなる意味で使う。「どんぐりのせいくらべ」は，どれも平凡《へいぼん》で特にすぐれたものがないことのたとえ。「目の上のたんこぶ」は，何かとじゃまで目《め》障《ざわ》りなもののたとえ。

問15　他者とつながるために必要なものだから，「身体」である。筆者は，人がつながりをもつには，同じ時間や体験を共有して身体を同調させることや，言葉だけでなく「身体がつながっている感覚」を得ることが必要だとくりかえし述べている。

問16　「社会の情報化が加速するなかで」に続くよう，情報化の問題点とその乗り越《こ》え方が述べられた最後の部分をまとめる。情報化の加速は「付き合う人数を増加させる」が，それは「共感によってつながる人の数には限界がある」という，人類が進化の過程で学んできたはずの「人間の特性」に反する。だから，われわれは「生物としての人間の幸福な在り方，生き方を考え，現代文明と付き合っていく」必要があり，「コミュニティの規模」に応じた「適切なコミュニケーションツールやルールを使い分け」，「信頼できる人」と「時間と空間を共有し，五感を使った付き合い」をして，人とのつながりをつくらなければならない，というのが筆者の主張である。これをふまえ，「付き合う人数が増えることは，共感でつながる人数には限界があるという生物としての人間の特性に反しているので，コミュニティツールやルールを使い分け，信頼できる人と五感を使ってつながることが大切である」といった内容でまとめればよい。

二　漢字の書き取り

1　木に文字や絵を彫《ほ》って印刷したもの。　**2**　地中から温水がわき出ている場所や温水そのもの。または，その温水を利用した入浴施設《しせつ》のこと。　**3**　ある問題について意見を述べ合うこと。　**4**　法律上，婚姻《こんいん》関係にある男女の一組。夫と妻。　**5**　銃《じゅう》や刀など，敵を殺傷したり身を守ったりするための道具。　**6**　岩石や地殻《ちかく》の割れ目に鉱物が満ちてできた板状の部分で，資源として有用な鉱物が集まっているところ。 **7** 征《せい》夷《い》大《たい》将《しょう》軍《ぐん》が政治を行う場所のこと。武士が政治を行うしくみや，鎌倉，室町，江戸時代の武家政権そのものを指す。 **8** 展覧会や品評会などで，金賞，銀賞に次ぐ第三位の賞。 **9** 音読みは「エイ」で，「映画」などの熟語がある。訓読みにはほかに「は(える)」がある。 **10** 音読みは「コウ」で，「温厚」などの熟語がある。

Dr.福井の

入試に勝つ！脳とからだのウルトラ科学

歩いて勉強した方がいい？

みんなは座って勉強しているよね。だけど，暗記するときには歩きながら覚えるといいんだ。なぜかというと，歩いているときのほうが座っているときに比べて，心臓が速く動いて（脈はくが上がって）脳への血のめぐりがよくなるし，歩いている感覚が背骨の中を通って脳をつつくので，頭が働きやすくなるからだ（ちなみに，運動による記憶力アップについては，京都大学の久保田名誉教授の研究が有名）。

具体的なやり方は，以下のとおり。まず，机の上にテキストを広げ，１ページぐらいをざっと読む。そして，部屋の中をゆっくり歩き回りながら，さっき読んだ内容を思い出す。重要な語句は，声に出して言ってみよう。その後，机にもどってテキストをもう一度読み直し，大切な部分を覚え忘れてないかをチェック。もし忘れている部分があったら，また部屋の中を歩き回りながら覚え直す。こうしてひと通り覚えることができたら，次のページへ進む。あとはそのくり返しだ。

さらに，この“歩き回り勉強法”にひとくふう加えてみよう。それは，なかなか覚えられないことがら（地名・人名・漢字など）をメモ用紙に書いてかべに貼っておくこと。ドンドン貼っていくと，やがて部屋中がメモでいっぱいになるハズ。これらはキミの弱点集というわけだが，これを歩き回りながら覚えていくようにしてみよう！　このくふうは，ふだんのときにも自然と目に入ってくるので，知らず知らずのうちに覚えることができてしまうという利点もある。

歴史の略年表や算数の公式などを大きな紙に書いて貼っておくのも有効だ。

Dr.福井（福井《ふくい》一成《かずしげ》）…医学博士。開成中・高から東大・文Ⅱに入学後，再受験して翌年東大・理Ⅲに合格。同大医学部卒。さまざまな勉強法や脳科学に関する著書多数。

Memo

2023年度 明治大学付属明治中学校

【算　数】〈第１回試験〉（50分）〈満点：100点〉

注意　１．解答は答えだけでなく，式や考え方も解答用紙に書きなさい。（ただし，**1** は答えだけでよい。）

２．円周率《えんしゅうりつ》は3.14とします。

３．定規・分度器・コンパスは使用してはいけません。

1　次の □ にあてはまる数を求めなさい。

(1)　$\left(2\frac{7}{8}+\square\times2.5\right)\div1\frac{2}{3}-\left(4.5-\frac{3}{2}\right)\div5=3$

(2)　１本の定価がそれぞれ60円，80円，100円のボールペンを合わせて75本売りました。定価100円のボールペンの半数は80円に値下げして売ったため，売り上げは見込《みこ》んでいた売り上げよりも200円少なくなり，5400円でした。定価60円のボールペンは □ 本売れました。ただし，消費税は考えないものとします。

(3)　一定の速さで走る長さ2.5mの車が，960mのトンネルに入り始めてから通過し終わるまでにかかる時間を計ります。２回目は１回目より車の速さを１割だけ速くしたので，通過にかかる時間は５秒短くなりました。この車の１回目の速さは毎時 □ kmです。

(4)　A，B２種類の食塩水と大，中，小３種類のカップがあります。大カップ３杯《ばい》分の量は中カップ５杯《はい》分の量と同じで，中カップ２杯分の量は小カップ３杯分の量と同じです。Aの大カップ１杯《ぱい》分と中カップ２杯分を合わせてできる食塩水と，Bの中カップ３杯分と小カップ５杯分を合わせてできる食塩水に含《ふく》まれる食塩の量が同じになるとき，食塩水AとBの濃《こ》さの比を最も簡単な整数の比で表すと，（ア）：（イ）です。

(5)　右の図のように，正六角形ABCDEFがあり，面積は144cm²です。辺AB，EF上にそれぞれ点G，Hがあり，AG：GB＝5：7，EH：HF＝1：2です。このとき，斜線《しゃせん》をつけた部分の面積は □ cm²です。

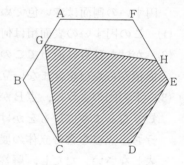

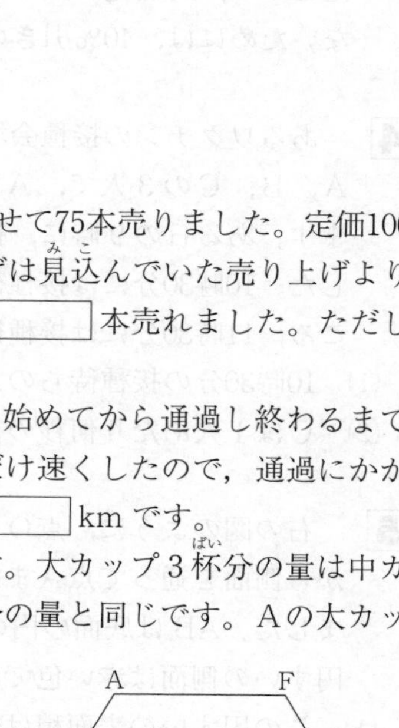

2　あるボートは，川の下流のA地点から上流のB地点まで上り，エンジンを切ってA，B２地点の真ん中のC地点まで下り，そこから再びエンジンをかけてA地点まで下りました。エンジンを切っていた時間は18分間でした。川の流れの速さは一定で，川の流れの速さとボートの静水時の速さの比が２：７のとき，次の各問いに答えなさい。

(1)　ボートがA地点からB地点まで上るのにかかった時間は何分何秒ですか。

(2)　ボートがA地点からB地点まで上るのにかかった時間とB地点からA地点まで下るのにかかった時間の差は何分何秒ですか。

3　Ａ商店では仕入れ値が１個900円の品物を100個仕入れ，仕入れ値の何％かの利益を見込《みこ》んで定価をつけて売ったところ，いくつか売れ残ってしまいました。そこで，売れ残った商品を定価の20％引きにして売りましたが，２個売れ残ってしまいました。その結果，利益は見込んでいた利益の78.4％にあたる24696円でした。このとき，次の各問いに答えなさい。ただし，消費税は考えないものとします。

(1)　定価は仕入れ値の何％の利益を見込んでつけましたか。

(2)　定価の20％引きにして売った商品は何個でしたか。

(3)　Ｂ商店では仕入れ値が１個900円の同じ品物を100個仕入れ，Ａ商店と同じ定価をつけて売ったところ，46個売れ残ったので，定価の40％引きにして売ることにしました。Ｂ商店が損をしないためには，40％引きの商品を何個以上売ればよいですか。

4　あるワクチンの接種会場には３分間に10人の割合で接種希望者が来ます。接種担当の医師はＡ，Ｂ，Ｃの３人で，Ａは２分間に３人の割合で，Ｂは３分間に４人の割合で接種を完了《かんりょう》します。ある日の９時に，接種待ちの人がいない状態からＡとＢの２人で同時に接種を開始しました。10時30分には接種待ちの列が長くなったため，そこからＣも加わり３人で接種をしたところ，11時30分には接種待ちの列がなくなりました。このとき，次の各問いに答えなさい。

(1)　10時30分の接種待ちの人は何人でしたか。

(2)　Ｃは１人あたり何秒の割合で接種を完了しますか。

5　右の図のように，点Ｏを頂点とする円すいがあります。底面の円周上の点Ａから側面を通って点Ａまでかけるひもの長さが最も短くなるようにひもをかけました。AB は底面の円の直径であり，OA＝12cm，AB＝２cm です。また，円すいの側面は赤い色でぬられています。このとき，次の各問いに答えなさい。

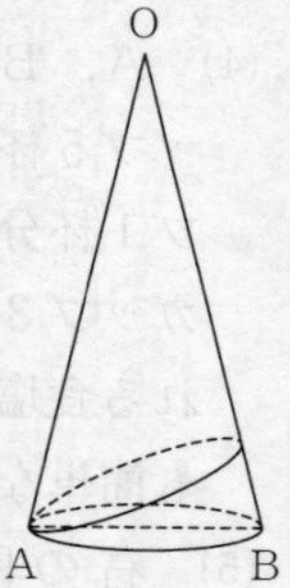

(1)　この円すいの表面積は何 cm^2 ですか。

(2)　かけたひもに沿ってこの円すいを２つに切断しました。点Ｏを含《ふく》む立体の表面積から点Ｏを含まない立体の表面積を引くと，何 cm^2 ですか。

(3)　下の図のように，点Ｂからも側面を通って点Ｂまでかけるひもの長さが最も短くなるようにひもをかけ，２本のひもに沿ってこの円すいを切断しました。切断した立体のうち，点Ｏを含む立体の展開図で，赤い色でぬられている部分を解答用紙の図に斜線《しゃせん》をつけて表しなさい。ただし，解答用紙に「式や考え方」を書くところはありませんが，考え方がわかるように，答えを求めるのに用いた線は消さずに残しなさい。

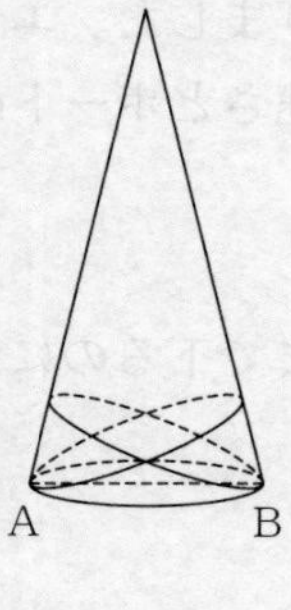

【社　会】〈第１回試験〉（40分）〈満点：75点〉

Ⅰ　日本の国土や社会に関する，以下の問いに答えなさい。

1　次の**(1)**，**(2)**について，**A**～**C**の文を読み，正誤の組み合わせとしてふさわしいものを，あとの〈選択肢群〉**ア**～**ク**の中から１つずつ選び，記号で答えなさい。ただし，記号は２度使うこともできます。

(1)　**A**　埼玉県・高知県共にきゅうりの産地であり，2021年の東京都中央卸売市場での取扱量は，いずれの県も５月が最も多い

B　2021年の畜産物流通調査によると，茨城県および岡山県の鶏卵の生産量が０の月はない

C　2020年の水産物流通調査によると，銚子港と境港で年間水揚量が最も多い魚は異なり，銚子港はイワシ(マイワシ)で，境港はカツオである

(2)　**A**　長野県は内陸に位置するため，洪水のハザードマップは作成されていない

B　リアス海岸である若狭湾の一角にある敦賀港は，掘り込み式の港である

C　赤石山脈は積雪量が少ない地域であるため，※雪形《ゆきがた》が現れる山はない

※　雪形とは，以下の写真のような，残雪の模様のことで，山腹に積もった雪が解ける春に現れる。

パンダのように見える雪形(鳥海山)

〈選択肢群〉

ア　**A**－正　**B**－正　**C**－正
イ　**A**－正　**B**－正　**C**－誤
ウ　**A**－正　**B**－誤　**C**－正
エ　**A**－正　**B**－誤　**C**－誤
オ　**A**－誤　**B**－正　**C**－正
カ　**A**－誤　**B**－正　**C**－誤
キ　**A**－誤　**B**－誤　**C**－正
ク　**A**－誤　**B**－誤　**C**－誤

2　岐阜県内には，太平洋と日本海とを分ける中央分水嶺が通っています。岐阜県に源を発し，富山県を経て日本海に流れ込む河川の名前を１つ答えなさい。なお，河川の名前は，河口での呼び方で答えること。

3　複数の県に関する統計資料を比較・検討して，以下の問いに答えなさい。

(1)　次のページの表は，熊本県・大分県・宮崎県・鹿児島県における，県内に分布する活火山の数と，南海トラフ巨大地震発生時の津波により２ｍ以上浸水《しんすい》することが予想される範囲の面積を示しています。**A**～**C**にあてはまる県を，あとの**ア**～**エ**の中から１つずつ選び，記号で答えなさい。

	※活火山の数	南海トラフ巨大地震発生時の津波により２ｍ以上浸水することが予想される範囲の面積(ha)
A	11	1,330
B	3	1,590
C	2	30
D	1	5,900

［日本活火山総覧(第４版)・内閣府資料より作成］

※　複数の県にまたがって位置する活火山の場合は，各県１つずつ重複して集計している。また，複数の峰々を併せて１つの活火山として集計している山もある。

ア　熊本県
イ　大分県
ウ　宮崎県
エ　鹿児島県

(2)　次の表は，福岡県・佐賀県・沖縄県における，米・野菜・果実・※花《か》き・畜産の農業産出額に占める割合と全就業者に占める第一次産業就業者の割合を示しています。**A**～**C**の組み合わせとしてふさわしいものを，あとの〈選択肢群〉**ア**～**カ**の中から１つ選び，記号で答えなさい。

※　花などの観賞用の植物のこと。

	米(%)	野菜(%)	果実(%)	花き(%)	畜産(%)	第一次産業就業者の割合(%)
A	18.6	28.1	16.2	2.7	28.1	7.5
B	17.4	35.8	12.1	8.0	19.4	2.4
C	0.5	14.0	6.6	8.1	43.6	3.9

［生産農業所得統計2020年・国勢調査2020年より作成］

(3)　次の表は，福岡県・佐賀県・沖縄県における，2020年度の公害の苦情件数と，それに占める大気汚染・水質汚濁・騒音・悪臭の割合を示しています。**A**～**C**の組み合わせとしてふさわしいものを，あとの〈選択肢群〉**ア**～**カ**の中から１つ選び，記号で答えなさい。

	苦情件数(件)	大気汚染(%)	水質汚濁(%)	騒音(%)	悪臭(%)
A	3,994	20.8	6.6	16.5	11.3
B	1,017	15.9	10.0	20.6	25.1
C	578	30.1	18.2	8.7	20.4

［令和２年度公害苦情調査より作成］

〈選択肢群〉

ア　**A**－福岡県　**B**－佐賀県　**C**－沖縄県
イ　**A**－福岡県　**B**－沖縄県　**C**－佐賀県
ウ　**A**－佐賀県　**B**－福岡県　**C**－沖縄県
エ　**A**－佐賀県　**B**－沖縄県　**C**－福岡県
オ　**A**－沖縄県　**B**－福岡県　**C**－佐賀県
カ　**A**－沖縄県　**B**－佐賀県　**C**－福岡県

4　宮城県に関する，以下の問いに答えなさい。

(1)　**A**～**C**は，下の地図中の①～③の市または区の2020年の※人口ピラミッドを示しています。〈地域の特徴〉を参考にして，①～③と**A**～**C**の組み合わせとしてふさわしいものを，あとの**ア**～**カ**の中から１つ選び，記号で答えなさい。

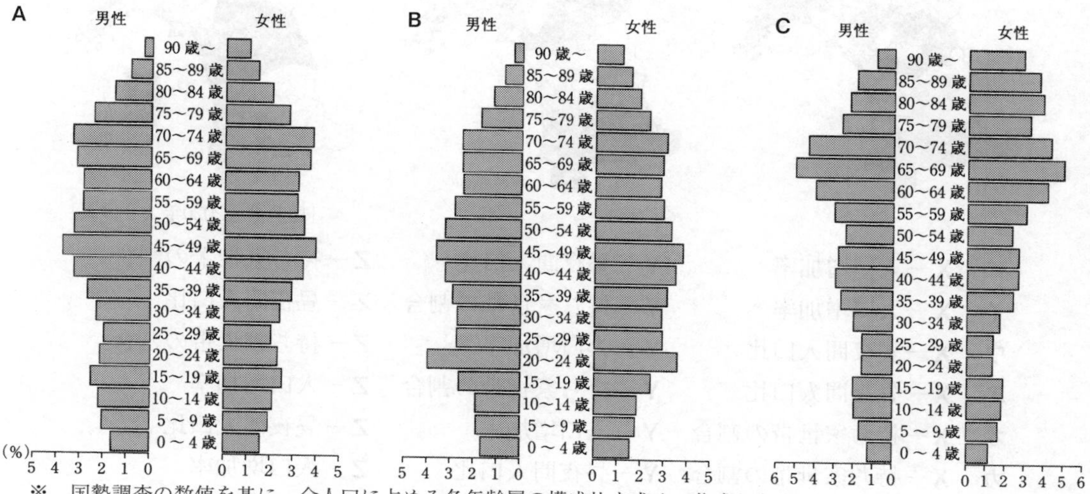

※　国勢調査の数値を基に，全人口に占める各年齢層の構成比を求めて作成した。

〈地域の特徴〉

①…2007年に廃止になった，くりはら田園鉄道をふくむ細倉鉱山《ほそくらこうざん》の関連施設が，近代化産業遺産として認定されている

②…1970年代に入居が始まったニュータウンがある

③…仙台駅があり，大学のキャンパス(校舎)も複数ある

ア　**A**―①　**B**―②　**C**―③

イ　**A**―①　**B**―③　**C**―②

ウ　**A**―②　**B**―①　**C**―③

エ　**A**―②　**B**―③　**C**―①

オ　**A**―③　**B**―①　**C**―②

カ　**A**―③　**B**―②　**C**―①

(2)　次のページの**X**～**Z**は，宮城県内の市区町村の2015年～2020年の人口増加率・2020年の昼夜間人口比(昼間人口÷夜間人口)・2020年の持ち家世帯の割合の高低を示しています。**X**～**Z**の組み合わせとしてふさわしいものを，あとの**ア**～**カ**の中から１つ選び，記号で答えなさい。

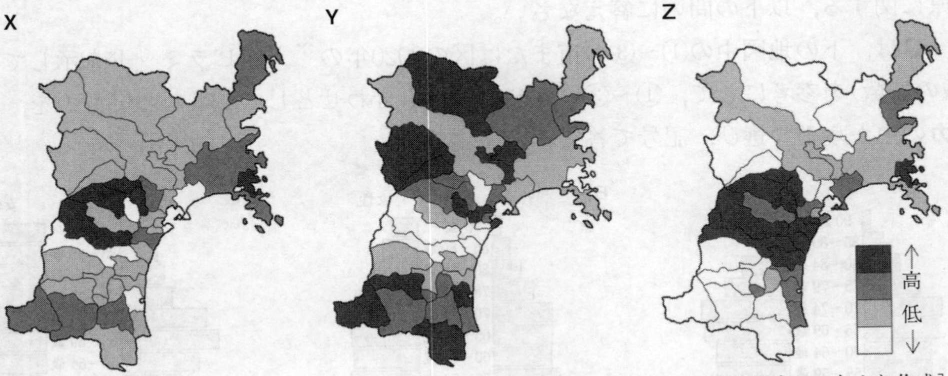

［国勢調査2020年より作成］

ア　**X**－人口増加率　**Y**－昼夜間人口比　**Z**－持ち家世帯の割合
イ　**X**－人口増加率　**Y**－持ち家世帯の割合　**Z**－昼夜間人口比
ウ　**X**－昼夜間人口比　**Y**－人口増加率　**Z**－持ち家世帯の割合
エ　**X**－昼夜間人口比　**Y**－持ち家世帯の割合　**Z**－人口増加率
オ　**X**－持ち家世帯の割合　**Y**－人口増加率　**Z**－昼夜間人口比
カ　**X**－持ち家世帯の割合　**Y**－昼夜間人口比　**Z**－人口増加率

5　次の地図は，水力・火力・原子力・風力・地熱の各発電所の分布を示しています。この図を見て，以下の問いに答えなさい。

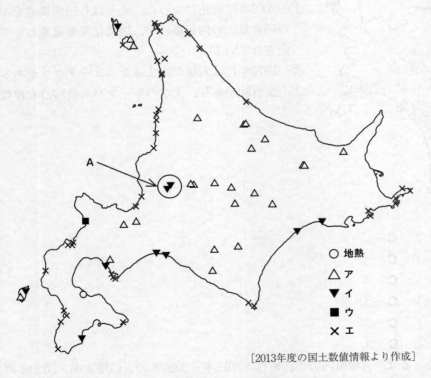

［2013年度の国土数値情報より作成］

(1)　水力・火力・風力の各発電所を示す図形を，地図中の**ア**～**エ**の中から１つずつ選び，記号で答えなさい。

(2)　地図中の**イ**の発電所は，日本では海岸部に多く立地していますが，地図中の**A**にある発電

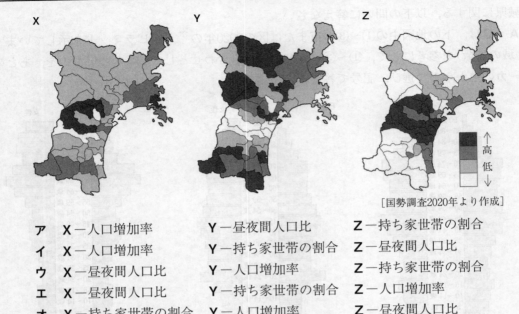

所は，例外的に内陸に位置しています。**A**の付近で産出される「ある資源」を燃料として利用してきた，この２つの発電所は，2027年に廃止される予定です。その背景には，設備の老《ろう》朽化《きゅうか》に加えて，社会情勢への対応があります。社会情勢への対応のために廃止するとは，どのようなことであるのか，「ある資源」の名前を明らかにして説明しなさい。

Ⅱ　次の文章を読み，以下の問いに答えなさい。なお史資料は，わかりやすく編集しています。

歴史の記録やその研究は，とても古くからありました。では，昔の人々はどのような視点で歴史を記録し，歴史研究をしてきたのか見ていきましょう。

①旧石器時代や縄文時代の日本列島には文字がなく，まだ歴史の書物も書かれませんでした。また，②弥生時代や古墳時代の社会については，中国の歴史書に書かれています。

８世紀に天皇の命令でまとめられた『古事記』や③『日本書紀』は，天皇に関する歴史や伝説，神話が主に書かれています。当時は，天皇が政治の中心であったため，天皇の偉大さを示すことがその目的の一つでした。『日本書紀』は，『古事記』よりも中国や朝鮮といった大陸の様子も多く書かれているのが特徴です。④同じ時期に中国にならった律令も作られており，当時の大陸への関心がうかがえます。

平安時代になって文学作品が増えると，はっきりとしたストーリーやテーマを持つ歴史書も書かれるようになります。例えば，⑤『大鏡《おおかがみ》』は100歳を超える老人同士の会話でストーリーがすすみ，過去を振り返っていきます。また，⑥仏教において新たな宗派が多く生まれた鎌倉時代の『愚管抄《ぐかんしょう》』は仏教を，⑦室町時代の『太平記《たいへいき》』は武家のすばらしさをそれぞれテーマとした歴史書でした。

⑧江戸時代になると，幕府は特に朱子学を中心に，学問を重視する政策を行いました。これにより，多くの歴史書も書かれることとなります。その一方で，日本古来の精神を重視する国学も発達しました。しかし，『古事記』に書かれた神話を事実として考えるなど，歴史研究としては問題もありました。

明治時代にはヨーロッパの歴史研究の方法がとりいれられ，史料にもとづいて実際に起こったことを明らかにする歴史研究がすすめられました。例えば，⑨「お雇い外国人」の一人であったドイツ人ルートヴィヒ・リースはその中心となった人物です。しかしながら，明治から大正，昭和へと，歴史の授業を通して，国家にとって都合のよい考えを子どもたちに教えるようになり，第二次世界大戦に向かっていきます。その中で，神話や伝説を事実として教えることもありました。

⑩第二次世界大戦が終結すると，連合国軍総司令部(GHQ)の指導により民主化がすすめられ，こうした教育も改革されました。また，このころ日本では経済復興が目指されました。そのため，経済に関する歴史研究が注目されることになります。

このように，歴史の記録やその研究は，それぞれの時代に合わせて変化してきました。⑪今生きている社会が変化するとき，「歴史を見る目」も変わっていくのです。

1　下線部①について，次の文章はある遺跡の発見に関する新聞記事の一部です(1949年９月20日)。この発見された遺跡の名前を答えなさい。

相沢忠洋氏が，関東ローム層から旧石器時代の遺物と思われる打製石器を発見した。これらは時代的に旧石器時代に属する関東地方に，人類文化が存在したというはじめての証拠であった。

2　下線部②について，次の史料は，弥生時代の様子が書かれた『魏志』倭人伝の一部です。この史料から読み取れることとして正しいものを，あとの**ア**～**エ**の中から１つ選び，記号で答えなさい。

　集会の場で，父子や男女による差別はない。また，身分の高い者は４～５人の，身分の低い者は２～３人の妻を持った。軽い罪を犯した者は妻子をとりあげて奴隷《どれい》とし，重い罪を犯した者は一族を皆殺しにした。租税をおさめる宮殿と倉庫があり，市場では物々交換が行われた。

ア　お金は市場では使われず，罰金の支払いに使われた
イ　同じ罪を犯しても，身分により罰が異なった
ウ　身分の高い者は，代わりに奴隷に罰を受けさせることができた
エ　男性だけでなく，女性も集会に参加することができた

3　下線部③について，次の**ア**～**エ**は『日本書紀』に書かれた７世紀のできごとです。これらのできごとを古い順に並べ，**ア**～**エ**の記号で答えなさい。
ア　「豪族が土地や人民を持つことをやめ，土地と人民は朝廷のものとする。」
イ　「天智天皇は，重い病気であったので，弟に天皇の位をゆずりたいと言った。」
ウ　「小野妹子が隋に送られた。このとき，鞍作福利《くらつくりのふくり》を通訳とした。」
エ　「中大兄皇子は飛び出して，剣で蘇我入鹿の頭から肩を切りつけた。」

4　下線部④について，このとき作られた律令の説明として正しいものを，次の**ア**～**エ**の中から１つ選び，記号で答えなさい。
ア　推古天皇の命令により作成された
イ　６歳以上の男性にのみ口分田を与えた
ウ　収穫した稲の一部を税として納めさせた
エ　防人に，東北地方を守る義務を課した

5　下線部⑤について，『大鏡』には藤原氏についても書かれています。藤原頼通が建立した建造物として正しいものを，次の**ア**～**エ**の中から１つ選び，記号で答えなさい。

ア

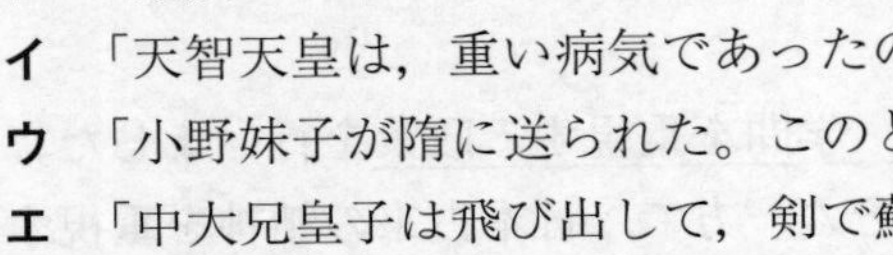

イ

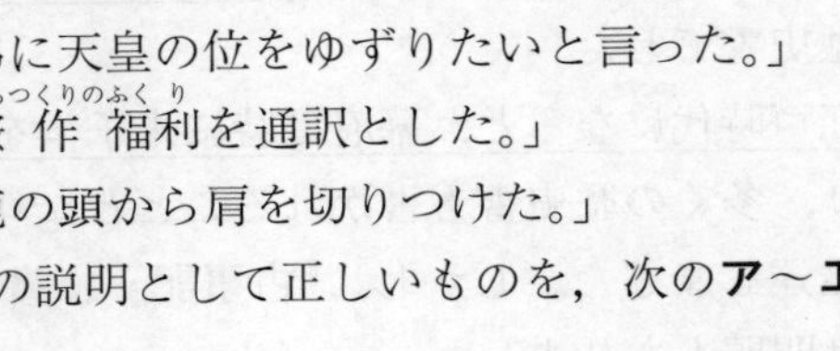

ウ

エ

6　下線部⑥について，13世紀の仏教の説明として正しいものを，次の**ア**～**エ**の中から１つ選び，記号で答えなさい。

ア　法然が浄土真宗を始め，法華経を唱えることで救われると伝えた

イ　一遍が時宗を始め，踊り念仏を広めた

ウ　栄西が日蓮宗を始め，阿弥陀仏を信じて念仏を唱えることで救われると伝えた

エ　親鸞が曹洞宗を始め，座禅を組むことの大切さを伝えた

7　下線部⑦について，次の史料は，『太平記』の一部です。史料中の私とは誰か答えなさい。

> 「後醍醐天皇よ，今あなたが天下をおさめていられるのは，私の軍がかつやくしたからです。そもそも征夷大将軍の地位は，戦《いくさ》でかつやくした源氏と平氏に与えられるものでした。そこで，朝廷のためにも，私に征夷大将軍の地位を与えてください」。これに対して天皇はなんの問題もなく，この願いをゆるした。

8　下線部⑧について，次の史料は，朱子学の考え方が書かれた『春鑑抄《しゅんかんしょう》』の一部です。この史料を参考に，武士を支配者とする江戸幕府が朱子学を重視した理由として正しいものを，あとの**ア**～**エ**の中から１つ選び，記号で答えなさい。

> 天は上にあって価値が高く，地は下にあって価値が低い。このように上下には差別がある。これは人間にも同じことがいえる。つまり，君主が上にいて価値が高く，臣下は下にいて価値が低いのである。

ア　空が上にあり，地面が下にあるという科学的に正しい考え方を示しているから

イ　価値の上下を認めており，しっかりと商売にはげむことをすすめているから

ウ　身分の違いを認めており，幕府による支配にとって都合がよいから

エ　努力すれば上の立場になれると，努力の大切さを伝えているから

9　下線部⑨に関連して，ドイツと日本のかかわりとして正しいものを，次の**ア**～**エ**の中から１つ選び，記号で答えなさい。

ア　日本はドイツの革命に干渉するために，シベリア出兵を行った

イ　ドイツはロシアとフランスとともに三国干渉を行った

ウ　第一次世界大戦で，日本はドイツと同盟を結んでオーストリアと戦った

エ　ドイツの仲介により日本はポーツマス条約を結んだ

10　下線部⑩について，第二次世界大戦後のできごとの説明として正しいものを，次の**ア**～**エ**の中から１つ選び，記号で答えなさい。

ア　教育勅語が施行され，９年間の義務教育となった

イ　農地改革によりすべての土地は政府のものとなり，農民に貸しつけられた

ウ　朝鮮戦争に自衛隊が送られ，けが人を救助した

エ　ソビエト連邦はサンフランシスコ平和条約に調印しなかった

11　下線部⑪について，大きなできごとが起こると，そのできごとに関係した歴史を振り返る展覧会が開かれることがあります。次の**ア**～**エ**は21世紀に実際に開かれた展覧会の説明です。**ア**～**エ**の展覧会を，開かれた順に並べ，記号で答えなさい。

ア「この展覧会では，３年前の３・11に至るまで，震災がどう経験され，何が学ばれ，そして何が忘れられるのかをひもときます。また，科学技術との関係も含めて，災害史を振り返り，震災をさまざまな角度から見直す場にしたいと思います。」

イ「２年前から日本は新型コロナウイルス感染が広がりました。しかし過去を振り返ってみれば，このような疫病の広がりははじめてではありません。この展覧会で過去に生きた人々は疫病とどう向き合い，それを乗り越えてきたのか見ていきましょう。」

ウ「沖縄が日本に復帰してから40年目の今年，沖縄の歴史を振り返る展覧会を開催します。特に，沖縄住民の間で〈祖国日本〉という意識はどのように芽生えていったのか，アメリカ統治下で県民が求めたものは何か，復帰して変わったもの，変わらなかったものは何か，などの問いに記録資料で迫ります。」

エ「６年前，アメリカ同時多発テロが起きました。この年，アフガニスタンのバーミヤンでも二体の巨大な仏像が爆破されるという事件が起こりました。現在，日本政府はバーミヤン遺跡の修復，保存事業を援助しています。この展覧会では，爆破される前のバーミヤンの美術品を中国や日本の仏教美術とも比べながら展示します。」

Ⅲ　次の会話文は，**Aさん**・**Bさん**・**先生**の３人で話をしている場面です。これを読んで，以下の問いに答えなさい。

先　生：近年，①インターネットが普及し，多くの人がインターネットを使って生活をするようになっていますね。ＡさんとＢさんは，インターネットを使っていますか。

Aさん：わたしは，②インターネットを使って，調べ学習をしています。

Bさん：わたしは，オンラインゲームをしたり，※SNSを利用したりするのによく使っています。

先　生：そうなのですね。たしかに，③インターネットはとても便利で，現在ではわたしたちの生活に欠かせないものになっています。④行政機関の一つとしても，2021年９月１日に（**あ**）庁が発足し，「（**あ**）の活用により，一人ひとりのニーズに合ったサービスを選ぶことができ，多様な幸せが実現できる社会」を目指して，行政サービスのオンライン化などを進めています。しかし，インターネットが普及した社会で起こる問題もあります。どのようなものがあるか，分かりますか。

Aさん：インターネット上で，映像や音楽などが無断でアップロード・ダウンロードされることがあります。このようなことがあると，⑤作成した人の権利が侵害されてしまいます。コンピュータのネットワークに入りこむなどして，データをこわしたり，ぬすんだりする「サイバー攻撃」も心配です。

Bさん：⑥インターネット上で，悪口を言って他人を傷つけることも問題になっています。また，他人に知られたくない情報が本人に無断で流され，（　**い**　）が侵されてしまうこともあります。一方で，インターネットに基盤を持つ社会では，⑦通信障害が発生すると，社会生活に大きな混乱が生じることもあります。

先　生：そうですね。また，インターネットは政治にも影響をもたらすことがあります。イギリスにおけるEU離脱の国民投票の際には，インターネット上で得られた莫大なデータ(ビッグデータ)をもとに，⑧社会で多数の人々に合意されている共通意見が動かされたとも考えられています。

Aさん：わたしたち国民一人ひとりが，情報を得る際にますます注意していかなければなりませんね。

先　生：今後，⑨国会議員の選挙において，インターネット投票を実施しようとする動きもみられ，それに関連する法律案も提出されています。

Bさん：インターネットの便利さを生かした投票ができるようになりそうですね。

先　生：そのようなことが期待できますね。一方，今までに考えてきたように，⑩インターネットには問題点もあるため，インターネット投票の導入は慎重に考えていく必要がありそうです。インターネットの長所と短所を知った上で，適切に利用していくことが，ますます求められるのではないでしょうか。

※　SNSは，ソーシャルネットワーキングサービス(Social Networking Service)の略称である。インターネットのネットワークを通じて，人と人をつなぎコミュニケーションが図れるように設計された会員制サービスのことである。

1　下線部①について，次の **資料１** ～ **資料３** から読み取れることとして適切でないものを，あとの**ア**～**カ**の中から２つ選び，記号で答えなさい。

資料１　インターネットの利用状況(全体)の推移

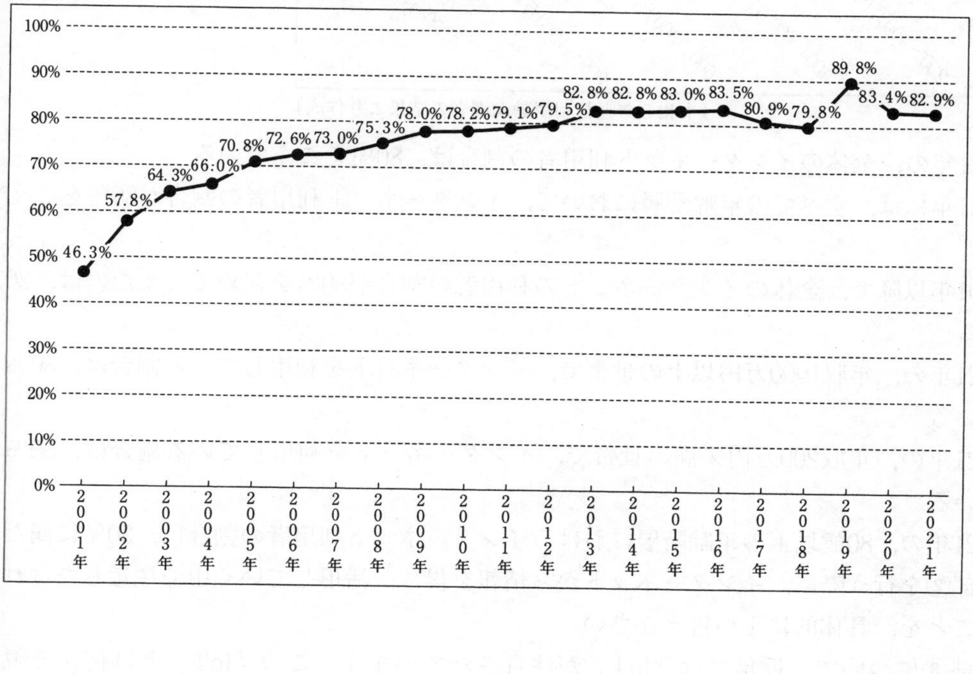

資料２　年齢階層別インターネットの利用状況(2021年)

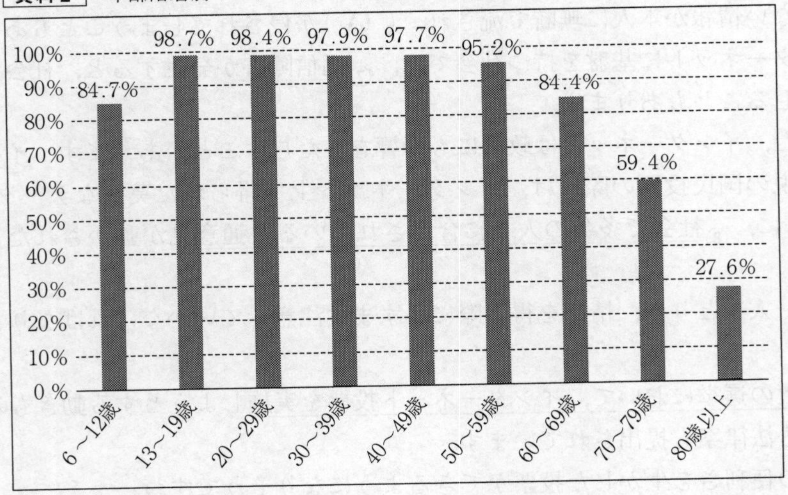

資料３　世帯年収別インターネットの利用状況(2021年)

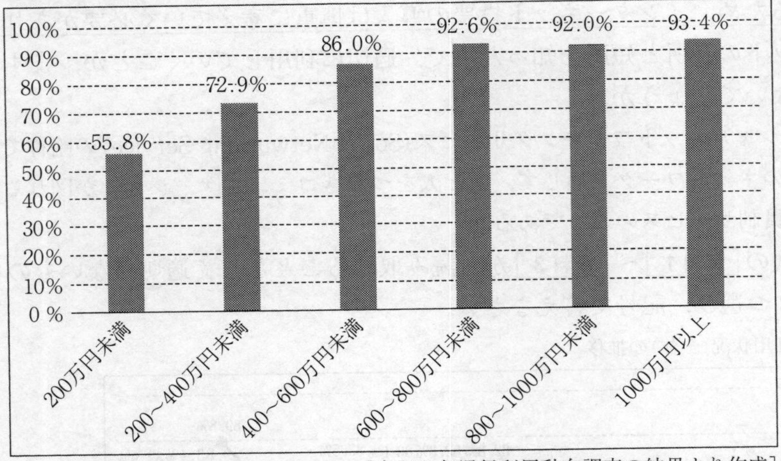

［令和３年通信利用動向調査の結果より作成］

ア　2021年の，全体のインターネット利用者の割合は，80％をこえている

イ　2021年には，すべての年齢階層において，インターネット利用者の割合が80％をこえている

ウ　2001年以降で，全体のインターネットの利用者の割合が80％を初めてこえたのは，2013年である

エ　2021年の，年収1000万円以上の世帯で，インターネットを利用している割合は，80％をこえている

オ　2021年の，年収200万円未満の世帯で，インターネットを利用している割合は，80％をこえている

カ　2021年の，80歳以上の年齢階層におけるインターネット利用者の割合は，30％に満たない

2　下線部②を行う際に，インターネットから情報を得て，活用していく中で注意しなければならないことを，具体的に１つ書きなさい。

3　下線部③について，近年では「IoT」が注目されています。この「IoT」とは何かを説明した文として適切なものを，次の**ア**～**エ**の中から１つ選び，記号で答えなさい。

ア　パソコンではなく，スマートフォンやタブレット端末からインターネットを利用すること

イ　身の回りにあるあらゆるものがインターネットに接続され，相互に情報をやりとりできるしくみのこと

ウ　電子メールではなく，できるだけSNSを利用してコミュニケーションをとろうとすること

エ　インターネットに頼りすぎず，紙の本や新聞などのよさを見直し，積極的に活用しようとすること

4　下線部④について，各府省庁の長となる国務大臣について述べた文として適切なものを，次の**ア**～**エ**の中から１つ選び，記号で答えなさい。

ア　すべての国務大臣は，国会によって指名され，天皇によって任命される

イ　すべての国務大臣は，国会議員でなければならない

ウ　すべての国務大臣は，文民でなければならない

エ　すべての国務大臣は，国民審査によってやめさせられることがある

5　空らん（**あ**）にあてはまる語句を答えなさい。

6　下線部⑤について，新しい技術の発明・デザイン・音楽など，人間の知的な創造活動によって生み出されたものを，一定期間保護する権利を何というか，漢字５字で答えなさい。

7　下線部⑥の深刻化を受けて，侮辱《ぶじょく》罪を厳罰《げんばつ》化する改正刑法が，2022年６月に成立しました。これについて，以下の問いに答えなさい。

(1)　法律が成立する過程に関する規定として適切なものを，次の**ア**～**エ**の中から１つ選び，記号で答えなさい。

ア　法律案は，さきに衆議院に提出しなければならない

イ　参議院が衆議院の可決した法律案を受け取った後，国会休会中の期間を除いて30日以内に議決しないときは，衆議院の議決を国会の議決とする

ウ　衆議院で可決し，参議院でこれと異なった議決をした法律案は，衆議院で出席議員の３分の２以上の多数で再び可決したときは，法律となる

エ　法律案の作成は，国権の最高機関である国会でのみ行うことができる

(2)　検察官と被告人の言い分を聞き，刑法などの法律を適用して，有罪・無罪の判決を下し，有罪の場合に，罪に相当する刑罰を言いわたす場は，刑事裁判です。この刑事裁判に関する説明として適切なものを，次の**ア**～**エ**の中から１つ選び，記号で答えなさい。

ア　すべての刑事裁判において，裁判員制度が導入されている

イ　犯罪をした疑いのある者には，弁護人をつけることはできない

ウ　裁判中，被告人は自分の不利益になることもすべて話さなければならない

エ　１つの事件につき原則３回まで裁判を受けられるしくみが導入されている

(3)　侮辱罪の厳罰化が国会で議論される中で，これにより「ある人権」が脅《おびや》かされてしまうという指摘がありました。この「ある人権」を明記した日本国憲法第21条の条文として適切なものを，次の**ア**～**エ**の中から１つ選び，記号で答えなさい。

ア　すべて国民は，健康で文化的な最低限度の生活を営む権利を有する。

イ　集会，結社及び言論，出版その他一切の表現の自由は，これを保障する。

ウ　何人も，法律の定める手続きによらなければ，その生命若しくは自由を奪われ，又はその他の刑罰を科せられない。

エ　何人も，裁判所において裁判を受ける権利を奪われない。

(4)　この改正刑法で変更された内容として適切なものを，次の**ア**～**エ**の中から１つ選び，記号で答えなさい。

ア　再犯防止のための指導や教育を充実させる拘禁《こうきん》刑の創設

イ　受刑者に強制労働を一律に義務づける懲役《ちょうえき》刑の創設

ウ　受刑者の生命を奪う死刑の廃止

エ　受刑者の一定の財産を奪う罰金刑の廃止

8　空らん(**い**)にあてはまる，新しい人権の一つである権利の名前を答えなさい。

9　下線部⑦について，このような問題への対応を担うほか，地方行財政，選挙，消防などを担当する省の名前を答えなさい。

10　下線部⑧の動きは，新聞社や放送局などによって定期的に調査が行われており，（　**う**　）調査とよばれます。この空らん(**う**)にあてはまる語句を，漢字２字で答えなさい。

11　下線部⑨・⑩について，インターネット投票を実施するにあたって考えられる，社会全体に影響を与える問題点に必ずふれ，インターネット投票についてのあなたの考えを書きなさい。

【理　科】〈第１回試験〉（40分）〈満点：75点〉

Ⅰ　図のように，塩化アンモニウムと水酸化カルシウムを混ぜて試験管に入れ，加熱しました。この実験について，問いに答えなさい。

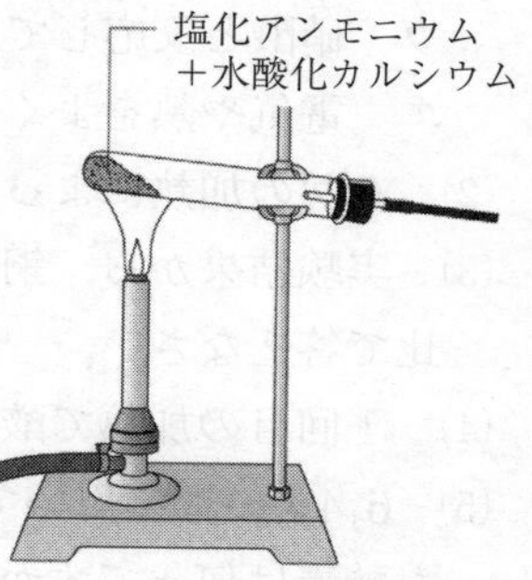

図

(1)　発生した気体の名称《しょう》を答えなさい。

(2)　発生した気体の集め方として正しいものを選び，ア～ウの記号で答えなさい。

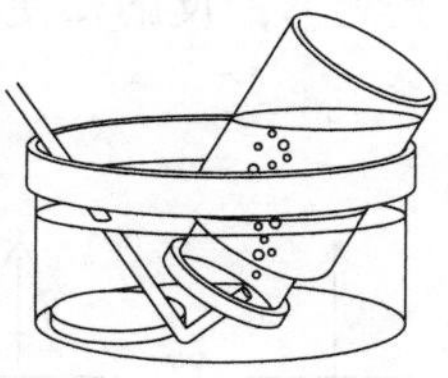
ア

イ

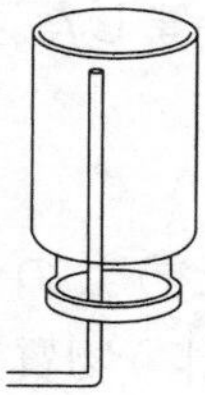
ウ

(3)　発生した気体をBTB溶液に通すと，BTB溶液の色は何色になりますか。

(4)　発生した気体を紫《むらさき》キャベツの煮汁《にじる》に通すと，煮汁の色は何色になりますか。正しいものを選び，ア～エの記号で答えなさい。

ア　赤色　　イ　紫色　　ウ　緑色　　エ　無色

(5)　発生した気体の性質として正しいものを選び，ア～オの記号で答えなさい。

ア　気体自身は燃えないが，ものが燃えるのを助けるはたらきがある。

イ　石灰水に通すと白くにごる。

ウ　においがない。

エ　無色の気体である。

オ　空気中の気体成分のおよそ８割をしめる。

Ⅱ　銅粉を加熱して，空気中の酸素と反応させる実験を行いました。この実験について，問いに答えなさい。

【実験】

①　銅粉1.0gをはかりとり，20gのステンレス皿に入れて，図のような実験装置を組み立てた。

②　銅粉をよくかきまぜながら２分間加熱し，室温まで冷ました後，ステンレス皿ごと重さをはかった。

③　重さが変化しなくなるまで②の操作をくり返した。加熱した回数と加熱後の重さの関係をまとめると，表の通りになった。なお，この実験によってステンレス皿の重さに変化はなかった。

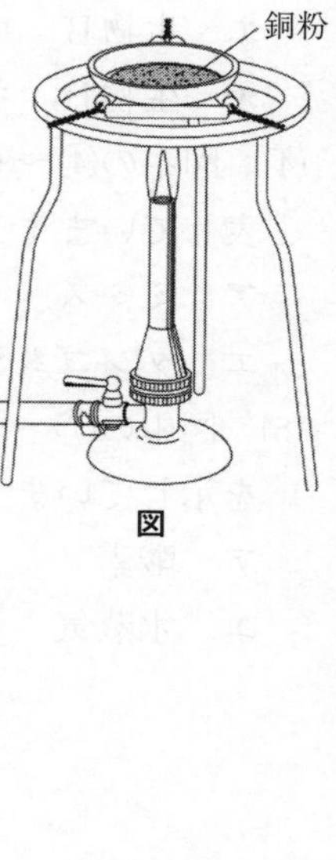

図

加熱した回数(回)	1	2	3	4	5	6
加熱後の重さ(g)	21.16	21.21	21.25	21.25	21.25	21.25

表

(1)　銅の性質について正しいものを選び，ア～エの記号で答えなさい。

ア　塩酸と反応して水素を発生させる。

イ　磁石に引き付けられる。

ウ　硝《しょう》酸と反応して水素を発生させる。

エ　電気や熱をよく通す。

(2)　６回の加熱によってできた物質の名称と色を答えなさい。

(3)　実験結果から，銅がすべて酸素と反応したときの銅と酸素の重さの比を，最も簡単な整数の比で答えなさい。

(4)　１回目の加熱で酸素と反応しなかった銅は何ｇですか。

(5)　6.4ｇの銅を用いて同じ実験を行いました。銅がすべて酸素と反応したとき，反応に使われた酸素は何ｇですか。

Ⅲ　右の図は，自然界における生物どうしの「食う」,「食われる」の関係と，それに伴《ともな》う物質等の移動を表しています。図を見て，問いに答えなさい。

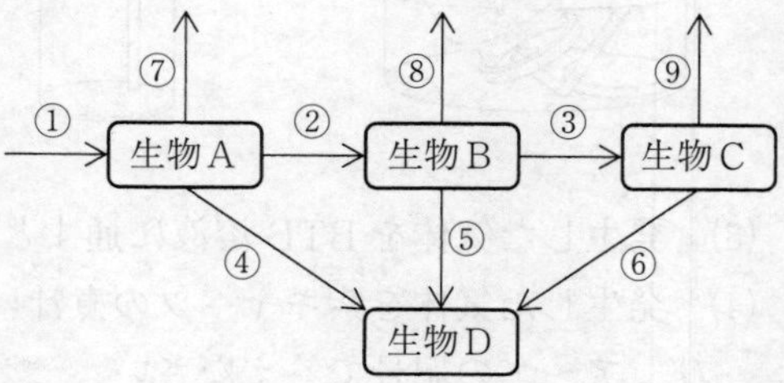

図

(1)　生物Ａは，自ら栄養分をつくることができます。このはたらきを何といいますか。

(2)　図中の①は，生物Ａが自ら栄養分をつくるため，体外から取り入れる物質やエネルギーを表しています。①にあてはまるものを選び，ア～オの記号で答えなさい。

ア　酸素　　イ　二酸化炭素　　ウ　窒素《ちっそ》

エ　水　　オ　光エネルギー

(3)　図中の②は，生物Ａが生物Ｂに食べられること，③は生物Ｂが生物Ｃに食べられることを表しています。生物Ｂ，生物Ｃの組み合わせとして正しいものを選び，ア～オの記号で答えなさい。

ア　生物Ｂ　リス，生物Ｃ　ウサギ

イ　生物Ｂ　ウサギ，生物Ｃ　キツネ

ウ　生物Ｂ　キツネ，生物Ｃ　リス

エ　生物Ｂ　ウサギ，生物Ｃ　リス

オ　生物Ｂ　キツネ，生物Ｃ　ウサギ

(4)　図中の④～⑥は，生物Ａ～Ｃの死骸《がい》や排《はい》出物を生物Ｄが取り入れている(食べている)ことを表しています。生物Ｄとしてあてはまるものを選び，ア～カの記号で答えなさい。

ア　ミミズ　　イ　ミツバチ　　ウ　ミカヅキモ

エ　ダンゴムシ　　オ　スギゴケ　　カ　アオカビ

(5)　図中の⑦～⑨は，生物Ａ～Ｃの呼吸によってつくられ，体外に放出される物質やエネルギーを示しています。⑦～⑨にあてはまるものを選び，ア～オの記号で答えなさい。

ア　酸素　　イ　二酸化炭素　　ウ　窒素

エ　水蒸気　　オ　光エネルギー

Ⅳ　グレゴール・ヨハン・メンデル（以下メンデル）は，エンドウを人工的に受粉させ，生まれた子どもの特徴《ちょう》とその割合を調べることで，メンデルの法則と呼ばれる遺伝の法則を発見しました。次の文章と実験内容をもとに，問いに答えなさい。

メンデルは，エンドウなどの生物にはそれぞれの特徴を伝える粒《りゅう》子があると考え，その粒子をエレメントと呼びました。このエレメントは後に遺伝子と呼ばれるようになり，遺伝子は（　　）という物質でできていることがわかりました。

たとえば，エンドウの子葉の色には黄色と緑色があり，黄色い子葉はA，緑色の子葉はaという遺伝子のはたらきによって子葉の色が決まります。エンドウは，子葉の色に関する遺伝子を２つ持っているため，Aを２つ持つAA，Aとaを１つずつ持つAa，aを２つ持つaaのエンドウが存在します。エンドウの持つ遺伝子の組み合わせと，子葉の色の関係を表にまとめました。

持つ遺伝子	子葉の色
AA	黄色
Aa	黄色
aa	緑色

表

次の【実験１】，【実験２】は，メンデルが行った実験の一部です。

【実験１】

AAの遺伝子を持つエンドウの花粉を，aaの遺伝子を持つエンドウのめしべに受粉させると，そこから生じた子どもはすべてAaの遺伝子を持ち，子葉が黄色になった。

【実験２】

Aaの遺伝子を持つエンドウの花粉を，Aaの遺伝子を持つエンドウのめしべに受粉させ，たくさんの種子を採取した。採取した種子を発芽させたところ，黄色い子葉のエンドウと，緑色の子葉のエンドウが３：１の割合となった。

(1)　文中の（　）に入る物質の名称を，アルファベット３文字で答えなさい。

(2)　【実験２】で採取したエンドウには，AA，Aa，aaの遺伝子を持つものがどんな割合で存在すると考えられますか。【実験１】の結果もふまえ，最も簡単な整数の比で答えなさい。

(3)　エンドウの花の特徴について正しいものを選び，ア～クの記号で答えなさい。

ア　同じ形の花びらが４枚ある。
イ　異なる形の花びらが４枚ある。
ウ　同じ形の花びらが５枚ある。
エ　異なる形の花びらが５枚ある。
オ　１本のめしべがある。
カ　複数本のめしべがある。
キ　５本のおしべがある。
ク　６本のおしべがある。

(4)　エンドウはマメ科の植物です。マメ科の特徴として正しいものを選び，ア～カの記号で答えなさい。

ア　双《そう》子葉類である。
イ　単子葉類である。
ウ　有胚《はい》乳種子をつくる植物である。
エ　無胚乳種子をつくる植物である。
オ　子房《ぼう》が成長した実をつける植物である。
カ　子房以外が成長した実をつける植物である。

(5) マメ科の植物を選び，ア～オの記号で答えなさい。

ア　アサガオ　　イ　イチゴ　　ウ　オジギソウ

エ　スイートピー　　オ　ワサビ

V　秋分の日に東京(北緯《い》36°)において，半径20cmの透《とう》明半球とフェルトペンを用いて，図１のように，８時から16時の間，１時間おきに太陽の動きを観測し，印をつけて記録しました。その後，記録した印をなめらかな線で結び，それを透明半球の端《はし》までのばして，この日の太陽の動きとしました。図を見て，問いに答えなさい。

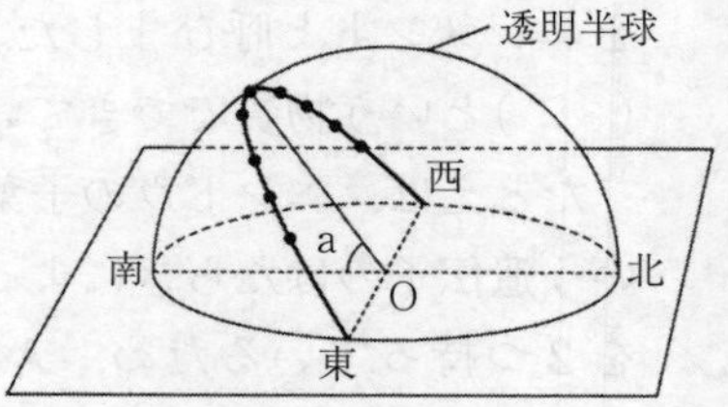

図１

(1) この日の太陽の南中高度(∠a)を答えなさい。

(2) １時間おきに記録した印の間隔《かく》はすべて一定でした。となりあった印の間の線の長さは何cmですか。円周率を３として求めなさい。

(3) 秋分の日に札幌《さっぽろ》市(北緯43°)において，東京と同じように観測，記録を行いました。このとき，太陽の南中高度，となりあった印の間の線の長さとして正しいものを選び，ア～カの記号で答えなさい。

ア　南中高度は高くなり，線の長さは短くなる。

イ　南中高度は高くなり，線の長さは長くなる。

ウ　南中高度は高くなり，線の長さは変わらない。

エ　南中高度は低くなり，線の長さは短くなる。

オ　南中高度は低くなり，線の長さは長くなる。

カ　南中高度は低くなり，線の長さは変わらない。

(4) 冬至の日に東京において，８時から15時の間，秋分の日と同じように観測，記録を行いました。このときの太陽の動きとして正しいものを選び，ア～エの記号で答えなさい。

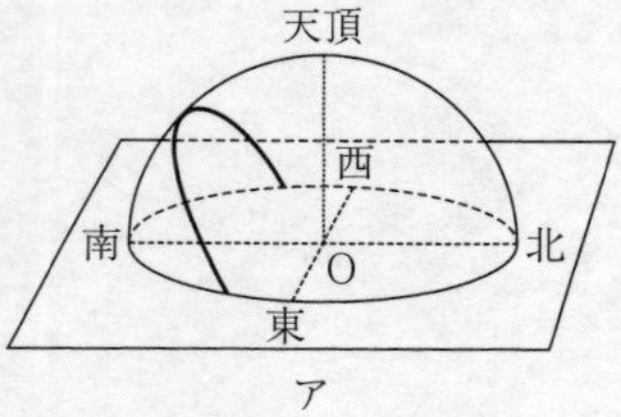

ア

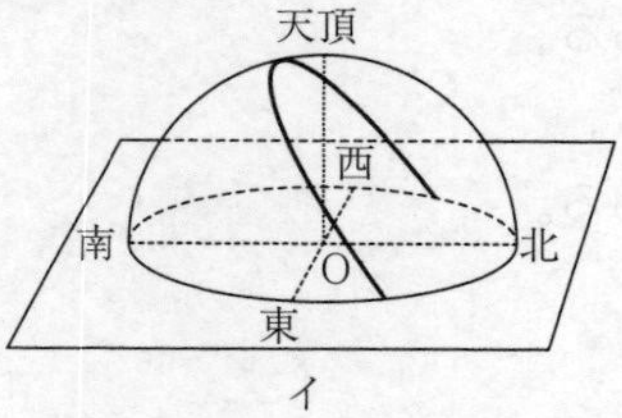

イ

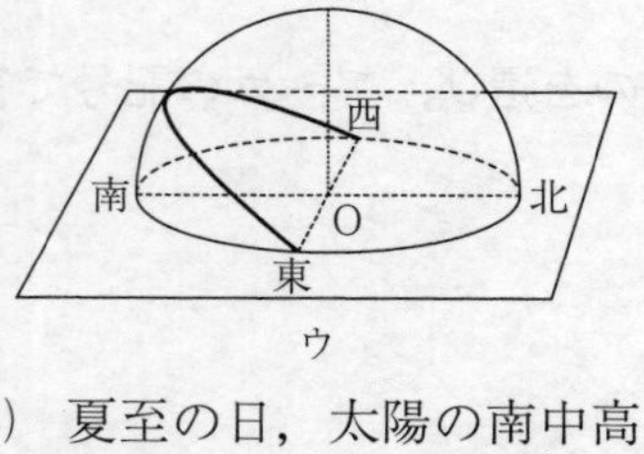

ウ

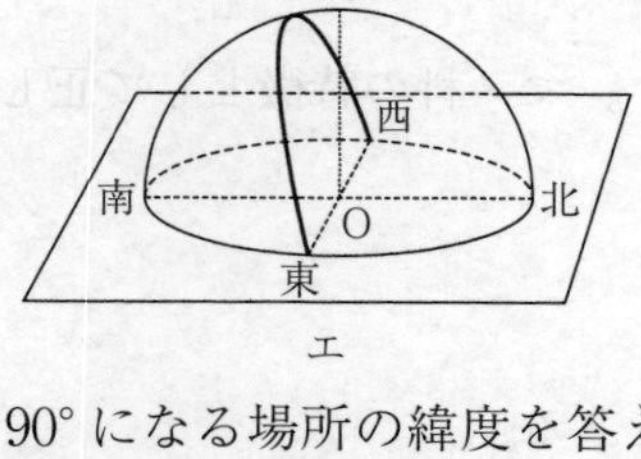

エ

(5) 夏至の日，太陽の南中高度が90°になる場所の緯度を答えなさい。ただし，地軸《じく》は，地球の公転面に対して66.6°傾《かたむ》いているものとします。

(6) 昼間は太陽の光が明るいため，星空を見ることはできませんが，皆既《かいき》日食中は太陽の光がさえぎられるため，見ることができます。秋分の日に太陽の近くにある星座を選び，ア～エの記号で答えなさい。

ア　おとめ座など春の星座　　イ　さそり座など夏の星座

ウ　うお座など秋の星座　　　エ　ふたご座など冬の星座

(7)　右の図２のような太陽の動きを観測できる場所，時期としてあてはまるものを選び，ア～カの記号で答えなさい。

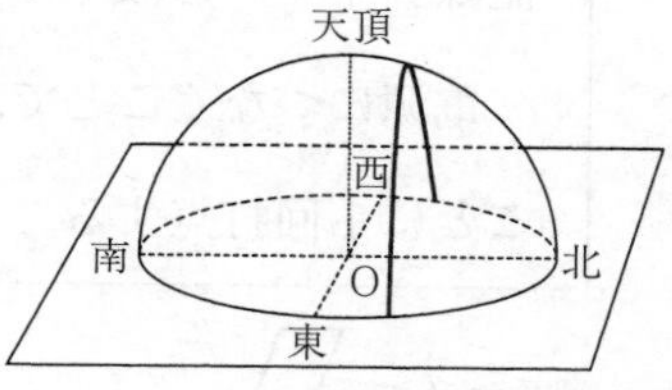

図２

ア　６月(北半球の夏至)のシドニー(南緯 36°)

イ　９月(北半球の秋分)のシドニー

ウ　12月(北半球の冬至)のシドニー

エ　６月(北半球の夏至)のシンガポール(北緯 1°)

オ　９月(北半球の秋分)のシンガポール

カ　12月(北半球の冬至)のシンガポール

Ⅵ　図１のように，１～６の端《たん》子がある板で，１と４の端子をニクロム線でつなぎ，４と５，５と６の端子をそれぞれ導線でつなぎました。次に，図２のように，電池，豆電球，導線を用いた装置をつくり，装置の両端Ａ，Ｂを，１～６の端子に順に接続していったところ，豆電球のつき方は表のような結果になりました。なお，表で，豆電球が明るくつく場合は○，暗くつく場合は△，つかない場合は×で表しています。また，表は結果の一部のみを示しています。図１，図２と表を見て，問いに答えなさい。

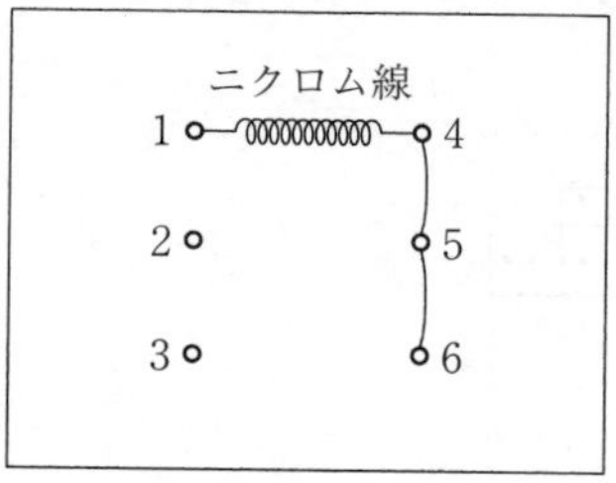

図１

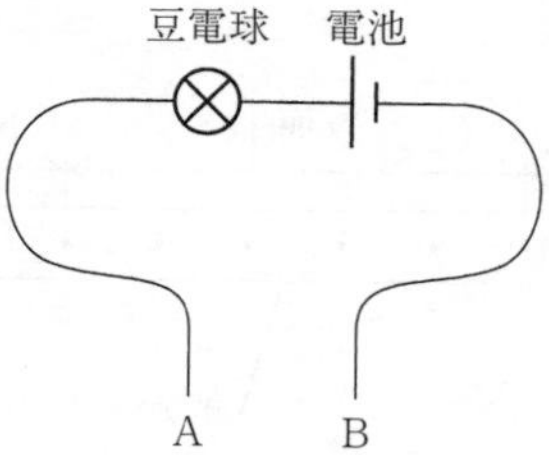

図２

Ａを接続する端子

Ｂを接続する端子	1	2	3	4	5	6
1		×	×	①		△
2						
3				×		③
4					②	
5						○
6						

表

(1)　表の①～③の豆電球のつき方を，それぞれ○，△，×の記号で答えなさい。

(2)　図１のつなぎ方で実験した場合と同じ結果となるニクロム線，導線のつなぎ方は，図１のつなぎ方以外に何通りありますか。

図３のように，電池，豆電球Ａ，Ｂ，Ｃ，スイッチ１，２を用いて回路をつくりました。この回路について，問いに答えなさい。

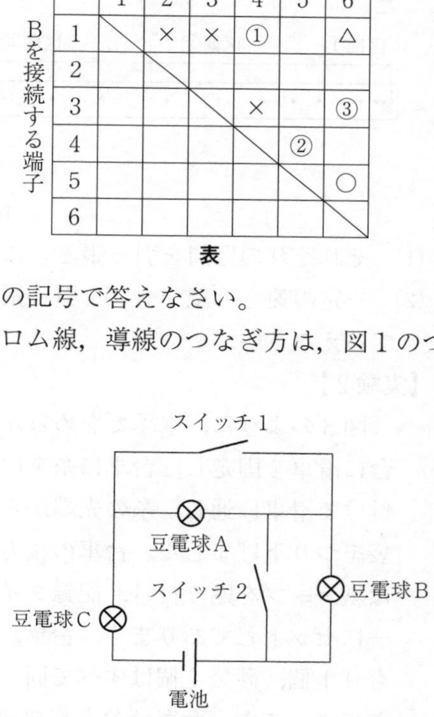

図３

(3)　スイッチ１，２をともに閉じたとき，どの豆電球がつきますか。Ａ～Ｃの記号で答えなさい。ただし，つく豆電球がない場合は「なし」と答えなさい。

(4)　スイッチ１，２をともに開いたとき，どの豆電球がつきますか。Ａ～Ｃの記号で答えなさい。ただし，つく豆電球がない場合は「なし」と答えなさい。

Ⅶ　図１のように，記録タイマーと紙テープを用いて，【実験１】，【実験２】を行いました。これらの実験について，問いに答えなさい。

> 記録タイマーとは
>
> 電源につなぐことで，紙テープに高速で打点する装置のこと。今回の実験では，$\frac{1}{50}$ 秒ごとに１回打点する。

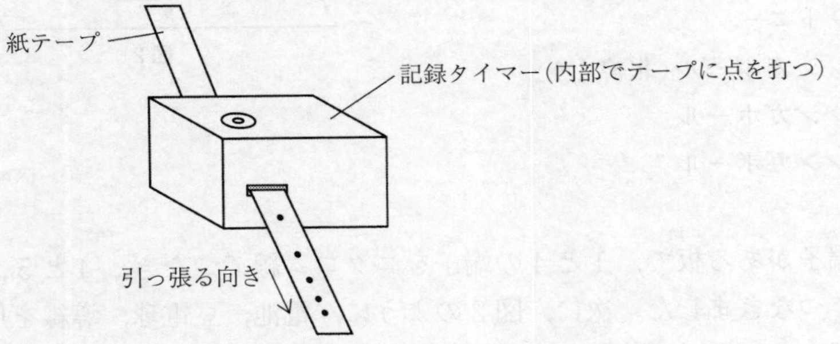

図１

【実験１】

記録タイマーに紙テープをセットし，記録タイマーが打点を始めるのと同時に，紙テープを手で水平に引っ張ったところ，紙テープの打点は図２のようになりました。このとき，紙テープの最初の５打点を区間①，次の５打点を区間②のように，５打点ごとに区間①～⑤としました。

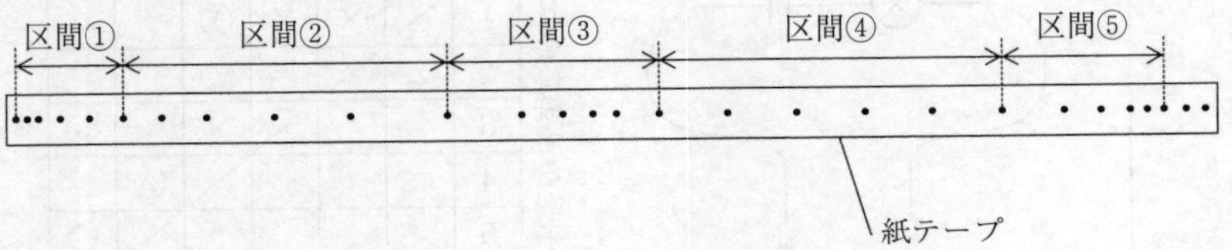

図２

(1)　それぞれの区間を引っ張るのにかかった時間は何秒ですか。

(2)　一定の速さで紙テープを引っ張ったのはどの区間ですか。正しいものを選び，①～⑤の番号で答えなさい。

【実験２】

図３のように，水平でなめらかな台に滑《かっ》車を固定し，台車に糸を取り付けて滑車に通し，糸の先端から砂袋《ぶくろ》をつり下げました。台車の後方には紙テープを貼《は》り付け，記録タイマーにセットしてあります。台車，おもり１個，砂袋１個はすべて同じ重さです。また，台車はおもりを複数個乗せて走ることができ，糸の先端には，砂袋を複数個つり下げること

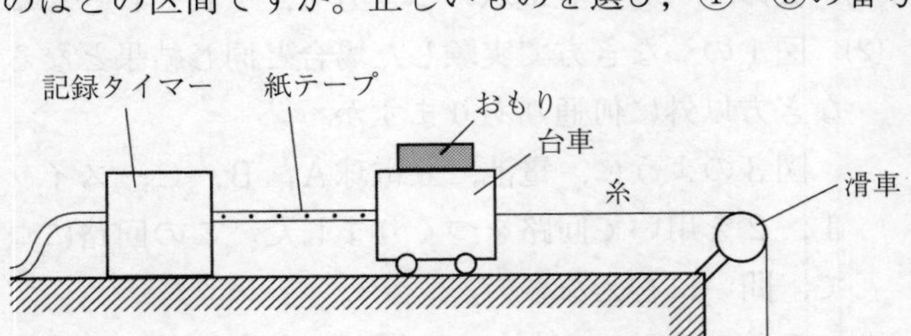

図３

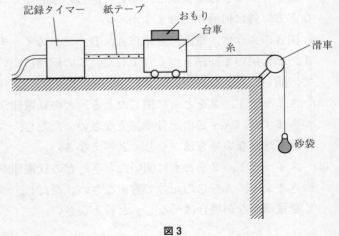

ができます。

記録タイマーが打点を始めるのと同時に砂袋を静かに離《はな》しました。このとき，紙テープの最初の５打点を区間①，次の５打点を区間②のように，５打点ごとに区間①～⑤としました。ただし，記録タイマーが打点を終えるまで，台車は滑車にぶつからず，砂袋は床《ゆか》につきませんでした。

表１は，台車におもりを乗せず，台車が砂袋１個に引っ張られて走ったときの各区間の長さをまとめたものです。

区間	①	②	③	④	⑤
各区間の長さ(cm)	2.5	7.4		17.2	22.1

表１

(3)　表１の区間③の長さを答えなさい。

表２は，台車におもりを１個乗せ，台車が砂袋４個に引っ張られて走ったときの各区間の長さをまとめたものです。

区間	①	②	③	④	⑤
各区間の長さ(cm)	3.3	9.8	16.3	22.8	29.3

表２

おもりと砂袋の個数の関係が次の式を満たすとき，表１と同じ結果が得られます。

$$\frac{\text{砂袋の個数}}{\text{おもりの個数}+\text{砂袋の個数}+1}=\frac{1}{2}$$

また，次の式を満たすときは，表２と同じ結果が得られます。

$$\frac{\text{砂袋の個数}}{\text{おもりの個数}+\text{砂袋の個数}+1}=\frac{2}{3}$$

(4)　おもりを７個，砂袋を８個用意しました。このとき，表１と同じ結果が得られるおもりと砂袋の個数の組み合わせは，表１の条件(おもり０個，砂袋１個)以外に何通りありますか。

(5)　おもりを12個，砂袋を10個用意しました。このとき，表２と同じ結果が得られるおもりと砂袋の個数の組み合わせは，表２の条件(おもり１個，砂袋４個)以外に何通りありますか。

答えなさい。

問十一　――部⑩「『自然』にどうかかわればいいのでしょうか」とありますが、本文で述べられている内容を、七十字以内で書きなさい。

二

次のア～カのことわざ・慣用句を（　）に入る数の合計が小さい順に並べ替えなさい。また、ア～カの意味として最適なものを、あとのA～Iから選び、記号で答えなさい。ただし、同じ記号は二度使えません。

ア　（　）を聞いて（　）を知る
イ　（　）寸《すん》の虫にも（　）分の魂《たましい》
ウ　（　）つ子の魂（　）まで
エ　（　）里の道も（　）歩から
オ　（　）転び（　）起き
カ　（　）死に（　）生を得る

A　失敗しないように前もって用心すること。
B　何度失敗してもあきらめず努力すること。
C　どんな弱いものにも、それなりの意地があるということ。
D　知識としてわきまえていても、実行のともなわないこと。
E　かろうじて生きながらえること。
F　非常に賢《かしこ》くて理解がはやいこと。
G　大きなことも手近なところから始めなければならないということ。
H　性格は年をとっても変わらないということ。
I　辛抱《しんぼう》すれば、必ず成功するということ。

三

次の１～10の文中の（カタカナ）を漢字で書きなさい。

1　海外と（ボウエキ）する。
2　台風の（ヨハ）をうける。
3　列島を（ジュウダン）する。
4　のりで（セッチャク）する。
5　建物の（ジョウソウ）に住む。
6　与党《よとう》の（ソウサイ）を決める。
7　要点を（カンリャク）にまとめる。
8　線状（コウスイタイ）が発生する。
9　（カイコ）がまゆをつくる。
10　彼女《かの》はまだ（オサナ）い。

長期的な視野に立って、広い観点から利益を考慮する必要があるわけです。

さらに、「人間中心主義」は、「精神的価値」についても否定しません。かつては「人間中心主義」といえば、物質的欲求だけをもち、精神的価値を排除《はい》すると、見なされてきました。しかし、ノートンも言うように、「人間中心主義者」たちは、しばしば自然を精神的に評価しています。

いままで、「人間中心主義」を批判するとき、「人間」が「自然」を「搾《さく》取【しぼり取る】」するといったイメージで、考えられてきました。しかし、現在では、このようなイメージで「人間中心主義」を無邪《じゃ》気に主張する人はほとんどいません。人間の利益を実現するには、自然の生態系を無視できませんし、短期的な視野から自然を開発しても、長期的にはかえって不利益になることも多いのです。むしろ、自然に適応する形で、長期的な観点から自然を管理すべきことが、目指されています。

このように考えると、自然を理想化して人間中心主義を反省しても、問題の隠ぺいにしかならないでしょう。むしろ、いま必要なのは具体的な問題のなかで、広い視野に立って長期的な観点から自然を管理することではないでしょうか。

（岡本《おかもと》裕一朗《ゆういちろう》『12歳《さい》からの現代思想』より・一部改変）

問一　――部①「こうした考え」、②「こうした観点」、③「そのこと」、⑦「この対比」、⑧「その感」の指示内容を、それぞれ答えなさい。

問二　――部④「何ともギマンじみた言葉であることが分かるでしょう」と筆者が述べるのはなぜか、答えなさい。

問三　文中の[あ]・[い]にあてはまる言葉の組み合わせとして最適なものを、次のア～カから選び、記号で答えなさい。

ア　[あ]…目的・[い]…原因
イ　[あ]…原因・[い]…結果
ウ　[あ]…目的・[い]…手段
エ　[あ]…原因・[い]…目的
オ　[あ]…結果・[い]…原因
カ　[あ]…手段・[い]…目的

問四　文中の[う]にあてはまる言葉を、次のア～エから選び、記号で答えなさい。

ア　一笑に付される　イ　一目をおかれる
ウ　色を失う　エ　言葉を濁《にご》される

問五　――部⑤「あたかも『人間』が環境破壊の原因のように考えるとき、解決すべき問題を隠ぺいすることになるでしょう」とはどういうことか、答えなさい。

問六　――部⑥「保護すべきだとされた『自然』にかんしても、マヤカシがあります」とありますが、どのようなことが「マヤカシ」なのか、答えなさい。

問七　文中の[ア]～[オ]の段落を最適な順に並《なら》べ替《か》えなさい。

問八　文中の[え]にあてはまる言葉を、本文から二十字で抜き出し、初めと終わりの三字を答えなさい。

問九　文中の[1]～[5]にあてはまる言葉を、次のア～オからそれぞれ選び、記号で答えなさい。ただし、同じ記号は二度使えません。

ア　また　イ　しかし　ウ　たしかに
エ　たとえば　オ　そのため

問十　――部⑨「レオポルドといえば、自然保護の原理を打ち出した実践家として、きわめて有名です」とありますが、レオポルドによる原理は従来の環境保護の考え方とどのような点で異《こと》なるか、その意味では、「自然」は、「文化的形成物」と呼んでも、間違いではないでしょう。

このように考えると、実践的な方向についても、重大な指針が示されるように思えます。いままで、環境保護のためには、人間が自然にできるだけ介入しないことが、求められてきました。人間が自然から手を引くことが、エコロジーだというわけです。ところが、そんなことは、そもそも不可能ですし、望ましいわけでもありません。むしろ、人間が自然をどう管理していくかが重要なのです。それを理解するために、アルド・レオポルドの『野生のうたが聞こえる』を見ておきましょう。

⑨レオポルドといえば、自然保護の原理を打ち出した実践家として、きわめて有名です。彼の原理（「土地倫《りん》理【守るべきこと】」）は、多くの場合、人間中心主義を批判するものとして理解されてきました。たとえば、彼はつぎのように語っています。「土地倫理《ランド・エシック》は、ヒトという種の役割を、土地という共同体の征服者から、単なる一構成員、一市民へと変えるのである。」しかし、この立場は、自然にいっさい手を加えないことを主張してはいません。レオポルドは、『野生のうたが聞こえる』の最後を、つぎの言葉で結んでいます。

> まとめて言うならば、われわれの現在の問題は、土地に対してどういう姿勢でのぞみ、道具をどう使用するかということである。われわれは蒸気シャベル【パワーショベル】を用いて、かつては人力でつくられたアルハンブラ宮殿《でん》を改修しようとし、その規模の壮《そう》大さを得意に感じている。そのシャベルをとても手離す気になれない。〔…〕われわれに本当に必要なのは、そうした道具を有効に使うための、もっと穏《おだ》やかで客観的な基準を持つことなのだ。
> （レオポルド『野生のうたが聞こえる』）

レオポルドの仕事は「森林管理」ですが、彼はその経験を通して「土地倫理」を形成したのです。その点では、人間の介入しない「土地倫理」はあり得ない、と言わなくてはなりません。

では、⑩「自然」にどうかかわればいいのでしょうか。ブライアン・ノートンという環境保護論者は、『持続性』という本のなかで「適応的管理」という概《がい》念を提出しています。彼は、「環境プラグマティズム」の立場から「人間中心主義」を唱え、自然に対する「管理」を力説しています。しかし、「管理」といっても、あくまでも「適応的管理」であって、従来批判されたような「人間中心主義」ではありません。では、どんな「人間中心主義」が擁《よう》護【かばうこと】可能なのでしょうか。

「人間中心主義」とは、「人間の利益実現を中心に置く立場」を意味します。しかし、このとき「人間の利益」をどう考えるかが問題です。たとえば、ある種の生物が食糧として「経済的な利益」になるからといって、乱獲《かく》してしまえば絶滅してしまい、結局は「経済的利益」に反します。そこで、「経済的利益」のためにも、生態学的観点が必要になります。しかも、「人間的利益」を「経済的利益」に限定する必要もないでしょう。「人間」が多面的に理解できるように、「人間の利益」も多様な側面から理解できるからです。人間の生存にとって、きれいな水や土壌や空気などは、人間の利益と言えます。

また、「人間の利益」という場合、しばしば誤解されるように、個人の欲求を短期的な観点から求めるだけではありません。むしろ、地域や社会の利益を考えて、個人の欲求を抑《よく》制する【おさえる】こともあるでしょう。あるいは、将来世代のために、現在の利益が制限されることもあります。その点では、「人間中心主義」だからといって、現在の個々人の欲求をそのまま認めるわけではないのです。ぎゃくに、極端《たん》な場合には、近代の科学文明が否定され、原始的な生活を提唱するようにさえ見えます。

しかし、「疎外論」が前提とするような、原初的な「自然との調和」というモデルが、怪しいのではないでしょうか。こうした状態が、はたして存在したことがあるのでしょうか。現在以前の、いつの時代に、そのような「人間と自然の調和」が成立していたのでしょうか。『啓蒙の弁証法』も明らかにしたように、人間による自然支配は、ある意味では文明化とともに始まった、と言えます。人間が知力を使って自然とかかわるかぎり、自然支配の欲望は不可避《ひ》なのです。

とすれば、人間の歴史をどこまでさかのぼっても、原初的な「人間と自然の調和」には達しないのではないでしょうか。むしろ、ハッキリいえば、こうした「原初的な調和」なるものは、後になって理想化された状態にほかなりません。ニーチェだったら、おそらく「捏《ねつ》造された」と表現するでしょう。人間中心主義を批判する人たちは、自分たちのロマンチックな自然への憧れを、あたかも原初的な状態であるかのように空想（捏造）したにすぎないのです。

しかし、こうした自然への憧れが、近代の豊かな社会のもとで発想されることに、注意すべきです。それは、[1]、都会で裕《ゆう》福に生活している人が、ときどき田舎の生活に憧れるようなものです。つぎのようなエコロジストの記述を見ると、⑧その感が強くなるのではないでしょうか。

> 自分で井《い》戸から運んだ水や自分で集めた木々と共に、田舎にある自分のコテージ【別荘《そう》】にいる時には、どんな金持ちよりも豊かだと感じます。ヘリコプターに乗って山頂に行ったとします。景色は絵はがきのように見え、頂上にレストランがあれば、食べ物がちゃんとできていないと不満を言うかもしれません。でも、もし苦労してふもとから登ったならば、深い満足感を味わって、スキーのワックスと砂が混ざったサンドイッチでさえ、すばらしく美《お》味《い》しいと思うはずです。（ネス「手段は質素に、目標は豊かに」）

[2]、「頂上のレストラン」と「砂混じりのサンドイッチ」を対比するのは、裕福な一部の人々にしか意味をなしません。いつもレストランで美味しいものを食べている人には、「砂混じりのサンドイッチ」もたまには美味しく感じられるでしょう。しかし、自分のコテージもたず、ヘリコプターに乗ることもなく、土ぼこりのする道路脇《わき》で「砂混じりのするサンドイッチ」を食べる人にとって、それは美味しいのでしょうか。

少し視野を広げて考えてみましょう。疎外論的発想で、「自然」への憧れを語るとき、前提されているのは、「人間」との二元的な対立です。「自然」を、「人間による支配」から解放することが、目標にされています。しかし、この対立そのものが問題なのです。

[3]、「自然」と「人間」の対立は、古くから常識的になってきました。「自然」と「人工」は、しばしば対義語として使われますし、「自然」と「文化」の対立も、同じように考えられます。人為《い》的ではない「自然」に対して、「文化」が人間的現象であることは、いわば定義に属しています。[4]、エコロジーでも「自然」を考えるとき、人為的ではない「自然」が想定されてきたのです。

しかし、すでに確認したように、人間抜きの「自然」とは抽象的な虚《きょ》構【作りごと】にすぎません。人間が眼前に見いだす「自然」は、それに先立つ世代によって手の加えられてきた「自然」であって、「社会的形成物」と表現できます。「自然」は、つねにすでに、多くの人々によって手が加えられ、[5]今後も手が加えられていきます。人間の活動を離れて、「自然」が独立にあるわけではありません。

【たとえ話】」として語られていますが、『沈黙の春』のなかでとても効果的です。

[ア] こうした「疎《そ》外論」は、歴史的にいえば、青年時代のマルクスの思想として一時期もてはやされました。マルクスは、ヘーゲル学派の影響を受けながら、社会の現状を「疎外された状態」として鋭《するど》く批判しました。若きマルクスの「疎外論」は、社会の現状を批判するために展開されたのですが、ここでも三段階の論理が想定されています。「本来的な調和」―「疎外された分裂《れつ》状態」―「回復された調和」です。

[イ]「疎外論」を考えるとき基本的なポイントは、三段階の展開を想定することです。つまり、「疎外されざる原初的状態」―「疎外された分裂状態」―「疎外から回復した状態」という三段階です。自然と人間のかかわりという点から、三段階を見てみましょう。第一に、人間と自然が調和的に生活していた幸福な状態です。「牧歌的自然」に憧《あこが》れるとき、イメージされているのはこの状態でしょう。

[ウ] そこで、実践《せん》的な目標となるのは、現在の疎外状態を克《こく》服し【乗りこえ】、本来的な自然との調和を取り戻《もど》すことです。言うまでもなく、ここで使われているのは「回復の論理」です。失われたものを、もう一度回復する、というわけです。自然との調和というのは、一方では過去の状態であるとともに、未来への目標でもあります。

[エ] ところが、現在、こうした調和的な状態から疎外されることによって、人間と自然は対立し分裂した状態にあります。人間は自然を自分の支配下におこうとして、自然そのものを破壊し尽《つ》くしてしまうのです。これは、レイチェル・カーソンが「沈黙の春」と呼んだ状況です。「疎外」という言葉には、「疎遠【関係がうすくなる】」になるとか「離《り》反【そむく】」するといった意味がありますが、その前提として「本来的な原初状態」が控《ひか》えています。ですから、「疎外」のイメージは、「本来的な原初状態から疎遠になり、離反していく」ことだと言えます。

[オ] しかし、「牧歌的自然」と「人間によって破壊された自然」という対比そのものが、問題ではないでしょうか。この対比が使われるとき、想定されているのは、いわゆる「疎外の論理」です。じっさい、ディープ・エコロジーを唱えるアルネ・ネスも、「われわれの存在が他の生命との間に主従関係を打ち立てようとするなら、われわれを自分自身から疎外することになってしまう」と述べています。ですが、「疎外論」とはどのような論理なのでしょうか。

しかし、マルクスも後に気づいたのですが、この想定には重大な難点が潜《ひそ》んでいます。それは何でしょうか？

人間と自然の失われた調和を取り戻す―この言葉は、[え]と同じように、心に響《ひび》く美しい表現かもしれません。けれど、現在の環境問題を考えるとき、はたして適切な言葉と言えるのでしょうか。そもそも、この表現の基礎《そ》にある疎外論的発想は、有効な論理を提供するのでしょうか。

疎外論をとる場合、陥りやすい危険は、歴史のネジを逆に回し、未来ではなく過去へと回帰することです。エコロジーで、「自然との調和を取り戻す」と語られるとき、じっさいには過去の「原初的な調和」へ舞《ま》い戻るにすぎないのです。人間中心主義を批判して、牧歌的な自然が称賛されるとき、目標とされたのは過去にほかなりません。

もし生物種としての人間が環境の破綻《たん》【成り立たなくなること】の原因なら、そうした破綻は社会の破綻の結果ではなくなってしまう。〔この考えでは〕「人類」という神話的なものがつくり出される。このようなやり方では、エコロジー的な諸問題の社会的根源は抜《ぬ》け目なく曖昧《あいまい》化【あやふやに】されてしまう。（ブクチン『エコロジーと社会』）

ここから分かるのは、「人間」はつねに社会的な相互《ご》関係を取り結んでいるから、この社会性を抜きに「人間」を考えることができないことです。社会関係をまったく捨象した【切りすてた】「生物種としての人間」や「人類」などは、具体的にはどこにも存在しないのです。それだけではありません。⑥保護すべきだとされた「自然」にかんしても、マヤカシがあります。「人間」が抽《ちゅう》象化されると同時に、「自然」の方も抽象化されてしまうのです。たとえば、保護すべき「自然」として、人間の手がいっさい加えられていない「純粋《すい》無垢《く》の自然」が想定されることが少なくありません。それをあらわすために、「原生自然」という言葉が使われています。アメリカなどの自然保護運動では、こうした「原生自然」を保存しようと強調されることもあります。

しかし、日本の地域を考えても分かりますが、人間による干渉《しょう》【立ち入り】を受けていないような「原生自然」は、地球上にほとんど残されていません。人間は、地球のほとんどの地域に住みつき、人間の活動は地球の全体にまで及《およ》んでいます。自然のままを示しているように見える地域でも、多くの場合、それを保存し管理する人間の活動を無視できません。そんなことは、「自然公園」や「自然動物園」などを考えてみれば、すぐに分かるはずです。マルクスとエンゲルスは、『ドイツ・イデオロギー』のなかで、皮肉まじりに書いています。

〔人間の手の加わっていない〕自然なるものは、〔…〕さいきん誕生したばかりのオーストラリア珊瑚《さんご》島上といったところを除けば、今日どこにももはや現存しない自然である。（マルクス、エンゲルス『ドイツ・イデオロギー』）

こうした「原生自然」ではないにしても、「自然」をロマンチックに理想化してイメージすることもあります。それは、「牧歌的【素ぼくな】自然崇《すう》拝」とでも表現できる考えですが、「人間」の活動によって汚《よご》されていない「自然の美しさ、自然の調和」を称賛するのです。環境保護を唱える人々のなかで、この感情は底流に流れています。たとえば、レイチェル・カーソンは『沈黙の春』をつぎのように始めています。

アメリカの奥《おく》深くわけ入ったところに、ある町があった。生命あるものはみな、自然と一つだった。〔…〕春がくると、緑の野原のかなたに、白い花のかすみがたなびき、秋になれば、カシやカエデやカバが燃えるような紅葉のあやを織りなし、松の緑に映えて目に痛い。丘《おか》の森からキツネの吠《ほ》え声がきこえ、シカが野原のもやのなかを見えつかくれつ音もなく駆《か》けぬけた。〔…〕たくさんの鳥が、やってきた。いろんな鳥が、数えきれないほどくるので有名だった。（カーソン『沈黙の春』）

カーソンは、この「牧歌的自然」を描いた直後に、それが「人間の自然支配」によって破壊されたことを、痛烈《れつ》に批判します。「死の影《かげ》」がしのびより、春が来ても鳥のさえずりが聞こえず、「自然は沈黙」する、というわけです。⑦この対比は、事実としてではなく、「寓《ぐう》話また、環境汚染についても同じ事です。水や土壌《じょう》や大気などが汚染すれば、そこで生活する人々の生存を脅《おびや》かし【危《あや》うくし】ます。「水俣《みなまた》病」や「四日市ぜんそく」などの公害をもちださなくても、環境の汚染が人間にどれほど甚《じん》大な【非常に大きい】被《ひ》害をもたらすかは、計り知れません。したがって、環境汚染に対処し、美しい自然を守ろうとするのは、まさに「人間」のためにほかならないのです。

さらに、この点は、資源の枯渇《こかつ》についても明らかだと思われます。たとえば、石油については、昔から「あと三〇年」と言われ続けてきました。ところが、三〇年たっても、同じように「あと三〇年」とささやかれているのは不思議です。たしかに、石油がやがて枯渇するだろうことは、問題ではありません。しかし、ここで確認したいのは③そのことではありません。

むしろ、確認しておきたいのは、石油の枯渇が問題となるのは「人間」にとってである、という点です。石油を使うのは人間だけであり、枯渇して困るのも人間だけです。他の動植物にとっては、石油が枯渇したところで、何も影響はないでしょう。

こう考えると「地球にやさしい」というキャッチフレーズが、④何ともギマンじみた【ごまかした】言葉であることが分かるでしょう。あえていえば、「温暖化」したところで、「地球」は、痛くもかゆくもないのです。また、石油が枯渇しても、「地球」は何も困らないでしょう。「ガイア」はそれほどヤワではないのです。とすれば、どう表現したらいいのでしょうか。

誤解を恐《おそ》れず言ってしまえば、環境を保護するのは、実際には「人間の生存」を守るためにほかなりません。人間の利益追求のためにこそ、環境は保護されるべきなのです。私たちが現実に配慮《りょ》しているのは、「地球」ではなく「人間」です。そうだとするなら、「人間中心主義」は「環境破壊」の［あ］であるだけでなく、さらには「環境保護」の［い］となるのではないでしょうか。したがって、環境を保護するために、「人間中心主義」を批判するのは、的外れな議論だと言わなくてはなりません。

「人間中心主義」批判について、もう少し立ち入って考えてみましょう。この手の批判でひんぱんに見受けられるのは、一方に「人間」を置き、他方に「自然」を対置させる、という二元論です。つまり、「人間」と「自然」はそれぞれ独立に存在すると前提され、「自然」から切り離《はな》された「人間」が、「人間」から切り離された「自然」を破壊する、とイメージされています。しかし、こんな二元論は、そもそも正当なのでしょうか。

まず、「人間」の方に焦《しょう》点を当ててみましょう。「環境保護」のキャンペーンでは、しばしば「人類」や「人間一般《ぱん》」に責任があるかのように語られます。しかし、じっさいに土壌や水質を汚染しているのは、企《き》業や個人といった具体的な人々です。たとえば、「水俣病」で責任をもつべきは特定の企業であって、「人間一般」ではありません。このとき、「水俣病」の原因は「人間による自然支配」だといえば、［う］でしょう。

もともと、個々人はさまざまな社会関係を取り結んでいます。こうした多様な社会関係をもった個々人が、環境にかかわっています。したがって、人間によって環境が破壊されるとしても、それを引き起こしたのは「人間一般」ではありません。むしろ、一定の社会的関係のもとにある特定の個々人が、環境を破壊するわけです。この点を無視して、⑤あたかも「人間」が環境破壊の原因のように考えるとき、解決すべき問題を隠《いん》ぺいする【かくす】ことになるでしょう。たとえば、社会派エコロジーの主導者マレイ・ブクチンは、つぎのように語っています。

ー」の目標を達成するには、六〇億人ほどを間引かなくては【減らさなくては】なりません。しかし、そんなことが、どうやって可能なのでしょうか。なにか、途《と》方もない大惨《さん》事を期待するしかありません。

①こうした考えの根本にあるのは「人間による自然支配」という構図です。―人間が自然を支配し、欲望のままに自然に対して暴力を加えてきた。そのため、自然は破壊されつくし、いまや再生不可能な状態にまで陥《おちい》っている。―この構図は、環境保護思想の母と呼ばれたレイチェル・カーソンの『沈黙《ちんもく》の春』のなかでも、繰《く》り返し表明されています。

自然を征《せい》服するのだ、としゃにむに【他のことを考えずに】進んできた私たち人間、進んできたあとをふりかえってみれば、見るも無残な破壊のあとばかり。自分たちが住んでいるこの大地をこわしているだけではない。私たちの仲間―いっしょに暮らしているほかの生命にも、破壊の鉾《ほこ》先【攻撃《こうげき》の方向】を向けてきた。〔…〕そしていままた、新しいやり口を考え出しては、大破壊、大虐《ぎゃく》殺の新しい章を歴史に書き加えていく。（カーソン『沈黙の春』）

この観点【見方】に立って、レイチェル・カーソンはＤＤＴなどの化学薬品の使用を告発し、人間による自然破壊の残虐さを描《えが》いています。「沈黙の春」というタイトルは、人間による自然破壊によって、自然が死滅し、「春になっても、鳥のさえずりが聞こえない」危機的状況《きょう》を暗示しているのです。

環境保護運動の高まりとともに、②こうした観点は「人間中心主義」と呼ばれるようになりました。これは、自然を人間のために存在するものだと見なし、人間の利益追求のために自然を利用する態度です。しかし、このような「人間中心主義」は、さいきんになってとつぜん出現したわけではありません。

科学史家のリン・ホワイトによれば、人間中心主義はキリスト教とともに始まっています。「キリスト教の、とくにその西方的な形式は、世界がこれまで知っているなかでももっとも人間中心的な宗教である。」『機械と神』のなかで、こう、リン・ホワイトは語っています。あるいは、ホルクハイマーとアドルノが『啓蒙《けいもう》の弁証法』において述べるように、「人間の自然支配」は、人間の文明化の時点で開始されている、とも言えるでしょう。とすれば、環境破壊は、人間の文明化、すなわち歴史とともに始まったのではないでしょうか。そうだとしたら、人間が存在することじたいが、環境破壊になってしまうのではないでしょうか。そう考えると、環境を保護するには、人間が絶滅するほかないように見えます。はたして、そうなのでしょうか。

ここで立ち止まって、そもそも何のために環境保護するのか、考えてみましょう。たとえば、政治やマスメディアで「地球温暖化」が大問題になっています。ですが、いったいこれによって、どんな困ったことが起こるのでしょうか。

温暖化の影響《えいきょう》としては、「海面上昇《しょう》」や「異常気象」、「干ばつ」や「食糧《りょう》不足」などが懸《け》念されて【不安に思われて】います。いまのところ、このどれもハッキリしませんが、いずれにしろ「人間の生存」に対する不安であることは間違《ちが》いないでしょう。

もしかしたら、人間ではなく、南極のペンギンや北極のシロクマのことを心配する人も、いるかもしれません。けれども、ペンギンやシロクマは地球温暖化論の広告のために使われただけで、じっさいにはその根拠《きょ》は怪《あや》しいようです。ですから、地球温暖化を問題視するのは、それが「人間の生存」に危機的状況を引き起こす、と考えられているからにほかなりません。海面が上昇して困るのは、人間の生活環境が失われるからに違いないでしょう。

2023年度 明治大学付属明治中学校

【国　語】〈第一回試験〉（五〇分）〈満点：一〇〇点〉

注意　字数制限のある問題については句読点・記号を字数に含《ふく》めること。

□一　次の文章を読んで、あとの問いに答えなさい。文中の〔…〕は中略を表します。また、【　】は語句の意味で、解答の字数に含めないものとします。

「自然や環《かん》境は保護すべきか？」と尋《たず》ねたら、ほとんどの人はそくざに、「そんなの決まっているじゃないか！」と答えるでしょう。しかし、「なぜ自然や環境を保護すべきなのか？」と問い直したら、どうでしょうか。もしかしたら、質問の意味が分からず、ちょっと声を荒《あら》立てながら、「いまさら何が言いたいの？」と反問するかもしれません。

「自然破壊《かい》」が進行し、「環境」が危機に瀕《ひん》して【直面して】いるのは、言うまでもなく明らかだと思えます。とりわけ、国連や政府によって、「地球温暖化」の恐怖《きょうふ》が宣伝されているので、世のなか「エコ」の大合唱となっています。「地球にやさしい」生活をすることは、人類の責務だと言わんばかりです。しかし、いったい何のために「自然」や「環境」を「保護」すべきなのでしょうか。

たとえば、マレイ・ブクチンが『エコロジーと社会』のなかで紹《しょう》介《かい》した、「自称《しょう》エコロジスト」との会話に注目してみましょう。

ブクチン「君は現在のエコロジー的危機の原因が何だと思っているんだね？」

エコロジスト「人間だよ！　人間たちがエコロジー的危機に責任があるんだ！〔…〕あらゆる人間さ！　彼《かれ》らが地球上で増え過ぎているし、彼らが地球を汚《お》染しているし、彼らが資源を貪《むさぼ》って【欲しがって】いるし、彼らが貪《どん》欲なんだ。」

（ブクチン『エコロジーと社会』）

「人間が自然を破壊した」――こうした考えは、「自称エコロジスト」だけでなく、しばしば学校でも表明されています。人間こそが、自然破壊の元凶《きょう》【おおもと】というわけです。学校でディスカッション【議論】をしていると、学生のなかには、この見解を述べたあとで、つぎのような結論を主張することもあります。「したがって、エコロジー的危機をのりこえるためには、人類は（戦争や疫《えき》病などによって）数を減らすべきである。」あるいは、もっと過激に、「自然や環境のためには、人類は滅《めつ》亡した方がいい。」

ここまで単純な議論はしないとしても、これと似かよった主張は、よく目にするのではないでしょうか。環境保護運動が盛り上がりを見せた一九七〇年代の初め、ノルウェーのエコロジスト、アルネ・ネスは「ディープ・エコロジー」を唱えながら、つぎのように語っています。

ディープ・エコロジーには、人口を安定させるばかりではなく、〔…〕人口を持続可能な最低限度にまで減少させるという目標があります。百年前にあった文化の多様性を有するには、せいぜい一〇億ぐらいの人口がいいでしょう。

（ネス「手段は質素に、目標は豊かに」）

現在の世界人口がおよそ七〇億弱ですから、「ディープ・エコロジ

2023年度

明治大学付属明治中学校 ▶解説と解答

算　数　＜第１回試験＞（50分）＜満点：100点＞

解　答

[1] (1) $1\frac{1}{4}$　(2) 40　(3) 63　(4) (ア) 19　(イ) 11　(5) $97\frac{1}{3}$　[2] (1) 14分24秒　(2) 7分36秒　[3] (1) 35%　(2) 18個　(3) 34個　[4] (1) 45人　(2) 48秒　[5] (1) 40.82cm²　(2) 31.18cm²　(3) 解説の図２を参照のこと。

解　説

[1] 逆算，つるかめ算，通過算，速さと比，比の性質，濃度《のうど》，辺の比と面積の比

(1) $\left(4.5-\frac{3}{2}\right)\div5=(4.5-1.5)\div5=3\div5=\frac{3}{5}$より，$\left(2\frac{7}{8}+\square\times2.5\right)\div1\frac{2}{3}-\frac{3}{5}=3$，$\left(2\frac{7}{8}+\square\times2.5\right)\div1\frac{2}{3}=3+\frac{3}{5}=3\frac{3}{5}$，$2\frac{7}{8}+\square\times2.5=3\frac{3}{5}\times1\frac{2}{3}=\frac{18}{5}\times\frac{5}{3}=6$，$\square\times2.5=6-2\frac{7}{8}=\frac{48}{8}-\frac{23}{8}=\frac{25}{8}$　よって，$\square=\frac{25}{8}\div2.5=\frac{25}{8}\div\frac{5}{2}=\frac{25}{8}\times\frac{2}{5}=\frac{5}{4}=1\frac{1}{4}$

(2) 定価100円のボールペンを80円に値下げすると，売り上げは１本あたり，100－80＝20(円)少なくなる。この合計が200円だから，値下げした本数は，200÷20＝10(本)であり，定価通りに売った本数も10本とわかる。よって，定価100円のボールペンの売り上げの合計は，100×10＋80×10＝1800(円)である。これを除くと，定価60円と定価80円のボールペンは，本数の合計が，75－(10＋10)＝55(本)，売り上げが，5400－1800＝3600(円)とわかる。定価80円のボールペンを55本売ったとすると，売り上げは，80×55＝4400(円)となり，実際よりも，4400－3600＝800(円)多くなる。定価80円のかわりに定価60円のボールペンを売ると，売り上げは１本あたり，80－60＝20(円)少なくなるから，定価60円のボールペンの本数は，800÷20＝40(本)と求められる。

(3) １回目と２回目の速さの比は，１：(１＋0.1)＝10：11なので，１回目と２回目の時間の比は，$\frac{1}{10}:\frac{1}{11}$＝11：10である。この差が５秒だから，比の１にあたる時間は，５÷(11－10)＝５(秒)となり，１回目の時間は，５×11＝55(秒)とわかる。また，トンネルを通過するときに走る距離《きょり》は，960＋2.5＝962.5(m)なので，１回目の速さは毎秒，962.5÷55＝17.5(m)と求められる。これは毎時，17.5×60×60＝63000(m)，63000÷1000＝63(km)となる。

(4) ３種類のカップ１杯《ぱい》分の量をそれぞれ大，中，小とすると，大×３＝中×５より，大：中＝$\frac{1}{3}:\frac{1}{5}$＝５：３となり，中×２＝小×３より，中：小＝$\frac{1}{2}:\frac{1}{3}$＝３：２とわかる。よって，大：中：小＝５：３：２である。そこで，大＝５，中＝３，小＝２とすると，大１杯分と中２杯分の量は，５×１＋３×２＝11，中３杯分と小５杯分の量は，３×３＋２×５＝19となる。よって，Ａの食塩水11に含《ふく》まれる食塩の重さとＢの食塩水19に含まれる食塩の重さが等しくなる。また，(食塩の重さ)＝(食塩水の重さ)×(濃《こ》さ)だから，食塩の重さが等しいとき，食塩水の重さと濃さは反比例する。したがって，ＡとＢの濃さの比は，$\frac{1}{11}:\frac{1}{19}$＝19：11と求められる。

(5) 正六角形の１辺の長さを12とし，BAとEFを延長して交わる点をＯとすると，下の図のようになる。三角形OAFの面積は正六角形の面積の$\frac{1}{6}$倍なので，$144\times\frac{1}{6}=24$（cm²）である。また，三角形OGHの面積は三角形OAFの面積の，$\frac{12+5}{12}\times\frac{12+8}{12}=\frac{85}{36}$（倍）だから，$24\times\frac{85}{36}=\frac{170}{3}$（cm²）となり，四角形AGHFの面積は，$\frac{170}{3}-24=\frac{98}{3}$（cm²）と求められる。さらに，三角形ABCの面積も24cm²なので，三角形GBCの面積は，$24\times\frac{7}{12}=14$（cm²）である。よって，斜線《しゃせん》をつけた部分の面積は，$144-\left(\frac{98}{3}+14\right)=\frac{292}{3}=97\frac{1}{3}$（cm²）とわかる。

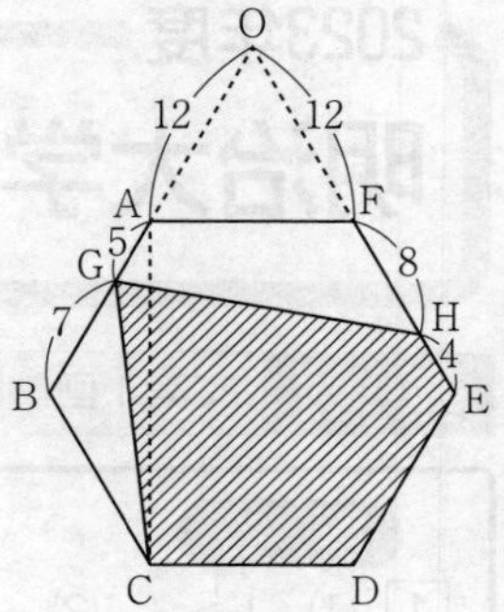

[2] 流水算

⑴　流れの速さを毎分[2]，静水時の速さを毎分[7]とすると，上りの速さは毎分，[7]－[2]＝[5]，下りの速さは毎分，[7]＋[2]＝[9]となるから，進行のようすをグラフに表すと右のようになる。グラフから，BC間（およびAC間）の距離は，[2]×18＝[36]とわかるので，AB間の距離は，[36]×２＝[72]となる。よって，AB間を上るのにかかった時間は，[72]÷[5]＝14.4（分）と求められる。60×0.4＝24（秒）より，これは14分24秒になる。

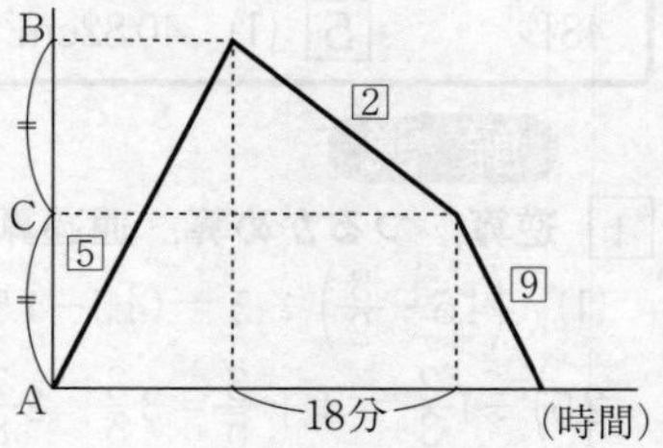

⑵　CA間を下るのにかかった時間は，[36]÷[9]＝４（分）だから，BA間を下るのにかかった時間は，18＋４＝22（分）とわかる。よって，AB間の上りと下りにかかった時間の差は，22分－14分24秒＝７分36秒である。

[3] 売買損益，つるかめ算

⑴　（見込《みこ》んでいた利益）×0.784＝24696（円）と表すことができるから，見込んでいた利益は，24696÷0.784＝31500（円）となる。つまり，100個すべてが定価通りに売れた場合の利益が31500円なので，１個あたりの利益は，31500÷100＝315（円）とわかる。よって，315÷900×100＝35（％）より，仕入れ値の35％の利益を見込んで定価をつけたことになる。

⑵　定価は，900＋315＝1215（円）だから，定価の20％引きは，1215×（１－0.2）＝972（円）である。また，売れた個数の合計は，100－２＝98（個）であり，この98個の売り上げの合計は，900×100＋24696＝114696（円）なので，右上のようにまとめることができる。定価で98個売ったとすると，売り上げの合計は，1215×98＝119070（円）となり，実際よりも，119070－114696＝4374（円）多くなる。定価で売るかわりに定価の20％引きで売ると，売り上げは１個あたり，1215－972＝243（円）少なくなるから，定価の20％引きで売った個数は，4374÷243＝18（個）と求められる。

（定価）　1215円｝合わせて
（20％引き）972円｝98個で114696円

⑶　定価で売れた個数は，100－46＝54（個）なので，定価で売れた分の売り上げは，1215×54＝65610（円）である。また，仕入れ値の合計は，900×100＝90000（円）だから，損をしないためには，あと，90000－65610＝24390（円）以上売ればよい。定価の40％引きは，1215×（１－0.4）＝729（円）なので，24390÷729＝33.4…より，あと34個以上売ればよいことがわかる。

[4] ニュートン算

⑴　９時から10時30分までの時間は，10時30分－９時＝１時間30分＝90分であり，これは３分の，

90÷３＝30(倍)，２分の，90÷２＝45(倍)となる。よって，この間に来た人数は，10×30＝300(人)，Ａが接種した人数は，３×45＝135(人)，Ｂが接種した人数は，４×30＝120(人)とわかる。よって，10時30分の接種待ちの人数は，300−(135＋120)＝45(人)である。

(2)　10時30分から11時30分までの時間は，11時30分−10時30分＝１時間＝60分であり，これは３分の，60÷３＝20(倍)，２分の，60÷２＝30(倍)となる。よって，この間に来た人数は，10×20＝200(人)だから，10時30分の接種待ちの45人を加えると，この間に接種した人数は，45＋200＝245(人)とわかる。一方，この間にＡが接種した人数は，３×30＝90(人)，Ｂが接種した人数は，４×20＝80(人)なので，この間にＣが接種した人数は，245−(90＋80)＝75(人)と求められる。つまり，Ｃは，60×60＝3600(秒)で75人に接種したから，１人あたりにかかった時間は，3600÷75＝48(秒)である。

5　立体図形—表面積，展開図

(1)　円すいの側面積は，(母線)×(底面の円の半径)×(円周率)で求めることができる。この円すいは，母線の長さが12cm，底面の円の半径が，２÷２＝１(cm)だから，側面積は，12×１×3.14＝12×3.14(cm^2)とわかる。さらに，底面積は，１×１×3.14＝１×3.14(cm^2)なので，表面積は，12×3.14＋１×3.14＝(12＋１)×3.14＝13×3.14＝40.82(cm^2)と求められる。

図１

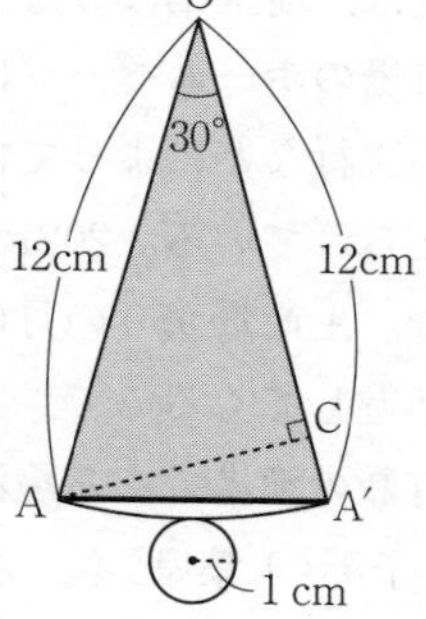

図２

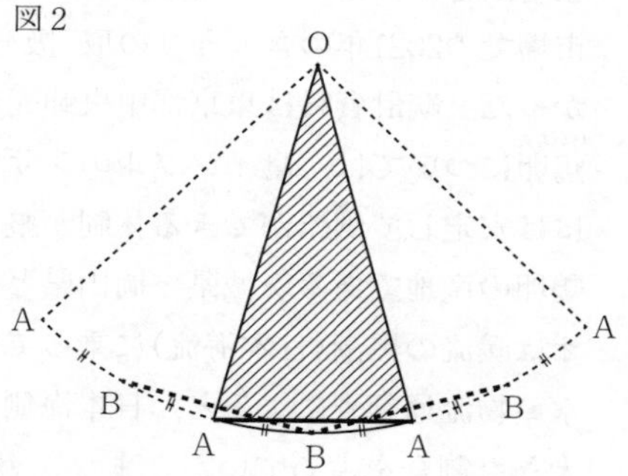

(2)　側面を展開図に表すと，母線の長さを半径とするおうぎ形になる。このおうぎ形の中心角を□度とすると，(母線)×□＝(底面の円の半径)×360という関係があるから，12×□＝１×360より，□＝360÷12＝30(度)と求められる。よって，この円すいの展開図は右の図１のようになる(図１で，太線AA′がひもであり，かげをつけた部分が点Ｏを含む立体の表面，白い部分が点Ｏを含まない立体の表面になる)。図１のように，ＡからOA′に垂直な線ACを引くと，三角形OACは正三角形を半分にした形の三角形になるので，ACの長さは，12÷２＝６(cm)であり，三角形OAA′の面積は，12×６÷２＝36(cm^2)と求められる。さらに，この円すいの表面積は40.82cm^2だから，白い部分の面積は，40.82−36＝4.82(cm^2)とわかる。したがって，切断面の面積は同じになるから，点Ｏを含む立体の表面積と点Ｏを含まない立体の表面積の差は，36−4.82＝31.18(cm^2)である。

(3)　右上の図２のように側面の展開図を３つ並べると，Ｂを通るひもは太点線になる。よって，点Ｏを含む立体で赤くぬられているのは斜線をつけた部分になる。

社　会　＜第１回試験＞(40分)＜満点：75点＞

解　答

Ⅰ　**1**　(1)　カ　(2)　ク　**2**　神通(庄)(川)　**3**　(1)　**A**　エ　**B**　イ　**C**　ア

(2) ウ　(3) イ　**4** (1) エ　(2) エ　**5** (1) **水力**…ア　**火力**…イ　**風力**…エ　(2) (例) 燃料としてきた石炭は，二酸化炭素を多く排出する。そのため，カーボンニュートラルの実現に向け，石炭火力発電所を廃止する動きが見られる。　Ⅱ　**1** 岩宿(遺跡)　**2** エ　**3** ウ→エ→ア→イ　**4** ウ　**5** イ　**6** イ　**7** 足利尊氏　**8** ウ　**9** イ　**10** エ　**11** エ→ウ→ア→イ　Ⅲ　**1** イ，オ　**2** (例) 情報が誤っている場合があるため，本でもよく調べて確かめるようにするなど，インターネット上の情報をうのみにしないように注意する。　**3** イ　**4** ウ　**5** デジタル　**6** 知的財産権　**7** (1) ウ　(2) エ　(3) イ　(4) ア　**8** プライバシーの権利　**9** 総務(省)　**10** 世論　**11** (例) サイバー攻撃によって選挙結果を変えられてしまうおそれがあるため，民主主義の根幹に関わる選挙は，引き続き投票所において自筆で行うべきである。

解　説

Ⅰ　日本の国土や産業などについての問題

1 (1) A　埼玉県は近郊農業がさかんで，一般的には，季節に合った野菜を育てて出荷する。一方，高知県では，温暖な気候とビニールハウスなどの施設を生かし，野菜の栽培時期を早める促成《そくせい》栽培がさかんなので，ほかの地域のものがあまり出回らない時期に出荷できる。東京都中央卸売《おろしうり》市場での2021年のきゅうりの取扱《とりあつかい》量は，埼玉県は５月が最も多かったが，高知県は１月が最も多かった。統計資料は東京都中央卸売市場のホームページによる。　B　年間を通じて需要《じゅよう》がある鶏卵《けいらん》については，鳥インフルエンザの流行などによって供給が不安定になることはあるが，基本的には安定して供給ができる体制が整えられている。2021年の畜産物流通調査によると，全国有数の鶏卵の産地である茨城県・岡山県とも，生産量が０の月はなかった。　C　日本近海では，カツオは暖流の黒潮(日本海流)に乗って回遊してくるので，太平洋側の漁港の水揚《みずあげ》量が多い。2020年の水産物流通調査によると，日本海側有数の漁港である境港(鳥取県)の水揚量では，マイワシが最も大きな割合を占《し》めていた。また，銚子《ちょうし》港(千葉県)も，水揚量に占める割合ではマイワシが最も多かった。　(2) A　洪水は河川の流域でも起こるので，内陸県の長野県でも洪水のハザードマップは作成されている。　B　掘《ほ》り込《こ》み港は一般的に，砂浜の広がる遠浅の海を掘り込んで港をつくる。若狭《わかさ》湾のようなリアス海岸では，深く入りこんだ入江を天然の港としているところが多く，敦賀《つるが》港(福井県)もその例といえる。　C　赤石山脈(南アルプス)には3000m級の山が連なり，冬場は雪におおわれることが多い。赤石山脈のなかには，残雪の時期に鳥の形をした雪形が現れ，これを人々が農業の時期の目安としていたことから，農鳥岳《のうとりだけ》と名づけられた山がある。

2　富山県には東から順に，黒部川・常願寺川・神通《じんづう》川・庄川などの川が富山湾(日本海)に注いでいる。このうち，神通川と庄川はいずれも岐阜県北部を水源として北上し，富山県に入る。

3 (1)　南海トラフは，静岡県沖から九州沖にかけての太平洋にのびている海底の溝《みぞ》で，ここを震源とする巨大地震が過去にも発生していることから，今後も巨大地震が起こると予測されている。ここで地震が起き，津波が発生した場合，熊本県・大分県・宮崎県・鹿児島県のなかでは，太平洋に面していない熊本県の被害が最も少ないと考えられるので，Cが熊本県となる。一方，太平洋に面して宮崎平野が広がっている宮崎県では，津波によって浸水《しんすい》する地域が大きくなると考えられるので，Dが宮崎県とわかる。AとBのうち，桜島や霧島《きりしま》山，口永良部《くちのえらぶ》島など数多くの活火山をかかえる鹿児島県がＡで，残ったＢに大分県があてはまる。　(2)　米の割合が飛びぬけて低いＣには，稲作がほとんど行われていない沖縄県があてはまる。佐賀県と福岡県を比べた場合，九州地方の政治・経済の中心で，北九州工業地域(地帯)も広がる福岡県のほうが，第一次産業(農林水産業)就業者の割合が低いと推測できるので，Ａが佐賀県，Ｂが福岡県となる。　(3)　人口が多く，北九州工業地域(地帯)が広がる福岡県は，公害の苦情件数が最も多いと考えられるので，Ａがあてはまる。また，アメリカ軍基地が本島の面積の約15％を占める沖縄県では，戦闘機が出す騒音《そうおん》への苦情が多いと考えられるので，Ｂが沖縄県となる。残ったCには佐賀県があてはまる。

4　(1)　説明から，③の地域は宮城県の県庁所在地である仙台市の中心地区で，②はそれに隣接《りんせつ》する地域だとわかる。仙台市から遠く，県北部に位置している①の地域では，②や③の地域に比べて高齢化が進んでいると考えられる。「1970年代に入居が始まったニュータウンがある」という②の地域では，1970年代に20～30歳代でここに入居した世代や，その子どもの世代が多いと推測できる。「大学のキャンパス(校舎)も複数ある」という③の地域では，ほかの地域に比べて大学生にあたる10歳代後半～20歳代前半の世代が多くなる。これらのことから，Aには②，Bには③，Cには①があてはまると判断できる。なお，①は栗原市，②は仙台市泉区，③は仙台市青葉区。　(2)　(1)で考えたこともふまえると，人口増加率は，若い世代の多い仙台市で高く，ここから離れた地域では低くなるとわかるので，Ｚがあてはまる。ＸとＹのうち，仙台市や周辺地域の割合が高いＸが昼夜間人口比で，これは仙台市に通勤・通学してくる人が多いためと考えられる。残ったＹが持ち家世帯の割合で，仙台市から離れるほど割合が高くなる傾向《けいこう》がある。

5　(1)　沿岸部に分布している×は，海風を利用して発電する風力発電所だとわかる。また，内陸部に分布している△は，川を流れる水の力を利用して発電する水力発電所である。残った▼は火力発電所で，おもに人口の多い都市周辺の沿岸部に分布している。なお，１つしかない■は泊《とまり》原子力発電所である。　(2)　(1)から，Ａが火力発電所だとわかる。北海道にはかつて多くの炭鉱があり，石炭を産出していた。現在はほとんどが閉山となったが，Ａの場所にある火力発電所(砂川発電所と奈井江発電所)では，付近で産出する石炭を燃料に用いて発電が行われている。エネルギー資源のとぼしい日本では，石炭火力の活用を考慮《こうりょ》しなければならない事情がある一方で，世界的には，地球温暖化の原因となる二酸化炭素の排出《はいしゅつ》量をおさえるため，石炭を燃料とする火力発電を減らす方向に向かっている。日本政府も，カーボンニュートラル(二酸化炭素の排出量と吸収量・除去量の合計がゼロとなる状態)の実現を目標にかかげており，この事情に対応するため，設備の老朽《ろうきゅう》化した先の２つの火力発電所は2027年３月末に廃止されることになった。

Ⅱ　各時代の歴史的なことがらについての問題

1　1949年，相沢忠洋《ただひろ》は群馬県岩宿の関東ローム(層)のなかから打製石器を発見した。この岩宿遺跡の発見により，日本にも旧石器時代があったことが判明した。

2　ア　お金の流通や罰金《ばっきん》刑についての記述はない。　イ，ウ　罰が，身分ではなく罪の軽重で異なったことが読み取れる。　エ「集会の場で，父子や男女による差別はない」とあるので，正しい。

3　アは公地公民制の導入を示した改新の詔《みことのり》の内容で，646年に出されたとされる。イは671年のできごとで，「弟」とは大海人《おおあまの》皇子にあたる。このあと天智天皇は亡くなり，翌672年には後継《あとつ》ぎをめぐって大海人皇子と天智天皇の子である大友皇子の間で壬申《じんしん》の乱が起こった。ウについて，小野妹子は607年に遣隋使として隋(中国)に送られた。エは「乙巳《いっし》の変」とよばれる645年のできごとで，中大兄《なかのおおえの》皇子(のちの天智天皇)と中臣鎌足《なかとみのかまたり》らが，蘇我蝦夷《そがのえみし》・入鹿《いるか》父子を滅《ほろ》ぼした。よって，古い順にウ→エ→ア→イとなる。

4　８世紀に，中国のものにならってつくられた律令とは，701年に完成した大宝律令だと考えられる。大宝律令では，収穫《しゅうかく》した稲の約３％を収める租という税が人々に課された。なお，アは「推古天皇」ではなく「文武天皇(・持統上皇)」，イは「男性のみ」ではなく「男女に」，エは「東北地方」ではなく「北九州」が正しい。

5　浄土《じょうど》の教えを深く信仰した藤原頼通《よりみち》は1053年，京都宇治に阿弥陀仏《あみだぶつ》をまつる阿弥陀堂としてイの平等院鳳凰《ほうおう》堂を建てた。なお，アは東大寺の正倉院(奈良県)，ウは東大寺南大門(奈良県)，エは中尊寺金色堂(岩手県)。

6　ア　法然は浄土宗の開祖で，「南無《なむ》阿弥陀仏」という念仏を唱えることで救われると説いた。　イ　一遍と時宗について正しく説明している。　ウ　栄西は臨済宗の開祖で，座禅と師との間でくり返される問答によって悟《さと》りを開く禅宗を広めた。なお，日蓮《にちれん》宗(法華《ほっけ》宗)の開祖は日蓮で，「南《な》無妙法蓮華経《むみょうほうれんげきょう》」という題目を唱えることで救われると説いた。　エ　曹洞《そうとう》宗の開祖は道元で，座禅を重視する教えを説いた。親鸞《しんらん》は浄土真宗の開祖である。

7　足利尊氏は鎌倉幕府の有力御家人だったが，後醍醐《ごだいご》天皇のよびかけに応じて京都の六波羅《ろくはら》探題を攻《せ》め落とし，鎌倉幕府打倒に貢献《こうけん》した。しかしその後，後醍醐天皇と対立し，京都に光明《こうみょう》天皇を立てて征夷《せいい》大将軍に任じられると，室町幕府の初代将軍となった。なお，『太平記』は鎌倉幕府の滅亡《めつぼう》から建武の新政までのできごとを中心につづった軍記物語で，これによると，史料にあるように足利尊氏は鎌倉幕府の残党をしずめるため鎌倉におもむくとき，後醍醐天皇に征夷大将軍の地位を要求した。

8　「君主が上にいて価値が高く，臣下は下にいて価値が低い」という部分で，身分の違いが人間の価値であると説いている。このように，朱子《しゅし》学は身分の上下関係を重んじる学問だったため，将軍，あるいは武士を頂点とする身分制度にもとづく支配体制にとっては都合がよかった。そのため，江戸幕府は朱子学を正式な学問として奨励《しょうれい》した。

9　ア　日本は，1917年にロシアで起こった社会主義革命の影響《えいきょう》が自国におよぶのを警戒《けいかい》し，1918～22年にシベリア出兵を行った。　イ　日清戦争(1894～95年)後に行われた三国干渉《かんしょう》の説明として正しい。　ウ　第一次世界大戦(1914～18年)で日本は連合国側に立って参戦し，ドイツと戦った。　エ　日本は，アメリカ大統領の仲介《ちゅうかい》により，日露戦争(1904～05年)の講和条約としてロシアとポーツマス条約を結んだ。

10　ア　教育勅語《ちょくご》は，忠君愛国をもとに，国民道徳や教育理念を示すため，明治時代の1890年に出された。９年間の義務教育は，戦後の1947年に出された教育基本法などで確立された。　イ　農地改革は農村の民主化をめざして行われた政策で，地主の土地を政府が強制的に買い取り，小作農に安く売り渡すことによって，多くの自作農が生み出された。　ウ　1950年に朝鮮戦争が始まると，日本国内の治安維持を目的として警察予備隊が設置された。警察予備隊は1952年に保安隊，1954年に自衛隊となり，現在に至る。また，自衛隊は1992年にPKO(国際連合平和維持活動)協力法が成立したことで，海外での活動が拡大した。　エ　サンフランシスコ平和条約について正しく説明している。

11　アの「３・11」「震災」は，2011年３月11日に発生した東日本大震災をさしている。この展覧会はその３年後の2014年に開かれたことになる。イには，「２年前から日本は新型コロナウイルス感染症《しょう》が広まりました」とある。日本で新型コロナウイルス感染症が拡大し始めたのは2020年のことなので，この展覧会は2022年に開かれたとわかる。ウには，「沖縄が日本に復帰してから40年目の今年」とある。沖縄は，1972年に日本に返還されたので，この展覧会はその40年後の2012年に開かれたことになる。エにある「アメリカ同時多発テロ」は2001年のできごとなので，この展覧会はその６年後の2007年に開かれたことになる。よって，開かれた順にエ→ウ→ア→イとなる。

Ⅲ　現代の社会や政治のしくみ，人権などについての問題

1　資料２によると，70～79歳と80歳以上は利用者数の割合が80％をこえていない。また，資料３より，年収200万円未満の世帯がインターネットを利用している割合は80％をこえていない。

2　インターネット上では誰《だれ》でも情報の発信者になれるため，そこに流れている情報が正しいものとは限らない。そのため，信頼性が高い，もしくは複数の情報媒体《ばいたい》(メディア)や公的機関が公表している一次情報にあたるなどして，その情報が正しいかどうかを確認することが必要となる。

3　「IoT」とは「モノ(物)のインターネット」という意味で，さまざまなモノがインターネットに接続され，たがいに情報をやりとりすることによって，モノを遠くから操作したり，モノの状態を知ったりすることができるようにするしくみのことである。

4　ア　憲法第７条により，国務大臣は内閣総理大臣によって任命され，天皇が認証する。　イ　国務大臣の過半数は国会議員でなければならない。　ウ　日本国憲法第66条は「内閣総理大臣その他の国務大臣は，文民でなければならない」と定めている。文民とは，軍人あるいは職業軍人の経歴を持たない人などと解釈《かいしゃく》されている。　エ　国民審査は，最高裁判所の裁判官を審査する制度である。

5　2021年９月１日，国や地方行政のICT(情報通信技術)化の推進などを目的として，内閣府のもとにデジタル庁が設置された。

6　人間の知的な創造活動によって生み出されたものについて，一定期間，創造者が他者の利用などを制限できる権利を知的財産権という。発明品に認められる特許や，音楽や文学作品などに認められる著作権などが，知的財産権の代表としてよく知られている。

7　(1)　ア　予算案は衆議院に先議権があるが，法律案はどちらの議院から審議してもよい。　イ　衆議院が可決した法律案を参議院が受け取ったあと，国会休会中の期間を除いて60日以内に議決しないとき，衆議院は参議院がこれを否決したとみなすことができるが，これにより国会の議決とはならない。　ウ　法律案の成立過程を正しく説明している。　エ　法律案を国会に提出できるのは内閣と国会議員である。　(2)　ア　裁判員制度は，重大な刑事事件について地方裁判所で行われる第１審のみで導入されている。　イ　日本国憲法の規定により，刑事被告人は必ず弁護人をつけることができる。　ウ　刑事被告人には，自分にとって不都合なことを供述しなくてもよい権利が認められている。この権利は黙秘《もくひ》権とよばれる。　エ　日本の裁判について正しく説明している。この制度は，三審制とよばれる。　(3)　日本国憲法第21条は，集会・結社・表現の自由を定めた条文である。なお，アは第25条，ウは第31条，エは第32条の条文で，アで説明されている権利は生存権とよばれる。　(4)　改正刑法では，懲役《ちょうえき》と禁錮《きんこ》の両刑を合わせ，拘禁《こうきん》刑が創設されることになった。

8 プライバシーの権利は，個人の私的な情報を自分で管理でき，むやみに他人に知られないようにする権利といった解釈がなされている。日本国憲法には明記されていないが，社会の変化にともなって主張されるようになった「新しい人権」の１つに数えられ，この権利を守るために個人情報保護法などが整備されている。

9 情報通信や地方自治・選挙・消防などの仕事は，総務省が担当している。

10 公共の問題について，多くの人々が共有している意見を世論という。世論の形成には，新聞やテレビといったマスコミ(マスメディア)のほか，現在ではインターネットも大きな影響を与える。また，マスコミが行う世論調査では内閣支持率などが示される。

11 インターネットによる投票には，有権者本人が，自分の意思で投票したのかが見えづらいという問題点がある。また，機械を通じて行う作業である以上，停電や通信障害，サイバー攻撃《こうげき》などによってシステム障害が生じた場合，選挙の有効性が問われることになる。一方で，投票の手間を省くことができるので，特に若い層を中心とする投票率の低下に歯止めをかけることが期待できる。また，選挙事務を行う地方自治体の経済的・人的な負担を軽減することもできる。このような利点や欠点を考えたうえで，自分の意見を述べればよい。

理　科　<第１回試験>（40分）<満点：75点>

解　答

Ⅰ (1) アンモニア　(2) ウ　(3) 青　(4) ウ　(5) エ　Ⅱ (1) エ　(2) 名称…酸化銅　色…黒　(3) 4：1　(4) 0.36 g　(5) 1.6 g　Ⅲ (1) 光合成　(2) イ，エ，オ　(3) イ　(4) ア，エ，カ　(5) イ，エ　Ⅳ (1) DNA　(2) 1：2：1　(3) エ，オ　(4) ア，エ，オ　(5) ウ，エ　Ⅴ (1) 54度　(2) 5 cm　(3) カ　(4) ア　(5) 北緯23.4度　(6) ア　(7) エ　Ⅵ (1) ① △　② ○　③ ×　(2) 8通り　(3) C　(4) A，B，C　Ⅶ (1) 0.1秒　(2) ④　(3) 12.3　(4) 7通り　(5) 4通り

解　説

Ⅰ アンモニアの発生と性質についての問題

(1) 塩化アンモニウムと水酸化カルシウムを混ぜて加熱すると，アンモニアが発生する。なお，このときに生じる水が加熱している部分に流れこまないようにするため，図のように試験管の口を下げておく必要がある。

(2) アンモニアは水にとけやすく，空気よりも軽い気体なので，ウのような上方置かん法で集める。

(3) BTB溶《よう》液は酸性のときに黄色，中性のときに緑色，アルカリ性のときに青色になる。気体のアンモニアが水にとけたアンモニア水はアルカリ性の水溶液なので，BTB溶液に通すと青色となる。

(4) 紫《むらさき》キャベツの煮汁《にじる》は，酸性のときに赤色や桃《もも》色，中性のときに紫色，アルカリ性のときに緑色や黄色になる。よって，紫キャベツの煮汁は緑色に変化する。

(5) アンモニアは鼻をさすようなにおいがする無色の気体である。なお，ものが燃えるのを助ける

はたらきがある気体は酸素，石灰水に通すと白くにごる気体は二酸化炭素，空気中の気体成分のおよそ８割をしめる気体はちっ素である。

Ⅱ　銅の燃焼についての問題

⑴　銅に塩酸を加えても反応せず，気体は発生しない。また，銅と硝《しょう》酸が反応して発生するのは一酸化ちっ素または二酸化ちっ素である。なお，磁石に引き付けられるのは鉄，ニッケル，コバルトといった一部の金属に限られる。

⑵　銅粉を加熱すると，空気中の酸素と結びついて，黒色の酸化銅ができる。

⑶　加熱する前の銅粉1.0ｇを入れたステンレス皿全体の重さは，1.0＋20＝21（ｇ）である。また，加熱した回数が３回以上になると，加熱後の重さは21.25ｇで一定になる。したがって，銅粉1.0ｇと結びつくことができる酸素の重さは，21.25−21＝0.25（ｇ）である。よって，銅がすべて酸素と反応したときの銅と酸素の重さの比は，1.0：0.25＝４：１とわかる。

⑷　１回目の加熱で，銅粉と結びついた酸素の重さは，21.16−21＝0.16（ｇ）である。酸素0.16ｇと結びつく銅粉の重さは，0.16×４＝0.64（ｇ）なので，酸素と反応しなかった銅の重さは，1.0−0.64＝0.36（ｇ）とわかる。

⑸　6.4ｇの銅粉と結びつく酸素の重さは，$6.4\times\frac{1}{4}=1.6$（ｇ）と求められる。

Ⅲ　生物のつながりについての問題

⑴，⑵　生物Ａは植物で，葉などから吸収した二酸化炭素と，根から吸収した水を使い，光エネルギーを受け取って光合成を行うことで，自らでんぷんなどの栄養分と酸素をつくり出すことができる。

⑶　生物Ｂは，生物Ａ（植物）を食べる草食動物，生物Ｃは生物Ｂ（草食動物）を食べる肉食動物とわかる。リス，ウサギは草食動物，キツネは肉食動物だから，イが選べる。

⑷　生物Ｄは分解者で，かれ木や落ち葉，動物の死骸《しがい》や排《はい》出物などを栄養として取り入れ，二酸化炭素や水，肥料などを排出する。ここでは，ミミズやダンゴムシなどの土の中の生物や，アオカビのような菌《きん》類などがあてはまる。

⑸　植物や動物は，酸素を体内に取り入れて呼吸を行い，二酸化炭素と水蒸気を体外に放出している。

Ⅳ　遺伝の法則についての問題

⑴　遺伝子の本体となる物質をDNA（デオキシリボ核《かく》酸）という。

⑵　実験１から，子どもは親の持つ遺伝子のうち一方を，それぞれの親から受けつぐと考えられる。よって，Aaの遺伝子を持つエンドウからはＡもしくはａの遺伝子を受けつぐので，子の持つ遺伝子は，AA，Aa，aA（Aa），aaとなり，AA：Aa：aa＝１：２：１になる。なお，このうち，AAとAaが黄色い子葉，aaが緑色の子葉になるので，その数の比は，（黄色い子葉）：（緑色の子葉）＝（１＋２）：１＝３：１となる。

⑶　エンドウの花には，５枚のがく，異なる形の５枚の花びら，10本のおしべ，１本のめしべがある。

⑷　マメ科の植物は双《そう》子葉類で，種子に胚《はい》乳がなく，発芽のための栄養分を子葉にたくわえている。また，受粉すると，子房《しぼう》が成長して実になる被《ひ》子植物である。

⑸　アサガオはヒルガオ科，イチゴはバラ科，オジギソウとスイートピーはマメ科，ワサビはアブ

ラナ科の植物である。

V　太陽の動きについての問題

(1)　秋分の日の太陽の南中高度は，{90－(観測地点の緯《い》度)} で求められる。よって，秋分の日の東京(北緯36度)の太陽の南中高度は，90－36＝54(度)とわかる。

(2)　透明《とうめい》半球上の太陽の通り道は，半径20cmの円周の半分なので，その長さは，20×２×３÷２＝60(cm)である。秋分の日の昼の長さはおよそ12時間なので，透明半球上の１時間あたりの太陽の動き，つまり，印の間の線の長さは，60÷12＝５(cm)と求められる。

(3)　秋分の日の札幌《さっぽろ》(北緯43度)の太陽の南中高度は，90－43＝47(度)となり，南中高度は東京よりも低くなる。また，東京，札幌ともに，秋分の日の太陽は真東からのぼって真西にしずむので，となりあった印の間の線の長さは等しい。

(4)　冬至の日の太陽の通り道は，アのように１年で最も南寄りになる。

(5)　地球の公転面に垂直な線に対して，地球の地軸《じく》は，90－66.6＝23.4(度) 傾《かたむ》いている。夏至の日の太陽の南中高度は，{90－(観測地点の北緯)＋23.4} で求められるので，夏至の日に太陽の南中高度が90度になる場所の緯度を□度とすると，90－□＋23.4＝90より，□＝23.4(度)となる。

(6)　秋分の日に，地球から見て太陽のうしろ側に見える星座(昼に空に出ている星座)は，春分の日の真夜中に見ることができる星座なので，おとめ座などの春の星座があてはまる。

(7)　赤道上(緯度０度)では，太陽が１年中地平線から直角にのぼり，直角にしずむ。また，図２では，太陽の通り道が北寄りになっていることから，夏至の日に近いことがわかる。よって，図２は，６月のシンガポール(北緯１度)の観測であると考えられる。

VI　電気回路についての問題

(1)　Ａを６，Ｂを５に接続したとき，豆電球と電池だけの回路になり，このとき豆電球は明るくつく(○)。また，Ａを６，Ｂを１に接続したとき，豆電球，電池，ニクロム線の回路となり，豆電球は○のときより暗くつく(△)。①では，Ａを４，Ｂを１に接続していて，豆電球，電池，ニクロム線の回路になるので，暗くつく(△)。また，②のように，Ａを５，Ｂを４につなぐと，豆電球と電池だけの回路になるので，明るくつく(○)。さらに，③では，Ａを６，Ｂを３につないでいて，３と６の間で回路がとぎれているので，豆電球はつかない(×)。

(2)　表を完成させると下の図ｉのようになる。このようになるつなぎ方は，図１以外には下の図ii の８通りが考えられる。

図ｉ

Ａを接続する端子

Ｂを接続する端子	1	2	3	4	5	6
1		×	×	△	△	△
2	×		×	×	×	×
3	×	×		×	×	×
4	△	×	×		○	○
5	△	×	×	○		○
6	△	×	×	○	○	

図ii

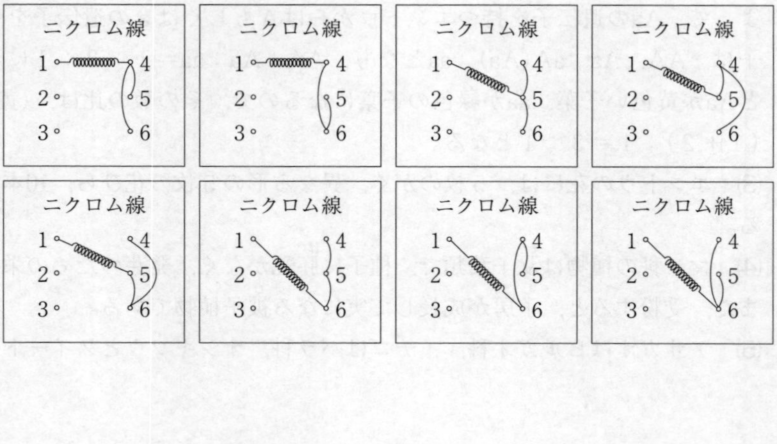

⑶　図３の回路でスイッチ１，２をともに閉じたとき，下の図iiiの矢印のように電流が流れるので，豆電球Ｃだけがつく。

⑷　図３の回路でスイッチ１，２をともに開くと，右の図ivの矢印のように電流が流れ，豆電球Ａ，豆電球Ｂ，豆電球Ｃがつくようになる。

図iii

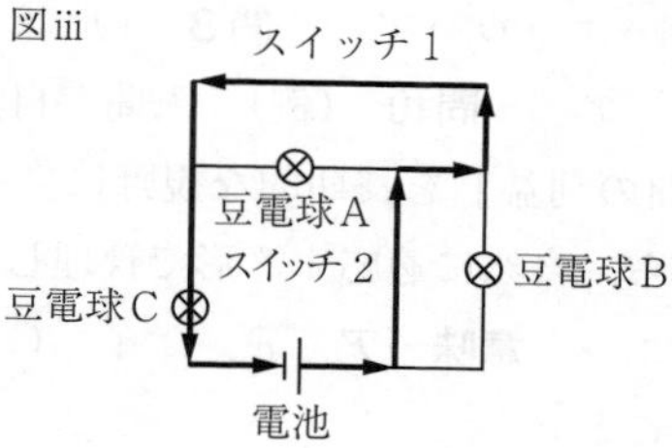

図iv

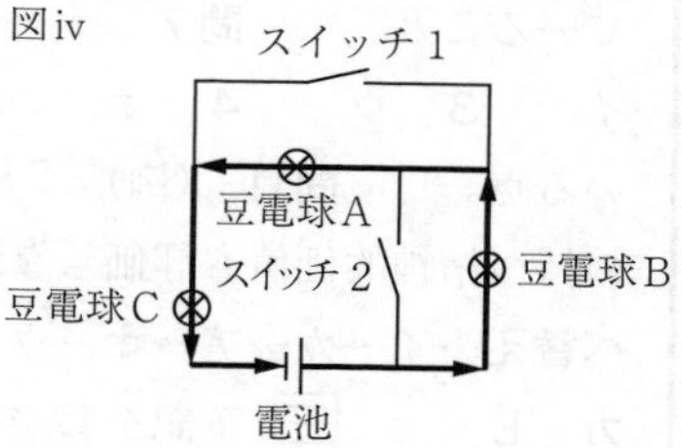

Ⅶ　台車の運動についての問題

⑴　どの区間も５打点の長さになっている。この記録タイマーは$\frac{1}{50}$秒ごとに１回打点するので，５回打点するのにかかる時間は，$\frac{1}{50}\times 5=0.1$(秒)である。

⑵　一定の速さで紙テープを引っ張ると，打点の間の長さが同じになる。区間①～⑤のうち，打点の間の長さが等しくなっているのは区間④だけである。

⑶　表１から，区間①と区間②の長さの差は，7.4－2.5＝4.9(cm)で，区間④と区間⑤の長さの差も，22.1－17.2＝4.9(cm)だから，となり合う区間の長さの差は4.9cmになっている。よって，区間③の長さは，区間②の長さよりも4.9cm長い，7.4＋4.9＝12.3(cm)である。

⑷　おもりの個数を○個，砂袋《ぶくろ》の個数を△個とすると，表１と同じ結果が得られる式，$\frac{△}{○+△+1}=\frac{1}{2}$から，△＝○＋１の関係が成り立つ。よって，考えられる○，△の組み合わせは，(○，△)＝(０，１)以外には，(１，２)，(２，３)，(３，４)，(４，５)，(５，６)，(６，７)，(７，８)の７通りある。

⑸　おもりの個数を○個，砂袋の個数を△個とすると，表２と同じ結果が得られる式，$\frac{△}{○+△+1}=\frac{2}{3}$から，△＝○×２＋２の関係が成り立つ。よって，考えられる○，△の組み合わせは，(○，△)＝(１，４)以外には，(０，２)，(２，６)，(３，８)，(４，10)の４通りが考えられる。

国　語　＜第１回試験＞(50分)＜満点：100点＞

解　答

一　**問１**　①　(例)　人間こそが自然破壊の元凶であり，エコロジー的危機をのりこえるためには，人口を減らすべきであるという考え。　②　(例)　人間が自然を支配し，欲望のままに自然に対して暴力を加えてきたという観点。　③　(例)　石油がやがて枯渇するだろうこと。⑦　(例)　カーソンが描いた「牧歌的自然」と，人間によって破壊され沈黙した自然との対比。⑧　(例)　自然への憧れは近代の豊かな社会のもとで発想されているという印象。　**問２**　(例)　環境を保護するのは，実際には人間の生存や利益追求のためになされているにもかかわらず，地球への配慮を一義的なものとしているような表現であるから。　**問３**　エ　**問４**　ア　**問５**　(例)　「人類」や「人間一般」に責任があるように語られると，問題の社会的根源が曖昧化され，特定の個人や企業が引き起こしている環境破壊の解決に取り組めなくなってしまうということ。　**問６**　(例)　人間による干渉を受けていないような自然は，地球のほとんどの地域に残されていないにもかかわらず，環境保護において，「純粋無垢の自然」が想定されてしまっていること。　**問7**　オ→イ→エ→ウ→ア　**問8**　「地球～レーズ　**問9**　**1**　エ　**2**　イ　**3**　ウ　**4**　オ　**5**　ア　**問10**　（例）人間が自然に介入するべきであると考えている点。　**問11**　（例）「人間の利益」を長期的な視野に立って，広い観点から考慮し，自然の持つ精神的価値も評価しながら，自然に適応する形で管理していく必要がある。　**二**　**並べ替え**…イ→カ→ア→オ→ウ→エ　**意味**…**ア**　F　**イ**　C　**ウ**　H　**エ**　G　**オ**　B　**カ**　E　**三**　下記を参照のこと。

●漢字の書き取り

三　1　**貿易**　2　**余波**　3　**縦断**　4　**接着**　5　**上層**　6　**総裁**　7　**簡略**　8　**降水帯**　9　**蚕**　10　**幼(い)**

解　説

一　出典は岡本裕一朗《おかもとゆういちろう》の『12歳《さい》からの現代思想』による。環境《かんきょう》保護活動では「自然」と「人間」を対立するものと考える時代が長く続いてきたことを説明し，現在の考え方を紹介《しょうかい》している。

問1　①「ディープ・エコロジー」のような考え方を指す。具体的には「人間こそが，自然破壊《はかい》の元凶《げんきょう》」なのだから，「エコロジー的危機をのりこえる」には「人口」を減らすべきだという考え方である。　②「人間中心主義」といわれるような，「ディープ・エコロジー」の根本にある観点を指す。つまり，「人間が自然を支配し，欲望のままに自然に対して暴力を加えてきた」という観点になる。　③　ぼう線部③をふくむ段落と，次の段落に注目する。「石油がやがて枯渇《こかつ》するだろうこと」は確かに問題だが，筆者が確認《かくにん》したいのは，石油自体の枯渇が“いつ”訪《おとず》れるかではなく，“誰《だれ》に”とっての「問題」になるのか，という点だと述べられている。　⑦『沈黙《ちんもく》の春』に描《えが》かれた対比を指す。レイチェル・カーソンが描いたのは，植物や動物たちがいきいきと躍《やく》動《どう》する「牧歌的自然」と，人間の支配によって「破壊」され「沈黙」した自然との対比である。　⑧　すぐ後の，エコロジストによる記述と筆者の見解に注目する。ヘリコプターで行く山頂の「レストラン」の食べ物より，苦労して登った山頂での「砂混《ま》じりのサンドイッチ」のほうが美味《おい》しく思えるはずだという記述に対し，それは一部の「裕福《ゆうふく》」な人の憧《あこが》れによるものだと筆者は指摘《してき》している。つまり，エコロジストの記述を読んで，いっそう強くなる「その感」とは，「自然への憧れが，近代の豊かな社会のもとで発想される」ものだという感じである。

問2　ぼう線部④をふくむ文の始めに「こう考えると」とあるので，前の部分に注目する。「人間の生存」への不安から「環境保護」を行うのだと考えると，「地球にやさしい」というキャッチフレーズがいかにも「ギマンじみた言葉」に思えるのだから，これをもとに，「環境保護は，人間の生存に対する不安から人間が困らないために行っているのに，『地球』への気づかいで行っているかのようなキャッチフレーズだから」のようにまとめる。

問3　あ　温暖化や大気汚染《おせん》などの「環境破壊」は「人間中心主義」が引き起こしたのだから，「人間中心主義」は「環境破壊」の「原因」にあたる。　い　問２でも検討したとおり，「人間」は自分たちのために「環境保護」を行っているので，「目的」が入る。

問4　「水俣《みなまた》病」で「責任をもつべきは特定の企業《きぎょう》」であって「人間一般《いっぱん》」ではないのだから，「人間による自然支配」が原因で「水俣病」が起きたと言うのは的外れである。よって，「一笑《いっしょう》に付される」が合う。「一笑に付す」は，“ばかにして相手にしない”という意味。なお，「一目おく」は，“自分より相手がすぐれていると認めて敬意を表す”という意味。「色を失う」は，“意外な事態に驚《おどろ》いたり恐《おそ》れたりして青ざめる”という意味。「言葉を濁《にご》す」は，“はっきり言わず，あいまいにごまかす”という意味。

問５　前後の内容を整理する。問４でも検討したが，環境破壊を引き起こすのは「人間一般」ではなく，特定の企業や個々人である。それを無視すれば，「解決すべき問題」が見えなくなり，「エコロジー的な諸問題」の根源は「曖昧《あいまい》化」する。以上のことがらをもとに，「環境問題を『人間一般』の責任のように語ると，実際に環境破壊を引き起こした企業や特定の個人が負うべき責任，解決すべき問題がかくれてしまうこと」のようにまとめる。

問６　「マヤカシ」は，うわべだけで内容がないこと，ごまかすこと。保護すべきものとして「想定」された「自然」が「マヤカシ」だということについては，続く部分で説明されている。「人間の手」の入らない「原生自然」は，保護すべきと想定されがちだが，地球上にほとんど残っていない。また，人間に破壊される以前の，「人間と自然が調和的に生活していた」状態，「牧歌的自然」という理想も，回復すべき目標にされがちだが，近代の豊かな社会のもとで発想されたイメージに過ぎない。存在しない理想の自然を保護すべきもののように捏造《ねつぞう》することが「マヤカシ」なのだから，「保護すべき原生自然，回復すべき牧歌的自然を想定しがちだが，人の手が加わっていない自然はほとんどないし，人と自然が調和していた理想の状態もイメージにすぎないこと」のようにまとめる。

問７　『沈黙の春』の描写《びょうしゃ》を受けて，そもそも「牧歌的自然」と「人間によって破壊された自然」という「対比そのもの」が問題であり，この「対比」が使われるとき想定されているのは，「疎外《そがい》の論理」だと筆者が述べたオが最初になる。次に，その「疎外論」については「疎外されざる原初的状態」—「疎外された分裂《ぶんれつ》状態」—「疎外から回復した状態」の三段階の展開を想定するべきだとした後，最初の段階である「人間と自然が調和的に生活していた幸福な状態」(疎外されざる原初的状態)を取りあげたイが続く。しかし，人間が自然を自分の支配下に置こうとしている現在，二者は対立し分裂した状態，つまり本来の原初的なあり方から疎遠になり，離反《りはん》している状態(疎外された分裂状態)にあるので，「本来的な自然との調和を取り戻《もど》す」(疎外から回復した状態)ことが目標になると説いた，エ→ウがこの後に来る。最後に，これまで述べた「疎外論」がマルクスの思想からきているとしたアを続けると，マルクスはしばらくして「この想定には重大な難点が潜《ひそ》んで」いると気づいた，とする直後の段落の内容へと自然に結びつき，文意が通る。

問８　続く部分で，「心に響《ひび》く美しい表現」かもしれないが，「現在の環境問題を考えるとき，はたして適切な言葉と言える」のだろうかと筆者が疑問に思っていることをおさえる。「人間と自然の失われた調和を取り戻す」と似たような印象を与《あた》えるものだから，「ギマンじみた言葉」と表現された，ぼう線部④の直前にある「『地球にやさしい』というキャッチフレーズ」がぬき出せる。

問９　**１**　「自然への憧れ」は「近代の豊かな社会のもとで発想される」と述べた後，「都会で裕福に生活している人が，ときどき田舎《いなか》の生活に憧れる」例をあげているので，具体的な例をあげるときに用いる「たとえば」が入る。　**２**　ヘリコプターで行った山頂のレストランの食べ物より，ふもとから山頂に登って食べる「砂が混ざったサンドイッチ」は美味しいという引用に対し，それは「裕福な一部の人々」だけのことだと批判しているので，前のことがらを受け，それに反する内容を述べるときに用いる「しかし」があてはまる。　**3**　「自然」と「人間」の対立は「古くから常識的」だったというのは，だれもが納得《なっとく》することなので，“間違《まちが》いなくそうだ”という意味の「たしかに」が合う。　**4**　人為《じんい》的でない「自然」と人間的現象の「文化」は対立語として定義されてきたので，エコロジーでも「自然」を考えるときは「人為的ではない『自然』」が想定されてきた，という文脈である。よって，前のことがらを原因・理由として，後にその結果をつなげるときに用いる「そのため」が入る。　**5**　自然には「すでに，多くの人々によって手が加えられ」てきたし，「今後」もそれは続くというのだから，ことがらをつけ加えるときに用いる「また」がよい。

問10　直前の段落で，いままで環境保護のためには「人間が自然に～介入しないこと」が求められてきたが，現在では「人間が自然をどう管理していくかが重要」だと述べられている。その代表例である，レオポルドの「自然保護の原理」を参考に，「自然に対し人間がどう介入していくかを重視している点」,「人間の自然に対する管理を必要なものとしている点」のような趣旨《しゅし》でまとめるとよい。

問11　この後で筆者は，「人間の利益」を実現するため自然にどうかかわるべきか，ノートンの環境保護論を紹介しながら説明している。「人間の利益」を実現するには，生態学的観点や自然の「精神的価値」などもふくむ「広い観点」から利益を考慮《こうりょ》し，また，個人の欲望などの短期的なものではなく「長期的な視野」が必要だと述べている。最後の二つの段落で，「自然に適応する形」で「広い視野に立って長期的な観点から自然を管理する」べきだとまとめられていることをおさえ，整理する。

二　慣用句の知識

ア「一を聞いて十を知る」の類義語には「目から鼻へぬける」などがある。　**イ**「一寸の虫にも五分の魂《たましい》」の類義語には「やせ腕《うで》にも骨」などがある。　**ウ**「三つ子の魂百まで」の類義語には「雀《すずめ》百まで踊《おど》りわすれず」などがある。　**エ**「千里の道も一歩から」の類義語には「雨だれ石をうがつ」などがある。　**オ**「七転び八起き」の類義語には「不撓不屈《ふとうふくつ》」などがある。
カ「九死に一生を得る」の類義語には「首の皮一枚でつながる」などがある。

三　漢字の書き取り

1　外国と商業取引を行うこと。輸入と輸出。　**2**　何かが終わったあとでも，なお周囲におよぶ影響《えいきょう》。　**3**　縦または南北の方向に通りぬけること。　**4**　ぴったりくっつけること。くっつくこと。　**5**　いくつも積み重なってできたものの，上のほう。　**6**　ある機関や団体において最終決裁権を持つ代表。　**7**　手短で簡単なようす。　**8**「線状降水帯」は，幅《はば》20～50km，長さ50～300kmにわたって積乱雲が次々と発生し，それが帯状に連なる現象。数時間同じ場所にとどまって激しい雨を降らせる。　**9**　音読みは「サン」で，「養蚕」などの熟語がある。
10　音読みは「ヨウ」で，「幼虫」などの熟語がある。

2023年度

明治大学付属明治中学校

【算　数】〈第２回試験〉（50分）〈満点：100点〉

注意　１．解答は答えだけでなく，式や考え方も解答用紙に書きなさい。（ただし，**1** は答えだけでよい。）

２．円周率《えんしゅうりつ》は3.14とします。

３．定規・分度器・コンパスは使用してはいけません。

1　次の□にあてはまる数を求めなさい。

(1)　$2.25\times\left(1\frac{2}{3}-0.6\right)-\left(1.5+\square\times2\frac{1}{12}\right)\div1\frac{1}{6}=\frac{2}{5}$

(2)　A，B，C３種類のボールペンは，１本あたりの値段がそれぞれ80円，95円，120円です。３種類のボールペンをそれぞれ何本か買う予定で，おつりがないように2780円を用意しました。AとBの買う本数を反対にすると75円余ります。また，BとCの買う本数を反対にすると75円不足します。はじめに，Aを□本買う予定でした。ただし，消費税は考えないものとします。

(3)　Aさんが５歩で進む距離《きょり》をBさんは４歩で進み，１分間にAさんは105歩，Bさんは90歩進みます。Aさんが家を出て85歩進んだときに，BさんはAさんを追いかけて家から同じ道を進み始めました。このとき，Bさんは□歩でAさんに追いつきました。ただし，Aさん，Bさんはそれぞれ一定の歩《ほ》幅《はば》で進み，それぞれ一定の速さで進みます。

(4)　下の図のように，AB＝５cm，AD＝８cmの長方形ABCDがあります。辺AB，BC，CD，DA上にそれぞれ点E，F，G，Hがあり，AE＝CG＝２cm，FC＝HA＝３cmです。また，長方形ABCDの中に点Ｉがあります。このとき，㋐と㋑を合わせた面積は□cm^2です。

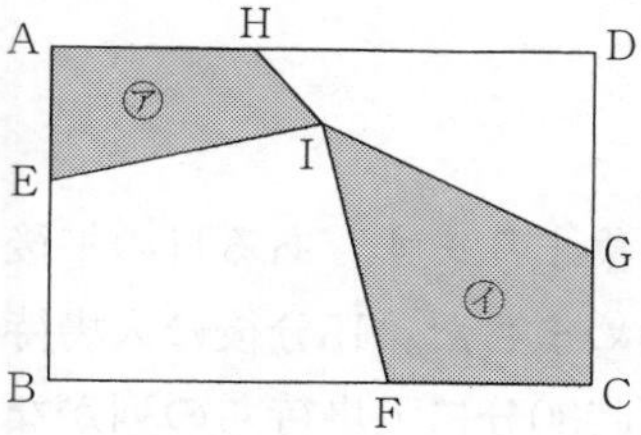

(5)　４人がけの長いすと７人がけの長いすが同じ数だけあります。１年生が４人がけの長いすに座ると，20人座れません。２年生が７人がけの長いすに座ると，８脚《きゃく》余り，最後の１脚には空席がありました。１年生と２年生の人数の比は3：4です。このとき，２年生の人数は□人です。

2　1，2，3，0，3，2，1の7個の数が，この順に繰《く》り返し並んでいます。最初の10個の数を１行目に，次の10個の数を２行目に，……と，以下同じように並べていくと，次のようになります。このとき，下の各問いに答えなさい。

1行目	1	2	3	0	3	2	1	1	2	3
2行目	0	3	2	1	1	2	3	0	3	2
3行目	1	1	2	3	0	3	2	1	1	2
4行目	3	0	3	2	1	1	2	3	0	3

⋮

(1)　100行目の最後の数はいくつですか。

(2)　１行目の最初の数から2023行目の最後の数までをすべて加えたら，いくつになりますか。

(3)　１行目の最初の数からある行の最後の数までをすべて加えたら，4851になりました。何行目の最後の数までを加えましたか。

3　次の図のように，平行四辺形ABCDがあり，面積は171 cm² です。辺AD，BC上にそれぞれ点E，Fがあり，AE：ED＝2：1，BF：FC＝1：1です。また，BE上に点Hがあり，BH：HE＝4：3です。AHをのばした直線と辺BCが交わる点をG，AGとEFが交わる点をIとします。このとき，下の各問いに答えなさい。

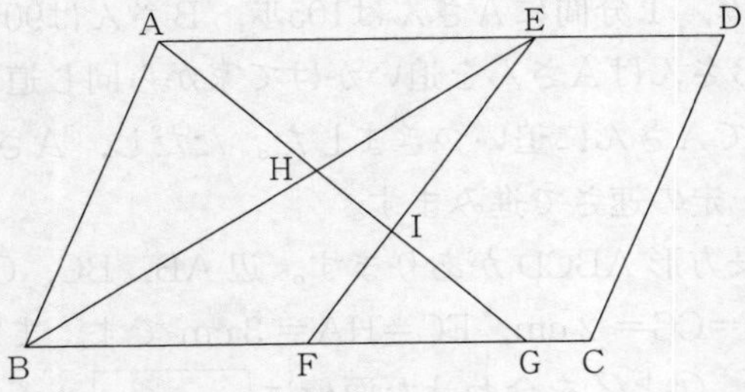

(1)　AI：IGをもっとも簡単な整数の比で表しなさい。

(2)　五角形EIGCDの面積は何 cm² ですか。

4　アメリカのプロ野球の試合では，観客が一定の割合で球場に集まります。ある日の午後５時に入場待ちの人がいない状態から入口22か所で同時に入場を始めました。15分後に入場待ちの列が長くなったので，入口を28か所に増やしたところ，午後５時30分に入場待ちの列がなくなりました。このとき，次の各問いに答えなさい。ただし，１つの入口では１分間に６人の割合で入場できます。

(1)　この日は１分間に何人の観客が球場に集まりましたか。

(2)　この日の午後５時15分の入場待ちの人は何人ですか。

(3)　次の日は有名選手が出場するため，観客が球場に集まる割合は前の日の1.5倍になります。午後５時に入場待ちの人がいない状態から，入口の数を前の日の午後５時の1.5倍にして同時に入場を始めました。20分後に入口を何か所か増やして，午後６時までに入場待ちの列がなくなるようにするには，入口を少なくとも何か所増やせばよいですか。

5　Ａ町とＢ町の間を往復し続ける自転車とバスがあり，自転車は90分かけて往復し，バスは40分かけて往復します。午前８時に自転車はＡ町を出発してＢ町へ，同時にバスはＢ町を出発してＡ町へ向かいました。このとき，自転車とバスが最初に出会ってから自転車がバスに最初に追いこされるまでの自転車とバスの進んだ道のりを合わせると19.2kmでした。自転車とバスはそれぞれ一定の速さで進むものとします。このとき，次の各問いに答えなさい。

⑴　自転車がバスに最初に追いこされてから自転車が最初にＢ町に着くまでに何分かかりましたか。

⑵　Ａ町からＢ町までの道のりは何kmですか。

⑶　自転車とバスが４回目に出会うのは午前何時何分ですか。

【社　会】〈第２回試験〉（40分）〈満点：75点〉

Ⅰ　次の**図１**は東日本の盆地を示したものです。この図を見て，以下の問いに答えなさい。

図１

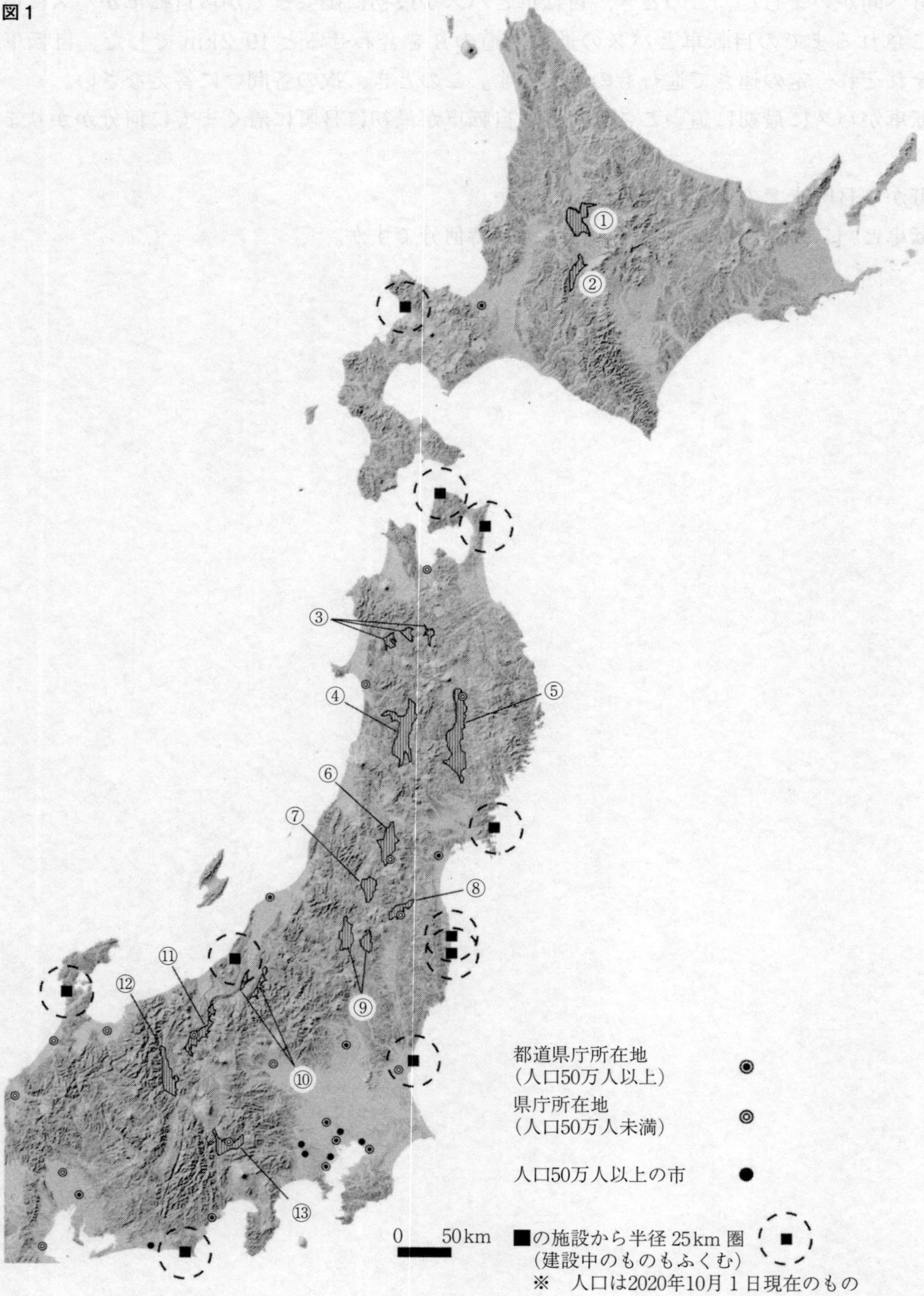

１　**図１**中の①～⑩は盆地を表しています。次のページの表は，それぞれの盆地名，盆地を流れる河川，盆地にある市(一部)をまとめたものです。以下の問いに答えなさい。

	盆地名	盆地を流れる河川	盆地にある市(一部)
①	[あ]盆地	[か]川	旭川市
②	富良野盆地	空知川	富良野市
③	鷹巣盆地・大館盆地・花輪盆地	米代川	大館市・北秋田市
④	[い]盆地	[き]川	大仙市・湯沢市
⑤	[う]盆地	[く]川	盛岡市・花巻市
⑥	山形盆地	[け]川	山形市・寒河江市
⑦	[え]盆地	[け]川	
⑧	福島盆地	[こ]川	福島市
⑨	[お]盆地・猪苗代盆地	阿賀川・只見川	
⑩	十日町盆地・六日町盆地	信濃川	十日町市

(1) 空らん[あ]～[お]に入る組み合わせとして正しいものを次の**ア**～**オ**の中から1つ選び，記号で答えなさい。

	[あ]	[い]	[う]	[え]	[お]
ア	夕張	秋田	盛岡	長井	郡山
イ	旭川	能代	花巻	新庄	阿武隈
ウ	上川	横手	北上	米沢	会津
エ	名寄	大曲	岩手	郡山	阿賀野
オ	北見	田沢	宮古	会津	只見

(2) 空らん[か]～[こ]に入る組み合わせとして正しいものを次の**ア**～**オ**の中から1つ選び，記号で答えなさい。

	[か]	[き]	[く]	[け]	[こ]
ア	忠別	最上	久慈	能代	北上
イ	岩見沢	阿武隈	名取	雄物	那珂
ウ	石狩	雄物	北上	最上	阿武隈
エ	十勝	北上	雄物	阿武隈	久慈
オ	千歳	能代	那珂	上杉	名取

2 次の雨温図は，**図1**中の④⑤⑩⑪⑬の盆地内にある観測地の雨温図です。5つの地点と雨温図の組み合わせとして正しいものをあとの**ア**～**オ**の中から1つ選び，記号で答えなさい。

A

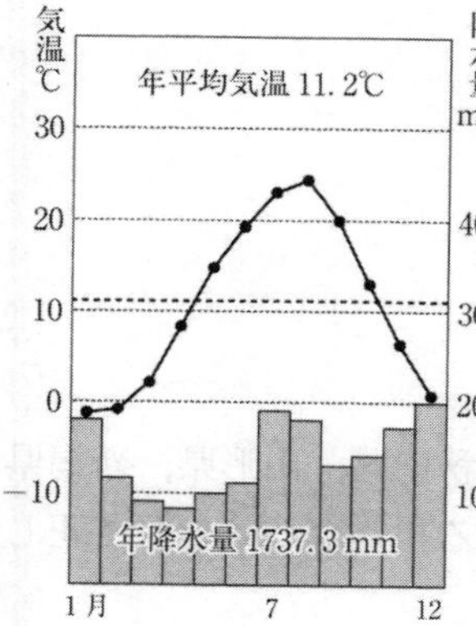

B

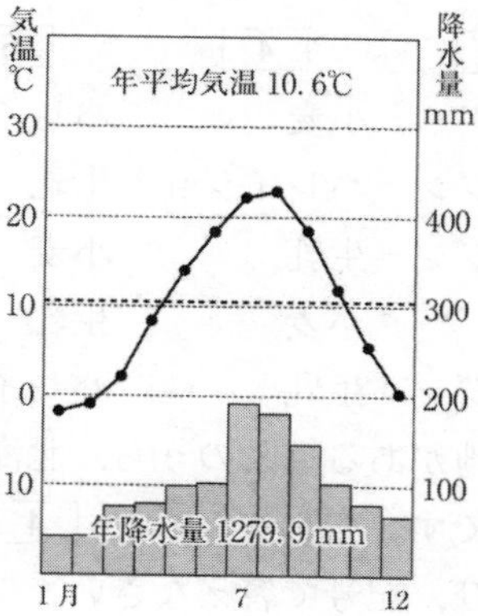

C

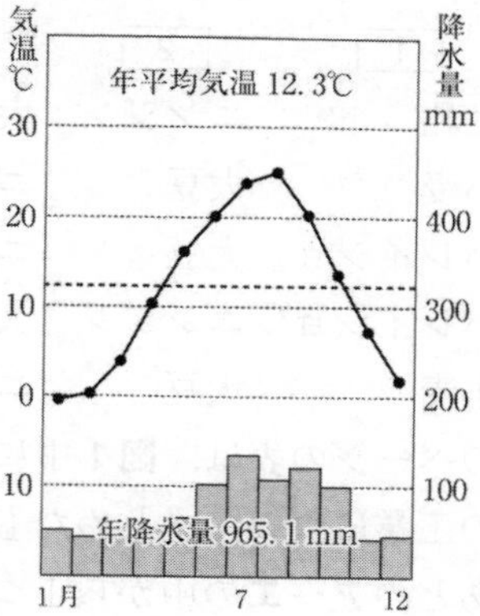

D

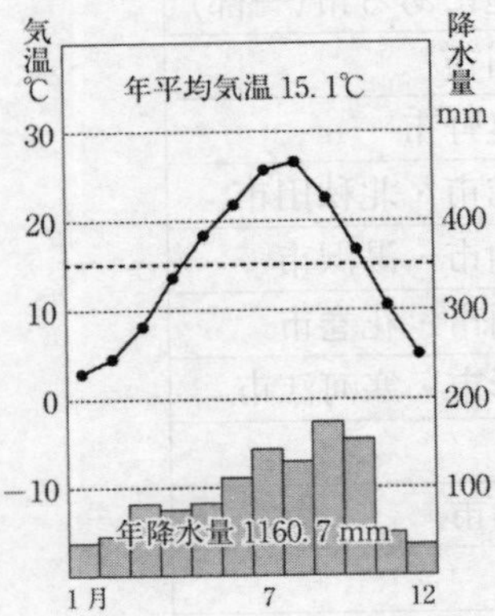

E

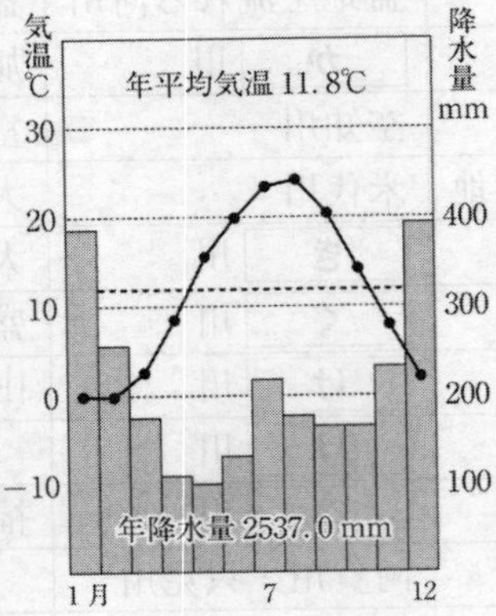

	④	⑤	⑩	⑪	⑬
ア	B	A	E	C	D
イ	A	B	E	C	D
ウ	E	B	A	D	C
エ	A	C	E	B	D
オ	E	D	A	B	C

3　**図１**中の①～⑩の盆地を流れる河川のうち，太平洋に流れ出るものをすべて選び，①～⑩の番号で答えなさい。なお番号の小さい方から順に答えること。

4　**図１**中の②の盆地は，北海道地方の中心に位置し，「北海道のヘソ」と呼ばれ，農業が盛んにおこなわれています。次の表は，北海道の生産量が１位となっている農産物に関する情報をまとめたものです。空らん 1 ～ 5 に入る組み合わせとして正しいものをあとの**ア**～**オ**の中から１つ選び，記号で答えなさい。

農産物名	全国 生産量 （トン）	北海道の 生産量 （トン）	 全国比 （％）	生産量２位以下の都府県 ２位	 ３位	 ４位	 ５位
1	1,097,000	728,400	66.4	福岡県	佐賀県	愛知県	三重県
2	246,500	105,400	42.8	宮城県	秋田県	滋賀県	青森県
3	585,900	183,200	31.3	千葉県	徳島県	青森県	長崎県
4	2,205,000	1,733,000	78.6	鹿児島県	長崎県	茨城県	千葉県
5	7,592,061	4,265,600	56.2	栃木県	熊本県	岩手県	群馬県

［日本国勢図会　2022/23　80版より作成］

	1	2	3	4	5
ア	生乳	ニンジン	大豆	小麦	バレイショ
イ	小麦	大豆	ニンジン	バレイショ	生乳
ウ	バレイショ	大豆	ニンジン	生乳	小麦
エ	バレイショ	ニンジン	大豆	小麦	生乳
オ	小麦	大豆	ニンジン	生乳	バレイショ

5　次のページの表は，**図１**中に盆地がある道県のうち，北海道，秋田県，山形県，新潟県，長野県の工業についてまとめたものです。空らん 1 ～ 4 に入る組み合わせとして正しいものをあとの**ア**～**エ**の中から１つ選び，記号で答えなさい。

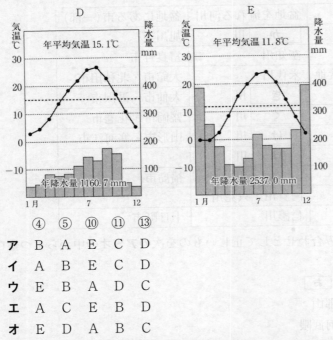

道県	製造品 出荷額等 (億円)	産業別製造品出荷額等(億円)			
		1位	2位	3位	4位
1	61,336	食料品 22,288	石油・石炭 7,872	鉄鋼業 3,967	パルプ・紙 3,880
秋田県	12,998	電子部品・回路 3,735	食料品 1,150	生産用機械器具 1,014	業務用機械器具 855
2	62,194	情報通信機械 10,879	電子部品・回路 7,385	生産用機械器具 7,073	食料品 5,916
3	28,679	電子部品・回路 5,008	食料品 3,309	情報通信機械 3,280	化学工業 2,680
4	50,113	食料品 8,185	化学工業 6,403	金属製品 5,748	生産用機械器具 4,260

［日本国勢図会　2022/23　80版より作成］

	1	2	3	4
ア	北海道	新潟県	長野県	山形県
イ	新潟県	山形県	北海道	長野県
ウ	新潟県	長野県	山形県	北海道
エ	北海道	長野県	山形県	新潟県

6　次の地図は，**図１**中の④⑩⑪⑫の盆地を通っている鉄道路線を表しています。**あ**～**え**が示している鉄道路線として正しいものをあとの**ア**～**カ**の中からそれぞれ１つ選び，記号で答えなさい。

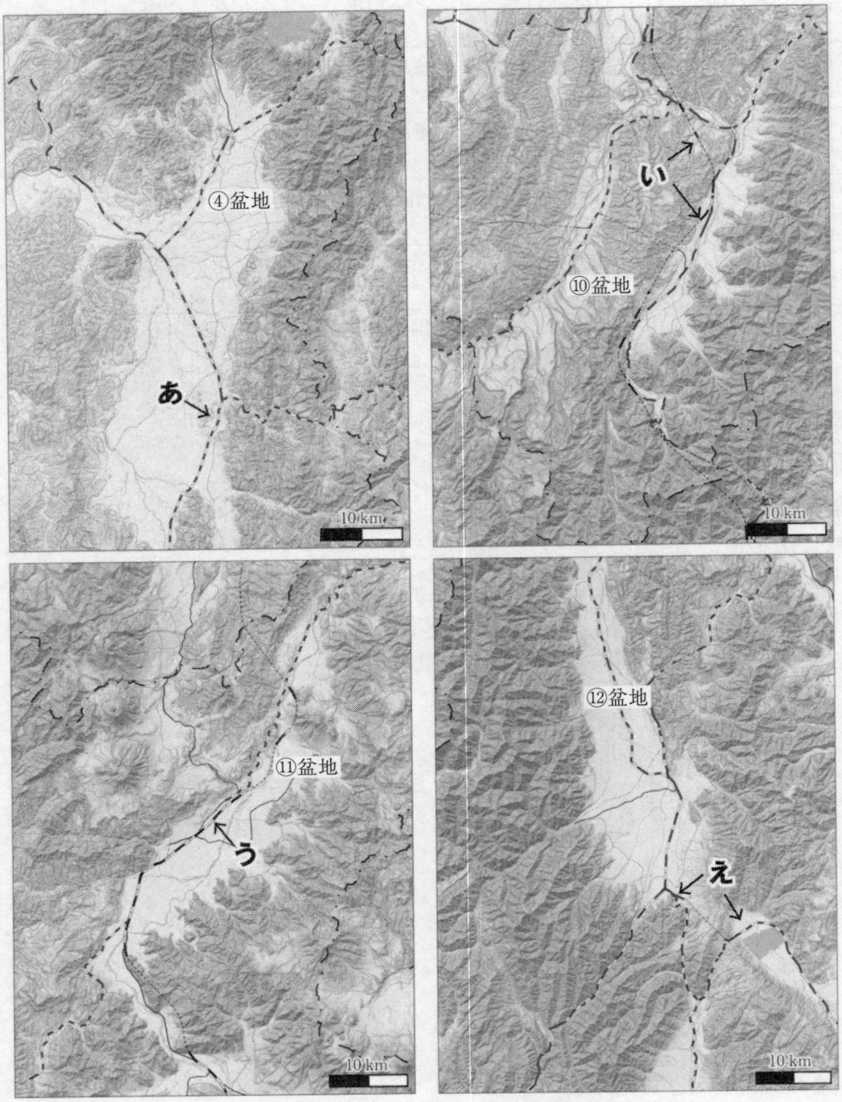

ア　中央本線　　**イ**　上越新幹線　　**ウ**　北陸新幹線
エ　奥羽本線　　**オ**　信越新幹線　　**カ**　東北本線

7　**図１**中に■で示したものは，生活の基盤を支える公共性を持つある施設の分布を示しています。また，点線で囲んだ円はその施設から半径25km圏を示したものです。以下の問いに答えなさい。

(1)　この施設の名称を答えなさい。

(2)　この施設とそれを囲んだ点線の範囲から読み取れる，施設の立地（建てられている場所）の特徴を説明しなさい。

8　次の地形図について，以下の問いに答えなさい。

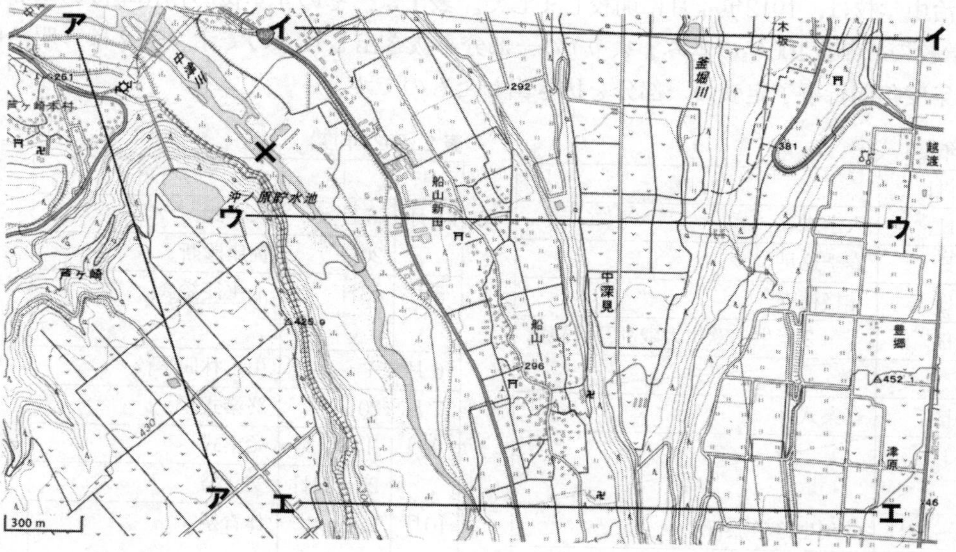

(**1**)　地形図中の×印の地点から見て，中津川が流れていく方向を八方位で答えなさい。

(**2**)　次の図は，地形図中の直線**ア**～直線**エ**のいずれかの断面を表しています。断面として正しいものを地形図中の**ア**～**エ**の中から１つ選び，記号で答えなさい。

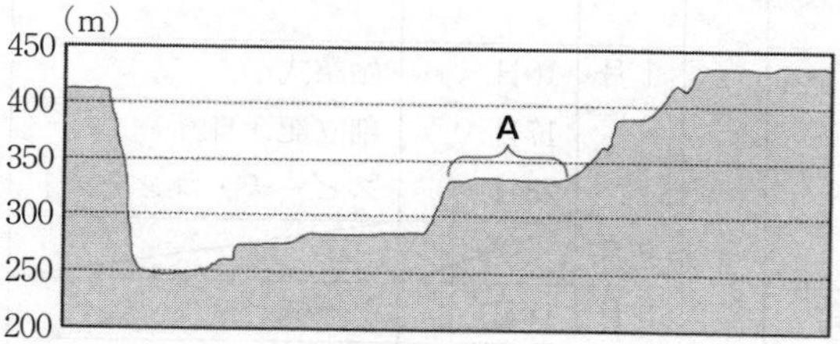

(**3**)　上の断面図の**A**の場所の土地利用を，地図記号から読み取り答えなさい。

Ⅱ　次の文章を読み，以下の問いに答えなさい。

旧制明治中学校は，1912年４月に開校しました。**表１**は，その４年後の1916年度の年間行事(明治中学校の『年表100年の歩み』より)の一部分を抜き出したものです。**表２**は，明治中学校の2022年度年間行事予定表の一部分を抜き出したものです。

表１(1916年度)

月	日	行事
４月	６日	入学式
	29日	春季遠足
５月	２日	体格検査
	29日	１・２年生①欧州大戦乱写真観覧
６月		
７月	30日	終業式
９月		
10月	21～23日	５年生修学旅行
	31日	天長節祝賀式
11月	３日	②立太子礼祝賀式
	22日	４年生対３年生剣道試合
12月	２日	４・５年生③発火演習
	24日	終業式
１月	17日	創立記念日につき休業
２月	11日	④紀元節祝賀式
３月	14日	第１回卒業生72名の氏名発表式

表２(2022年度)

月	日	行事
４月	６日	入学式
	20日	健康診断
５月	13日	⑤生徒総会
６月	１～３日	中１林間学校
７月	20日	終業式
９月	１日	始業式
	23～24日	文化祭
10月	27日	体育祭
11月	１日	創立記念祝日
	10日	芸術祭
12月	24日	終業式
１月	10日	始業式
	17日	創立記念日
	25日	スピーチ・コンテスト
２月		
３月	18日	終業式
	19日	第76回卒業式

表３は，**表２**の日付に起こった歴史的なできごとを『日本史「今日は何の日」事典』を参考にまとめたものです(明治５年(1872年)までは太陰太陽暦，同６年以降は太陽暦によります)。

表３

	日付	できごと
A	４月20日	⑥尚巴志が亡くなる
B	９月１日	[あ] 発生
C	11月１日	⑦蘇我入鹿が山背大兄王らを襲う
D	11月10日	⑧内務省を設置
E	12月24日	奄美群島返還の日米協定調印
F	１月10日	⑨藤原頼長を内覧とする
G	１月17日	[い] 発生

1　空らん [あ]・[い] に入る地震として正しいものをあとの**ア**～**オ**の中からそれぞれ１つ選び，記号で答えなさい。

ア　関東地震(関東大震災)

イ　熊本地震

ウ　新潟県中越地震

エ　兵庫県南部地震(阪神・淡路大震災)

オ　東北地方太平洋沖地震(東日本大震災)

2　下線部①についての記述として正しくないものを次の**ア**～**エ**の中から１つ選び，記号で答えなさい。

ア　1914年，日本は日英同盟を理由に連合国側で参戦した

イ　1915年，イタリアは連合国側で参戦した

ウ　1917年，アメリカは連合国側で参戦した

エ　1917年，フランスでは革命が起こった

3　下線部②に関して，立太子とは公式に皇太子を立てることです。この時に皇太子となった人物として正しいものを次の**ア**～**エ**の中から１つ選び，記号で答えなさい。

ア　睦仁(明治天皇)　　**イ**　嘉仁(大正天皇)

ウ　裕仁(昭和天皇)　　**エ**　明仁(現上皇)

4　下線部③についての写真として正しいものを次の**ア**～**エ**の中から１つ選び，記号で答えなさい。ただし，写真はすべて昭和時代に撮影されたものです。

ア

イ

ウ

エ

5　下線部④についての記述として正しくないものを次の**ア**～**エ**の中から１つ選び，記号で答えなさい。

ア　明治政府は，神武天皇即位の祝日と定めた

イ　1948年に日本国憲法の理念にふさわしくないものとして廃止された

ウ　現在は，「憲法記念日」として祝日になっている

エ　この日に，学校では校長の祝辞・生徒への訓示などが行われた

6　下線部⑥についての記述として正しくないものを次の**ア**～**エ**の中から１つ選び，記号で答えなさい。

ア　三山(北・中・南)を統一した　　**イ**　首里城を整備した

ウ　那覇港を開いた　　**エ**　宋との朝貢貿易を行った

7　下線部⑦に関連して，この人物の父である蘇我蝦夷が生きていた時代に創建された建造物として正しいものを次の**ア**～**エ**の中から１つ選び，記号で答えなさい。

ア

イ

ウ

エ

8　下線部⑧についての記述として正しいものを次の**ア**～**エ**の中から１つ選び，記号で答えなさい。

ア　勧業・警察・地方行政を中心に国内行政を総括した　　**イ**　皇室事務を司った

ウ　司法行政を担当した　　**エ**　宗教事務を統括した

9　下線部⑨は保元の乱で敗死した人物です。保元の乱についての記述として正しくないものを次の**ア**～**エ**の中から１つ選び，記号で答えなさい。

ア　崇徳上皇方と後白河天皇方とに分かれた

イ　平清盛は崇徳上皇方についた

ウ　源義朝は後白河天皇方についた

エ　崇徳上皇は敗れ，讃岐に島流しとなった

10　**表３**の**A**，**C**，**D**，**E**，**F**のできごとを時代の古い順に並べ，記号で答えなさい。

11　**表１**の年に，校歌が制定されました。この校歌の４番の歌詞は，次のようになっています。

> 世界に王たる日の本の　　国民の基と身をなして
> 我等が校の名を掲げむ　　我等が校の威を掲げむ

戦後，連合国軍総司令部(GHQ)はこの校歌を歌うことを禁止しました。その後，生徒たちの間で明治大学の校歌が歌われるようになり，現在はそれが明治中学校の校歌となっています。連合国軍総司令部(GHQ)が旧校歌を禁止した理由を説明しなさい。

12　**表１**・**表２**を比較して，以下の問いに答えなさい。

(1)　明治大学の前身となる明治法律学校が創立された日付を答えなさい。

(2)　下線部⑤は**表１**には存在しませんが，**表２**には存在している行事です。日本では，民主主義の浸透《しんとう》をめざして各学校に生徒会が組織されました。生徒総会は，学校をよりよくするために生徒自身の手で行われる会議で，現在の明治中学校では全校生徒が参加しています。『年表100年の歩み』の中で生徒総会が初めて登場する年として正しいものを次の**ア**～**エ**の中

から１つ選び，記号で答えなさい。

ア　1919年　　**イ**　1937年　　**ウ**　1951年　　**エ**　1989年

(3)　**表１**・**表２**から読み取れることとして正しくないものを次の**ア**～**エ**の中から１つ選び，記号で答えなさい。

ア　1916年度も2022年度も，３学期制が採用されている

イ　1916年度の中学は第１学年から第４学年までの生徒が在籍していたが，2022年度は第１学年から第３学年までの生徒が在籍している

ウ　1916年度は体格検査が行われていたが，2022年度は健康診断が行われている

エ　学校行事として，1916年度は遠足が行われていたが，2022年度は体育祭，芸術祭，スピーチ・コンテストが行われている

(4)　明治高等学校・中学校は，1912年に開校した旧制明治中学校として始まり，2022年で110年の節目を迎えました。しかし，2022年度の中学卒業式は第76回となっています。第76回である理由を説明しなさい。

Ⅲ　次の文章をよく読み，以下の問いに答えなさい。

2022年の８月に①内閣改造が行われ，岸田首相は「我が国は国の内外で数十年に一度とも言える様々な課題に直面して」いるため，「経験と実力を兼ね備えた閣僚を起用」したと記者会見でその理由を説明しました。首相が列挙したように，昨年は「新型コロナ（ウイルス），②ウクライナ危機，台湾をめぐる米中関係の緊張，③国際的な物価高」といった課題が大きく報道されました。日本国内を注視してみても，ここに挙げられていない，未解決のままにされてきた様々な課題が山積しており，④第二次岸田内閣の閣僚ではそうした課題に対処するのが難しかったため，14人もの閣僚を「経験と実力を兼ね備えた」人に交代させたという見方もあります。通常，内閣改造を行うと内閣支持率が上昇しますが，新たな閣僚たちにも⑤「特定の宗教団体」やその関連団体と何らかの接点があったことが次々と明らかになり，国民の政治に対する不信感が高まったのか，支持率の上昇にはつながらなかったようです。

さて，内閣改造に先立つ７月に⑥参議院議員選挙が行われました。衆議院議員選挙のことを［　あ　］選挙と呼ぶのに対し，参議院議員選挙は［　い　］選挙と呼ばれ，３年ごとに半数ずつ改選されます。2018年に［　う　］が施行されてから３回目の国政選挙で，女性候補の割合は過去最高となりましたが，2025年までにその割合を35％にするという政府目標は未達成で，⑦政治における男女格差は大きな課題となっています。世界経済フォーラムという国際機関が発表する「ジェンダーギャップ指数」の順位でも日本は146か国中116位で，特に「政治」分野が順位を押し下げています。国会議員の男女比や閣僚の男女比などが原因とされており，問題解決のために諸外国のようなクオータ制の導入についても議論されています。しかし，これらの問題に対し，野党は比較的積極的ですが，与党には後ろ向きの議員が少なくないようです。性的少数者への差別をなくすことを目指した法案も，「差別禁止」という言葉を盛り込むことへの反対があり，「［　え　］増進」という言葉になりましたが，それでも与党の反対で国会に提出されませんでした。安倍元首相が会長を務め，与党議員の大多数が参加している※議員連盟の会合では，⑧同性愛を精神障害や依存症だとする考えの書かれた冊子が配られ問題視されました。第二次岸田改造内閣は，こうした課題にどのように向き合っていくのか，私たちも注

視し続けなければならないでしょう。

※　特定の目的のために，政党の枠などを超えて活動する国会議員の自主的な集まり

1　空らん あ ・ い ・ え に入る適切な語句を答えなさい。

2　空らん う に入る法律に関連する説明として正しくないものを次の**ア**～**エ**の中から１つ選び，記号で答えなさい。

ア　この法律は議会選挙における男女の候補者数の均等を目指して制定された

イ　2021年の改正で，性的嫌がらせや妊娠・出産への差別防止が国に求められた

ウ　2021年の改正で，女性候補を増やす数値目標の設定を政党の義務にした

エ　2022年の参院選における与党の女性候補の割合は20％台にとどまった

3　下線部①について，特命担当大臣の一人は，今年の４月に発足する，ある「庁」を担当します。この「庁」の名称を答えなさい。

4　下線部②について，日本に影響したこととして正しくないものを次の**ア**～**エ**の中から１つ選び，記号で答えなさい。

ア　侵攻当初からウクライナからの避難民を正式な「難民」に認定し，受け入れた

イ　国会では，ロシア軍によるウクライナへの侵攻を非難する決議案が採択された

ウ　首相・閣僚・国会議員・国際政治学者などがロシアから入国禁止措置にされた

エ　ウクライナの地名を，ロシア語からウクライナ語の発音に近い表記に変更した

5　下線部③について，以下の問いに答えなさい。

(1)　「ステルス値上げ」はどのようなことを表現した言葉か，正しいものを次の**ア**～**エ**の中から１つ選び，記号で答えなさい。

ア　似たような商品を値上げして，値上げしない商品を安く見せかけること

イ　商品の価格は変えずに，重量や内容量を減らして実質的に値上げすること

ウ　ひそかに値下げして，他社の商品の価格が高くなった印象を与えること

エ　消費者に気付かれないように，毎月ほんの少しずつ価格を引き上げること

(2)　物価高は国内や海外とのお金のやりとりにも影響を与えていると考えられています。次の文章の， お ～ け に入る言葉の正しい組み合わせをあとの**ア**～**カ**の中から１つ選び，記号で答えなさい。

> 銀行はお金を預けてくれた人に利息を払い，お金を借りた人からは利子を受け取ります。この割合を金利と言い，銀行は預金金利と貸出金利の差を利益とします。世界的に物価が上昇する中，長らく景気のよくない日本の金利は お い水準のままですが，物価高をおさえたいアメリカは「現金を使うよりも今は預金した方がよい」というメッセージを人々に送るため，金利を引き か げました。日米の金利を比べたときに，日本より金利の き いアメリカの銀行にドルで預金した方が得だと考えた人たちが，「円 く ドル け 」を進めたので，これも円安に進んだ要因の一つだと考えられています。

	お	か	き	く	け
ア	低	上	高	買い	売り
イ	高	上	高	売り	買い

ウ	低	上	低	売り	買い
エ	高	下	低	買い	売り
オ	低	上	高	売り	買い
カ	高	下	高	売り	買い

6　下線部④について，この中の経済産業大臣は新たに設置されたGX担当大臣を兼任していますが，このGXとはどのような意味か，正しいものを次の**ア**～**エ**の中から１つ選び，記号で答えなさい。

ア　性差別の問題を解消し，男女共同参画社会の実現を促進すること

イ　デジタル技術を社会に浸透させ，人々の生活を大きく変えること

ウ　暗号資産(仮想通貨)を社会に普及させ，経済活動を活発にすること

エ　脱炭素社会への取り組みを通じて，社会構造を大きく変えること

7　下線部⑤について，「政教分離」という原則に関する以下の文の中で，正しくないものを次の**ア**～**エ**の中から１つ選び，記号で答えなさい。

ア　宗教団体は，自らを母体とする政治団体を作って政治活動をしてもよい

イ　那覇市が孔子廟《こうしびょう》に公園の土地を無償で提供したことが，最高裁で違憲となった

ウ　神社の祭に際し，地方自治体が公金を使い金品を納めることは憲法に違反する

エ　憲法は，全ての学校に対し特定の宗教の宗教教育や宗教的活動を禁止している

8　下線部⑥について，公職選挙法に定められた，現在の衆参両院の議員定数として正しいものを次の**ア**～**エ**の中から１つ選び，記号で答えなさい。

ア　衆議院500人・参議院252人　**イ**　衆議院475人・参議院242人

ウ　衆議院480人・参議院247人　**エ**　衆議院465人・参議院248人

9　下線部⑧について，これは世界保健機関という国連機関によって以前から否定されています。この国連機関のアルファベットの略称として正しいものを次の**ア**～**エ**の中から１つ選び，記号で答えなさい。

ア　WHO　**イ**　UNICEF　**ウ**　UNHCR　**エ**　WTO

10　下線部⑦の中に出てくる「クオータ制度」とは「性別などを基準にし，一定の人数や比率を割り当てる」というものです。あなたはこの制度の導入についてどのように考えるか，以下の問いに答えなさい。

(1)　あなたは男子18名・女子18名の学級の一員だとします。今，修学旅行委員４名を決めようとしていますが，「男女２名ずつにすべきだ」という意見が出てきました。あなたは賛成か反対かの意見を求められています。どちらの立場をとるか，解答用紙に○をつけ，その理由を説明しなさい。

(2)　あなたの意見に反対する人たちからは，どのような反論が出てくると予想されますか。予想される反論を考えて答えなさい。

(3)　日本の選挙にクオータ制度を導入することを，あなたはどのように考えますか。導入に伴う社会全体への影響や課題に必ずふれ，本文中の内容や**(1)**・**(2)**の設問もふまえて説明しなさい。

【理　科】〈第２回試験〉（40分）〈満点：75点〉

Ⅰ　次の図は，２種類の樹木Ⅰ，Ⅱに光をあてたときの，光の強さと，放出または吸収する酸素の量の関係を表したグラフです。グラフを見て，問いに答えなさい。

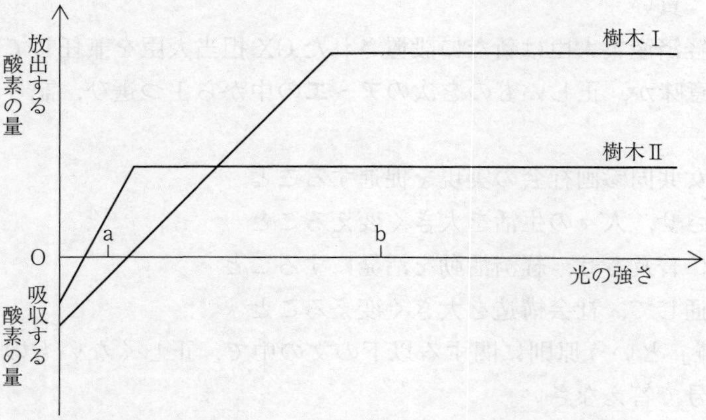

図

(1)　光があたっていないとき，樹木Ⅰ，Ⅱともに酸素を吸収しています。それは，樹木が何を行っているからですか。漢字で答えなさい。

(2)　樹木Ⅰ，Ⅱにａの強さの光があたっているときの樹木の成長のようすとして正しいものを選び，ア～オの記号で答えなさい。

ア　２種類の樹木は，同じくらい成長する。
イ　２種類の樹木ともに成長するが，樹木Ⅰの方が樹木Ⅱよりもよく成長する。
ウ　２種類の樹木ともに成長するが，樹木Ⅱの方が樹木Ⅰよりもよく成長する。
エ　樹木Ⅰは成長するが，樹木Ⅱは成長しない。
オ　樹木Ⅱは成長するが，樹木Ⅰは成長しない。

(3)　樹木Ⅰ，Ⅱにｂの強さの光があたっているときの樹木の成長のようすとして正しいものを選び，ア～オの記号で答えなさい。

ア　２種類の樹木は，同じくらい成長する。
イ　２種類の樹木ともに成長するが，樹木Ⅰの方が樹木Ⅱよりもよく成長する。
ウ　２種類の樹木ともに成長するが，樹木Ⅱの方が樹木Ⅰよりもよく成長する。
エ　樹木Ⅰは成長するが，樹木Ⅱは成長しない。
オ　樹木Ⅱは成長するが，樹木Ⅰは成長しない。

(4)　樹木Ⅰ，Ⅱの組み合わせとして正しいものを選び，ア～エの記号で答えなさい。

ア　樹木Ⅰ　クヌギ，樹木Ⅱ　アカマツ　　イ　樹木Ⅰ　アカマツ，樹木Ⅱ　カシ
ウ　樹木Ⅰ　カシ，　樹木Ⅱ　シイ　　　　エ　樹木Ⅰ　シイ，　　樹木Ⅱ　クヌギ

(5)　(4)で答えた樹木Ⅰと樹木Ⅱの両方が生育している林があります。この林はやがてどのように変化していきますか。あてはまるものを選び，ア～エの記号で答えなさい。

ア　樹木Ⅰが多い林になっていく。
イ　樹木Ⅱが多い林になっていく。
ウ　樹木Ⅰ，Ⅱの割合はほとんど変化しない。
エ　樹木Ⅰ，Ⅱともに枯《か》れて，別の樹木の林となる。

Ⅱ　a草むらにいるトノサマバッタは，同じ場所で定住するのに適した体の形になっています。b大量発生時のトノサマバッタは，その環境《かんきょう》に適応するよう，成虫の体の形や行動が大きく変わることが知られています。このことについて，問いに答えなさい。

(1)　下線部aのトノサマバッタのはねについての説明として正しいものを選び，ア～カの記号で答えなさい。

ア　アブと同じ，２枚である。
イ　カブトムシと同じ，２枚である。
ウ　ノミと同じ，２枚である。
エ　カと同じ，４枚である。
オ　セミと同じ，４枚である。
カ　トビムシと同じ，４枚である。

(2)　下線部aのトノサマバッタのえさについての説明として正しいものを選び，ア～カの記号で答えなさい。

ア　アブラナ科の植物の葉を主な栄養源としている。
イ　イネ科の植物の葉を主な栄養源としている。
ウ　ミカン科の植物の葉を主な栄養源としている。
エ　花のみつを主な栄養源としている。
オ　樹液を主な栄養源としている。
カ　動物や昆《こん》虫の死骸《がい》を主な栄養源としている。

(3)　下線部aのトノサマバッタの鼓膜《こまく》の位置についての説明として正しいものを選び，ア～カの記号で答えなさい。

ア　カと同じ，触《しょっ》角にある。
イ　キリギリスと同じ，触角にある。
ウ　コオロギと同じ，触角にある。
エ　セミと同じ，腹部にある。
オ　ハエと同じ，腹部にある。
カ　トノサマバッタは，鼓膜を持っていない。

(4)　下線部aのトノサマバッタの眼についての説明として正しいものを選び，ア～カの記号で答えなさい。

ア　複眼を２個持つ。
イ　単眼を２個持つ。
ウ　複眼は，小さい目が集まっている。
エ　単眼は，小さい目が集まっている。
オ　複眼は，明るさを感じている。
カ　単眼は，物の形や色を見分けている。

(5)　次の文章は，下線部bについて説明したものです。文章中の①～④にあてはまる語句の組み合わせとして正しいものを選び，ア～クの記号で答えなさい。

トノサマバッタが大量発生すると，産む卵の数を（ ① ）してそれ以上密集するのを防ぐとともに，体がやや（ ② ）なり，集団生活に適応した形になります。また，大量発生すると食べ物が不足することが多くなるため，はねを(　③　)することで，飛ぶことができる距離《きょり》を(　④　)し，食べ物にありつける機会を増やそうとします。

	①	②	③	④
ア	多く	大きく	短く	短く
イ	多く	大きく	長く	長く
ウ	多く	小さく	短く	短く
エ	多く	小さく	長く	長く
オ	少なく	大きく	短く	短く
カ	少なく	大きく	長く	長く
キ	少なく	小さく	短く	短く
ク	少なく	小さく	長く	長く

Ⅲ　炭酸カルシウムの粉末とうすい塩酸を用いて，【実験１】，【実験２】を行いました。これらの実験について問いに答えなさい。

【実験１】

手順１　図のように，炭酸カルシウムの粉末の入った容器に，うすい塩酸の入った試験管を入れ，密閉してから全体の重さをはかった。

手順２　容器を密閉したまま傾《かたむ》け，炭酸カルシウムの粉末とうすい塩酸を反応させると気体が発生した。

手順３　完全に反応が終わったら，容器全体を密閉したまま重さをはかった。

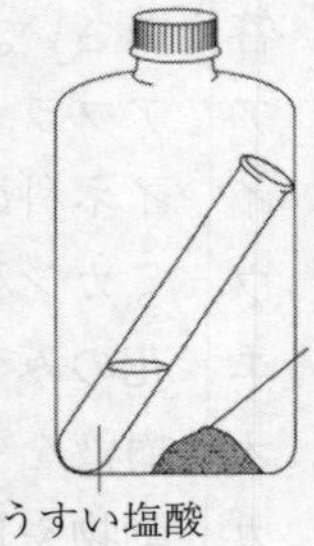

図

【実験２】

炭酸カルシウムの粉末とうすい塩酸７cm³を反応させ，発生した気体の重さをはかった。炭酸カルシウムの重さと発生した気体の重さの関係をまとめると，次の表のようになった。

炭酸カルシウム(g)	0.1	0.2	0.3	0.4	0.5	0.6
発生した気体の重さ(g)	0.044	0.088	0.132	0.154	0.154	0.154

表

(1)　【実験１】，【実験２】で発生した気体の性質として正しいものを選び，ア～クの記号で答えなさい。

ア　同じ体積の空気より軽い。

イ　同じ体積の空気より重い。

ウ　水に溶《と》けると酸性を示す。

エ　水に溶けるとアルカリ性を示す。

オ　水に溶けると中性を示す。

カ　BTB 溶液に通すと青色になる。

キ　BTB 溶液に通すと黄色になる。

ク　BTB 溶液に通すと緑色になる。

(2)　【実験１】，【実験２】で発生した気体と同じ気体が発生する反応を選び，ア～キの記号で答えなさい。

ア　貝殻《がら》にうすい塩酸を加える。

イ　二酸化マンガンにうすい過酸化水素水を加える。

ウ　銅にあたためた濃硫《のうりゅう》酸を加える。

エ　塩化アンモニウムと水酸化カルシウムを混ぜたものを加熱する。

オ　ロウソクを燃やす。

カ　酸化銀を加熱する。

キ　鉄粉にうすい硫酸を加える。

(3)　【実験１】において，反応が完全に終わった後の容器全体の重さは，反応前の容器全体の重さと比べてどうなりましたか。正しいものを選び，ア～ウの記号で答えなさい。

ア　軽くなった　　イ　重くなった　　ウ　変化しなかった

(4)　炭酸カルシウムの粉末0.25ｇとうすい塩酸７cm^3を反応させたとき，発生した気体の重さは何ｇですか。

(5)　炭酸カルシウムの粉末0.5ｇとうすい塩酸７cm^3を反応させたとき，残った炭酸カルシウムの重さは何ｇですか。また，残った炭酸カルシウムを完全に反応させるには，うすい塩酸はあと何cm^3必要ですか。

Ⅳ　ある固体が100ｇの水にどれくらい溶けるかを調べました。次の表は，水の温度と固体が溶けた量の関係をまとめたものです。表を見て，問いに答えなさい。

水の温度(℃)	20	40	60	80
固体が溶けた量(ｇ)	4.9	8.9	14.9	23.5

表

(1)　40℃の水150ｇに固体を溶けるだけ溶かしました。この水溶液の濃度は何％ですか。小数第２位を四捨五入して答えなさい。

(2)　80℃の水200ｇに固体を40ｇ溶かしました。この水溶液は，この固体をあと何ｇ溶かすことができますか。

(3)　80℃の水200ｇに固体を40ｇ溶かし，水溶液の温度を20℃まで下げたところ，固体の結晶《しょう》が出てきました。出てきた結晶は何ｇですか。

(4)　80℃の水200ｇに固体を40ｇ溶かした後50ｇの水を蒸発させ，水溶液の温度を20℃まで下げたところ，固体の結晶が出てきました。出てきた結晶は何ｇですか。小数第２位を四捨五入して答えなさい。

(5)　(4)で出てきた結晶をろ過する方法として正しいものを選び，ア～カの記号で答えなさい。

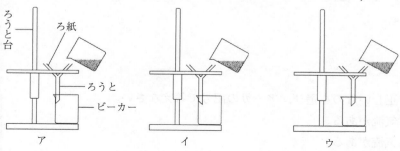

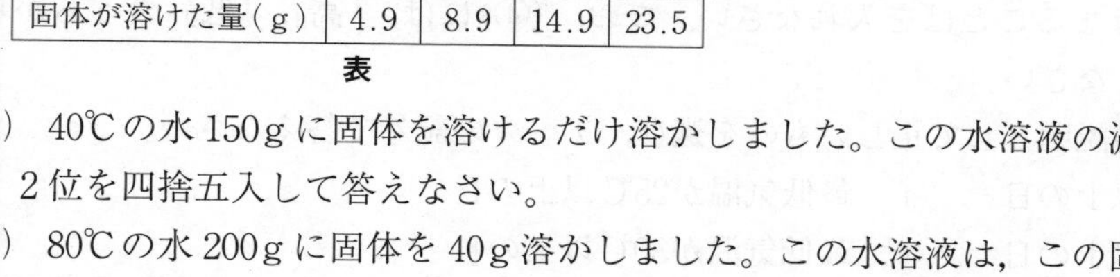

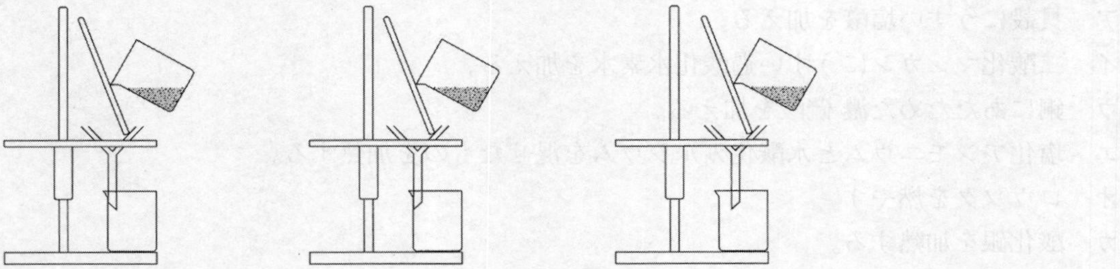

エ　　　　　オ　　　　　カ

Ⅴ　次の文章を読んで，問いに答えなさい。

昨年の６月下旬《じゅん》～７月上旬にかけて，梅雨時にもかかわらず，東京都心では９日間連続で a 猛《もう》暑日となるなど，猛烈《れつ》な暑さに見舞《ま》われた。これは，日本上空に吹《ふ》いている（ ① ）風が北に蛇《だ》行した影響《えいきょう》で b 太平洋高気圧が日本列島上空まで張り出し， c 梅雨前線が押《お》し上げられたことが主な原因だと考えられている。群馬県伊勢崎《いせさき》市では40.2℃を記録するなど，特に厳しい暑さとなった関東内陸部は（ ② ）現象の影響もあったとみられる。

また，７～８月には記録的な大雨が全国各地で降った。この記録的猛暑と大雨は，ペルー沖の太平洋の海面水温が例年よりも低くなる（ ③ ）現象の影響で，日本近海で海面水温が例年よりも（ ④ ）くなり，大量の水蒸気が発生して（ ⑤ ）雲が多く生まれる状態が続いていることが関係していたとみられる。（ ⑤ ）雲が次々と発生すると，同じ場所で長時間大雨を降らせる（ ⑥ ）帯も発生しやすくなる。

(1)　(①)～(⑥)にあてはまることばを入れなさい。なお，(④)には，「高」，「低」のうちからあてはまることばを入れなさい。

(2)　下線部ａの猛暑日の説明として正しいものを選び，ア～カの記号で答えなさい。

ア　最高気温が25℃以上の日　　イ　最低気温が25℃以上の日
ウ　最高気温が30℃以上の日　　エ　最低気温が30℃以上の日
オ　最高気温が35℃以上の日　　カ　最低気温が35℃以上の日

(3)　下線部ｂの太平洋高気圧の説明として正しいものを選び，ア～ケの記号で答えなさい。

ア　暖かく，湿《しめ》った空気の集まりである。
イ　暖かく，乾《かわ》いた空気の集まりである。
ウ　冷たく，湿った空気の集まりである。
エ　冷たく，乾いた空気の集まりである。
オ　主に春に発達する。
カ　主に夏に発達する。
キ　主に秋に発達する。
ク　主に冬に発達する。
ケ　一年中発達する。

(4)　高気圧の説明として正しいものを選び，ア～カの記号で答えなさい。

ア　中心付近には上昇《しょう》気流がある。
イ　中心付近には下降気流がある。
ウ　北半球では時計回りに風が吹き出す。

エ　北半球では時計回りに風が吹き込《こ》む。

オ　北半球では反時計回りに風が吹き出す。

カ　北半球では反時計回りに風が吹き込む。

(5)　下線部ｃの梅雨前線を天気図に表すときに最もよく用いられる記号を選び，ア～エの記号で答えなさい。

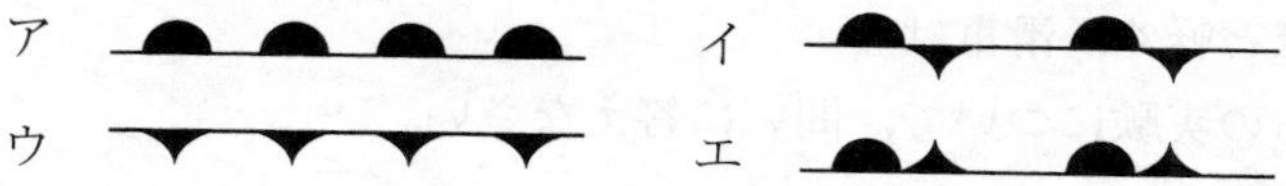

Ⅵ　水は，温度が変化すると，固体(氷)，液体(水)，気体(水蒸気)と状態を変えます。次のグラフは，氷に熱を加えていったときの，熱を加えた時間と温度の関係を表しています。グラフを見て，問いに答えなさい。

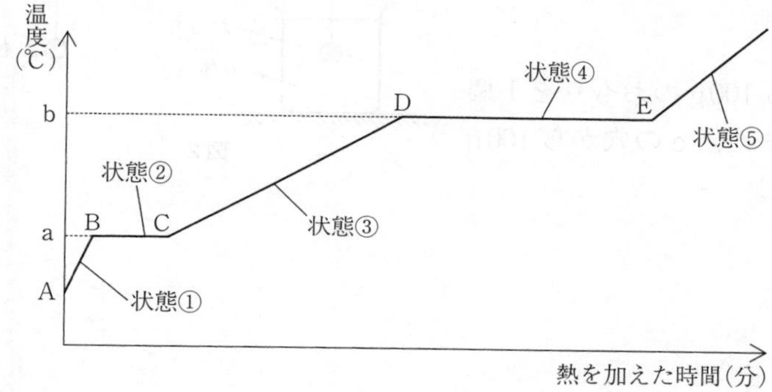

(1)　ａの温度は何℃ですか。

(2)　グラフのAB間とCD間とでは傾きが異なります。その理由として正しいものを選び，ア～エの記号で答えなさい。

ア　AB間はCD間より温度が低いから。

イ　AB間はCD間より体積が小さいから。

ウ　AB間はCD間より重さが小さいから。

エ　AB間はCD間よりあたたまりやすいから。

(3)　状態②として正しいものを選び，ア～オの記号で答えなさい。

ア　固体　　イ　液体　　ウ　気体　　エ　固体と液体　　オ　液体と気体

(4)　90℃の水120ｇに０℃の氷80ｇを入れてよくかき混ぜると何℃になりますか。かき混ぜることによる温度上昇はなく，熱は容器や空気中には逃《に》げないものとして答えなさい。ただし，１ｇの水の温度を１℃上げるのに必要な熱量を１カロリーといい，０℃の氷を０℃の水に変えるためには，１ｇあたり80カロリーの熱量が必要です。

(5)　気圧を一定に保ったまま温度を下げたところ，気体(水蒸気)が液体(水)に変化しました。これと同じ現象を表しているものを選び，ア～エの記号で答えなさい。

ア　標高の高いところに上ると雲ができる。

イ　氷水に食塩を入れると温度が下がる。

ウ　冬に外から室内へ入るとめがねがくもる。

エ　飲み物に氷を入れると冷たくなる。

Ⅶ　長さ35cmの一様な棒に，５cm間隔でａ～ｇの小さな穴をあけ，図１のように，この棒の中心ｄに糸を通して棒をつり下げました。それぞれの穴には，糸やばねをつるすことができます。この棒や，おもり，糸，ばね，滑《かっ》車等を用いて【実験１】～【実験７】を行いました。糸やばねの重さは無視できるほど軽く，滑車はなめらかに回るものとします。これらの実験について，問いに答えなさい。

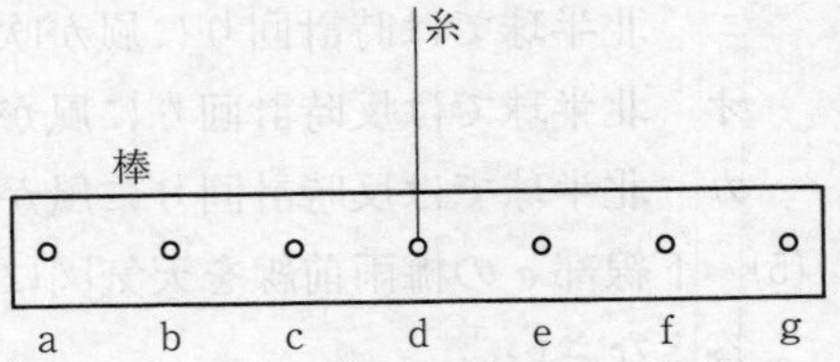

図１

【実験１】

図２のように，棒のｆの穴から100ｇのおもりを１個つるした。また，ａの穴から100ｇのおもりを１個つるして液体Ａの中に入れたところ，棒は水平になって静止した。

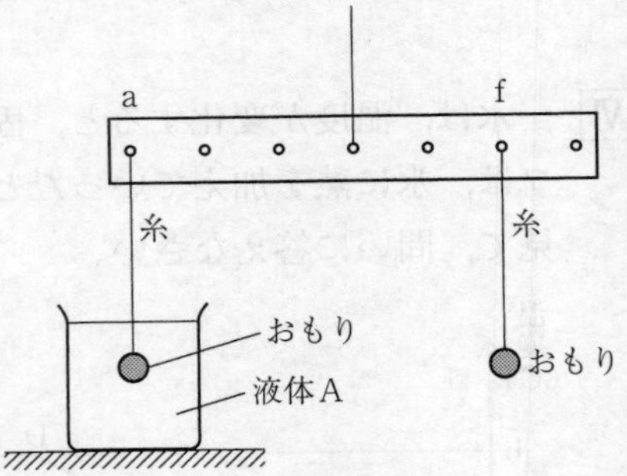

図２

【実験２】

図３のように，棒のｇの穴から100ｇのおもりを１個つるして液体Ａの中に入れた。また，ｃの穴から100ｇのおもりを何個かつるしていった。

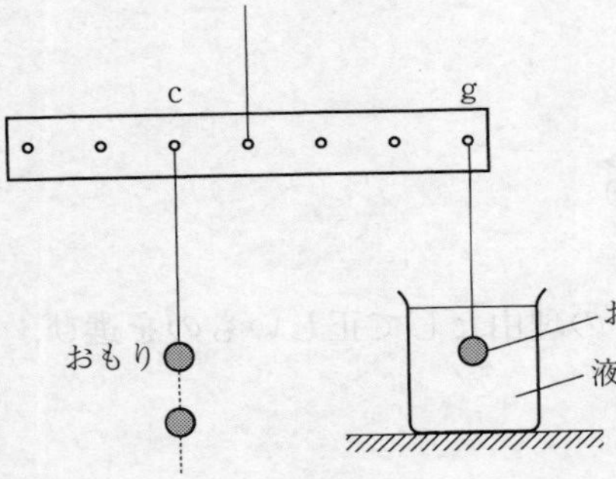

図３

(1)　ｃの穴から100ｇのおもりを何個つるせば，棒が水平になって静止しますか。

【実験３】

図４のように，棒のｃの穴に糸を通し，２個の滑車を経て，100ｇのおもりを３個つるした。また，ｅの穴から100ｇのおもりを何個かつるしていった。

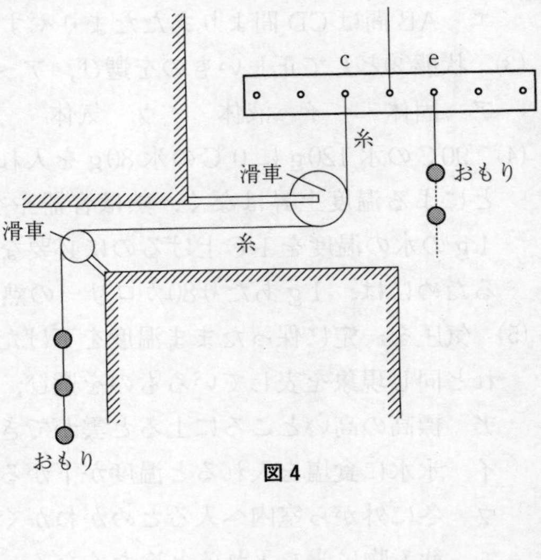

図４

(2)　ｅの穴から100ｇのおもりを何個つるせば，棒が水平になって静止しますか。

【実験４】

天井に固定したばねＡ，Ｂにそれぞれ100ｇのおもりをつるしていき，つるしたおもりの個数とばねののびをまとめたところ，次のページの表のようになった。

100gのおもりの個数	1	2	3	4	……	10
ばねAののび(cm)	1	2	3	4	……	10
ばねBののび(cm)	1.5	3	4.5	6	……	15

表

【実験５】

図５のように，ばねAの一端を壁に固定し，もう一方の先に糸をつけて滑車に通した。糸のもう一方の先にばねBをつけ，ばねBに重さのわからないおもりをつるしたところ，ばねAは７cmのびた。次に，図６のように，ばねAとばねBを入れ換え，同じ操作を行った。

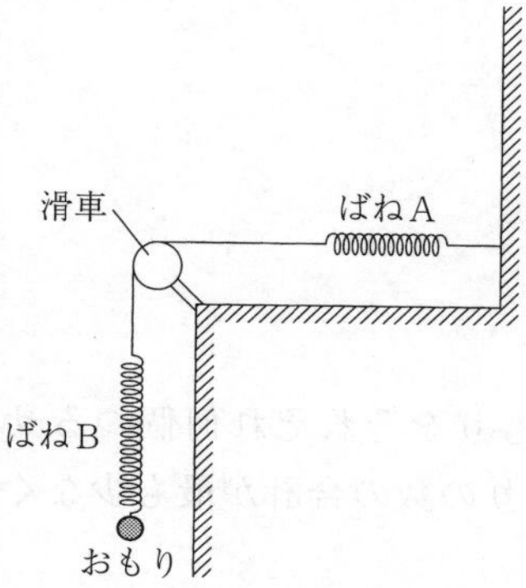

図５

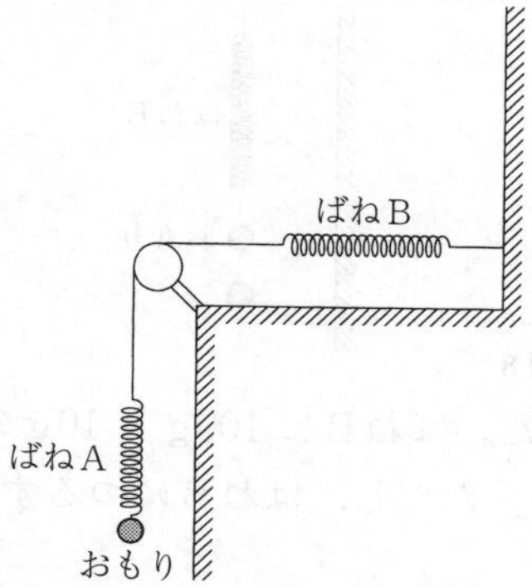

図６

(3)　図６では，ばねA，Bはそれぞれ何cmのびますか。

【実験６】

図７のように，ばねAの一端を壁に固定し，もう一方の先に糸をつけて３つの滑車に通した。糸のもう一方の先にばねBをつけ，ばねBに100gのおもりを３個つるした。

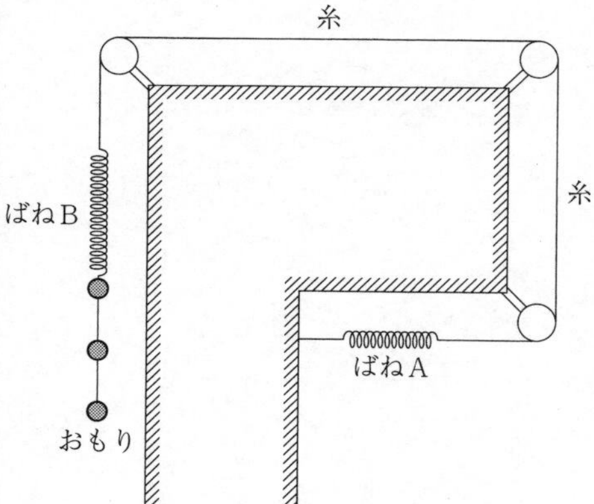

図７

(4)　ばねA，Bはそれぞれ何cmのびますか。

【実験７】

次のページの図８のように，棒のaの穴にばねAをつけ，ばねAに100gのおもりを２個つるして液体Bの中に入れた。また，fの穴に糸を通し，２個の滑車を経て，糸の先にばねBをつけた。ばねBに100gのおもりと10gのおもりを何個かつるしたところ，棒は水平になって静止した。

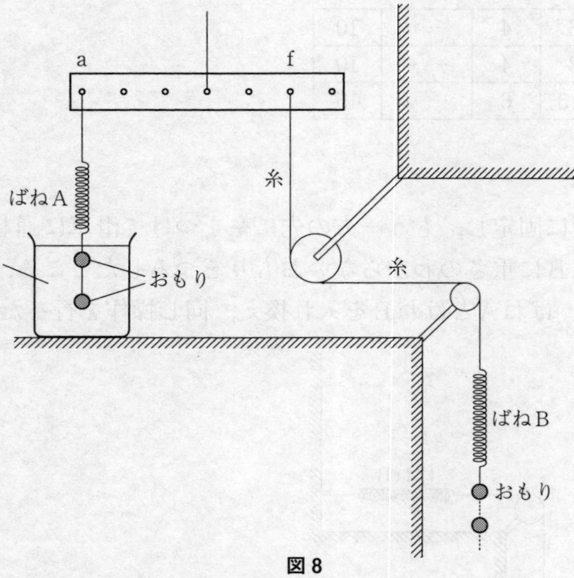

図８

(5)　ばねＡののびは1.8cmでした。ばねＢに100ｇと10ｇのおもりをそれぞれ何個つるせば，棒が水平になって静止しますか。ただし，ばねＢにつるすおもりの数の合計が最も少なくなる場合を答えなさい。

ア　日常茶《さ》飯事　　イ　後の祭り
ウ　机《き》上の空論　　エ　寝《ね》耳に水

問十三　文中の 8 ～ 11 にあてはまる言葉を、次のア～カからそれぞれ選び、記号で答えなさい。ただし、同じ記号は二度使えません。

ア　でも　　イ　もちろん　　ウ　なぜなら
エ　だから　　オ　ところで　　カ　たとえば

問十四　――部⑩「関係性としての自己を生きる」ことについて、本文全体をふまえて八十字以内で説明しなさい。

二　次の１～10の文中の（カタカナ）を漢字で書きなさい。

1　水質を（ケンサ）する。
2　花の（シュルイ）が多い。
3　（ザイゲン）を確保する。
4　都の（チョウシャ）が建つ。
5　期限内に（ノウゼイ）する。
6　子どもを（カンビョウ）する。
7　（マイキョ）にいとまがない。
8　社会の（フウチョウ）を論じる。
9　道の小石を取り（ノゾ）く。
10　山頂から朝日を（オガ）む。

いう。ドイツ語でもこんな混同はみられないし、中国語でも人間とはあくまでも世間を指し、人を指したりはしない。他の言語では「人」と「人間関係」がしっかりと区別されているのに、日本でのみ混同があるとすれば、⑪そこには日本的な「人」のとらえ方の特徴があらわれているはずだ。

　ここからわかるのは、日本文化には、「人＝人間関係」というような見方が根づいているということだ。

　和辻は、そこのところをつぎのように説明する。もし、「人」が人間関係とはまったく別ものとしてとらえられているのであれば、「人」と「人間関係」を明確に区別すべきだろう。それなのに、日本語では「人」と「人間関係」を区別せずに、「人間関係」や「よのなか」を意味する「人間」という言葉が「人」の意味で用いられるようになった。ここにこそ、日本的な「人」のあり方が示されている。

　僕たち日本人にとって、「人間」は社会であるとともに個人なのだ。

　このように、日本文化のもとで自己形成をした僕たちの自分というのは、個としてあるのではなく、人とのつながりの中にある。かかわる相手との間にある。

　一定不変の自分というのではなく、相手との関係にふさわしい自分がその都度【たび】生成するのだ。相手あっての自分であり、相手との関係に応じて自分の形を変えなければならない。だからこそ人のことが気になる。人の目が気になって仕方がないのだ。

（榎本博明《えのもとひろあき》『〈自分らしさ〉って何だろう?』より・一部改変）

問一　――部①「それ」、②「それ」、③「そんな意味」、⑥「それ」、⑪「そこ」の指示内容を、それぞれ答えなさい。

問二　本文からは次の一文が抜《ぬ》けています。どの形式段落の前に入れるのが適当ですか。その段落の初めの五字を答えなさい。

　どちらも周囲の視線に応える方向に行動している。それほどにみんな他者の視線に縛られているのだ。

問三　文中の[1]、[6]にはそれぞれ体の一部を表す言葉が入ります。漢字一字で答えなさい。

問四　文中の[2]～[4]にあてはまる言葉を、次のア～オからそれぞれ選び、記号で答えなさい。ただし、同じ記号は二度使えません。

ア　否定的　　イ　歴史的　　ウ　論理的
エ　物理的　　オ　内面的

問五　――部④「自分の姿を輝かせてくれる鏡」とは何をたとえたものか、簡潔に答えなさい。

問六　――部⑤「もうひとつの意味」とはどのような意味か、答えなさい。

問七　文中の[5]にあてはまる言葉を考えて、漢字二字で答えなさい。

問八　――部⑦「かつては勉強のできる子が一目置かれたり、スポーツの得意な子が憧れの対象になったりしたものだが、今人気なのは面白い子だ」とありますが、その理由を筆者はどう考えているか、答えなさい。

問九　――部⑧「恥ずかしいことはできないということだけで、社会の安寧秩序が保てる」とありますが、なぜですか。

問十　文中の[A]～[F]には、ア「自己」、イ「他者」のどちらかが入る。それぞれ記号で答えなさい。

問十一　――部⑨「それはけっして悪いことではない」と筆者が考えるのはなぜか、アメリカ人と日本人のコミュニケーションの違《ちが》いを明らかにしながら答えなさい。

問十二　文中の[7]にあてはまる言葉を、次のア～エから選び、記号で答えなさい。

いった社会的文脈と強く結びついており、そうしたものの影響を強く受けるとみなされる。そのため個人の行動は他者との関係性や周囲の状況に大いに左右されると考える。

　このような相互協調的自己観をもつ僕たち日本人は、個としての自己を生きているのではなく、関係性としての［　F　］を生きている。関係性としての［　F　］は、相手との関係に応じてさまざまに姿を変える。その場その場の関係性にふさわしい自分になる。相手との関係性によって言葉づかいまで違ってくる。欧米人のように相手との関係性に影響を受けない一定不変の自己などというものはない。

「だれが何と言おうと、私はこう考える」「僕はこう思う」と自分を押《お》し出していく欧米社会では視線恐怖《きょうふ》があまり見られないのに対して、自分を押し出すよりも相手の意向を汲み取ろうとする日本人の間には視線恐怖が多い。それは、僕たち日本人は、相手との関係性によって自分の出方を変えなければならないからだ。

　相手がどう思っているかが気になる。こんなことを言ったら相手はどう感じるだろうかと気になる。それも、僕たちが関係性としての自己を生きているからだ。

　僕たちの自己は、相手から独立したものではなく、相手との相互依《い》存に基《もと》づくものであり、間柄によって形を変える。僕たちの自己は、相手にとっての「あなた」の要素を取り込む必要がある。だから相手の意向が気になる。相手の視線が気になるのだ。

　個を生きているのなら、自分の心の中をじっくり振《ふ》り返り、自分のしたいことをすればいいし、自分の言いたいことを言えばいい。相手が何を思い、何を感じているかは関係ない。自分が何を思い、何を感じているかが問題なのだ。自分の思うことを言う。自分が正しいと考えることを主張する。自分の要求をハッキリと伝える。それでいいわけで、じつにシンプルだ。

　でも、関係性を生きるとなると、そんなふうにシンプルにはいかない。自分の意見を言う前に相手の意向をつかむ必要がある。気まずくならないようにすることが何よりも重要なので、遠慮のない自己主張は禁物だ。相手の意見や要求を汲み取り、それを自分の意見や要求に取り込みつつ、こちらの意向を主張しなければならない。

　このように⑩関係性としての自己を生きる僕たち日本人は、たえず人の目を意識することになる。

　関係性を生きる僕たちの自己のあり方は、「人間」という言葉にもあらわれている。

　哲《てつ》学者の和辻哲郎《わつじてつろう》は、「人間」という言葉の成り立ちについて疑問を提起【なげかけて】している。「人」という言葉に「間」という言葉をわざわざ付けた「人間」という言葉が、なぜまた「人」と同じ意味になるのかというのだ（和辻哲郎『人間の学としての倫理《りん》学』岩波書店、一九三四年）。

「人」だけでもいいのに、なぜわざわざ「人間」というのか。なぜ「間」を付けても意味が変わらないのか。ふだん当たり前のように使っている「人間」という言葉だが、改めてそう言われてみると、たしかに妙《みょう》だ。

　和辻によれば、辞書『言海《げんかい》』に、その事情が記されている。もともと人間という言葉は「よのなか」「世間」を意味していたのだそうだ。それが「俗《ぞく》に誤って人の意になった」。つまり、「人間」というのは、もともとは「人の間」、言い換《か》えれば「人間関係」を意味する言葉だったのに、誤って「人」の意味に使われるようになったのだという。

　誤って使われたのだとしても、なぜまたそんな誤りが定着したのか。そこにこそ大きな意味があるのではないか。

　和辻は、このような混同は他の言語ではみられないのではないかとでは、アメリカ人は堂々と自己主張ができるのに、僕たち日本人はなぜうまく自己主張ができないのか。

それは、そもそも日本人とアメリカ人では[C]のあり方が違っていて、コミュニケーションの法則がまったく違っているからだ。

アメリカ人にとって、コミュニケーションの最も重要な役割は、相手を説得し、自分の意見を通すことだ。お互《たが》いにそういうつもりでコミュニケーションをするため、遠慮《りょ》のない自己主張がぶつかり合う。お互いの意見がぶつかり合うのは[7]なため、まったく気にならない。

一方、日本人にとって、コミュニケーションの最も重要な役割は何だろう。相手を説得して自分の意見を通すことだろうか。そうではないだろう。僕たちは、自分の意見を通そうというより前に、相手はどうしたいんだろう、どんな考えなんだろうと、相手の意向を気にする。そして、できることなら相手の期待を裏切らないような方向に話をまとめたいと思う。意見が対立するようなことはできるだけ避《さ》けたい。そうでないと気まずい。

つまり、僕たち日本人にとっては、コミュニケーションの最も重要な役割は、お互いの気持ちを結びつけ、良好な場の雰《ふん》囲気を醸《かも》し出すことなのだ。強烈《れつ》な自己主張によって相手を説き伏《ふ》せることではない。

[8]自己主張のスキル【技術】を磨《みが》かずに育つことになる。自己主張が苦手なのは当然なのだ。その代わりに相手の気持ちを察する共感性を磨いて育つため、相手の意向や気持ちを汲《く》み取ることができる。

相手の意向を汲み取って動くというのは、僕たち日本人の行動原理といってもいい。コミュニケーションの場面だけではない。[9]、何かを頑張るとき、ひたすら自分のためというのが欧《おう》米式だとすると、僕たち日本人は、だれかのためという思いがわりと大きい。

親を喜ばせるため、あるいは親を悲しませないために勉強を頑張る、ピアノを頑張る。先生の期待を裏切らないためにきちんと役割を果たす。そんなところが多分にある。大人だって、監督《かんとく》のために何としても優勝したいなんて言ったりするし、優勝すると監督の期待に応えることができてホッとしていると言ったりする。

自分の中に息づいているだれかのために頑張るのだ。[10]自分のためでもあるのだが、自分だけのためではない。

このような人の意向や期待を気にする日本的な心のあり方は、「他人の意向を気にするなんて自主性がない」とか「自分がない」などと批判されることがある。[11]、それは欧米的な価値観に染まった見方に過ぎない。

教育心理学者の東洋《あずまひろし》は、日本人の他者志向を未熟とみなすのは欧米流であって、[D]との絆《きずな》を強化し、[E]との絆を自分の中に取り込んでいくのも、ひとつの発達の方向性とみなすべきではないかという（東洋『日本人のしつけと教育――発達の日米比較にもとづいて』東京大学出版会、一九九四年）。

そもそも欧米人と日本人では自己のあり方が違う。僕たち日本人が、率直な自己主張をぶつけ合って議論するよりも、だれも傷つけないように気をつかい、気まずくならないように配慮するのも、欧米人のように個を生きているのではなくて、関係性を生きているからだ。

心理学者のマーカスと北山忍《しのぶ》は、アメリカ的な独立的自己観と日本的な相互《ご》協調的自己観を対比させている。

独立的自己観では、個人の自己は他者や状況《きょう》といった社会的文脈から切り離《はな》され、そうしたものの影響《えいきょう》を受けない独自な存在とみなされる。そのため個人の行動は本人自身の意向によって決まると考える。

それに対して、相互協調的自己観では、個人の自己は他者や状況ととはするな」という意識があるからだと指摘《てき》する（司馬遼太郎、ドナルド・キーン『日本人と日本文化』中公新書、一九七二年）。

たとえば、戦場で敵に後ろを見せるのは恥ずかしいことで、カッコ悪いから逃《に》げない。鎌《かま》倉時代の武士にも、すでにカッコ悪いという感覚はあった。それは、モラル【道徳】ではなく美意識だ。美意識だけで社会の秩序が保たれてきた国は日本だけなのではないかという。今でも犯罪が少ないが、それは犯罪がカッコ悪いからだ。親父《おやじ》の［6］は潰《つぶ》れるし、自分も友だちに［6］向けできないというだけで罪を犯さない。⑧恥ずかしいことはできないということだけで、社会の安寧《ねい》【おだやか】秩序が保てる。その程度のことだけで安寧秩序が保てる社会というのは不思議だと司馬は言う。

「世間の目を気にする」とか「世間体《てい》を気にする」などと言うと、否定的に受け取られがちだが、「恥ずかしい」とか「みっともない」という思いは、法的に裁かれるかどうかに関係なく、自分を正しい行いに導く力になっている。

そんなことをするのはみっともない。罰《ばっ》せられるのが嫌《いや》だからしないというのではなく、みっともないからしない。法的には罰せられることがなくても、みっともないからしない。それは、法的に裁かれるからしないというよりも、むしろ自律的【自分で決めた】な自己規制力といえないだろうか。

日本の精神文化を世界に伝えたいという意図で、『武士道』を英文で出版した新渡戸稲造《にとべいなぞう》は、日本人にとってとくに重要なのは名誉《よ》の感覚だという。

日本人にとっては、名誉を汚《けが》されることが最も大きな恥となる。恥を知る心は、少年の教育において中心的な位置を占《し》める。「笑われるぞ」「恥ずかしくないか」といった言葉が、正しい行いを促《うなが》す【すすめる】ときの最後の警告として使われる。このように新渡戸は、恥の意識によって名誉ある行動が導かれるとみなしている。

みっともない。恥ずかしい。それは、日本人ならだれでもしょっちゅう感じる、非常に身近な感覚のはずだ。そうした感覚によって自分の行動をコントロールする。これは、じつは［A］中心の行動の律し方と言える。人の目に映る自分の姿を想像することで、「そんなのはみっともない」「そんなこともできないのは恥ずかしい」というように自分の行動を律していく。

「自分がそうしたいからする」「自分がそうしたくないからしない」という自己中心的な行動の律し方をする文化と違って、人の目を意識する心をもつことで、法的裁きを厳しくしなくても社会の秩序が保たれてきたわけだ。人の目を気にするなんて主体性がないなどという日本文化への批判は、どうも的外れな気がする。自分中心の文化の弊《へい》害【悪いこと】のほうがはるかに大きいのではないだろうか。

自分の姿が人の目にどんなふうに映っているか。僕たちは、それをたえず意識して暮らしている。社会の秩序までもが人の目を意識した自己規制力によって保たれるほど、僕たち日本人は人の目に過敏《びん》な【感じ方が強い】心理構造をもっているのだ。

では、なぜ僕たち日本人は、それほどまでに人の目が気になってしようがないのか。それには、恥を意識させるしつけが大いに関係しているわけだが、なぜそのようなしつけを行うのか、なぜ恥ということが重要になっているのかを考えていくと、関係性を生きる日本的［B］の特徴に行き着く。

日本人は自己主張が苦手だと言われる。グローバル化の時代だし、もっと自己主張ができるようにならないといけないなどと言う人もいる。でも、日本人が自己主張が苦手なのには理由がある。そして、⑨それはけっして悪いことではない。

そうではないのだ。そこにはからくりがあった。その成績上位者の生徒名は、でたらめにリストアップされたものだったのだ。それにもかかわらず、リストにあった生徒たちの学力が伸びた。

なぜか。それは担任の先生が期待したからだ。その期待の視線を生徒が感じ取ったからだ。その結果、リストにあった生徒たちは、期待に応えようと必死になって頑張ったため、ほんとうに成績が伸びたのだった。

周囲からどんな視線を投げかけられているか。それによって僕たちの行動は大いに縛《しば》られていることがわかる。

僕たちは、どうしてそれほどに人の視線に縛られるのか。そこには、人から認められたいという欲求が関係している。

心理学者マズローは、人間のもつ基本的欲求を四つあげている。生理的【身体的】欲求、安全の欲求、愛と所属の欲求、承認と自尊【自分を大切にすること】の欲求の四つだ。

戦時中のような食糧《りょう》の確保も身の安全の確保も困難な時代と違《ちが》って、今の日本では生理的欲求と安全の欲求はほぼ満たされているといってよいだろう。そこで、現代人にとっては、愛と所属の欲求や承認と自尊の欲求をどうやって満たすかが重要な課題となる。

仲間がほしい。仲間に入れてほしい。グループに所属したい。そのためにも気の合う仲間として認めてほしい。仲間になるにふさわしいと評価してほしい。このように所属の欲求と承認の欲求は複雑に絡《から》み合っている。

人の目が気になって仕方がないのも、心の中に強い所属の欲求と承認の欲求を抱《かか》えているからといえる。仲間として認められれば、所属の欲求も承認の欲求もともに満たされる。

自分のキャラが窮《きゅう》屈に感じるという声を聞くことがある。とくに今は仲間の笑いを誘《さそ》うキャラが人気だが、本人はそのキャラを窮屈に感じていたりする。

⑦かつては勉強のできる子が一目置かれたり、スポーツの得意な子が憧《あこが》れの対象になったりしたものだが、今人気なのは面白い子だ。みんなを楽しませ、笑いが取れる子だ。こうした変化には、承認欲求の満たしやすさや心の傷つきやすさが関係しているのではないだろうか。

勉強で認められるのも、スポーツで認められるのも、それなりの能力や努力が必要だし、仲間同士の能力の優劣《れつ》があからさまになるため、傷つきやすい今の若い世代には敬遠されがち【さけられがち】だ。それに比べて、キャラに則《のっと》って【したがって】面白さを演じる方が容易に承認が得られやすい。優劣で傷つくこともない。

一人のときにはいろいろ不安も悩《なや》みもあるはずなのに、グループになるといつも面白おかしく笑っている。あたかも芸人たちのバラエティ番組さながら【そっくり】、天然キャラやツッコミキャラ、いじられキャラ、笑わせキャラ、辛口キャラ、おばかキャラなど、それぞれ自分の役割を演じつつ楽しい場をつくっている。それによって所属の欲求や承認の欲求を満たしている。

それでも、ときに自分のキャラに息苦しさを感じることもある。グループの中での自分のイメージを意識し、周囲の期待を裏切らないために、かなり無理をしている部分があることに気づく。

それほどまでに人の目の拘《こう》束【自由をうばう】力は強い。それは、だれもが何としても周囲から認められたいからだといえる。

日本は恥《は》の文化の国だと言われるが、「恥ずかしい」とか「みっともない」というのは、僕たちにとってとても馴染《なじ》みのある感覚だ。

作家の司馬遼太郎《しばりょうたろう》は、日本文化研究者ドナルド・キーンとの対談で、日本社会に秩《ちつ》序【決まり】があり、犯罪が少ないのは、「恥ずかしいこわかるやさしい性格だ」という自己イメージをもつ人もいる。

では、そうした自己イメージは、どのようにしてつくられたのか。

生まれつきもっていたなどということはあり得ない話だ。赤ちゃんが、「自分は粘《ねば》り強い性格だ」とか「自分はやさしい子だ」といった自己イメージをもっているなど、とても想像することはできない。自己イメージは、小さい頃《ころ》からの［5］の積み重ねによって、徐々《じょじょ》につくられてきたもののはずだ。

では、どんな［5］が大きいのか。このように突《つ》き詰《つ》めていくと、自己は他者であるということのもうひとつの意味が見えてくる。

周囲の大人から「いつも笑顔で明るい子ね」と言われたり、学校の先生から「君は頑張りやだな」と言われたり、友だちから「お前は何があってもへこたれないな。その前向きな思考が羨《うらや》ましいよ」と言われたりする［5］が積み重ねられることで、「自分は何があっても前向きで、笑顔で頑張っていけるタイプの人間だ」といった自己イメージがつくられる。

親から「あんたはホントに神経質なんだから」と言われたり、先生から「慎重な性格なんだね」と言われたり、友だちから「細かいことにとらわれすぎじゃないのか」と言われたりする［5］が積み重ねられることで、「自分は神経質で、慎重なのは良いかもしれないが、どうも細かなことにとらわれすぎる」という自己イメージがつくられる。

親から「○○ちゃんのお母さんがやさしい子だって言ってたよ」と言われたり、先生から「人の気持ちがよくわかるんだね」と言われたり、友だちから「いつもやさしくしてくれてありがとう」と言われたりする［5］が積み重ねられることで、「自分は人の気持ちがよくわかるやさしい性格だ」という自己イメージがつくられる。

こうしてみると、僕たちの自己イメージは、いろいろな他者がこちらに抱《いだ》くイメージによってつくられていることがわかる。人から言われた言葉や人から示された態度をもとに自己イメージがつくられている。

つまり、僕たちが自分に対してもつイメージは、もともとは他者がこちらに対して抱いていたイメージなのだ。そのような意味で、自己は他者であるということになるわけだ。

人の視線というのは、とても大きな力をもっている。僕たちは、人の視線をなかなか裏切ることができない。

先生からもクラスの仲間たちからも優等生と見られていると、授業中みっともない姿をさらすわけにはいかないというプレッシャーがかかり、しっかり予習をしていくことになる。試験でも悪い成績を取るわけにはいかないため、試験勉強には全力で取り組む。多少熱っぽくて身体《からだ》がだるくても、根性で集中しようとする。

一方、先生からもクラスの仲間たちからも勉強のできない劣《れつ》等生と見られていると、授業中に質問に答えられなくても、バカな発言をしても、期待を裏切ることにはならないため、予習などやる必要がない。試験で悪い成績を取っても、それは言ってみれば、みんなの期待通りなわけだから、試験勉強なんかにはなかなか集中できないし、ちょっとでも体調が悪いと感じたら簡単にさぼってしまう。

ピグマリオン効果というのがある。これは、期待をかけることによって生徒の学力が伸《の》びる現象をさすものだ。

心理学者が小学校に行き、生徒たちに知能テストを実施《し》したあと、クラスの担任に成績上位者のリストを渡《わた》し、この子たちは今後伸びるだろうと伝える。すると、その後、ほんとうにそのリストの生徒たちは他の生徒たちよりも学力が伸びた。

⑥それは知能が高いんだから当然だと思うかもしれないが、じつは

きる。

鏡映自己という言い方には、③そんな意味が込《こ》められている。僕たちの自己は、他者の目を鏡として映し出されたものだというわけだ。

自分を知るヒントとなる他者との比較の結果も、他者の目という鏡に映し出されていることが少なくない。その意味では、僕たちの自己が他者の目に映し出されたものだというのは正しいと言ってよいだろう。

さらにクーリーは、他者の目に自分がどのように映っているかを知ることによって、誇《ほこ》りとか屈辱《くつじょく》【恥《はじ》をかかされること】のような感情が生じるという。

人から好意的に見られていることがわかれば、とても嬉《うれ》しいし、自信にもなる。能力や人柄を高く評価してくれていると知れば、誇らしい気持ちになる。反対に、[3]に見られていることがわかると、ガッカリして気持ちが落ち込み、自信がなくなる。

僕たちが、ともすると気の合う仲間同士、価値観や性格の合う者同士でまとまりがちなのも、周囲の人の目に映る自分の姿が肯《こう》定的な【積極的に認められる】ほど嬉しいし、力が湧《わ》いてくるからだ。④自分の姿を輝《かがや》かせてくれる鏡がほしい。それは、だれもが密《ひそ》かに望んでいることのはずだ。

ただし、嬉しいとか、落ち込むとか、感情的に反応するだけでなく、どこが評価されたんだろう、どんな点がダメなんだろうと認知的に反応できる人は、たとえ否定的評価を受けていることがわかっても、今後の改善に活《い》かすことができる。ここでいう認知的反応とは、感情的に反応するのではなく、頭で反応すること、[4]に反応することを指す。

その意味では、自分を輝かせてくれる鏡としての他者だけでなく、ときにみすぼらしい自分やイヤな自分を映し出してくれる辛《から》口の他者、価値観や性格の異なる他者とのつきあいも大切だ。そういう他者との出会いが、自分に対する気づきを与《あた》えてくれ、自分の成長のきっかけになることもある。

自己とは他者である。

この言葉から、どんなことをイメージするだろうか。

人から余計なお節介《かい》で鬱陶《うっとう》しい【うるさい】アドバイスをされたりすると、「自分のことは自分が一番よく知っているから、ほっといてくれ」と言いたくなる。人にはこちらの気持ちなんかわからない。自分のことは自分にしかわからない。そう思うことがある。

でも、そう思って自分と向き合い、自分自身をとらえようとすると、これがけっこうくせ者【注意が必要なもの】だとわかる。どうもよくつかめない。人のことはよく見えるのに、自分のことがよく見えなかったりするのだ。

近すぎてわからないのか、「なんであんなことを言ってしまったんだろう」「自分は、ほんとうはどうしたいんだろう」「なんでこんなにムシャクシャするんだろう」と、わからないことだらけ。そんなことになりがちだ。

そうしてみると、一番身近であるはずの自分が、じつはとても遠い存在なのかもしれない。そのような意味で、自己とは他者であるというのではないか。それも一理ある。

でも、ここでは⑤もうひとつの意味を考えてみたい。

だれでも自分についてのイメージをもっている。

「自分は何があっても前向きで、笑顔で頑《がん》張っていけるタイプの人間だ」という自己イメージをもっている人もいる。「自分は神経質で、慎《しん》重なのは良いかもしれないが、どうも細かなことにとらわれすぎる」という自己イメージをもつ人もいる。「自分は人の気持ちがよく

2023年度

明治大学付属明治中学校

【国　語】〈第二回試験〉（五〇分）〈満点：一〇〇点〉

注意　字数制限のある問題については句読点・記号を字数に含《ふく》めること。

一　次の文章を読んで、あとの問いに答えなさい。ただし、【　】は語句の意味で、解答の字数に含めないものとします。

人の目なんか気にするな、自分を信じて、自分のやりたいようにやればいい、などと言う人がいる。たしかにそれは正論かもしれない。

人の目ばかり気にしていてもしょうがない。それはわかるんだけど、どうしても人の目を気にしてしまう。そんな人が多いはずだ。

①それは当然だ。だれだって人の目は気になる。気にならないわけがない。周りの人の目に自分がどう映っているか。それは、だれにとっても大きな関心事だ。

とくに友だちからどう見られているかは最大の関心事と言ってよいだろう。

いつもこっちに気づくと笑顔で挨拶《あいさつ》してくる友だちが無表情で通り過ぎると、「気づかなかったのかな」と思いつつも、「もしかして、怒《おこ》らせるようなことを何か言ったかなあ」と気になって仕方がない。

軽い気持ちでからかうような冗談《じょう》を言ったとき、友だちがちょっとムッとした様子を見せたりすると、「うっかり傷つけちゃったかな、まずいなあ」と気になってしようがない。

このように、僕《ぼく》たちは、日常のあらゆる場面で、相手からどう思われているかを気にする習性を身につけている。

どうしてそんなに人の目が気になるのか。それは、人の目が自分の姿を映し出してくれる鏡だからだ。

だれでも自分を知りたい。そして、自分を知るヒントは、人との比較《かく》によって得られる。自分を知るためのもうひとつのヒントをくれるのが人の目だ。

人の目は、言ってみれば、モニターカメラのようなもの。自分の姿が客観的にどのように見えるのか。それを教えてくれるのが人の目だ。

あの人からどう思われているんだろう。もっと仲良くなりたいんだけど、好意的に見てくれてるかな。嫌《きら》われてたらショックだな。

グループの仲間たちからどう思われているんだろう。最近個人的にちょっといろいろあって、つきあいが悪くなっちゃってたけど、大丈《じょう》夫かな。

部活の仲間は、信頼《らい》してくれているだろうか。あまり[1]を割って話すこともないんだけど、この前の試合でミスをしてしまったし、足手まといだとか思われてないだろうか。

そんなふうに、だれでも始終《じゅう》人の目を気にしているものだ。人の目は気になって当然なのだ。

社会学者クーリーは、自己というのは社会的なかかわりによって支えられており、それは他者の目に映ったものだから、「鏡映自己」と呼ぶことができるという。

自分の顔を直接自分で見ることはできない。鏡に映すことで初めて見ることができる。鏡がなければ、自分がどんな顔をしているのかを知ることはできない。

②それと同じで、他者の目という鏡に映し出されない限り、僕たちは自分の人柄《がら》や能力といった[2]な特徴《ちょう》を知ることができない。

他者の反応によって、自分の人柄や能力がどのように評価されているかがわかり、自分の態度や発言が適切だったかどうかを知ることがで

2023年度

明治大学付属明治中学校 ▶解説と解答

算 数 ＜第２回試験＞（50分）＜満点：100点＞

解 答

[1] (1) $\frac{2}{5}$ (2) 7 (3) 1020 (4) 15.5 (5) 304 [2] (1) 2 (2) 34680 (3) 283行目 [3] (1) 12：7 (2) 59cm^2 [4] (1) 150人 (2) 270人 (3) 7か所 [5] (1) 9分 (2) 12km (3) 9時$36\frac{12}{13}$分

解 説

[1] 逆算，差集め算，速さと比，面積

(1) $2.25\times\left(1\frac{2}{3}-0.6\right)=2\frac{1}{4}\times\left(\frac{5}{3}-\frac{3}{5}\right)=\frac{9}{4}\times\left(\frac{25}{15}-\frac{9}{15}\right)=\frac{9}{4}\times\frac{16}{15}=\frac{12}{5}$より，$\frac{12}{5}-\left(1.5+\square\times2\frac{1}{12}\right)\div1\frac{1}{6}=\frac{2}{5}$，$\left(1.5+\square\times2\frac{1}{12}\right)\div1\frac{1}{6}=\frac{12}{5}-\frac{2}{5}=\frac{10}{5}=2$，$1.5+\square\times2\frac{1}{12}=2\times1\frac{1}{6}=2\times\frac{7}{6}=\frac{7}{3}$，$\square\times2\frac{1}{12}=\frac{7}{3}-1.5=\frac{7}{3}-\frac{3}{2}=\frac{14}{6}-\frac{9}{6}=\frac{5}{6}$ よって，$\square=\frac{5}{6}\div2\frac{1}{12}=\frac{5}{6}\div\frac{25}{12}=\frac{5}{6}\times\frac{12}{25}=\frac{2}{5}$

(2) ＡとＢの本数を反対にすると75円余るから，下の図１のように，ＡよりもＢの方を多く買う予定であることがわかる。また，図１で点線で囲んだ部分の金額は同じなので，アの部分の金額の差が75円であり，アの部分の本数は，75÷(95−80)＝５(本)とわかる。同様に，ＢとＣの本数を反対にすると75円不足するから，下の図２のように，ＣよりもＢの方を多く買う予定であることがわかり，イの部分の本数は，75÷(120−95)＝３(本)と求められる。よって，買う予定の本数は下の図３のようになる。Ｂの本数を５本，Ｃの本数を，５−３＝２(本)減らしてＡの本数にそろえると，金額の合計は，2780−(95×５＋120×２)＝2065(円)になる。また，Ａ１本，Ｂ１本，Ｃ１本の値段の合計は，80＋95＋120＝295(円)なので，Ａの本数は，2065÷295＝７(本)と求められる。

図１

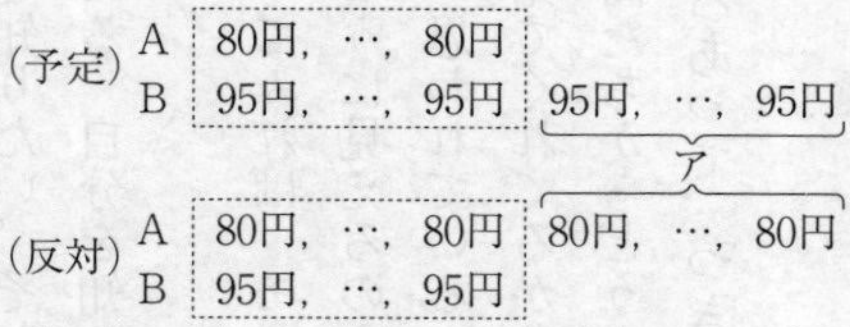

図２

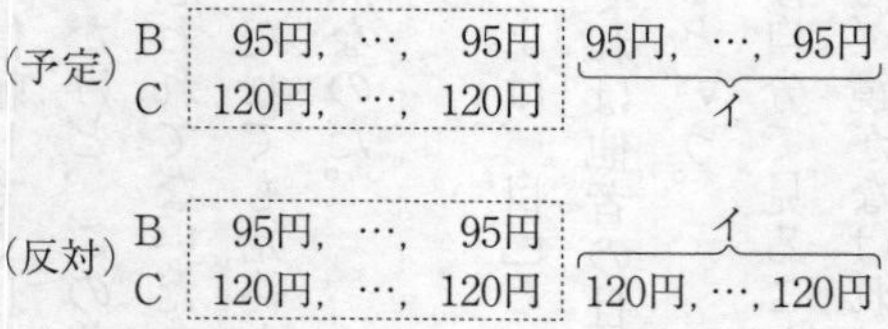

図３

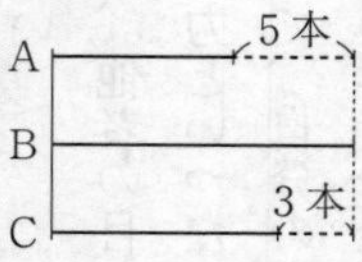

(3) ＡさんとＢさんの歩幅《ほはば》の比は，$\frac{1}{5}:\frac{1}{4}=4:5$だから，Ａさんの歩幅を４とすると，Ｂさんの歩幅は５となる。また，ＡさんとＢさんが同じ時間で進む歩数の比は，105：90＝7：6なので，ＡさんとＢさんが同じ時間で進む距離《きょり》の比(つまり速さの比)は，(４×７)：(５×６)＝14：15とわかる。さらに，Ａさんが85歩で進む距離は，４×85＝340だから，右上の図４のように表すことができる。図４で，①にあたる距離は，340÷(15−14)＝340だから，Ｂさんが進んだ距離は，340×15＝5100と求められる。よって，Ｂさんが進んだ歩数は，5100÷５＝1020(歩)である。

図４

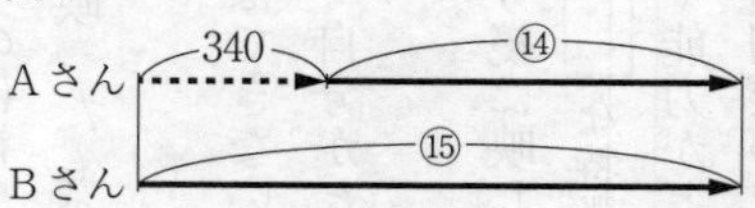

⑷　右の図５のように，㋐と㋑の部分をそれぞれ２つの三角形に分ける。aとbの和は５cmなので，三角形AIHと三角形CIFの面積の和は，$3\times a\div 2+3\times b\div 2=3\times(a+b)\div 2=3\times 5\div 2=7.5(\text{cm}^2)$とわかる。また，$c$と$d$の和は８cmだから，三角形AEIと三角形CGIの面積の和は，$2\times c\div 2+2\times d\div 2=2\times(c+d)\div 2=2\times 8\div 2=8(\text{cm}^2)$と求められる。よって，㋐と㋑の面積の和は，$7.5+8=15.5(\text{cm}^2)$となる。

図５

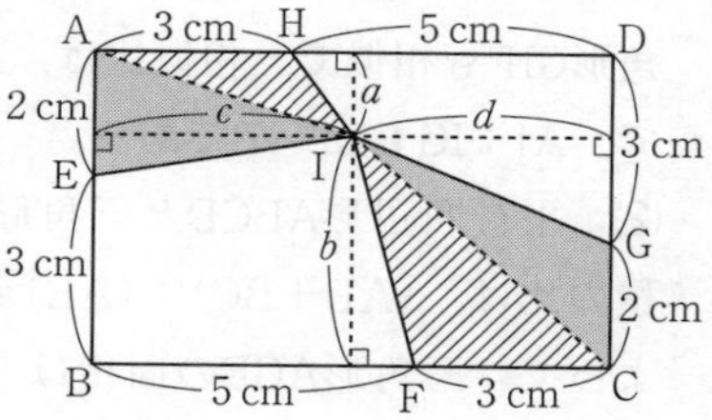

⑸　１年生の人数を$\frac{4}{3}$倍にすると，１年生と２年生の人数は同じになる。このとき，１年生が１脚《きゃく》の長いすに座る人数は，$4\times\frac{4}{3}=\frac{16}{3}$(人)，座れない人数は，$20\times\frac{4}{3}=26\frac{2}{3}$(人)になるので，上の図６のように表すことができる。

図６

（１年生×$\frac{4}{3}$）　$\frac{16}{3}$人，……………………………，$\frac{16}{3}$人　→$26\frac{2}{3}$人余る
（２年生）　７人，…，７人，１～６人，０人，…，０人
（０人，…，０人：８脚）

図６で，２年生の最後の長いすの空席の数は１以上６以下だから，２年生の空席の数の合計は，$7\times 8+1=57$以上，$7\times 8+6=62$以下になる。よって，１脚の長いすに$\frac{16}{3}$人ずつ座るときに座れる人数と，１脚の長いすに７人ずつ座るときに座れる人数の差は，$26\frac{2}{3}+57=83\frac{2}{3}$(人)以上，$26\frac{2}{3}+62=88\frac{2}{3}$(人)以下とわかる。これは，$7-\frac{16}{3}=\frac{5}{3}$(人)の差が長いすの数だけ集まったものなので，$83\frac{2}{3}\div\frac{5}{3}=50.2$，$88\frac{2}{3}\div\frac{5}{3}=53.2$より，長いすの数は51脚以上53脚以下と求められる。１年生の人数を$\frac{4}{3}$倍した人数，つまり２年生の人数は，長いすの数が51脚の場合は，$\frac{16}{3}\times 51+26\frac{2}{3}=298\frac{2}{3}$(人)，長いすの数が52脚の場合は，$\frac{16}{3}\times 52+26\frac{2}{3}=304$(人)，長いすの数が53脚の場合は，$\frac{16}{3}\times 53+26\frac{2}{3}=309\frac{1}{3}$(人)となるから，条件に合うのは長いすの数が52脚の場合であり，２年生の人数は304人とわかる。

2　周期算

⑴　100行目の最後の数は，最初からかぞえて，$10\times 100=1000$(番目)の数である。また，１，２，３，０，３，２，１の７個を周期と考えると，$1000\div 7=142$余り６より，1000番目の数は周期の中の６番目の数とわかる。よって，100行目の最後の数は２である。

⑵　2023行目の最後の数は，最初からかぞえて，$10\times 2023=20230$(番目)の数である。また，$20230\div 7=2890$より，2023行目の最後の数までに全部で2890周期あることがわかる。さらに，１つの周期の数の和は，$1+2+3+0+3+2+1=12$だから，2890周期の和は，$12\times 2890=34680$と求められる。

⑶　$4851\div 12=404$余り３より，和が4851になるのは404周期とさらに２個(１と２)の数を加えたときとわかる。つまり，$7\times 404+2=2830$(個)の数を加えたときなので，$2830\div 10=283$より，283行目まで加えたときである。

3　平面図形─相似，辺の比と面積の比

⑴　ADとBCの長さを，$2+1=3$と，$1+1=2$の最小公倍数の６にすると，下の図のようになる。三角形AHEと三角形GHBは相似で，相似比は，EH：BH＝３：４だから，$BG=4\times\frac{4}{3}=\frac{16}{3}$と

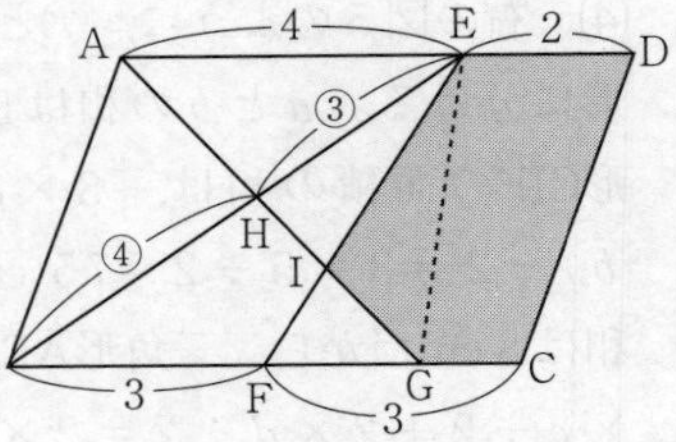

なり，FG=$\frac{16}{3}-3=\frac{7}{3}$と求められる。また，三角形AIEと三角形GIFも相似で，相似比は，AE：GF＝4：$\frac{7}{3}$＝12：7なので，AI：IGも12：7である。

(2)　平行四辺形ABCDと三角形AGEの高さは等しいから，面積の比は，(AD＋BC)：(AE)＝(6＋6)：4＝3：1となる。よって，三角形AGEの面積は，171×$\frac{1}{3}$＝57(cm²)とわかる。また，三角形EAIと三角形EIGの面積の比は，AIとIGの長さの比と等しく12：7なので，三角形EIGの面積は，57×$\frac{7}{12+7}$＝21(cm²)となる。さらに，FG=$\frac{7}{3}$だから，GC＝3－$\frac{7}{3}$＝$\frac{2}{3}$となり，平行四辺形ABCDと台形EGCDの面積の比は，(6＋6)：$\left(2+\frac{2}{3}\right)$＝9：2とわかる。したがって，台形EGCDの面積は，171×$\frac{2}{9}$＝38(cm²)なので，五角形EIGCDの面積は，21＋38＝59(cm²)と求められる。

4　ニュートン算

(1)　5時～5時15分の15分間で入場した人の数は，6×22×15＝1980(人)であり，5時15分～5時30分の15分間で入場した人の数は，6×28×15＝2520(人)である。よって，5時～5時30分の30分間で入場した人の数は全部で，1980＋2520＝4500(人)とわかる。一方，5時にも5時30分にも入場待ちの人はいないから，5時～5時30分の30分間で集まった人の数も4500人となる。したがって，1分間に集まる人の数は，4500÷30＝150(人)と求められる。

(2)　5時～5時15分の15分間で入場した人の数は1980人である。一方，5時～5時15分の15分間で集まった人の数は，150×15＝2250(人)なので，5時15分の入場待ちの人数は，2250－1980＝270(人)とわかる。

(3)　この日は1分間に，150×1.5＝225(人)の人が集まるから，5時～6時の1時間(60分間)で集まる人の数は，225×60＝13500(人)である。また，5時～5時20分の20分間の入口の数は，22×1.5＝33(か所)なので，この間に入場する人の数は，6×33×20＝3960(人)とわかる。よって，6時までに入場待ちの列をなくすには，5時20分～6時の40分間で，13500－3960＝9540(人)が入場すればよい。そのためには1分間に，9540÷40＝238.5(人)が入場すればよいから，238.5÷6＝39.75より，入口の数を少なくとも40か所にすればよいことがわかる。したがって，増やす入口の数は，40－33＝7(か所)である。

5　速さ，旅人算

(1)　A町とB町の間で，自転車が片道にかかる時間は，90÷2＝45(分)，バスが片道にかかる時間は，40÷2＝20(分)だから，自転車とバスが最初に出会った地点をP，自転車がバスに最初に追いこされた地点をQとすると，自転車とバスの進行のようすを表すグラフは右の図のようになる。

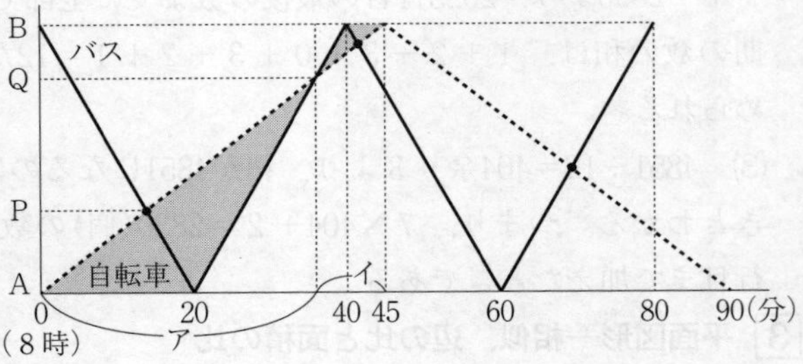

また，かげをつけた2つの三角形は相似で，相似比は，20：(45－40)＝4：1であり，図のアとイの部分の時間の比は，これに等しく4：1とわかる。さらに，アとイの部分の時間の和

が45分だから，イの部分の時間は，$45\times\frac{1}{4+1}=9$（分）と求められる。

⑵　自転車がＰ→Ｑ，バスがＰ→Ａ→Ｑと進んだときの道のりの合計が19.2kmである。これはAQ間の道のりの２倍にあたるので，AQ間の道のりは，19.2÷２＝9.6（km）とわかる。よって，QB間の道のりは，$9.6\times\frac{1}{4}=2.4$（km）だから，AB間の道のりは，9.6＋2.4＝12（km）と求められる。

⑶　自転車とバスが出会うのはグラフの●印の部分である。出発してから１回目に出会うまでに自転車とバスが走る道のりの合計はAB間の片道にあたる12kmであり，１回目に出会ってから２回目に出会うまでに走る道のりの合計はAB間の往復にあたる，12×２＝24（km）である。同様に，２回目から３回目まで，３回目から４回目までに自転車とバスが走る道のりの合計も24kmなので，出発してから４回目に出会うまでに自転車とバスが走る道のりの合計は，12＋24×３＝84（km）とわかる。また，自転車の速さは時速，$12\div\frac{45}{60}=16$（km），バスの速さは時速，$12\div\frac{20}{60}=36$（km）だから，自転車とバスが合わせて84km走るのにかかる時間は，$84\div(16+36)=\frac{21}{13}=1\frac{8}{13}$（時間），$60\times\frac{8}{13}=36\frac{12}{13}$（分）より，これは１時間$36\frac{12}{13}$分となるので，４回目に出会う時刻は，８時＋１時間$36\frac{12}{13}$分＝９時$36\frac{12}{13}$分である。

社　会　＜第２回試験＞（40分）＜満点：75点＞

解　答

Ⅰ　**1**　⑴　ウ　⑵　ウ　**2**　イ　**3**　⑤，⑧（⑨）　**4**　イ　**5**　エ　**6**　**あ**　エ　**い**　イ　**う**　ウ　**え**　ア　**7**　⑴　原子力発電所　⑵　（例）　臨海部で周辺に大都市が少ないところ。　**8**　⑴　北西　⑵　ウ　⑶　畑　Ⅱ　**1**　**あ**　ア　**い**　エ　**2**　エ　**3**　ウ　**4**　ア　**5**　ウ　**6**　エ　**7**　イ　**8**　ア　**9**　イ　**10**　C→F→A→D→E　**11**　（例）「世界に王たる日の本の」などが戦争に積極的な印象を与えると判断したため。　**12**　⑴　１（月）17（日）　⑵　ウ　⑶　イ　⑷　（例）　戦後は，1947年の学制改革による新制明治中学校の発足にともない，卒業式の回数を新たに数えなおしたから。

Ⅲ　**1**　**あ**　総　**い**　通常　**え**　理解　**2**　ウ　**3**　こども家庭（庁）　**4**　ア　**5**　⑴　イ　⑵　オ　**6**　エ　**7**　エ　**8**　エ　**9**　ア　**10**　⑴　（例）　賛成／学級の男女比が１対１なので，平等に意見が反映されると思うから。　⑵　（例）　（⑴で賛成を選んだ場合）委員の仕事をこなす力と性別は関係ないのではないかという意見。　⑶　（例）　日本の議会には女性が圧倒的に少なく，男性中心の視点で政策が決まってきた。社会の中の男女格差をなくしていくために，まずは政治の世界からクオータ制度を導入すべきだと考える。

解　説

Ⅰ　日本の地形や気候，産業などについての問題

1　⑴　旭川《あさひかわ》市が北海道北中部に広がる上川盆地の中心都市であることや，東北地方の太平洋側に位置する岩手県の県庁所在地である盛岡市が北上盆地の中心都市であることなどから，ウが選べる。横手盆地は秋田県，米沢盆地は山形県，会津盆地は福島県にある。　⑵　旭川市のある上川盆地には石狩川が，盛岡市のある北上盆地には北上川が流れていることなどから，ウが選べる。

2　A～Eの中で最も年平均気温が高いDは，５つの地点のなかで最も南に位置する⑬の甲府盆地(山梨県)だとわかる。AとBを比べたとき，冬の降水量が多い日本海側の気候の特徴《とくちょう》を示しているAが，日本海側に位置する④の横手盆地(秋田県)で，冬の降水量が夏に比べて少ない太平洋側の気候の特徴を示しているBには，⑤の北上盆地(岩手県)があてはまると判断できる。ここから，イが選べる。Cには⑪の長野盆地，Eには⑩の新潟県の十日町盆地・六日町盆地があてはまる。

3　⑤の北上盆地を流れる北上川，⑧の福島盆地を流れる阿武隈《あぶくま》川は，いずれも宮城県で太平洋に注ぐ。⑨について，会津盆地・猪苗代《いなわしろ》盆地を流れる阿賀《あが》川と只見《ただみ》川は合流し，新潟県に入って阿賀野川と名を変えたのち，日本海に注ぐ。しかし，猪苗代盆地には猪苗代湖を水源とする安積疏水《あさかそすい》も流れており，安積疏水は太平洋に注ぐ阿武隈川と合流するので，これも太平洋に流れ出る川だと考えることもできる。

4　北海道のほか，栃木県や岩手県など，酪農《らくのう》がさかんな県が上位に入っている５に，生乳があてはまるとわかる。また，福岡県と佐賀県にまたがって広がる筑紫《つくし》平野では，米の裏作として麦類をつくる二毛作がさかんに行われている。ここから，１に小麦があてはまると判断できる。したがって，イが選べる。ニンジンは徳島県，バレイショ(じゃがいも)は長崎県が上位に入ることなども手がかりとなる。

5　北海道は，魚介《ぎょかい》類を加工する水産加工業や乳製品の製造といった食料品工業が製造品出荷額等で最も大きな割合を占《し》め，室蘭《むろらん》市でさかんな鉄鋼業，苫小牧《とまこまい》市などでさかんなパルプ・紙工業も上位に入るので，１にあてはまる。また，新潟県は国内で数少ない原油・天然ガスの産地で，化学工業がさかんである。また，燕《つばめ》市・三条市では地場産業として金属洋食器の生産がさかんに行われており，金属製品の出荷額等も多い。ここから，４に新潟県があてはまるとわかる。統計資料は『データでみる県勢』2022／23年版による。

6　**あ**　④の横手盆地は秋田県にある。ここを通るのは，東北地方の古いよび名である「奥羽」の名がついた奥羽本線で，奥羽本線は福島駅から山形・秋田県を経て青森駅に至る。　**い**　⑩の十日町・六日町盆地には，新潟県の古いよび名である「上越」の名がついた上越新幹線が通っている。
う　⑪の長野盆地には，1998年の冬季長野オリンピックに合わせ，その前年に長野新幹線として部分開業した北陸新幹線が通っている。長野新幹線は，金沢駅(石川県)までの延伸《えんしん》にともない，2015年に北陸新幹線として開業した。　**え**　⑫は長野県中央部に広がる松本盆地で，中央高地を通って東京都と愛知県を結ぶ中央本線が通っている。　なお，信越新幹線という名前の新幹線はない。また，東北本線は⑤の北上盆地や⑧の福島盆地を通っている。

7　(1)，(2)　福島県の沿岸部に複数あることなどから，図１の■が原子力発電所を表しているとわかる。なお，各原子力発電所は北から順に，泊《とまり》(北海道)，大間・東通(青森県)，女川《おながわ》(宮城県)，福島第一・第二(福島県)，柏崎刈羽《かしわざきかりわ》(新潟県)，志賀(石川県)，東海第二(茨城県)，浜岡(静岡県)である。原子力発電所は大きな敷地《しきち》を必要とするため，大都市から遠く用地が得やすい場所に立地している。また，冷却《れいきゃく》のために大量の水を必要とすることから，臨海部が選ばれる。

8　(1)　地形図には方位記号がないので，上が北，右が東，下が南，左が西にあたる。×印の西に標高251ｍを示す標高点(・)がある。この標高点のすぐ北にある等高線(計曲線)は250ｍを示している。この計曲線を東にたどると，「沖ノ原貯水池」の南東で，中津川を横切ることがわかる。また，×印から中津川を南の方向へたどると，直線エと交差する辺りの西に300ｍを示す計曲線がある。

この300ｍを示す計曲線から，先ほどの250ｍを示す計曲線までの主曲線をたどると，この地形図では中津川はおよそ南から北に流れていると判断できる。よって，×印から見ると中津川は北西に向かって流れているとわかる。　(2)，(3)　等高線の間隔《かんかく》がせまいところは傾斜《けいしゃ》が急，広いところは傾斜がゆるやかで，断面をつくる線が等高線を横切らないところは平たんな場所となる。断面図の左側が急斜面となっていることや，急斜面と平たんな場所の位置関係などから，直線ウがあてはまる。この線の中央からやや右にあたるＡの地域は，畑(∨)として利用されている。

Ⅱ　各時代の歴史的なことがらについての問題

1　**あ**　1923年９月１日，マグニチュード7.9の地震をきっかけとして関東大震災が発生し，地震のゆれだけでなく火災によって関東地方を中心に大きな被害《ひがい》が出た。現在，関東大震災が発生した９月１日は防災の日とされている。　**い**　1995年１月17日，マグニチュード7.3の兵庫県南部地震によって，阪神・淡路《あわじ》大震災が発生した。震度７を記録した神戸市を中心に建物や高速道路が倒《とう》壊《かい》するなどし，都市機能が止まった。　なお，熊本地震は2016年４月14～16日，新潟県中越地震は2004年10月23日，東北太平洋沖地震(東日本大震災)は2011年３月11日に発生した。

2　「欧州《おうしゅう》大戦乱」にあたる第一次世界大戦(1914～18年)中の1917年，ロシアで革命が起こった。そのため，ロシアは戦争から離脱《りだつ》した。なお，フランス革命とは，1789年にフランスでブルボン朝が倒《たお》された革命のこと。

3　1916年は，大正５年にあたる。このとき立てられた皇太子裕仁《ひろひと》親王が，大正天皇のあとをついで昭和天皇となった。なお，明治時代は1868～1912年，大正時代は1912～26年，昭和時代は1926～89年，平成時代は1989～2019年で，現上皇が生前譲位《じょうい》したことで2019年に令和の時代が始まった。

4　昭和時代の太平洋戦争敗戦まで，学校では軍事に関係するような教育(軍事教練)が行われることがあった。「発火演習」は，鉄砲《てっぽう》に実弾《じつだん》をつめず火薬だけをつめて行う射撃《しゃげき》訓練で，現役の軍人などが講師を務めた。

5　２月11日はかつて，初代天皇である神武天皇が即位《そくい》した日とされ，「紀元節」という祝日とされていた。現在は，「建国記念の日」という祝日になっている。憲法記念日は５月３日である。

6　中山王だった尚巴志《しょうはし》は，15世紀前半に北山・中山・南山を統一して琉球《りゅうきゅう》王国を建国した。宋は13世紀に元によって滅《ほろ》ぼされており，15世紀前半には明が中国を支配していた。

7　蘇我蝦夷《そがのえみし》は飛鳥時代の豪族《ごうぞく》で，645年の乙巳《いっし》の変で，子の入鹿《いるか》とともに，中大兄《なかのおおえの》皇子(のちの天智天皇)や中臣鎌足《なかとみのかまたり》らによって滅ぼされた。飛鳥時代には，聖徳太子によってイの法隆寺が建てられた。なお，アは東大寺大仏殿《でん》(奈良県)で奈良時代に，ウは二条城(京都府)で江戸時代に，エは清水寺(京都府)で平安時代に，それぞれ建てられた。

8　内務省はかつて設置されていた中央省庁の一つで，警察や地方行政などの国内行政を担当していた。また，勧業とは農業や工業など産業を奨励《しょうれい》すること。なお，皇室事務は宮内《くない》省(現在の宮内庁)が，司法行政は司法省(現在の法務省)が担当していた。宗教事務は，大正時代初めまで内務省が行っていたが，その後，文部省(現在の文部科学省)が引き継《つ》いだ。

9　保元の乱(1156年)では，源義朝《よしとも》や平清盛らを味方につけた後白河天皇方が，崇徳《すとく》上皇方に勝利した。

10　Ａは15世紀，Ｃは７世紀，Ｄは19世紀，Ｅは20世紀，Ｆは12世紀のできごとなので，時代の古い順にＣ→Ｆ→Ａ→Ｄ→Ｅとなる。

11「世界に王たる日の本の」という部分は，1916年の制定という点から考えると，軍事力を用いて他国を侵略《しんりゃく》し，世界を支配しようという意図がふくまれているようにも読める。そのため，戦後，日本の非軍事化を進めた連合国軍総司令部(GHQ)は，この校歌を禁止したのだと考えられる。

12 (1)　表１，表２とも１月17日が創立記念日になっているので，この日がおおもととなった明治法律学校の創立記念日だと判断できる。　(2)「日本では，民主主義の浸透《しんとう》をめざして各学校に生徒会が組織されました」とあるので，GHQの主導で民主化政策が進められていた，戦後の時期のできごとだと考えられる。　(3)　表１中の10月に「５年生修学旅行」，12月に「４・５年生発火演習」とあるので，５年生が在籍《ざいせき》していたことがわかる。　(4)　2022年度の卒業式が76回目ということは，１回目は1947年度になる。これは戦後の学制改革にともない，旧制中学から新制中学に変わったため，新たに数えなおしたからだと考えられる。

Ⅲ　政治のしくみや現代の社会などについての問題

１　**あ，い**　衆議院議員選挙は定数すべてを改選するので，総選挙とよばれる。一方，参議院は衆議院のように解散がなく，３年に１度，定数の半数を改選する選挙が，定期的に実施《じっし》される。そのため，参議院議員選挙は通常選挙とよばれる。　**え**「差別禁止」という否定的な表現を避《さ》けるため，「理解増進」という肯定《こうてい》的な表現に変えたのだと考えられる。

２　2018年，「候補者男女均等法(政治分野における男女共同参画の推進に関する法律)」が施行《しこう》されたが，これは国会議員や地方議会の選挙において，男女の候補者数をできる限り均等にすることを基本原則としている。2021年の改正では，候補者選定の方法の改善が政党の努力義務とされたが，数値目標の設定は義務化されていない。

３　2023年４月，少子化対策や子育て支援《しえん》，虐待《ぎゃくたい》・いじめ防止，貧困対策などを担当する行政機関として，内閣府の下にこども家庭庁が創設された。その長は，内閣特命担当大臣が務める。

４　日本では，厳しい審査《しんさ》が行われるため，難民と認定されるのは非常に難しい。ウクライナからの避難民は，特例としてあつかわれている。

５　(1)「ステルス」には，「こっそり行う」といった意味がある。価格はそのままにして内容量を減らしたり重量を減らしたりすると，見た目には変化がないような印象を与えるが，実質的な値上げを行っていることになるので，「ステルス値上げ」とよばれる。　(2)　日本は景気がよくない状態が続いていたため，金利を低く設定してお金を借りやすくし，世の中にお金が出回るようにして経済の活性化をめざした。一方，アメリカは世の中に出回るお金を減らすことで物価高をおさえようとして，金利を引き上げた。そのため，より利子の高いアメリカの銀行にお金を預けようと考える人が増え，手持ちの円を売ってドルにかえる「円売りドル買い」が行われた。これによって世の中に円が増えたぶん，その価値は下がって円安が進んだ。なお，「円安」とは，外国為替《かわせ》市場において１ドル＝100円の交換《こうかん》比率が，１ドル＝120円になるような場合をいう。

６　GXは「グリーントランスフォーメーション」の略称で，エネルギー源を，温室効果ガスの排《はい》出《しゅつ》原因となっている化石燃料などから，脱《だつ》炭素ガスや太陽光・風力発電といった再生可能エネルギーに転換《てんかん》するとともに，経済社会システム全体の変革をめざすことをいう。

７　特定の宗教に関連する団体が設立した私立学校では，宗教教育や宗教的活動が行われている。

８　2023年２月時点で，衆議院の議員定数は465人，参議院の議員定数は248人となっている。

９　WHOは世界保健機関の略称で，世界の人々の健康増進や伝染病対策などを行う国際連合の専門機関である。なお，UNICEFは国連児童基金，UNHCRは国連難民高等弁務官事務所，WTOは世界貿易機関の略称。

10 (1), (2)　学級の男女比が１：１で，修学旅行委員４名を決める場合，男女それぞれの意見を平等に反映するべきという立場に立てば，委員の男女比もこの比率で２名ずつにするべきだということになる。一方，委員の仕事をこなす能力を重視するとすれば，男女の性別は関係ないのだから，男女比ありきの選出をするべきではないということになる。　(3)　文章から，日本は政治の分野における女性の比率が国際的に見てかなり低いことが読み取れる。この場合，男性の視点を中心に政策が決定される傾向《けいこう》が強くなる。社会における男女格差には個人の意識によるものや慣習によるものも多いと考えられるが，そうしたことを法で規制したり，道筋をつけたりするために，まず政治の世界からクオータ制度を導入し，その解決をめざすことが考えられる。

理　科　＜第２回試験＞（40分）＜満点：75点＞

解　答

Ⅰ (1)　呼吸　(2)　オ　(3)　イ　(4)　イ　(5)　イ　Ⅱ (1)　オ　(2)　イ　(3)　エ　(4)　ア，ウ　(5)　ク　Ⅲ (1)　イ，ウ，キ　(2)　ア，オ　(3)　ウ　(4)　0.11 g　(5)　**炭酸カルシウム**…0.15 g　**塩酸**…3 cm^3　Ⅳ (1)　8.2%　(2)　7 g　(3)　30.2 g　(4)　32.7 g　(5)　オ　Ⅴ (1)　①　偏西　②　フェーン　③　ラニーニャ　④　高　⑤　積乱　⑥　線状降水　(2)　オ　(3)　ア，カ　(4)　イ，ウ　(5)　イ　Ⅵ (1)　0℃　(2)　エ　(3)　エ　(4)　22℃　(5)　ウ　Ⅶ (1)　２個　(2)　３個　(3)　**ばねＡ**…７cm　**ばねＢ**…10.5cm　(4)　**ばねＡ**…３cm　**ばねＢ**…4.5cm　(5)　**100 g のおもり**…２個　**10 g のおもり**…７個

解　説

Ⅰ　光の強さと樹木の成長についての問題

(1)　植物はつねに呼吸を行っており，酸素を吸収して二酸化炭素を放出している。光があたっていないときは呼吸のみを行い，光があたっているときは呼吸と光合成を行う。

(2)　植物に光があたっているとき，光合成のはたらきによって二酸化炭素を吸収して酸素を放出する。光の強さが強くなって呼吸よりも光合成の方がさかんになると，酸素の放出量が吸収量よりも増え，栄養分を多く作り出しているので，樹木は成長できるようになる。図で，樹木Ⅰにａの強さの光があたっているとき，酸素が吸収されていることから，光合成よりも呼吸がさかんに行われていることがわかる。よって，樹木Ⅰは成長しない。また，樹木Ⅱにａの強さの光があたっているとき，酸素が放出されていて，呼吸よりも光合成がさかんなので，樹木Ⅱは成長する。

(3)　樹木Ⅰ，樹木Ⅱにｂの強さの光があたっているとき，どちらも酸素が放出されていることから，呼吸よりも光合成がさかんに行われていることがわかる。このとき，樹木Ⅰ，樹木Ⅱともに成長するが，樹木Ⅰの方が樹木Ⅱよりも放出する酸素の量が多いので，より光合成がさかんと考えられ，樹木Ⅰの方が樹木Ⅱよりもよく成長する。

(4)　成長するために強い光が必要な樹木Ⅰはクヌギやアカマツのような陽樹，弱い光でも成長する

ことができる樹木Ⅱはカシやシイのような陰樹《いんじゅ》である。よって，イが選べる。

(5)　光がよくあたるところでは陽樹（樹木Ⅰ）の方が成長がはやいので，はじめは林の多くをしめるが，育つにつれて森林内は暗くなり，陽樹の幼木は育つことができなくなる。一方，陰樹は弱い光でも育つことができるので，だんだんと陰樹の数が増え，やがて陽樹と陰樹の混ざった林になる。その後，陽樹は枯《か》れて，陰樹の幼木が育つようになるため，陰樹の方が多くなり，やがて陰樹（樹木Ⅱ）ばかりの林になって安定する。

Ⅱ　トノサマバッタについての問題

(1)　トノサマバッタやカブトムシ，セミは，胸部に２対（４枚）のはねがある。なお，アブやカは胸部に１対（２枚）のはねがあり，ノミやトビムシにははねがない。

(2)　トノサマバッタは，イネ科の植物の葉を食べる。なお，モンシロチョウの幼虫はアブラナ科の植物の葉，アゲハの幼虫はミカン科の植物の葉，カブトムシの成虫などは樹液をえさとする。

(3)　トノサマバッタの鼓膜《こまく》は，後ろあしのつけ根の少し上（腹部）にある。また，セミの鼓膜も後ろあしのつけ根の近くの腹部にあり，オスは腹弁のうらに見ることができる。

(4)　トノサマバッタの頭部には１対（２個）の複眼と３個の単眼がある。複眼はたくさんの小さな目（個眼）がたばのように集まっていて，物の形や色を見ることができる。また，単眼はそれぞれ１つのレンズでできていて，明るさを感じることができるようになっている。

(5)　トノサマバッタは，育った環境《かんきょう》（個体の密度）によって，体の形や行動が変化する。大量に発生して個体の密度が大きくなると，えさやすみかをたがいにうばい合うことになるため，産む卵の数を減らす。また，後ろあしは小さく，はねは長くなって飛行距離《きょり》がのび，新しい生息場所をさがすことができる。

Ⅲ　炭酸カルシウムと塩酸の反応についての問題

(1)　炭酸カルシウムと塩酸が反応すると，二酸化炭素が発生する。二酸化炭素は空気の重さの約1.5倍で，水に溶《と》けると酸性の炭酸水になる。なお，BTB溶液《ようえき》は酸性のときに黄色，中性のときに緑色，アルカリ性のときに青色になるので，炭酸水では黄色に変化する。

(2)　貝殻《かいがら》には炭酸カルシウムが含《ふく》まれているので，貝殻に塩酸を加えると二酸化炭素が発生する。また，ロウソクを燃やすと，ロウソクに含まれている炭素が空気中の酸素と結びついて二酸化炭素が発生する。なお，イ，カは酸素，ウは二酸化硫黄《いおう》，エはアンモニア，キは水素が発生する反応である。

(3)　炭酸カルシウムと塩酸が反応したときに，発生した二酸化炭素が空気中に出ていくと，その重さの分だけ軽くなるが，実験１は密閉した容器内で行っており，二酸化炭素が空気中に出ていかないので，容器全体の重さは変わらない。

(4)　表より，炭酸カルシウムを増やしていくと，発生した二酸化炭素の重さは，やがて0.154 gで一定になる。つまり，塩酸７cm^3がすべて反応したときに発生する二酸化炭素の重さは0.154 gで，このときちょうど反応した炭酸カルシウムの重さは，$0.1\times\frac{0.154}{0.044}=0.35$（g）とわかる。したがって，塩酸７$cm^3$に炭酸カルシウム0.25 gを加えると，$0.154\times\frac{0.25}{0.35}=0.11$（g）の二酸化炭素が発生して，反応後には塩酸が余る。

(5)　塩酸７cm^3と炭酸カルシウム0.35 gがちょうど反応するので，加えた0.5 gの炭酸カルシウムのうち，0.5－0.35＝0.15（g）が残る。よって，炭酸カルシウム0.15gを完全に反応させるには，$7\times\frac{0.15}{0.35}=3$（$cm^3$）の炭酸カルシウムが必要である。

Ⅳ もののの溶け方についての問題

⑴ 40℃の水150gに溶ける固体の重さは，$8.9\times\frac{150}{100}=13.35$（g）で，このときにできる水溶液の重さは，150＋13.35＝163.35（g）となる。よって，この水溶液の濃度《のうど》は，$\frac{13.35}{163.35}\times100=8.17\cdots$より，8.2％である。

⑵ 80℃の水200gに溶ける固体の重さは，$23.5\times\frac{200}{100}=47$（g）なので，さらに溶かすことができる固体の重さは，47－40＝７（g）とわかる。

⑶ 20℃の水200gに溶ける固体の重さは，$4.9\times\frac{200}{100}=9.8$（g）である。したがって，水溶液の温度を20℃まで下げたときに出てくる固体の重さは，40－9.8＝30.2（g）とわかる。

⑷ 50gの水を蒸発させたあとに残る水の重さは，200－50＝150（g）である。20℃の水150gに溶ける固体の重さは，$4.9\times\frac{150}{100}=7.35$（g）なので，出てくる固体の重さは，40－7.35＝32.65より，32.7gとなる。

⑸ ろ過する液が飛び散らないようにするために，ろうとの先のとがった方をビーカーの内側のかべにつける。また，ガラス棒をろ紙の重なった部分にあて，液をガラス棒に伝わらせながら注ぐようにする。

Ⅴ 日本の気象についての問題

⑴ ① 日本上空に１年を通じて吹《ふ》いている強い西風を偏西《へんせい》風という。 ② 湿《しめ》った空気が山をこえて反対側に吹き下りると，乾燥《かんそう》して高温になる。このような現象をフェーン現象という。 ③，④ 何らかの理由でペルー沖の東風が強まると，平年に比べてペルー沖の海面水温が低く，日本付近の海面水温が高くなる。このような現象をラニーニャ現象といい，2022年は１年を通してラニーニャ現象が発生していたとされる。 ⑤，⑥ 海面水温が高くなると，海面から水が蒸発しやすくなり，空気が水蒸気を多く含むようになるため，積乱雲が発生しやすい。そのため，積乱雲が線状に次々と発生する線状降水帯ができやすくなる。このとき，強い雨が同じ場所に長時間降り続くので，大雨災害が起きる可能性が高まる。

⑵ 最高気温が35℃以上の日を猛暑《もうしょ》日という。なお，最高気温が25℃以上の日が夏日，30℃以上の日が真夏日，夜の最低気温が25℃以上の日が熱帯夜である。

⑶ 太平洋高気圧（小笠原《おがさわら》気団）は暖かく湿った空気のかたまりで，夏になると発達して日本付近に張り出すので，夏は晴れて蒸し暑い日が続くことが多い。

⑷ 中心付近に下降気流があり，まわりよりも気圧が高いところを高気圧という。地球の自転の影《えい》響《きょう》で，北半球の地表付近では，高気圧の中心から風が時計回りに吹き出している。

⑸ 梅雨前線は停たい前線なので，イのような記号で表す。なお，アは温暖前線，ウは寒冷前線，エは閉そく前線を表す記号である。

Ⅵ 水の状態変化についての問題

⑴～⑶ 状態①は固体の氷，状態②は氷がとけて液体の水に変化している状態，状態③は水，状態④は水がふっとうして気体の水蒸気に変化している状態，状態⑤は水蒸気である。したがって，グラフの氷がとけて水に変化する温度ａは０℃で，水がふっとうして水蒸気に変化する温度ｂは100

℃となる。また，状態①(AB間)の方が状態③(CD間)よりもグラフの傾《かたむ》きが大きいことから，状態①の方が状態③よりもあたたまりやすいとわかる。

⑷　０℃の水がもつ熱量を０カロリーとすると，90℃の水120ｇがもつ熱量は，120×90＝10800(カロリー)である。０℃の氷80ｇが０℃の水80ｇに変化するために必要な熱量は，80×80＝6400(カロリー)なので，90℃の水120ｇと氷がとけた０℃の水80ｇを合わせた水がもつ熱量は，10800－6400＝4400(カロリー)となる。水の重さの合計は，120＋80＝200(ｇ)なので，水の温度は，4400÷200＝22(℃)になる。

⑸　冬に，寒い屋外から暖かい室内に入ると，冷たいめがねのレンズにふれた空気が冷やされて水蒸気の一部が水てきとなり，めがねがくもる。なお，アは，水蒸気が水に変化する現象だが，標高が高くなると気圧が変化するため選べない。イは，食塩が水に溶けると氷のとける温度が低くなることを利用した現象で同じではない。また，エは，氷がとけるときに飲み物から熱をうばう現象なのであてはまらない。

Ⅶ　てこのつり合いについての問題

⑴　図２で，ｆの穴につるしたおもりが支点(ｄ)を中心に棒を時計回りに回転させるはたらきは，100×(５×２)＝1000なので，液体Ａの中に入れたおもりによって図２の棒を反時計回りに回転させるはたらきも1000である。また，図３のｇの穴につるした糸にかかる重さは，図２のａの穴につるした糸にかかる重さと同じだから，図３の棒をｇの穴につるしたおもりが支点(ｄ)を中心に時計回りに回転させるはたらきも1000とわかる。すると，ｃの穴につるしたおもりが図３の棒を反時計回りに回転させるはたらきも1000になるはずなので，ｃの穴につるすおもりの重さは，1000÷５＝200(ｇ)だから，200÷100＝２(個)のおもりをつるせばよい。

⑵　図４の支点(ｄ)からｃの穴とｅの穴は同じ距離なので，棒が水平になって静止するとき，ｃの穴とｅの穴からつるす糸にかかる重さも等しい。図４で，ｃの穴の糸にかかる重さは，100×３＝300(ｇ)なので，ｅの穴の糸にかかる重さも300ｇとなり，おもりの数は，300÷100＝３(個)とわかる。

⑶　図５，図６のばねＡとばねＢには，どちらも同じ重さがかかっている。ばねＡは，100ｇの重さがかかると１cmのびるばねなので，７cmのびているばねＡにかかる重さは，$100\times\frac{7}{1}=700$(ｇ)である。また，ばねＢは100ｇの重さがかかると1.5cmのびるばねなので，700ｇの重さがかかるときのばねＢののびは，$1.5\times\frac{700}{100}=10.5$(cm)となる。

⑷　図７のばねＡとばねＢには，どちらもおもり３個分の重さがかかっている。よって，表より，ばねＡののびは３cm，ばねＢののびは4.5cmである。

⑸　図８で1.8cmのびたばねＡにかかる重さは，$100\times\frac{1.8}{1}=180$(ｇ)である。支点(ｄ)を中心として，ａの穴につるしたばねＡにかかる重さが棒を反時計回りに回転させるはたらきは，180×(５×３)＝2700なので，ｆの穴に通した糸にかかる重さが，2700÷(５×２)＝270(ｇ)となればよい。ｆの穴に通した糸にかかる重さは，ばねＢにつるすおもりの重さの合計と等しいから，図８のとき，おもりの合計が最も少なくなる組み合わせは，100ｇのおもり２個，10ｇのおもり７個をつるした場合である。

国　語　＜第２回試験＞（50分）＜満点：100点＞

解　答

一　問１　①（例）　人の目ばかり気にしていてもしょうがないとわかっていても，人の目を気にしてしまうこと。　②（例）　鏡に映し出されない限り，自分の顔を直接自分で見ることはできないということ。　③（例）　他者の反応によって自分がどのように評価されているかわかり，自分の態度や発言が適切だったかどうかを知ることができるという意味。　⑥（例）　知能テストを実施した後，心理学者に今後伸びるだろうと言われた，成績上位者リストに載っている生徒の学力がほかの生徒より伸びたこと。　⑪（例）　ほかの言語では「よのなか」「世間」を意味する「人間」という言葉が日本では「人」も意味すること。　**問２**　ピグマリオ　**問３**　１　腹　６　顔　**問４**　２　オ　３　ア　４　ウ　**問５**（例）　自分が自信や誇りを持てるような，自分を好意的，肯定的に見てくれる他者の目。　**問６**（例）　自己イメージは，人から言われた言葉や人から示された態度をもとにつくられるという意味。　**問７**（例）　経験　**問８**（例）　キャラに則って面白さを演じるほうが容易に承認が得られやすく，優劣で傷つくこともないから。　**問９**（例）　日本人にとっては，みっともないという感覚が自分を正しい行いに導く力になっているから。　**問10**　A　イ　B　ア　C　ア　D　イ　E　イ　F　ア　**問11**（例）　日本人は互いの気持ちを結びつけ，良好な場の雰囲気を醸し出すことを重視するため，自己主張が苦手であると映るが，それは，コミュニケーションにおいて，相手を説得し，自分の意見を通す欧米的な価値観に染まった見方に過ぎないから。　**問12**　ア　**問13**　８　エ　９　カ　10　イ　11　ア　**問14**（例）　日本人は恥の文化の中で生き，自分が他者にどう見られているかを意識しつつ，その場で何を求められているかを汲み取り，相手との関係にふさわしい自分を生成する。

二　下記を参照のこと。

●漢字の書き取り

二　１　検査　２　種類　３　財源　４　庁舎　５　納税　６　看病　７　枚挙　８　風潮　９　除(く)　10　拝(む)

解　説

一　**出典は榎本博明《えのもとひろあき》の『〈自分らしさ〉って何だろう？―自分と向き合う心理学』による。**相手からどう思われるかを気にするのはなぜなのかを考察し，自己主張が苦手な日本人の特徴《とくちょう》について説明する。

問１　①　直前の段落に注目すると，「人の目ばかり気にしていてもしょうがない」ことはわかるが「人の目を気にしてしまう」ということを指していることがわかる。　②　前の段落の内容を指している。鏡がなければ自分がどんな顔なのか知ることはできない，自分の顔は鏡に映すことで初めて見ることができる，ということである。　③　「鏡映自己」の意味を指す。前の文に着目し，「他者の反応によって，自分の人柄《ひとがら》や能力がどのように評価されているかがわかり，自分の態度や発言が適切だったかどうかを知ることができる」という意味をとらえる。　⑥　前の段落の内容を指している。生徒たちに知能テストを実施《じっし》した心理学者が，成績上位者のリストを担任の先生に渡《わた》して「この子たちは今後伸《の》びる」と伝えると，実際に学力が伸びたのである。　⑪　直前の，ほかの言語では「人」と「人間関係」がしっかり区別されているのに日本では混同があるということを指している。「混同」については，「人間」とは，もともと「よのなか」「世間」を意味していたのが，誤って「人」の意味になったと，その前の部分で説明されている。

問２　もどす文では，「周囲の視線に応《こた》える」，「他者の視線に縛《しば》られている」ような行動を「どちらも」していることが述べられている。よって，そのような行動について複数述べられている部分を探すと，ぼう線部⑥をふくむ大段落で，「人の視線」が大きな力を持っているということがまず述べられ，優等生と劣等生《れっとうせい》の行動がそれぞれ述べられているので，「ピグマリオン効果というのがある」という文で始まる段落の前に入れると文意が通る。

問３　**１**　「腹を割る」は，“本心をさらけだす，ほんとうの気持ちや考えを打ち明ける”という意味。　　**６**　「顔がつぶれる」は，“世間からの評判や名誉《めいよ》を失う”という意味。「顔向けできない」は，“恥《は》ずかしいことや失敗などをしでかして申し訳なく，相手の顔がまともに見られない”という意味。

問４　**２**　「人柄や能力」は「内面的」な特徴である。　　**３**　「好意的」の反対の意味の言葉だから，ここでは「否定的」が合う。　　**４**　「感情的」の反対の意味なので，ここでは「論理的」がよい。

問５　前の部分で「鏡」は「他者の目」だと説明されている。人から「好意的」に見られれば「嬉《うれ》しいし，自信にもなる」，「肯定的《こうていてき》」に見られれば「嬉しいし，力が湧《わ》いてくる」とある。つまり，自分を輝《かがや》かせてくれるのは，そのように自分を認めてくれる他者の目なのである。

問６　「自己とは他者である」という言葉の「もうひとつの意味」を読み取る。ひとつ目は，自分はなぜムシャクシャしているのかさえわからないものであり，「一番身近であるはずの自分が，じつはとても遠い存在」だという意味だと説明されている。もうひとつの意味として，直後から「自己イメージ」について説明されていることに注目する。自己イメージは小さい頃《ころ》から徐々《じょじょ》につくられてきたものであり，まとめとして，自己イメージは「他者がこちらに抱《いだ》くイメージ」，「人から言われた言葉や人から示された態度」をもとにつくられていると述べられている。

問７　問６でもみたが，自己イメージは，小さい頃から自分の性格について周囲からいろいろ言われたことが積み重なってつくられる。つまり，「経験」（体験）の積み重ねであるといえる。

問８　続いて「承認欲求の満たしやすさや心の傷つきやすさが関係している」とある。勉強やスポーツで認められるには能力や努力が必要なうえに，優劣《ゆうれつ》がはっきりするため，傷つきやすい今の若い世代には敬遠されがちだが，キャラに則《のっと》って面白さを演じるほうが，容易に承認されやすく，優劣で傷つくこともないのである。

問９　この大段落では，「恥ずかしい」「みっともない」といった感情が日本の社会の秩序《ちつじょ》に関わっていることを説明している。「人の目」を意識し，恥ずかしい，みっともないと感じることが，秩序を保つ方向へ「自分の行動をコントロールする」のである。

問10　**Ａ**「人の目に映る自分の姿を想像」して「自分の行動をコントロール」するのだから，行動を導く中心には「他者」がいる。　　**Ｂ**　日本人にとって「恥《はじ》」が重要なのはなぜかを考えることで行き着くところだから，日本的「自己」の特徴である。　　**Ｃ**　直前の文で，堂々と「自己主張」できるアメリカ人と，うまく「自己主張」できない日本人を対比している。つまり「違《ちが》って」いるのは「自己」のあり方である。　　**Ｄ**，**Ｅ**　「絆《きずな》」は「他者」と結ぶものである。　　**Ｆ**　日本人には一定不変の「自己」などというものはなく，「相手との関係に応じてさまざまに姿を変える」「自己」を生きているのである。

問11　「それ」は，「日本人が自己主張が苦手」なことを指す。このあと，アメリカ人と日本人のコミュニケーションの「役割」の違いを述べているので，対比しつつ整理する。アメリカ人は「相手を説得し，自分の意見を通すこと」をコミュニケーションの目的にしており，自己主張のぶつかり合いを気にしない。一方，日本人は「お互いの気持ちを結びつけ，良好な場の雰囲気《ふんいき》を醸《かも》し出すこと」をコミュニケーションの目的にしているため，自己主張ではなく「相手の気持ちを察する共感性」を磨《みが》いて育つ。だから，欧米《おうべい》式ではないだけで「悪いことではない」し，それを批判《ひはん》するのは「欧米的な価値観に染まった見方に過ぎない」のである。

問12　アメリカ人は「相手を説得し，自分の意見を通すこと」をコミュニケーションの目的にしており，遠慮《えんりょ》なく自己主張してぶつかり合う。つまり，意見のぶつかり合いは「日常茶飯事《さはんじ》」なのである。「日常茶飯事」は，毎日のありふれたことがら。なお，「後の祭り」は，時機を外してむだになってしまうこと。手おくれ。「机上《きじょう》の空論」は，実際には役に立たない意見。「寝耳《ねみみ》に水」は，とつぜん思いがけない事態が生じたことを知っておどろくこと。

問13　**8**　前では，日本人にとってコミュニケーションの目的は，自己主張で相手を説き伏《ふ》せることではないとあり，後では，自己主張の技術を磨かずに育つとあるので，前のことがらを理由・原因として，後にその結果をつなげるときに用いる「だから」があてはまる。　**9**　前で，日本人の行動原理は「相手の意を汲《く》み取って動く」ことだと述べ，後では，「何かを頑張《がんば》るとき」の例が続くので，具体的な例をあげるときに用いる「たとえば」があてはまる。　**10**　前で，「だれかのために頑張る」と述べ，後では，「自分のためでもある」がそれだけではないと述べているので，“言うまでもなく”という意味の「もちろん」が合う。　**11**　「人の意向や期待を気にする日本的な心のあり方」は「自分がない」と批判されたりするが，それは「欧米的な価値観」だという文脈だから，前のことがらに対し，後のことがらが対立する関係にあることを表す「でも」がよい。

問14　大段落の六つ目以降で，関係性を生きる「日本人」について説明しているので，内容を大きく押さえていく。まず，世間の目を気にする「恥の文化」が日本の社会の特徴で，「人の目に映る自分の姿を想像する」のが行動原理になっている。だから「相手の意見や要求」を汲み取って「自分の意見や要求に取り込《こ》み」，「その場その場の関係性にふさわしい自分」に変えていくのである。

二　漢字の書き取り

1　基準にもとづいて異状の有無や適切さなどを調べること。　**2**　共通の性質や形態をもつものごとに分類した，一つひとつのまとまり。　**3**　収入を生み出すもと。　**4**　役所の建物。　**5**　税金を納めること。　**6**　病人につきそって世話をすること。　**7**　一つひとつ数えあげること。「枚挙にいとまがない」で，数えられないほどたくさんあるようす。　**8**　世の中のなりゆき。時代の変化にともなって移りゆく世間の傾向《けいこう》。　**9**　音読みは「ジョ」「ジ」で，「除草」「掃除《そうじ》」などの熟語がある。　**10**　音読みは「ハイ」で，「拝見」などの熟語がある。

Dr.福井の
入試に勝つ！ 脳とからだのウルトラ科学

勉強が楽しいと，記憶力も成績もアップする！

みんなは勉強が好き？　それとも嫌い？——たぶん「好きだ」と答える人はあまりいないだろうね。「好きじゃないけど，やらなければいけないから，いちおう勉強してます」という人が多いんじゃないかな。

だけど，これじゃダメなんだ。ウソでもいいから「勉強は楽しい」と思いながらやった方がいい。なぜなら，そう考えることによって記憶力がアップするのだから。

脳の中にはいろいろな種類のホルモンが出されているが，どのホルモンが出されるかによって脳の働きや気持ちが変わってしまうんだ。たとえば，楽しいことをやっているときは，ベーターエンドルフィンという物質が出され，記憶力がアップする。逆に，イヤだと思っているときには，ノルアドレナリンという物質が出され，記憶力がダウンしてしまう。

要するに，イヤイヤ勉強するよりも，楽しんで勉強したほうが，より多くの知識を身につけることができて，結果，成績も上がるというわけだ。そうすれば，さらに勉強が楽しくなっていって，もっと成績も上がっていくようになる。

でも，そうは言うものの，「勉強が楽しい」と思うのは難しいかもしれない。楽しいと思える部分は人それぞれだから，一筋縄に言うことはできないけど，たとえば，楽しいと思える教科・単元をつくることから始めてみてはどうだろう。初めは覚えることも多くて苦しいときもあると思うが，テストで成果が少しでも現れたら，楽しいと思えるきっかけになる。また，「勉強は楽しい」と思いこむのも一策。勉強が楽しくて仕方ない自分をイメージするだけでもちがうはずだ。

Dr.福井（福井《ふくい》一成《かずしげ》）…医学博士。開成中・高から東大・文Ⅱに入学後，再受験して翌年東大・理Ⅲに合格。同大医学部卒。さまざまな勉強法や脳科学に関する著書多数。

2022年度　明治大学付属明治中学校

〔電　話〕 (042) 444－９１００
〔所在地〕 〒182-0033　東京都調布市富士見町４－23－25
〔交　通〕 JR中央線「三鷹駅」，京王線「調布駅」よりスクールバス

【算　数】〈第１回試験〉（50分）〈満点：100点〉

注意　１．解答は答えだけでなく，式や考え方も解答用紙に書きなさい。（ただし，**1** は答えだけでよい。）

２．円周率《えんしゅうりつ》は3.14とします。

３．定規・分度器・コンパスは使用してはいけません。

1　次の□にあてはまる数を求めなさい。

(1)　$1\frac{1}{4}\div\left\{\left(1\frac{2}{7}-\square\right)\div3+1\frac{1}{14}\right\}=1$

(2)　ある仕事を，ＡとＢとＣの３人で行うとちょうど25日で終わり，ＡとＢの２人で行うとちょうど40日で終わります。この仕事を，１日目はＡとＣ，２日目はＢとＣ，３日目はＡとＣ，４日目はＢとＣ，…というように，Ｃは毎日，ＡとＢは１日ずつ交互《こうご》に行うと，□日目の途中《とちゅう》で仕事が終わります。

(3)　５人がけの長いすＡと６人がけの長いすＢがあり，Ｂの脚《きゃく》数はＡの脚数の２倍よりも20脚少ないです。これらの長いすに生徒が座るとき，Ａだけを使って座ると２人が座れず，Ｂだけを使って座ると３人が座れなくなります。このとき，生徒は□人います。

(4)　Ｍさんは，Ａ町からＢ町まで一本道を休まずに歩きました。Ａ町から途中《とちゅう》のＰ地までは上り，Ｐ地からＱ地までは平地，Ｑ地からＢ町までは下りになっています。また，Ｍさんの上りの速さは毎時３km，平地の速さは毎時４km，下りの速さは毎時５kmです。Ａ町からＢ町まで歩いたときの平均の速さは毎時4.5kmです。Ｍさんが上りと平地を歩くのに同じ時間がかかったとき，上りの道のりは全体の道のりの□倍です。

(5)　右の図のように，１辺の長さが８cmの正方形の中に４分の１の円が２つ，三角形が１つあります。アの部分の面積から，イの部分の面積とウの部分の面積を引くと，□cm^2です。

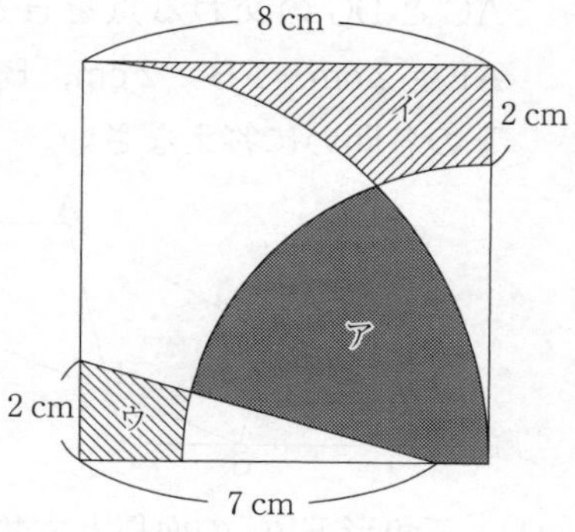

2　あるクラスの男子の人数は女子の人数よりも３人多いです。このクラスで10点満点の小テストを行ったところ，男子の平均点は6.5点，女子の平均点は7.6点，クラス全員の平均点はちょうど７点でした。また，クラスの男子のＡくん，Ｂくん，Ｃくんの３人を除いた男子の平均点は6.2点で，Ａくんの点数は７点でした。このとき，次の各問いに答えなさい。

(1)　このクラスの男子の人数は何人ですか。

(2)　ＢくんとＣくんの平均点は何点ですか。

3 水そうに給水管が１本ついていて，毎分 14L の水が入ります。また，この水そうの底に排《はい》水《すい》管が５本ついていて，どの排水管からも一定の割合で同じ量の水が出ます。はじめに，９時に何Ｌかの水が水そうに入っている状態で，給水管１本と排水管５本を同時に開け，９時10分に排水管１本を閉じ，９時20分にさらに排水管３本を閉じました。水そうに入っている水量を調べると，９時10分の水量は９時の水量の $\frac{1}{2}$ で，９時20分の水量は９時の水量の $\frac{1}{3}$ でした。このとき，次の各問いに答えなさい。

(1)　排水管１本から毎分何Ｌの水が出ますか。

(2)　９時の水量は何Ｌでしたか。

(3)　水量が初めて 200L になるのは，何時何分ですか。ただし，水そうの容積は 200L 以上あるものとします。

4 船Ｐが，流れの速さが一定である川を 25km 下るのにかかる時間と，この川を５km 上るのにかかる時間は同じです。ある日，船Ｐがこの川のＡ地点を出発して６km はなれたＢ地点までの間を往復するのに，行きの静水時の速さはいつもの静水時の速さの $1\frac{1}{2}$ 倍に，帰りの静水時の速さはいつもの静水時の速さの $\frac{2}{3}$ 倍にしたところ，往復で１時間５分かかりました。このとき，次の各問いに答えなさい。

(1)　船Ｐのいつもの静水時の速さは，この川の流れの速さの何倍ですか。

(2)　この川の流れの速さは毎時何 km ですか。

5 次の図のように，五角形 ABCDE があります。辺 AB 上に点Ｆ，辺 BC 上に点Ｇがあり，AC と DG の交わる点をＨとします。AE と BC，AB と DC，FG と ED はそれぞれ平行で，AF＝２cm，FB＝２cm，BG＝２cm，GC＝１cm，CD＝３cm，FG＝１cm です。このとき，下の各問いに答えなさい。

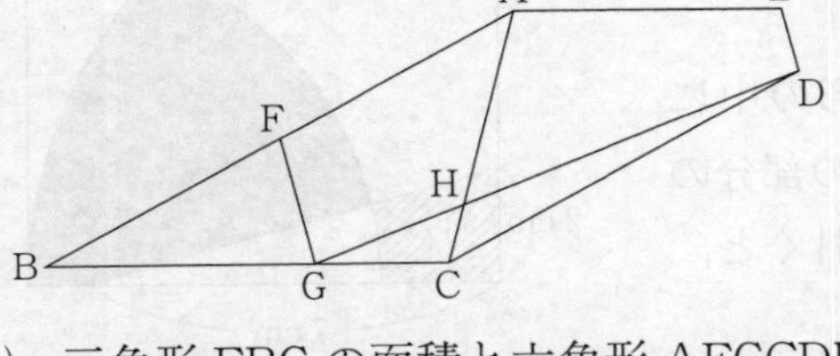

(1)　三角形 FBG の面積と六角形 AFGCDE の面積の比を，最も簡単な整数の比で表しなさい。

(2)　三角形 FBG の面積と三角形 HGC の面積の比を，最も簡単な整数の比で表しなさい。

【社　会】〈第１回試験〉（40分）〈満点：75点〉

Ｉ　日本の地理に関する以下の問いに答えなさい。

1　次の**図１**中の**Ａ～Ｈ**の河川について，以下の問いに答えなさい。

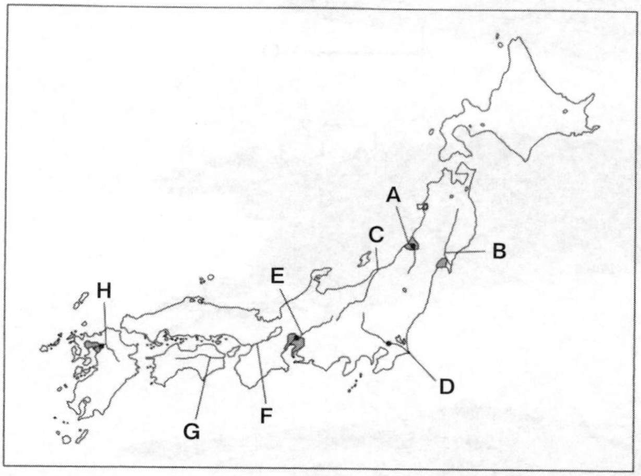

図１

⑴　**図１**中の河川**Ａ・Ｂ・Ｅ・Ｈ**について，河口付近での名まえを答えなさい。また河川**Ａ・Ｂ・Ｅ・Ｈ**の下流域に位置する網かけで示された平野の名まえを答えなさい。

⑵　次の**ア～エ**は**図１**中**Ａ・Ｄ・Ｅ・Ｈ**いずれかの河川について，•の観測地点での河川流量を表しています。**図１**中の**Ａ**にあてはまるものを次の**ア～エ**の中から１つ選び，記号で答えなさい。［国土地理院『新版日本国勢地図』］

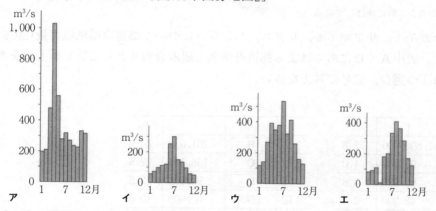

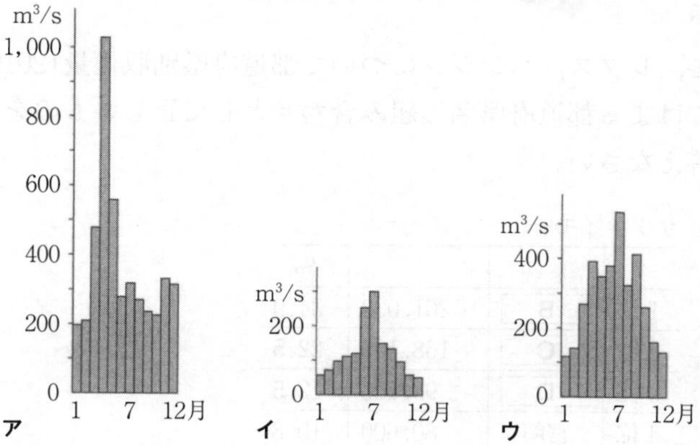

⑶　次の**地図１～４**は，**図１**中の河川**Ｃ・Ｄ・Ｆ・Ｇ**いずれかについて，河口から上流側を見た※立体地図（国土地理院の「地理院地図」の傾斜量図と陰影起伏図を立体化した地図）です。**地図１～４**中，**あ**の位置にある湖，**い**の平野，**う**の山脈，**え**に市役所がある市をそれぞれ答えなさい。

地図１

地図２

地図３

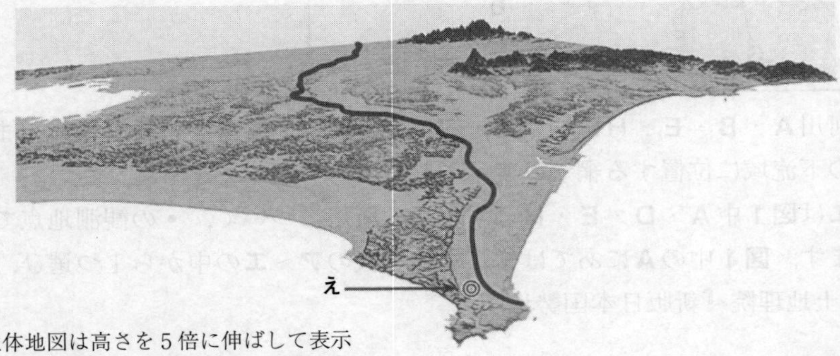

地図４

※立体地図は高さを５倍に伸ばして表示

2　下の表はジャガイモ，サツマイモ，レタス，ニンジンについて都道府県別収穫量（2019年）を表したものです。表中**Ａ**～**Ｄ**にあてはまる都道府県名の組み合わせとして正しいものをあとの**ア**～**エ**の中から１つ選び，記号で答えなさい。

ジャガイモ

		t	%
１位	**Ａ**	1,890,000	78.8
２位	**Ｂ**	95,000	4.0
３位	長崎	90,900	3.8
４位	**Ｃ**	48,300	2.0
５位	**Ｄ**	29,500	1.2
	全国	2,399,000	100.0

サツマイモ

		t	%
１位	**Ｂ**	261,000	34.9
２位	**Ｃ**	168,100	22.5
３位	**Ｄ**	93,700	12.5
４位	宮崎	80,600	10.8
５位	徳島	27,300	3.6
	全国	748,700	100.0

レタス

		t	%
１位	長野	197,800	34.2
２位	**Ｃ**	86,400	14.9
３位	群馬	51,500	8.9
４位	長崎	36,000	6.2
５位	兵庫	30,100	5.2
	全国	578,100	100.0

ニンジン

		t	%
１位	**Ａ**	194,700	32.7
２位	**Ｄ**	93,600	15.7
３位	徳島	51,400	8.6
４位	青森	39,600	6.7
５位	長崎	31,100	5.2
	全国	594,900	100.0

［農林水産省資料より作成］

	A	B	C	D
ア	北海道	鹿児島	茨城	千葉
イ	北海道	宮城	秋田	滋賀
ウ	熊本	北海道	愛知	茨城
エ	北海道	栃木	熊本	岩手

3　右のグラフは日本の農家における働き手の変化を表したものです。グラフから読み取れる状況への対策として，日本の農業で現在行われている工夫として正しくないものを次の**ア**～**エ**の中から１つ選び，記号で答えなさい。

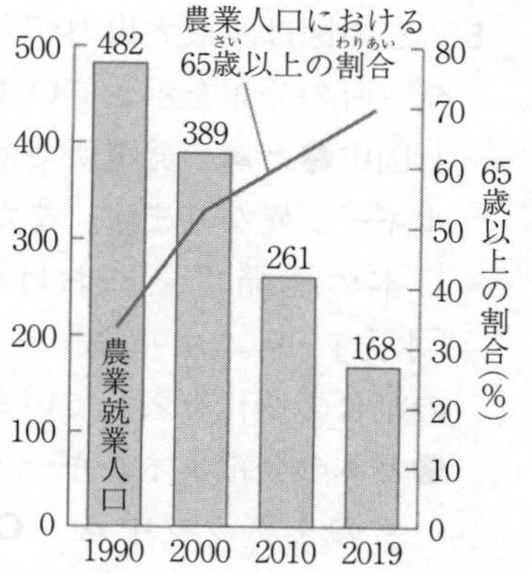

[『日本のすがた 2021』より作成]

ア　人手が集めやすい会社組織にして農業経営の法人化を進める

イ　技能実習制度や特定技能制度による外国人労働力を活用する

ウ　耕地分割をして一戸当たりの耕地面積の小さい農家を増やす

エ　ロボットやAI等の先端技術を活用するスマート農業を推進する

4　次のグラフは機械工業，ガラス・セメント・陶磁器工業，紙・パルプ工業，化学工業について都道府県別出荷額(2018年)を表したものです。グラフ中**A**～**C**にあてはまる都道府県名の組み合わせとして正しいものをあとの**ア**～**エ**の中から１つ選び，記号で答えなさい。

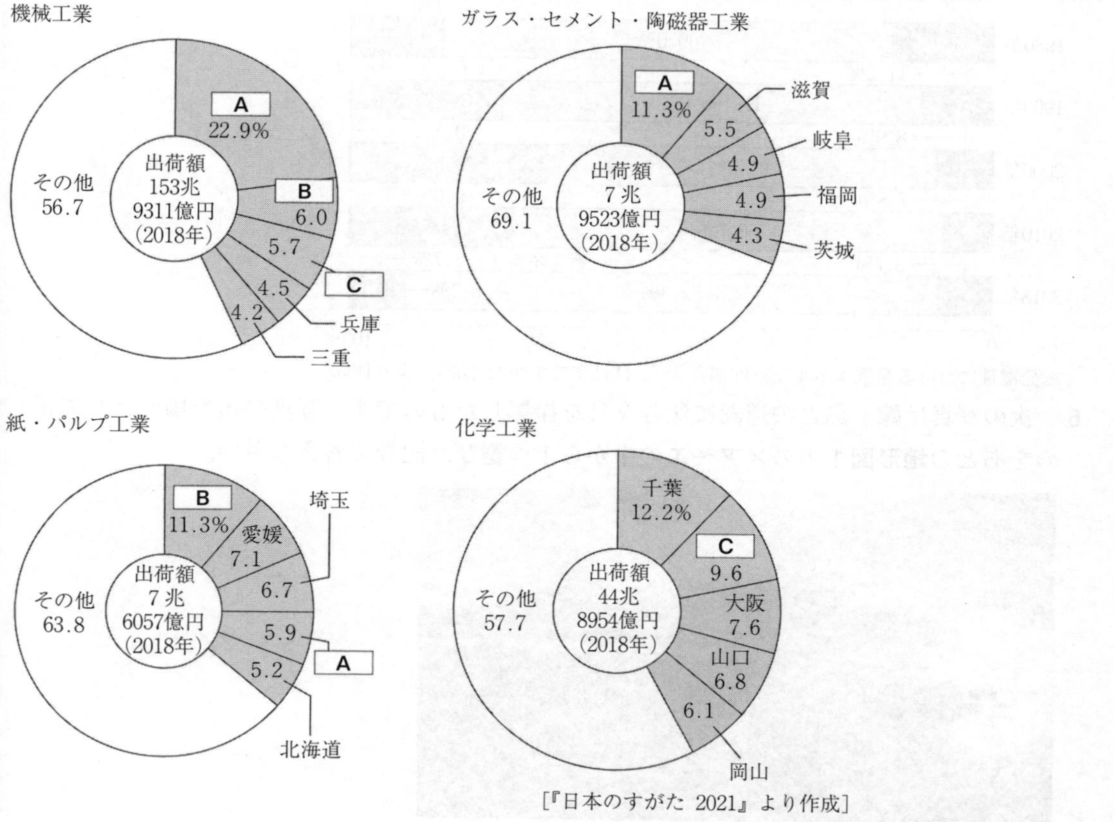

[『日本のすがた 2021』より作成]

	A	B	C
ア	愛知	広島	福井
イ	東京	愛知	宮城
ウ	静岡	新潟	愛知
エ	愛知	静岡	神奈川

5　右の図は，最大出力が大きい主な発電所の分布を示しています。ただし図中●と▲の発電所では発電エネルギーが異なります。またグラフは日本の総発電量における「火力」「水力」「新エネルギー」「原子力」の割合の変化を表しています。図中●と▲の発電エネルギーとして正しいものをグラフ中**A**～**C**の中から１つずつ選び，記号で答えなさい。

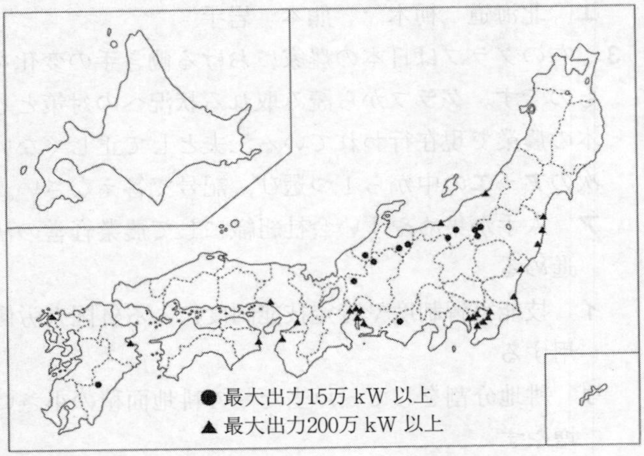

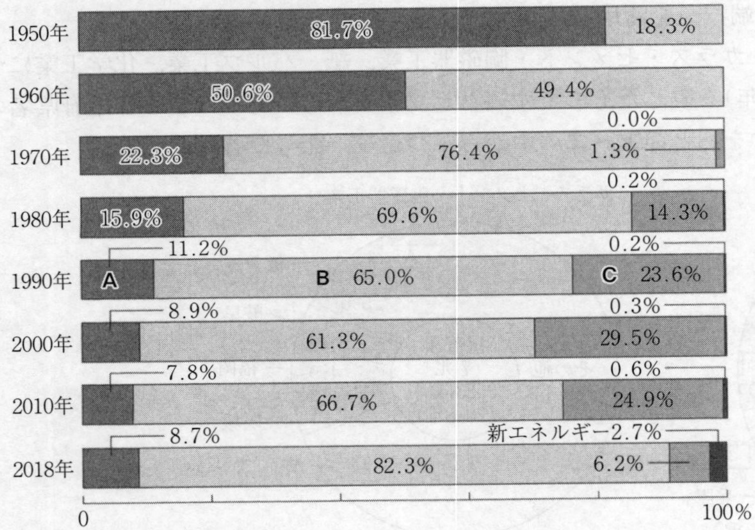

総発電量における発電エネルギー別割合　　　［『日本のすがた 2021』より作成］

6　次の写真は嫁ヶ島と宍道湖に沈む夕日を撮影したものです。写真の撮影場所として正しいものをあとの**地形図１**中の×**ア**～**エ**の中から１つ選び，記号で答えなさい。

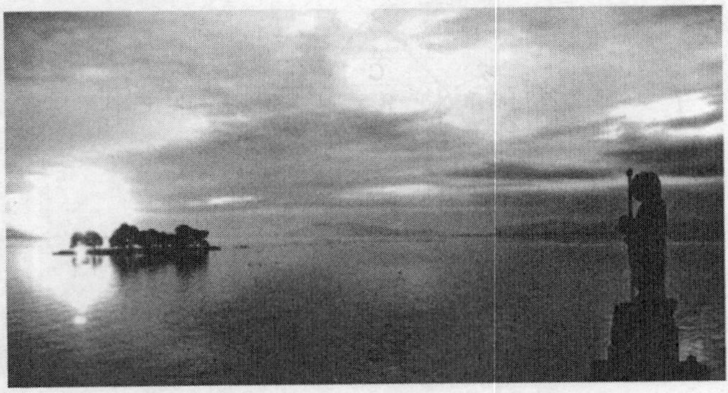

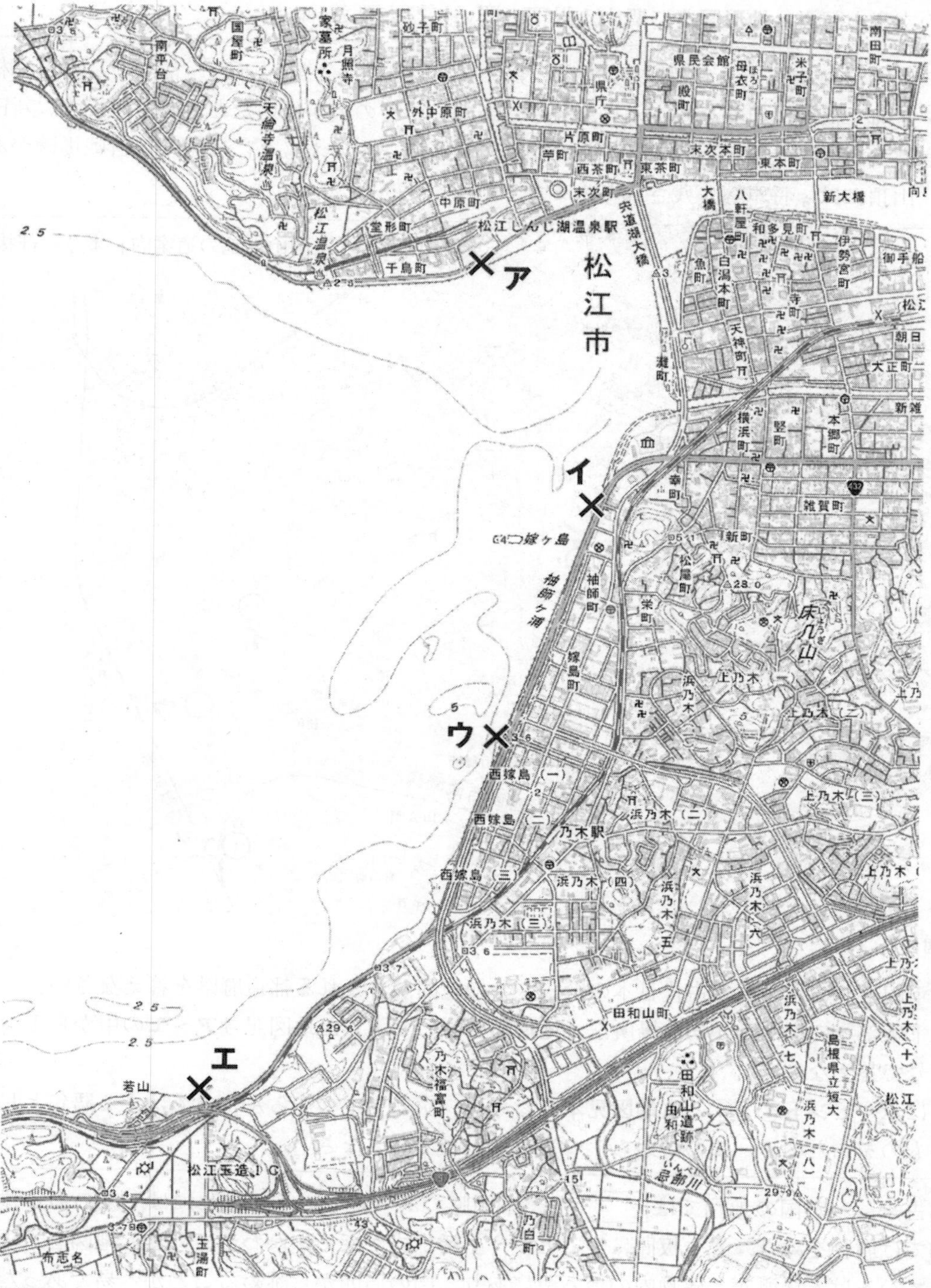
ア
イ
ウ
エ
松江市
南平台
国屋町
家墓所
月照寺
砂子町
外中原町
県庁
殿町
県民会館
母衣《ほろ》町
米子町
南田町
片原町
末次本町
東本町
西茶町
東茶町
中原町
末次町
天倫寺温泉
松江温泉
堂形町
松江しんじ湖温泉駅
千鳥町
宍道湖大橋
大橋
八軒屋町
新大橋
和多見町
伊勢宮町
御手船
魚町
白潟本町
寺町
天神町
灘町
朝日
大正町
横浜町
竪町
本郷町
幸町
雑賀町
嫁ヶ島
袖師ヶ浦
袖師町
新町
松尾町
栄町
床几山
嫁島町
浜乃木
上乃木
上乃木（二）
西嫁島（一）
西嫁島（二）
乃木駅
浜乃木（二）
上乃木（三）
西嫁島（三）
浜乃木（四）
浜乃木（五）
浜乃木（六）
浜乃木（三）
田和山町
若山
乃木福富町
田和山遺跡
浜乃木（七）
島根県立短大
浜乃木（八）
松江玉造ＩＣ
忌部川
乃白町
布志名
玉湯町

地形図１

7　次の文章を読み，**地形図２**に関する以下の問いに答えなさい。

> 　八国山は狭山丘陵の東端にある山です。その頂きから上野・下野・常陸・①安房・相模・駿河・信濃・甲斐の八国が見渡せることから，その名が付いたとされています。新田義貞鎌倉討伐や武蔵野合戦などが行なわれた場所で，山のふもとには久米川古戦場碑があり，山頂には②将軍塚が残されています。

［東村山市HP「八国山緑地の道案内」より一部抜粋］

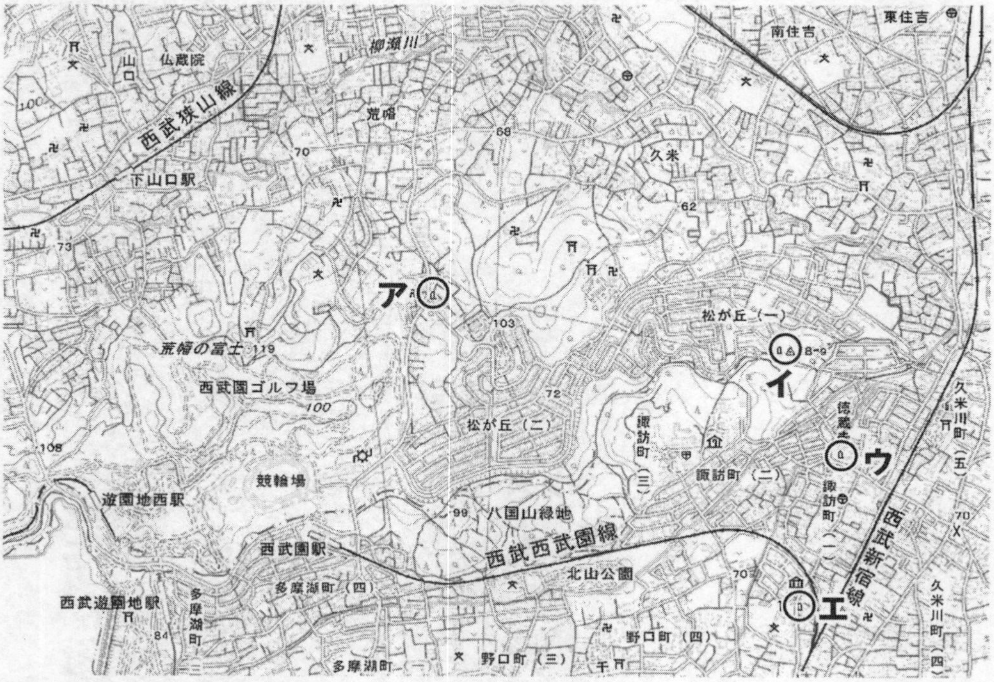

地形図２

(1)　下線部①に示される古代日本の行政区分の範囲が含まれる都道府県を答えなさい。

(2)　下線部②の記念碑がある場所を，**地形図２**中○で示した地図記号**ア～エ**の中から１つ選び，記号で答えなさい。

8　下に示す**ヒント①～③**と**古地図見本**を参考に，次の文中の空らんにあてはまる語句として正しいものをあとの**ア～エ**の中から１つ選び，記号で答えなさい。

> 　古来，わが国の地図では［　　　］が不明瞭であったという。それには，床のある建物内では履物《はきもの》をぬぎ，畳や板間に坐《すわ》るという生活様式が深くかかわっている。地図を水平にしてひろげる場所が，建物内の至《いた》る所にあり，図の周囲から眺めることが容易であったから，殊更《ことさら》，［　　　］を決める必要がなかったのである。図面に記入されている文字の方向が一定していない地図が多いのも，わが国における地図作りの特色である。

［海野一隆　1998「日本人と地図」より一部抜粋，選択肢〔　〕内は出題者補足］

ア　起伏（地形）〔地表上の凹凸〕

イ　丈量（面積）〔地表上の広さ〕

ウ　尺度(縮尺)　〔地図を縮めた割合〕

エ　天地(上下)　〔図面を見る向き〕

ヒント①　文中の下線は，近代以前の日本における地図作りの特色を示しています。

ヒント②　文中２ヶ所の空らんには，両方とも近代になると統一される地図表現上のある約束事が入ります。

ヒント③　ヒント②の約束事は，文中の下線の特色と関係があります。

古地図見本

〔「官板実測日本地図　畿内　東海　東山　北陸」より一部抜粋〕

Ⅱ　次の文章を読み，以下の問いに答えなさい。なお史料は，わかりやすく編集しています。

私たちのまわりには，歴史を題材にしたゲームや映画などが多く存在します。最近では，明治時代を舞台とした映画「るろうに剣心」などがありました。①こうした作品を楽しむことは，歴史に興味を持つきっかけとなります。また作品を通して，それぞれの時代について，さまざまなイメージを持つこともあるでしょう。

その一方で，多くの人々が持つ歴史のイメージは，史実(本当にあったこと)と異なる場合があります。例えば，②鎌倉幕府と戦った元軍には，高麗《こうらい》(朝鮮)の人々も参加していました。「元」という文字でイメージされるような「中国人やモンゴル人」だけの軍ではなかったのです。また，③時代劇などでは，江戸時代の「鎖国」体制や厳しい上下関係が描かれることがあります。そのため，江戸時代は外国との関係を断ち，武士がいばって百姓を苦しめた時代で，明治時代になって開国され，平等な社会が目指されたとイメージする人もいるでしょう。しかし，④実際には明治時代になっても差別は残り，人々を苦しめることになりました。さらに，⑤明治政府が徴兵制や殖産興業により国力の強化を目指す一方で，国民の負担が大きくなったということもわかっています。そして，⑥国際社会に進出した日本は多くの戦争により，さらに国民を苦しめることになるのです。このように，実際にはどうだったのか調べてみると，それまでのイメージとの違いにおどろくこともあるでしょう。

ただし，実際にはどうだったのか，はっきりとわからないこともあります。例えば，前方後円墳の一つである大仙古墳は，仁徳天皇の墓であると宮内庁に認められていますが，⑦十分には発掘調査が行われていないため，実際には仁徳天皇の墓かどうかわかっていません。また，⑧聖徳太子の死後，政治を天皇中心にしようとしたのが大化の改新でした。⑨しかし，中大兄皇子と中臣鎌足が中心人物であるという話は，８世紀に２人の親族の影響を受けて作られたものでした。２人が本当に中心人物であったのかどうか，やはりわかっていません。

これに対し，研究が進んで新しい事実がわかることもあります。例えば，⑩平安時代には，政治の中心が武士へと変わり始め，のちに武家政権として鎌倉幕府が成立しました。右の図は鎌倉幕府と元軍との戦いを描いた絵巻です。⑪ここで描かれている御家人は竹崎季長《たけざきすえなが》といい，この絵巻を描かせた人物でもあります。しかし，この絵巻には不自然な場面もあり，あとで描き足されたと今ではわかっています。

（九大コレクション，一部編集）

このように研究の成果によって，史実とされることは変わっていきます。そのため，⑫皆さんが学んだ歴史と，大人が学んだ歴史には違いもあるのです。歴史を学ぶうえで大切なことは，単に暗記することではなく，実際はどうだったのかと考え続けることなのです。

1　下線部①について，次の**ア**～**エ**は戦後に作られた作品と，その時代や関係するできごとについての文章です。**ア**～**エ**を時代が古い順に並べ，記号で答えなさい。

ア　沖縄の本土復帰を記念する沖縄国際海洋博覧会が開催された。同年に放送されたテレビアニメ「サザエさん」では，主人公一家が博覧会を訪れた。

イ　阪神・淡路大震災が発生した年に，映画「ポカホンタス」が公開された。これは歴史上の人物を扱った初のディズニー映画であった。

ウ　アメリカによる水素爆弾の実験で，日本の漁船が被ばくした。この年，水素爆弾の実験により怪獣が現れたという設定の映画「ゴジラ」が公開された。

エ　昭和天皇が亡くなった年に，冷戦が終結した。グラフィックノベル『ウォッチメン』は，たった１人の人間の計画により冷戦が終結したという設定であった。

2　下線部②について，この時代以降の日本と朝鮮の関わりについて正しいものを次の**ア**～**エ**の中から１つ選び，記号で答えなさい。

ア　室町時代には，朝鮮で作られた明銭が貨幣として利用された

イ　雪舟は朝鮮で水墨画を学び，「秋冬山水図」を描いた

ウ　豊臣秀吉による朝鮮侵略の際に，陶磁器の職人が日本に連れてこられた

エ　伊藤博文は韓国併合を行い，皇民化政策を推し進めた

3　下線部③について，江戸時代の外国との交流について正しいものを次の**ア**～**エ**の中から１つ選び，記号で答えなさい。

ア　ヨーロッパの国の中で，オランダとのみ交流があり，貿易やキリスト教の布教が認められた

イ　ポルトガル語の医学書『ターヘル・アナトミア』が『解体新書』として翻訳され，日本に西洋医学が広められた

ウ　日米修好通商条約はアメリカとの不平等条約であったが，その後フランスとは平等な条約を結ぶことができた

エ　薩摩藩はイギリスとの戦争で大きな被害を受けたが，その後はイギリスからの援助を受けることになった

4　下線部④について，江戸時代における「えた」への差別は明治時代にも残りました。次の史

料は，江戸時代に「えた」に対して出された法令です。史料からわかることとして最も不適当なものをあとの**ア**～**エ**の中から１つ選び，記号で答えなさい。

> えたは，百姓と同じように年貢を納めており，また非常時には警護も行っている。しかしながら，もともといやしい身分であるから，他の百姓に対して礼儀をわきまえるのは当然のことである。えたは，百姓と同じように倹約につとめるべきだが，新しい服を用意する際には，紋なしで渋染《しぶぞめ》・藍染《あいぞめ》の服しか着てはならない。また，雨が降っているときのみ，げたをはくことを許す。しかし，知り合いの百姓に会ったときには，げたを脱いであいさつしなければならない。さらに，他の村に出かけるときには，雨が降っていてもげたをはいてはならない。その身分にふさわしい生活をして，年貢を納めている家の女子だけが，特別に傘をさすことを許す。

ア　えたは普段，げたをはくことを許されていない
イ　えたは性別により，扱いが区別されるときがあった
ウ　えたは自由な髪型にすることができた
エ　えたは百姓とかかわることもあり，面識を持つこともあった

5　下線部⑤について，明治・大正時代のできごとについて正しいものを次の**ア**～**エ**の中から１つ選び，記号で答えなさい。

ア　普通選挙法により，満25歳以上のすべての男女に選挙権が与えられた
イ　下関条約で獲得した巨額の賠償金を使って工業化を推し進めた
ウ　国王の処刑により平等な社会を実現したフランスを手本にして，大日本帝国憲法を制定した
エ　学制により，男子のみ教育を受けることが認められた

6　下線部⑥について，次の史料は，日本政府が作った「うそ」の一つです。国際連盟から派遣され，このできごとが「うそ」であると見破った一団を答えなさい。

> 18日午後10時半，北大営の西北において，乱暴な中国軍が南満州鉄道を爆破した。そして，わが日本軍を攻撃したので，すぐにこれに応戦した。

7　下線部⑦について，弥生時代には剣や鏡とともに埋葬されている墓と，人骨のみ埋葬されている墓があります。このような違いから推定されることとして最も適当なものを次の**ア**～**エ**の中から１つ選び，記号で答えなさい。

ア　外国と貿易を行っていたということ
イ　定住が進んでいたこと
ウ　占いによって政治を決めていたこと
エ　身分の違いや貧富の差があったこと

8　下線部⑧について，聖徳太子の死後から大化の改新までのできごととして正しいものを次の**ア**～**エ**の中から１つ選び，記号で答えなさい。

ア　仏教の伝来　　**イ**　法隆寺の建築
ウ　冠位十二階の制定　　**エ**　遣唐使の派遣開始

9　下線部⑨について，中大兄皇子の親族に天武天皇がいます。次の史料は，ある書物の序文の

一部で，天武天皇が史実の間違いについて述べたとされています。この書物として正しいものをあとの**ア**～**エ**の中から１つ選び，記号で答えなさい。

> 天武天皇は，「天皇の歴史や昔話は真実と異なり，多くのうそが含まれている」と言い，稗田阿礼《ひえだのあれ》に，天皇の歴史や昔話をまとめさせた。その後，711年９月18日に元明天皇が太《おおの》安万侶《やすまろ》に，稗田阿礼がまとめた歴史を文章に記録させ，提出させたのがこの本である。

ア　『古事記』　　**イ**　『万葉集』　　**ウ**　『後漢書』　　**エ**　『風土記』

10　下線部⑩について，この時代には多くの文学が書かれました。平安文学の代表作である『源氏物語』として正しいものを次の**ア**～**ウ**の中から１つ選び，記号で答えなさい。

ア

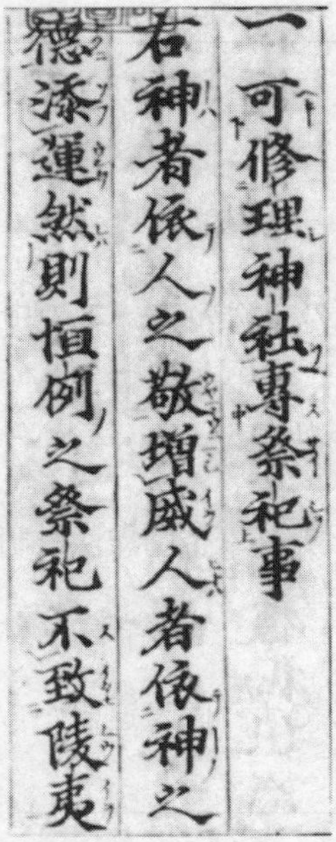

一可修理神社専祭祀事
右神者依人之敬増威人者依神之
徳添運然則恒例之祭祀不致陵夷

イ

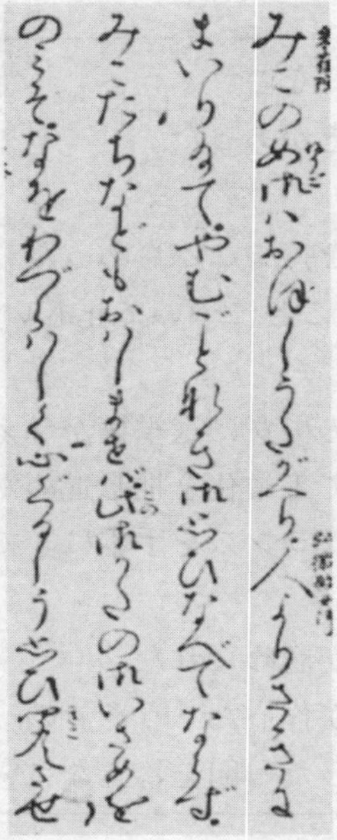

ウ

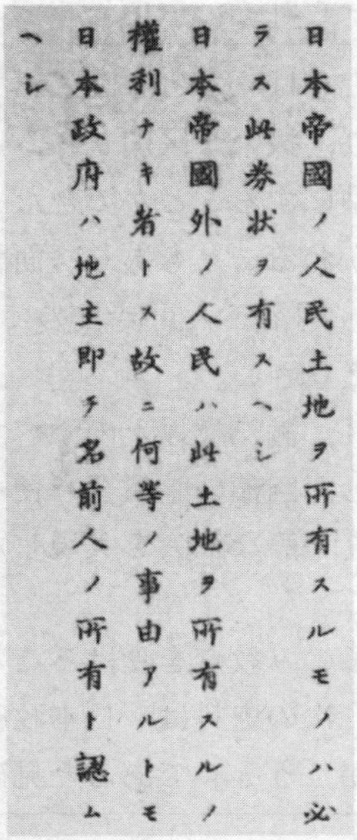

日本帝國ノ人民土地ヲ所有スルモノハ必
ラス此券状ヲ有スヘシ
日本帝國外ノ人民ハ此土地ヲ所有スルノ
權利ナキ者トス故ニ何等ノ事由アルトモ
日本政府ハ地主即チ名前人ノ所有ト認ム
ヘシ

11　下線部⑪について，竹崎季長がこの絵巻を描かせた目的を答えなさい。

12　下線部⑫について，研究が進むことにより学校の教科書もその内容が変わることがあります。次の1950年と2021年の高等学校の教科書を読んで，どのように変わったのか答えなさい。なお教科書は，わかりやすく編集しています。

教科書(1950年)

> 江戸幕府は，オランダと中国を除いて海外との交流を断ち，この二国との貿易を独占した。長崎のみを窓口とし，中国とオランダから世界の情報を得るのみとなり，文化への影響もほとんどなくなってしまった。

教科書(2021年)

> 江戸幕府は，中国船やオランダ船の来航を長崎に限った。こうして幕府が貿易を独占し，海外から文化に与える影響も制限された。ただし，長崎以外の窓口を通して，朝鮮や琉球，アイヌなどの東アジア世界とは交流をもった。

Ⅲ　次の文章を読み，以下の問いに答えなさい。

昨夏は１年延期された「東京2020オリンピック・パラリンピック競技大会」(以下，「東京大会」と省略)が開催されました。新型コロナウイルスの感染拡大が見通せないことから２年延期する案もありましたが，①当時の安倍首相の任期内に開催できなくなるという政治的な理由から１年延期になったとも言われています。2021年10月に［あ］議院議員が任期を迎えることから，②東京大会を成功させることで政権の支持率を上げ，選挙に持ち込もうという思惑もあったと指摘されるなど，多分に政治的な意味合いを帯びた大会だという見方もありました。

日本オリンピック委員会によれば，近代オリンピックの精神とは「スポーツを通して心身を向上させ，③文化・国籍などさまざまな違いを乗り越え，友情，連帯感，フェアプレーの精神をもって，平和でよりよい世界の実現に貢献すること」とされています。④近年はここに「環境」も加わり，オリンピックが地球環境についても考える機会になっていると言われています。しかし，日本の選手が次々とメダルを獲得する一方，開催の直前になってもさまざまな問題が報道される状況でもありました。

大会組織委員会の会長は⑤女性をさげすむような発言が問題視されて辞任，開閉会式の統括《とうかつ》責任者は女性タレントの容姿を侮辱《ぶじょく》する発言で辞任しました。開会式の楽曲の作曲者の一人は過去にいじめを行っていた経験を露悪《ろあく》的に雑誌のインタビューで語っていた問題で辞任，開閉会式の演出担当者は⑥ユダヤ人迫害をからかう内容の過去のコントが問題視され，大会組織委員会から解任されました。また，⑦「動物福祉」の観点からロンドン大会・リオ大会で続けられてきたことが東京大会では途切れることとなりました。オリンピックは「平和の祭典」とも呼ばれるため，８月６日に76回目の⑧原爆の日を迎えた［い］市は，国際オリンピック委員会の会長に対し，同日に黙とうを呼び掛けるよう要請していましたが，その方針はないと回答されました。

オリンピックが掲げる崇高《すうこう》な理念に照らしてみると，オリンピックの開催は，その国の社会が開催国としてふさわしいかどうかということを短期間にあぶり出し，様々な社会問題を白日の下にさらします。⑨東京でオリンピックが開催された「おかげ」で，日本の政治リーダーたちがどういった課題を未解決のままにしてきたかが改めて明らかになったとも言えます。今大会のテーマの一つに「未来への継承」というものがありますが，日本の社会は何を未来に継承することになるのでしょうか。

1　空らん［あ］・［い］に入る適切な語句を答えなさい。

2　下線部①について，結局この後に当時の安倍首相は辞任し，続く菅首相も東京大会後の自民党総裁選に出馬しませんでした。これに続いたできごとや日本の首相の選ばれ方について説明した次の**ア**～**エ**の中から正しいものを１つ選び，記号で答えなさい。

ア　与党・自民党の総裁が交代したため，召集された臨時国会で首相を指名した

イ　総裁選後の臨時国会と，続く解散総選挙後の特別国会で首相を任命した

ウ　解散による総選挙では，選挙後に召集される臨時国会で首相を指名する

エ　任期満了による総選挙では，選挙後に召集される特別国会で首相を任命する

3　下線部②について，以下の問いに答えなさい。

(1)　1964年の東京オリンピック期間の首相の，在任期間中の政策やできごととして正しいものを次の**ア**～**エ**の中から１つ選び，記号で答えなさい。

ア　サンフランシスコ平和条約調印　　**イ**　日米新安全保障条約調印
ウ　国民所得倍増計画閣議決定　　**エ**　沖縄返還協定発効

(2)　東京に招致が決定した当時の安倍政権から，それに続く菅政権の期間に行われたこととして正しくないものを次の**ア**～**カ**の中からすべて選び，記号で答えなさい。

ア　選択的夫婦別姓制度の導入　　**イ**　デジタル庁の新設
ウ　日本学術会議会員候補の任命拒否　　**エ**　LGBT 理解増進法の制定
オ　最低賃金の全国平均の引き上げ　　**カ**　携帯電話料金値下げの要請

4　下線部③・⑥について，中東では長らくユダヤ人とアラブ人の土地をめぐる問題が続いており，「［　　］問題」と呼ばれています。スーダンの柔道の選手は，抽選後にイスラエルの選手と対戦する可能性がわかったため，政治的に［　　］を支持していることを理由に昨年の東京大会を棄権しました。［　　］に共通して入る適切な語句を答えなさい。

5　右の**【資料１】**と**【資料２】**は，いずれも SDGs が示す目標です。東京大会もこの SDGs の実現を掲げていました。これに関する以下の問いに答えなさい。

【資料１】

【資料２】

(1)　下線部④について，**【資料１】**の目標の達成からは大きく遠ざかる問題が発生しました。ボランティアの人数が減ったことによる影響とも言われているこの問題を簡潔に説明しなさい。

(2)　下線部⑤について，このような問題の背景には，これまで**【資料２】**の目標が達成されてこなかったことが指摘されます。日本の社会において，ジェンダー・バランスがとれていないと考えられる具体例を１つ挙げなさい。

6　下線部⑦について，どのようなことが東京大会では途切れてしまったのか，正しいものを次の**ア**～**エ**の中から１つ選び，記号で答えなさい。

ア　会場や選手村では，馬車など動物を使っての人や荷物の運搬は行わない
イ　会場や選手村の食材には，せまい鳥かごで飼育されたニワトリの卵を使わない
ウ　会場や選手村では，動物を鎖につなぐような形で観賞用に飼育しない
エ　会場や選手村の食材には，小さな水槽で養殖された水産物は使用しない

7　下線部⑧について，昨年発効した核兵器禁止条約について述べたものとして，正しくないものを次の**ア**～**エ**の中から１つ選び，記号で答えなさい。

ア　条約の推進に貢献した核兵器廃絶国際キャンペーンがノーベル平和賞を受賞した
イ　核の使用・製造・保有だけでなく，おどかす手段としての使用も禁止している
ウ　日本はこの条約に署名していないが，締約国会議における議決権は有している
エ　国連の常任理事国は，１か国もこの条約に賛成していない

8　下線部⑨について，東京大会の開催が決定される以前から日本社会の中には様々な問題がありました。実施期間がせまる中で改めて浮きぼりになった問題がいくつもあります。その中で，最優先で解決すべきものは何だと考えますか。本文も参考にしながら，１つ挙げたうえで，その問題が抱えている現状と，どのような解決方法が有効だと考えられるか，具体的に説明しなさい。

【理　科】〈第１回試験〉（40分）〈満点：75点〉

Ⅰ　５種類の水溶《よう》液Ａ～Ｅがあり，これらの水溶液はア～カのいずれかであることがわかっています。Ａ～Ｅがそれぞれどの水溶液かを調べるため，【実験１】～【実験３】を行いました。これらの結果から水溶液Ａ～Ｅをア～カから選び，それぞれ記号で答えなさい。

ア　うすい塩酸　　イ　水酸化ナトリウム水溶液　　ウ　食塩水
エ　アンモニア水　　オ　炭酸水　　カ　石灰水

【実験１】　リトマス紙を使って色の変化を調べたところ，ＢとＣは青色リトマス紙が赤色になり，Ａ，Ｄ，Ｅは赤色リトマス紙が青色になった。
【実験２】　においを調べたところ，Ａ，Ｂは刺《し》激臭《しゅう》がした。
【実験３】　水溶液に息をふきこんだところ，Ｅは白くにごった。

Ⅱ　酸素の性質について，問いに答えなさい。

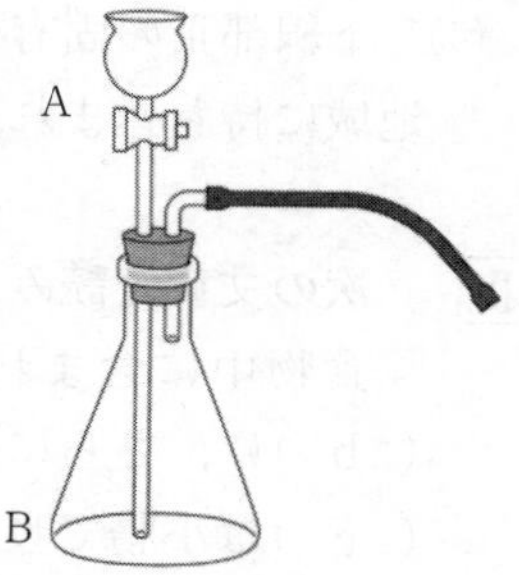

図１

(1)　右図１は酸素を発生させるための実験装置です。ＡとＢに入れる物質の名称《しょう》をそれぞれ答えなさい。

(2)　発生させた酸素を集めるための方法として最も適切なものを選び，ア～ウの記号で答えなさい。
ア　水上置換《かん》法
イ　上方置換法
ウ　下方置換法

(3)　酸素の性質として正しいものを選び，ア～エの記号で答えなさい。
ア　同じ体積の空気より軽く，水に溶《と》けやすい。
イ　同じ体積の空気より軽く，水に溶けにくい。
ウ　同じ体積の空気より重く，水に溶けやすい。
エ　同じ体積の空気より重く，水に溶けにくい。

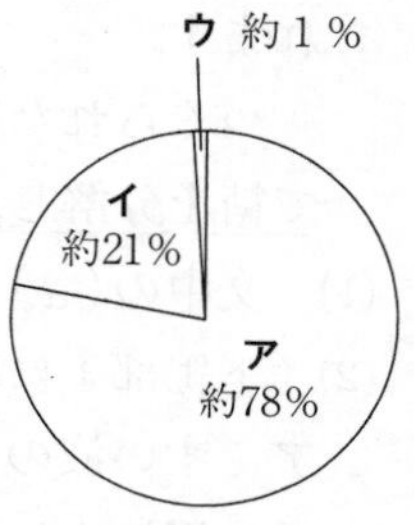

図２

(4)　右図２は乾燥《かんそう》した空気に含《ふく》まれる気体の割合を表しています。図の中で酸素を表しているものを選び，ア～ウの記号で答えなさい。

Ⅲ　次の文章を読み，問いに答えなさい。

ユネスコの世界遺産委員会は「(　ａ　)大島，徳之《の》島，沖縄島北部及《およ》び(　ｂ　)島」を世界自然遺産に登録することを全会一致《ち》で決めました。国内の自然遺産への登録は1993年の白神山地とⅠ(　ｃ　)島が最初で，2011年の(　ｄ　)諸島以来10年ぶり，５件目となります。

今回登録される地域は，亜《あ》熱帯性気候で多雨林が広がり，(　ａ　)ノクロウサギやⅡヤンバルクイナ，(　ｂ　)ヤマネコなどの絶滅《めつ》危惧《ぐ》種やⅢ固有種が多いことが登録理由となっています。独特の進化を遂《と》げた種が豊富に分布する生物多様性を保全するために，多くの取り組みが必要になります。

(1)　文中の(ａ)～(ｄ)にあてはまることばをそれぞれひらがなで答えなさい。

(2)　下線部Ⅰの(ｃ)島は，樹齢《れい》4000年以上で縄文時代から生きているスギが有名です。スギの特徴《ちょう》として正しいものを選び，ア～オの記号で答えなさい。
ア　胞《ほう》子で子孫を増やす。

イ　風媒《ばい》花である。

ウ　胚珠《はいしゅ》がむきだしになっている。

エ　完全花である。

オ　維《い》管束をもたない。

(3)　下線部Ⅱのヤンバルクイナは鳥類です。一般《ばん》的な鳥類の特徴《ちょう》として正しいものを選び，ア～オの記号で答えなさい。

ア　体外受精を行う。

イ　陸上に卵を生む。

ウ　変温動物である。

エ　殻《から》のある卵を生む。

オ　背骨がある。

(4)　下線部Ⅲの固有種に対し，もともとその地域に生息していなかったが人間の手によってその地域に持ち込《こ》まれ，野生化した種のことを何といいますか。

Ⅳ　次の文章を読み，問いに答えなさい。

食物中に含まれるタンパク質は，まず胃液に含まれる（　a　）という$_{\text{Ⅰ}}$消化酵《こう》素によって（　b　）に，さらに（　b　）はすい液や腸液に含まれる消化酵素によって（　c　）に変えられます。（　c　）は小腸で吸収された後，$_{\text{Ⅱ}}$血管を通って肝《かん》臓に送られ，一部は肝臓でふたたびタンパク質につくり変えられます。残りは全身の細胞《ぼう》に運ばれ，筋肉などのタンパク質につくり変えられます。

つくられた筋肉は，骨や内臓を動かすはたらきをします。筋肉が動くとき，$_{\text{Ⅲ}}$酸素をつかって糖を分解し，エネルギーを得ています。このとき必要な$_{\text{Ⅳ}}$酸素は血液から供給されます。

(1)　文中の（a）～（c）にあてはまることばをそれぞれ答えなさい。

(2)　下線部Ⅰに関して，次の文章の中から正しいものを選び，ア～エの記号で答えなさい。

ア　すい液の中にあるアミラーゼという消化酵素は，タンパク質を分解する。

イ　胃液中に含まれる消化酵素は，酸性で最もよくはたらく。

ウ　消化酵素は煮沸《しゃふつ》するとはたらきはにぶるが，その後に体温に近い温度に戻《もど》すとよくはたらくようになる。

エ　消化酵素は低温にするとはたらきはにぶるが，その後に体温に近い温度に戻すとよくはたらくようになる。

(3)　下線部Ⅱの血管の名称を答えなさい。

(4)　下線部Ⅲのはたらきの名称を答えなさい。

(5)　下線部Ⅳに関して，次の文章の中から正しいものを選び，ア～オの記号で答えなさい。

ア　酸素を運ぶのは，ヘモグロビンという赤い物質である。

イ　酸素は心臓で血液中に取り入れられる。

ウ　酸素を多く含む血液を動脈という。

エ　酸素を多く含む血液は鮮《あざ》やかな紅色である。

オ　筋肉などで血液から酸素が離《はな》されると，代わりに窒《ちっ》素が血液に取り入れられる。

V　下図１は，2022年２月２日６時に，調布市から見た東の空のようすを表しています。実際は，空が薄《うす》明るいため，見えない星があります。図を見て，問いに答えなさい。

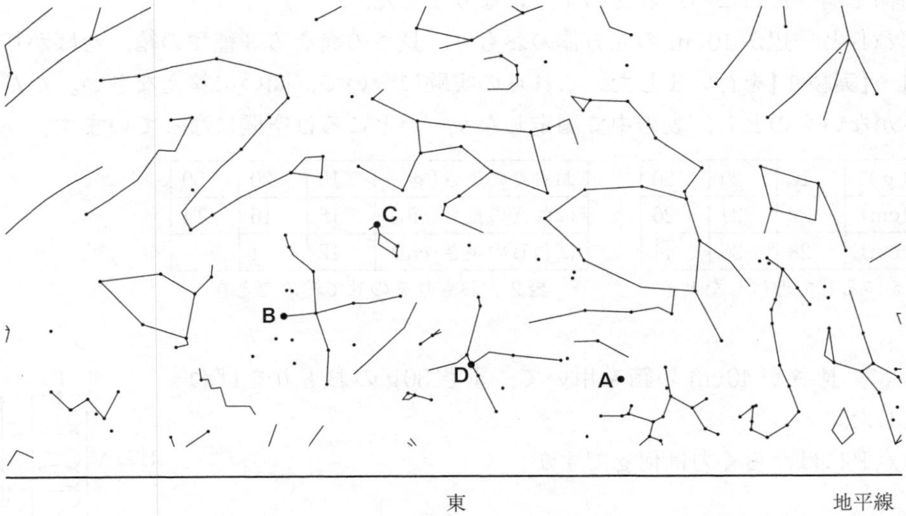

図１

(1)　図１中の星Ａは，昨年の夏から年末にかけ，日の入り後の西の空に明るく輝《かがや》いていましたが，今年になると，日の出前の東の空に輝くようになりました。この星の名称を答えなさい。

(2)　図１中の星Ａは，この図に描《か》かれているほかの星とは異なる特徴があります。その特徴について正しいものを選び，ア～エの記号で答えなさい。

ア　ほかの星とは異なり，自ら光を出して光っている。
イ　ほかの星とは異なり，太陽の光を反射して光っている。
ウ　ほかの星とは異なり，赤く光っている。
エ　ほかの星とは異なり，黄色く光っている。

(3)　右図２は，地球の北極側から見た，太陽，地球，星Ａの関係を模式的に表したものです。
　この日の星Ａの位置として最も近いものを選び，ア～エの記号で答えなさい。

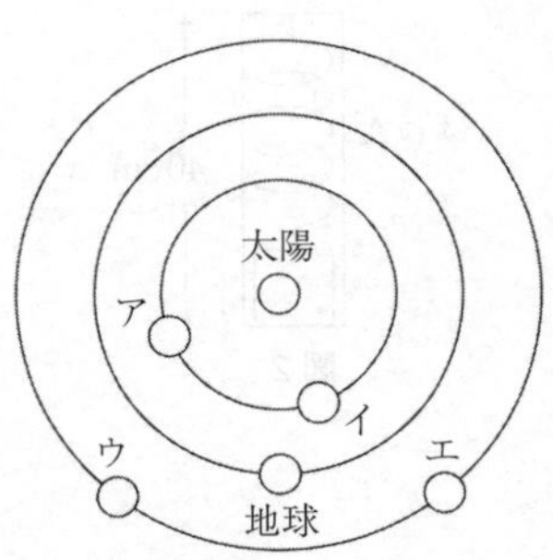

図２

(4)　図１中の星Ｄが０時に南中する時期として正しいものを選び，ア～エの記号で答えなさい。

ア　３月～４月ごろ　　イ　５月～６月ごろ
ウ　７月～８月ごろ　　エ　９月～10月ごろ

(5)　図１中の星Ｂ，Ｄの名称をそれぞれ答えなさい。また，星Ｃが属する星座の名称を答えなさい。

(6)　調布市で，図１中の星Ｄが南中したとき，同時に観測することができる星を選び，ア～エの記号で答えなさい。

ア　ベテルギウス　　イ　シリウス
ウ　アンタレス　　エ　プロキオン

(7)　調布市における，図１中の星Ｄの南中高度は約63°です。調布市の緯《い》度を北緯36°とすると，札幌《ぽろ》市(北緯43°)における星Ｄの南中高度を求めなさい。

Ⅵ　長さ20cmのばねA，ばねBにおもりをつるし，おもりの重さとばねの長さの関係を調べたところ，表１のようになりました。また，ばねA，ばねBにおもりをのせ，おもりの重さとばねの長さの関係を調べたところ，表２のようになりました。

ばねA，ばねBと一辺が10cmの立方体のおもり，長さの異なる３種類の箱，台ばかりを用いて【実験１】～【実験４】を行いました。これらの実験について，問いに答えなさい。ただし，ばねには重さがないものとし，表の中で測定しなかったところは空欄《らん》になっています。

おもりの重さ(g)	10	20	30
ばねAの長さ(cm)	22	24	26
ばねBの長さ(cm)	28	36	44

表１　おもりをつるして伸《の》ばしたとき

おもりの重さ(g)	10	20	30
ばねAの長さ(cm)	18	16	14
ばねBの長さ(cm)	12	4	

表２　おもりをのせて縮めたとき

【実験１】

図１のように，長さが40cmの箱を用いて，重さ30gのおもりをばねAにつるしました。

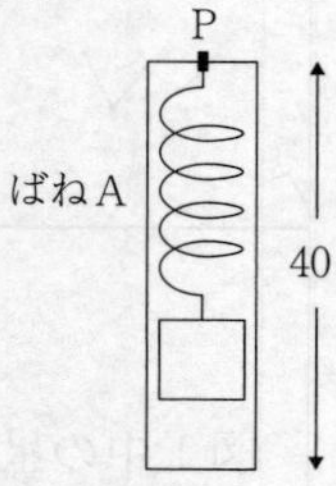

図１

(1)　ばねAから点Pにはたらく力は何gですか。

【実験２】

図２のように，重さ200gで長さ40cmの箱を用いて，重さ60gのおもりをばねAにつるしました。次に，図３のように，図２の装置を台ばかりの上にのせました。

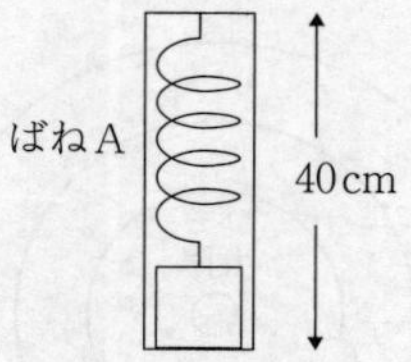

図２

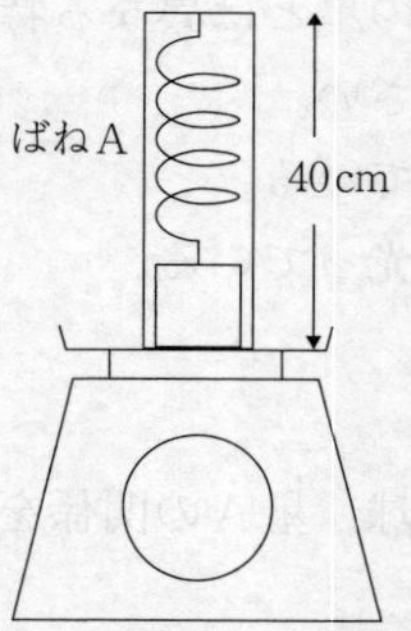

図３

(2)　図２で，ばねAがおもりを引く力は何gですか。

(3)　図３で，台ばかりの示す値は何gですか。

【実験３】

図４のように，長さが70cmの箱を用いて，ばねA，ばねB，おもりの順番につるしました。

(4)　ばね全体の長さ55cmのとき，おもりの重さは何gですか。

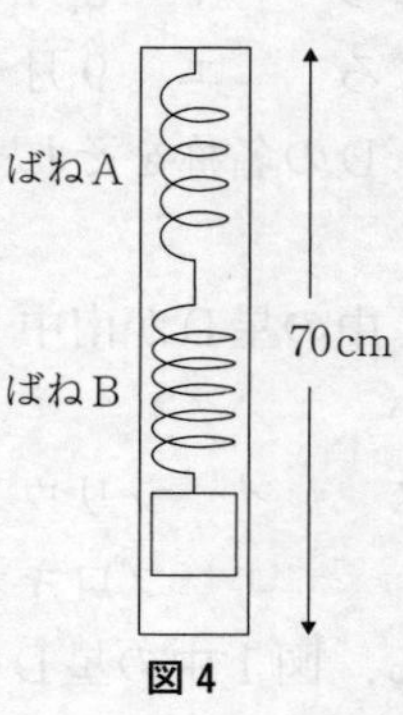

図４

【実験４】

図５のように，長さ50cmの箱を用いて，ばねA，重さ25gのおもり，ばねBの順番に箱に取り付けました。

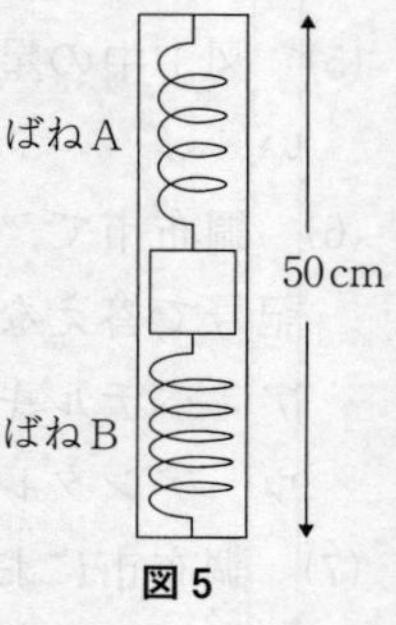

図５

(5)　ばねAの長さは何cmですか。

Ⅶ　電気回路の部品の一つにLED(発光ダイオード)があり，電流の向きによって光ったり，光らなかったりします。LEDを図１のように接続すると電流が流れて光り，図２のように接続すると電流が流れず光りません。

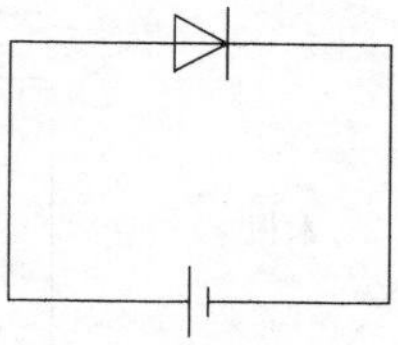
図１

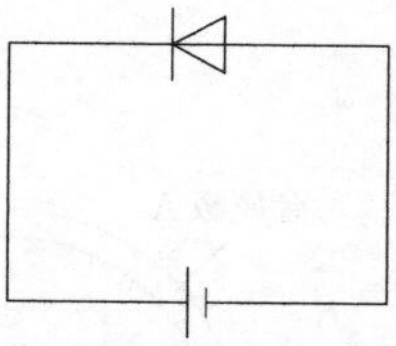
図２

電池や導線，電球，LED，金属板，金属製の棒などを用いて回路をつくり，【実験１】～【実験３】を行いました。これらの実験では，電球やLEDは全て同じものを使用し，回路に少しでも電流が流れると光るものとします。また，導線や金属板，金属製の棒には抵抗《ていこう》がないものとして，問いに答えなさい。

【実験１】

図３のように，電池と電球，LEDを用いてさまざまな回路をつくり，どの電球とLEDが光るか調べました。

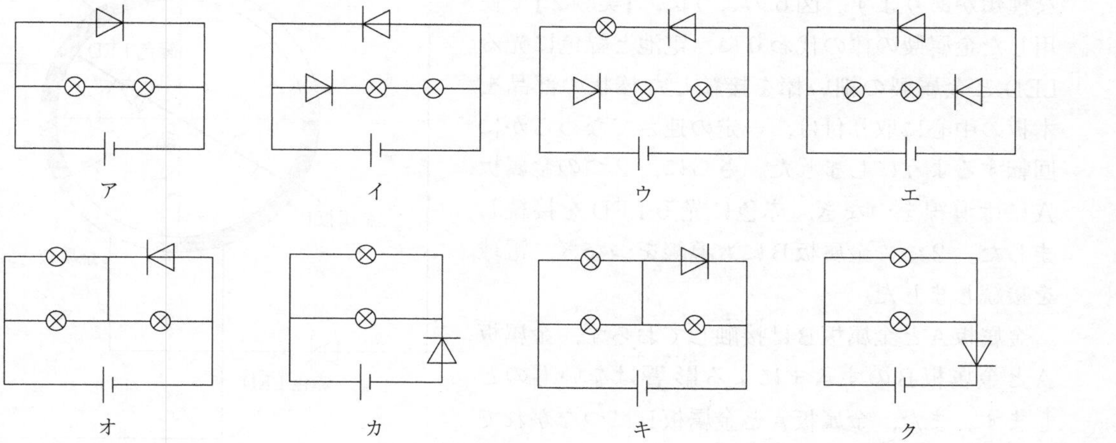

図３

(1)　全ての電球が光るのはどの回路ですか。正しいものを選び，ア～クの記号で答えなさい。

(2)　全ての電球とLEDが光るのはどの回路ですか。正しいものを選び，ア～クの記号で答えなさい。

【実験２】

図４のように，木板を円形に切り出し，その縁《ふち》の一部に板の形にそって２つの金属板Aを固定しました。

次に，図５のように，金属製の細い棒を木板の中心に取り付け，棒が金属板と接しながら一定の速さでなめらかに回転するようにしました。金属棒が回転するとき，金属板や木板との間に摩擦《まさつ》はないものとします。さらに，金属板Aには導線をつなぎ，電池と電球を接続しました。

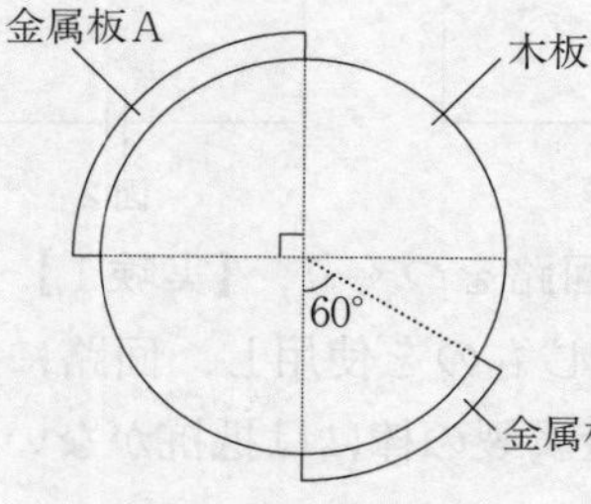

図４

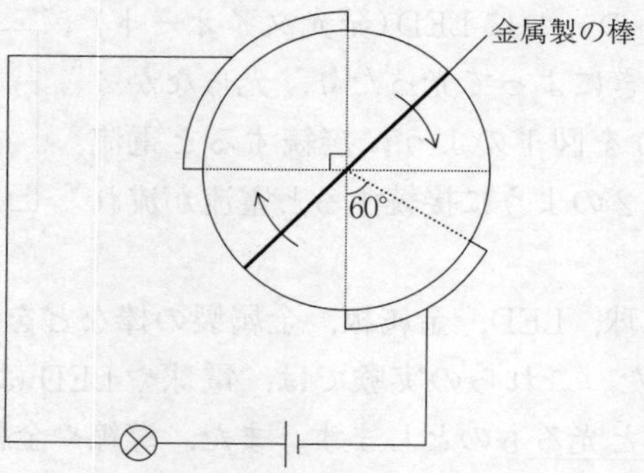

図５

(3)　【実験２】で，棒が２秒間で１回転するとき，５分間のうち電球が光るのは何秒間ですか。

【実験３】

LEDには赤色や緑色などに発光するさまざまな種類があります。図６のように，【実験２】で使用した金属製の棒の代わりに，電池と緑色に光るLEDと金属製の細い棒を接続した棒状の部品を木板の中心に取り付け，一定の速さでなめらかに回転するようにしました。さらに，２つの金属板Ａには導線をつなぎ，赤色に光るLEDを接続しました。２つの金属板Ｂにも導線をつなぎ，電球を接続しました。

金属板Ａと金属板Ｂは接触《しょく》しておらず，金属板Ａと金属板Ｂのすきまによる影響《えいきょう》はないものとします。また，金属板Ａと金属板Ｂにつながれている導線は，互《たが》いに接続していないものとします。

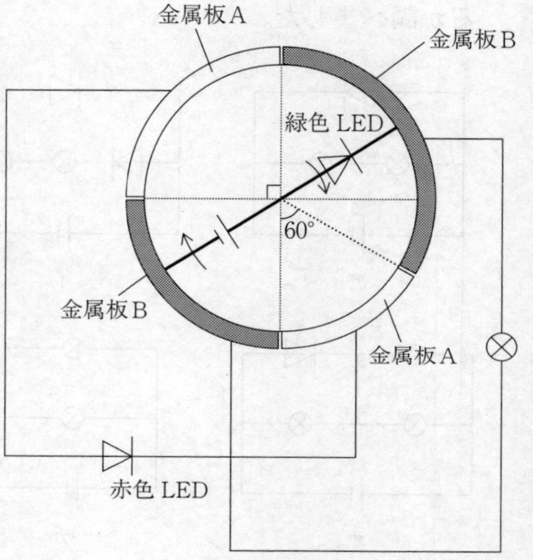

図６

(4)　【実験３】で，棒状の部品が１回転するとき，電球，赤色LED，緑色LEDが光る時間の割合を，最も簡単な整数の比で答えなさい。

問九　――部⑧「もともとの性分と、後から流入した使い方との間で、現代の僕らの言葉は分裂している」とはどういうことか、答えなさい。

問十　――部⑨「むやみに変えればいいわけでもない」とありますが、なぜ筆者はそう考えるのか、答えなさい。

問十一　――部⑩『話の空間』とは何か、本文から二十字で抜き出し、初めと終わりの三字を答えなさい。

問十二　文中の C にあてはまる四字熟語として最適なものを、次のア～エから選び、記号で答えなさい。

ア　右往左往　　イ　質疑応答

ウ　意気投合　　エ　心機一転

問十三　文中の D にあてはまる言葉を考えて、漢字二字で答えなさい。

問十四　日本人は日本語とどのように関わっていくべきか、筆者の主張を解答欄《らん》に合うように百字以内でまとめなさい。

二

次の１～10の文中の（カタカナ）を漢字で書きなさい。

1　（キンイツ）な値段がつく。

2　（シフク）を感じるひととき。

3　（コウケイ）の大きなレンズ。

4　歴史の地を（タンボウ）する。

5　寺社（ブッカク）に参拝する。

6　彼の実行力に（ケイフク）する。

7　（タイシュウ）向けの小説を読む。

8　会議で決を（ト）る。

9　ビルの完成に（ツト）める。

10　（ノ）べ千人余りが出場した。

とくに戦後の教育では、「明るい」ということが世間で強調されすぎて、暗くしていることはいけないことだという風潮ができあがった。だけど、人間明るくしてばかりいられますか？　暗い部分も当然あるでしょう。本来、それはなにも悪いことじゃない。人間の、ちょっと複雑に入り組んだ部分。あるいは、容易には底が見通せないような暗い部分。そういう部分を、これからはもっと尊重したほうがいいように思う。ただ、⑫それにはいろいろ危険が伴《ともな》うのも事実です。ともすれば、底に沈《しず》みっぱなしになってしまうことがある。それを救うのが、まさしく言葉ではないかと私は思います。

言葉っていうのは、自分ひとりのものではないんです。今の時代だけのものでもない。大勢の他人の、これまでに亡《な》くなった人も含めた長い長い歴史からできあがったもので、自分の勝手にならない代わりに、自分が追いつめられたときに支えになってくれる。

なにも「新しいものの言い方が悪くて古いものの言い方はいい」という、そんなつまらない問題じゃあないんです。もっと人間が、自分の内面の複雑さを取り戻《もど》して、それ相応の言語を身につけることが、これからはとくに大事なのではないか――私はそう思っております。

やっぱりこんなふうに皆さんの前で話してみると、どこか年寄りの繰《く》りごと【愚痴《ぐち》】みたいになりますね。でも、年寄りの言葉って、後々思い出すと多少役には立つもんなんですよ。直接にはなかなか言葉は響いてこないかもしれないけれど、時間を隔《へだ》てたときに、はっと思い返すこともある。まあ気長に年月を待ってみてください。皆さんが年を取り、ただ率直には生きることができなくなったとき、こうした言葉が響いてくるのではないか、少しはその困難の助けになるのではないかと期待しています。

どうも、眠たい話にもかかわらず、ご静聴ありがとうございました。眠ってしまっていても損にはならないけれど、起きて耳に入れておいてくださっても、やっぱり損にはなりませんから（笑）。何十年か後の小さな楽しみにでもしておいてください。

（古井由吉《ふるいよしきち》 他『中学生からの大学講義２　考える方法』より・一部改変）

問一　――部①「夏目漱石」の作品を、次のア～カから全て選び、記号で答えなさい。

ア『走れメロス』　イ『吾輩《わがはい》は猫《ねこ》である』
ウ『羅《ら》生門』　エ『雪国』
オ『坊《ぼ》っちゃん』　カ『蜘蛛《くも》の糸』

問二　――部②「どうしても断片的になって話がまとまらない」とありますが、それはなぜか、具体的に答えなさい。

問三　文中の[1]～[5]にあてはまる言葉を、次のア～オからそれぞれ選び、記号で答えなさい。ただし、同じ記号は二度使えません。

ア　たとえば　イ　あるいは　ウ　むしろ
エ　まるで　オ　だから

問四　――部③「これ」、⑥「これ」、⑪「それ」、⑫「それ」の指示内容をそれぞれ答えなさい。

問五　――部④「ゆっくり、ゆったりと流れる音楽のような講演」とはどのような講演か、本文中の言葉を使って具体的に答えなさい。

問六　――部⑤「若い人たちも耳が悪くなってきている」とありますが、どういうことか、その原因にも触れながら答えなさい。

問七　文中の[A]は、――部⑦「いうなれば、言葉の逆輸入ですね」とはどういうことかを述べている箇《か》所である。[A]の内容を考えて答えなさい。

問八　文中の[B]にあてはまる言葉を、本文から漢字二字で抜《ぬ》き出しなさい。

違いだけでなく、語り口調だって、今の時代とはおよそ遠い口調ですよね。でも、読んでいるうちに「あ、こういう口調で話してたんだな」「こんな言葉の使い方をしていたんだな」と感じることはたくさん出てくるはず。そういう感じ方の積み重ねから、いわゆる言語感覚というものが磨かれていくんです。

では、具体的に、「言葉を大事にする」にはどうしたらいいのか。いっそ、「話す」ということを二通りに分けてみてはどうでしょう？

親しい人と気分のおもむくままに言葉をやりとりするのもいいでしょう。けれど、ある一定の距《きょ》離をとりながら、しかも複雑なことを話さなければならないような場合も当然あるはず。そのときに、親しい人と言葉をやりとりするような話の仕方をすれば、喧嘩《けんか》になるか、もしくは何も同意していないのに［C］してしまう。どうも曖昧《あいまい》なことになってしまう。そういう、居ずまいを正すべき場面に必要な話し方も、身につけておかないと、あとあとになって悔《く》やむことになります。

言葉というものは形式上、口語と文語に分けられることがあります。一般的に文語というのは、古代の文章をつくり出している言葉ですよね。そういう分け方はもちろん正しい。でも、ここでひとつ、「われわれの時代にも口語と文語はあるんだ」ってぐらいに考えてみてはいかがでしょう。

つまり、親しい者同士で、短い言葉を投げつけ合ったってお互い自《おの》ずと理解できる場合――こういうときに使う言葉を口語とする。これに対し、話す者同士の間に距離があって、なおかつテーマもやや込み入っている場合は、言葉だけで正確に伝えないと誤解が生じてしまう。言葉だけで共通の認識を組み立てないといけない。こういうときに使う言葉を文語とするんです。

口語と文語。二通りの言葉を学ぶ。当然、ひと通りの言葉づかいだけを身につけるよりもきついんだけれど、そういう心得も必要ではないでしょうか。

昔は大学に進む人間のパーセンテージが今よりよほど少なかった。小学校か、あるいは小学校の上につく高等小学校を出てすぐに働きにでる人間が多かった。歳にすれば、一二～一四。まだまだ子供ですよね。実際、普段のおしゃべりを聞いていると、すっ飛んだことばかり言っている。ところがいったん商売につくと、まるで話し方が違ってくるんですよね。それまでの物言いからは信じられないような、大人びた言葉づかいをするようになる。私は大学に行ったほうだけど、彼らに比べると、大学にいる人間ってのはいつまでもずいぶん子どもっぽい話し方をしているな、と思ったもんです。

今の時代だと、使い分けというのはあまりいいことではないようにも言われますよね。人として裏表があるとか。逆に、率直一本の物言いはもてはやされる傾向にある。しかしそれは、すいぶん幼稚《ち》な感覚なんですよ。人はそのときそのときによって、いろいろな［D］にある。皆さんだって、友達に対する［D］と、親に対する［D］、あるいはよその年寄りに対する［D］はまるで違うでしょう。それを自ずから使い分けているはずですよね。ただし、今の人はその使い分けが少し下手です。そのせいで、言葉が通じにくくなるし、言葉自体もみっともないものになる。

いろんな［D］を使い分けるのは、皆さんにしてみれば一見ずるいことのように思えるかもしれない。けれど、使い分けてみて初めてわかる、言葉のおもしろさ、奥《おく》深さっていうのはやっぱりあるんですよ。使い分けることに馴染《なじ》むほど、言葉が成熟する。そういう側面もある。ただ率直、ただ飾《かざ》り気がない、ただ陽気、ただ明るい……むしろこういうのは、じつは人間の成長にとって問題なんです。

すだけで、こんなにも自分の声が深くなったように感じるものなのか」と驚いた。あるいは、「聞く方もこんなにじっくりと耳を傾《かたむ》けるものなのか」とね。

というのも、子規庵では人の声が天井《じょう》板のほうから反響して、わずかながらエコーみたいな効果になるんですよ。だから絶妙《みょう》のあんばいで言葉が響く。それに対して、鉄筋コンクリートの建物は反響がきついんですよね。瞬間的に、ビーン、と跳《は》ね返ってくる。子規庵のような微《び》妙なエコーとは違《ちが》います。そんなとがった反響の中にいると、[4] 恋人同士が話していても、あんまりしんみりした空気にはならないんじゃないかと思うんです。

これも今の時代にはしかたないことですね。なにか話のできる空間を自分たちでこしらえるといったって、そういう部屋をつくれるわけではないし、ましてや音響効果を自分でやるわけにいかない。これはもう、話す前の気分、雰《ふん》囲気の問題だろうなあ。今の時代において、少し大事な話を細かい部分にわたって話したいときには、話に入る前の、お互いの間の雰囲気を自分でつくっていくしかしょうがないと思う。

ちなみにこういうふうに、公的な場所で話すときも違うんですよ。日本は近代化の際にいろいろな建物をつくりましたが、当時は煉瓦《れんが》造りが多かった。煉瓦造りっていってもほぼ模造煉瓦だけどね。とにかく、そのおかげで話すのも聞くのも大変楽だった。コンクリートと煉瓦では音響がまったく違う。煉瓦の方がどうもうまい具合にエコーがかかる。これが言葉の伝達をいいあんばいで助けてくれた。ところが、コンクリート建築だとそうはいかない。人の議論がどうしてもとげとげしくなるし、ささいな発言がすぐに人につきささるところになり、物争いの種になる。そういう弊害はあるのでしょう。

そういうとげとげしいやりとりが横行している中で、今の若い人たちに対してよく言われているのが、「言葉を大事にしろ」ということなんです。これには僕も同感です。けれど、ただそう言ってばかりでもしかたがない。いったいどう大事にすればいいのかがわからないからみんな苦労しているんですよね。

ひとくちに言葉といっても、いろいろな単語が存在します。加えて、それらの単語の意味の範《はん》囲や、さらには意味合いといった複雑な問題がつねに横たわっている。どういう言葉とどういう言葉が結びつきやすくて、どういう言葉とどういう言葉とが反発するのか。そういう大切なことを、おいおい心得ていかなければならない。

言葉と言葉づかい。それをどこで磨《みが》くかというと、以前は親から子に教えられるものだったんです。大人から若い者に教えられるものだった。ところが今の時代はそれが非常に難しい。「いまどきの若いもん」なんてよく言うけど、同時に若い人からすれば「いまどきの年寄りは」とも言いたくなるところですよね。この歳だから告白しますが、私たちは年をとってもなかなか成熟できない。私も「年寄りの言う事はアテにならねえな」って思うこともあるんですよ。でも、そういう依怙地《いこじ》な【意地をはった】点は今回は多少勘《かん》弁してやってください（笑）。

親から子へ、[5] 年寄りから若い人へ、そういう受け渡《わた》しがなかなか難しい時代だとしたら、いったい何に頼《たよ》ればいいのでしょう？　――古めかしい技法だけれど、それはやっぱり、本を読む事ではないでしょうか。

本を読むときに、その主意や、「これは何を追求しているか」なんていうことを考えるのも大事ですが、読書の効能はそれだけじゃあないんです。もちろん、本を読む目的は⑪それでいいかもしれないけど、まずは、いろいろな時代のいろいろな人の口調に触《ふ》れることが大事です。たとえば、皆さんが夏目漱石の本を読むとする。正直なところ、読んでいる間はもうちんぷんかんぷんだと思う（笑）。使われる熟語のです。つまり、ある意味の広がりを、そっくりそのまま捉えて言葉の中に組み込む能力が日本人にはある。無論【言うまでもなく】、漢字というのは中国からのものですよね。しかし、現在の中国語は、近代日本語の構造をだいぶ受けて、かなり表音化しているそうです。むしろ日本語のほうがまだ表意にこだわっている。

そもそも日本人には、意味を一つだけに限定して、単純明快に論旨【論の中心】を組み立てるという習慣が薄《うす》かったともいえる。そういう技術は異国の人たちと交わるうちに学んで教えられたことで、時代が進むにつれてずいぶんなれたものの、本来はやっぱり、苦手なのかもしれない。

ある［B］を、ある広がりのままに表現して伝える。聞く方も、ある広がりのままに聞いて答える。あるいは、その広がりを自分の中に留《とど》める。そういうやりとりのほうが、長い歴史の中で培《つちか》って【養い育てて】きた日本人のもともとの性《しょう》分なのかな、という気がします。

しかしながら時代が移り変わり、ますます国際化が進むにつれて、言葉のあり方も変わってきている。⑧もともとの性分と、後から流入した使い方との間で、現代の僕らの言葉は分裂《れつ》しているんですよね。これからは、少し悲しいことではあるけれど、伝統をそのまま続けるのではなくて、今の時代に適《かな》ったかたちで言葉を使っていくことになると思います。とはいえ、⑨むやみに変えればいいわけでもない。よその国はどうなっているのか、世界ではどういう形が求められるのか考えながら、日本語の意義を再認識することが必要になってくる。

さっきもお話ししたように、今の世界に生きていて苦しい点は、人がくつろいで話したり聞いたりできる場所が驚くほど少ないということなんです。たとえば、皆さんが恋《れん》愛をして、ふたりでちょっと込み入った話をじっくりしたいと思ったって、そういうことができる場所があまりない。今の若い人たちは、せわしない周囲に合わせて話すスピードが自然と早くなってしまう。本人たちは込み入った話をしているつもりでも、会話が切れ切れになり、走ったりする。［３］、言葉がじわっと沁《し》み込んでいかない。お互いの理解をじっくり深める事にはなかなかなりにくいという面がある。

皆さんの中には古い映画が好きな人もいるかと思いますが、ぜひ一九五〇年代～六〇年代の日本の映画をご覧になってみてください。そして、会話に耳を澄《す》ましてご覧なさい。そこではじつにテンポがゆるやかなんですよね。それから、言葉と言葉のあいだに間がずいぶん入るんです。ある人が「〇〇でしょうか」と言うと、だいぶ経ってから「□□ですね」なんて答える。その間が流れるあいだに、お互いの思いが少しずつ深まっていくんですね。とくに、小津安二郎《おづやすじろう》の映画の会話のシーンだけでもご覧になったらいいと思います。茶の間でふたりが少し込み入った話をしている。言葉が途《と》切れる。そのあいだに、火鉢《ばち》にかかったやかんのお湯が沸《わ》いてチンチンチンと鳴る音とか、いろいろな物音が入ったんです。そうしたやりとりの様子を見ると、今の自分たちはずいぶんあわただしく話しているなあと痛感します。これでは伝えにくいことも受け取りにくいことも多いはずだとつくづく思いますね。

とはいっても、そういうゆったりした時間の中で生活をすること自体、今は無理ですよね。そういう⑩「話の空間」を持てる人は幸せです。

僕はだいぶ前に、東京・鶯《うぐいす》谷にある「子規庵《しきあん》」という場所で、二〇～三〇人を相手に話をしたことがあります。これは正岡子規《まさおかしき》の住まいを復元した昔ながらの木造建築で、八帖《じょう》くらいの小さな部屋です。それまで、僕が人前で話すときは、今風の鉄筋コンクリートの建物の中がほとんどだった。それはそれで、音響《きょう》のことがよく研究されたつくりをしている。でも、子規庵で話したときは、「古い木造建築で話これも大変おもしろい現象だといえるでしょう。

こんなふうに、かなと漢字という、まったく異なった姿のものを同時に使いこなしてきたのが日本人の特殊《しゅ》性であり特長ともいえるでしょう。これに対し、合理化が進む現代においては「こんな煩《わずら》わしいことはやめろ、いっそ標準語を英語にしてしまえ」という考え方もあります。実際、すでに社員全員に英語をしゃべらせている会社もあるくらいです。たしかに、外国人との伝達の際にはメリットがあるでしょう。しかし母国語を失った国というのはじつに惨《みじ》めなものです。

伝統というのは、まさしく「言葉」なんです。その言葉を奪《うば》われてしまうということは、足場がない状態とまったく同じ。立つにも歩くにも走るにも、ただ外国の模倣《ほう》にたよることになる。そもそも日本がこれまでの長い歴史の中で築いてきた伝統は、西洋の伝統とはずいぶん異なっています。その基礎《そ》を捨て去って、今さらまるごと西洋から借りなければならないなんて、人間の文化にとってこれほど悲惨《さん》なことはない。

加えて、西洋の伝統からきた文明や技術の発展は、今や行き詰《づ》まりを迎《むか》えつつあるんです。年金問題も、核《かく》の問題も、すべて西洋で生まれた考え方に由来しています。日本は現代社会を形作るうえで、その文明を借りてきたはいいけれど、今になって行き詰まってしまった。そして残念なことに、西洋の文明の力では、この行き詰まりの是《ぜ》正【正しく直すこと】がなかなかできない。でも、東洋の文明――さらにいえば日本独自の伝統なら、その行き詰まりをやわらげるか、是正する力になるかもしれない。そう考えると、伝統というのはそう簡単には手放してはいけないものだということがわかるでしょう。

ところが、日本語はどうもはっきりしない、意味をしっかり限定していないと批判される。これは外国人の多くが感じていることであると同時に、外国語のできる日本人も同様に思っていることのようです。

たしかに日本語という言語は、いくつかの難点も持っています。いうなれば、非常に悠《ゆう》長な【のんびりした】言語です。表現したい内容を強く限定して投げつけることが上手でない。それに、何か危機が起こったときに発する警告の言葉の力が弱い。他の国の言語に比べて命令形がそれほど発達していない。その命令形が動かす心情自体も強くない。そういう意味では、大変やわらかな言語ともいえます。

それから先にいったように、漢字をかなに、かなを漢字に、頭の中で変換しながら話したり聞いたりしていることの弊害も挙げられるでしょう。もちろん咄嗟《とっさ》のことだから、僕《ぼく》らは意識していない。だけど大変な危機に瀕したとき、ひと呼吸、ふた呼吸遅《おく》れる恐れはある。

その一方で、限定ばかりしていくと、こぼれ落ちてしまう B もたくさんある。日本語というのは限定しない代わりに、ふわふわと漂《ただよ》うあいまいな B も上手にすくいとることができる。ある程度の広がりをもっている言葉を、その広がりのまま捉《とら》えることが可能な言語なんです。

一般《ばん》的に外国の言葉を使うのが下手なのは、日本人と韓《かん》国人だと言われています。でも日本人と比べれば、韓国人の方がよほど上手でしょう。そう言われる理由の一つに、日本語には「子音の種類が少ない」という特徴《ちょう》が挙げられるそうです。つまり、子音に対する聴《ちょう》覚が発達していない。だからその土地に送られて二カ月～三カ月、あるいは半年くらい経ないと、そこで使われている言葉を聞き取るだけの聴覚が身に付かないんだそうです。まあ、たしかにそういう面はあるでしょう。でも、問題はもっと根本的な部分に存在しているような気がします。

私たちの使う漢字というのは表意文字です。昔々にさかのぼれば、元は象形文字なんですよ。漢字の持つ意味はたいそう広い。私たち日本人は、その意味の深さをたった一文字の中に含んで使っているわけ

「マニュアルにしてください。書いてください。でないと頭に入らない」と答えるそうなんです。

「把握《はあく》」という言葉がありますよね。つかむこと――とりわけ物事の意味や主旨《し》【中心になる目的】を頭でつかむということを指して使われる言葉です。でも、目でつかむ、耳でつかむ、ということもあるのではないでしょうか。つまり、目で見たものから、耳で聞こえたものから、直接に理解する。そうした身体的なやりとりから初めて理解できる意味が必ずあると思うのです。

人の会話にとって大切なのは、単に文字のみで表される意味でなく、そこに載《の》せられた感情のトーン【調子】も含めてしっかりつかむことです。ところが、どうも現代人はあまり静かな場所にいられない。それに、昔と比べてあまりに時間が早く流れる。ゆっくりと聞いたり話したりしている暇《ひま》がないので、ついつい聞くのも話すのも刹那《せつな》的【きわめて時間が短いさま】になってしまう。「会話」というよりは「反応」なんですね。言葉を通じた心のやりとりというよりは、単に言葉に対して反応を繰《く》り返しているだけ。話している相互《ご》の心情の展開に欠けるというきらい【傾向】がある。これはちょっと恐《おそ》ろしい。こんな具合に言葉が扱《あつか》われ続けていったら、この先どうなってしまうのか。強い危惧《ぐ》【心配し恐れること】はありますが、なかなか有効な解決策は見つかっていません。

ところで、「世界で一番わかりにくいのは、日本語とアラビア語だ」と外国人はこんなふうに文句を言うらしい。まあ、たしかに日本語というのはかなり変わった言語体系【組織の全体】ではあります。

じつは、日本以外の世界に住んでいるあらかたの人びとはバイリンガルだともいえます。ひとつに限らずいろんな言語を話せることが多い。たとえばアメリカだったら、英語だけじゃなく、[2]スペイン語のほうが通用する地域というのもある。同じように、どの国でもたいてい二カ国語くらいは通用することが多い。

それに引き換《か》え、日本人はモノリンガルだといえるでしょう。日本語以外の言語が通用する地域というのは、まずありえない。日本語というのは言葉と国籍《せき》が直結した、いわば体質的な言語だということです。だから外国語を話すことが下手なんじゃないかと言われてしまう。その考えはたしかに成り立つ。ただ私は、逆にこんなふうにも思うんです。「日本語ほどバイリンガルな言葉はないのかもしれないな」と。

日本語には「かな」と「漢字」がありますよね。この二つは、姿も体系もまったく異なっている。「かな」から「漢字」へ、「漢字」から「かな」へ、私たち日本人はそのひとつひとつの切り替《か》えを、読むときばかりでなく話すときも瞬《しゅん》時にこなしているんです。パソコンだったらこの変換《かん》は機械がやってくれるわけだけど、日常的なやりとりではそうはいかない。その膨《ぼう》大な量の変換を常に頭の中で行うことになる。そりゃあ疲《つか》れるはずですよね。

そのぶん、翻《ほん》訳は非常にうまい。それから、外国から入ってきた技術を理解して覚えるのも大層うまいといえます。

明治維《い》新のとき、西洋文明の流入と同時に、それまでの日本語の概《がい》念【物事についての意味内容】になかった言葉も大量に入ってきました。日本人は、それらになんとか漢字をあてて訳して使ったわけです。たとえば「認識」とか「観念」だとかが代表的な例ですね。それを明治の初めのうちに見事にやってのけた。⑥これは、皆さんが想像している以上に高度な作業なんですよ。

ちなみに今の中国語の中で、政治にかかわるものなど公的に使う言葉の多くは、日本が明治の頃につくった造語を適用しています。それこそ「政治」や「経済」、「民主主義」や「共産主義」といった言葉が良い例です。⑦いうなれば、言葉の逆輸入ですね。[A]。

になってくる傾《けい》向があるという。これは歴史の上からも明らかにされていることだそうです。反対に、世界が何らかの危機に瀕《ひん》して【直面して】いたときには、言葉がもっとしっかりしていた。もっと精密に、もっと綿密に物事を伝えていた。ある意見やある認識をひとまとまりにしっかり述べることができた。ところが平和な時代が続くと、だんだん言葉が切れ切れになってしまう。

　これはいったいどういうことでしょう？　同じような平穏《おん》の中にいる人間たちは、いつの間にか生活の様子も同じようなものになるんです。そして、ものの考え方が同じようになる。正確にいうと、「同じようになった」と思ってしまうんですね。だから、あまりしっかりと話さなくても自然と意思が通じると思い込《こ》む。そのうちにどんどん言葉が切れぎれになって早口になっていく。

　これはなにも日本ばかりではないと思います。外国の言葉も、ここ三〇～四〇年でずいぶん早口になっている。私は若い頃《ころ》にドイツ語を学びましたが、後年になってからドイツに行ってみると、みんなずいぶん早口で話すのでびっくりしました。

　音楽についても似たようなことがいえます。五〇年代～六〇年代のアメリカにハリー・ベラフォンテという黒人の歌手がいました。彼《かれ》が日本で公演を行ったとき、その音楽のあまりの迫《はく》力に驚《おどろ》かされたのを覚えています。他にも私たちが若い頃に熱中したジャズやポピュラー音楽は、その当時は大層迫力があるように聞こえたものです。

[1] こちら側に迫《せま》ってくるような感じがしました。ところが三〇年、四〇年経った今になって聞いてみると、のどかに聞こえる。現代の曲のテンポとは比べものにならないくらいスローに感じるんです。

　音楽でもそう感じるのだから、たぶん私たち年寄りが普《ふ》段話しているテンポも、若い人にはずいぶんゆっくり聞こえるんだろうなと思います。私なんかはもともと話すのがゆっくりのたちで、歳《とし》をとればとるほどますますゆっくりになってますから、つい眠《ねむ》気《け》を誘《さそ》うような口調になっていると思いますけど……皆《みな》さん、大丈《じょう》夫《ぶ》ですか？（笑）

　だいたい、どんなことがあっても人は眠るものです。私自身も高校の頃は、やれ因数因子がどうの、円と振《しん》動がどうのといった、そういうしちめんどくさくて小難しい術語【専門用語】を聞きながら、それを子守唄《うた》に寝《ね》ていたことがありますから。③これだけは、時代が移り変わっても変わらないのかもしれません。

　それに「講演で人を眠らせるようになったら立派なもんだ。下手な講演だとみんなイライラして眠る事もできない」なんていう意見もある。気がついてみたらみんな気持ちよく眠っているというのは、ある意味では最高の講演ということにもなるんでしょうね。④ゆっくり、ゆったりと流れる音楽のような講演。漱石もそのことをよくよく心得ていたからあんなことを口にしたのかもしれない。逆にいえば、聞いていて眠ることもできないような、苛《いら》立った話しぶりも多いということなのでしょう。

　では私たちは何を心がけたらいいのでしょう？　ただゆっくり話すように気をつければよいのでしょうか？　これまた難しい話です。悲しいかな、人というのは年を取るにつれて耳が悪くなってきます。言葉の聞き取りに齟齬《そご》【物事がうまくかみあわないこと】が生じれば、当然、誤解も生む。それが寄る年波のせいならばある程度はいたしかたのないことでしょう。ところがどうも現代では、⑤若い人たちも耳が悪くなってきている。身体的な話ではありません。そうではなくて、今の若い人たちは他人の言葉を耳で聞いてつかむことが下手になっているような気がするんです。

　たとえば会社で上司が部下に、今日すべき仕事について、どういう手順で何に用心したらいいのか、丁寧《ねい》に話して説明するとします。そこで「質問ありませんか」と部下に尋《たず》ねると、若い社員が手を挙げて、

二〇二二年度 明治大学付属明治中学校

【国　語】〈第一回試験〉（五〇分）〈満点：一〇〇点〉

注意　字数制限のある問題については句読点・記号を字数に含《ふく》めること。

一　次の文章を読んで、あとの問いに答えなさい。ただし、【　】は語句の意味で、解答の字数に含《ふく》めないものとします。

「私の話を聞きながら眠《ねむ》ってもかまいませんよ。眠って私の話を聞かなくても、ちっとも損になりませんから」。

これは、かの大文豪《ごう》・①夏目漱《そう》石が講演の冒《ぼう》頭で口にした言葉です。さすがの貫禄《かんろく》とでもいいましょうか。ずいぶん洒落《しゃれ》のきいた言葉ですね。でもこの話、じつはこれから話す内容にも少しかかわりがあるのです。

さて、今日のテーマは「言葉について」。

これは雲をつかむような話でして、「言葉とは心です」と結論だけ出して、「さて、これで終わります」って帰っちまえば世話ないんだろうけど、なかなかそう簡単にはいかない(笑)。これが、言葉と心の関係の難しさ。人びとが悩《なや》むところはいつだって同じともいえるでしょう。

ところで、言葉の「言(＝こと)」という字と、事柄《がら》の「こと(＝事)」という字は、奈良《なら》や平安の時代のあたりまで同じ言葉だったらしい。そこで、事柄の「こと」と言葉の「こと」を分けるために、言葉の「こと」のほうに「葉」を付けて「言葉」としたんだそうです。

それまでは、「言葉」とは「事柄」だ、という考え方があったんですね。言葉と事柄を等しいものとして結びつけていた。

言葉のまるで引っかからない事柄ってありますよね。言葉ではすくいとれない、表現できないような事柄。私たちはいつもこれに悩まされる。けれど一方では、だんだん言葉の方に引き上げられて、やがて言葉と融《ゆう》合する、そういう事柄もあるわけです。そのあたりが言葉の問題になるんです。

かつて、事柄が言葉などをまったく受けつけなかったような時代があったと思われる。そのうちに人びとは、事柄は言葉にすくいとれて初めて人の事柄になると感じ始めた。ところがその後、今度は言葉が発達しすぎて、言葉が事実から遊離《り》して【他のものと離れて存在して】しまうようになった。現代はそういう弊《へい》害【他に悪影響《えいきょう》を及《およ》ぼす物事】がずいぶん出ている。

家に帰ってきて、今日一日自分が何を話したのか思い出そうとしても、どうもはっきりしない。よくあることです。とりわけ何か大事なことを話そうと思って人と会って、それなりに話してお互《たが》いに受け答えしたのに、さてひとりになってみると、いったい何を話したのか。それがふたりの間にある事柄にどういう影響を及ぼしたのか。さっぱり思い出せないことがある。これが今の、日本語の悩みのひとつの現れではないか。

なにも若い人のことばかりを指しているわけではないんです。青年も中年も年寄りも、どう心がけてもやっぱり言葉が上滑《うわすべ》りしてしまう。②どうしても断片的になって話がまとまらないために、人びとは絶えずイライラしている。政治の場でも身近なところでも同じです。その問題についていくらしゃべってもなかなか埒《らち》があかない【物事の決まりがつかない】。いったいこの国に何が起きているのか？　――これは残念ながら簡単に答えられる問題ではありません。

じつは、こんな事実があるんです。世の中が豊かになり、それが二〇年、三〇年、四〇年と続くと、人の話す言葉や書く言葉が切れぎれ

2022年度

明治大学付属明治中学校 ▶解説と解答

算 数 ＜第１回試験＞（50分）＜満点：100点＞

解 答

1 (1) $\frac{3}{4}$ (2) 37 (3) 87 (4) $\frac{1}{9}$ (5) 7.5 **2** (1) 18人 (2) 8.5点 **3** (1) 毎分４Ｌ (2) 120Ｌ (3) ９時36分 **4** (1) 1.5倍 (2) 毎時7.2km **5** (1) ４：19 (2) 13：３

解 説

1 逆算，仕事算，差集め算，速さと比，面積

(1) $1\frac{1}{4}\div\left\{\left(1\frac{2}{7}-\square\right)\div3+1\frac{1}{14}\right\}=1$ より，$\left(1\frac{2}{7}-\square\right)\div3+1\frac{1}{14}=1\frac{1}{4}\div1=\frac{5}{4}$，$\left(1\frac{2}{7}-\square\right)\div3=\frac{5}{4}-1\frac{1}{14}=\frac{5}{4}-\frac{15}{14}=\frac{35}{28}-\frac{30}{28}=\frac{5}{28}$，$1\frac{2}{7}-\square=\frac{5}{28}\times3=\frac{15}{28}$　よって，$\square=1\frac{2}{7}-\frac{15}{28}=\frac{9}{7}-\frac{15}{28}=\frac{36}{28}-\frac{15}{28}=\frac{21}{28}=\frac{3}{4}$

(2) 右の図１の計算から，25と40の最小公倍数は，５×５×８＝200と求められるから，仕事全体の量を200とする。すると，ＡとＢとＣが１日に行う仕事の量の合計は，200÷25＝８，ＡとＢが１日に行う仕事の量の合計は，200÷40＝５となるので，Ｃが１日に行う仕事の量は，８－５＝３とわかる。次に，２日を１セットと考えると，１セットのうち，ＡとＢは１日ずつ，Ｃは２日仕事をするから，１セットでする仕事の量は，５＋３×２＝11となる。よって，200÷11＝18余り２より，18セットを終えたときに２の仕事が残ることがわかる。最後の２の仕事は１日で終えることができるので，仕事が終わるのは，２×18＋１＝37(日目)である。

図１

```
5 ) 25  40
    ------
     5   8
```

(3) 右の図２の㋐で，Ｂの長いすの数を20脚《きゃく》増やすと，座れる人数は，６×20＝120(人)増えるから，120－３＝117(人)分の空席ができることになる。このとき，Ｂの長いすの数はＡのちょうど２倍になっている。ここで，㋑のように，Ｂの長いすの数を半分にしてＡと同じにし，１脚あたりに座る人数を，６×２＝12(人)にしても，Ｂに座れる人数は同じだから，空席の数は変わらない。よって，12－５＝７(人)の差がＡの長いすの数だけ集まったものが，２＋117＝119(人)とわかるので，Ａの長いすの数は，119÷７＝17(脚)となる。したがって，生徒の人数は，５×17＋２＝87(人)である。

図２

㋐	Ａ	５人，…，５人	→	２人座れない
	Ｂ	６人，…………，６人	→	あと117人座れる
㋑	Ａ	５人，…，５人	→	２人座れない
	Ｂ	12人，…，12人	→	あと117人座れる

(4) 上りと平地にかかった時間が同じだから，上りと平地の平均の速さは毎時，(３＋４)÷２＝3.5(km)となる。よって，上りと平地にかかった時間の合計を□時間，下りにかかった時間を△時間とすると，右の図３のように

図３

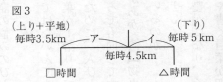

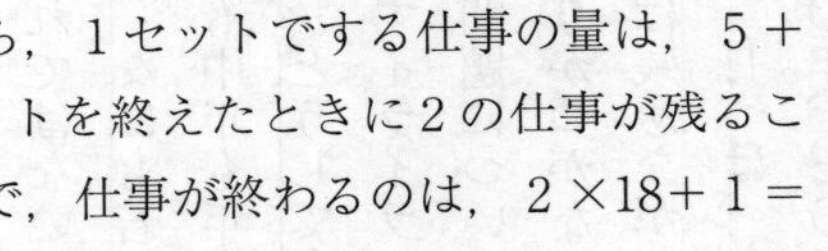

表すことができる。図３で，ア：イ＝(4.5−3.5)：(５−4.5)＝２：１なので，□：△＝$\frac{1}{2}$：$\frac{1}{1}$＝１：２とわかる。また，この比を用いると，上りと平地の道のりの合計は，3.5×１＝3.5，下りの道のりは，５×２＝10，全体の道のりは，3.5＋10＝13.5と表すことができる。さらに，上りと平地にかかった時間は同じく，１÷２＝0.5だから，上りの道のりは，３×0.5＝1.5であり，上りの道のりは全体の道のりの，1.5÷13.5＝$\frac{1}{9}$(倍)とわかる。

(5)　右の図４で，アには★と☆，イには★，ウには☆を加えて考えると，(ア＋★＋☆)−(イ＋★)−(ウ＋☆)＝ア−イ−ウとなる。次に，(ア＋★＋☆)は半径が，８−２＝６(cm)の４分の１の円だから，面積は，６×６×3.14×$\frac{1}{4}$＝９×3.14＝28.26(cm²)となる。また，正方形の面積は，８×８＝64(cm²)であり，半径が８cmの４分の１の円の面積は，８×８×3.14×$\frac{1}{4}$＝16×3.14＝50.24(cm²)なので，(イ＋★)の面積は，64−50.24＝13.76(cm²)と求められる。さらに，(ウ＋☆)の面積は，７×２÷２＝７(cm²)だから，ア−イ−ウ＝28.26−13.76−７＝7.5(cm²)となる。

図４

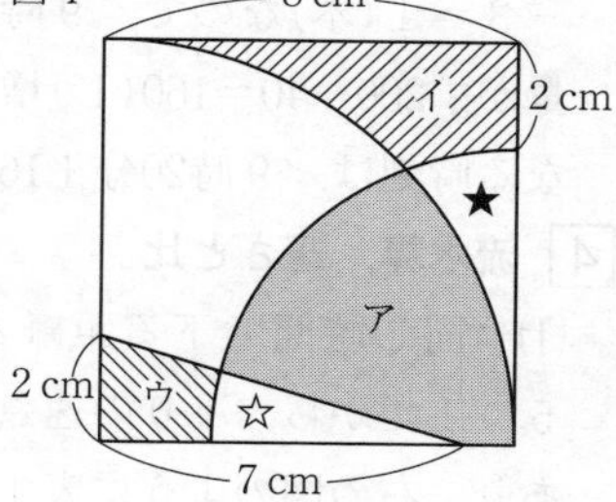

2　平均とのべ

(1)　男子の人数を□人，女子の人数を△人とすると，右の図１のように表すことができる。図１で，ア：イ＝(７−6.5)：(7.6−７)＝５：６だから，□：△＝$\frac{1}{5}$：$\frac{1}{6}$＝６：５とわかる。この差が３人なので，比の１にあたる人数は，３÷(６−５)＝３(人)となり，男子の人数は，□＝３×６＝18(人)と求められる。

(2)　Aくん，Bくん，Cくんの３人を除いた男子の人数は，18−３＝15(人)である。よって，Aくん，Bくん，Cくんの３人の平均点を○点とすると，右上の図２のように表すことができる。図２で，人数の比は，15：３＝５：１だから，ウ：エ＝$\frac{1}{5}$：$\frac{1}{1}$＝１：５となる。また，ウ＝6.5−6.2＝0.3(点)なので，エ＝0.3×$\frac{5}{1}$＝1.5(点)となり，○＝6.5＋1.5＝８(点)と求められる。したがって，Aくん，Bくん，Cくんの３人の合計点は，８×３＝24(点)だから，BくんとCくんの合計点は，24−７＝17(点)となり，BくんとCくんの平均点は，17÷２＝8.5(点)とわかる。

図１

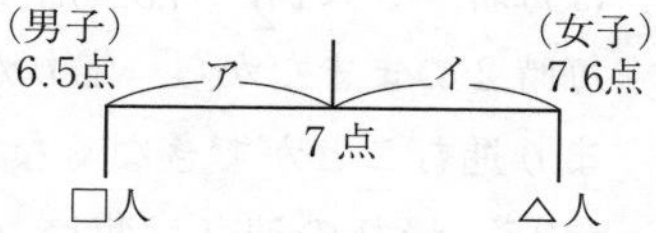

図２

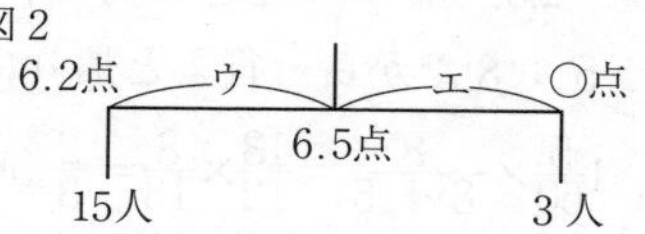

3　ニュートン算

(1)　９時に水そうに入っていた水量を①として，１本の排水《はいすい》管が１分間に排水する量を$\boxed{1}$とする。９時から９時10分までの10分間で，14×10＝140(L)の水を給水し，その間に，$\boxed{1}$×５×10＝$\boxed{50}$の水を排水した結果，水そうに入っている水量が$\enclose{circle}{\frac{1}{2}}$になる。また，９時10分から９時20分までの10分間で140Lの水を給水し，その間に，$\boxed{1}$×(５−１)×10＝$\boxed{40}$の水を排水した結果，水そうに入っている水量が$\enclose{circle}{\frac{1}{3}}$になる。よって，上の図のように表すことができる。この図で，太線部分の比は，$\left(1-\frac{1}{2}\right)$：$\left(\frac{1}{2}-\frac{1}{3}\right)$＝３：１だから，($\boxed{50}$−140)：($\boxed{40}$−140)＝３：１と表すことができる。さらに，$A$：$B$＝$C$：$D$のとき，$B$×$C$＝$A$×$D$となるので，($\boxed{40}$−140)×３

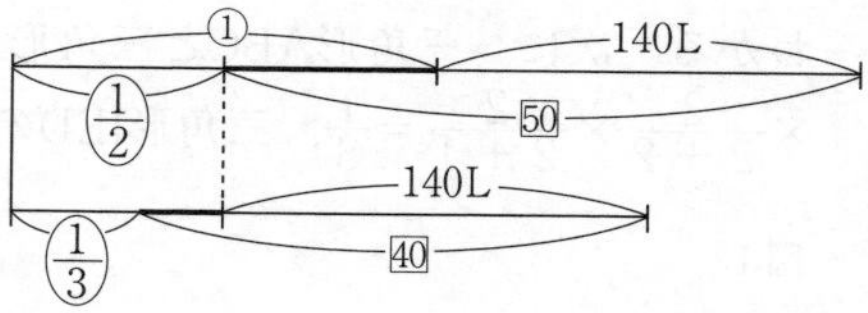

＝($\boxed{50}$−140)×１，$\boxed{120}$−420＝$\boxed{50}$−140，$\boxed{120}$−$\boxed{50}$＝420−140，$\boxed{70}$＝280より，$\boxed{1}$＝280÷70＝４（Ｌ）と求められる。つまり，排水管１本からは毎分４Ｌの水が出る。

(2)　９時の水量の，①－$\textcircled{\frac{1}{2}}$＝$\textcircled{\frac{1}{2}}$にあたる水量が，４×50−140＝60（Ｌ）だから，９時の水量は，60÷$\frac{1}{2}$＝120（Ｌ）とわかる。

(3)　９時20分の水量は，120×$\frac{1}{3}$＝40（Ｌ）である。また，９時20分からの排水管の本数は，５－１－３＝１(本)なので，９時20分から水量は１分間に，14－４＝10（Ｌ）の割合で増える。よって，水量が，200−40＝160（Ｌ）増えるのにかかる時間は，160÷10＝16(分)だから，水量が初めて200Ｌになる時刻は，９時20分＋16分＝９時36分と求められる。

4 流水算，速さと比

(1)　同じ時間で下る距離《きょり》と上る距離の比が，25：５＝５：１だから，下りの速さと上りの速さの比も５：１であり，右の図のように表すことができる。この比を用いると，静水時の速さは，($\boxed{1}$＋$\boxed{5}$)÷２＝$\boxed{3}$，流れの速さは，($\boxed{5}$－$\boxed{1}$)÷２＝$\boxed{2}$となるので，静水時の速さは流れの速さの，３÷２＝1.5(倍)と求められる。

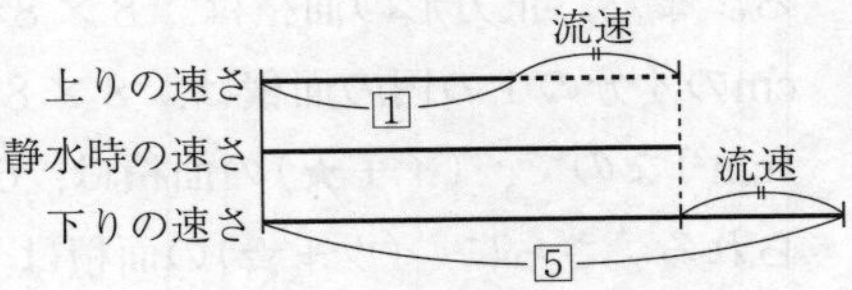

(2)　いつもの静水時の速さを毎時３，流れの速さを毎時２とすると，この日の行きの静水時の速さは毎時，３×$1\frac{1}{2}$＝4.5，帰りの静水時の速さは毎時，３×$\frac{2}{3}$＝２となる。このとき，流れの速さは毎時２のままだから，帰りが上りだとすると，帰りの速さは毎時，２－２＝０となってしまう。つまり進むことができなくなるので，行きが上り，帰りが下りであり，行きの速さは毎時，4.5－２＝2.5，帰りの速さは毎時，２＋２＝４とわかる。よって，行きと帰りの速さの比は，2.5：４＝５：８だから，行きと帰りにかかった時間の比は，$\frac{1}{5}$：$\frac{1}{8}$＝８：５となり，行きにかかった時間は，$1\frac{5}{60}\times\frac{8}{8+5}=\frac{13}{12}\times\frac{8}{13}=\frac{2}{3}$(時間)と求められる。したがって，行きの速さは毎時，６÷$\frac{2}{3}$＝９(km)である。これは比の2.5にあたるので，比の１にあたる速さは毎時，９÷2.5＝3.6(km)となり，流れの速さは毎時，3.6×２＝7.2(km)とわかる。

5 平面図形─辺の比と面積の比，相似

(1)　下の図１のように，AEとCDを延長して交わる点をＩとすると，AIとBC，BAとCIはそれぞれ平行だから，四角形ABCIは平行四辺形になる。よって，CI＝BA＝２＋２＝４(cm)なので，DI＝４－３＝１(cm)とわかる。また，FGとEDも平行だから，三角形BGFと三角形IEDは相似になる。よって，三角形IEDは二等辺三角形なので，IE＝１cmとなり，AE＝２＋１－１＝２(cm)とわかる。次に，三角形ABCと三角形ACIの面積をそれぞれ１とすると，三角形FBGの面積は，$1\times\frac{2}{2+2}\times\frac{2}{2+1}=\frac{1}{3}$，三角形IEDの面積は，$1\times\frac{1}{1+3}\times\frac{1}{1+2}=\frac{1}{12}$となる。したがって，六角

図１

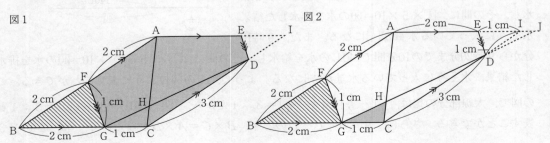

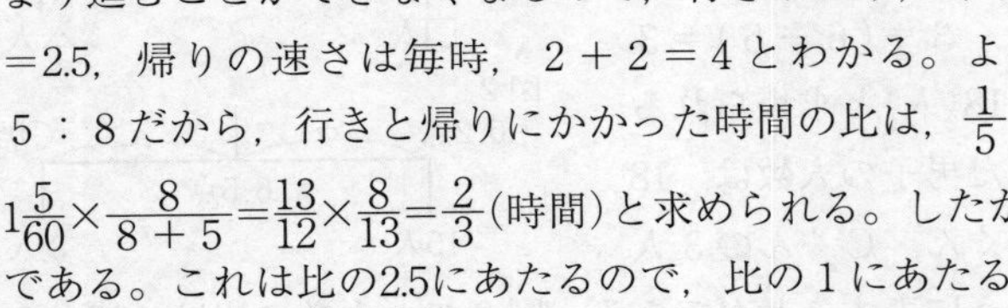

図２

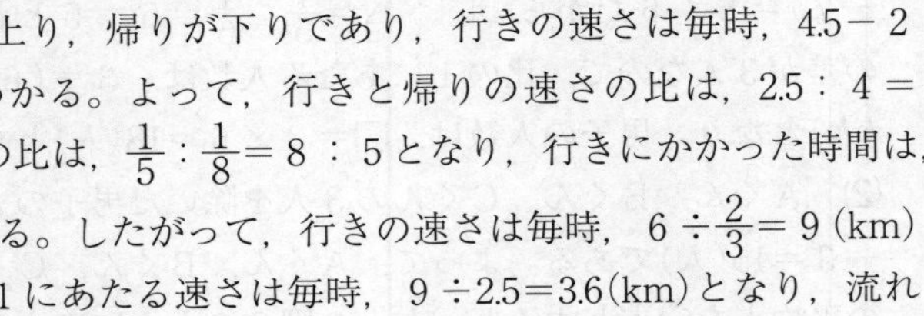

形AFGCDEの面積は，$1\times2-\left(\frac{1}{3}+\frac{1}{12}\right)=\frac{19}{12}$だから，三角形FBGと六角形AFGCDEの面積の比は，$\frac{1}{3}:\frac{19}{12}=4:19$と求められる。

⑵　上の図２のように，AEとGDを延長して交わる点をＪとすると，三角形IDJと三角形CDGは相似になる。このとき，相似比は，ID：CD＝１：３なので，$IJ=1\times\frac{1}{3}=\frac{1}{3}$(cm)とわかる。また，三角形HJAと三角形HGCも相似であり，相似比は，$AJ:CG=\left(2+1+\frac{1}{3}\right):1=10:3$だから，AH：CH＝10：３と求められる。よって，三角形HGCの面積は，$1\times\frac{3}{3+10}\times\frac{1}{1+2}=\frac{1}{13}$なので，三角形FBGと三角形HGCの面積の比は，$\frac{1}{3}:\frac{1}{13}=13:3$とわかる。

社　会　＜第１回試験＞（40分）＜満点：75点＞

解　答

Ⅰ　**1**　⑴　**A**　最上(川)，庄内(平野)　**B**　北上(川)，仙台(平野)　**E**　木曽(川)，濃尾(平野)　**H**　筑後(川)，筑紫(平野)　⑵　ア　⑶　**あ**　琵琶(湖)　**い**　越後(平野)　**う**　讃岐(山脈)　**え**　銚子(市)　**2**　ア　**3**　ウ　**4**　エ　**5**　●…Ａ　▲…Ｂ　**6**　イ　**7**　⑴　千葉県　⑵　イ　**8**　エ　Ⅱ　**1**　ウ→ア→エ→イ　**2**　ウ　**3**　エ　**4**　ウ　**5**　イ　**6**　リットン調査団　**7**　エ　**8**　エ　**9**　ア　**10**　イ　**11**　(例)　活躍を主張し，恩賞をもらうため。　**12**　(例)　中国やオランダだけではなく，朝鮮や琉球，アイヌなどの東アジア世界と交流をもったと変わっている。　Ⅲ　**1**　**あ**　衆　**い**　広島　**2**　ア　**3**　⑴　ウ　⑵　ア，エ　**4**　パレスチナ　**5**　⑴　(例)　大量の弁当の廃棄　⑵　(例)　国会議員における女性の少なさ　**6**　イ　**7**　ウ　**8**　**問題・現状**…(例)　多様性の理解や尊重が進んでおらず，マイノリティの人権が守られていない。**解決方法**…(例)　学校教育の場面で，障がいを持った児童・生徒と一緒に授業を受ける機会を増やし，早い段階から差別や偏見の芽を取り除く。

解　説

Ⅰ　日本の自然や産業，地形図の読み取りについての問題

1　⑴　**A**　最上川(全長229km)は山形県内を貫流する河川で，米沢・山形・新庄の各盆地を北流し，庄内平野の酒田市で日本海に注いでいる。富士川(山梨・静岡県)，球磨《くま》川(熊本県)とともに「日本三急流」に数えられる。　**B**　北上川(全長249km)は東北一の長流で，岩手県中部の北上盆地を南流し，仙台平野を経て宮城県の追波《おっぱ》湾(旧北上川は石巻湾)で太平洋に注いでいる。　**E**　木曽川(全長229km)は長野県中西部を水源とし，おおむね南西へ向かって流れ，濃尾平野を経て伊勢湾(太平洋)に注いでいる。長良川・揖斐《いび》川と平行して流れる下流域では，集落や農地を洪水から守るための「輪中」が見られる。　**H**　筑後《ちくご》川(全長143km)は九州一の長流で，九州北部をおおむね西へ向かって流れ，筑紫《つくし》平野を経て有明海に注いでいる。下流域の有明海沿岸には，古くからの干拓地が広がる。　なお，Ｃは日本一の長流である信濃川(全長367km)で，下流域には越後平野が広がる。Ｄは日本最大の流域面積を持つ利根川(全長322km)で，中・下流域には関東平野が広がる。Ｆは淀《よど》川(全長75km)で，琵琶湖を水源とし，下流域には大阪平野が広がる。Ｇは四国第２

の長流である吉野川（全長194km）で，下流域には徳島平野が広がる。　⑵　Ａの最上川流域は積雪量が多いため，下流域では特に４月に雪どけ水による流量が多くなる。よって，アがあてはまる。イはＨの筑後川，ウはＥの木曽川，エはＤの利根川。　⑶　**あ**　地図１は，河口のある湾岸に埋《う》め立て地が多く見られるので，Ｆの淀川である。よって，「あ」は水源となる琵琶湖（滋賀県）になる。　**い**　地図２は，河口に長い海岸線がのびているので，Ｃの信濃川があてはまる。上のほうで信濃川から右に分かれて流れるのは大河津《おおこうづ》分水路である。信濃川下流域には越後平野が広がり，日本有数の米どころとなっている。　**う**　地図３は，河口付近まで山地と山脈の間を流れているので，Ｇの吉野川である。よって，「う」は吉野川の北側に位置する讃岐《さぬき》山脈になる。南側は四国山地。　**え**　地図４は，広大で平坦《へいたん》なところを流れ，河口付近には岬《みさき》があるので，Ｄの利根川である。ここには，銚子《ちょうし》市（千葉県）がある。

2　それぞれの農産物の都道府県別収穫量は，ジャガイモが北海道・鹿児島・長崎の順，サツマイモが鹿児島・茨城・千葉の順，レタスが長野・茨城・群馬の順，ニンジンが北海道・千葉・徳島の順になる。統計資料は『日本国勢図会』2021／22年版，『データでみる県勢』2022年版などによる（以下同じ）。

3　資料のグラフによると，「農業就業人口」が減少し，「農業人口における65歳以上の割合」は高くなっている。この対策の一つとして，経営規模の拡大が求められているので，ウが正しくない。

4　それぞれの工業出荷額の都道府県別割合は，機械工業が愛知・静岡・神奈川の順，ガラス・セメント・陶磁器《とうじき》工業が愛知・滋賀・岐阜の順，紙・パルプ工業が静岡・愛媛・埼玉の順，化学工業が千葉・神奈川・大阪の順になる。よって，エが正しい。

5　●　出力の大きい発電所がおもに中部地方などの山間部に分布しているので，水力発電である。水力発電はかつては電力の中心であったが，現在，その割合は10％に満たない。よって，Ａがあてはまる。　▲　出力の大きい発電所がおもに大都市をひかえた沿岸部に分布しているので，火力発電である。火力発電は現在，電力の中心となっている。よって，Ｂがあてはまる。

6　「嫁ヶ島《よめがしま》」が間近に見られるのは，地形図１のイの地点である。

7　⑴　「安房《あわ》」は，現在の千葉県南部の旧国名である。なお，「上野《こうずけ》」は群馬県，「下野《しもつけ》」は栃木県，「常陸《ひたち》」は茨城県北東部，「相模《さがみ》」は神奈川県の大部分，「駿河《するが》」は静岡県中央部，「信濃」は長野県，「甲斐《かい》」は山梨県の旧国名。　⑵　「将軍塚」は現在の埼玉県所沢市松が丘にあり，石碑《ひ》・記念碑（Ω）と測量の基準となる三角点（◬）の地図記号のあるイがあてはまる。

8　ふつう地図は，方位記号がないときは上を北として表す。しかし，近代以前は古地図見本のように，上下左右のどこから見ても地名が読めるようになっている。つまり，天地（上下）が決められていなかったのである。

Ⅱ　歴史の見方を題材とした問題

1　アは1975年，イは1995年，ウ（第五福竜丸事件）は1954年，エは1989年のできごとなので，年代の古い順にウ→ア→エ→イとなる。

2　安土桃山時代，豊臣秀吉は明（中国）の征服《せいふく》をくわだて，その道筋にあたる朝鮮に明への道案内をつとめるよう求めたが断られたため，２度にわたり朝鮮に出兵した。そのさい，九州の大名などが朝鮮から強制的に多くの陶工を連れ帰った。よって，ウが正しい。ア，イはいずれも「朝鮮」ではなく「明」が正しい。エについて，伊藤博文は韓国併合（1910年）の前年に暗殺された。

3　ア　鎖国中，ヨーロッパの国ではオランダに限り長崎で貿易することを許されたが，キリスト教の布教は厳しく禁じられた。　イ『ターヘル・アナトミア』はオランダ語の医学解剖《かいぼう》書である。　ウ　アメリカ合衆国と結んだ日米修好通商条約は不平等条約で，その後，フランスやオランダ・ロシア・イギリスとも同じ内容の条約を結んだ(安政の五か国条約)。　エ　江戸時代末期に行われた薩英戦争(1863年)で，薩摩藩(鹿児島県)はイギリスのすぐれた艦砲《かんぽう》の威力《いりょく》を見せつけられ，その後，イギリスと和解して軍事技術の援助などを求めるようになった。よって，正しい。

4　史料では髪型について触《ふ》れられていないので，ウが不適当である。

5　日清戦争(1894～95年)の下関条約では，清(中国)から多額の賠償《ばいしょう》金を獲得《かくとく》したが，その一部は八幡製鉄所の建設にあてられた。よって，イが正しい。アの普通選挙法(1925年)で選挙権を認められたのは満25歳以上の男子のみ。ウの大日本帝国憲法は，君主権の強いドイツ(プロシア)の憲法を参考にして制定された。エの学制(1872年)では，女子にも義務教育がほどこされた。

6　満州事変(1931～33年)は柳条湖《りゅうじょうこ》事件(南満州鉄道の線路爆破事件)をきっかけに始まったが，この爆破は日本軍が行ったもので，日本軍はこれを中国(中華民国)側のしわざだとしてただちに軍事行動を開始し，満州各地を占領して満州を独立させ，その支配権をにぎった。しかし，中国はこれを日本の侵略《しんりゃく》行為であるとして国際連盟に訴《うった》えたため，国際連盟はリットン調査団を派遣して満州問題を調査。その報告書にもとづき日本軍の満州撤退《てったい》を勧告《かんこく》したため，1933年，日本はこれを不満として国際連盟を脱退した。

7　弥生時代の埋葬《まいそう》のしかたを見ると，副葬品の有無によってその死者の身分(階級)の違いや貧富の差があったことを知ることができる。よって，エがあてはまる。

8　聖徳太子が亡くなったのは622年，大化の改新が始まったのは645年のことである。第１回遣唐使の派遣は630年のことなので，エがあてはまる。アは538年(一説には552年)，イは607年(のちに再建)，ウは603年のできごと。

9　史料に，太安万侶《おおのやすまろ》に稗田阿礼《ひえだのあれ》がまとめた歴史を文章に記録させたとあるので，712年にまとめられた『古事記』があてはまる。720年にまとめられた初の官撰《かんせん》歴史書である『日本書紀』とともに，「記紀」とよばれる。なお，イの『万葉集』は奈良時代につくられた初の和歌集，ウの『後漢書』は後漢(中国)の歴史書，エの『風土記』は奈良時代につくられたもので，地方の国ごとに産物や地形，伝説などを記した地理書。

10『源氏物語』は紫式部の著した長編小説で，ひらがなを用いて書かれたので，イがあてはまる。アは漢文(白文)に返り点や送りがなをつけて読みやすくした「訓読文」，ウは明治時代初期に行われた地租改正のさいに交付された地券の文章。

11「蒙古襲来絵詞《もうこしゅうらいえことば》(絵巻)」は肥後国(熊本県)の御家人竹崎季長《すえなが》が元寇《げんこう》(元軍の襲来《しゅうらい》)で活躍《かつやく》した姿を絵師に描かせたもので，恩賞を得ることが目的だったといわれる。

12　1950年の教科書では，「オランダと中国を除いて海外との交流を断ち～長崎のみを窓口とし」とあるように，江戸時代の鎖国中，外国との交流はオランダと清以外にはなかったとしている。しかし，2021年の教科書では「ただし，長崎以外の窓口を通して，朝鮮や琉球《りゅうきゅう》，アイヌなどの東アジア世界とは交流をもった」とあり，オランダと中国以外にも外国との交流があったとしている。

Ⅲ　東京オリンピックやオリンピックの理念を題材にした問題

1　**あ**　衆議院議員の任期は４年(任期途中での解散がある)で，2021年10月に任期満了を迎《むか》えることになっていた。　**い**　第二次世界大戦末期の1945年８月６日，人類史上初の原子爆弾が広島市に投下された。３日後の８月９日には長崎市にも投下され，両市は壊滅《かいめつ》的な被害を受けた。

2　衆議院議員総選挙を間近にして，自民党(自由民主党)の総裁選挙が行われ，総裁が菅義偉《すがよしひで》氏から岸田文雄氏に代わった。これを受けて臨時国会が召集され，岸田氏が首相(内閣総理大臣)に指名された。よって，アが正しい。イとエについて，首相を任命するのは国会ではなく天皇である。ウについて，衆議院解散総選挙後に召集されるのは特別国会。

3　(1)　1964年の東京オリンピック期間は，池田勇人《はやと》が首相であった。池田内閣(1960年７月～1964年11月)では，国民所得倍増計画が打ち出されたので，ウが正しい。なお，アは1951年のことで吉田茂《しげる》内閣のとき，イは1960年１月のことで岸信介《のぶすけ》内閣のとき，エは1972年のことで佐藤栄作内閣のとき。　(2)　あてはまる期間には，選択《せんたく》的夫婦別姓制度の導入やLGBT理解増進法の制定は行われていない。

4　中東におけるユダヤ人とアラブ人の対立は，地名をとって一般にパレスチナ問題とよばれている。

5　(1)　2021年の東京オリンピックでは，コロナウイルス感染症《しょう》の拡大にともない，各会場で原則として無観客での競技開催になり，大会を支えるボランティアの数が大幅に減ったため，大会期間中にスタッフ向けの弁当約13万食が廃棄《はいき》されたという。　(2)　ジェンダー・バランスとは，男性と女性の格差をなくすこと，男女平等といった意味である。日本は世界的に見て，男女格差が大きいと指摘《してき》されており，たとえば国会議員に占める女性議員の数や，会社の役員に占める女性役員の数がきわめて少ない。

6　動物愛護という観点から，2012年のロンドン大会(イギリス)と2016年のリオデジャネイロ大会(ブラジル)では，せまい鳥かごで育てたニワトリの卵を使用しないというケージ・フリーが採用されたが，今回の東京大会では採用されなかった。よって，イが正しい。

7　核兵器禁止条約は2017年に国連総会で採択され，2021年に発効した。しかし，世界で唯一《ゆいいつ》の被爆国である日本は，アメリカ合衆国の「核の傘《かさ》」に頼っていることもあり，話し合いの段階から参加していない。よって，ウが正しくない。

8　日本は欧米の先進国に比べ，ジェンダー・バランスの問題もふくめ，社会的弱者・社会的少数派(マイノリティ)に対する理解が不十分だといわれている。解決方法としては，障がいを持つ人，日本で暮らす外国人やアイヌのような少数民族に対する理解を深める機会を増やすことなどが考えられる。

理　科　＜第１回試験＞（40分）＜満点：75点＞

解　答

Ⅰ　A　エ　B　ア　C　オ　D　イ　E　カ　Ⅱ　(1)　A　過酸化水素水　B　二酸化マンガン　(2)　ア　(3)　エ　(4)　イ　Ⅲ　(1)　a　あまみ　b　いりおもて　c　やく　d　おがさわら　(2)　イ，ウ　(3)　イ，エ，オ　(4)　外来種　Ⅳ　(1)　a　ペプシン　b　ペプチド(ペプトン)　c　アミノ酸　(2)　イ，エ　(3)　門脈　(4)

呼吸　(5)　ア，エ　**V** (1)　金星　(2)　イ　(3)　イ　(4)　ウ　(5)　B　デネブ　D　アルタイル　C　こと座　(6)　ウ　(7)　56度　**VI** (1)　30ｇ　(2)　50ｇ　(3)　260ｇ　(4)　15ｇ　(5)　24cm　**VII** (1)　ア，イ，オ，キ，ク　(2)　ア，キ，ク　(3)　100秒間　(4)　３：１：４

解　説

I　水溶《よう》液の分類についての問題

青色リトマス紙につけたときに赤色になるＢとＣは酸性の水溶液で，Ｂは刺激臭《しげきしゅう》がしたのでうすい塩酸，Ｃは刺激臭がしなかったので炭酸水である。また，赤色リトマス紙につけたときに青色になるＡ，Ｄ，Ｅはアルカリ性の水溶液で，Ａは刺激臭がしたのでアンモニア水，Ｅは息に含《ふく》まれる二酸化炭素と反応して白くにごったので石灰水とわかる。したがって，Ｄは水酸化ナトリウム水溶液である。

II　酸素についての問題

(1)　液体の過酸化水素水(オキシドール)をＡに入れ，固体の二酸化マンガンをＢに入れる。過酸化水素水が二酸化マンガンにふれると，過酸化水素が分解して酸素と水になる。

(2)　酸素は水に溶《と》けにくい気体なので，水上置換《ちかん》法で集めるとよい。水上置換法で集めると，空気と混じらず，純すいな気体を得られるとともに，集まった量もわかる。

(3)　酸素は，同じ体積の空気の約1.1倍の重さで，水に溶けにくい性質である。

(4)　空気中に約78％含まれているのは窒素《ちっそ》，約21％含まれているのは酸素である。なお，空気中にはほかに，アルゴンや二酸化炭素などが含まれている。

III　世界自然遺産についての問題

(1)　国内で最初に世界自然遺産に登録されたのは，1993年の白神山地と屋久《やく》島で，その後，2005年の知床《しれとこ》，2011年の小笠原《おがさわら》諸島，2021年の奄美《あまみ》大島，徳之島《とくのしま》，沖縄《おきなわ》島北部及《およ》び西表《いりおもて》島と続く。

(2)　スギは種子植物のうち，花に子房《しぼう》がなく胚珠《はいしゅ》がむきだしになっている裸子《らし》植物で，花びらのないお花とめ花をさかせる。大量の花粉が風によって運ばれるため，人によっては花粉症《しょう》の原因となる。また，常緑の針葉樹で，道管と師管からなる維管束《いかんそく》をもっている。

(3)　鳥類は背骨をもつセキツイ動物に分類され，陸上に殻《から》のある卵を生む。また，まわりの温度が変化しても体温を一定に保つことができる恒温《こうおん》動物である。

(4)　人間の手によってその地域に持ち込《こ》まれた生物のことを外来種という。外来種には，固有種をえさにしたり，固有種のすみかをうばったりするものもいる。

IV　ヒトの消化と血液じゅんかんについての問題

(1)　食物中に含まれるタンパク質は，胃液に含まれるペプシンという消化酵素《こうそ》によってさまざまなペプチドの混合物(ペプトン)に変えられたあと，さらにすい液や腸液に含まれる消化酵素によってアミノ酸に変えられ，小腸で体内に吸収される。

(2)　すい液に含まれる消化酵素のうち，アミラーゼはでんぷんを分解する。よって，アは誤り。また，消化酵素を煮沸《しゃふつ》すると，そのはたらきを失い，その後体温に近い温度に戻《もど》してもはたらかなくなるので，ウもまちがいである。

(3)　小腸で血液中に吸収されたアミノ酸やブドウ糖は，門脈(肝《かん》門脈)という血管を通って肝臓に運ばれる。

(4)　酸素を使って糖を分解し，生きるためのエネルギーを得るはたらきを呼吸といい，このときに二酸化炭素と水が生じる。

(5)　酸素は肺で血液中に取り入れられるので，イは正しくない。また，酸素を多く含む血液を動脈血といい，動脈は心臓からからだの各部に血液を送り出す血管のことであるから，ウもまちがい。気体の窒素はほとんど体内に取り入れられることはないので，オも適当でない。

Ⅴ　星の見え方についての問題

(1)　金星は日の入り後と日の出前に見ることができる惑星《わくせい》である。なお，日の入り後に西の空に見える金星をよいの明星《みょうじょう》，日の出前に東の空に見える金星を明けの明星とよぶ。

(2)　星Ａの金星は，太陽の光を反射して光って見える惑星である。一方，星座をつくる星のように，自ら光を出して輝《かがや》いている星を恒星という。

(3)　金星は，地球よりも太陽に近いところを公転している。図１は，日の出前の東の空に，金星が太陽より先にあらわれるようすなので，右の図のように，日の出前の位置から東の方向にあるイが最も近い。

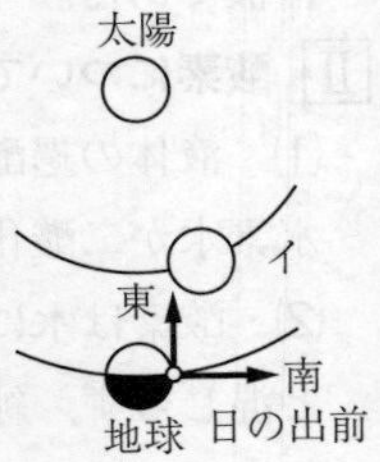

(4)　南の空を観察すると，星座をつくる星は１時間に約15度ずつ東から西へ動いて見える。また，同じ時刻に観察すると，１か月に約30度ずつ東から西へ移動していく。２月２日６時に東の地平線付近に見えた星Ｄは，６か月後の８月２日６時には，30×６＝180(度)移動して，西の地平線付近に位置することになる。すると，その６時間前にあたる８月２日０時には，西の地平線から東に，15×６＝90(度)戻った位置に見える。つまり，星Ｄが南中していると考えられる。よって，ウが選べる。

(5)　星Ｂははくちょう座の１等星デネブ，星Ｃはこと座の１等星ベガ，星Ｄはわし座の１等星アルタイルで，これらを結んでできる三角形を夏の大三角という。

(6)　オリオン座のベテルギウス，おおいぬ座のシリウス，こいぬ座のプロキオンは冬を代表する星である。夏を代表する星であるアルタイルが南中しているときには，これらの星は地平線の下にあるので観測することはできないが，さそり座のアンタレスは観測することができる。

(7)　日本において，観測地点の緯度《いど》が高くなると，その分星や太陽が見える高度は低くなる。札幌《さっぽろ》市は調布市より，緯度が，43－36＝７(度)だけ高いので，星Ｄの南中高度は，63－７＝56(度)と求められる。

Ⅵ　ばねについての問題

(1)　おもりがばねＡを30ｇの力で下向きに引き，ばねＡが箱の点Ｐを30ｇの力で下向きに引いている。

(2)　図２のばねＡの長さは，40－10＝30(cm)なので，ばねＡは，30－20＝10(cm)だけ伸《の》びる。表１より，ばねＡは10ｇの力がかかると，22－20＝２(cm)伸びるので，ばねＡの伸びが10cmのときにかかる力は，$10\times\frac{10}{2}=50$(ｇ)である。

(3)　台ばかりの上には，200ｇの箱と60ｇのおもりがのっているので，台ばかりの示す値は，200＋60＝260(ｇ)となる。

(4)　図４のように，ばねＡとばねＢをつないだばねを１本のばねとして考えると，このばねのもとの長さは，20＋20＝40(cm)，このばねに10ｇのおもりをつるしたときの伸びは，２＋(28－20)＝

２＋８＝10(cm)である。ばねの全体の長さが55cmのとき，ばねの伸びは，55－40＝15(cm)なので，ばねにかかっている力の大きさは，$10\times\frac{15}{10}$＝15(ｇ)となる。よって，おもりの重さは15ｇとわかる。

⑸　右の図のように箱を横にすると，ばねＡとばねＢのもとの長さはどちらも20cm，おもりの一辺の長さは10cmなので，ばねＡとばねＢは伸びも縮みもしない。これをたてにすると，おもりの重さによって，ばねＡが伸び，ばねＢが縮む。ばねＡを１cm伸ばすのに必要な力の大きさは，$10\times\frac{1}{2}$＝５(ｇ)，ばねＢを１cm縮めるのに必要な力の大きさは，$10\times\frac{1}{8}$＝1.25(ｇ)なので，おもりの重さが，５＋1.25＝6.25(ｇ)増すと，おもりの位置は１cm下がる。図５ではおもりの重さが25ｇなので，$1\times\frac{25}{6.25}$＝４より，ばねＡは４cm伸びて長さが，20＋４＝24(cm)になっている。

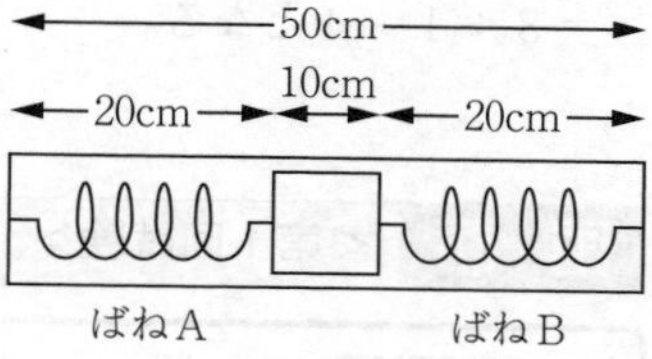

Ⅶ　LEDと電球の回路についての問題

⑴，⑵　図３のそれぞれの回路について，電球やLEDに電流が流れるものだけに，その下や右に矢印をかき込むと，下の図①のようになる。これより，全ての電球が光るのは，ア，イ，オ，キ，クであり，全ての電球とLEDが光るのはア，キ，クである。

図①

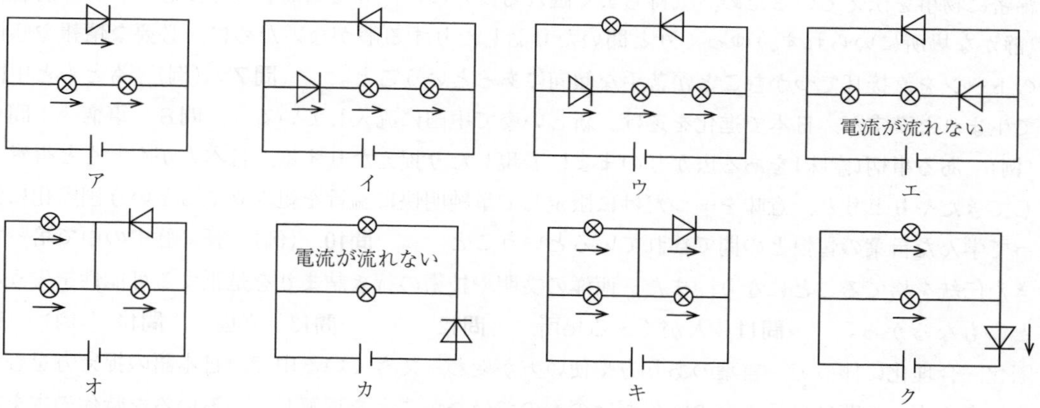

⑶　棒が１回転(360度)する間に，棒の両端《はし》が金属板Ａと接しているのは，60×２＝120(度)の間なので，全体の，$\frac{120}{360}=\frac{1}{3}$の時間となる。したがって，５分間のうち電球が光るのは，$5\times60\times\frac{1}{3}$＝100(秒間)である。

⑷　下の図②の状態から右回りに棒状の部品を回転させたときの角度と，そのときどれが光るかを

図②

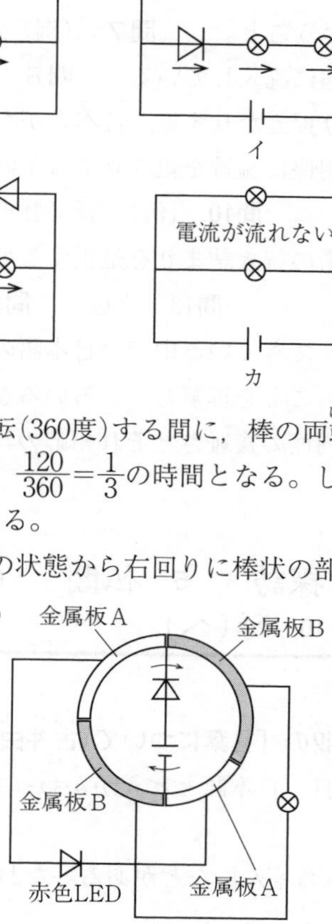

図③

角度(度)	電球	赤色LED	緑色LED
0～90	○	×	○
90～120	×	×	×
120～180	×	×	×
180～270	○	×	○
270～300	×	×	×
300～360	×	○	○

○：光った，×：光らなかった

まとめると，上の図③のようになる。棒状の部品は一定の速さで回転するので，光る角度の割合と光る時間の割合は同じである。したがって，光る時間の割合は，（電球）：（赤色LED）：（緑色LED）＝｛90＋（270−180）｝：（360−300）：｛90＋（270−180）＋（360−300）｝＝（90＋90）：60：（90＋90＋60）＝３：１：４となる。

国語　＜第１回試験＞（50分）＜満点：100点＞

解答

一　**問１**　イ，オ　**問２**（例）　平穏な世の中で，人々の生活や考え方が同じようになり，自然と意思が通じると思い込むことによって，言葉が切れぎれになって早口になるから。　**問３**　**1**　エ　**2**　ウ　**3**　オ　**4**　ア　**5**　イ　**問４**　③（例）　しちめんどくさい小難しい術語を聞いて寝てしまうこと。　⑥（例）　日本語の概念になかった言葉を，漢字をあてて訳して使ったこと。　⑪（例）　その本の主意や，「これは何を追求しているか」を考えること。　⑫（例）　人間の，複雑に入り組んだ部分や容易には底が見通せないような暗い部分を，もっと尊重すること。　**問５**（例）　自然と意思が通じるという思い込みがなく，精密で綿密に物事を伝えているため，気持ちよく眠れるほどゆっくりな講演。　**問６**（例）　若者は（静かな場所にいられず，）ゆっくりと聞いたり話したりする暇がないために，必要な情報や感情のトーンを直接耳でつかむことが苦手な傾向にあるということ。　**問７**（例）　もともと中国で生まれた漢字が，日本で進化を遂げ，新しい姿で中国に流入している　**問８**　事柄　**問９**（例）　ある事柄（意味）をある広がりのままに表現したり捉えたりする，日本人がもともと得意としてきたやりとりと，意味を一つだけに限定して単純明快に論旨を組み立てるという国際化に伴って学んだ言葉の習慣との間で揺れているということ。　**問10**（例）　長い歴史の中で培ってきた伝統を捨てることになり，また，西洋の文明や技術の行き詰まりを是正する可能性を失うことにもなるから。　**問11**　人がく～る場所　**問12**　ウ　**問13**　立場　**問14**（例）（国際化，合理化に伴って，言葉のあり方や使い方が変わってきている中で，）日本語の捉え方をむやみに変えず，言葉は自分や今の時代だけのものではないことを理解し，いろいろな時代の本を読むことで，言語感覚を磨き，口語と文語を学ぶことで内面の複雑さとそれ相応の言葉を身につけること（が大事である。）　**二**　下記を参照のこと。

●漢字の書き取り

二　**1**　均一　**2**　至福　**3**　口径　**4**　探訪　**5**　仏閣　**6**　敬服　**7**　大衆　**8**　採（る）　**9**　努（める）　**10**　延（べ）

解説

一　**出典は『中学生からの大学講義２　考える方法』所収の「言葉について（古井由吉《ふるいよしきち》著）」による。**国際化や合理化で言葉のあり方が変化してきている今日，日本語とどうかかわっていくべきかを述べている。

問１　夏目漱石《なつめそうせき》の作品には，『吾輩《わがはい》は猫《ねこ》である』，『坊《ぼ》っちゃん』などがある。なお，アは太宰治《だざいおさむ》，ウとカは芥川龍之介《あくたがわりゅうのすけ》，エは川端康成《かわばたやすなり》の作品である。

問２　ぼう線部②のような状態について，「いったいこの国に何が起きているのか？」と問題提起がなされ，続く二段落で事実とその理由が説明されているので，そこからまとめる。豊かで平穏《へいおん》な世の中が続くと，人々の生活やものの考え方が同じようになる。そして，自然と意思が通じると思い込《こ》んで，言葉が切れぎれになって早口になるからである。

問３　**１**　後にある，たとえを表す「ような」と合わせて似ていることを表す「まるで」が合う。　**２**　アメリカ国内なのに，英語よりもスペイン語のほうが通用するというのだから，二つのことを並べて，前のことがらより後のことがらを選ぶ気持ちを表す「むしろ」がよい。　**３**　今の若い人たちは話すスピードが早く，会話が切れぎれになったり，走ったりすると前にある。後には，言葉が沁《し》み込んでいかないと続く。よって，前のことがらを理由・原因として，後にその結果をつなげるときに用いる「だから」が入る。　**４**　鉄筋コンクリートの建物の，きつくてとがった反《はん》響《きょう》の中では，会話もあまりしんみりした空気にはならないだろうと述べたくだりである。その例として，恋人《こいびと》どうしの会話でも同じだろうと述べているので，具体的な例をあげるときに用いる「たとえば」が合う。　**５**　言葉の受け渡《わた》しについて，前では「親から子へ」，後では「年寄りから若い人へ」という流れをあげているので，同類のことがらを並べ立て，いろいろな場合があることを表す「あるいは」が入る。

問４　③　直前の内容にある，時代が移り変わっても変わらないと思われることを指す。次の文が，「それに」とつけ加える形で，人を眠《ねむ》らせる講演はある意味では最高だという内容が続くことも合わせて考えると，「これ」は，「しちめんどくさくて小難しい術語」を聞きながら寝《ね》てしまうことを指すといえる。　⑥　明治維新《いしん》のときに入ってきた，西洋の言葉の翻訳《ほんやく》についての段落である。「これ」は，直前の文の「それ」と同じ内容であり，その前に書かれている，それまでの日本語の概念《がいねん》になかった言葉に漢字をあてて訳して使ったことを指す。　⑪　前にあげられた「本を読む目的」を指す。したがって，その前の文に書かれている，その本の主意や「これは何を追求しているか」を考えることである。　⑫　直前の三文の内容を指す。よって，「人間の，ちょっと複雑に入り組んだ部分」や「容易には底が見通せないような暗い部分」をもっと尊重することが「それ」にあたる。

問５　ぼう線部④は，聞いていると気持ちよく眠ってしまうようなゆっくりした講演のこと。これと「逆」なのが，二文後の「聞いていて眠ることもできないような，苛立《いらだ》った話しぶり」である。これは，問２でみたような，平穏な世の中では，しっかり話さなくても自然と意思が通じると思い込み，言葉が切れぎれになって早口になるという状態にあたる。よって，ぼう線部④はこれと「反対」の，自然と意思が通じるという思い込みがない，精密で綿密に物事を伝える話しぶりになる。

問６　二文後で，ぼう線部⑤を「他人の言葉を耳で聞いてつかむことが下手になっている」と言いかえている。続く三段落で，若者はあまり静かな場所にいられず，ゆっくりと聞いたり話したりする暇がないので，言葉にふくまれる必要な情報や感情のトーンを直接耳でつかむことが苦手になってきていると説明されている。

問７　もともと漢字は中国で生まれたものだが，明治のころ西洋から日本に入ってきた言葉に漢字をあててつくった造語が，新しい姿で中国に流入し使われていることを「言葉の逆輸入」と表現している。日本で進化した漢字が，中国語に新しく加わったのである。

問８　空らんＢには言葉ですくいとったり，表現して伝えたりするものが入ると考えられる。本文最初の部分に，言葉ではすくいとれない，表現できない「事柄《ことがら》」もあること，「事柄」は言葉にすくいとられて人の事柄になると人々が感じ始めた時代があったことが述べられていることに注意する。

問９ 「もともとの性分」とは，前の段落で説明されている，ある意味をある広がりのままに表現したり捉《とら》えたりする，日本人が長い歴史の中で育ててきたやりとりを指す。「後から流入した使い方」とは，二段落前にある，意味を一つだけに限定して単純明快に論旨《ろんし》を組み立てるという，国際化が進むにつれて学んだ言葉の習慣を指す。ぼう線部⑧は，これら二つの間で現代の日本語が揺《ゆ》れていることを言っている。

問10 筆者がぼう線部⑨のように言うのは言葉の伝統についてなので，そのことが述べられた九，十段落前に注目する。長い歴史の中で培《つちか》ってきた伝統を捨て去るのは文化にとって悲惨《ひさん》なことであり，また，西洋の伝統をくむ文明や技術の行き詰《づ》まりをやわらげたり是正《ぜせい》したりする可能性を失うことにもなるので，伝統は簡単に手放してはいけないのだと筆者は述べている。

問11 「話の空間」とは，会話のテンポがゆるやかで，言葉と言葉のあいだにたっぷり間が入って理解が深まるような，せわしなさとは無縁《むえん》の場のこと。したがって，二段落前にある「人がくつろいで話したり聞いたりできる場所」だといえる。

問12 直後に「曖昧《あいまい》なことに」なると書かれていることをおさえる。つまり，人と話すとき，「同意していない」のに「意気投合」してしまうことが「曖昧」だというのである。なお，「意気投合」は，たがいの考えや気持ちがぴったりと合うこと。

問13 同じ一人の人間でも，友達に対してと，親に対してと，よその年寄りに対してではまるで違《ちが》い，それによって言葉も使い分けをするものが空らんＤに入る。したがって，「立場」があてはまる。

問14 解答欄《らん》の前に「国際化，合理化に伴《ともな》って」とあるが，「合理化」については，問10でみたように，筆者は，日本語の伝統を手放してはならないと述べている。「国際化」については，日本語はある程度の広がりを持つ言葉をそのまま捉えられる言語だが，意味を一つに限定する使い方が流入しており，今の時代に適《かな》う使い方が求められるとしつつ，むやみに日本語の捉え方を変えるのは問題だとしている。また，時代が変わって話をする速度や場所も変化し，若い世代への言葉の受け渡しも難しくなっているので，言葉は今の時代だけのものではないことを理解し，いろいろな時代の本を読むことで言語感覚を磨《みが》くことも必要だとも述べている。さらに，言葉を大事にするには，口語と文語を学ぶことで内面の複雑さとそれ相応の言葉を身につけることが大切になるとも指摘《してき》している。これらをまとめる。

二 漢字の書き取り

1 どれも同じであるようす。 **2** この上なく幸福であること。 **3** 丸いつつ状の物の，切り口の直径《ちょっけい》。 **4** さまざまな土地を訪ねて，そこでのできごとやその実態などを明らかにすること。 **5** 寺の建物。 **6** 心から感心して敬意を持つこと。 **7** 世の中の多数の人々。 **8** 音読みは「サイ」で，「採決」などの熟語がある。 **9** 音読みは「ド」で，「努力」などの熟語がある。 **10** 音読みは「エン」で，「延長」などの熟語がある。「延べ」は，同じことが何度重なっても，それぞれを一つとして数えたときの合計。

2022年度　明治大学付属明治中学校

〔電　話〕 (042) 444－９１００
〔所在地〕 〒182-0033　東京都調布市富士見町４－23－25
〔交　通〕 JR中央線－「三鷹駅」，京王線「調布駅」よりスクールバス

【算　数】〈第２回試験〉　(50分)　〈満点：100点〉

注意　１．解答は答えだけでなく，式や考え方も解答用紙に書きなさい。(ただし，**1** は答えだけでよい。)

２．円周率《えんしゅうりつ》は3.14とします。

３．定規・分度器・コンパスは使用してはいけません。

1　次の□にあてはまる数を求めなさい。

(1)　$\left(1\frac{11}{12}-\square\right)\div 4.625\times 3\frac{1}{2}-\frac{1}{6}=1$

(2)　84円切手と63円切手を合わせて40枚買ったところ，84円切手だけの代金は63円切手だけの代金よりも1890円高くなりました。このとき，84円切手を□枚買いました。

(3)　下のようにある規則にしたがって，１辺が２cmの正方形をいくつかすきまなく並べて，１番目の図形，２番目の図形，…をつくります。□番目の図形のまわりの長さは10mになります。

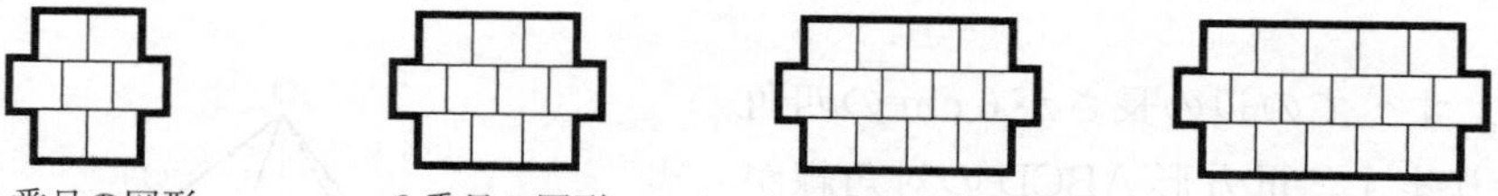

１番目の図形　　２番目の図形　　３番目の図形　　４番目の図形　…

(4)　容器Aには12%の食塩水が何gか入っていて，容器Bにはある濃度《のうど》の食塩水が200g入っています。Aに入っている食塩水の半分をBに移し，よくかき混ぜると，Bに入っている食塩水の濃度は２%になりました。さらに，Aに入っている残りの食塩水をBにすべて移し，よくかき混ぜると，Bに入っている食塩水の濃度は３%になりました。はじめにAに入っていた食塩水の量は□gです。

(5)　右の図のように，台形ABCDの辺AB上に点Eがあり，ACとDEの交わる点をFとします。角DAB，角ABC，角AFDの大きさがすべて90°で，AE＝５cm，EB＝７cm，BC＝６cmのとき，四角形BCFEの面積は□cm²です。

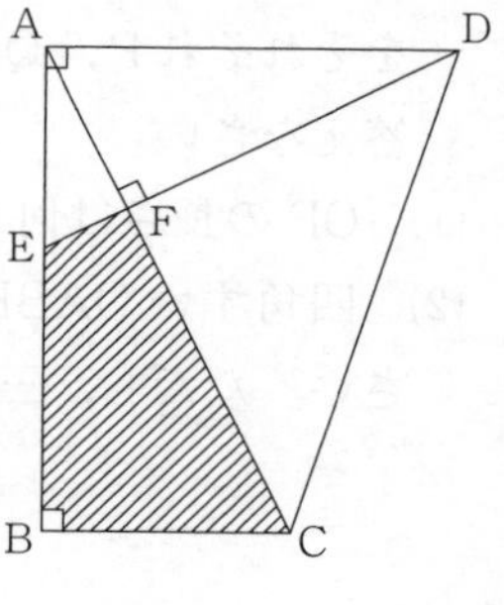

2　あるボランティアに参加する中学１年生，中学２年生の生徒にノートを配ります。中学１年生の参加者数は中学２年生より６人少ないです。中学１年生に３冊ずつ，中学２年生に２冊ずつ配ろうとすると80冊余ります。また，中学１年生に５冊ずつ，中学２年生に３冊ずつ配ろうとすると19冊不足します。このとき，次の各問いに答えなさい。

(1)　中学２年生の参加者数は何人ですか。

(2)　ノートの冊数は全部で何冊ですか。

3　Ａさんにはいくらかの貯金があり，４月１日から毎日決まった金額のおこづかいをもらうことになりました。４月１日から毎日120円ずつ使うと，貯金と合わせて15日で使い切ります。また，４月１日から毎日100円ずつ使うと，貯金と合わせて21日で使い切ります。このとき，次の各問いに答えなさい。

(1)　はじめにあった貯金はいくらですか。

(2)　４月１日から15日までお金を使わずに貯金し，16日から貯金と合わせて毎日140円ずつ使うと何月何日にお金を使い切りますか。

4　家と公園の間の一本道を使って，Ａさんはコーチとマラソンの練習を行います。コーチは８時に公園を出発し，家に向かって歩き続けます。Ａさんは８時に家を出発し，分速162mで走ってコーチのほうに向かい，コーチと会ったらすぐに家に向かい，家に着いたらすぐにコーチのほうに向かい，コーチに会ったらすぐに家に向かい，…というように，家とコーチの間を往復し続けます。Ａさんとコーチが１回目に会ったのは８時45分で，２回目に会ったのは10時ちょうどでした。コーチの歩く速さとＡさんの走る速さはそれぞれ一定で，コーチの歩く速さは分速162mよりおそいものとします。このとき，次の各問いに答えなさい。

(1)　Ａさんとコーチが２回目に会ったのは，家から何mのところですか。

(2)　家から公園までの距離《きょり》は何mですか。

(3)　Ａさんとコーチが７回目に会うのは，家から何mのところですか。

5　右の図のように，すべての辺の長さが６cmの四角すいOABCDがあります。正方形ABCDの対角線が交わる点をＭとし，OMを１：２に分ける点をＮとします。四角すいOABCDを３点Ａ，Ｂ，Ｎを通る平面で切ったとき，その平面と辺OC，ODが交わる点をそれぞれＰ，Ｑとします。このとき，次の各問いに答えなさい。

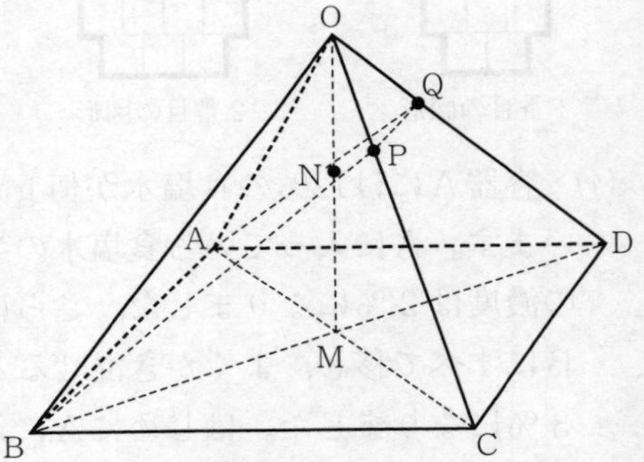

(1)　OPの長さは何cmですか。

(2)　四角すいOABPQの体積と四角すいOABCDの体積の比を，最も簡単な整数の比で表しなさい。ただし，三角すい，四角すいの体積は，(底面積)×(高さ)÷３で求められます。

【社　会】〈第２回試験〉（40分）〈満点：75点〉

Ｉ　**図１**は2015年９月の国連サミットにて全会一致で採択された「持続可能な開発目標(SDGs)」の17の目標を示したものです。これらについて，以下の問いに答えなさい。

図１　「持続可能な開発目標(SDGs)」の17の目標

1　内閣府が2021年度「SDGs未来都市」として31の地方自治体を選定しました。次の①～④は，そのうち４つの市の選定理由を説明したものです。①～④にあてはまる市の位置を右の**図２**の**ア**～**キ**の中から１つずつ選び，記号で答えなさい。

① 国内有数の石油化学コンビナートが立地し，プロサッカーチームのホームタウンでもある市です。公害を防止してきた石油化学工業の技術を，温室効果ガスの削減に活用していく取り組みによって選定されました。

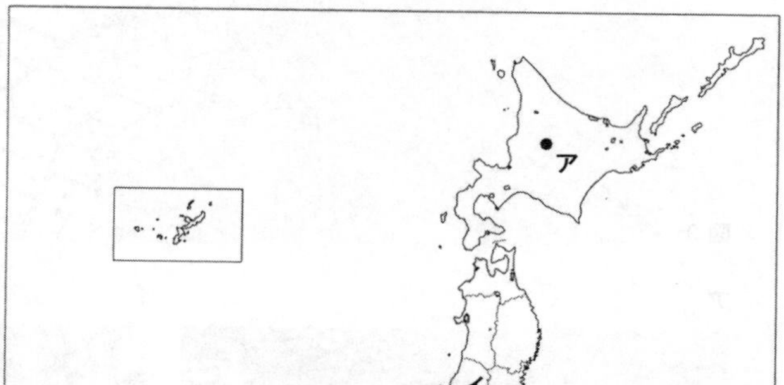

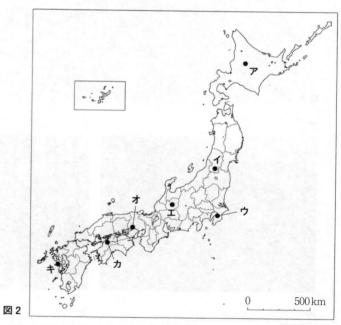

図２

② 国宝や世界文化遺産に指定された城がある市です。海外に姉妹都市・姉妹城の提携をしている都市や城があります。国際交流を活用した観光事業や人材育成を行う取り組みによって選定されました。

③ 市街地に江戸時代の様子を残す古い町並があり，春の山王祭《さんのうまつり》と秋の八幡祭《はちまんまつり》で有名な市です。隣接する村には世界文化遺産の白川郷があります。歴史や伝統を保存・継承して観光に活かす取り組みによって選定されました。

④ 江戸時代に上杉氏の城下町としてさかえた市です。第９代藩主の上杉鷹山《ようざん》が力を入れた織物の製造などの「ものづくり」の精神を受け継ぎ，産業振興やブランド戦略を行う取り組み

によって選定されました。

2　次の**図３**は目標14「海の豊かさを守ろう」に関する日本のある場所の地形図です。この地形図の×**a**，×**b**，×**c**で見られる風景として正しいものをあとの写真**ア**～**カ**の中から１つずつ選び，記号で答えなさい。

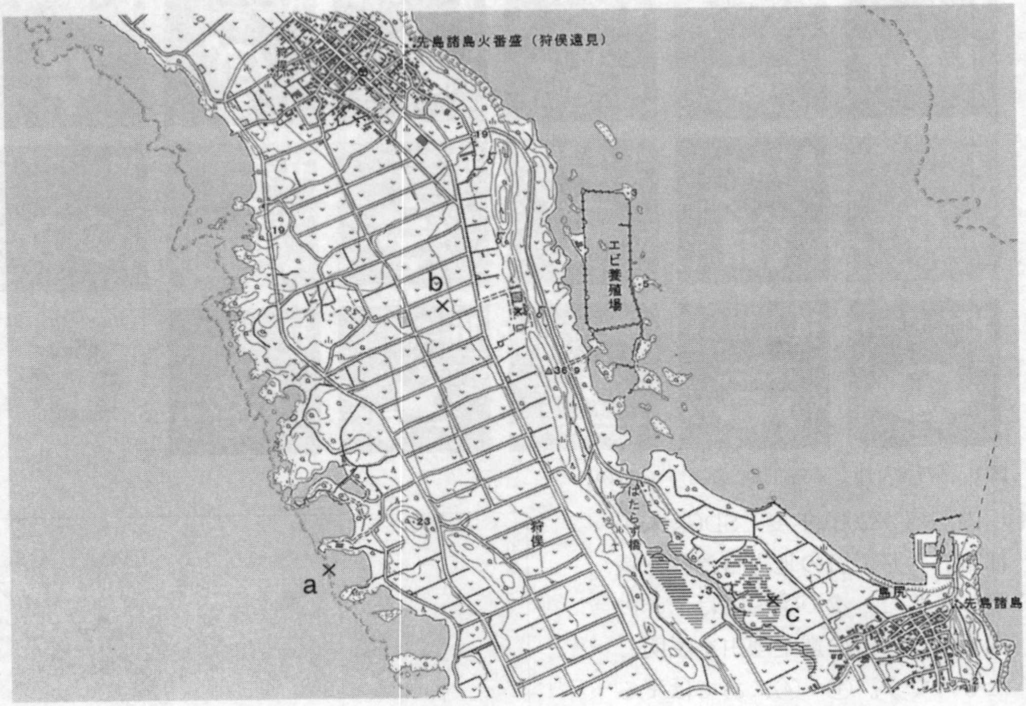

図３

ア

イ

ウ

エ

オ

カ

3　目標11「住み続けられるまちづくりを」について，富山市はコンパクトなまちづくりを推進しています。次の**資料１**を参考にして，富山市のコンパクトなまちづくりの取り組みとして正しくないものをあとの**ア～エ**の中から１つ選び，記号で答えなさい。

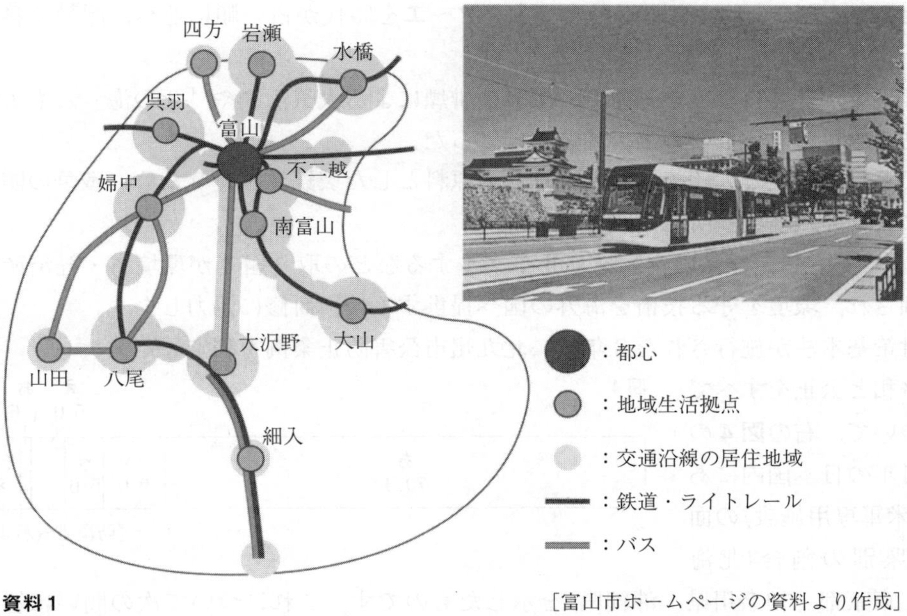

資料１　　［富山市ホームページの資料より作成］

ア　ライトレールやバスなどの公共交通を活性化させ，過度に車に依存した生活を行うまちから歩いて暮らせるまちの実現を目指す

イ　中心市街地の商業施設や病院などの公共施設を市の中心部から郊外に移転させて，新たな道路や上下水道をつくる市の公共事業により経済を発展させる

ウ　公共交通の沿線地域において住宅の建設や購入を行う市民に助成を行い，郊外の新たな住宅開発を沿線地域に集めるとともに市の居住人口を増やす

エ　高齢者を対象に，中心市街地への公共交通の利用料金を割引する制度や市の施設を孫と利用する際に優遇する制度を実施する

4　目標９「産業と技術革新の基盤をつくろう」について，次のページの**表１**は2017年の北九州市と４つの政令指定都市の製造品出荷額等を示しています。これについて以下の問いに答えなさい。

表１　（億円）

	食料品	繊維	化学工業	鉄鋼業	電気機械器具	輸送用機械器具
北九州市	709	20	1,850	7,881	447	1,313
A	2,063	749	7,327	4,213	3,300	1,448
B	862	282	177	454	1,114	8,041
C	2,125	156	441	143	528	20,917
D	3,062	15	9,870	4,163	979	5,913

［工業統計表より］

⑴　**表１**の**A**・**B**・**C**にあてはまる市を次の**ア**～**エ**の中から１つずつ選び，記号で答えなさい。なお，**D**を解答する必要はありません。

ア　浜松市　**イ**　広島市　**ウ**　川崎市　**エ**　大阪市

⑵　北九州市は，時代や国内の経済状況の変化にともない工業の特徴が変化してきました。次の**ア**～**エ**は20世紀以降の北九州市（1963年の北九州市の成立以前のことに関しては，北九州市域のこと）の工業について説明した文です。**ア**～**エ**を時代が古い順に並べ，記号で答えなさい。

ア　重化学工業が盛んになった一方で，工場の排煙による大気汚染や「死の海」ともよばれた洞海湾の水質の悪化などの公害問題が起こった

イ　近くでとれた石炭と大陸でとれた鉄鉱石を原料とした製鉄業を行うため，戦争の賠償金をもとに官営の八幡製鉄所を建設した

ウ　「エコタウン」指定後，廃棄物をリサイクルするなどの取り組みが環境省・経済産業省から評価され，環境を守る技術を海外の国へ提供する技術研修に協力した

エ　公害対策基本法が施行された３年後に北九州市公害防止条例を制定した

5　目標16「平和と公正をすべての人に」について，右の**図４**の**あ**～**お**は2021年の日本国内にある米軍基地（米軍専用施設）の面積の都道府県別の割合（北海道・青森県・東京都・神奈川県・沖縄県）を示したものです。これについて次の問いに答えなさい。

図４

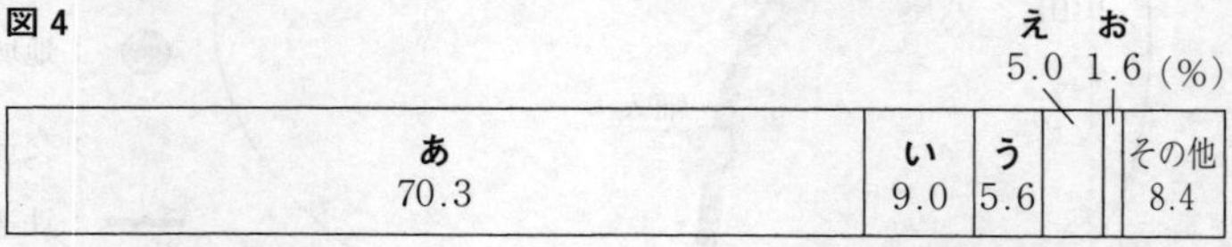

［防衛省資料より］

⑴　**図４**の**あ**にあてはまる都道府県を次の**ア**～**オ**の中から１つ選び，記号で答えなさい。なお，選択肢の割合（%）は，その都道府県の面積の国土面積に対する割合（国土地理院資料より）を示しています。

ア　青森県（2.6%）　**イ**　東京都（0.6%）

ウ　北海道（22.1%）　**エ**　沖縄県（0.6%）

オ　神奈川県（0.6%）

⑵　**あ**の都道府県に着目して，**図４**から読み取れる，日本国内の米軍基地の分布に関わる問題点を説明しなさい。

6　目標13「気候変動に具体的な対策を」について，次のページの**図５**は1990年度から2019年度にかけての日本の主な部門別の二酸化炭素の排出量を示しています。グラフの**X**～**Z**には，産業部門（工場などからの排出），運輸部門（自動車などからの排出），エネルギー転換部門（発電

所などからの排出)があてはまります。このうちグラフの**X**にあてはまるものをあとの**ア**～**ウ**の中から１つ選び，記号で答えなさい。

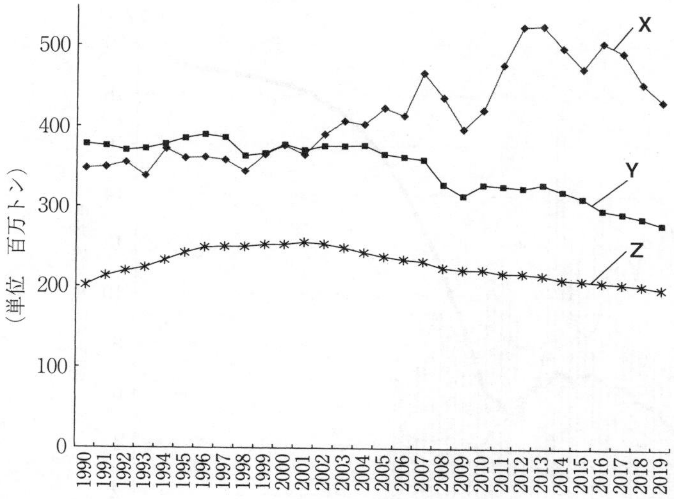

図５　(年度)[環境省資料より]

ア　産業部門
イ　運輸部門
ウ　エネルギー転換部門

7　目標７「エネルギーをみんなに そしてクリーンに」について，最近では温室効果ガスや大気汚染物質などをあまり排出しない，再生可能エネルギーによる発電が注目されています。次の**資料２**のように，太陽光パネルを大規模に設置して発電を行う大規模太陽光発電所(メガソーラー)が日本各地につくられています。クリーンな再生可能エネルギーとして期待されているメガソーラーですが，乱開発を行うことで環境破壊につながっているとの問題も指摘されています。このことについて，SDGsの目標15「陸の豊かさも守ろう」の観点から考えたとき，メガソーラーにどのような問題点があるか説明しなさい。

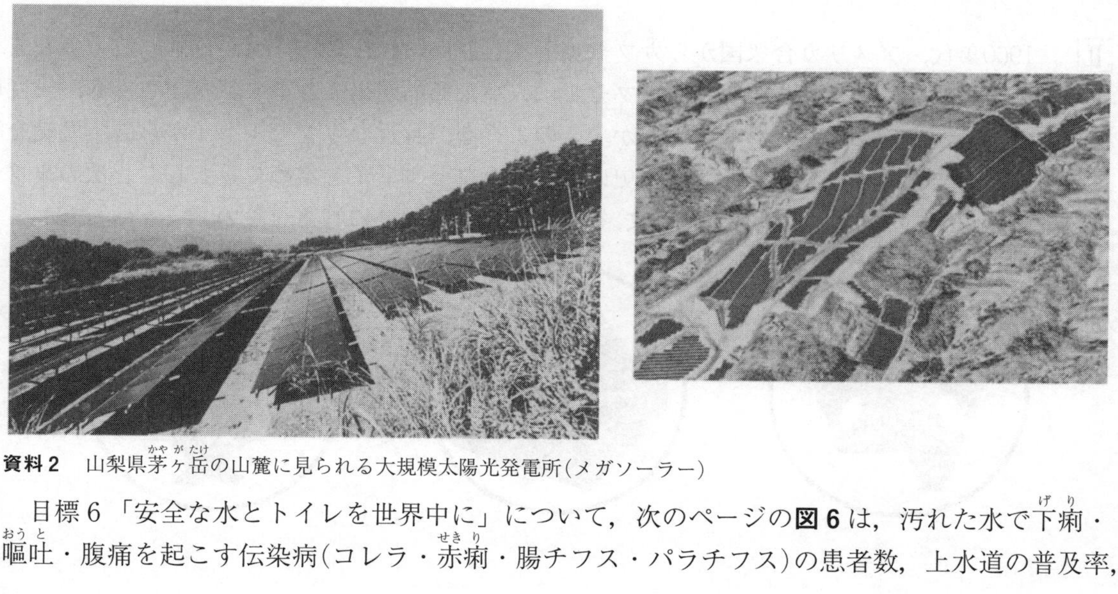

資料２　山梨県茅ケ岳《かやがたけ》の山麓に見られる大規模太陽光発電所(メガソーラー)

8　目標６「安全な水とトイレを世界中に」について，次のページの**図６**は，汚れた水で下痢《げり》・嘔吐《おうと》・腹痛を起こす伝染病(コレラ・赤痢《せきり》・腸チフス・パラチフス)の患者数，上水道の普及率，出生100万人あたりの乳児死亡数の日本における推移を示しています。ここから読み取れることとして，正しくないものをあとの**ア**～**カ**の中から１つ選び，記号で答えなさい。

図６

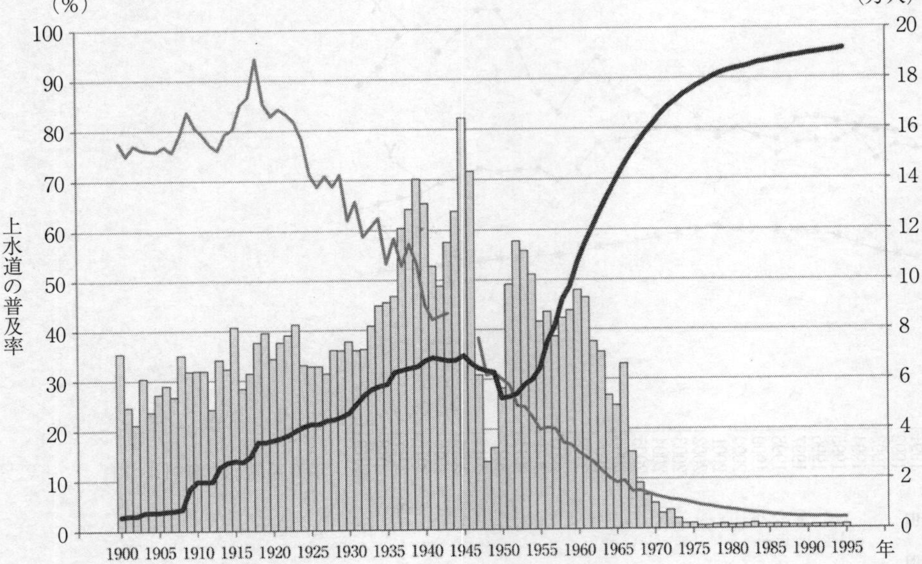

汚れた水で下痢・嘔吐・腹痛を起こす伝染病（コレラ・赤痢・腸チフス・パラチフス）の患者数（万人）
上水道の普及率（%）
出生100万人あたりの乳児死亡数（万人）

［厚生労働省資料より作成］

ア　1920年代に出生100万人あたりの乳児死亡数は16万人を下回った
イ　1920年代に上水道の普及率が20%を上回った
ウ　1930年代に汚れた水で下痢・嘔吐・腹痛を起こす伝染病の患者数は16万人を上回った
エ　1960年代に出生100万人あたりの乳児死亡数は２万人を下回った
オ　1960年代に上水道の普及率が60%を上回った
カ　1970年代に汚れた水で下痢・嘔吐・腹痛を起こす伝染病の患者数は１万人を下回った

Ⅱ　1960年代，アメリカ合衆国からカプセルトイ（通称はガチャガチャ）が日本に輸入されました。お金を入れてレバーをまわすと，カプセルに入った商品が出てきます。みなさんも，一度は遊んだことがあるのではないでしょうか。このような，身近なカプセルトイからも，歴史を考えることができます。各地にある，歴史に関するカプセルトイを集めてみました。次のカプセルトイ A ～ F とそれに関する〈**説明文**〉を読み，以下の問いに答えなさい。

A

B

C

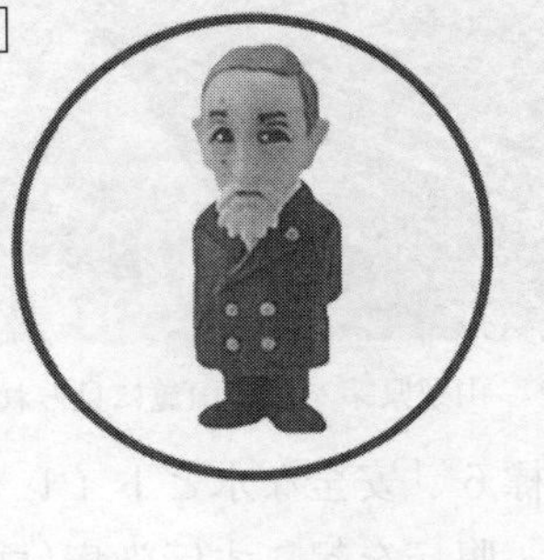

D

E

F

〈**説明文**〉

A　眼鏡をかけているように大きく表現された目に特徴がある [あ] です。[あ] は，豊かなめぐみを願ってつくられたなどと考えられる人形です。重要文化財であり，カプセルトイは東京国立博物館で販売していました。

B　志賀島で発見された [い] です。ここには，漢字が彫られています。中国の歴史書には，皇帝から [い] があたえられたと記されています。国宝であり，現在は，福岡市博物館に所蔵されています。カプセルトイは①博多駅で販売していました。

C　長州藩に生まれた人物です。憲法や議会について調べるため，政府によって西洋へ派遣されました。帰国した後は，[う] の制度をつくり，初代の [う] 総理大臣に任命されました。カプセルトイは萩駅で販売していました。

D　奥州藤原氏が戦いのない世の中を願って建てた [え] 寺金色堂です。金色堂は，堂全体に漆をぬり，金ぱくを押して金色にかがやいていました。国宝であり，2011年に世界遺産に登録されました。

E　東京オリンピック直前に東京と新大阪間で開通した [お] 新幹線です。これは，この路線を走行した初代車両の先頭部分です。

F　[か] が描いた浮世絵を立体的に再現したものです。これは，日本橋の浜町から深川六間堀の方にかかっていた橋です。②オランダの画家が，その構図や色づかいをまねた絵を残しています。

1　空らん [あ] ～ [か] に入る適切な語句を答えなさい。

2　B の実物を押した印のあととして正しいものを次の**ア～エ**の中から１つ選び，記号で答えなさい。

ア

イ

ウ

エ

3　B の実物がつくられた時代の日中関係として正しいものを次の**ア**～**エ**の中から１つ選び，記号で答えなさい。

ア　明の永楽帝と交流した　　　**イ**　隋の煬帝と交流した

ウ　三国時代の魏と交流した　　**エ**　後漢の光武帝と交流した

4　次の資料は，C の人物が関わったできごとに関する絵画・写真で，どの絵画・写真にも C の人物がいます。これらのできごとを時代の古い順に並べ，**ア**～**エ**の記号で答えなさい。

ア

イ

ウ

エ

5　C の人物が生きていた時代の史料(現代語に訳し，わかりやすいように一部を改めました)として最も正しいものを次の**ア**～**エ**の中から１つ選び，記号で答えなさい。

ア　仏教をますますさかんにし，人々を救うために，大仏をつくる決心をした

イ　取り上げた刀は，新しく大仏をつくるためのくぎなどに役立てる

ウ　政治は，会議を開いてみんなの意見を聞いて決めよう

エ　母は，満員の列車に乗って農村に買出しに行き，着物などと引きかえに，さつまいもやと

うもろこしなどを，やっとの思いで手に入れたと言っていました

6　D の建物に置かれている仏像として正しいものを次の**ア**～**エ**の中から１つ選び，記号で答えなさい。

ア

イ

ウ

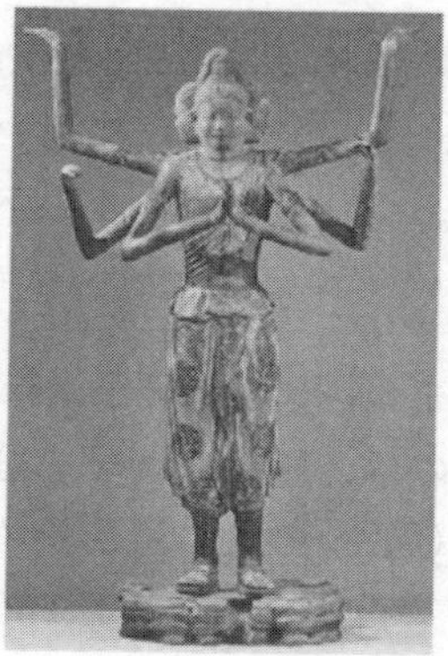

エ

7　E の交通機関が開通した時期のできごととして正しくないものを次の**ア**～**エ**の中から１つ選び，記号で答えなさい。

ア　デジタルカメラ，薄型テレビなどの電気製品が普及した

イ　中学校や高校を卒業した若者が，地方から都会の工場や会社に集団で就職した

ウ　政府の住宅対策として，大きな団地が郊外などに建設された

エ　水俣病など，人々の健康や命がおびやかされる公害問題が起こった

8　下線部①がある地域の旧国名として正しいものを次の**ア**～**エ**の中から１つ選び，記号で答えなさい。

ア　豊後国　　**イ**　筑前国

ウ　肥前国　　**エ**　日向国

9　下線部②にあてはまる人物を次の**ア**～**エ**の中から１人選び，記号で答えなさい。

ア　ゴッホ　　**イ**　ダ・ヴィンチ

ウ　ピカソ　　**エ**　モネ

10　カプセルトイ A ～ F のモデルがつくられた時代や生きた時代を古い順に並べ，A ～ F の記号で答えなさい。

11　次のページの左の銅像から，右のカプセルトイがつくられました。このカプセルトイの人物が関わったできごとをあとの**ア**～**カ**の中から１つ選び，そのできごとを説明しなさい。なお，この人物が関わったできごとは複数あります。

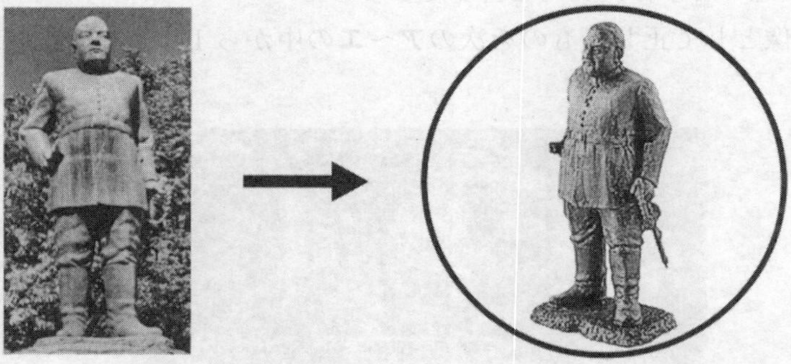

ア　寛政の改革　　**イ**　薩長同盟　　**ウ**　西南戦争
エ　秩父事件　　**オ**　日清戦争　　**カ**　明治六年政変(征韓論政変)

Ⅲ　Mさんの学校では，「民主主義」をテーマに，さまざまな視点から発表を行いました。文章**A**～**F**は，その発表の際に用いられた原稿の一部です。また，発表後に〈**先生からのお話**〉もありました。これらを読み，以下の問いに答えなさい。

A

民主主義国家である日本で，①国民が納めた税金(国税)の使い道に関する最終的な決定を行うのは，国民が選挙で選んだ国会議員です。したがって，国民一人ひとりの投票が，②税金(国税)の使い道を決め，さらには国のかたちを決めていくことにつながります。

B

皆でものごとを決めるとき，意見が対立することがあります。そのようなときに，③多数決をとることがあります。「多数決の原理」は，意見が一致しない場合に，数が多いほうの意見に従うことで，日本の国会でも用いられています。

C

「［**あ**］国家安全維持法」が成立して約１年が経過した2021年６月，［**あ**］の民主派を支持してきた日刊紙「リンゴ日報」が廃刊に追い込まれました。［**あ**］においては，［**い**］が脅かされています。［**い**］は，民主主義国家において大変重要なものであり，日本では，日本国憲法第21条において，「集会，結社及び言論，出版その他一切の［**い**］は，これを保障する。」としています。一方で，④メディアを用いて，国民に気に入られるようにしたり，不安をあおったりして，支持を得ようとする政治家の存在も指摘されています。

D

日本が「民主主義」の下に政治を行っていく上で，日本国憲法が果たす役割は大きいです。この⑤日本国憲法の改正手続きを定める⑥改正国民投票法が，2021年６月に可決，成立しました。

E

アメリカのバイデン大統領は，就任後初めて開いた記者会見で，中国との関係を，「民主主義と専制主義の闘い」と位置づけました。その上で，⑦中国との競争を制することに力を注ぐことを強調しました。

F

日本における選挙の投票率は，世界で比較しても低くなっています。その中でも，比較的投票率の高い高齢者層に配慮した政策を打ち出すことが多くなっているとの指摘があり，「シルバー民主主義」と呼ばれています。⑧若者の投票率を上げ，その影響力を示すことで，若い世代の意見も政治に反映されるようになると考えられますが，現在でも投票率は低い状況が続いています。

〈先生からのお話〉

さまざまな角度から，「民主主義」について発表できていましたね。

⑨「民主主義」には優れている点もありますが，完ぺきな政治のしくみとはいえず，その問題点もよく指摘されます。新型コロナウイルス感染症の流行に伴い，「民主主義」について議論されることがますます多くなりました。

⑩さまざまな議論があるものの，現在の日本は「民主主義」という考え方を大切にし，そのしくみの中で政治を行っています。どのようにすれば，「民主主義」の国家において「よりよい社会」をつくっていくことができるのでしょうか。これからも多くのことをさまざまな角度から学び，考えていきましょう。

1　下線部①について，その過程を説明したものとして正しくないものを次の**ア**～**エ**の中から１つ選び，記号で答えなさい。

ア　衆議院と参議院で異なった議決をした場合，両院協議会を必ず開かなくてはならない

イ　参議院が，衆議院の可決した議案を受け取った後，国会休会中の期間を除いて30日以内に参議院が議決しない場合，衆議院の議決が国会の議決となる

ウ　審議をする予算案は，国会議員で構成される予算委員会において作成し，これを衆議院議長に提出する

エ　衆議院の本会議を開会するにあたっては，衆議院の総議員の３分の１以上の出席が必要である

2　下線部②について，「令和３年度予算」の「一般会計歳出」の中で，最も高い割合を占める「社会保障関係費」に含まれるものを，次の**ア**～**カ**の中からすべて選び，記号で答えなさい。

ア　道路整備事業費　　**イ**　教育振興助成費

ウ　年金給付費　　**エ**　防衛関係費

オ　介護給付費　　**カ**　公園水道廃棄物処理等施設整備費

3　下線部③には，問題点があると言われています。その問題点を示した上で，あなたは，下線部③によってものごとを決めるときにはどのようなことを心がけるのか，60字程度で説明しなさい。

4　空らん［**あ**］に入る，中華人民共和国の特別行政区名を答えなさい。

5　空らん［い］に入る適切な語句を５字で答えなさい。

6　下線部④と向き合う上で，「メディアリテラシー」を身につけることが大切であると言われています。この「メディアリテラシー」を身につけたメディアとの向き合い方について述べた文として正しいものを次の**ア**～**エ**の中から１つ選び，記号で答えなさい。

ア　人を疑うことは，道徳的によくないので，どのようなメディアから得られる情報であっても，すべて正しいものであると信じるようにする

イ　多くの人が見ているテレビ番組から得られる情報は正しいといえるため，情報は，高視聴率のテレビ番組を見て得るようにする

ウ　インターネット上には，テレビや新聞では言えないような真実がのっているため，インターネット上の情報のみを信じるようにする

エ　どのようなメディアから得られる情報でも，その内容が正しいとは限らないため，正しい情報かどうか，自分でよく調べて確認するようにする

7　下線部⑤についての規定として正しいものを次の**ア**～**エ**の中から１つ選び，記号で答えなさい。

ア　憲法改正の国民投票で，その投票率が50％を下回った場合は必ず再投票となる

イ　憲法改正の国民投票の投票権は，満20歳以上の日本国民に与えられている

ウ　憲法改正の国民投票は，発議の日から60日以後180日以内に行われる

エ　内閣総理大臣は，憲法の改正に対して拒否権を行使することができる

8　下線部⑥についての記述として正しくないものを次の**ア**～**エ**の中から１つ選び，記号で答えなさい。

ア　「洋上投票」の対象が，遠洋航海中の水産高校などの実習生にも拡大された

イ　テレビ・ラジオ CM において賛否の呼びかけを行うことが，投票の前日までできるようになった

ウ　駅や，ショッピングセンターなどの商業施設に，「共通投票所」が設置できるようになった

エ　満12歳の中学生でも，投票人の同伴する子供であれば投票所に入ることができるようになった

9　下線部⑦について，今日では「米中『新』冷戦」と呼ばれることがあります。そのことに関連して，かつての「東西冷戦」において，「東側陣営」に属していた国を，次の**ア**～**カ**の中からすべて選び，記号で答えなさい。

ア　ソビエト連邦

イ　大韓民国

ウ　朝鮮民主主義人民共和国

エ　日本

オ　イギリス

カ　フランス

10　下線部⑧に関連して，次のページの**表１**は，2018年７月に「公益財団法人明るい選挙推進協会」が実施した，「第48回衆議院議員総選挙全国意識調査」における「年代別棄権理由の選択率」を示したものです。この表から読み取れることとして正しくないものをあとの**ア**～**カ**の中

からすべて選び，記号で答えなさい。

表1

（%）

	18-20歳代	30-40歳代	50-60歳代	70歳以上
仕事があったから	33.3	33.7	19.1	1.4
重要な用事(仕事を除く)があったから	8.0	14.0	13.0	7.2
体調がすぐれなかったから	4.0	7.3	15.7	52.2
投票所が遠かったから	6.7	1.0	4.3	8.7
今住んでいる所に選挙権がないから	8.0	1.6	0.0	0.0
選挙にあまり関心がなかったから	32.0	33.7	23.5	8.7
解散の理由に納得がいかなかったから	1.3	11.9	21.7	11.6
政党の政策や候補者の人物像など違いがよくわからなかったから	20.0	17.6	20.9	5.8
適当な候補者も政党もなかったから	18.7	33.2	29.6	13.0
支持する政党の候補者がいなかったから	5.3	13.0	12.2	8.7
私一人が投票してもしなくても同じだから	10.7	15.0	10.4	5.8
自分のように政治のことがわからない者は投票しない方がいいと思ったから	20.0	8.3	5.2	5.8
選挙によって政治はよくならないと思ったから	17.3	19.7	14.8	8.7
マスコミの事前予測を見て，投票に行く気がなくなったから	1.3	4.7	7.0	1.4
天候が悪かったから	5.3	4.7	7.0	13.0
その他	10.7	8.3	5.2	15.9
わからない	1.3	1.0	0.9	0.0

〔公益財団法人明るい選挙推進協会「第48回衆議院議員総選挙全国意識調査　調査結果の概要」より〕

ア　18-20歳代で最も割合の高い「棄権理由」は，「体調がすぐれなかったから」である

イ　50-60歳代で最も割合の高い「棄権理由」は，「適当な候補者も政党もなかったから」である

ウ　18-20歳代が「選挙にあまり関心がなかったから」を選択した割合は，70歳以上がそれを選択した割合の3倍を超えている

エ　50-60歳代が「解散の理由に納得がいかなかったから」を選択した割合は，18-20歳代がそれを選択した割合の10倍を超えている

オ　「自分のように政治のことがわからない者は投票しない方がいいと思ったから」を選択した割合は，18-20歳代が最も高い

カ　「私一人が投票してもしなくても同じだから」を選択した割合は，70歳以上が最も高い

11　下線部⑨・⑩について，政治のしくみには，「民主主義」にもとづいて行う政治(民主政治)のほかに，『国民が政治に参加することを認めず，強大な政治権力をもつ人が，独断的に行う政治(専制政治)』もあります。しかし，この『　』内の政治のしくみにも問題点があると考えられます。現代において，『　』内のしくみで政治を行うことによって起こりうる問題を答えなさい。

【理　科】〈第２回試験〉（40分）〈満点：75点〉

Ⅰ　すべての物質は原子という目に見えない小さな粒《つぶ》が集まってできており，原子がいくつか集まって結合したものを分子といいます。

下図は，一酸化炭素分子●◯と酸素分子◯◯が反応して二酸化炭素分子◯●◯ができるしくみを表したものです。図中の●は炭素原子，◯は酸素原子を表しています。このことについて，問いに答えなさい。ただし，炭素原子●と酸素原子◯の重さの比は３：４です。

●◯　●◯　＋　◯◯　⟶　◯●◯　◯●◯

一酸化炭素　　　　酸素　　　　　二酸化炭素

図

(1)　28gの一酸化炭素がすべて酸素と反応したとき，何gの二酸化炭素ができますか。

(2)　66gの二酸化炭素をつくるとき，一酸化炭素と酸素はそれぞれ何gずつ必要ですか。

(3)　56gの一酸化炭素と64gの酸素を反応させたとき，何gの二酸化炭素ができますか。また，一酸化炭素と酸素のうち，どちらが何g反応せずに残りますか。

Ⅱ　４種類の物質Ａ～Ｄがあります。これらの物質はアルミニウム，銅，炭酸カルシウム，食塩のいずれかであることがわかっています。Ａ～Ｄの粉末の混合物を用いて【実験１】～【実験３】を行いました。これらの実験について，問いに答えなさい。

【実験１】

Ａ～Ｄの粉末の混合物をビーカーに入れ，水を入れてよくかき混ぜた。ビーカー内の物質をろ過したところ，Ａ～Ｃがろ紙に残った。

【実験２】

ろ紙に残ったＡ～Ｃの混合物をビーカーに入れ，水酸化ナトリウム水溶液を加えてよくかき混ぜたところ，気体(ア)が発生した。ビーカー内の物質をろ過したところ，ＡとＢがろ紙に残った。

【実験３】

ろ紙に残ったＡとＢの混合物をビーカーに入れ，うすい塩酸を加えてよくかき混ぜたところ，気体(イ)が発生した。ビーカー内の物質をろ過したところ，Ａだけがろ紙に残った。

(1)　物質Ａ～Ｃの名称《しょう》をそれぞれ答えなさい。

(2)　気体(ア)，(イ)の名称をそれぞれ答えなさい。

Ⅲ　右図は，ある植物の葉を顕微《けんび》鏡で観察したときのようすを模式的に表したものです。図中のＡ～Ｄに関する説明文を読み，問いに答えなさい。

Ａ　植物のすべての細胞《ほう》にあり，遺伝情報を含《ふく》んでいる。

Ｂ　細胞Ｃ２つに囲まれた空間である。

Ｃ　細胞壁《へき》の厚さに特徴《ちょう》のある細胞である。

Ｄ　光合成に関係し，植物の細胞にのみ含ま

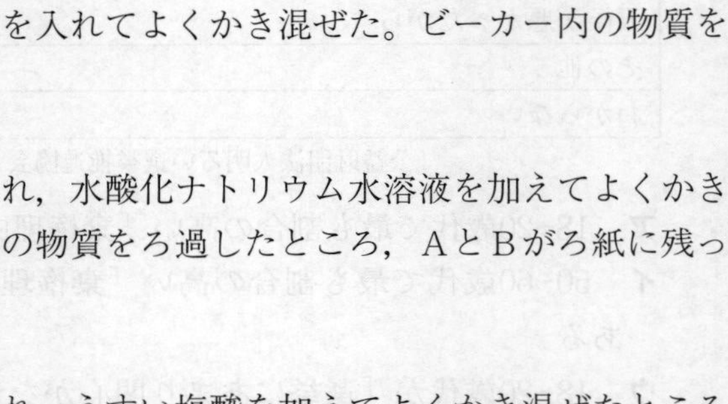

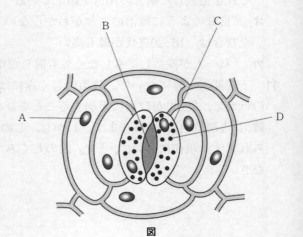

図

れる。

(1)　図中のＡ～Ｄの名称をそれぞれ答えなさい。

(2)　Ａに含まれ，遺伝情報としてのはたらきをもつ物質の名称として正しいものを選び，ア～エの記号で答えなさい。

ア　アデノシン三リン酸

イ　ジデオキシリボ核《かく》酸

ウ　デオキシリボ核酸

エ　リボ核酸

(3)　(2)で答えた物質をもつものを選び，ア～エの記号で答えなさい。

ア　ヒト　　イ　酵《こう》母菌《きん》　　ウ　コロナウイルス　　エ　インフルエンザウイルス

(4)　Ｂからはさまざまな気体が出入りし，状況《きょう》によって開いたり，閉じたりしています。特に水蒸気が出ていくことを蒸散といいます。蒸散は，根からの吸水に大きな役割を果たしていることが知られています。このことは右のグラフのどこから読み取ることができますか。正しいものを選び，ア～ウの記号で答えなさい。

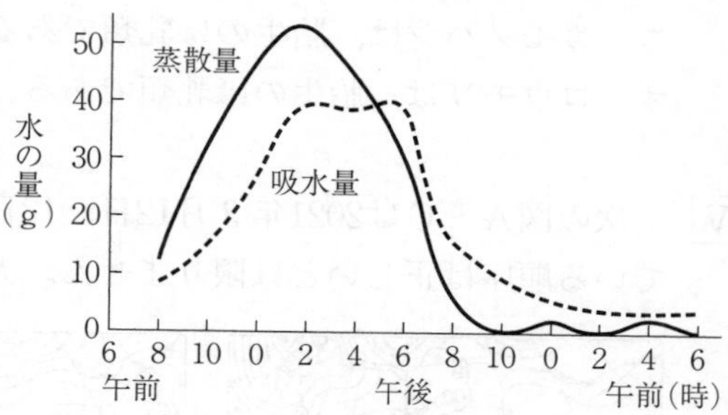

図

ただし，グラフは，ある植物がある日の午前８時から，翌日午前６時までに蒸散または吸水した量の変化を示しています。

ア　午前８時から午後２時までの間で，吸水量が蒸散量よりも少し遅《おく》れて増加している点。

イ　午後２時の時点で，蒸散量が吸水量よりも多い点。

ウ　午後６時から翌午前６時まで，蒸散量よりも吸水量が多い点。

Ⅳ　セキツイ動物は，長い年月をかけて共通の祖先から進化しています。そのため，セキツイ動物間でよく似た構造をもつ部分があることが知られています。下図は，セキツイ動物の前あしや，前あしと起源が同じ器官の骨格を模式的に示したものです。図を見て，問いに答えなさい。

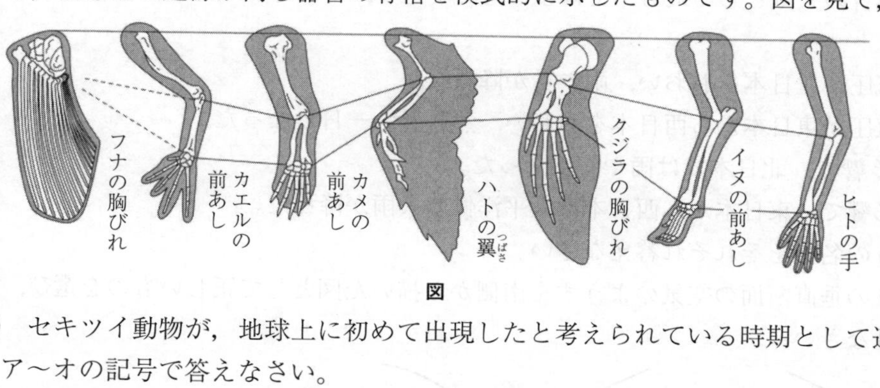

図

(1)　セキツイ動物が，地球上に初めて出現したと考えられている時期として適切なものを選び，ア～オの記号で答えなさい。

ア　45～46億年前　　イ　18～19億年前　　ウ　９～10億年前

エ　４～６億年前　　オ　１～２億年前

(2)　図のように，はたらきが動物ごとに大きく異なっていても，起源が同じ器官を何といいますか。

(3)　はたらきが似ていても，起源が異なる器官を何といいますか。

(4)　(3)の器官の例として正しいものを選び，ア～エの記号で答えなさい。

ア　エンドウの巻きひげとブドウの巻きひげ

イ　ジャガイモのイモとサツマイモのイモ

ウ　キュウリの巻きひげとヘチマの巻きひげ

エ　ハトの翼とハエの翅《はね》

(5)　生物の特徴に関する次の文章のうち，正しいものを選び，ア～オの記号で答えなさい。

ア　イカは，軟《なん》骨でできた魚類である。

イ　ウナギは，皮膚《ふ》呼吸のできる両生類である。

ウ　カメは，卵生の両生類である。

エ　カモノハシは，胎《たい》生のほ乳類である。

オ　コウモリは，胎生のほ乳類である。

Ⅴ　次の図Ａ～Ｃは2021年３月12日，13日，14日の９時における日本付近の天気図ですが，並んでいる順序は正しいとは限りません。天気図を見て，問いに答えなさい。

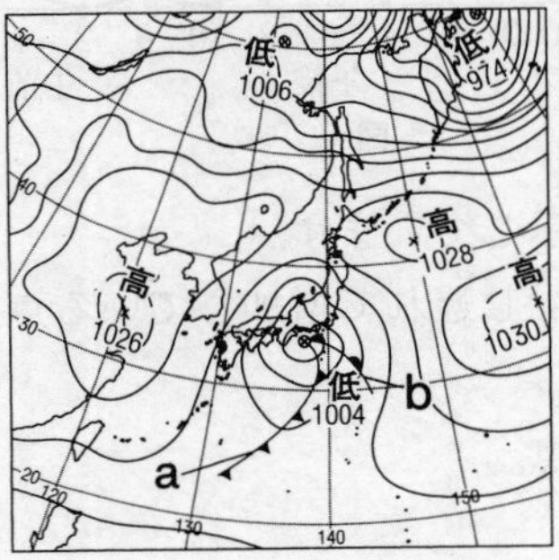

A

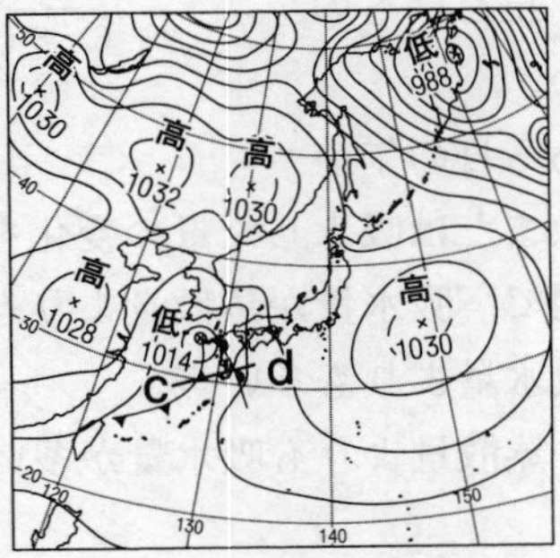

B

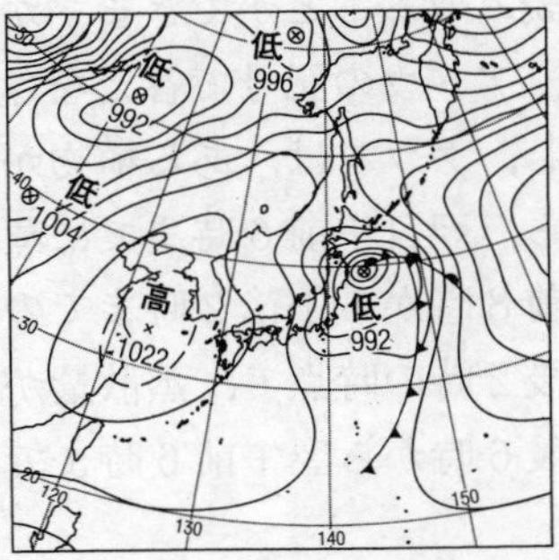

C

(1)　３枚の天気図Ａ～Ｃを，３月12日，13日，14日の順に並べなさい。

(2)　３月13日，14日の天気として最もあてはまるものを選び，それぞれア～エの記号で答えなさい。

ア　移動性高気圧が北日本をおおい，雨や雪が降った。

イ　太平洋高気圧が東日本から西日本をおおい，蒸し暑い一日となった。

ウ　低気圧の影響《えいきょう》で，北日本では雨や雪が降った。

エ　低気圧の影響で，東日本から西日本の太平洋側で大雨が降った。

(3)　図Ａのａ，ｂの名称をそれぞれ答えなさい。

(4)　図Ｂのｃ－ｄの垂直断面の空気のようすを南側から描《か》いた図として正しいものを選び，ア～エの記号で答えなさい。

ア

イ

ウ

エ

(5)　ある地点を図Aのaが通過した後の天気として最も適切なものを選び，ア～エの記号で答えなさい。

ア　南寄りの風が吹《ふ》き，気温が上昇《しょう》し，しとしとと雨が降る。
イ　北寄りの風が吹き，気温が下降し，しとしとと雨が降る。
ウ　南寄りの風が吹き，気温が上昇し，にわか雨が降る。
エ　北寄りの風が吹き，気温が下降し，にわか雨が降る。

(6)　図中の「低」は低気圧を表しています。低気圧の説明としてあてはまるものを選び，ア～エの記号で答えなさい。

ア　低気圧は，中心気圧が1020ヘクトパスカル以下である。
イ　低気圧が弱まると，高気圧になる。
ウ　低気圧は，周囲よりも気圧が低く，閉じた等圧線で囲まれたところのことをいう。
エ　台風は，主に熱帯で発生する低気圧の一種である。

(7)　図中の「高」は高気圧を表しています。高気圧の中心付近のようすとしてあてはまるものを選び，ア～エの記号で答えなさい。

ア　上昇気流が吹き，雲ができる。
イ　上昇気流が吹き，雲ができない。
ウ　下降気流が吹き，雲ができる。
エ　下降気流が吹き，雲ができない。

Ⅵ　図は，歯車A，歯車B，後輪，チェーンを使って，自転車が動くしくみを表したものです。ペダルに力を加えると歯車Aに回転する力が加わり，チェーンでつながった歯車Bにも歯車Aと同じ大きさの力が加わります。次に，歯車Bに回転する力が加わると，矢印Cの力が地面にはたらくことで自転車は前方に進みます。

ペダルに力を加える点から歯車Aの中心までの距離は16cm，歯車Aの半径は12cm，歯車Bの半径は10cm，後輪の半径は40cmです。

歯車Aと歯車Bの歯の数は歯車の半径に比例しており，チェーンはたるむことなく回転します。また，図の矢印の長さは力の大きさと一致《ち》しているとは限りません。円周率を3として，問いに答えなさい。

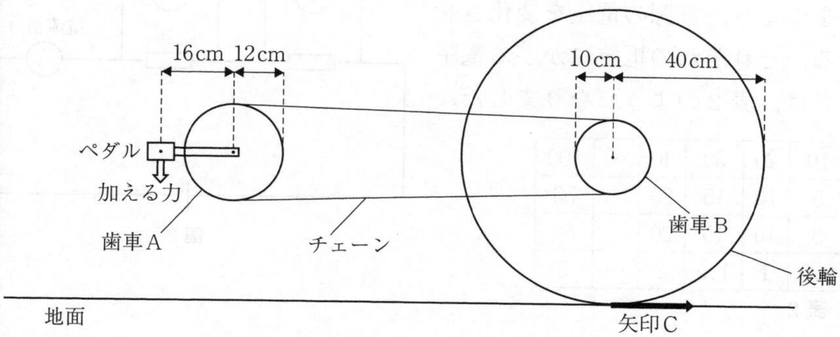

図

(1)　ペダルを50回転させると後輪は何回転しますか。

(2)　(1)のとき，自転車は何cm進みますか。

(3)　５秒間にペダルを10回転させて自転車を走らせたとき，自転車の速さは秒速何 cm になりますか。

(4)　ペダルに 36kg の力を加えるとき，歯車Ａを回転する力は何 kg になりますか。

(5)　(4)のとき，矢印Ｃの力は何 kg になりますか。

Ⅶ　電源装置，導線，抵抗《ていこう》，電球，電流計，電圧計を用いて回路をつくり，【実験１】～【実験６】を行いました。これらの実験では，抵抗と電球は，それぞれ全て同じものを使用しています。また，電源装置や電流計の内部，導線には抵抗がないものとして，問いに答えなさい。

電流と電圧とは

導線や抵抗を流れる電気の量を「電流」といい，電流を流すはたらきを「電圧」といいます。それらの大きさは，それぞれ電流計と電圧計で測ることができます。電流の大きさの単位にはＡ(アンペアと読む)，電圧の大きさの単位はＶ(ボルトと読む)を用います。「電源の電圧」とは，電源装置が電流を流すはたらきを意味します。「抵抗にかかる電圧」とは，抵抗を流れる電流を流すはたらきを意味します。

【実験１】

図１のような回路をつくり，電源の電圧を変化させる実験を行ったところ，それぞれの抵抗にかかる電圧と流れる電流の大きさは，表１のようになりました。

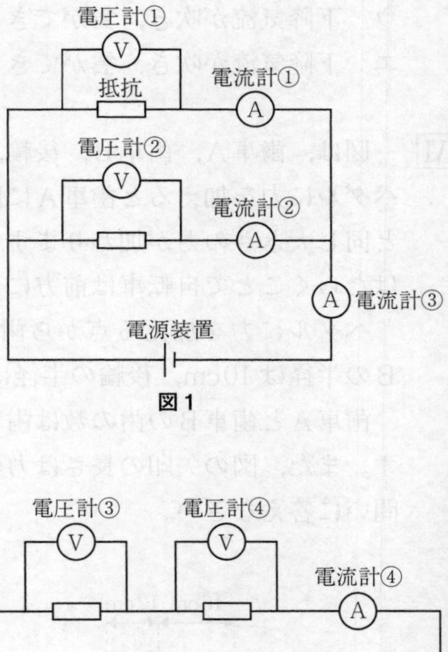

図１

電源の電圧(Ｖ)	0	10	20	30	40	…	100
電圧計①(Ｖ)	0	10	20	30	40	…	100
電圧計②(Ｖ)	0	10	20	30	40	…	100
電流計①(Ａ)	0	1	2	3	4	…	10
電流計②(Ａ)	0	1	2	3	4	…	10
電流計③(Ａ)	0	2	4	6	8	…	20

表１

【実験２】

図２のような回路をつくり，電源の電圧を変化させる実験を行ったところ，それぞれの抵抗にかかる電圧と流れる電流の大きさは，表２のようになりました。

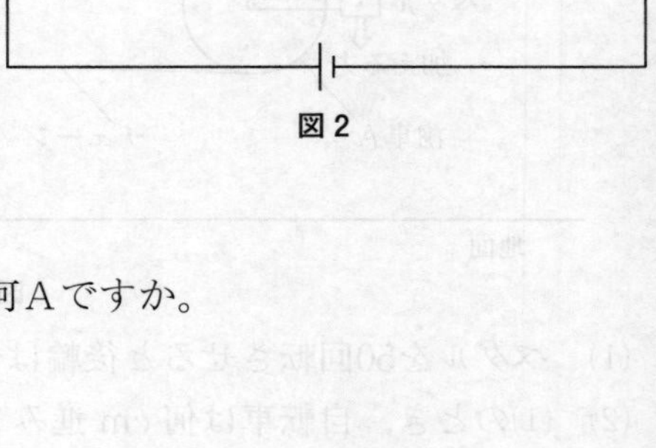

図２

電源の電圧(Ｖ)	0	10	20	30	40	…	100
電圧計③(Ｖ)	0	5	10	15	20	…	50
電圧計④(Ｖ)	0	5	10	15	20	…	50
電流計④(Ａ)	0	0.5	1	1.5	2	…	5

表２

(1)　電源の電圧が 12Ｖ のとき，電流計④を流れる電流は何Ａですか。

【実験３】

図３のような回路をつくり，電源の電圧を変化させる実験を行ったところ，電球にかかる電圧と流れる電流の関係は，図４のグラフのようになりました。

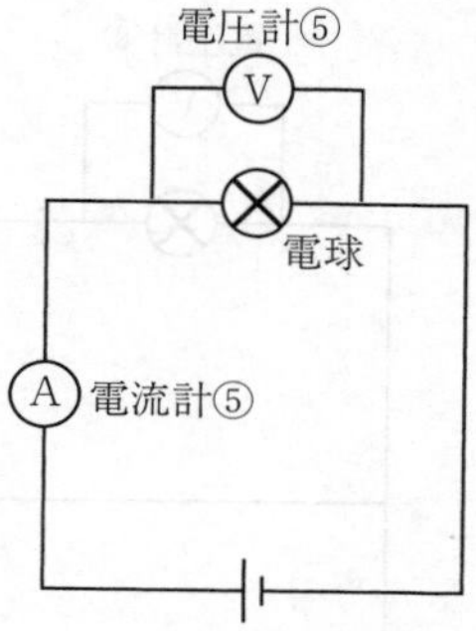

図３

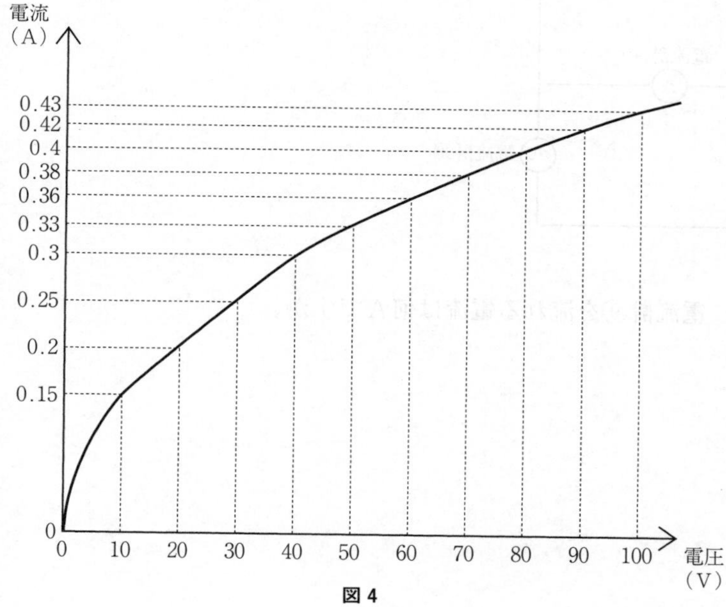

図４

【実験４】

図５のような回路をつくり，電球に流れる電流の大きさを測定しました。

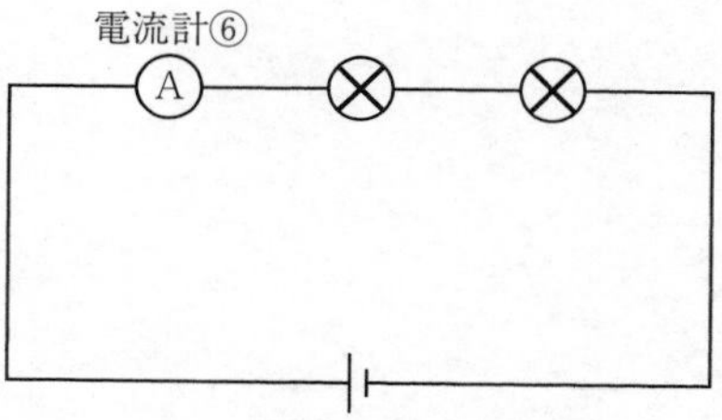

図５

(2)　電源の電圧が40Ｖのとき，電流計⑥を流れる電流は何Ａですか。

【実験５】

図６のような回路をつくり，電源の電圧を変化させる実験を行ったところ，電球と抵抗のそれぞれにかかる電圧と流れる電流の大きさは，表３のようになりました。

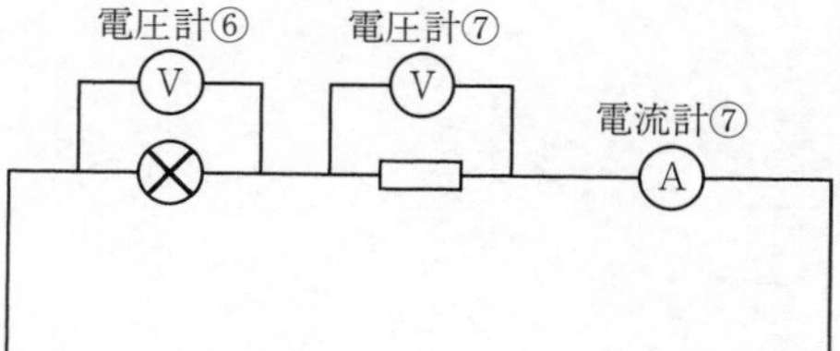

図６

電源の電圧（Ｖ）	0	8	ア	43	イ	145
電圧計⑥（Ｖ）	0	7	20	40		140
電圧計⑦（Ｖ）	0	1	2	3	4	5
電流計⑦（Ａ）	0	0.1	0.2	0.3	0.4	0.5

表３

(3)　表３のア，イにあてはまる値をそれぞれ答えなさい。ただし，表の中で測定しなかったところは空欄《らん》になっています。

【実験６】

次のページの図７のような回路をつくり，電球と抵抗のそれぞれにかかる電圧と流れる電流の大きさを測定しました。

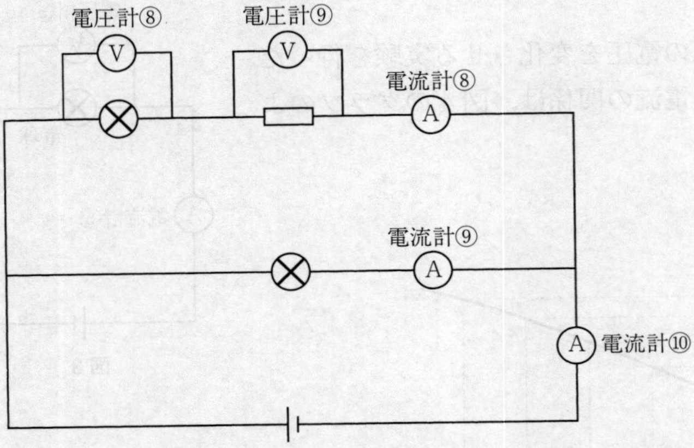

図７

(4)　電源の電圧が 40 V のとき，電流計⑨を流れる電流は何Ａですか。

【Ⅱ群】　意味

A　権勢を持つ者の力に頼《たよ》って威張ること。
B　追いつめられれば弱い者も強い者を打ち破るということ。
C　自分から進んで災いの中に飛び込むこと。
D　去る者は、きちんと後始末しておくべきだということ。
E　何かをしようとすれば、思いがけない災難に遭《あ》うことも多いということ。
F　人の意見を聞き流してしまって、少しもききめのないこと。
G　相手の出方しだいでこちらにも応じ方があること。
H　どんな仕打ちを受けても平気なこと。

三　次の１～10の文中の（カタカナ）を漢字で書きなさい。

1　旅の（オウロ）につく。
2　船の（キテキ）が鳴る。
3　桜の（カベン）が美しい。
4　（コウザイ）を加工する。
5　生活のための（ロウドウ）。
6　（セキネン）の思いが実る。
7　各国の（シュノウ）が集まる。
8　みごとな（コウバイ）が咲《さ》いた。
9　才能に（ト）む。
10　長い年月を（へ）る。

ちがいかに他者と簡単には「つながれない」のかをじっくりと考える必要があるのです。

LINEで相手との短い言葉やスタンプのやりとりをいくら楽しめているとしても、そのことだけで他者と「つながりたい」という願いはかなえられないのです。

（好井《よしい》裕明《ひろあき》『「今、ここ」から考える社会学』より・一部改変）

問一 ――部①「スマホに〝飼い慣らされて〟しまっている」とはどういうことか、その問題点に触《ふ》れながら具体的に答えなさい。

問二 文中の[1]〜[5]にあてはまる言葉を、次のア〜オから選び、記号で答えなさい。ただし、同じ記号は二度使えません。

ア なぜなら　イ さて　ウ たとえば
エ ただ　オ もちろん

問三 ――部②「こうした発想」、④「それら」、⑥「これ」、⑦「それ」の指示内容を、それぞれ答えなさい。

問四 ――部③「『世界』を携帯する」とはどういうことか、答えなさい。

問五 文中の[A]にあてはまる言葉を、本文から五字で抜《ぬ》き出しなさい。

問六 文中の[B]にあてはまる内容を、考えて答えなさい。

問七 ――部⑤「別の意味で」とはどのような意味か、答えなさい。

問八 文中の[C]にあてはまる四字熟語を、次のア〜エから選び、記号で答えなさい。

ア 玉石混交　イ 意味深長
ウ 前代未聞　エ 大同小異

問九 インスタグラムに写真をあげる行為《い》を筆者はどのような行為と考えているか、本文から三十字で抜き出し、初めと終わりの三字を答えなさい。

問十 文中の[D]にあてはまる言葉を考えて、漢字二字で答えなさい。

問十一 文中の[ア]〜[オ]の段落を最適な順に並べ替えなさい。

問十二 筆者のコミュニケーションに関する主張を、百字以内でまとめなさい。

二 次の1〜8の[　]と同じ言葉が（　）に入ることわざ・慣用句を、あとのア〜クから選び、記号で答えなさい。また、1〜8のことわざ・慣用句の意味として最適なものを、あとのA〜Hから選び、記号で答えなさい。ただし、同じ記号は二度使えません。

1 [　]の面《つら》に水
2 [　]の耳に念仏
3 窮鼠《きゅうそ》[　]を嚙《か》む
4 [　]心あれば水心
5 [　]の威《い》を借《か》る狐《きつね》
6 立つ[　]跡《あと》を濁《にご》さず
7 飛んで火に入《い》る夏の[　]
8 [　]も歩けば棒に当たる

【Ⅰ群】ことわざ・慣用句

ア 飛ぶ（　）を落とす勢い
イ （　）の額
ウ 飼い（　）に手を嚙まれる
エ 蓼《たで》食う（　）も好き好き
オ 竹（　）の友
カ （　）の尾《お》を踏《ふ》む
キ 逃《に》がした（　）は大きい
ク （　）の子は（　）

大きく二つの点でこれらは異なっていると思います。

　このように書いてきて、私は別にＬＩＮＥでのやりとりがだめだと言いたいのではありません。問題はやはり先の男子学生がわかっているように、ＬＩＮＥというツールが他者との「つながり」それ自体を確認するために使われていることであり、ツールに自分自身が囚《とら》われＬＩＮＥでの「確認」に依存しないと他者との「つながり」を実感できなくなっている身体になっていることであり、また他者とどこかで「つながっていない」こと自体が「孤独」だと思い込んでしまっている姿なのです。

　男子学生に私はこうたずねてみたいと思います。いつも何らかの形で他者と「つながって」いないと、本当に「孤独」なのでしょうか。ＬＩＮＥでやりとりすることであなたは本当に他者と「つながっている」と実感し安心しているのでしょうか。ＳＮＳを通した他者との「つながり」はあなたに「孤独」ではないどんな心の状態をもたらしているのでしょうか。そもそもあなたがイメージしている「孤独」とは、どのようなことをいい、他者との「つながり」とはどのような関係性のことをいうのでしょうか、等々。とりあえずこのあたりでやめておきますが、もっといろいろな形で問いかけることができるでしょう。

　こうした問いに対して、私たちは、どのように考えていけばいいのでしょうか。はっきりしていることがあります。ＬＩＮＥにせよ、ツイッターにせよ、インスタグラムにせよ、ましてやスマホにせよ、それらは、あくまで便利な情報発信、情報収集、情報流通の技術であり道具にすぎないということです。こうした技術や道具に意志はありません。ＬＩＮＥが意志をもち、自分をないがしろ【軽んじること】に使った人間たちを「孤独」にしてやろうと考えれば、それはそれでなかなか怖《こわ》いことだと思います。

　問題は、やはりこうした道具を私たちがいかに使いこなすかであり、使いこなしの背後にある他者理解、他者とのコミュニケーションをどう考えるのかということなのです。

　私はこう思います。親しい人たちといつでもどこでも簡単に「つながる」ことができるのは、無条件に喜ぶべきことであり、私が生きていくうえで楽しいことなのだろうかと。他者をどのように理解し、他者とどのように交信できるのかという問題を考える営みは、まさに社会学の中心を構成します。そして、他者という問題を考える核心は、人間のあいだにある〝関係性〟であり〝距離〟なのです。

　そして、さらに私がつけ加えたいのは、他者と交信し他者を理解しようとするときに、どうしてもかかってしまう〝時間〟であり〝速度〟なのです。インターネットで情報検索するとき、速ければ速いほど、便利だし、私たちはすごいなと思います。しかし他者と交信したり他者を理解しようとするとき、それにかかる速度や時間は、同じように速ければ速いほどいいのでしょうか。

　他者と真に「つながりたい」。これは誰しもがもつ願いだと思います。この願いをかなえたいとき、私たちは、相手のことを慎《しん》重に時間をかけて考え、相手が何を感じ考えているのかをゆっくりと見つめ、想像し、相手の心や世界に至ろうとするのではないでしょうか。いわば情報検索のように他者と「さくさくと」つながることはできないのです。仮に「さくさくと」つながっていると自分が感じているとしても、その実感の中身をいま一度、見直す必要があるのではないかと思うのです。

　他者と真に「つながりたい」という願い。それをかなえるためにも、こうした他者と自分とのあいだにある〝距離〟や〝時間〟を考えるべきだし他者理解のための〝速度〟を考えるべきです。そのうえで私たい」という意思や感情を確かめるだけのツールへと変貌していったのでしょう。

誰かとつながっていたいと思いLINEを使うとき、私たちはどのような話を相手にしているのでしょうか。別に大した話ではない、ただの雑談だし、いちいち覚えているほどの内容ではない、という返事が聞こえてきそうです。そんな長い文章は書かないし、面白いスタンプがいっぱいあるし、スタンプをうまく使えば、相手にいちいち言葉を使わなくても、自分の気持ちは伝わるし。こんな返事も聞こえてきそうです。話の中身じゃないよ、LINEでやりとりすること自体が面白いし、意味あることなんだ。こんな返事も聞こえてきそうです。いろいろな返事の可能性を考えていると、私のなかで「井《い》戸端《ばた》会議」という言葉が浮かんできました。

ア　今一つは、そこで実際に暮らしている人々から決して切り離《はな》すことができない日常的な営みであるか否かという点です。先に述べたように「井戸」は暮らしに絶対欠かすことができない「水」を得ることができる重要な場所です。そして近所の人々は「水」を得るために「水」を使うために「井戸」に集まり、そこで「会議」が始まってしまうのです。すなわち「井戸端会議」とは、人々の暮らしから遊離した【他のものと離れて存在した】どこか遠い空間で起こる営みではなく、常に、人々の暮らしに根ざし、人々の生活臭《しゅう》や生活実感が充《じゅう》満した日常で起こる営みと言えます。もちろん近所の人と雑談したくて人々が「井戸端」に集まってくるからこそ「会議」が成り立っているのかもしれません。ただ、そこが暮らしに根ざした「井戸端」という象徴的な場所であり、直接的な対面のコミュニケーションが基本だという点でLINEでのやりとりとは異質だと思うのです。

イ　「でした」と私は過去形で語っていますが、まさに過去の情景と言えるでしょう。なぜなら私たちの日常生活で、もはや「井戸」はあたりまえのものではないのです。でも私が子どもの頃であった昭和の時代までは生活の場に「井戸」は存在しました。炊《すい》事や洗濯《たく》など生活に必要な水を得るために、近所の人々は「井戸」を共有し、「井戸」を活用しました。当然のごとく、そこには人々が集まることになり、語り合いが生まれたのです。

ウ　「井戸端会議」とは何でしょうか。近所に住んでいる奥《おく》さんたちが、井戸端に集まって、皿を洗ったり、野菜を洗ったり、洗濯したりしながら、雑談し、談笑する。そこにいない人の悪口や噂《うわさ》で盛り上がったり、そうかと思えば、普段の暮らしの厳しさやしんどさを愚痴《ぐち》る、その意味で重い雑談になったりする。いずれにしてもまさに親しい人や知人が集まり、つながる場であり、語り合うという実践でした。

エ　一つは、直接対面してやり取りしているか否かという点です。「井戸端」はまさに、近所の人たちが集まってくる場所で、人々は、お互いの様子や表情を確認しながら雑談します。このとき、相手の様子を見て、表情を見て、何を感じ、考えているのかを推し量りながら、楽しい話で盛り上がったりするものです。まさに直接的で対面的なコミュニケーションの醍醐《だいご》味【深い味わい】や面白さが実感できるでしょう。

オ　ところで、相手と他愛もない話をしたり雑談しているという点でLINEでのやりとりと「井戸端会議」は、同じでしょうか。私はのなかにあるようなもので、私秘性を保つ「膜《まく》」はどんどん薄《うす》く、破れやすいものとなり、破れてしまえば、自分自身をめぐる剝《む》き出しの情報が、悪意や嫉妬《しっと》などさまざまな情緒《ちょ》に満ちた匿名の権力のもとにさらされる危険性が生じてしまうのです。

もちろん先にあげたタレントにとっての「膜」は限りなく薄くなる危険性はあるものの、決して破れることがない丈夫《じょうぶ》さやしなやかさを備えているのかもしれません。いったい彼《かの》女はどのようにして「膜」を鍛《きた》えあげていったのだろうか。さまざまに「膜」を脅かす危険と出会い、向きあうなかで、どのようにして破れないしなやかさが創造されていったのでしょうか。私は、そのことがとても気になります。そして⑥これは、スマホと私たちの日常やスマホと私たちという存在との関係性を考えていくうえで、根本的な問いといえるのです。

おそらく、先にあげたタレントは、その答えを教えてくれることはないでしょう。また仮に「こうすればいい」と教えられるとしても、その答えは私たちすべてにあてはまる一般《ぱん》的で普遍《へん》的なものでもないでしょう。結局のところ、スマホが私たち一人一人異なる身体の一部と化してしまっている以上、私たち各々《おのおの》が自分にとっての「スマホのある日常」を、危機感をもって詳《しょう》細に見直し、それを変革していかざるをえないのです。

さて最後に、見直しをするときに考えるべき手がかりについて、語りたいと思います。⑦それは、他者とたやすくつながれるというスマホをめぐる幻《げん》想であり、他者を理解する営みの核《かく》心にある〝距離〟と〝速度〟という手がかりです。

「自分自身の場合、親や友だちとの連絡《らく》、動画鑑《かん》賞、ゲームアプリ等の娯《ご》楽が不可欠な役割です。（中略）ＳＮＳは友だちでも知人でも知人ではない人でも誰《だれ》とでもネットを通してつながることができます。僕《ぼく》はちなみにスマホを使って四年目なんですが、使い始めの頃《ころ》はというと『絶対、ＬＩＮＥは業務連絡しかしないよ』なんて親や友だちに言ってました。それから四年たち、気づけば僕にとってＬＩＮＥは友だちとつながる絶好のアプリと化しました。↓情けない！（中略）つまり僕の心の中に誰かといつもつながっていたい、孤《こ》独な状態はいやだ！　ひとりはいやだというような感情・考えが不可欠なものにしてしまったから、ＳＮＳが使えるスマホがあたりまえのものになったのだと僕は思います」

私は、大学の講義でスマホ依存について話すことが多いのですが、ある男子学生は講義内容をうけて、レポートにこう書いていました。彼にとって、スマホはあたりまえのものであり、ＬＩＮＥなどのソーシャルネットワークサービス(ＳＮＳ)を使って、つねに親しい人や知人、知人ではない人につながるための重要なメディアなのです。ゲームや動画鑑賞は、時間つぶしか暇《ひま》つぶし、趣《しゅ》味の時間の延長線上でスマホとつきあっていると考えることができるでしょう。しかし、ＳＮＳを使って誰かとつながっていないと「孤独」であり、「孤独」はいやだ、という感情をもたざるをえなくなったというのは、まさにスマホが彼にもたらした固有の新たな「生の状態」だと思うのです。

ＬＩＮＥは確かに「業務連絡」するには、便利なツールです。ある集まりのなかでの情報伝達、情報共有を効率よく達成できると私も思います。「業務連絡」のツールであったはずが、彼のなかで、いつしか、ＬＩＮＥは親しい人、知人、赤の他人とつながるためのツールへと変貌《ぼう》していったようです。もっと言えば、つながるためではなく、「つながっていること」自体を確かめるためだけの、「つながっていたきあうことができるような情報への〝耐性《たい》〟を私たちは、いま十分に身につけてきているでしょうか。

本章の冒頭《ぼう》に、私たちはいまスマホに〝飼い慣らされて〟いると書きました。これは私の実感から出てきた表現なのですが。スマホを飼い慣らすのではなく、スマホに飼い慣らされているとすれば、まさに、それこそ、情報への〝耐性〟を身につけておらず、スマホからあふれ出る情報に翻弄《ほんろう》され【もてあそばれ】ている私たちの現在の姿ではないでしょうか。

では、いかにしたら、情報への〝耐性〟を考え、自分なりに身につけていくことができるのでしょうか。

終日スマホとつきあうなかで、とりたてて目的もなく、ただ退屈《くつ》をまぎらせるためにだけスマホに指を滑らせている自分の姿をいま一度確認してみてください。必要のない時間はスマホを切り、本を読んだり、別の営みをして、自らの情報をめぐるリテラシー(情報の質や意味を的確に判断できる能力)を高めていく、あるいはスマホを切り、いったん情報への依存を停止したうえで、自分の頭で、それまで自分が得てきた実践《せん》的な知だけを手がかりにして、いろいろなことについて思索する余裕《ゆう》を持つようにする、等々情報への〝耐性〟を養う試みは思い浮《う》かびます。まずは、本書を読んでいるあなた自身がスマホからいったん距離《きょり》をとって、日常を生きている自分の姿を考え直すことが第一なのです。

今一つ、考えるべき重要な問題は、スマホという「穴」から自分自身のプライベートな領域が際限なく拡散していくことであり、それに伴《ともな》うプライベートな領域が被《こうむ》るリスクや侵害【損害】をどう考えるべきかということです。

情報をめぐるリテラシーが、「穴」から入ってくる情報と私たちがいかに向き合うかを考える問題でした。これに対して、プライベートな領域の際限なき拡散と領域が被るリスクと侵害は、私たちが「穴」からどうしようもなく自分の情報が漏《も》れ出していくことをどう考え、どう対処するのか、また自分の情報を外の世界に向けてどのように放出していくのかを考えるという次元の問題といえます。

「私は自分が好きな写真を〔インスタグラム【写真共有アプリ】に〕あげてきただけです。それをみなさんが気に入ってくれたことがとてもうれしいし、ありがたいです」

五〇〇〇万近くのフォロワー【支持者】をもつインスタグラムの女王とされるタレントが先日テレビでこう語っていました。自分自身を被写体とした「好きな写真」をインスタグラムにあげ続けたと。それを見て楽しむのは、フォロワーの自由であって、私が与《あずか》り知らない【関係ない】ところだと。私はこのコメントを聞きながら、いろいろと考えていました。

もちろんタレントでありテレビなどで仕事をする以上、自分自身が多くの人々にどのように受け入れられ評価されるのかが大切だろう。だから自分の写真に対する批判や否定的な評価へのコメントはしないのだろう。コメント自体がさらなるタレントへの評価の源となることをよく知っている、したたかな【手ごわい】姿だなと感じ入っていたのです。

しかし同時に、プライベートな領域をめぐる捉《とら》え方に驚いてもいたのです。自分の普《ふ》段の姿を映像にとり、インスタグラムにあげ続けるとき、自分の私秘的な(私的でできれば秘密にしておきたい)世界や領域はどのように保たれているのだろうかと。それは、スマホという「穴」から意図的に自分の私的な姿を流出させる営みであり、いわば「穴」からプライベートな領域の中身は漏れ続け、外のより広い世界へ際限なく拡散し続ける営みと言えるのです。そうしたとき、自分自身をめぐる情報は、たとえて言えば際限なく膨《ぼう》張し続ける［D］

【要求】がなされました。原爆《ばく》の子の像のまわりにスマホをかざした多くの人々が集まっている映像がテレビで流されていました。以前に比べ圧倒的に大勢の人々が原爆の子の像を見ているのです。しかし、彼らは原爆の子の像が本来持っている「意味」を見ていません。

こうした現象は、まさに鈴木のいう「空間的現実の非特権化」と言えるでしょう。それではなぜ広島市はこうした要請をしたのでしょうか。確かに多くの人々が平和記念公園に来ていることは事実です。しかし彼らにとって、この公園は、原爆が投下された広島についてや、ヒロシマの被《ひ》爆という歴史的事実を考え、思いをはせる場所ではなく、ゲットしたいさまざまなポケモンが出現する魅力ある場所なのです。ゲームに熱中したい人々にとって、被爆を考えることは、ゲームを進めるうえで意味のないことです。彼らにとって、公園内を自由に動き回れ、より多くのポケモンをゲットできることが、なによりも重要なリアルさなのです。

つまり B という平和記念公園がもつ「意味」の「特権性」が、ゲームの仮想的な空間や現実に侵《しん》略され、その意味を喪《そう》失する危険にさらされているのです。確かに被爆をめぐる慰霊碑《いれいひ》や痕跡《こんせき》は広島にとって重要な観光資源です。しかし被爆七〇年がすぎ、被爆の記憶《おく》をいかに継《けい》承していけるのかという深遠な課題を前にして、観光資源でありながらも被爆の歴史を反省し得《う》る「特権性」を、④それらがいかに維《い》持し新たに創造できるかは、広島市など地元が真剣《けん》に模索《さく》して【探して】いる重要なテーマなのです。それなのに、あまりにも素朴《ぼく》かつお気楽な形で、その「特権性」が脅かされたからこそ、Pokemon GO は平和記念公園において、問題となったのです。

ところで鈴木がいう「多孔化した現実空間」は、まさにそのとおりだと思うのですが、私は⑤別の意味で、スマホは、私たちの日常に新たに、大きく深くまさに「底知れない」、とんでもない「穴」をあけてしまったのではと考えています。

あたかも身体の一部と化したかのようなスマホ（＝「穴」）を通して、毎日毎時間、そして毎秒、圧倒的な質と量の情報が、私たちになだれ込《こ》んできます。そのなかには、歴史の事実を踏《ふ》まえない虚偽《きょぎ》【うそ】の情報で特定の民族への嫌悪《けんお》を煽《あお》り立てる悪意に満ちた情報もありますし、また私たちの欲望を見透《す》かしたような「うまい話」もあります。もちろん現代社会、国際関係、国家、市民社会のありようを考えるうえで有用で時宜《ぎ》【ほどよいころあい】を得た情報も「穴」から入ってきます。 C の情報、つまり私たちが日常を気持ちよく生きていくうえで必要なものもまったく不要なものも含めてあらゆる質の情報が「穴」から私たちの日常へ、これでもかと侵入してくるのです。

もちろん、こうした事態はインターネットやスマホが社会に登場する以前から私たちを襲《おそ》っていたものです。だからとりたてて新しい問題だと主張する必要はないかもしれません。しかし以前と比べ確実に異なっているのは、そうした情報が私たちにとって「意味あるもの」として認識され、その意味を私たちが反芻《すう》し【くり返し考えて】、自分にとって有用か否かを判断するために与《あた》えられた「時間」が限られ、いわば瞬時のうちに情報の質を判断する「技量」が求められてきているという点です。

確かに、あらゆる情報を瞬時のうちに確認したり手に入れたりできることは、すごいことかもしれません。しかしスマホを身体の一部にしていながらも、私たちは「穴」という「穴」から入ってくる情報の真偽や背景、根拠などの「意味」を同じく瞬時のうちに判断し、情報を取捨選択《せんたく》できる力と技量を備えているのでしょうか。またそうした力と技量が私たちのなかで育ってきているのでしょうか。言い換《か》えれば、 C の情報の襲撃《しゅうげき》に対して、うろたえることなく冷静に向は考えています。

　コンピュータが開発されインターネット社会が登場してずいぶん時間がたっています。私はノートパソコンでこの原稿《こう》を書いていますが、少し前であれば、デスクトップのパソコンを前にしてキーボードを叩《たた》いていたはずです。原稿を書いて少しくたびれれば、ワード【文書作成ソフト】を閉じて、メールが届いていないか確認したり、ネットを開けてさまざまな情報にアクセスしたりします。［３］こうした営みは、まさに「机を前にして」私がやっていることなのです。でも今は、「机を前に」する必要もないし、「ノートパソコンを膝《ひざ》の上に置く」必要もなく、ただ手のひらに収まっているスマホに指を滑らせることで、いつでもどこでも「世界」を自分の前に開くことができるのです。

　デスクトップからスマホへ。これは単なる道具の技術革新だけではないのです。「机の前に座ったり」「部屋にこもったり」「何インチかの画面に集中したり」など、まさにネットへ私たちが向きあうためだけに一定の手続きや姿勢の変更《こう》、意識の変更が必要だったのが、そうした身体的動作や日常的な意識の変更をせずに、いつでも私たちは「世界」と向きあえるようになりました。このことが、日常生きていくうえで決定的な生活の「革新」をもたらしたと考えます。なにか特別な手続きや意識の変化など一切不要で、いつでもどこでもネット「世界」を開き、自分自身をそこで遊ばせることができるとすれば、これはこのうえもない刺《し》激や興奮をもたらす、えもいえぬ【言葉では言い表せない】悦楽ではないでしょうか。こう考えてくれば、「歩きスマホ」は必然であり、当然の結果なのです。

　日常的な道徳やエチケットとして、あるいは危険な事故を防ぐために「歩きスマホはやめましょう」と連呼することはできても、それだけで絶対「歩きスマホ」はなくならないでしょう。［４］、そうした規制の声が耳に入らないくらい、圧倒《とう》的に私たちは今、「世界」を携帯できる悦楽に魅了《りょう》されてしまっているからです。「世界」を携帯できる悦楽に驚《おどろ》き、魅了されているかぎり、「歩きスマホ」は思いっきり自然な営みであり続けるでしょう。

　では、どうなれば「歩きスマホ」はなくなっていくでしょうか。私は、こう夢想します。「世界」を携帯できること自体、特に驚くべきことでもないし、魅了されることでもない、その意味で陳腐《ちんぷ》【つまらないこと】で［Ａ］だという意識を私たちがもつこと。それができて初めて、「歩きスマホ」が日常生活に様々な支障をきたすということを、本当の意味で私たちは自らの〝腑《ふ》に落とす〟ことができるのではないでしょうか。

　［５］、社会学者の鈴木《すずき》謙介《けんすけ》は、「ウェブ社会」の特徴《ちょう》を「現実空間の多孔《こう》化」と呼び優れたユニークな分析《せき》をしています（鈴木謙介『ウェブ社会のゆくえ――〈多孔化〉した現実のなかで』ＮＨＫブックス、二〇一三年）。

　「現実空間の多孔化」とはどのようなことを言っているのでしょうか。鈴木は「現実の空間に付随《ずい》【付属】する意味の空間に無数の穴が開き、他の場所から意味＝情報が流入したり、逆に情報が流出したりする」ことを「空間的現実の多孔化」と呼び、「多孔化した現実空間においては、同じ空間に存在している人どうしが互《たが》いに別の意味へと接続されるため物理的空間の特権性が失われる」ことを「空間的現実の非特権化」と呼んでいます（前掲《けい》書、一三七ページ）。

　二〇一六年七月に日本でも「Pokemon GO」が解禁され、日本中の人々がゲームにはまっています。あらゆる場所にポケモンが出現するため、さまざまなトラブルや事件も起こっています。たとえば広島市平和記念公園をポケモンの出現する場所から外してほしいという要請《せい》

二〇二二年度　明治大学付属明治中学校

【国　語】〈第二回試験〉（五〇分）〈満点：一〇〇点〉

注意　字数制限のある問題については句読点・記号を字数に含《ふく》めること。

一　次の文章を読んで、あとの問いに答えなさい。ただし、【　】は語句の意味で、解答の字数に含《ふく》めないものとします。

スマートフォン（以下スマホ）は従来の日常のあり方を大きく変容させたと私は考えています。私たちは、「スマホのある日常」をどのように生きているのでしょうか。社会学的な見方を通して、少しじっくりと考えてみたいと思います。

毎朝の通勤通学の風景。駅のホームに並び電車を待つ人々。彼《かれ》らの九割以上がスマホをのぞきこみ、一心に指を滑《すべ》らしています。もう見慣れた、あまりにもあたりまえの日常のワンシーンといえるでしょう。でも私は毎日この情景を見るたび、それぞれ異なった人々がまったく同じ姿勢を保ち、同じ動作をしている画一さ、均質さを感じます。同時に①スマホに〝飼い慣らされて〟しまっている私たちの姿であることに気づき、戦慄《りつ》して【おそろしくて体がふるえて】いるのです。

スマホはずいぶん前から日常化し、身体化しているメディアと言えるでしょう。終日、なんらかのかたちでスマホに依《い》存している私たちの日常があるとして、その状態をどのように私たちは考えればいいでしょうか。

［1］アルコールや薬物と同じように考え、スマホに過剰《じょう》に支配された姿を依存症《しょう》と呼び、一つの「病《やま》い」と考えることもできるでしょう。「病い」であれば、私たちがその症状から回復するための「治療《りょう》法」や「処方」が考えられます。スマホを使う時間帯を制限するとか、学校ではスマホの使用を禁止するとか、ある規制をつくりあげ、私たちとスマホの関係を改善していくという方向性です。

また、スマホとの適切なつきあい方を、スマホとより円熟した関係をつくりあげている「先輩《ぱい》」からわかりやすい説明で、伝授してもらうという方向もあるでしょう。巷《ちまた》【世間】にスマホとの効果的なつきあい方やスマホの活用法をわかりやすく語るノーハウ【やり方】本が氾濫《はんらん》しているのも、②こうした発想の表れと言えるでしょう。

でも、いずれの「処方」にしても私たちの大半が用いること自体に抵抗《ていこう》すら感じなくなっているスマホと日常的な関係のありようを「依存」や「病理」という視角から考えること自体、私たちがすでにスマホという魅《み》力ある魔《ま》性のメディアに絡《から》めとられていることの証左【証拠《こ》】ではないでしょうか。

ここでは「依存」や「病理」ではない発想で、スマホのある日常を考えてみたいと思います。

片手に収まる端《たん》末としてのスマホ。それは画像や動画も撮《と》れるし、鮮《せん》明な映像もみることができるし、［2］電話の機能も備えています。すでにコンピュータの端末以上の機能を持っています。こうした道具を手にしてまさに一日中何らかの形で操作をすることで、私たちは「今、ここ」で、目の前にいるあなたとだけ出会えるのではなく、瞬《しゅん》時のうちに、「今、ここ」を超越《ちょうえつ》し、多様な現実とつながることができます。スマホを使いこなす日常で、私たちはいったい何を手にして、何が脅《おびや》かされているのでしょうか。それは端的に言って、③「世界」を携《けい》帯する悦《えつ》楽【喜び】であり、その裏返しとして「わたし」が不特定多数の匿《とく》名【氏名をかくすこと】の人々にさらされるリスクだと私

2022年度
明治大学付属明治中学校　▶解説と解答

算　数　＜第２回試験＞（50分）＜満点：100点＞

解　答

[1] (1) $\frac{3}{8}$　(2) 30　(3) 245　(4) 50　(5) 31　[2] (1) 37人　(2) 247冊
[3] (1) 1050円　(2) ５月５日　[4] (1) 4860m　(2) 8748m　(3) 640m　[5]
(1) 1.2cm　(2) ３：25

解　説

[1] 逆算，つるかめ算，図形と規則，数列，濃度《のうど》，相似，辺の比と面積の比

(1) $\left(1\frac{11}{12}-\square\right)\div4.625\times3\frac{1}{2}-\frac{1}{6}=1$，$\left(1\frac{11}{12}-\square\right)\div4.625\times3\frac{1}{2}=1+\frac{1}{6}=1\frac{1}{6}$，$1\frac{11}{12}-\square=1\frac{1}{6}\div3\frac{1}{2}\times4.625=\frac{7}{6}\div\frac{7}{2}\times4\frac{5}{8}=\frac{7}{6}\times\frac{2}{7}\times\frac{37}{8}=\frac{37}{24}$　よって，$\square=1\frac{11}{12}-\frac{37}{24}=\frac{23}{12}-\frac{37}{24}=\frac{46}{24}-\frac{37}{24}=\frac{9}{24}=\frac{3}{8}$

(2) 84円切手だけを40枚買ったとすると，84円切手だけの代金は，84×40＝3360(円)，63円切手だけの代金は，63×０＝０(円)だから，その差は，3360－０＝3360(円)となる。84円切手と63円切手を１枚ずつ交換《こうかん》すると，84円切手だけの代金は84円減り，63円切手だけの代金は63円増えるので，差は，84＋63＝147(円)ずつ縮まる。代金の差を1890円にするには，3360－1890＝1470(円)縮めればよいから，1470÷147＝10(枚)ずつ交換すればよい。よって，84円切手の枚数は，40－10＝30(枚)とわかる。

(3) 右の図１の矢印のように移動すると，１番目の図形のまわりの長さは，１辺の長さが，２×３＝６(cm)の正方形のまわりの長さと等しくなるので，６×４＝24(cm)とわかる。また，番号が１つ増えるごとに横の長さが２cmずつ長くなるから，まわりの長さは，２×２＝４(cm)ずつ長くなる。よって，□番目の図形のまわりの長さは，24＋４×(□－１)(cm)と表すことができる。さらに，10mは1000cmなので，24＋４×(□－１)＝1000より，□＝(1000－24)÷４＋１＝245(番目)と求められる。

図１

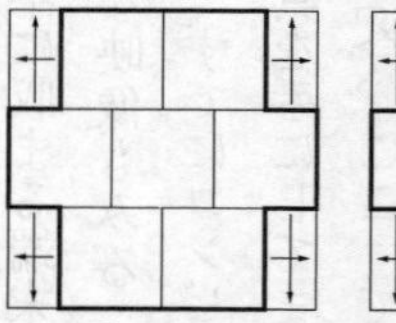

１番目の図形

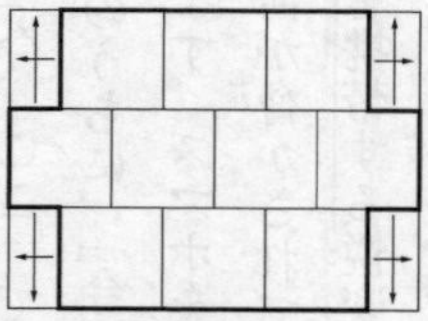

２番目の図形

(4) はじめにＡに入っていた食塩水の重さを②ｇ，はじめのＢの濃度を□％として図に表すと，右の図２，図３のようになる。図３で，ウ：エ＝(12－３)：(３－２)＝９：１だから，図３で混ぜた食塩水の重さの比は，$\frac{1}{9}$：$\frac{1}{1}$＝１：９となり，200＋①＝⑨とわかる。よって，①＝200÷(９－１)＝25(ｇ)と求められるので，はじめにＡに入っていた食塩水の重さは，25×２＝50(ｇ)とわかる。なお，図２で，混ぜた食塩水の重さの比が，25：200＝１：８だから，ア：イ＝$\frac{1}{1}$：$\frac{1}{8}$＝８：１となり，イ＝(12－２)×$\frac{1}{8}$＝1.25(％)とわかる。

図２

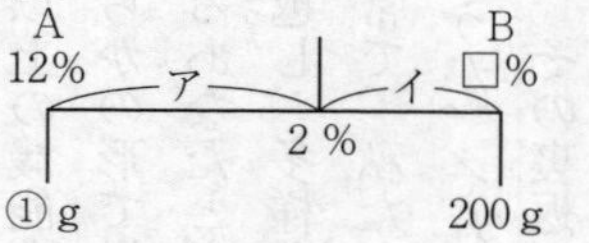

図３

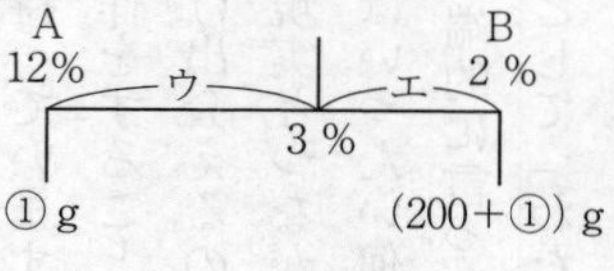

つまり，はじめのＢの濃度は，２－1.25＝0.75(％)である。

(5)　右の図４で，○と●の印をつけた角の大きさはそれぞれ等しい(○＋●＝90度)。すると，４つの三角形ABC，AFE，DFA，DAEは相似であり，直角をはさむ２つの辺の長さの比はすべて，AB：BC＝(５＋７)：６＝２：１となる。よって，図のように，EF＝①とすると，AF＝①×$\frac{2}{1}$＝②，FD＝②×$\frac{2}{1}$＝④となるから，三角形AEFと三角形AFDの面積の比は，EF：FD＝１：４とわかる。また，AD＝５×$\frac{2}{1}$＝10(cm)なので，三角形AEDの面積は，５×10÷２＝25(cm²)となり，三角形AEFの面積は，25×$\frac{1}{1+4}$＝５(cm²)と求められる。さらに，三角形ABCの面積は，６×(５＋７)÷２＝36(cm²)だから，四角形BCFEの面積は，36－５＝31(cm²)とわかる。

図４

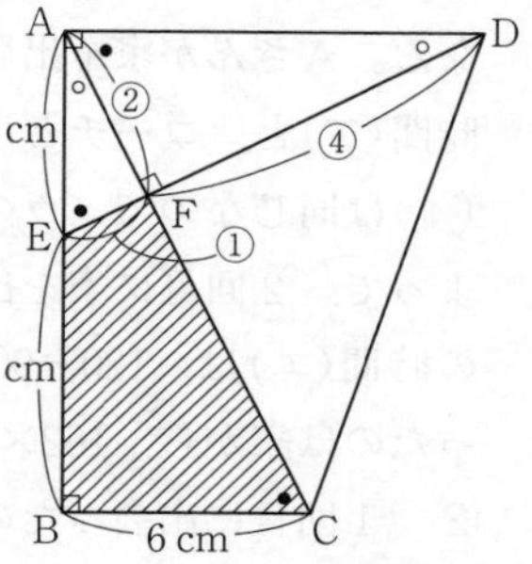

2 差集め算

(1)　右の図１の㋐で，２年生の人数を６人減らすと，２年生に配る数が，２×６＝12(冊)少なくなるから，80＋12＝92(冊)余ることになる。また，㋑で，２年生の人数を６人減らすと，２年生に配る数が，３×６＝18(冊)少なくなるので，19－18＝１(冊)不足することになる。よって，右の図２のように表すことができる。図２で，１年生１人と２年生１人を組にすると，㋑′と㋐′で１組に配る数の差は，(５＋３)－(３＋２)＝３(冊)になる。これが組の数だけ集まったものが，92＋１＝93(冊)だから，組の数は，93÷３＝31(組)と求められる。したがって，２年生の人数は，31＋６＝37(人)である。

図１

㋐ １年生　３冊，…，３冊
　 ２年生　２冊，…，２冊，（６人）２冊，…，２冊 → 80冊余る

㋑ １年生　５冊，…，５冊
　 ２年生　３冊，…，３冊，（６人）３冊，…，３冊 → 19冊不足

図２

㋐′ １年生　３冊，…，３冊
　　２年生　２冊，…，２冊 → 92冊余る

㋑′ １年生　５冊，…，５冊
　　２年生　３冊，…，３冊 → １冊不足

(2)　図２の㋐′から，ノートの冊数は，(３＋２)×31＋92＝247(冊)と求められる。

3 ニュートン算

(1)　１日にもらうおこづかいを①円とする。毎日120円ずつ使う場合，15日で，①×15＝⑮(円)もらい，その間に，120×15＝1800(円)使って，はじめにあった貯金がなくなる。また，毎日100円ずつ使う場合，21日で，①×21＝㉑(円)もらい，その間に，100×21＝2100(円)使って，はじめにあった貯金がなくなる。よって，上の図のように表すことができるから，㉑－⑮＝⑥にあたる金額が，2100－1800＝300(円)とわかる。したがって，①＝300÷６＝50(円)なので，はじめにあった貯金は，1800－50×15＝1050(円)と求められる。

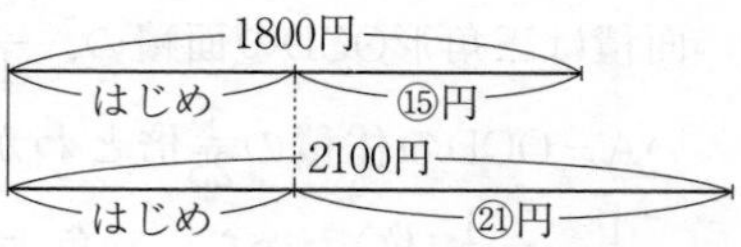

(2)　４月15日の貯金は，1050＋50×15＝1800(円)になる。４月16日からは１日に，140－50＝90(円)ずつ貯金が減るから，貯金を使い切るのは４月15日の，1800÷90＝20(日後)である。これは，15＋20＝35(日)，35－30＝５(日)より，５月５日となる。

4 旅人算

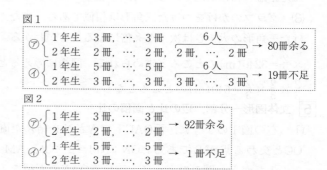

(1)　８時から10時までは，60×(10－８)＝120(分)だから，２人の進行のようすをグラフに表すと，右のようになる。Ａさんが家を出発してからコーチと出会うまでの時間(ア)と，コーチと出会ってから家に着くまでの時間(イ)は同じなので，ウの時間は，45×２＝90(分)である。よって，２回目に家を出発してからコーチと出会うまでの時間(エ)は，120－90＝30(分)だから，２回目に出会ったのは家から，162×30＝4860(m)のところである。

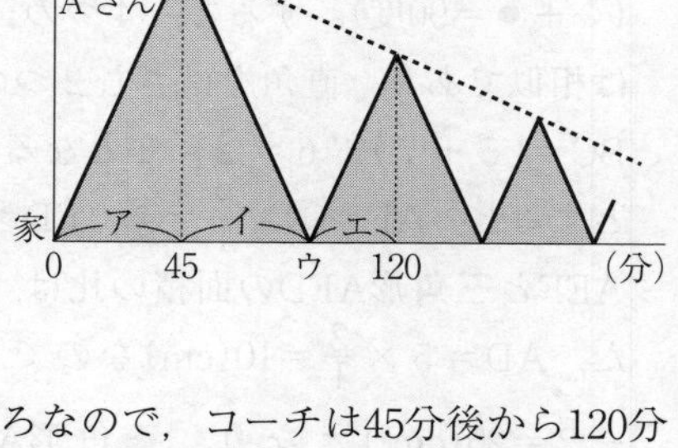

(2)　１回目に出会ったのは家から，162×45＝7290(m)のところなので，コーチは45分後から120分後までの間に，7290－4860＝2430(m)歩いたことがわかる。よって，コーチの速さは分速，2430÷(120－45)＝32.4(m)と求められる。また，家から公園までの距離《きょり》は，Ａさんとコーチが45分で進んだ距離の和にあたるから，(162＋32.4)×45＝8748(m)である。

(3)　グラフのかげをつけた三角形は相似である。また，ア：エ＝45：30＝３：２なので，かげをつけた三角形の大きさは次々と$\frac{2}{3}$倍になることがわかる。よって，３回目に出会うのは家から，4860×$\frac{2}{3}$＝3240(m)のところと求められる。同様に考えると，７回目に出会うのは家から，3240×$\frac{2}{3}$×$\frac{2}{3}$×$\frac{2}{3}$×$\frac{2}{3}$＝640(m)のところとなる。

5　立体図形—分割，辺の比と面積の比

(1)　右の図１のように，面OAC上でＡとＮを結んだ直線が辺OCと交わる点がＰである。ON：NM＝１：２，AM：CM＝１：１だから，図１のように，三角形OANの面積を１とすると，三角形NAMと三角形NCMの面積は２になる。すると，三角形OANと三角形ACNの面積の比は，１：(２＋２)＝１：４となるから，OP：PC＝１：４とわかる。よって，OPの長さは，６×$\frac{1}{1+4}$＝1.2(cm)と求められる。

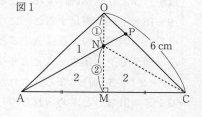

図１

(2)　下の図２の立体を面OACで分けると，下の図３，図４のようになる。図３で，三角形OPQの面積は三角形OCDの面積の，$\frac{1}{1+4}$×$\frac{1}{1+4}$＝$\frac{1}{25}$(倍)なので，三角すいＡ－OPQの体積は三角すいＡ－OCDの体積の$\frac{1}{25}$倍とわかる。また，図４で，三角形OAPの面積は三角形OACの面積の，$\frac{1}{1+4}$＝$\frac{1}{5}$(倍)だから，三角すいＢ－OAPの体積は三角すいＢ－OACの体積の$\frac{1}{5}$倍になる。さらに，図２の四角すいOABCDの体積を１とすると，図３と図４の立体全体の体積はどちらも，１÷２＝

図２
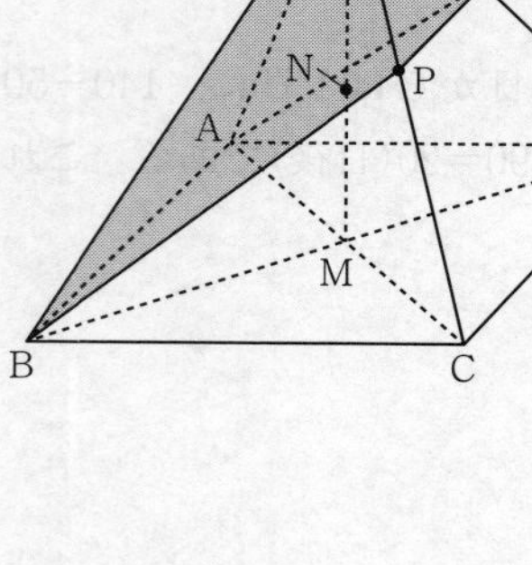

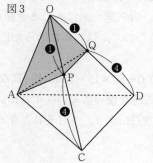

図３
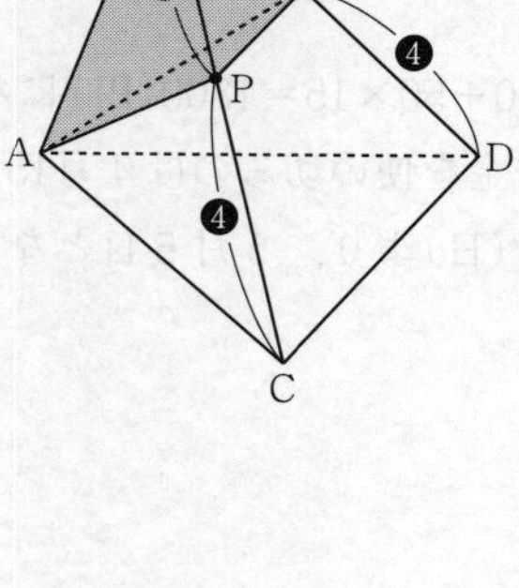

図４
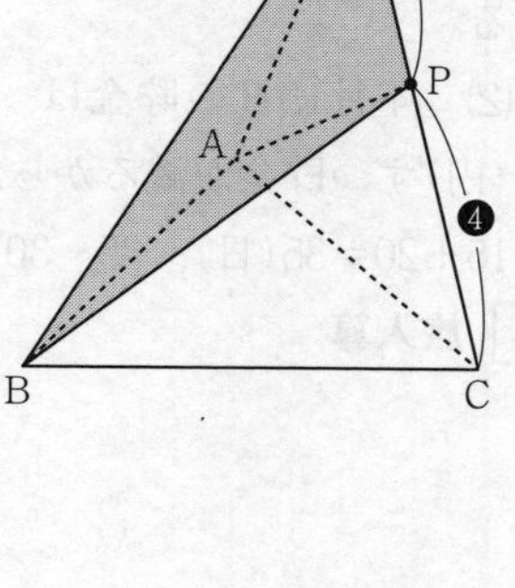

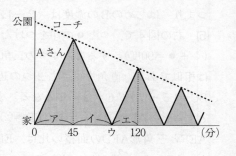

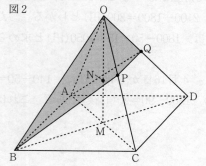

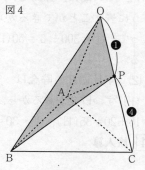

$\frac{1}{2}$になるので，図３の三角すいA－OPQの体積は，$\frac{1}{2}\times\frac{1}{25}=\frac{1}{50}$，図４の三角すいB－OAPの体積は，$\frac{1}{2}\times\frac{1}{5}=\frac{1}{10}$と求められる。よって，図２の四角すいOABPQと四角すいOABCDの体積の比は，$\left(\frac{1}{50}+\frac{1}{10}\right)$：１＝３：25とわかる。

社会　＜第２回試験＞（40分）＜満点：75点＞

解答

Ⅰ　**1**　①　ウ　②　オ　③　エ　④　イ　**2**　**a**　ア　**b**　カ　**c**　エ　**3**　イ　**4**　(1)　**A**　エ　**B**　ア　**C**　イ　(2)　イ→ア→エ→ウ　**5**　(1)　エ　(2)　(例)　国土面積の0.6％のせまい沖縄県に，70.3％の基地が集まっていること。　**6**　ウ　**7**　(例)　森林が伐採されること。（野生動物のすみかが失われること。）　**8**　ウ　Ⅱ　**1**　**あ**　土偶　**い**　金印　**う**　内閣　**え**　中尊(寺)　**お**　東海道　**か**　歌川広重　**2**　エ　**3**　エ　**4**　イ→エ→ウ→ア　**5**　ウ　**6**　イ　**7**　ア　**8**　イ　**9**　ア　**10**　A→B→D→F→C→E　**11**　イ（ウ，カ）／（例）　土佐藩出身の坂本龍馬らのなかだちで，薩摩藩の西郷隆盛と長州藩の木戸孝允が同盟を結んだ。　Ⅲ　**1**　ウ　**2**　ウ，オ　**3**　(例)　少数派の意見が尊重されないという問題点があるため，少数派の意見もきちんと聞き，その意見もなるべく取り入れられるように心がける。　**4**　香港（ホンコン）　**5**　表現の自由　**6**　エ　**7**　ウ　**8**　イ　**9**　ア，ウ　**10**　ア，カ　**11**　(例)　政治を行う人が国民の人権を侵害するようなことがあっても，その人を交代させることができない。

解説

Ⅰ　持続可能な開発目標(SDGs)を題材にした問題

1　①　千葉県中西部の東京湾岸に位置するウの市原市には大規模な石油化学コンビナートがあり，京葉工業地域の中心都市の１つとなっている。また，サッカーＪリーグのジェフユナイテッド千葉は，千葉市と市原市をホームタウンとしている。　②　兵庫県南西部に位置するオの姫路《ひめじ》市には，ユネスコ(国連教育科学文化機関)の世界文化遺産に登録された姫路城がある。　③　岐阜県北部に位置するエの高山市は，江戸時代には天領(幕府の直轄《ちょっかつ》地)として栄え，現在も当時の町並が残っている場所がある。また，隣接《りんせつ》する大野郡白川村には，世界文化遺産に登録されている白川郷の合掌《がっしょう》造り集落がある。　④　山形県南部に位置するイの米沢市は，江戸時代に上杉氏の城下町として栄えた。第９代藩主の上杉鷹山《ようざん》は産業振興《しんこう》に力をつくし，米沢織を発展させた。　なお，アは旭川市(北海道)，カは今治市(愛媛県)，キは長崎市。

2　**a**　海に×があるので，海中を写したアがあてはまる。地形図に見える「先島諸島」は沖縄県南西部に位置する島々で，地形図は宮古島の北部にあたる。この周辺の海域では，写真にあるようなサンゴ礁《しょう》が見られる。　**b**　畑(∨)の中に×があるので，サトウキビ畑を写したカがあてはまる。沖縄県では温暖な気候を生かしたサトウキビ栽培がさかんに行われている。なお，ウは水田を写したもので，水田は(ıı)で表される。　**c**　横線は湿地を表す地図記号である。熱帯や亜《あ》熱帯の，海水と淡水《たんすい》が混ざり合う水域では，エのようなマングローブとよばれる植物群が見られる。

3　富山市は「コンパクトなまちづくり」を進めるなかで，資料１にあるように，商業施設や公共施設などの生活拠点《きょてん》を中心市街地の周りに多く集め，これらを公共交通機関で結んでいる。人の集まる商業施設や公共施設を郊外に移すと，都市機能が分散してコンパクトなまちにはならないので，イが正しくない。

4　(1)　**A**　大阪市は阪神工業地帯にふくまれており，家電製品などの電気機械器具をつくる工場が多い。　**B，C**　いずれも輸送用機械器具の生産がさかんな都市であることがわかる。これにあてはまるのは広島市と浜松市で，日本を代表する自動車メーカーの工場がある広島市のほうが輸送用機械器具の出荷額等が多い。　(2)　アは1960年代，イは1890年代（八幡製鉄所の操業開始は1901年），ウは1997年（エコタウン指定の年）以降，エは1970年（北九州市公害防止条例）のできごとなので，時代の古い順にイ→ア→エ→ウとなる。

5　(1)　日本国内には，日米安全保障条約にもとづいて米軍（アメリカ軍）の基地（専用施設）が各地に置かれているが，沖縄県にはその約70％が集中している。なお，「い」は青森県，「う」は神奈川県，「え」は東京都，「お」は北海道。　(2)　太平洋戦争（1941～45年）後，沖縄は米軍の占領下に置かれ，このとき各地に基地がつくられた。1972年に沖縄が返還され，少しずつ規模は縮小されているが，日本の国土面積の0.6％を占めるに過ぎない沖縄県に，米軍基地の約70％が集中していることは，沖縄県民に大きな負担を強いており，問題となっている。

6　Ｘは2011年から2013年にかけて急増していることから，発電所などからの排出にあたるエネルギー転換《てんかん》部門だと判断できる。2011年には東日本大震災が発生し，福島第一原子力発電所で重大な事故が発生した。このあと，全国の原子力発電所が点検などのために次々と稼働《かどう》を停止し，そのぶんの電力をまかなうため，火力発電の割合が増加した。これにともない，エネルギー転換部門からの二酸化炭素の排出量が増えたのだと推測できる。なお，Ｙは産業部門，Ｚは運輸部門。

7　写真からわかるように，メガソーラーのソーラーパネルをつくるには，広く日当たりのよい場所が必要となる。この条件を満たす場所として山の斜面《しゃめん》があげられるが，こうした場所にソーラーパネルを設置するため，森林の伐採《ばっさい》や地形の変更が行われる可能性がある。森林は野生動物のすみかとなる，雨水をたくわえる，土砂崩《どしゃくず》れを防ぐなどさまざまなはたらきを持っており，これを破壊することは大きな問題につながると考えられる。

8　「汚れた水で下痢《げり》・嘔吐《おうと》・腹痛を起こす伝染病」の患者《かんじゃ》数が16万人を超《こ》えたのは1945年だけなので，ウが正しくない。

Ⅱ　各時代の歴史的なことがらについての問題

1　**あ**　Ａは「遮光器土偶《しゃこうきどぐう》」（「遮光器」は光をさえぎるための眼鏡のようなもの）とよばれる土偶で，青森県の亀ヶ岡《かめがおか》遺跡から出土した。土偶は，縄文時代の人々が豊かなめぐみや安産，子孫繁栄《はんえい》などを願うまじないのさいに用いたと考えられている。　**い**　江戸時代の1784年，福岡県の志賀島でＢのような金印が発見された。中国の古い歴史書『後漢書』東夷《とうい》伝には，日本にあった奴国《なこく》の王が中国の皇帝から金印を授けられたことが記されており，この金印がそのときのものと考えられている。　**う**　伊藤博文は長州藩（山口県）出身の政治家で，明治政府の中心となって活躍《かつやく》した。憲法を研究するため1882年にヨーロッパに渡り，帰国後の1885年には内閣制度を創設してみずから初代内閣総理大臣に就任した。　**え**　1124年，奥州藤原氏の初代清衡《きよひら》は，東北地方で起こった戦乱で命を落とした人々の魂《たましい》をなぐさめるため，浄土信仰《じょうどしんこう》にもとづく阿弥陀《あみだ》堂として中尊寺金色堂を建てた。金色堂は壁や柱などに金ぱくが施《ほどこ》されており，2011年には「平泉―仏国土(浄土)を表す建築・庭園及《およ》び考古学的遺跡群」の１つとしてユネスコの世界文化遺産に登録された。**お** 1964年10月，東京オリンピックの開催に合わせて，東京駅―新大阪駅間で東海道新幹線が開通した。
か　歌川広重は江戸時代後半に栄えた化政文化を代表する浮世絵師で，「東海道五十三次」や「名所江戸百景」などの作品で知られる。Ｆは「名所江戸百景」のうちの「大はしあたけの夕立」を模したものである。

２　志賀島で発見された金印には「漢委奴国王《かんのわのなのこくおう》」と刻まれており，エがこれを表している。なお，アは足利義満が明(中国)から贈られた「日本国王之《の》印」，イは徳川家康が用いた「源家康忠恕」，ウは「天皇御璽《ぎょじ》」。

３　奴国の王は，弥生時代の紀元57年に後漢(中国)の光武帝に使いを送り，金印を授けられた。なお，明の永楽帝とは室町時代の15世紀，隋(中国)の煬帝《ようだい》とは飛鳥時代の７世紀に交流があった。三国時代の魏《ぎ》(中国)には，弥生時代の３世紀に邪馬台国《やまたいこく》の卑弥呼《ひみこ》が使いを送っている。

４　アは1907年頃に伊藤博文が韓国統監《とうかん》として韓国皇太子と撮った写真，イは1871年に欧米に向けて出発した岩倉使節団のメンバーを撮った写真(右から２番目が伊藤博文)，ウは1895年に下関(山口県)で行われた日清戦争の講和会議のようすを描いた絵，エは1889年の大日本帝国憲法発布のようすを描いた絵なので，時代の古い順にイ→エ→ウ→アとなる。

５　伊藤博文は江戸時代末に松下村塾で吉田松陰に学び，明治維新後に新政府の重職に就いた。その明治新政府が1868年，天皇が神に誓《ちか》うという形で示した新しい政治の方針が五箇条《ごかじょう》の御誓文《ごせいもん》で，ウはその一つ目の内容にあたる。なお，アは奈良時代の743年に聖武天皇が出した大仏造立《ぞうりゅう》の詔《みことのり》，イは1588年に豊臣秀吉が出した刀狩令の内容。エは太平洋戦争(1941～45年)直後の人々の生活のようすをつづった文である。

６　阿弥陀堂である中尊寺金色堂には，イの写真の中央に見える阿弥陀如来《にょらい》像を中心としてさまざまな仏像が安置されており，仏像がのっている須弥壇《しゅみだん》には，奥州藤原氏三代の遺体が納められている。なお，アは広隆寺(京都府)の弥勒菩薩《みろくぼさつ》像(半跏思惟《はんかしゆい》像)，ウは東大寺(奈良県)の大仏(盧舎那仏《るしゃなぶつ》)，エは興福寺(奈良県)の阿修羅《あしゅら》像。

７　東海道新幹線が開通した1960年代には，カラーテレビ・クーラー(エアコン)・カー(自家用車)という３Ｃ(新三種の神器)がようやく普及《ふきゅう》し始めた。デジタルカメラや薄型《うすがた》テレビといったデジタル家電が普及するようになったのは，2000年代以降のことである。

８　博多駅は福岡県福岡市にあり，福岡県のこの地域はかつて筑前《ちくぜん》国とよばれていた。なお，豊後《ぶんご》国は大分県，肥前《ひぜん》国は佐賀県と長崎県の一部，日向《ひゅうが》国は宮崎県と鹿児島県の一部にあたる。

９　浮世絵は江戸時代末(19世紀後半)に開国されるとヨーロッパに紹介《しょうかい》され，多くの芸術家に影響を与えた。なかでも，オランダ人画家のゴッホは熱心な浮世絵の収集家として知られ，浮世絵の模写をしたり，自身の作品に浮世絵を描いたりした。なお，ダ・ヴィンチはイタリア人で16世紀に，ピカソはスペイン人で20世紀に，モネはフランス人で19～20世紀に活躍した芸術家。

10　Ａは縄文時代，Ｂは弥生時代，Ｃは明治時代，Ｄは平安時代，Ｅは昭和時代，Ｆは江戸時代に関わりが深いものや人物なので，時代の古い順にＡ→Ｂ→Ｄ→Ｆ→Ｃ→Ｅとなる。

11　写真は，東京都台東区の上野恩賜《おんし》公園にある西郷隆盛像である。西郷隆盛は薩摩藩出身の政治家で，1866年には長州藩との間で薩長同盟を結び，倒幕に貢献《こうけん》した。明治政府でも要職についたが，征韓論（武力を用いてでも朝鮮を開国させようという考え方）が受け入れられず，明治六年政変（征韓論政変）とよばれるできごとで1873年に政府を去った。その後，故郷の鹿児島で不平士族におし立てられて1877年に西南戦争を起こしたが，敗れて自害した。なお，アは江戸幕府の老中松平定信が1787～93年に行った幕政改革。エは1884年，オは1894～95年のできごとで，西郷隆盛の死後に起こったことである。

Ⅲ　民主主義や日本の政治のしくみについての問題

１　予算案は内閣が作成したものを，国会（先議権のある衆議院の議長）に提出し，その後，予算委員会，本会議の順に審議・可決される。

２　社会保障制度は社会保険・社会福祉・公的扶助《ふじょ》（生活保護）・公衆衛生の四本柱からなり，社会保障関係費には年金・介護《かいご》や健康保険などの費用がふくまれる。なお，アとカは公共事業関係費に，イは文教及び科学振興費にふくまれる。

３　多数決は，大きな集団での意思決定を早く行えるという利点もあるが，少数派の意見が尊重されにくいという問題点もある。民主主義においては少数意見も尊重されるべきなので，最終的な決定方法として多数決を採用する場合でも，議論をつくして少数派の意見を反映し，できるだけ多くの人が納得した上で行うことが望ましいといえる。

４　中国は社会主義体制をしいているが，1997年にイギリスから返還された香港《ホンコン》は特別行政区として，返還後50年間は資本主義体制を維持することが認められた（一国二制度）。香港では資本主義とともに民主主義，自由主義的な思想や言動も認められてきたが，近年，中国政府は香港への圧力を強め，2020年には「香港国家安全維持法」を制定して民主派を厳しく弾圧できる体制を整えた。

５　日本国憲法第21条は表現の自由を定めた条文で，集会，結社の自由や出版の自由などが保障されている。なお，香港では中国政府に批判的な言動が規制や弾圧の対象となっており，表現の自由が脅かされている。

６　メディアリテラシーとは，メディア（情報媒体《ばいたい》）の発する情報の中から，正しいものや必要なものを取捨選択《せんたく》できる能力のことをいう。どのような発信源から出されたどのような情報であっても，そこには情報を発信する立場の見方や考え方が反映されているので，それがものごとを正しく伝えているかどうかは断定できない。そのため，複数のメディアからの情報を比較《ひかく》したり，発信源の信頼性を確認したりして，その情報を正しく読み解く必要がある。よって，エが正しい。

７　ア　2022年２月時点で，憲法改正の国民投票において，投票の有効性を保つための最低投票率は設けられていない。　イ　憲法改正の国民投票の投票権は，満18歳以上に与えられる。　ウ　憲法改正の国民投票の具体的な手続きを定めた国民投票法の規定を正しく説明している。　エ　内閣総理大臣には，憲法改正をふくめ，国会の議決や国民の参加した投票結果に対する拒否権はない。

８　2021年に改正された国民投票法では，憲法改正に対するテレビ・ラジオCMを使った賛否のよびかけは，投票日の14日前から禁止とされた。

９　かつての「東西冷戦」では，ソビエト連邦（ソ連）を中心とする社会主義国が東側陣営《じんえい》を構成し，東ヨーロッパ諸国や朝鮮民主主義人民共和国（北朝鮮）などがこれに属していた。

10　18～20歳代で最も割合の高い棄権理由は，「仕事があったから」である。また，「私一人が投票しなくても同じだから」を選択した割合は，30～40歳代が最も高い。

11　専制(独裁)政治においては，政治決定が個人あるいは１つの機関によって行われるので，大多数の国民の意思(世論)がほとんど反映されない。そして，これに反対する人々は自由を奪《うば》われたり逮《たい》捕《ほ》されたりして弾圧される可能性がある。また，このような体制下では，最高権力者や政権を合法的に交代させることが難しいという問題点もある。

理　科　＜第２回試験＞（40分）＜満点：75点＞

解　答

Ⅰ　(1)　44 g　(2)　**一酸化炭素**…42 g　**酸素**…24 g　(3)　**二酸化炭素**…88 g　**残る物質**…酸素　**残る重さ**…32 g　Ⅱ　(1)　**A**　銅　**B**　炭酸カルシウム　**C**　アルミニウム　(2)　**ア**　水素　**イ**　二酸化炭素　Ⅲ　(1)　**A**　核　**B**　気孔　**C**　孔辺細胞　**D**　葉緑体　(2)　ウ　(3)　ア，イ　(4)　ア　Ⅳ　(1)　エ　(2)　相同器官　(3)　相似器官　(4)　ア，イ，エ　(5)　オ　Ⅴ　(1)　B→A→C　(2)　**３月13日**…エ　**３月14日**…ウ　(3)　**a**　寒冷前線　**b**　温暖前線　(4)　ウ　(5)　エ　(6)　ウ，エ　(7)　エ　Ⅵ　(1)　60回転　(2)　14400cm　(3)　秒速576cm　(4)　48kg　(5)　12kg　Ⅶ　(1)　0.6 A　(2)　0.2 A　(3)　**ア**　22 V　**イ**　84 V　(4)　0.3 A

解　説

Ⅰ　一酸化炭素の燃焼についての問題

(1)　炭素原子●の重さを３，酸素原子○の重さを４とすると，図は，(３＋４)×２＝14の重さの一酸化炭素と，４×２＝８の重さの酸素が反応して，(４×２＋３)×２＝22の重さの二酸化炭素ができることを示している。よって，28 g の一酸化炭素がすべて酸素と反応したときにできる二酸化炭素の重さは，$28\times\frac{22}{14}=44$(g)である。

(2)　66 g の二酸化炭素をつくるときには，$66\times\frac{14}{22}=42$(g)の一酸化炭素と，$66\times\frac{8}{22}=24$(g)の酸素が必要となる。

(3)　56 g の一酸化炭素と反応する酸素の重さは，$56\times\frac{8}{14}=32$(g)で，このときにできる二酸化炭素は，$56\times\frac{22}{14}=88$(g)である。また，反応せずに残る酸素の重さは，64－32＝32(g)になる。

Ⅱ　物質の性質についての問題

(1)　実験１で，ろ紙に残らなかったDは水に溶《と》ける食塩である。実験２で，水酸化ナトリウム水溶《すいよう》液《えき》に溶けて気体アを発生したCはアルミニウムとわかる。実験３で，うすい塩酸に溶けて気体イを発生したBは炭酸カルシウム，ろ紙に残ったAは銅となる。

(2)　実験２では，アルミニウムが水素を発生させながら水酸化ナトリウム水溶液に溶ける。実験３では，炭酸カルシウムが二酸化炭素を発生させながらうすい塩酸に溶ける。

Ⅲ　植物のつくりとはたらきについての問題

(1)　Aは核《かく》というつくりで，ふつうすべての細胞《さいぼう》に１つずつあり，遺伝情報などを含《ふく》んでいる。Bは主に葉にあるすき間で気孔《きこう》といい，気体の出入り口になっている。Cは気孔を囲む細胞で，孔辺細胞といい，この細胞のはたらきで気孔が開閉する。Dは光合成を行う葉緑体というつくりである。

(2)　細胞の核に含まれ，遺伝情報としてのはたらきをもつ物質をデオキシリボ核酸という。一般《いっぱん》には英語の略称《りゃくしょう》の「DNA」と呼ばれることが多い。

(3)　ヒトや酵母菌《こうぼきん》の細胞にはデオキシリボ核酸があるが，コロナウイルスやインフルエンザウイルスではリボ核酸(RNA)という物質が遺伝情報をつかさどっている。

(4)　午前８時から午後２時までの間で，蒸散量のグラフは初めから傾《かたむ》きが急であるが，吸水量のグラフでは初めは傾きがややゆるやかで，少し経ってから傾きが急になっている。このことから，吸水量が蒸散量に影響《えいきょう》を受けていると判断できる。

Ⅳ　生物の特徴《とくちょう》と進化についての問題

(1)　セキツイ動物はおよそ５億年前(古生代のカンブリア紀という時代)に出現したと考えられている。

(2)　フナの胸びれとヒトの手のように，はたらきが動物ごとに大きく異なっていても，起源が同じ器官のことを相同器官という。

(3)　外見やはたらきが似ていても，起源が異なる器官を相似器官という。

(4)　ア　エンドウの巻きひげは葉，ブドウの巻きひげは茎《くき》が起源なので，両者は相似器官の関係である。　イ　ジャガイモのイモは茎，サツマイモのイモは根が起源なので，両者は相似器官の例といえる。　ウ　キュウリの巻きひげもヘチマの巻きひげも起源は葉なので，これらは起源もはたらきも同じである。　エ　ハト(鳥)のつばさは図にあるように前あしが起源であるのに対し，ハエ(昆虫《こんちゅう》)の翅《はね》は体表の突起《とっき》などが進化してできたと考えられている。つまり，両者は相似器官である。

(5)　イカは無セキツイ動物の軟体《なんたい》動物，ウナギは魚類，カメはは虫類である。また，カモノハシはほ乳類に属するが，卵生である。

Ⅴ　日本付近の天気図についての問題

(1)　春には，移動性の低気圧や高気圧が交互《こうご》に西からやってきて東へ進んでいく。日本列島付近にある移動性の低気圧の位置から考えて，３月12日はＢ，３月13日はＡ，３月14日はＣとなる。

(2)　**３月13日**…Ａの天気図を見ると，移動性の低気圧が東海地方の沖にあるので，東日本から西日本の太平洋側では雨が降るなど天気がよくなかったと推測できる。　**３月14日**…Ｃの天気図を見ると，移動性の低気圧が三陸沖に進んでいるため，北日本では雨や雪が降ったと考えられる。

(3)　移動性の低気圧の中心から南西にのびているａの前線は寒冷前線といい，南東にのびているｂの前線は温暖前線という。

(4)　寒冷前線付近では寒気が暖気の下にもぐりこむように進み，温暖前線付近では暖気が寒気の上にはい上がるように進む。

(5)　北半球の低気圧の周囲では中心に向かって反時計回りに風が吹《ふ》き込《こ》む。そのため，ａの寒冷前線のあたりでは北の方から寒気が流れ込み，流れ込んだ寒気が暖気の下にもぐりこんで，積乱雲を発生させる。よって，寒冷前線が通過するときには，北寄りの風が吹き込んで気温が下がり，積乱雲によるにわか雨が降って，その後天気は回復することが多い。

(6)　アについて，低気圧とは周囲よりも気圧が低いところをいい，中心気圧の数値で決まるわけではない。イについて，低気圧が高気圧になったり，その逆が起こったりすることはない。

(7)　低気圧の中心付近では，風が周囲から中心付近に吹き込み，上昇《じょうしょう》気流が発生する。そのため雲ができやすく，天気がくずれやすい。逆に，高気圧の中心付近では，風が中心付近から吹き出し，下降気流が発生する。そのため雲ができにくく，晴天となることが多い。

Ⅵ 自転車が動くしくみについての問題

⑴　ペダルを50回転させると，歯車Ａも50回転し，この間に歯車Ａはチェーンを，12×２×３×50＝3600(cm)送り出す。すると，歯車Ｂが１回転したときに送り出すチェーンの長さは，10×２×３＝60(cm)なので，歯車Ｂは，3600÷60＝60(回転)する。なお，２つの歯車が送り出すチェーンの長さは同じことから，歯車Ａと歯車Ｂの回転数の比は，円周の比(つまり半径の比)に反比例する。よって，半径の比が，12：10＝６：５より，回転数の比は５：６となり，歯車Ｂは，$50\times\frac{6}{5}=60$(回転)すると求めることもできる。

⑵　歯車Ｂが60回転すると，後輪も60回転するから，自転車は，40×２×３×60＝14400(cm)進む。

⑶　ペダルを10回転させたときに自転車が進む距離《きょり》は，$14400\times\frac{10}{50}=2880$(cm)である。したがって，５秒間で2880cm進むから，自転車の速さは秒速，2880÷５＝576(cm)である。

⑷　ペダルに36kgの力を加えると，歯車Ａを回転させようとする力の大きさは，36×16÷12＝48(kg)になる。

⑸　歯車Ａを回転させようとする力の大きさが48kgなので，チェーンにかかる力の大きさも48kgになり，チェーンによって歯車Ｂを回転させようとする力の大きさも48kgになる。よって，矢印Ｃの力の大きさは，48×10÷40＝12(kg)と求められる。

Ⅶ 電圧と電流についての問題

⑴　表１からは，並列につながっている抵抗《ていこう》にはそれぞれ電源の電圧と等しい電圧がかかることがわかる。また，表２からは，直列につながった２個の抵抗にかかる電圧の和と電源の電圧が等しく，抵抗に流れる電流の大きさは抵抗にかかる電圧の大きさに比例していることがわかる。図２で，電源の電圧が12Ｖのとき，２個の抵抗にはそれぞれ，12÷２＝６(Ｖ)の電圧がかかる。表２より，抵抗に10Ｖの電圧がかかったときに流れる電流は１Ａなので，抵抗に６Ｖの電圧がかかったときに流れる電流の大きさは，$1\times\frac{6}{10}=0.6$(Ａ)である。

⑵　図５で，電源の電圧が40Ｖのとき，２個の電球にはそれぞれ，40÷２＝20(Ｖ)の電圧がかかる。図４より，電球に20Ｖの電圧がかかったときに流れる電流の大きさは0.2Ａとわかる。

⑶　**ア**　表３を見ると，電球と抵抗にかかる電圧の和と電源の電圧が等しくなることがわかる。したがって，電球に20Ｖ，抵抗に２Ｖの電圧がかかるとき，電源の電圧は，20＋２＝22(Ｖ)である。

イ　電球に流れる電流が0.4Ａのとき，電球にかかる電圧の大きさは，図４より80Ｖである。よって，電球に80Ｖ，抵抗に４Ｖの電圧がかかるので，電源の電圧は，80＋４＝84(Ｖ)となる。

⑷　並列につながった抵抗にかかる電圧は，電源にかかる電圧と等しいので，図７で，電源の電圧が40Ｖのとき，電流計⑨と直列につながっている電球にかかる電圧も40Ｖになる。電球に40Ｖの電圧がかかったときに流れる電流の大きさは，図４より0.3Ａである。

国語　＜第２回試験＞（50分）＜満点：100点＞

解答

□一 **問１**　（例）　私たちが情報の真偽や背景，根拠などの「意味」を瞬時のうちに判断し，取捨選択できる力と技量を身につけないままに，スマホからあふれる情報を受け入れてしまい，翻弄されていること。　**問２**　**１**　ウ　**２**　オ　**３**　エ　**４**　ア　**５**　イ　**問３**　②（例）　スマホとの適切なつきあい方を，「先輩」から伝授してもらおうという発想。　④（例）　広島にとっての重要な観光資源である，被爆をめぐる慰霊碑や痕跡。　⑥（例）　タレントの私秘性を保つ「膜」の丈夫さやしなやかさがどのように創造されていったのかということ。　⑦（例）　私たち各々が自分にとっての「スマホのある日常」を見直していく上での手がかり。　**問４**（例）　特別な手続きや意識の変化などが一切不要で，いつでもどこででも多様な現実とつながれること。　**問５**　あたりまえ　**問６**（例）　被爆の現実に触れ，その不条理や悲惨を学び，反核・平和へ思いをはせる　**問７**（例）　スマホから圧倒的な質と量の情報が流れこんでくるため，情報の取捨選択が必要になっており，また，自身の私秘的な情報が際限なく拡散し匿名の権力のもとにさらされる危険が生じているという意味。　**問８**　ア　**問９**　スマホ〜る営み　**問10**　風船　**問11**　ウ→イ→オ→エ→ア　**問12**（例）　本来，他者とは簡単にはつながれないので，スマホはあくまで便利な技術や道具にすぎないことを自覚し，相手のことを慎重に時間をかけて考え，他者とつながる難しさを理解する必要がある。　□二（Ⅰ群，Ⅱ群の順で）　**１**　ク，H　**２**　オ，F　**３**　イ，B　**４**　キ，G　**５**　カ，A　**６**　ア，D　**７**　エ，C　**８**　ウ，E　□三　下記を参照のこと。

●漢字の書き取り

□三 **１**　往路　**２**　汽笛　**３**　花弁　**４**　鋼材　**５**　労働　**６**　積年　**７**　首脳　**８**　紅梅　**９**　富(む)　**10**　経(る)

解説

□一 **出典は好井裕明《よしいひろあき》の『「今，ここ」から考える社会学』による。**スマホのある日常について考察し，コミュニケーションにおいて必要だと思われることを述べている。

問１　二つ目の空らんCの前後に注目する。「スマホに飼い慣らされる」とは，「情報への“耐性《たいせい》”」を身につけないままに，スマホからあふれ出る情報に翻弄《ほんろう》されることだとある。「情報への“耐性”」とは，「情報の真偽《しんぎ》や背景，根拠《こんきょ》などの『意味』を〜瞬時《しゅんじ》のうちに判断し，取捨選択《せんたく》できる力と技量」のことになる。

問２　**１**　終日スマホに依存《いぞん》している状態をどう考えればよいだろうかと，前に問いかけがある。これに対して，一つの「病《やま》い」とも考えられると答えの例をあげているので，具体的な例をあげるときに用いる「たとえば」が入る。　**２**　後に，スマホは電話の機能も備えていると，当然の内容が続いているので，“言うまでもなく”という意味の「もちろん」が合う。　**３**　前には，デスクトップのパソコンを使って原稿《げんこう》を書いていたころ，筆者がしていたことが書かれている。後では，その内容を指して「机を前にして」していたことだと限定されているので，前に述べたことに条件をつけるときに使う「ただ」が選べる。　**４**　後に理由を表す「から」があるので，これと呼応して理由を導く「なぜなら」がよい。　**5**　前の部分では日常化したスマホが話題になっていたが，この後は「現実空間の多孔《たこう》化」に話題が移っているので，これまで述べてきたことが終わり，別の話題に移るときに用いる「さて」が合う。

問３　②　スマホとのつきあい方や活用法を語る本が氾濫《はんらん》しているのが「こうした発想」の表れなのだから，「こうした発想」とは直前の文にある，スマホとの適切なつきあい方を「先輩《せんぱい》」から伝授してもらおうという発想のことになる。　④　「それら」は，観光資源でありながら被爆《ひばく》の歴史を反省し得る「特権性」を持ったものを指すので，広島にとって重要な観光資源である，被爆をめぐる「慰霊碑《いれいひ》や痕跡《こんせき》」のことになる。　⑥　「これ」は直前の文の「そのこと」を指し，「そのこと」はさらに前の部分から，タレントにとっての「膜《まく》」の丈夫《じょうぶ》さやしなやかさがどのようにして創造されていったのかということを指すものと考えられる。「膜」とは，直前の段落から，私秘性を保つものだとわかる。　⑦　直前の文にある「見直しをするときに考えるべき手がかり」を指すが，何の見直しであるかは，さらに前の文から「私たち各々が自分にとっての『スマホのある日常』」を見直すことであるとわかる。

問４　「それは端的に言って，『世界』を携帯する悦楽《えつらく》」と述べられているが，この「それ」は直前にある，「瞬時のうちに，『今，ここ』を超越《ちょうえつ》し，多様な現実とつながることができ」ることを指す。また，三つ先の段落には，特別な手続きや意識の変化などが一切《いっさい》不要で，いつでもどこででもネット「世界」を開いてそこで遊べるのは，えもいえぬ「悦楽」だともある。

問５　特に驚《おどろ》くべきことでも，魅了《みりょう》されることでもなく，陳腐《ちんぷ》であるようすを表す言葉が入るので，「あたりまえ」がふさわしい。

問６　空らんＢには，平和記念公園がもつ「意味」の「特権性」が入る。平和記念公園内には被爆者の慰霊碑や原爆資料館がある。よって，この公園は，被爆の現実と向き合い，その不条理さと惨状《さんじょう》を学び，反核や平和へ思いをはせるといった「特権性」を持つといえる。

問７　続く二つの段落に，スマホという「穴」を通して，圧倒《あっとう》的な質と量の情報が私たちになだれこんでくるため，「瞬時のうちに情報の質を判断する『技量』」が必要になってきているということが，また，七つ先の「今一つ，考えるべき」で始まる段落では，自分自身の私秘的な情報が際限なく拡散し，危険が生じているという「別の意味」が説明されている。この「危険」とは，さらに五段落先に，匿名《とくめい》の権力のもとにさらされる危険だと説明がある。

問８　一つ目の空らんＣをふくむ文に，「必要なものもまったく不要なものも含めてあらゆる質の情報」とあることに注意する。よって，よいものとそうでないものが混ざり合った状態をいう「玉石混交」が選べる。

問９　インスタグラムの女王とされるタレントのコメントを取り上げた部分の後の「しかし同時に，」で始まる段落で，筆者はインスタグラムに写真をあげる行為《こうい》は「スマホという『穴』から意図的に自分の私的な姿を流出させる営み」であり，「『穴』からプライベートな領域の中身は漏《も》れ続け，外のより広い世界へ際限なく拡散し続ける営み」だと述べている。

問10　「膨張」する「膜」でできたもので，かつ，薄《うす》くなれば破れやすくなるものなので，空らんＤには「風船」があてはまる。

問11　直前の文には「井戸端《いどばた》会議」という言葉が出てくるので，この言葉について説明したウが最初になる。ウの最後の文は「でした」で終わっているので，これを受けて「私は過去形で語っていますが」で始まるイが二番目になる。「ところで」と言って，「井戸端会議」とLINEでのやりとりとのちがいに話題が変わるオが三番目で，「一つは，」と一つ目のちがいを述べたエが四番目，「今一つは，」ともう一つのちがいを述べたアが最後になる。

問12　本文最後の「そして，さらに」で始まる段落以降の部分に，他者とのコミュニケーションに関する筆者の意見が書かれている。スマホはあくまで便利な技術や道具にすぎず，本来他者との間には“距離《きょり》”や“時間”があり，他者とは簡単にはつながれないのである。他者と真に「つながりたい」のであれば，相手のことを慎重に時間をかけて考え，つながる難しさを理解する必要があるとしている。

二　慣用句・ことわざの知識

1　「かえるの面《つら》に水」は，何をされても平気でいるようす。「かえるの子はかえる」は，子どもは親に似るものだということ。　**2**　「馬の耳に念仏」は，忠告などを聞き流してしまうこと。「竹馬の友」は，幼なじみのこと。　**3**　「窮鼠《きゅうそ》ねこを噛《か》む」は，“追いつめられた弱い者が強い者に反撃《はんげき》する”という意味。「ねこの額《ひたい》」は，とてもせまいようす。　**4**　「魚心あれば水心」は，相手の対応しだいでこちらの気もちも変わるということ。「逃《に》がした魚は大きい」は，手に入れそこなったものは，実際よりもよく思えるということを表す。　**5**　「とらの威《い》を借る狐《きつね》」は，強い者の力をたよっていばる者のたとえ。「とらの尾《お》を踏《ふ》む」は，“危険なことをする”という意味。　**6**　「立つ鳥跡《あと》を濁《にご》さず」は，“立ち去るときは後始末をするものだ”という意味。「飛ぶ鳥を落とす勢い」は，勢いがさかんなことのたとえ。　**7**　「飛んで火に入る夏の虫」は，進んで危険に飛びこんで災《わざわ》いを受けること。「蓼《たで》食う虫も好き好き」は，人によって好みはさまざまだということ。　**8**　「犬も歩けば棒に当たる」は，“何かをしようとすれば思わぬことにあう”という意味。「飼い犬に手を噛まれる」は，“日ごろからかわいがっていた者から裏切られる”という意味。

三　漢字の書き取り

1　目的地に行くときに通る道。　**2**　汽船や汽車などが，蒸気の力で鳴らす笛。　**3**　花びら。　**4**　機械や自動車などの材料とする鉄の一種。　**5**　仕事をすること。　**6**　長い年月。　**7**　団体などの最も上の役についている人。　**8**　こいもも色のうめの花。　**9**　音読みは「フ」「フウ」で，「富裕《ふゆう》」「富貴」などの熟語がある。訓読みにはほかに「とみ」がある。　**10**　音読みは「ケイ」「キョウ」で，「経過」「経典」などの熟語がある。

2021年度　明治大学付属明治中学校

〔電　話〕(042) 444―９１００
〔所在地〕〒182-0033　東京都調布市富士見町４―23―25
〔交　通〕JR中央線「三鷹駅」，京王線「調布駅」よりスクールバス

【算　数】〈第１回試験〉(50分)〈満点：100点〉

注意　１．解答は答えだけでなく，式や考え方も解答用紙に書きなさい。(ただし，**1** は答えだけでよい。)

２．円周率《えんしゅうりつ》は3.14とします。

３．定規・分度器・コンパスは使用してはいけません。

1　次の□にあてはまる数を求めなさい。

(1)　$5\frac{1}{3}-0.125\times\left(\frac{7}{4}+\square\times0.75\right)\div\frac{2}{3}=5$

(2)　容量いっぱいにジュースが入った水とうがあります。ジュースを $\frac{1}{3}$ だけ飲んだときの水とうの重さは2400ｇで，ジュースを半分飲んだときの水とうの重さは2042ｇでした。ジュースを飲む前の水とうの重さは□ｇです。

(3)　ＡさんとＢさんの所持金の比は１:３です。まず，両方に210円ずつわたしたところ，２人の所持金の比は４:９になりました。続けて，ＡさんがＢさんにいくらかわたしたところ，２人の所持金の比は１:３になりました。Ａさんのはじめの所持金は［(ア)］円で，ＡさんがＢさんにわたしたのは［(イ)］円です。

(4)　さいころを投げて６の目が出ると６マス，１の目が出ると３マス，その他の目が出ると２マス進めるボードゲームがあります。Ａさんは，さいころを35回投げたところ，スタートから151マス進みました。６の目が出た回数が１の目が出た回数の２倍のとき，６の目が出た回数は□回です。

(5)　下のように，ある決まりにしたがって分数が並んでいます。

$\frac{1}{200},\ \frac{2}{200},\ \frac{3}{200},\ \frac{4}{200},\ \cdots,\ \frac{198}{200},\ \frac{199}{200}$

この中で，これ以上約分できない分数をすべてたすと□になります。

2　Ａさん，Ｂさん，Ｃさんの３人が，円の形をしたコースを同じ位置から同時にスタートして同じ方向に走ります。Ａさんは毎分400ｍ，Ｂさんは毎分360ｍ，Ｃさんは毎分250ｍの速さで走るとき，次の各問いに答えなさい。

(1)　Ａさんが１周走り終わってから２秒後にＢさんが１周走り終わりました。このコース１周の長さは何ｍですか。

(2)　Ａさんは１周走り終わるごとに一定時間の休けいをとり，Ｃさんは休けいをとらずに走り続けます。スタートしてから12分後にＡさんの走った道のりがＣさんの走った道のり以上になるためには，１回あたりの休けい時間は最大で何秒とれますか。

3　右の図のように，平行四辺形ABCDがあります。４点E，F，G，Hはそれぞれ辺AB，BC，CD，DA上にあり，AEの長さは４cm，BFの長さは６cm，CGの長さは10cm，DHの長さは２cmです。また，EFとGHは平行で，ACとFGは点Iで交わっています。三角形EBFと三角形ABCの面積の比が27：65のとき，次の各問いに答えなさい。

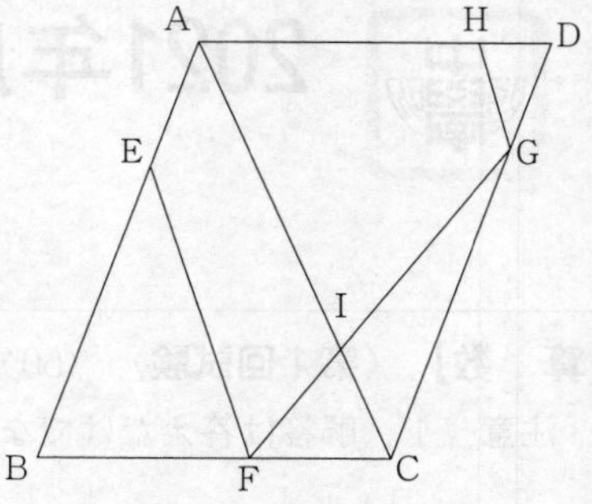

(1)　DGの長さは何cmですか。

(2)　CFの長さは何cmですか。

(3)　平行四辺形ABCDの面積は三角形IFCの面積の何倍ですか。

4　濃《こ》さのわからない３つの食塩水Ａ，Ｂ，Ｃがあります。先生がＡ，Ｂ，Ｃを１：１：２の重さの割合で混ぜた食塩水と，２：３：４の重さの割合で混ぜた食塩水をつくったところ２つの濃さは同じになりました。次に，ある児童が140ｇの食塩水Ｃに水を50ｇ入れて，先生のつくった食塩水と同じ濃さの食塩水をつくろうとしたところ，まちがえて水のかわりに1.9％の食塩水を50ｇ入れてしまったため，8.9％の食塩水ができました。このとき，次の各問いに答えなさい。

(1)　食塩水Ｃの濃さは何％ですか。

(2)　食塩水Ｂの濃さは何％ですか。

(3)　食塩水Ａの濃さは何％ですか。

5　あるゲームソフトの発売日に，パッケージ版希望の客とダウンロード版希望の客が１分あたり１：３の割合で来店しレジに並びます。販《はん》売開始からパッケージ版用のレジ１台，ダウンロード版用のレジ２台で対応したところ，10分後にパッケージ版用のレジは待ち人数が４人，ダウンロード版用のレジは待ち人数が27人になりました。このとき，次の各問いに答えなさい。ただし，パッケージ版用のレジ１台で４人が購《こう》入する間にダウンロード版用のレジ１台では５人が購入できます。

(1)　販売開始から10分間に来店した客は全部で何人ですか。

(2)　レジ待ちの人数を減らすために，販売開始10分後からダウンロード版用のレジを４台に増やしました。レジ待ちの合計人数が初めて９人以下になるのは，販売開始から何分何秒後ですか。

【社　会】〈**第１回試験**〉（40分）〈満点：75点〉

Ⅰ　**図１**は47都道府県を示したものです。以下の問いに答えなさい。

図１

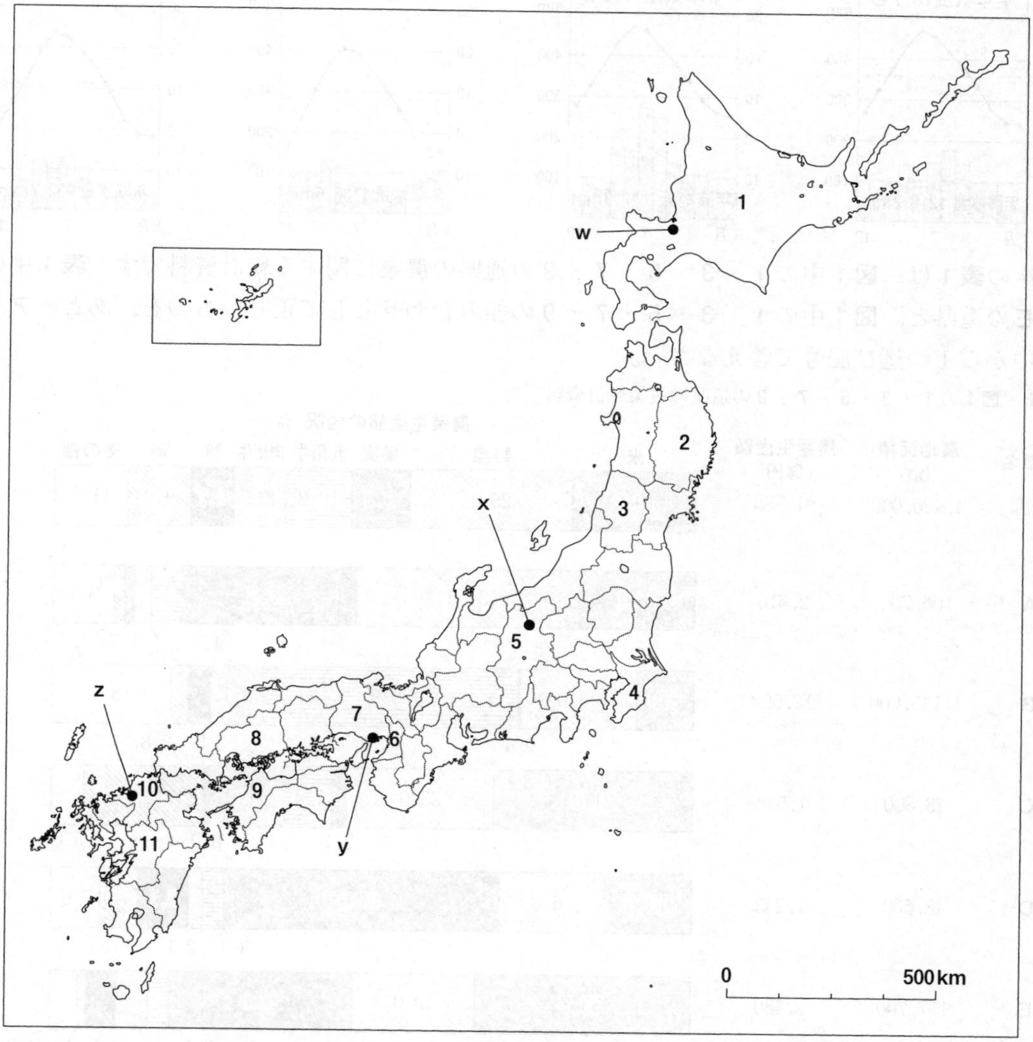

1　**図１**中の**１**～**11**の道府県で，道府県の名称と道府県庁所在地のある都市の名称が異なるものをすべて選び番号で答えなさい。なお，番号は数字の小さいものから順番に答えること。

2　**図１**中の**１**～**11**の道府県で，**(1)**北緯40度の緯線が通るもの，**(2)**東経135度の経線が通るものを１つずつ選び番号で答えなさい。

3　次の**図２**は，**図１**中の**w**～**z**で示した道県庁所在地の雨温図です。これらにあてはまる道県庁所在地を，**w**～**z**の中から１つずつ選び記号で答えなさい。

図２　**w〜z**の道県庁所在地の雨温図

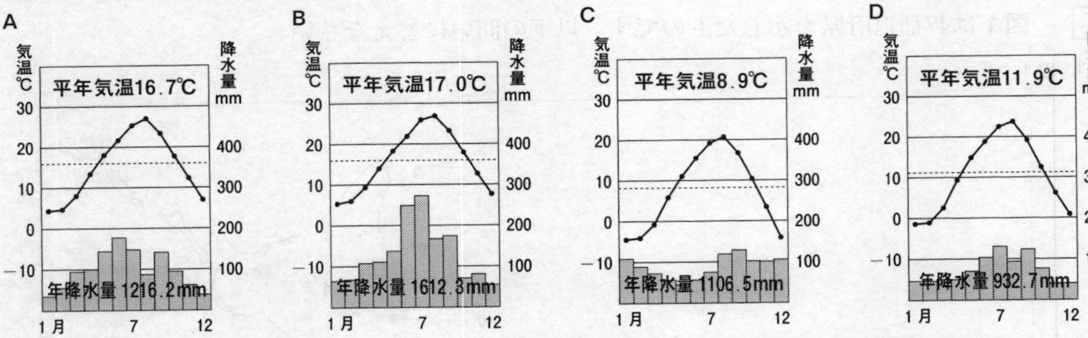

4　次の**表１**は，**図１**中の**１・３・５・７・９**の道県の農業に関する統計資料です。**表１**中の**A**〜**E**の道県と，**図１**中の**１・３・５・７・９**の組み合わせとして正しいものを，あとの**ア**〜**カ**の中から１つ選び記号で答えなさい。

表１　**図１**の**１・３・５・７・９**の道県の農業統計資料

道県名	農地面積(ha)	農業生産額(億円)	米	野菜	果実	乳用牛	肉用牛	豚	鶏	その他
			農業生産額の内訳(%)							
全国	4,420,000	91,283	19.2	25.4	9.2	10.2	8.1	6.7	9.9	11.3
A	106,700	2,616	18.1	34.6	27.3	4.8	2.5	1.7	1.6	9.4
B	1,145,000	12,593	8.9	18.0	0.4	39.9	8.1	3.5	2.8	18.4
C	73,800	1,544	31.0	23.0	2.1	7.4	11.9	0.9	18.7	5.0
D	48,500	1,233	13.6	16.3	43.0	3.4	2.1	8.1	5.9	7.6
E	117,700	2,480	33.7	19.0	28.6	3.5	4.9	4.7	1.3	4.3

［農林水産統計データ　2018年より］

	A	B	C	D	E
ア	1	5	9	7	3
イ	3	7	1	5	9
ウ	5	1	7	9	3
エ	5	9	7	3	1
オ	7	3	5	1	9
カ	9	5	3	7	1

5　次の**表２**は，**図１**中の**２・４・６・８**の府県の工業生産を示したものです。**表２**中の**A**〜**D**の府県と**図１**中の**２・４・６・８**の組み合わせとして正しいものを，あとの**ア**〜**カ**の中から

１つ選び記号で答えなさい。

表２　図１の２・４・６・８の府県の工業統計資料(十億円)

府県名	合計	食料品	化学工業	石油製品・石炭製品	鉄鋼	電気機械	輸送用機械
A	9,941	664	403	10	1,088	260	3,457
B	11,402	1,514	2,191	2,232	1,493	197	118
C	2,372	366	73	8	85	51	564
D	15,820	1,265	1,985	1,262	1,198	999	1,180

[工業統計表　地域別統計表　平成29年]

	A	B	C	D
ア	2	4	6	8
イ	2	8	4	6
ウ	4	6	8	2
エ	6	2	4	8
オ	8	2	6	4
カ	8	4	2	6

6　次の**A**～**D**の文章は，**図１**中の**１**～**11**の道府県のいずれかで発生した自然災害とその被害について説明しています。これらにあてはまるものを，**図１**中の**１**～**11**の中から１つずつ選び番号で答えなさい。

A　台風にともなう大雨によって千曲川の堤防が決壊して氾濫《はんらん》しました。この水害では最大で深さ４ｍを超す浸水が確認された場所もありました。浸水の範囲の最も大きかった地区では，家屋や水田，りんごの果樹園，北陸新幹線の車両基地が浸水しました。

B　梅雨前線にともなう大雨によって最上川の河川の水位が上昇し，河川の水が堤防を超えて氾濫しました。川沿いの土地にあった家屋やさくらんぼの果樹園などが浸水し，収穫を間近にひかえた尾花沢《おばなざわ》すいかも水害の被害を受けました。

C　2018年９月６日に，胆振《いぶり》地方を震源とするマグニチュード6.7の地震が発生し，最大で震度７を観測しました。この地震の揺れで発生した大規模な斜面崩壊に巻き込まれた人がいました。また，苫東厚真《とまとうあつま》火力発電所などが停止したことで，約295万戸におよぶ大規模な停電が起こりました。

D　2016年４月14日と16日に，マグニチュード6.5と7.3の地震が発生し，２つの地震とも最大で震度７を観測しました。気象庁の観測史上初，一連の地震活動で２度も震度７を観測した地震の揺れで多くの建物が倒壊しました。加藤清正が築城した城の石垣が崩れ，その修復作業が進められています。

7　東日本大震災で津波の被害を受けた地域について，あとの問いに答えなさい。

図３　津波の被害のあった場所の地図

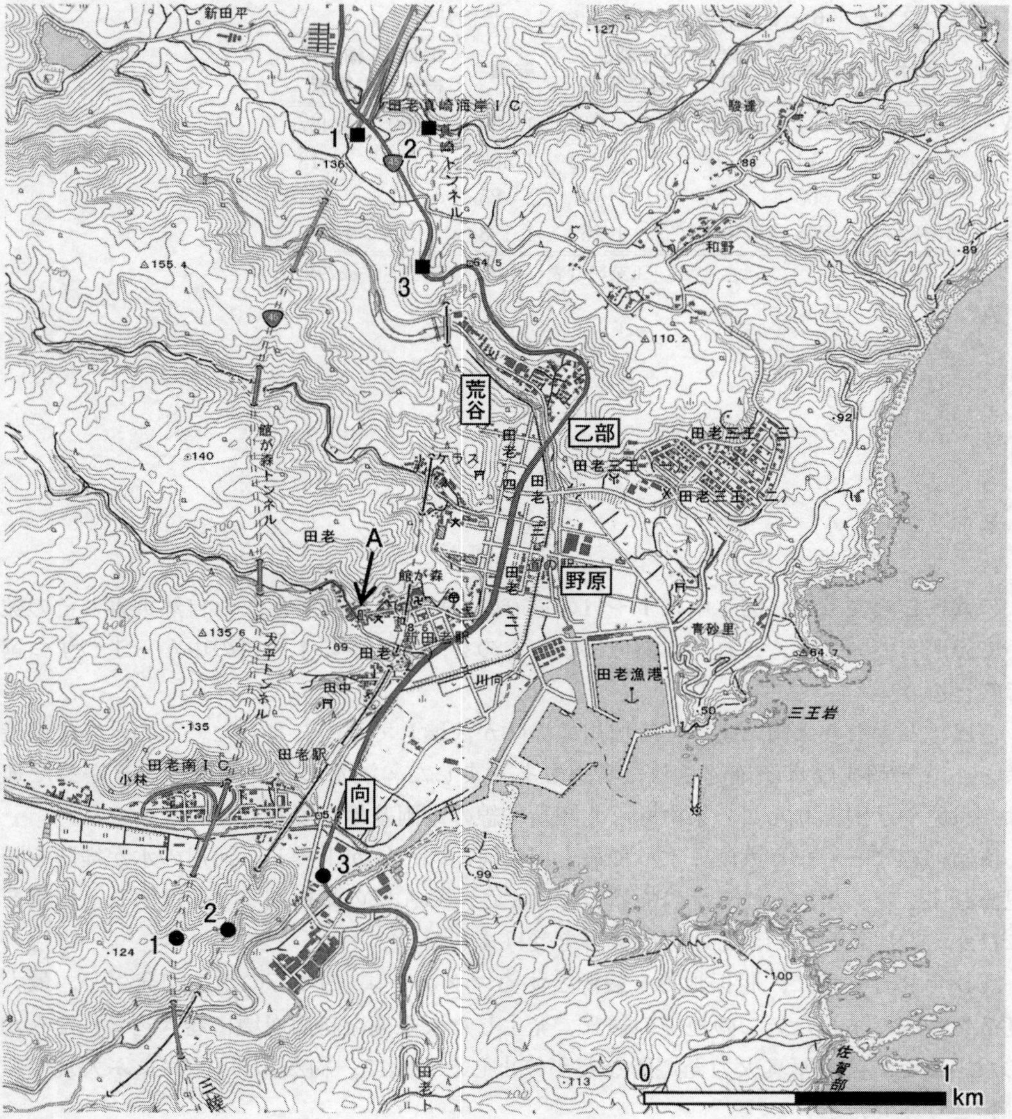

図４　津波の被害のあった場所の震災前の地図

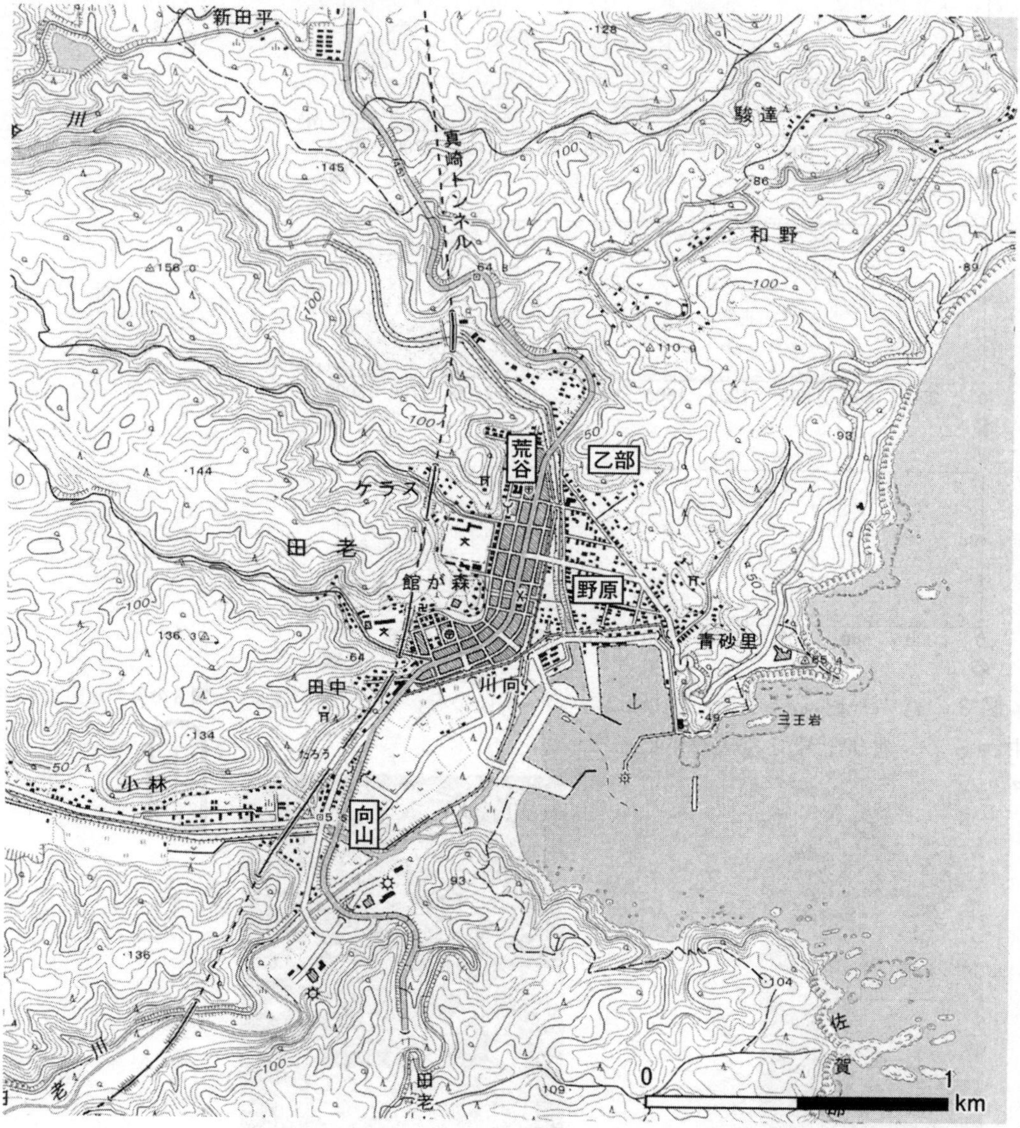

(1)　**図３**に描かれた３つの交通路について，●**1** ～■**1** の区間の道路は「三陸自動車道(高速道路)」，●**2** ～■**2** の区間の鉄道は「三陸鉄道」，●**3** ～■**3** の区間の道路は「国道45号」をそれぞれ示しています。この３つのルートに沿った地表面の凹凸を示した断面図が次の**ア**～**ウ**です。この中で，●**2** ～■**2** の区間の「三陸鉄道」に沿った断面図として正しいものを，次の**ア**～**ウ**の中から１つ選び記号で答えなさい。なお，断面図には●(始点)と■(終点)の記号は示していますが，それらの数字は示していません。トンネルの区間はその上の尾根の地表面を，橋の区間はその下の谷の地表面を断面図で示しています。

ア

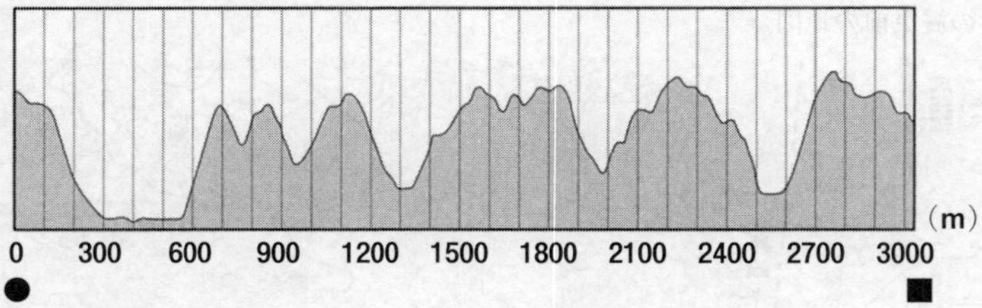

イ

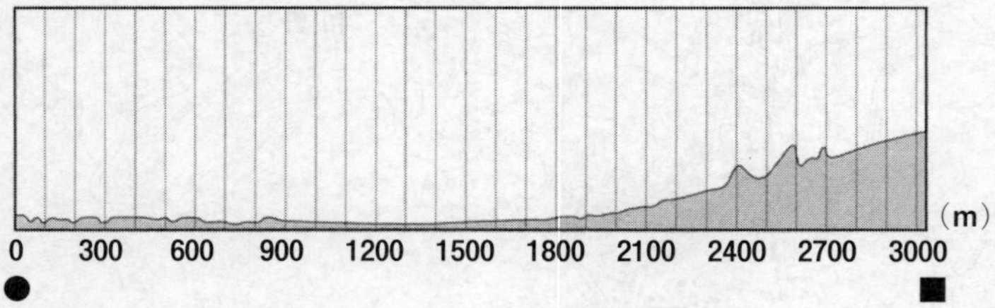

ウ

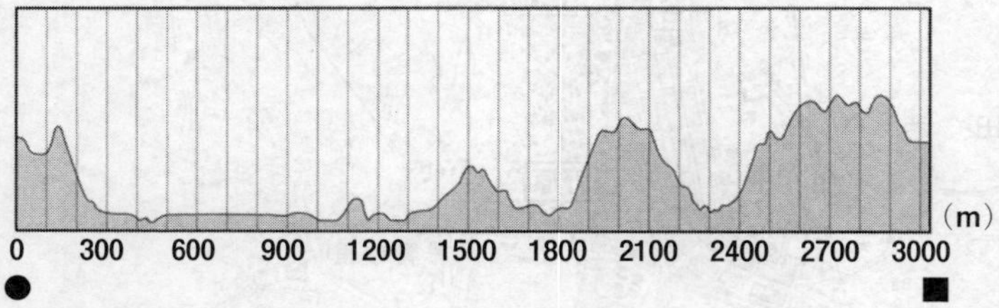

(2)　**図３**の**Ａ**の地図記号がある場所に見られるものを，次の**ア**～**エ**の中から１つ選び記号で答えなさい。

図３の**Ａ**の地図記号の拡大

ア

イ

ウ

エ

(3)　**図３**の震災で津波の被害にあった後の地図と，**図４**の震災前の地図を比較してわかることを，次の**ア**～**エ**の中から１つ選び記号で答えなさい。

ア　震災前の荒谷《ありや》地区や野原《のはら》地区などに見られた市街地が津波でなくなり，震災後には乙部《おとべ》地区の高台に新たな住宅地がつくられた

イ　震災前に向山《むかいやま》地区にあった高等学校がなくなり，震災後は小中学校だけになった

ウ　震災前は三陸鉄道に新田老《たろう》駅と田老駅の２つの駅があったが，震災後は市街地が津波の被害にあったので田老駅だけになった

エ　震災前に市街地にあった消防署や交番，病院が津波でなくなり，震災後はこれらの施設がつくられなくなった

(4)　**図３**で示した場所は，東日本大震災だけでなく，過去には「明治三陸地震」や「昭和三陸地震」の津波でも被害を受けてきました。そして，今後も地震や津波が起こりうる可能性があります。この場所で地震や津波から命や生活を守るためにできることとして誤りをふくむものを，次の**ア**～**エ**の中から１つ選び記号で答えなさい。

ア　地形図やハザードマップからその土地に関する情報を収集して，地震や津波の発生した時の危険な場所を知っておくこと

イ　過去最大級の災害に耐えられる防波堤や避難施設を建設しても，地震や津波の発生時にはそれらを過信しないで，その時の最適な場所に避難すること

ウ　「三陸自動車道」のような幹線道路を内陸に開通させて，津波で海岸付近が再び被害を受けても，人員や物資の緊急輸送を行う道路を整備すること

エ　この地域で言い伝えられている「津波てんでんこ」に従い，地震や津波の発生時には訓練で決めた場所に一度集合して全員がそろって避難すること

Ⅱ　次の文章を読み，以下の問いに答えなさい。

日本では地震や津波，台風などの災害が，これまでの歴史の中で多く発生してきました。また感染症の流行もたびたび起こってきました。2020年初めに新型コロナウイルスが世界的に流行し始めてからは特に，過去に感染症が流行した時の歴史をふり返ることが多くなりました。①幕末の1850年代に**図１**のような「アマビエ」と呼ばれる妖怪の絵がよく売れたのも，感染症のひとつである「コレラ」の流行をしずめ，病気を退治してくれると思われたからです。

1855年には，江戸でマグニチュード6.9の直下型地震が起こりました。これは「安政江戸地震」と呼ばれ，４千人以上の死者が出たとされています。地震直後には，地震の原因と考えられた鯰《なまず》を描いて世の中を風刺する「鯰絵」が大量に出まわりました。**図２**では地震の後の復興景気でお金持ちになった商人を，鯰がこらしめている様子が描かれています。②大地震によって「世直し」が行われるというイメージができたのです。

図１　『肥後国海中の怪（アマビエの図）』［京都大学附属図書館蔵］

図２　「世ハ安政民之賑」［東京大学総合図書館蔵］

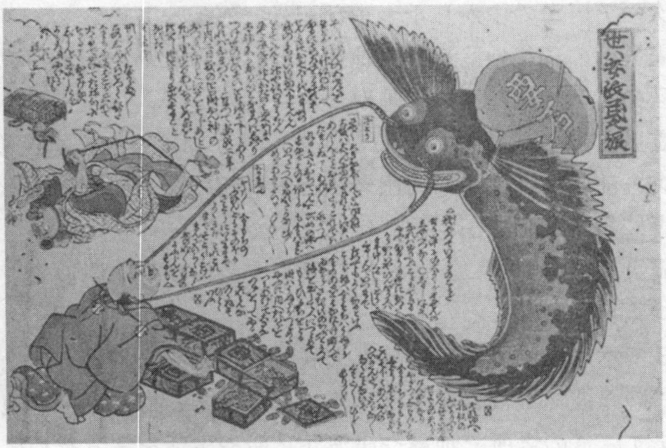

鯰絵には**図３**のようなものもあり，③ここに描かれている４匹の鯰は安政江戸地震（1855年），小田原地震（1853年），越後三条地震（1828年），善光寺地震（1847年）の４つの地震を表しています。この絵は，鯰が右側に並ぶ神様たちに謝っているところです。④安政江戸地震については幕府，大名方，町方ともに古記録が多く残されています。

図３　「八百万神御守護末代地震降伏之図」［東京大学総合図書館蔵］（1855年）

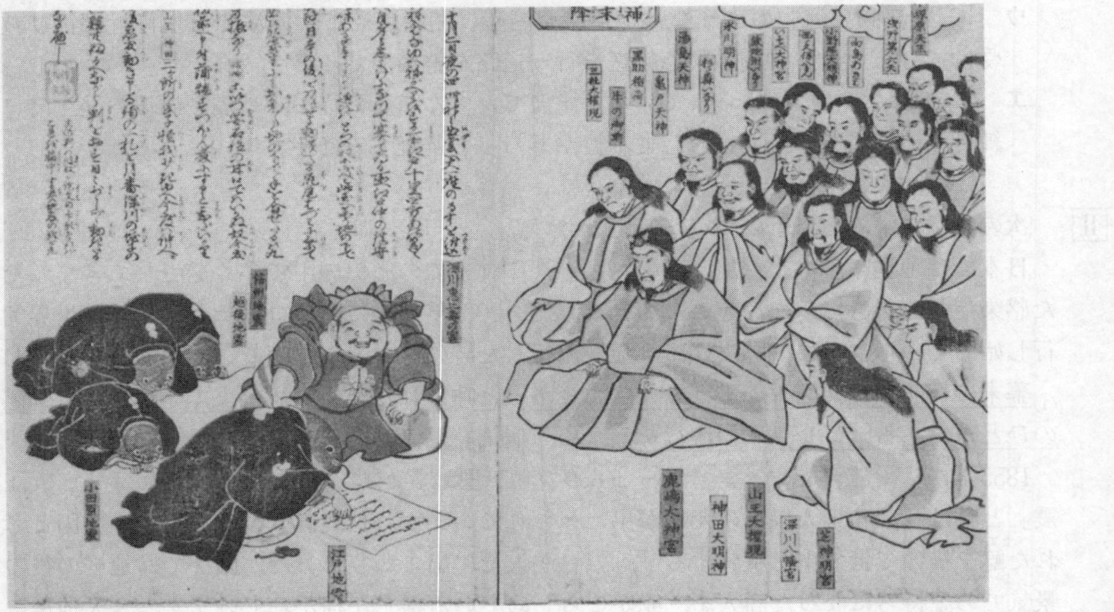

感染症のひとつである⑤「結核」にかかった人の証拠で最も古いものは，鳥取県の青谷上寺《あおやかみじ》地《ち》遺跡で発見された，弥生時代の人骨です。結核は骨に影響が残る場合があるので，古墳時代以降の人骨からも結核の広がりがわかります。平安時代に書かれた『枕草子』や『源氏物語』の中にも，「胸の病」として結核が出てきます。

京都の三大祭りのひとつとされる「祇園祭《ぎおんまつり》」は，平安時代に何度も流行した感染症や災害をしずめることを願って始まったとされます。⑥869年に京都をはじめ日本各地に疫病《えきびょう》（感染症）が流行したとき，平安京の庭園であった神泉苑《しんせんえん》に，⑦当時の国の数にちなんで66本の鉾《ほこ》（長い剣のような武器)を立てて神をまつり，さらに神輿《みこし》を送って災いが去るのを祈ったものです。またこの年には三陸沖を震源とする大きな地震も起こったことが記録されています。平安時代の歴史書には「陸奥国に大地震があった」，「人々は叫び，地面に伏せて起き上がることができなかった」という記録が残っています。この文書にはまた，「⑧大波が川をさかのぼり多賀城まで達した」，「原野や道路はすべて波に覆われて船で逃げることも山に登ることもできず，溺《でき》死者は１千人を超えた」，という内容も書かれていました。

図４　芳年「平清盛炎焼病之図」［国立国会図書館デジタルコレクション］

図４は明治時代になって描かれた，病に苦しむ⑨平清盛ですが，清盛は1181年に，頭痛から始まって高熱を起こし，わずか数日後に亡くなったといいます。このころに流行した感染症である「マラリア」にかかった可能性があります。

⑩江戸時代の５代将軍徳川綱吉は，江戸で流行した「はしか」にかかって亡くなったとされています。感染症で幼いこどもも多く犠牲になった時代だったため，綱吉の長男の健康を祈るために行われた行事が，後の「七五三」になったとも言われます。

⑪日露戦争の戦死者約５万６千人のうち２万７千人は戦病死※ですが，この中で「チフス」などの消化器の感染症にかかった人も多く，その予防のために陸軍が開発した薬が「征露丸」，つまりのちの正露丸でした。それより少し前の1897年に日本で初めて「伝染病予防法」が制定されますが，これは□。

20世紀に入ってからの災害として，1923年の関東大震災がよく知られています。この時は火災の被害も大きく，不安や恐怖心を抱いた人々の間に「朝鮮人が暴動を起こしている」といった⑫デマが広がり，多数の朝鮮半島出身者が虐殺されるという悲惨《ひさん》な事件が起こりました。このようなことは決してくり返してはなりません。

このように，過去に起こった災害や感染症の流行について，その時代の人々が残した記録を改めて読み直してみることによって，広く知られるようになった事実も多くあります。現代の私たちや未来の人々が災害や感染症に備え，より効果的に対応していくためにも，文書や記録を残し，伝えていくのは大変重要なことです。

※　日露戦争の戦死者数などは，『感染症の世界史』によります。

1　下線部①に関連して，江戸時代後期から明治時代初めにかけての外交について述べた文として正しいものを，次の**ア**～**エ**の中から１つ選び記号で答えなさい。

ア　明治政府はアイヌとの間に条約を結び，対等な交易を約束した

イ　日米修好通商条約で神奈川港が開かれることになったため，下田港は閉鎖されることになった

ウ　1872年に，韓国との間に日朝修好条規が結ばれた

エ　ロシアのラクスマンが根室に来訪したことをきっかけに，江戸幕府は異国船打払令を撤回した

2　下線部①について，ペリーの艦隊の１隻にコレラ患者がおり，長崎に艦隊がいたときにコレラの流行が始まったと考えられています。黒船や開国が感染症を招いたという話が広まったことから，人々の間で強まった考えを，次の**ア**～**エ**の中から１つ選び記号で答えなさい。

ア　尊王の考え　　　　　　　**イ**　攘夷の考え
ウ　文明開化を進める考え　　**エ**　欧化政策を進める考え

3　下線部②に関連して，幕末期に「世直し一揆」と呼ばれるものが多く起こり，また明治に入ると政府の強兵策に反対する「血税一揆」が起こりました。この「血税一揆」は政府のどのような法令に反対するものであったかを答えなさい。

4　下線部③について，このうちの「善光寺」のホームページによると，善光寺にある仏像「一光三尊阿弥陀如来《あみだにょらい》」は，６世紀の「仏教伝来の折りに□から日本へ伝えられた日本最古の仏像」と説明されています。□にあてはまる，当時朝鮮半島にあった国名を答えなさい。

5　下線部④に関連して，最も古い地震の記録として確認されているのは『日本書紀』に書かれている684年の地震です。この時の天皇は，壬申の乱で大友皇子をやぶり，天皇となって中央集権政策をすすめた人物ですが，この天皇の名を答えなさい。

6　下線部⑤にあるように，縄文時代の人骨にはなかった結核の影響が弥生時代の人骨には見られます。次の**表１**は各時代・各地域の遺跡から結核の影響を受けた人骨が発掘されたかどうかを示すものです。**表１**を参考に，日本で結核が見られるようになった背景を答えなさい。

表１

	日本	朝鮮半島	中国大陸
日本の縄文時代	×	○	○
日本の弥生時代	○	○	○

※　結核の影響を受けた人骨が発掘された場合は「○」，されていない場合は「×」と表記しています。

7　下線部⑥に関連して，この翌年の官僚試験では当時の地震についての問題が出されました。この試験に合格したある人物は，学問に優れ，右大臣にまで出世しながらも都を離れることになりました。この人物が流された地名として正しいものを，次の**ア**～**エ**の中から１つ選び記号で答えなさい。

ア　佐渡島　**イ**　隠岐島　**ウ**　平泉　**エ**　太宰府

8　下線部⑦に関連して，当時の66か国のうち，都に近い５国を「畿内５か国」と呼びます。「畿内５か国」にふくまれないものを，次の**ア**～**エ**の中から１つ選び記号で答えなさい。

ア　山城　　**イ**　摂津　　**ウ**　加賀　　**エ**　和泉

9　下線部⑧に関連して，「多賀城」は律令制の中で陸奥の国の行政の中心となる場所でした。このような地方の役所と，都からその役所に派遣された人との組み合わせとして正しいものを，次の**ア**～**エ**の中から１つ選び記号で答えなさい。

役所－人
ア　国府－国司
イ　藩　－大名
ウ　領地－守護
エ　荘園－貴族

10　下線部⑨について，平清盛は自分の娘を天皇のきさきにして天皇とのつながりを強くすることで，大きな権力を持ちました。このような方法で権力を手にした人物として正しいものを，次の**ア**～**エ**の中から１人選び記号で答えなさい。

ア　源実朝　　**イ**　織田信長　　**ウ**　徳川家光　　**エ**　藤原道長

11　下線部⑩に関連して，徳川綱吉が亡くなったのは62歳でしたが，江戸時代を通しての平均寿命は30～40歳くらいと考えられています。なぜこのように平均寿命が短かったのか，考えられる主な理由を答えなさい。

12　下線部⑪に関連して，アジア太平洋戦争の時に東南アジアや南太平洋で戦った日本軍兵士の中で，マラリアに感染して死亡した人が10万人以上いたと考えられています。「バターン死の行進」と言われる事件の舞台であり，「レイテ沖海戦」やマニラでの市街戦などで，日本軍兵士の死者を多く出した地域の現在の国名を答えなさい。

13　文章中の［　　］に入る文として正しいものを，次の**ア**～**エ**の中から１つ選び記号で答えなさい。

ア　当時世界的に流行していた「スペインかぜ」に対応するためのものでした

イ　当時「らい病」とも呼ばれていた「ペスト」の流行を防ぐために作られました

ウ　明治時代に初めて日本で発生した「マラリア」をおさえることが主な目的でした

エ　その前に起こった日清戦争で海外で戦った兵士が，「コレラ」などの感染症を日本国内に持ち込んだことが理由でした

14　下線部⑫に関連して，このようなデマが広まった背景として，当時の日本と朝鮮半島との関係があると考えられますが，両者の関係について述べた文として正しいものを，次の**ア**～**エ**の中から１つ選び記号で答えなさい。

ア　1895年以降，朝鮮半島は日本の植民地となっていた

イ　1910年以降，朝鮮半島は日本の植民地となっていた

ウ　震災当時，大韓帝国と日本は戦争をしていた

エ　震災当時，大韓帝国は日本からの独立を果たした直後であった

15　下線部⑫に関連して，このようなことをくり返さないために，災害や感染症の流行時に私たちがどのようなことに気をつけて行動するべきだと考えますか。自分の考えを，解答らんの大きさに合わせて述べなさい。

Ⅲ　次の文章を読み，以下の問いに答えなさい。

2020年の８月は新型コロナウイルスの感染拡大により，「特別な夏」という呼ばれ方をしました。感染症とは別の視点からこの「特別な夏」をとらえてみると，戦後75年をむかえたという，ひとつの節目でもありました。

８月15日に開かれた令和２年度全国戦没者追悼《とう》式で，当時の安倍首相は「戦争の惨禍《さんか》を，二度と繰り返さない。この決然たる誓いをこれからも貫いてまいります。我が国は，①積極的平和主義の旗の下，国際社会と手を携えながら，②世界が直面している様々な課題の解決に，これまで以上に役割を果たす決意です。③現下の新型コロナウイルス感染症を乗り越え，今を生きる世代，明日を生きる世代のために，この国の未来を切り拓《ひら》いてまいります」という式辞を読みました。ここに述べられた「戦争の惨禍を，二度と繰り返さない」のは誰の行為を指していると思いますか。日本国憲法の前文には「［**あ**］の行為によつて再び戦争の惨禍が起ることのないやうにすることを決意し，ここに主権が［**い**］に存することを宣言し，④この憲法を確定する」と書かれています。これは，あの悲惨な戦争を二度と起こさせないために

は，戦争を最も嫌う人々こそが主権を持つべきであるという考えの表れであるという見方もできますし，⑤ い が憲法を定めて あ の権力が暴走しないようにしっかりと制限するという考え方に則っているとも言えます。たしかに戦後75年間，日本は戦争の惨禍にさらされることはありませんでしたが，それだけで“平和”と呼んでいいのでしょうか。

平和学という学問では，積極的平和のことを「社会の中に構造的に組み込まれた貧困・格差・差別・抑圧などの暴力も無い状態」としています。現在の日本は，世帯の所得が⑥国の所得の中央値の半分に満たない「相対的貧困」の世帯の割合が先進国の中でも高く，約７人に１人の子どもがこのような状況に置かれていると言われています。このような格差が拡がる１つの理由は，そうした状況が起こり得る経済政策を進める政党を⑦選挙で選び続けてきたからとも言えます。しかしこのコロナ禍《か》と言われる中で，経済的に大きな影響を受けたり，より厳しい生活状況に置かれたりするのはこうした世帯であり，更に増えてしまう可能性もあります。もしも私たちの社会が，平和学における積極的平和を求めるのなら，主権者としてこれからどのような選択をしていけば良いのか，改めて考える必要があるのではないでしょうか。

1　空らん あ ・ い に入る適切な語句を漢字二文字で答えなさい。

2　下線部①について，この考えのもと，日本の安全保障政策は大きく変化しました。このことに関する説明として誤りをふくむものを，次の**ア**～**エ**の中から１つ選び記号で答えなさい。

ア　PKO 協力法が改正され，自衛隊は，武装集団におそわれている国連や NGO の職員を助けに向かう「駆けつけ警護」ができるようになった

イ　アメリカの「核の傘」に入ることをやめ，国連で採択された核兵器禁止条約の発効を目指して，この条約に参加することを国会で決定した

ウ　自衛隊は，日本の平和と安全のために活動する軍隊に対して，米軍以外の他国軍もふくめ，日本の周辺に限らず世界中で後方支援できるようになった

エ　憲法９条のもとでは行使が許されないとされてきた集団的自衛権の行使が，憲法の解釈を変えたことで，一定の条件を満たす状況であれば可能になった

3　下線部③について，国の観光支援事業であるGo Toトラベル事業は，「感染症の拡大が収束し，国民の不安が払拭《ふっしょく》された後」に実施すると閣議決定されたものです。このことについて次の問いに答えなさい。

(1)　この事業を進める観光庁は，何省に属しているか答えなさい。

(2)　「閣議」とは何か，簡単に説明しなさい。

4　下線部④について，「憲法を守る義務がある者」として，憲法99条に書かれていないものを，次の**ア**～**エ**の中から１つ選び記号で答えなさい。

ア　公務員　　**イ**　国会議員　　**ウ**　全ての日本国民　　**エ**　天皇

5　下線部⑤について，次の問いに答えなさい。

(1)　このような考え方を何というか，漢字四文字で答えなさい。

(2)　2017年，野党の臨時国会召集の要求に対し，安倍内閣が98日経つまで国会の召集を決定しなかったということがありました。このことが憲法53条の違反にあたるかどうかの裁判が行われ，その判決が，2020年に那覇地方裁判所で出されました。これに関する内容として正しいものを，次の**ア**～**エ**の中から１つ選び記号で答えなさい。

ア　98日経ってから召集された国会は，何の審議もしないまま召集直後に解散されたため，

判決の中では，解散自体にも憲法違反の可能性があると指摘された

イ　合憲か違憲かの判断は見送られたが，憲法に書かれた義務を実行しなかったり，不当に召集を遅らせたりした場合は，司法審査の対象になると判決で強調された

ウ　内閣には臨時国会召集を決定する義務があるが，時期についてはある程度自由に決めることができるため，憲法違反にはならないという判決が下された

エ　特別国会が解散から30日以内の召集であることを考えると，98日もの間臨時国会召集を決定しなかったのは憲法違反であるという判決が下された

6　下線部⑥について，あとの**図１**は2019年の厚生労働省の統計調査の結果です。なぜ，所得の「平均」金額と「中央値」にこれほどの差があるのでしょうか。その理由を考えて書きなさい。なお，平均と中央値の違いは，次の**【例】**を参考に考えなさい。

【例】　５人の社会のテストの点数が，70点・80点・50点・60点・100点であった時，[1] 点数を全て足して，人数で割ったものが「平均」，[2] 点数順に並べて真ん中にくる数値を「中央値」と言います。

＜社会のテストの点数＞

Aさん	Bさん	Cさん	Dさん	Eさん
70点	80点	50点	60点	100点

[1]　(70点＋80点＋50点＋60点＋100点)÷５……72点が「平均」

[2]　50点・60点・70点・80点・100点……70点が「中央値」

図１　所得金額別の世帯数の分布

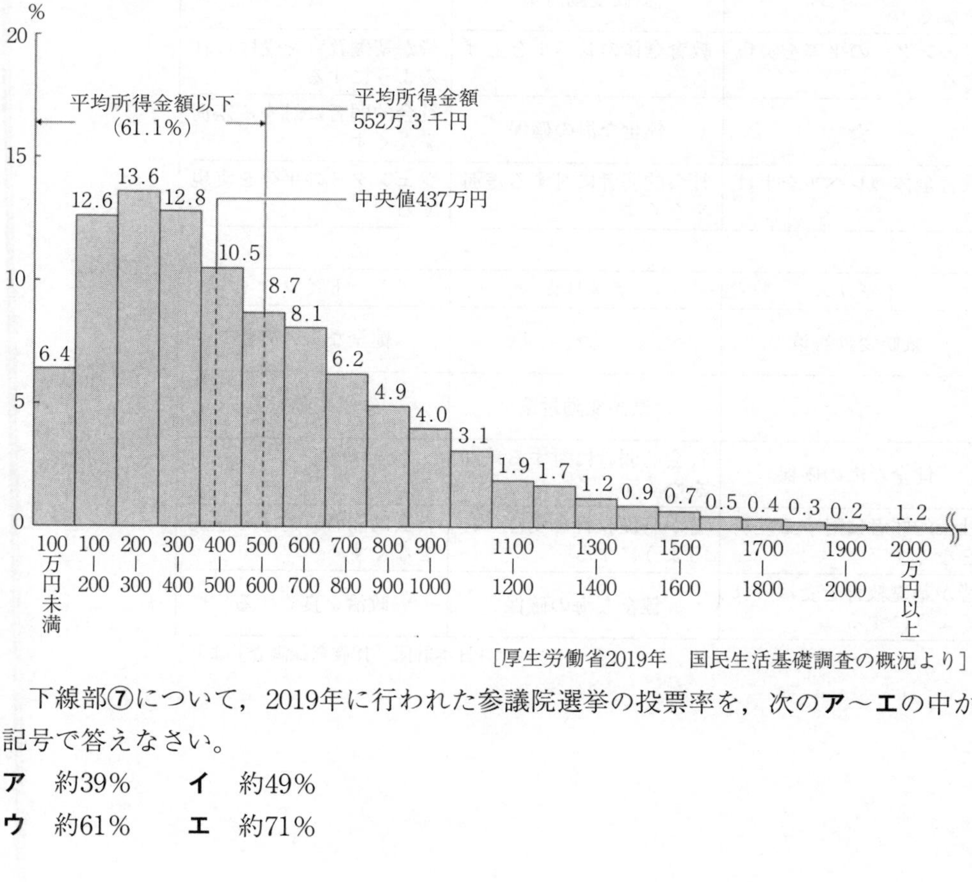

［厚生労働省2019年　国民生活基礎調査の概況より］

7　下線部⑦について，2019年に行われた参議院選挙の投票率を，次の**ア**～**エ**の中から１つ選び記号で答えなさい。

ア　約39%　　**イ**　約49%

ウ　約61%　　**エ**　約71%

8　下線部②について，次の**表１**はアジアや欧米の９か国の17～19歳に対して2019年に行ったアンケートの中で，「あなたが解決したいと思っている社会課題は何ですか」という質問に対する回答です。表中の☆印は９か国全てで，５位以内に共通して入っていた項目です。☆にあてはまる内容を考えて答え，そのためにはどのような解決法が考えられるか，具体的に説明しなさい。

表１

	日本	インドネシア	インド
１位	☆	社会的弱者に対する差別をなくす	皆が基礎教育を受けられるようにする
２位	政治を良くする	教育全体のレベルを上げる	教育全体のレベルを上げる
３位	社会的弱者に対する差別をなくす	☆	☆
４位	障害者が住みやすい社会を作る	障害者が住みやすい社会を作る	ジェンダーの平等を実現する
５位	ジェンダーの平等を実現する	皆が基礎教育を受けられるようにする	政治を良くする

	韓国	ベトナム	中国
１位	政治を良くする	☆	教育全体のレベルを上げる
２位	社会的弱者に対する差別をなくす	気候変動対策	☆
３位	ジェンダーの平等を実現する	教育全体のレベルを上げる	皆が基礎教育を受けられるようにする
４位	☆	健全な海の確保	社会的弱者に対する差別をなくす
５位	教育全体のレベルを上げる	社会的弱者に対する差別をなくす	ジェンダーの平等を実現する

	イギリス	アメリカ	ドイツ
１位	気候変動対策	☆	健全な海の確保
２位	☆	気候変動対策	気候変動対策
３位	健全な海の確保	社会的弱者に対する差別をなくす	☆
４位	社会的弱者に対する差別をなくす	皆が基礎教育を受けられるようにする	社会的弱者に対する差別をなくす
５位	皆が基礎教育を受けられるようにする	健全な海の確保	政治を良くする

［日本財団「18歳意識調査」より］

【理　科】〈第１回試験〉（40分）〈満点：75点〉

Ⅰ　水酸化ナトリウム水溶液とうすい塩酸を表のように体積を変えて混合し，水を蒸発させて残った固体の重さをはかる実験を行いました。この実験について，問いに答えなさい。

水酸化ナトリウム水溶液(mL)	0	10	20	30	40	50	60	70	80	90	100
うすい塩酸(mL)	100	90	80	70	60	50	40	30	20	10	0
残った固体(g)	0	0.117	0.234	0.351	0.468	0.585	0.628	0.671	0.714	0.757	0.800

表

(1)　次の混合液①，②に緑色のBTB溶液を加えると，混合液は何色になりますか。正しいものをそれぞれ選び，ア～ウの記号で答えなさい。

①　水酸化ナトリウム水溶液40mLとうすい塩酸60mL

②　水酸化ナトリウム水溶液60mLとうすい塩酸40mL

ア　青色　　イ　黄色　　ウ　緑色

(2)　次の混合液①～③から水を蒸発させました。残った固体に含《ふく》まれる水酸化ナトリウムの重さはそれぞれ何gですか。

①　水酸化ナトリウム水溶液30mLとうすい塩酸70mL

②　水酸化ナトリウム水溶液50mLとうすい塩酸50mL

③　水酸化ナトリウム水溶液60mLとうすい塩酸40mL

Ⅱ　実験を行うときは，実験器具や薬品を正しく取り扱《あつか》い，正しい方法で安全に行うことが大切です。このことについて，問いに答えなさい。

(1)　図１の実験器具の名称《しょう》を答えなさい。

(2)　図１の実験器具を使って10gの薬品をはかりとる方法として正しいものを選び，ア～エの記号で答えなさい。ただし，この器具は，使用する前につりあわせてあります。

ア　分銅を指で直接つまんで皿にのせる。

イ　分銅を扱うときはピンセットを使用する。

ウ　右ききの人は，分銅を左の皿に，はかりとる薬品を右の皿にのせる。

エ　10gの薬品がはかりとれているかどうかは，指針が止まったとき判断する。

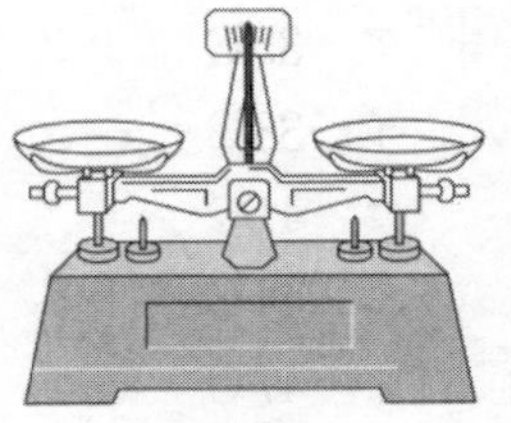

図１

(3)　アルコールランプの使い方として誤っているものを選び，ア～ウの記号で答えなさい。

ア　アルコールランプにマッチで火をつけるときは，しんにふれないようにしんの真上から点火する。

イ　しんが乾《かわ》いていて火がつきにくいときは，しんの先をアルコールで湿《しめ》らせて点火する。

ウ　アルコールランプの火を直接他のアルコールランプに移すときは，火のついたアルコールランプの中のアルコールがこぼれないように注意する。

(4)　図２の実験器具の名称を答えなさい。

(5)　図２の実験器具の使い方の説明として正しいものを選び，ア～エの記号で答えなさい。

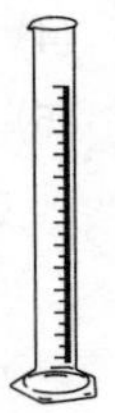

図２

ア　この器具を水平な台に置いて使用する。
イ　この器具に水を入れた後，薬品を加えて水溶液をつくる。
ウ　この器具に高温の液体を入れて使用する。
エ　この器具に液体を入れたまま凍《こお》らせて使用する。

Ⅲ　次の文章を読み，問いに答えなさい。

昨年の夏は，$_{\text{a}}$各地で猛烈《もうれつ》な暑さとなりました。なかでも，８月17日には静岡県浜《はま》松市で$_{\text{b}}$国内観測史上最高気温と同じ気温を記録しましたが，気象庁は，$_{\text{c}}$高気圧の影響《えいきょう》で中部地方や近畿《き》地方の$_{\text{d}}$暖かい空気が，山を越《こ》えてさらに暖まって浜松市に流れ込《こ》んだことが原因と説明しています。

また，例年$_{\text{e}}$台風の被《ひ》害も報告されています。近年，台風の中心付近の風速を気象衛星の画像から割り出す新手法が開発されたり，台風に発達する見込《こ》みの熱帯低気圧について，５日先の進路予報が提供されるようになり，防災対策に役立つことが期待されています。

(1)　下線部ａについて，猛暑日の説明として正しいものを選び，ア～オの記号で答えなさい。
ア　最高気温が25℃以上の日
イ　最高気温が30℃以上の日
ウ　最高気温が35℃以上の日
エ　最低気温が25℃以上の日
オ　最低気温が30℃以上の日

(2)　下線部ｂについて，この日浜松市で観測された最高気温は何℃ですか。最も近いものを選び，ア～オの記号で答えなさい。
ア　35℃
イ　38℃
ウ　41℃
エ　44℃
オ　47℃

(3)　下線部ｃについて，高気圧の地表付近の風の吹《ふ》き方を表した図として正しいものを選び，ア～エの記号で答えなさい。

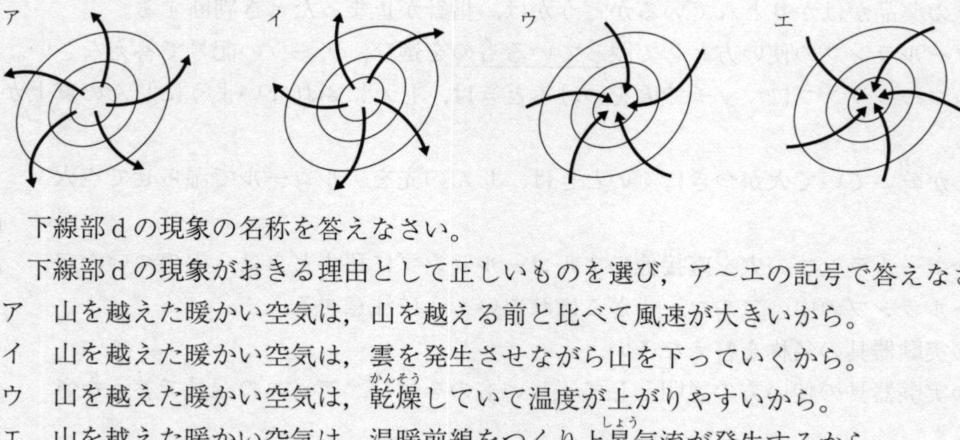

(4)　下線部ｄの現象の名称を答えなさい。

(5)　下線部ｄの現象がおきる理由として正しいものを選び，ア～エの記号で答えなさい。
ア　山を越えた暖かい空気は，山を越える前と比べて風速が大きいから。
イ　山を越えた暖かい空気は，雲を発生させながら山を下っていくから。
ウ　山を越えた暖かい空気は，乾燥《かんそう》していて温度が上がりやすいから。
エ　山を越えた暖かい空気は，温暖前線をつくり上昇《しょう》気流が発生するから。

(6)　下線部ｅの台風に関する説明として正しいものを選び，ア～オの記号で答えなさい。

ア　台風の中心付近にできる雲のない部分を台風の目とよぶ。

イ　台風の目は，一般《ぱん》的に勢力が強いほどはっきりみえる。

ウ　台風の中心から南西方向に伸《の》びる前線を寒冷前線という。

エ　台風の勢力が弱まると，通常温帯低気圧に変化する。

オ　日本付近に近づいた台風が北東に進むことが多いのは，主に夏の季節風の影響である。

(7)　下線部ｅについて，台風の地表付近の風の吹き方を表した図として正しいものを選び，ア～エの記号で答えなさい。

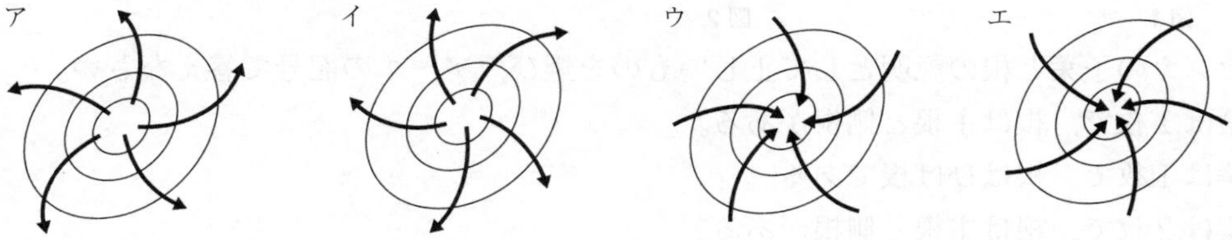

Ⅳ　次の文章を読み，問いに答えなさい。

世界中で猛威《もうい》を振《ふ》るう新型コロナウイルスは，生きた細胞内でのみ増殖《しょく》します。新型コロナウイルスに感染し，重症《しょう》化すると a 肺炎《えん》がおき，命に危険が及《およ》ぶことがあります。

b 山中伸弥《しんや》先生が開発した細胞をつかって，c ウイルスと戦うための血液成分を増やし，投与《よ》する治療《りょう》法の研究が始まりました。

(1)　次の文章は，下線部ａの肺炎について説明したものです。文中の(①)～(④)にあてはまることばをそれぞれ答えなさい。また，(⑤)，(⑥)にあてはまることばをそれぞれ選びなさい。

私たちの体をつくる細胞は，ブドウ糖などの栄養分を，(①)をつかって(②)と水に分解し，生きるために必要な(③)をつくりだして，生命活動を維《い》持しています。このはたらきを(④)とよびます。肺では(④)に必要な(①)を体外から取り入れ，(②)を体外へ排《はい》出していて，肺炎がおきると，これが正常に行えなくなります。

指先に光をあて，血液の色をみる器具があります。この器具によって(⑤　動脈血・静脈血)の色が少し(⑥　明るく・暗く)なっていると，肺炎によって(①)が全身に十分にいきわたっていない可能性があります。

(2)　下線部ｂの細胞の名称を答えなさい。

(3)　下線部ｃの血液成分の特徴《ちょう》として正しいものを選び，ア～エの記号で答えなさい。

ア　円板状で，真ん中がくぼんでいる。

イ　アメーバのような運動をする。

ウ　血液中に最も多い成分である。

エ　門脈に多くみられる。

Ⅴ　図１のように，葉のついているホウセンカの枝を色水の入ったフラスコにさし，綿をつめて栓《せん》をします。枝にビニール袋《ぶくろ》をかぶせ，２～３時間日なたに置くと，フラスコの色水が少し減り，ビニール袋の内側に水滴《てき》がつきました。また，図２は，この実験に用いたホウセンカの茎《くき》の断面図で，一部が赤く染まっていました。この実験について，問いに答えなさい。

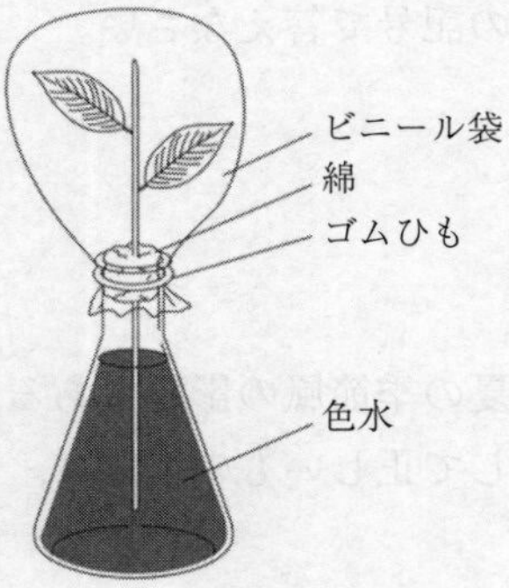
ビニール袋
綿
ゴムひも
色水

図１

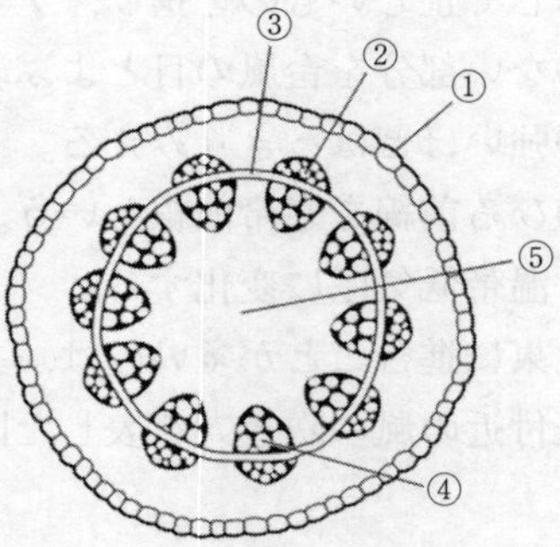
③
②
①
⑤
④

図２

(1)　ホウセンカの子葉と根の説明として正しいものを選び，ア～エの記号で答えなさい。

ア　子葉は１枚で，根は主根と側根がある。

イ　子葉は１枚で，根はひげ根である。

ウ　子葉は２枚で，根は主根と側根がある。

エ　子葉は２枚で，根はひげ根である。

(2)　図２で，赤く染まった部分を選び，①～⑤の番号で答えなさい。

(3)　図２の③に関する説明として正しいものを選び，ア～エの記号で答えなさい。

ア　葉でつくられた養分が通る。

イ　盛んに細胞分裂《れつ》をする。

ウ　根で吸収された水や養分が通る。

エ　茎の内部を保護する。

(4)　ビニール袋の内側に水滴がついたのは，植物の何という現象が原因ですか。

(5)　ビニール袋の内側についた水滴の色は何色ですか。正しいものを選び，ア～オの記号で答えなさい。

ア　赤色　　イ　緑色　　ウ　青紫色　　エ　黄色　　オ　無色

(6)　図３のように，葉の大きさと枚数が同じ枝を用意し，それぞれ図３に書かれている処理を行って水を入れた試験管Ａ～Ｅにさし，同じ条件で６時間置きました。その結果，試験管Ｂ～Ｅでは表のように水面が下がりました。試験管Ａでは水面は何 cm 下がりましたか。

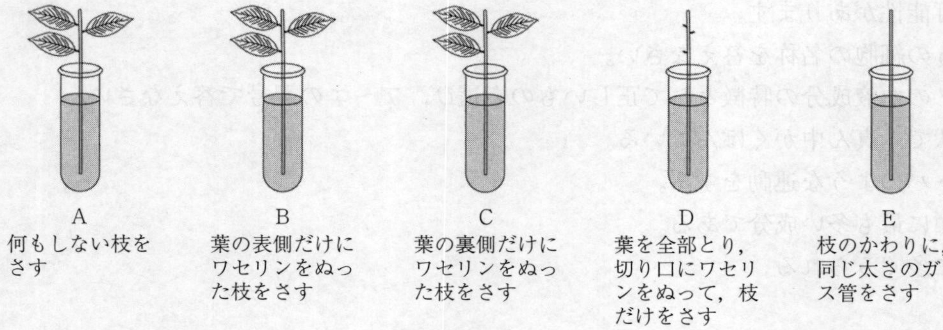
A
何もしない枝をさす
B
葉の表側だけにワセリンをぬった枝をさす
C
葉の裏側だけにワセリンをぬった枝をさす
D
葉を全部とり，切り口にワセリンをぬって，枝だけをさす
E
枝のかわりに，同じ太さのガラス管をさす

図３

試験管	B	C	D	E
水面の下がった値(cm)	1.0	0.6	0.3	0.1

表

Ⅵ　小さな物体Ａ，Ｂを用いて実験を行いました。この実験について，問いに答えなさい。ただし，空気による摩擦《まさつ》はないものとします。

【実験】

Ａをある地点から静かに離《はな》すのと同時にＢをビルの屋上から秒速39.2ｍの速さで真上に打ち上げたところ，ＡとＢはある高さですれ違《ちが》いました。図はそのようすを表しています。

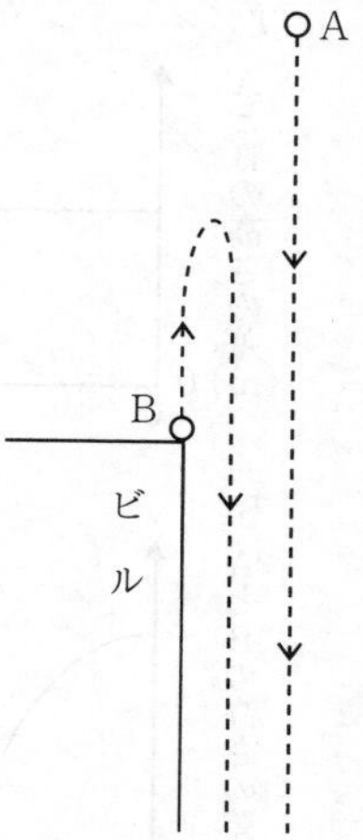

図

Ａを離してからの経過時間と，Ａの運動の向きと速さの関係を調べたところ，表１のようになりました。また，Ａを離してからの経過時間と，離した位置からのＡの落下距離《きょり》の関係を調べたところ，表２のようになりました。

Ｂを打ち上げてからの経過時間と，Ｂの運動の向きと速さの関係を調べたところ，表３のようになりました。また，Ｂを打ち上げてからの経過時間と，ビルの屋上からのＢの高さの関係を調べたところ，表４のようになりました。ただし，実験中に測定を行わなかったところがあり，その部分は表中で空欄《らん》になっています。

経過時間(秒)	0	1	2	3	4	5	6	7	8
Ａの運動の向き	下向き	下向き	下向き	下向き	下向き	下向き	下向き	下向き	下向き
Ａの速さ(m/秒)	0	9.8	19.6	29.4	39.2	49.0	58.8	68.6	78.4

表１

経過時間(秒)	0	1	2	3	4	5	6	7	8
Ａの落下距離(m)	0	4.9	19.6			122.5	176.4	240.1	313.6

表２

経過時間(秒)	0	1	2	3	4	5	6	7	8
Ｂの運動の向き	上向き	上向き	上向き	上向き			下向き	下向き	下向き
Ｂの速さ(m/秒)	39.2	29.4	19.6	9.8			19.6	29.4	39.2

表３

経過時間(秒)	0	1	2	3	4	5	6	7	8
Ｂのビルの屋上からの高さ(m)	0	34.3	58.8	73.5	78.4	73.5	58.8	34.3	0

表４

(1)　Ｂが最高点に達するのは打ち上げてから何秒後ですか。

(2)　Ａを離してから１秒後の運動の向きと速さと，Ｂの運動の向きと速さが等しくなるのは，Ｂを打ち上げてから何秒後ですか。

(3)　ＡとＢは運動を始めて３秒後にすれ違いました。Ａを離したのはビルの屋上から何ｍの高さですか。

(4)　Ａを離してから４秒後の，ＡとＢの高さの差は何ｍですか。

(5)　Ａを離してからの経過時間と，ＡとＢの高さの差の関係を表すグラフはどれですか。正しいものを選び，ア～オの記号で答えなさい。

ア

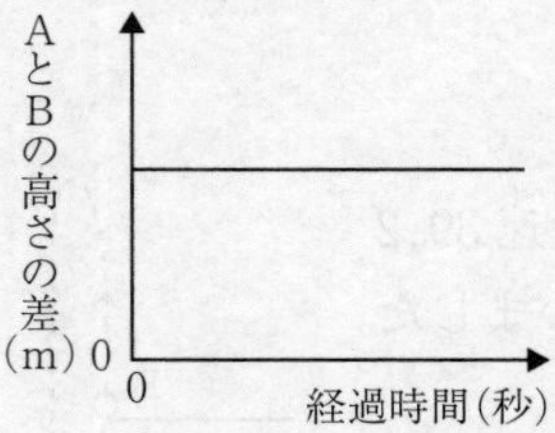

イ

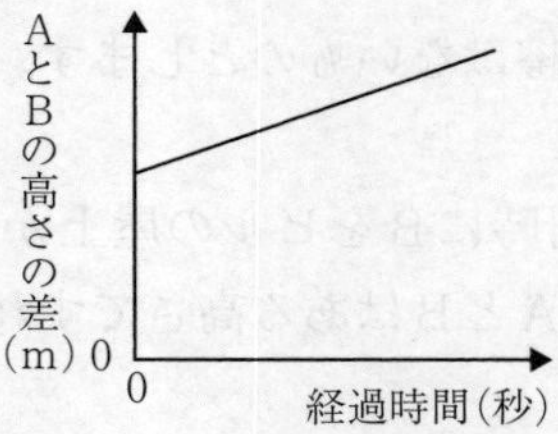

ウ

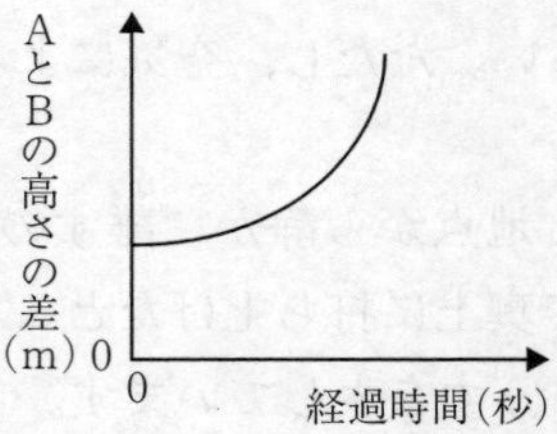

エ

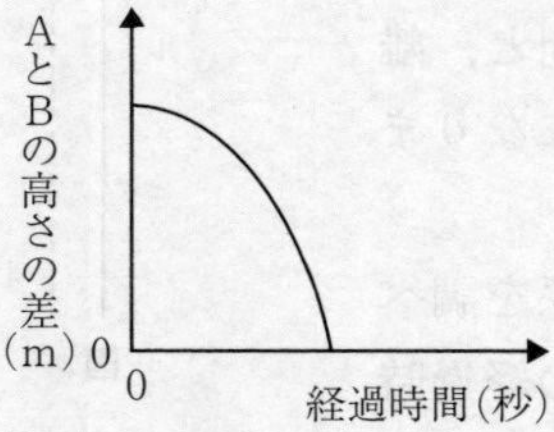

オ

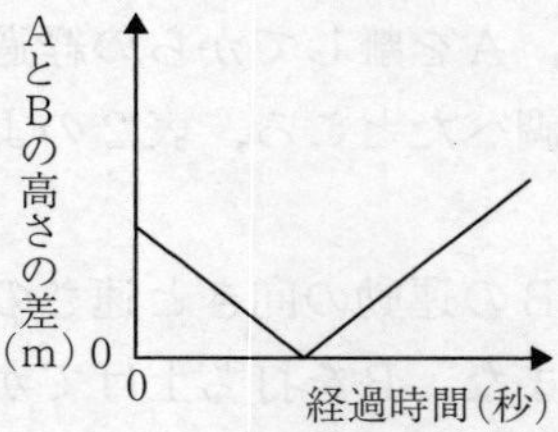

Ⅶ　図1は，凸《とつ》レンズによる像のできかたを調べる装置を模式的に表したものです。この装置を使って【実験1】，【実験2】を行いました。これらの実験について，問いに答えなさい。

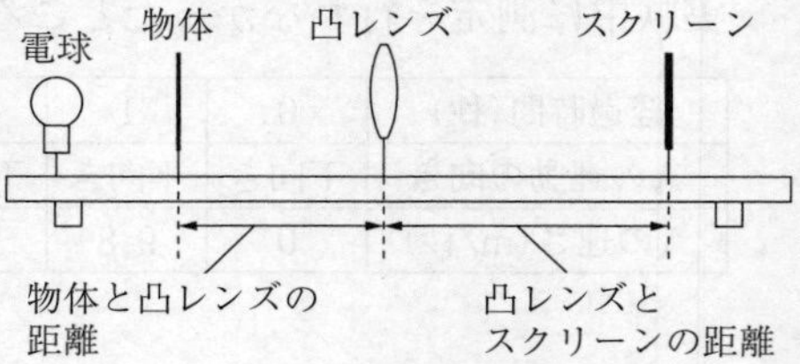

図1

【実験1】

図1の装置において，図2のような，矢印のスリットがついた物体を電球と凸レンズの間に置きました。図2は，物体を凸レンズの側から見たものです。スリットを通った光を凸レンズで集め，スクリーンにはっきりした像ができるように，物体と凸レンズの距離や凸レンズとスクリーンの距離を調整して，像のできかたを調べました。

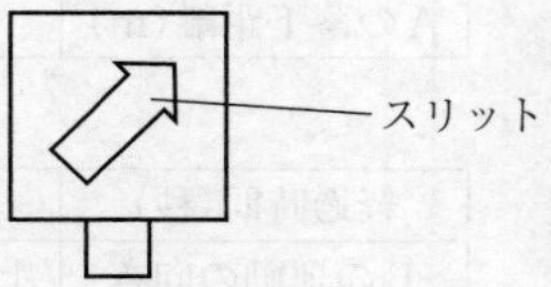

図2

【実験2】

図1の装置において，図3のような，たての長さが2.0cmの矢印のスリットがついた物体を電球と凸レンズの間に置きました。図3は，物体を凸レンズ側から見たものです。スリットを通った光を凸レンズで集め，スクリーンにはっきりした像ができるように，物体と凸レンズの距離や凸レンズとスクリーンの距離を調整して，像のたての長さを調べる実験を行ったところ，表のようになりました。

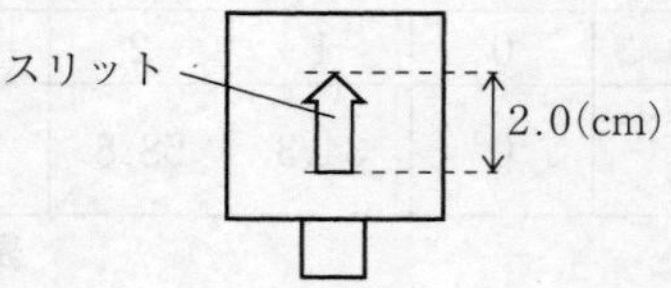

図3

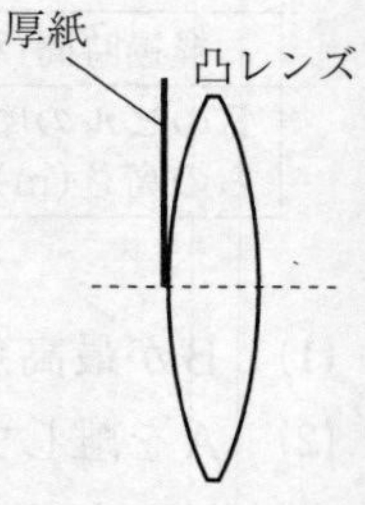

図4

物体と凸レンズの距離(cm)	10	12	16	A	40
凸レンズとスクリーンの距離(cm)	40	24	16	12	10
像のたての長さ(cm)	8	B	2	1	0.5

表

(1)　【実験1】で，スクリーンにはっきりした像ができました。図1のスクリーンを凸レンズの反対側から見たときの像として正しいものを選び，ア～エの記号で答えなさい。

ア

イ

ウ

エ

(2)　【実験２】で，凸レンズの焦《しょう》点距離は何 cm ですか。

(3)　【実験２】で，表のＡ，Ｂにあてはまる値はそれぞれ何 cm ですか。

(4)　【実験２】で，図４のように，凸レンズの上半分に厚紙をあて，凸レンズにあたる光の一部をさえぎりました。スクリーンにはっきりした像ができたとき，像の大きさ，像の明るさ，像の形は光をさえぎる前と比べてどのようになりますか。正しいものを選び，ア～カの記号で答えなさい。

ア　像の大きさは小さくなり，像の明るさは暗くなり，像の形は上半分が消える。
イ　像の大きさは小さくなり，像の明るさは変わらず，像の形は上半分が消える。
ウ　像の大きさは変わらず，像の明るさは暗くなり，像の形は下半分が消える。
エ　像の大きさは変わらず，像の明るさは明るくなり，像の形は下半分が消える。
オ　像の大きさは変わらず，像の明るさは暗くなり，像の形は変わらない。
カ　像の大きさは変わらず，像の明るさは明るくなり，像の形は変わらない。

(5)　物体と凸レンズの距離と，像の大きさの関係を表したグラフはどれですか。正しいものを選び，ア～エの記号で答えなさい。

ア

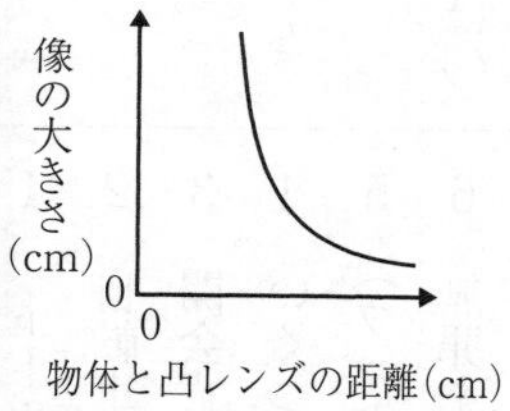

イ

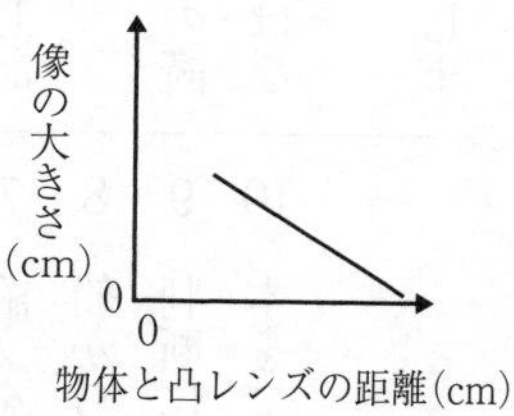

ウ

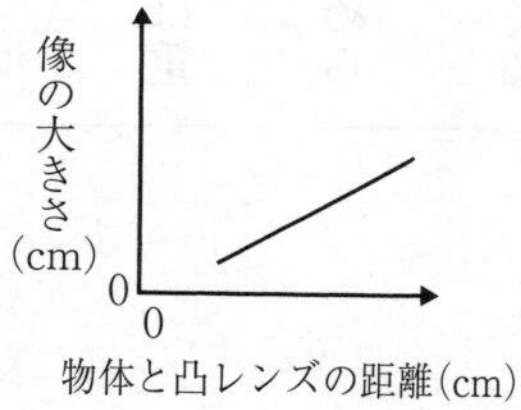

エ

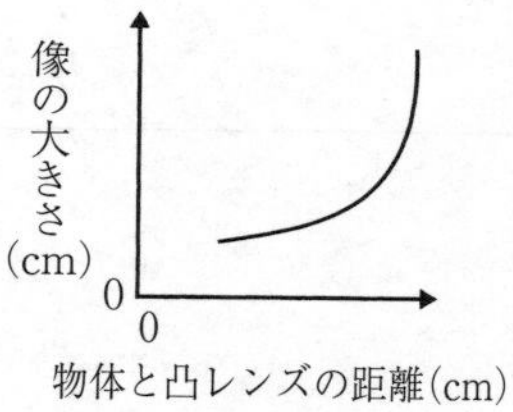

ウ　□を抱える　　エ　□をひそめる
オ　□を洗う　　カ　□を焼く
キ　□をぬすむ　　ク　□を並べる
ケ　□をさぐる　　コ　□を打つ

問十六　――部⑮「『法の精神』はモンテスキューの赤のボルドーである」とは、どういうことか、わかりやすく説明しなさい。

問十七　次の１～５について、本文の内容と一致《ち》しているものには○、一致していないものには×をつけなさい。ただし、すべて同じ記号の解答は認めません。

1　小説に仕掛けられた伏線を見落としてしまうのは、読者の読む力が不足しているからであって、速読することが原因ではない。

2　現代人は昔の人々よりも多くの情報の波に飲み込まれてしまい、知的な思索をすることができない状況《きょう》にあるので、スロー・リーディングによって質の高い読書をするべきである。

3　スロー・リーディングは本を読む習慣のある人にとっては重要であるが、本を読まない人には重要ではない。

4　現代の情報化社会では多くの資料を読みこなすことが求められており、速読による読書こそが重要である。

5　小説の面白さは、どうでもいいような設定が後で生きてくる仕掛けが張り巡らされているところにあり、それはスロー・リーディングで見つけることができる。

二　次の１～10の文中の（カタカナ）を漢字で書きなさい。

1　（トトウ）を組む。
2　自転車の（ホケン）に入る。
3　開会式で（セイカ）をともす。
4　いくつかの問題が（ハセイ）する。
5　（フッキュウ）作業が進む。
6　無罪を（リッショウ）する。
7　論文を（サンショウ）する。
8　船から岬《みさき》の（トウダイ）が見える。
9　判断に（マヨ）う。
10　本を（タバ）ねる。

著者の長年の根気強い思考の産物である。人は、誰もがすぐに「おかしい」と気がつくようなことを、そんなにも長い時間、考え続けられないものだ。「おかしい」と感じるのは、読者として自分の理解力が足りないからではあるまいか？ そう疑ってみて、ではどこが理解できていないのだろうと改めて本を読み返す。そうしてじっくりと時間をかけることで、本は初めて、こっそりとその秘密を明かし始めてくれるだろう。その秘密を知り得た知性だけが、やがては手間のかかったぶどう酒のような成熟を経験するはずである。

（平野啓一郎《けいいちろう》『本の読み方　スロー・リーディングの実践《せん》』より・一部改変）

問一　――部①「読書もまた同じである」とありますが、筆者は読書のどのような点が「見知らぬ土地を訪れる」時と同じだと考えているのか、答えなさい。

問二　――部②「得をする読書」とありますが、どのような得をするのか、答えなさい。

問三　文中の「A」「B」に入る最適な言葉を次のア～キから選び、記号で答えなさい。

ア　通読　　イ　素読　　ウ　熟読　　エ　多読

オ　黙《もく》読　　カ　精読　　キ　乱読

問四　文中の C に入る最適な言葉を本文から九字で抜《ぬ》き出しなさい。

問五　――部③「こうした伏線は、見落としてしまったとしても、推理小説の謎解きのように、小説がそこから先へは進めないということには必ずしもならない」とありますが、それはなぜか答えなさい。

問六　――部④「埋蔵金のように（！）今も小説の至るところに眠っている」とありますが、これはどのようなことをたとえたものか、答えなさい。

問七　――部⑤「かつての人間たちは、要するにみんな、スロー・リーダーであり、スロー・リスナーだった」とありますが、かつての人間たちは、どのようなことができたのか答えなさい。

問八　文中の「D」「E」に入る漢字一字の組み合わせで最適なものを次のア～オから選び、記号で答えなさい。

ア　短―長　　イ　外―内　　ウ　表―裏

エ　量―質　　オ　暗―明

問九　――部⑥「単なる脂肪である」とありますが、これはどのようなことをたとえたものか、答えなさい。

問十　――部⑦「それ」、⑧「それ」、⑩「そうした読み方」、⑭「それ」の指示内容を答えなさい。

問十一　――部⑨「スロー・リーダーの出現は、情報化社会において、猛スピードで交換されている表面的な知識を補う」とありますが、それはなぜか答えなさい。

問十二　文中の I ～ III に入る最適なつなぎ言葉を次のア～オから選び、記号で答えなさい。ただし、同じ記号は二度使えません。

ア　なぜなら　　イ　あるいは　　ウ　だから

エ　しかし　　オ　では

問十三　――部⑪「小説には、様々なノイズがある」とありますが、その「ノイズ」は、読者にどのようなことを教えるのか、説明している一文を本文から抜き出し、初めの五字を答えなさい。

問十四　――部⑫「一切の贅肉」、⑬「骨格」とは、「恋愛小説」の中の何をたとえたものか、文中の言葉を使ってそれぞれ答えなさい。

問十五　文中の F に入る漢字一字を答え、これと同じ漢字が入る慣用句を次のア～コから二つ選び、記号で答えなさい。

ア　F を折る　　イ　F を疑う

極々些細なものまで、明るく楽しいものから哀《かな》しく切ないものまで、恐ろしいほどのパターンの「恋愛」が描《えが》かれてきた。私たちが、その内の一つだけを読んで、「要するに、二人の人間が出会って、仲良くなって、別れた。それだけのことじゃないか」と、あとは読む必要がないと考えるのではなく、やはりそのいろいろなパターンを読みたいと思うのは、それぞれが必ずしも同じじゃないと感じるからである。そして、その違いとは、結局、プロットだけをともかくも追うという立場の読み方からすれば、ノイズでしかない部分にこそ表れているのである。

一見、どうでも良いような設定がある。[Ⅲ]、情景の描写だとか、主人公のほんの些細な仕草だとか。そうした細かな点を、私たちは読み落としてはいないだろうか？

小説というジャンルは、詩と違って、ひどく雑多なものだ。それを純化しようとすると、必ずつまらないものになってしまう。

ここに一枚の紙があり、それを上から落としてみる。ニュートン力学が前提としているような絶対零《れい》度の世界、摩擦《まさつ》のない世界では、紙の落ち方は一様【同じ】であり、それが紙が落ちるという現象のすべてである。[Ⅱ]、現実の世界では、熱というノイズの存在のために、紙の落ち方は必ずしも一様ではない。[Ⅲ]、感覚的に実感できるもっと大きなノイズとして、単純に風が吹《ふ》くかもしれないし、紙を放すときに手もとが揺《ゆ》れてしまうかもしれない。ヒラヒラと宙を舞《ま》う紙の落下の面白さ、美しさは、そうしたノイズの賜《たまもの》【よい結果】である。

「アタマで書かれた、図式的な小説」がつまらないとされるのは、それがノイズのない世界での出来事のように感ぜられるからである。ノイズは、私たちに現実の多様さを教え、「恋愛」のように何度となく繰《く》り返されてきた主題が、決していつも同じでないことを知らしめてくれる。私たちは、小説を読むとき、細部を捨てて、主要なプロットに還《かん》元【元の状態にかえすこと】する読み方をやめて、むしろ、プロットへの還元から零《こぼ》れ落ちる細部にこそ、[F]を凝《こ》らすべきである。差異とは常に、何か微《び》妙で、繊細なものである。

三権分立を主張した人として、誰もが中学校や高校の授業で、その名前を耳にしたであろうモンテスキューというフランスの思想家は、主著『法の精神』を完成させるために、実に二〇年もの歳《さい》月を費やしたという。スイスの高名な批評家であるジャン・スタロバンスキーは、⑭それはアカデミー会員や高等法院長といった、よく知られたモンテスキューのイメージよりも、そのもう一つの顔である「ぶどう栽培《さいばい》者」というイメージにピッタリだと語っている。面白い指摘《てき》なので、少し引用してみよう。

「ここに、よいぶどう酒を作るには何が必要かを知っている人間がいる。それには土質、気候、樹木の質、時機を得た収穫《かく》が必要である。彼は、どのような緩《かん》慢な圧力で果汁《じゅう》が房《ふさ》に蓄《ちく》積されるか、どれほどの忍耐《にんたい》とどのような幸運がこのような成熟を促《うなが》すか、を知っている。作家である彼は、同じく、よい本を成熟させるにはどれほどの時間が必要であるかについて、知っているであろう。」（ジャン・スタロバンスキー『モンテスキュー』より）

スタロバンスキーは、さらに「⑮『法の精神』はモンテスキューの赤のボルドー【ワインの種類】である」と続けている。極上のフルボディ【ワインの風味】だ、というわけである。そう、モンテスキューは、実に念の入ったスロー・ライターだったのである。

もちろん、書くほうが二〇年かけたからといって、二〇年かけて読まなければいけないということはない。一週間で読み終わったならば、それでも構わないだろう。しかし、私たちは、著者の二〇年に対して、やはり謙虚《けんきょ》な気持ちを忘れるべきではない。

『法の精神』の二〇年は、さすがに長いが、一般に思想書や哲学書は、敬されるだろう。読書においても、たった一冊の本の、たった一つのフレーズであっても、⑦それをよく噛《か》みしめ、その魅力を十分に味わい尽《つ》くした人のほうが、読者として、知的な栄養を多く得ているはずである。

「オレは本を何百冊読んだ！」と言っても、「で？」と笑われるのがオチだ。しかし、「オレはあの本のあの一節にメチャクチャ感動した！」と言うのは、単純にカッコイイし、その人の人間性について、多くを伝えてくれるだろう。

端《たん》的【てっとりばやい様子】に言って、速読とは、「明日《あす》のための読書」である。翌日の会議のために速読術で大量の資料を読みこなし、今日《きょう》の話題のために、慌《あわ》ただしい朝の時間に新聞をざっと斜《なな》め読みする。

⑧それに対して、スロー・リーディングは、「五年後、一〇年後のための読書」である。それは、今日、明日という即《そっ》効性があるわけではないが、長い目で見たときに、間違いなく、その人に人間的な厚みを与え、本当に自分の身についた教養を授けてくれるだろう。私たちが尊敬するのは、もちろん、そういう人だ。

今やネット検索の時代である。単なる物知りであることには何の意味もなくなった。およその意味を知りたいだけなら、誰もがその語句を検索してみるだろう。しかし、それ以上の理解は、ネットの検索だけでは不十分である。⑨スロー・リーダーの出現は、情報化社会において、猛《もう》スピードで交換されている表面的な知識を補うという意味で、反動どころか、いわば現代の必然なのである。

そもそも小説は、速読可能だろうか？

確かに、何も考えずに文字だけ追っていれば楽しいという小説もあるだろう。しかし、名作といわれるもののほとんどは、⑩そうした読み方では、十分に魅力が理解できないものだ。単に謎解きを楽しむだけの読書、意外なストーリーの展開を楽しむだけの読書を卒業して、もう少し複雑な小説の妙味【すぐれた味わい】を知るようになれば、人は自《おの》ずとスロー・リーダーとなるはずである。

［ Ⅰ ］、なぜ、小説は速読できないのだろうか？　それは、⑪小説には、様々なノイズ【雑音】があるからである。

プロットにしか興味のない速読者にとって、小説中の様々な描《びょう》写や細かな設定は、無意味であり、しばしば、プロットを埋《う》もれさせてしまう邪魔《じゃま》な混入物と感じられるだろう。それらは、小説にリアリティを与えるための必要悪程度にしか考えられていないかもしれない。確かに、スピーディにストーリー展開を追いたいだけなら、それらの要素はノイズである。［ Ⅱ ］、小説を小説たらしめているのは、実はこのノイズなのである。

誰でも知っているように、小説は、どんなに難しいテーマを取り扱《あつか》っているにしても哲《てつ》学書ではなく、また、作者の考えを説明するためのたとえ話でもない。また、昔話のような単なる物語とも違う。「恋《れん》愛」を考えてみよう。「恋愛」というお話を形作っている要素は何だろうか？　まず、キャストとして、二人以上の複数の人間がいる（あるいは、一人の登場人物が、架《か》空の誰かを妄《もう》想しているのかもしれないが）。その人物たちがあるとき、何らかの事情で出会い、二人以上の複数の人間が深い関係を持ち、場合によっては別れる。その一連の関係の有り様が「恋愛」であり、⑫一切《さい》の贅《ぜい》肉【余分についた体の肉】を削《そ》ぎ落として、⑬骨格だけを取り出せば、この味も素っ気もないとある情報が、「恋愛」というお話の実体である。

私たちはしかし、この情報をできるだけシンプルに、正確に受け取ることを楽しみにして恋愛小説を読むのだろうか？　もちろん、違う。およそ、小説というものが書かれ始めてからというもの、高尚《しょう》【上品で程度の高いこと】なものから下世話なものまで、壮《そう》大なものからあったはずだ。今のクラシック・マニアの何十分の一、何百分の一程度だったかもしれない。

では、現代はどうだろうか？ 身近な友人が、プロのミュージシャンになりたいと言い出したとする。その彼が、「だけどＣＤは三枚しか持っていません」と言ったとしたら、誰でも、「おまえ、ちょっとアタマ冷やせ」と言いたくなるだろう。私たちは、ともかくも、手に入る情報を一通り揃《そろ》えておかなければ、何もできないというような世界に生きている。しかし、そうした時代の文学や音楽が、その分、質的に豊かになったかといえば、誰もが答えに戸惑《まど》うだろう。

⑤かつての人間たちは、要するにみんな、スロー・リーダーであり、スロー・リスナーだったのである。

個人的な経験からしても、中学や高校時代には、そもそもお金の余裕《ゆう》がなかったから、月の初めに小遣《づか》いをもらって、欲《ほ》しかった本とＣＤとを買えば、財《さい》布はすぐにスッカラカンになって、あとは翌月まで、ひたすら同じ本を読み、同じＣＤばかりを聴いていた。しかし、そうした頃に出会った小説や音楽は、細部まで今でもはっきりと覚えているし、自分に非常に大きな影響《えいきょう》を与《あた》えたものとして特別な愛着を感じられる。

しかし、大人になって一度に二〇枚ものＣＤを買い、スキップしながらざっと聴き飛ばしてしまったようなアルバムや、必要に迫《せま》られて、つい速読してしまったような本の中には、ほとんどマトモに内容も覚えていないようなものもある。これは無意味であるという以上に、なんとなく寂しいことだ。

私たちは、どうやってもかつての世界には戻《もど》れない。これは事実である。そして、これからも、恐《おそ》らくは今以上に大量の情報に囲まれながら生活してゆくことだろう。私たちは、そのすべてを網羅《もうら》【残らず取り入れること】する必要はないし、すべてを網羅することは不可能である。もちろん、いろいろなタイプの本を読むことは大切である。自分だけの趣《しゅ》味に固執《しつ》【自分の考えを曲げないこと】し、今の自分を肯《こう》定してくれるような本ばかり読んでいては、ますます視野を狭《せば》めていってしまうことになる。しかし、読書量は、自分に無理なく読める範《はん》囲、つまり、スロー・リーディングできる範囲で十分であり、それ以上は無意味である。

私たちは、情報の恒《こう》常的な【常に変わらない】過剰《じょう》供給社会の中で、本当に読書を楽しむために、「D」の読書から「E」の読書へ、網羅型の読書から、選択的な読書へと発想を転換《かん》してゆかなければならない。

そもそも、私たちの周りで、誰からも尊敬されているような人が、「速読家」だというような話を聞いたことがあるだろうか？ 会社の上司であっても、同僚《りょう》であっても、あるいは友達でも構わない。多読家はたくさんいるだろう。しかし、速読を誇《ほこ》る人など、少なくとも私の周りには一人もいない。

広く社会を見渡《わた》しても、政治家でも、実業家でも、医師でも、学者でも、コンサルタントでも、よく速読本に謳《うた》われているように、速読法のおかげで偉《い》業を成し遂《と》げたなどという例には、まずお目にかかることができない。速読本の著者にしても、その技術を生かして、本は書けたであろうが、それ以外にどんな成功を収めたのかはまったく謎である。

一ヶ月に本を一〇〇冊読んだとか、一〇〇〇冊読んだとかいって自慢している人は、ラーメン屋の大食いチャレンジで、一五分間に五玉食べたなどと自慢しているのと何も変わらない。速読家の知識は、⑥単なる脂肪《しぼう》である。決して、自分自身の身となり、筋肉となった知識ではない。それよりも、ほんの少量でも、自分が本当においしいと感じた料理の味を、豊かに語れる人のほうが、人からは食通として尊一般《ぱん》的に、推理小説以外のジャンルでは、謎解きが読書の最終的な到《とう》達点ではない。だから、ここでいう伏線も、必ずしも、具体的な結末に結びつくものではなく、作者が読者に訴《うった》えたいことだとか、登場人物の繊《せん》細な感情の動きだとか、そういったプロット【話の筋】とは関係のないことを準備する場合がある。前の場面で、登場人物が見せたちょっとした仕草が、次の場面での言動の意味を左右する、といったように。③こうした伏線は、見落としてしまったとしても、推理小説の謎解きのように、小説がそこから先へは進めないということには必ずしもならない。だから、速読の際には、しばしば見落とされてしまうのである。

しかし、読書を今よりも楽しいものにしたいと思うなら、まずはそうした、書き手の仕掛けや工夫を見落とさないというところから始めなければならない。

作家のタイプにもよるが、たとえば、三島由紀夫などは、様々な技巧《こう》に非常に自覚的な作家だったので、スロー・リーディングすると、ここまで気をつかうのか！　というほど、細かな仕掛けがいくつも見えてくる。しかし、その多くは、実はほとんどの読者に気づかれないまま、④埋《まい》蔵金のように(!)今も小説の至るところに眠《ねむ》っているのである。

私自身も、もちろん、小説を書くときには、人に話せば笑われるほど、実は些《さ》細な点にまでいろいろな工夫を施《ほどこ》している。そんなことは単なる自己満足じゃないかと言う人もいるかもしれない。しかし、読者からの感想を読んでいると、ちゃんとそれに気がついてくれ、その分、深く小説を理解し、楽しんでくれる人たちが必ずいるのである。逆に、スロー・リーディングしてもらえれば、十分に理解できるはずの事柄《がら》が読み落とされてしまっているときには、やはり寂《さび》しい気持ちになる。

そう、書き手はみんな、自分の本をスロー・リーディングしてもらう前提で書いているのである。

書店に足を運んで、日々、洪《こう》水のように押《お》し寄せる新刊本の波に呆《ぼう》然【あっけにとられる様子】とする経験は、誰《だれ》にでもあるだろう。今なら、アマゾンの広告メールなどでも、新刊情報は絶えず手もとに届けられている。一体、何を読んで、何を読まなくていいのか、さっぱり分からない。選択《たく》の可能性が増えたといっても、手に負える限度というものがある。結果、評判になっているベストセラー本でも読んでみるか、というようなことになる。

私たちは、数十年前に比べて、はるかに容易に、はるかに多くの本を入手できるようになった。しかし、そのおかげで、私たちはかつての人間よりも知的な生活を送っていると言うことができるだろうか？

どうも、そうでもなさそうである。

なぜだろうか？

グーテンベルクによって活版印刷技術が発明されるまで、書物は当然、手書きであり、それだけに貴重品で、そもそも一般にはほとんど流通していなかった。それでも、当時の人たちは、その少ない情報だけを手がかりにしながら、今日にも通じるような深い思索《さく》を行っている。カントやヘーゲルが生涯《がい》に読破した本の冊数が、今から考えれば意外なほど少なかったからといって、彼《かれ》らを無知で愚《おろ》かな人間だと言う人はいないだろう。

本に限らず、たとえば、音楽の世界でも同じことが言える。ジャズ・ミュージシャンのマイルス・デイヴィスは、子供の頃にはレコードを三枚くらいしか持っていなかったらしい。音楽は、生演奏か、ラジオで聴《き》くしかなかったわけだが、それを言うなら、二〇世紀以前のクラシックの音楽家たちは、バッハでも、モーツァルトでも、彼らが生涯に聴くことができた曲の数というのは、ごくごく限られたもので

二〇二一年度　明治大学付属明治中学校

【国　語】〈第一回試験〉〈五〇分〉〈満点：一〇〇点〉

注意　字数制限のある問題については句読点を字数に含《ふく》めること。

一　次の文章を読んで、あとの問いに答えなさい。ただし、【　】は語句の意味で、解答の字数に含《ふく》めないものとします。

「スロー・リーディング」とは、一冊の本にできるだけ時間をかけ、ゆっくりと読むことである。鑑《かん》賞の手間を惜《お》しまず、その手間にこそ、読書の楽しみを見出《いだ》す。そうした本の読み方だと、ひとまずは了《りょう》解してもらいたい。スロー・リーディングをする読者を、私たちは、「スロー・リーダー」と呼ぶことにしよう。

一冊の本を、価値あるものにするかどうかは、読み方次《し》第である。

たとえば、海外で見知らぬ土地を訪れることをイメージしてみよう。出張で訪れた町を、空き時間のほんの一、二時間でザッと見て回るのと、一週間滞《たい》在して、地図を片手に、丹《たん》念【念入り】に歩いて回るのとでは、同じ場所に行ったといっても、その理解の深さや印象の強さ、得られた知識の量には、大きな違《ちが》いがあるだろう。旅行は、行ったという事実に意味があるのではない（よくそれを自慢《まん》する人もいるが）。行って、どれくらいその土地の魅《み》力を堪《たん》能【満足すること】できたかに意味がある。

①読書もまた同じである。ある本を速読して、つまらなかった、という感想を抱《いだ》くのは、忙《せわ》しない旅行者と同じかもしれない。じっくり時間をかけて滞在した人が、「えっ、あそこにすごくおいしいレストランがあったのに！　行かなかったの？　あそこの景色《けしき》は？　えっ、ちゃんと見てないの？」と驚《おどろ》き、不憫《びん》【気の毒なこと】に感じるのと同じで、スロー・リーダーが楽しむことのできた本の中の様々な仕掛《か》けや、意味深い一節、絶妙《みょう》な表現などを、みんな見落としてしまっている可能性がある。速読のあとに残るのは、単に読んだという事実だけだ。スロー・リーディングとは、それゆえ、②得をする読書、損をしないための読書と言い換《か》えてもいいかもしれない。

丁寧《ねい》に本を読むという意味では、昔から、「　A　」、「　B　」といった言葉があるが、スロー・リーディングは、そうした読書態度を包括《かつ》する【全体をひっくるめる】ものとして理解してもらえればよいだろう。その方法の一つとして、たとえば本書では、書き手の視点で読む、書き手になったつもりで読む、という読み方を紹介《しょうかい》している。

私がこの読書法をおすすめしたいのは、私自身が、作家になる前となった後とでは、本の読み方が変わってきたこと、それによって本に対する理解が深まったことを実感しているからである。中学、高校時代に、単に一読者として小説を読んでいた頃《ころ》には気がつかなかった様々な仕掛けや工夫《くふう》に注意を払《はら》うようになってから、私は改めて、読書は面《おも》白いと感じるようになった。そして、私だけではなく、実は作家の多くは、他人の本を読むときにも、やはり　C　、という作業を行っているのである。

推理小説が好きな人は、最後の謎《なぞ》解きのための「伏《ふく》線」に注意しながら本を読む習慣があるだろう。年季の入った愛好家は、そうした伏線のパターンをたくさん知っているから、次第に最後まで読まずとも、結末が読めるようになってくるものである。

推理小説というジャンルに明瞭《りょう》に【はっきりと】見て取れる伏線は、実は、他のジャンルの小説にも様々に張り巡《めぐ》らされており、それだけでなく、論文やエッセイの中にも、大抵《てい》、仕込《こ》まれているものである。

2021年度

明治大学付属明治中学校 ▶解説と解答

算　数　＜第１回試験＞（50分）＜満点：100点＞

解　答

[1] (1) $\frac{1}{27}$　(2) 3116　(3) (ア) 350　(イ) 105　(4) 18　(5) 40　[2] (1) 120 m　(2) 11.25秒　[3] (1) 3 cm　(2) 4 cm　(3) 19倍　[4] (1) 11.4%　(2) 8.4%　(3) 2.4%　[5] (1) 136人　(2) 15分０秒後

解　説

[1] 逆算，相当算，倍数算，つるかめ算，整数の性質

(1) $5\frac{1}{3}-0.125\times\left(\frac{7}{4}+\square\times0.75\right)\div\frac{2}{3}=5$ より，$0.125\times\left(\frac{7}{4}+\square\times0.75\right)\div\frac{2}{3}=5\frac{1}{3}-5=\frac{1}{3}$，$\frac{7}{4}+\square\times0.75=\frac{1}{3}\times\frac{2}{3}\div0.125=\frac{2}{9}\div\frac{1}{8}=\frac{2}{9}\times\frac{8}{1}=\frac{16}{9}$，$\square\times0.75=\frac{16}{9}-\frac{7}{4}=\frac{64}{36}-\frac{63}{36}=\frac{1}{36}$　よって，$\square=\frac{1}{36}\div0.75=\frac{1}{36}\div\frac{3}{4}=\frac{1}{36}\times\frac{4}{3}=\frac{1}{27}$

(2) 容量いっぱいのジュースの重さを１として図に表すと，右の図１のようになる。図１で，$\frac{1}{2}-\frac{1}{3}=\frac{1}{6}$にあたる重さが，2400－2042＝358(ｇ)だから，１にあたる重さは，$358\div\frac{1}{6}=2148$(ｇ)とわかる。よって，$\frac{1}{3}$にあたる重さは，$2148\times\frac{1}{3}=716$(ｇ)なので，ジュースを飲む前の水とうの重さは，2400＋716＝3116(ｇ)と求められる。

図１

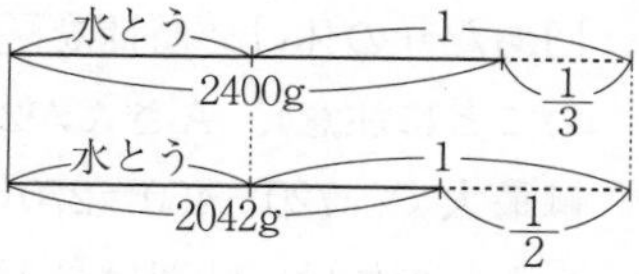

(3) 両方に210円ずつわたしても２人の所持金の差は変わらないから，わたす前とわたした後の所持金の比の差をそろえると，右の図２のようになる。図２で，そろえた比の，18－15＝３にあたる金額が210円なので，そろえた比の１にあたる金額は，210÷３＝70(円)となり，わたす前のＡさんの所持金は，70×５＝350(円)(…(ア))，わたした後のＡさんの所持金は，70×８＝560(円)とわかる。また，わたした後の２人の所持金の和は，70×(８＋18)＝1820(円)であり，これは，ＡさんがＢさんにいくらかわたした後も変わらない。よって，ＡさんがＢさんにいくらかわたした後のＡさんの所持金は，$1820\times\frac{1}{1+3}=455$(円)だから，ＡさんがＢさんにわたした金額は，560－455＝105(円)(…(イ))と求められる。

図２

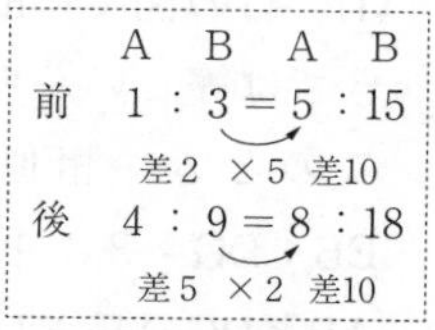

(4) ６の目が２回と１の目が１回出ると，６×２＋３×１＝15(マス)進むので，６の目と１の目が出たときの１回あたりの平均は，15÷(２＋１)＝５(マス)となり，右上の図３のようにまとめることができる。６と１以外の目が35回出たとすると，２×35＝70(マス)進むから，実際よりも，151－70＝81(マス)少なくなる。６と１以外の目のかわりに６または１の目が出ると，１回あたり，５－２＝３(マス)多く進むので，６または１の目が出た回数の合計は，81÷３＝27(回)とわかる。このうち，６の目と１の目が出た回数の比

図３

６と１の目の平均（５マス進む）
６と１以外の目　（２マス進む）
} 合わせて35回で151マス進む

は２：１だから，６の目が出た回数は，$27\times\frac{2}{2+1}$＝18(回)と求められる。

(5)　200を素数の積で表すと，200＝２×２×２×５×５となるので，約分できるのは分子が２または５の倍数のときとわかる。そこで，分子を２と５の最小公倍数である10ごとに組に分けると，全体は，200÷10＝20(組)に分けることができ，２の倍数と５の倍数を除くと，右の図４のようになる。図４で，

図４

１組：	１，	３，	７，	９，	(10)
２組：	11，	13，	17，	19，	(20)
⋮	⋮	⋮	⋮	⋮	⋮
20組：	191，	193，	197，	199，	(200)

１組の和は，１＋３＋７＋９＝20である。また，各組の同じ位置にある数は10ずつ大きくなるから，各組の和は，10×４＝40ずつ増える。よって，20組の和は，20＋40×(20－１)＝780なので，１組から20組までの和は，20＋60＋…＋780＝(20＋780)×20÷２＝8000と求められる。したがって，これ以上約分できない分数の和は，$\frac{8000}{200}$＝40である。

2　速さと比，植木算

(1)　ＡさんとＢさんの速さの比は，400：360＝10：９だから，ＡさんとＢさんが１周するのにかかる時間の比は，$\frac{1}{10}:\frac{1}{9}$＝９：10となる。この差が２秒なので，Ａさんが１周するのにかかる時間は，２÷(10－９)×９＝18(秒)とわかる。よって，１周の長さは，$400\times\frac{18}{60}$＝120(m)である。

(2)　Ｃさんが12分で走る道のりは，250×12＝3000(m)であり，これは，3000÷120＝25(周)にあたる。

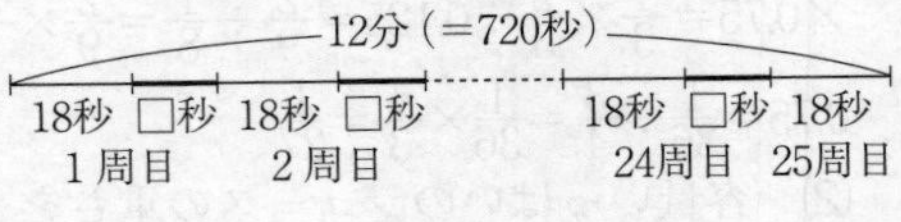

よって，Ａさんは12分で25周以上すればよいので，１回あたりの休けい時間を□秒として図に表すと，右上の図のようになる(最後は休けいの必要がないことに注意)。Ａさんが25周するのにかかる時間は，18×25＝450(秒)だから，休けい時間の合計は最大で，720－450＝270(秒)となる。また，休けい時間の回数は，25－１＝24(回)なので，１回あたりの休けい時間は最大で，270÷24＝11.25(秒)と求められる。

3　平面図形―相似，辺の比と面積の比

(1)　右の図で，EFとHGは平行であり，角EBFと角GDHの大きさは等しいから，三角形EBFと三角形GDHは相似である。このとき，相似比は，BF：DH＝６：２＝３：１なので，EB：DG＝３：１となる。そこで，EB＝③，DG＝①とすると，ABとDCの長さは等しいから，４＋③＝①＋10と表すことができる。よって，③－①＝10－４，②＝６より，DGの長さは，①＝６÷２＝３(cm)と求められる。

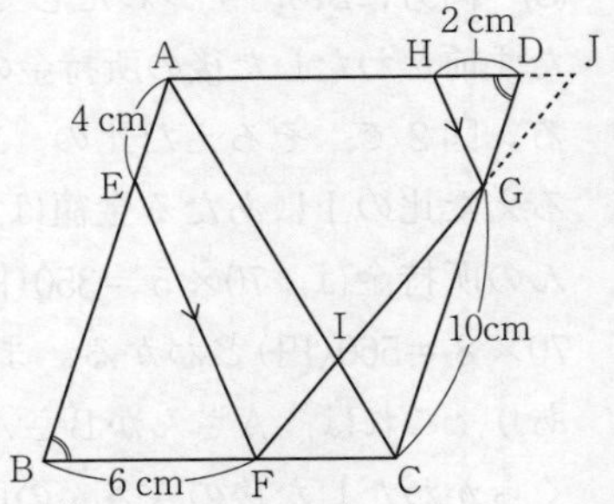

(2)　(1)より，EB＝３×３＝９(cm)とわかる。三角形EBFと三角形ABCで，それぞれの底辺をBF，BCと考えると，高さの比は，EB：AB＝９：(４＋９)＝９：13となる。また，面積の比は27：65なので，底辺の比は，BF：BC＝$\frac{27}{9}:\frac{65}{13}$＝３：５とわかる。よって，BF：CF＝３：(５－３)＝３：２だから，CF＝$6\times\frac{2}{3}$＝４(cm)と求められる。

(3)　図のように，ADとFGを延長して交わる点をＪとする。三角形DGJと三角形CGFは相似であり，相似比は，DG：CG＝３：10なので，DJ＝$4\times\frac{3}{10}$＝1.2(cm)とわかる。また，三角形AIJと三角形CIFも相似であり，相似比は，AJ：CF＝(６＋４＋1.2)：４＝14：５だから，AI：IC＝14：５となる。よって，三角形ABCの面積は三角形IFCの面積の，$\frac{BC}{FC}\times\frac{AC}{IC}=\frac{6+4}{4}\times\frac{14+5}{5}=\frac{19}{2}$(倍)とわ

かる。さらに，平行四辺形ABCDの面積は三角形ABCの面積の２倍なので，平行四辺形ABCDの面積は三角形IFCの面積の，$\frac{19}{2}\times 2=19$(倍)である。

4 濃度《のうど》

(1)　食塩水Ｃ140ｇと1.9％の食塩水50ｇを混ぜると，8.9％の食塩水が，140＋50＝190(ｇ)できる。(食塩の重さ)＝(食塩水の重さ)×(濃《こ》さ)より，できた食塩水に含《ふく》まれている食塩の重さは，190×0.089＝16.91(ｇ)となる。このうち，1.9％の食塩水50ｇに含まれていた食塩の重さは，50×0.019＝0.95(ｇ)だから，食塩水Ｃ140ｇに含まれていた食塩の重さは，16.91－0.95＝15.96(ｇ)とわかる。よって，食塩水Ｃの濃さは，15.96÷140×100＝11.4(％)と求められる。

(2)　食塩水Ｃ140ｇに含まれている食塩の重さは15.96ｇであり，これは水を加えても変わらない。また，食塩水Ｃ140ｇに水50ｇを加えたときの食塩水の重さは，140＋50＝190(ｇ)なので，水を加えた後の食塩水の濃さ，つまり先生がつくった食塩水の濃さは，15.96÷190×100＝8.4(％)とわかる。次に，右の図のように，Ａ100ｇとＢ100ｇとＣ200ｇを混ぜた食塩水をＰ，Ａ200ｇとＢ300ｇとＣ400ｇを混ぜた食塩水をＱとする。さらに，食塩水Ｐのそれぞれの重さを２倍にした食塩水をＲとすると，これらの食塩水の濃さはすべて8.4％になる。よって，食塩水Ｑに含まれている食塩の重さは，(200＋300＋400)×0.084＝75.6(ｇ)，食塩水Ｒに含まれている食塩の重さは，(200＋200＋400)×0.084＝67.2(ｇ)だから，その差は，75.6－67.2＝8.4(ｇ)とわかる。ここで，食塩水Ｑと食塩水Ｒに含まれているＡとＣの重さは同じなので，Ｂ300ｇとＢ200ｇに含まれている食塩の重さの差が8.4ｇとなる。したがって，食塩水Ｂの濃さは，8.4÷(300－200)×100＝8.4(％)である。

食塩水Ｐ：Ａ100ｇ＋Ｂ100ｇ＋Ｃ200ｇ
食塩水Ｑ：Ａ200ｇ＋Ｂ300ｇ＋Ｃ400ｇ
食塩水Ｒ：Ａ200ｇ＋Ｂ200ｇ＋Ｃ400ｇ

(3)　食塩水Ｑに注目すると，Ｂ300ｇに含まれている食塩の重さは，300×0.084＝25.2(ｇ)，Ｃ400ｇに含まれている食塩の重さは，400×0.114＝45.6(ｇ)だから，Ａ200ｇに含まれている食塩の重さは，75.6－(25.2＋45.6)＝4.8(ｇ)とわかる。よって，食塩水Ａの濃さは，4.8÷200×100＝2.4(％)と求められる。

5 ニュートン算

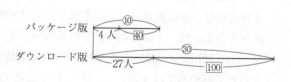

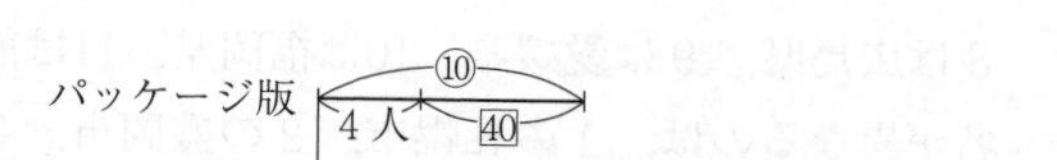

(1)　１分間に来店する人数を，パッケージ版は①人，ダウンロード版は③人とする。また，１台のレジが１分間に販売《はんばい》する人数を，パッケージ版は$\boxed{4}$人，ダウンロード版は$\boxed{5}$人とする。パッケージ版の場合，10分間で，①×10＝⑩(人)が来店し，その間に，$\boxed{4}$×１×10＝$\boxed{40}$(人)に販売する。同様に，ダウンロード版の場合，10分間で，③×10＝㉚(人)が来店し，その間に，$\boxed{5}$×２×10＝$\boxed{100}$(人)に販売する。よって，図に表すと右上のようになる。この図で，⑩：㉚＝１：３だから，($\boxed{40}$＋４)：($\boxed{100}$＋27)＝１：３という式をつくることができる。また，A：B＝C：Dのとき，A×D＝B×Cとなるので，($\boxed{40}$＋４)×３＝($\boxed{100}$＋27)×１，$\boxed{120}$＋12＝$\boxed{100}$＋27，$\boxed{120}$－$\boxed{100}$＝27－12，$\boxed{20}$＝15より，$\boxed{1}$＝15÷20＝0.75(人)と求められる。よって，$\boxed{40}$＝0.75×40＝30(人)だから，⑩＝４＋30＝34(人)となり，①＝34÷10＝3.4(人)とわかる。したがって，10分間に来店した人数は，3.4×(10＋30)＝136(人)である。

(2)　１分間に来店する人数は，3.4×(１＋３)＝13.6(人)である。また，ダウンロード版のレジを４

台に増やしたときに１分間に販売する人数は全部で，$\boxed{4}\times 1+\boxed{5}\times 4=\boxed{24}=0.75\times 24=18$(人)なので，レジ待ちの人数は１分間に，$18-13.6=4.4$(人)の割合で減る。また，10分後のレジ待ちの人数は，$4+27=31$(人)だから，レジ待ちの人数が９人以下になるのは，ダウンロード版のレジを４台に増やしてから，$(31-9)\div 4.4=5$(分後)とわかる。これは販売開始から，$10+5=15$(分後)である。

社　会　＜第１回試験＞（40分）＜満点：75点＞

解　答

Ⅰ **1**　1，2，7，9　**2**　(1)　2　(2)　7　**3**　**A**　y　**B**　z　**C**　w　**D**　x　**4**　ウ　**5**　カ　**6**　**A**　5　**B**　3　**C**　1　**D**　11　**7**　(1)　ウ　(2)　イ　(3)　ア　(4)　エ　**Ⅱ** **1**　イ　**2**　イ　**3**　徴兵令　**4**　百済　**5**　天武天皇　**6**　(例)　朝鮮半島や中国との人的な交流が活発になった。　**7**　エ　**8**　ウ　**9**　ア　**10**　エ　**11**　(例)　幼い子どもの死亡率が高かったから。　**12**　フィリピン　**13**　エ　**14**　イ　**15**　(例)　正しい情報を確認して行動する。　**Ⅲ** **1**　**あ**　政府　**い**　国民　**2**　イ　**3**　(1)　国土交通(省)　(2)　(例)　閣僚が集まって，内閣としての意思決定を行う会議のこと。　**4**　ウ　**5**　(1)　立憲主義　(2)　イ　**6**　(例)　一部の高額所得者が非常に高額の所得を得ていると考えられ，格差が広がっており，中央値を平均値が大きく上回っている。　**7**　イ　**8**　(例)　貧困をなくす／日本の場合で考えると，富裕層や大企業が有利になるような経済政策がとられてきたので，逆進性のある消費税を減税し，高額所得者の所得税や利益の多い企業の法人税の税率を上げ，再分配を強化する。

解　説

Ⅰ　日本各地の気候や産業などについての問題

1　１は北海道，２は岩手県，３は山形県，４は千葉県，５は長野県，６は大阪府，７は兵庫県，８は広島県，９は愛媛県，10は福岡県，11は熊本県である。このうち，道府県名と道府県庁所在地名が異なるのは，１の札幌市，２の盛岡市，７の神戸市，９の松山市である。

2　(1)　秋田県の大潟《おおがた》村(八郎潟干拓《かんたく》地)で北緯40度の緯線と東経140度の経線が交わっているので，２の岩手県があてはまる。　(2)　東経135度の経線は日本標準時子午線であり，７の兵庫県明石《あかし》市を通っている。

3　まず，wの札幌市は，冬の寒さが厳しく梅雨や台風の影響が少ない北海道の気候に属するので，Cがあてはまる。次に，xの長野市は，年間降水量が少なく寒暖の差が大きい中央高地の気候に属するので，Dがふさわしい。yの神戸市とzの福岡市のうち，瀬戸内海に面しており，年間降水量が少なく比較《ひかく》的温暖な瀬戸内の気候に属するyの神戸市がA，残ったzの福岡市がおおむね太平洋側の気候に属するBとなる。

4　１の北海道は農業面積が広く農業生産額も高いうえ，酪農《らくのう》がさかんなことから乳用牛の割合が高いB，３の山形県は米やさくらんぼの生産がさかんなため米と果実の割合が高いE，５の長野県はレタスやキャベツといった高原野菜の生産がさかんなので野菜の割合が高いA，７の兵庫県は神戸牛や但馬《たじま》牛などのブランド牛で有名なことから肉用牛の割合が高いＣ，９の愛媛県はみかんやいよかんなどの果実の生産がさかんなので果実の割合が高いＤとなる。よって，ウが選べる。

５　まず，工業生産額が最も多いＤは，阪神工業地帯を形成する６の大阪府で，電気機械の割合が高いことが特徴《とくちょう》である。次に，４の千葉県は京葉工業地域を形成し，石油化学コンビナートなどがいくつも見られ，化学工業の割合が高いことで知られるのでＢとなる。ＡとＣのうち，輸送用機械の割合が高いＡは自動車工業がさかんな８の広島県，残ったＣが食料品工業の割合が比較的高い２の岩手県となる。

６　**Ａ**　「千曲《ちくま》川」は信濃川の上流，５の長野県を流れる部分の呼び名。2019年10月の台風19号は関東甲信越に甚大《じんだい》な被害をおよぼし，長野県では千曲川の決壊によって北陸新幹線の車両基地が浸《しん》水《すい》するなどした。　**Ｂ**　「最上川」は３の山形県内を流れる川で，庄内平野の酒田市で日本海に注いでいる。2020年７月の東北地方豪雨では，最上川が氾濫《はんらん》したことで周辺の農地が浸水した。

Ｃ　「胆振《いぶり》地方」は１の北海道南西部の太平洋側に位置し，苫小牧《とまこまい》市や室蘭《むろらん》市などがある。2018年９月の北海道胆振東部地震では，苫東厚真《とまとうあつま》火力発電所などが停止したことで，北海道全域で停電するブラックアウトが起こった。　**Ｄ**　江戸時代初めに「加藤清正が築城した城」は，11の熊本県に位置する熊本城である。2016年４月の熊本地震では，天守閣の破損や石垣の崩壊《ほうかい》などの被害が生じ，現在も修復作業が進められている。

７　(1)　図３において，●１～■１の「三陸自動車道(高速道路)」はほぼ山間部を通り，●２～■２の「三陸鉄道」は一部山のふもとの平地を通り，●３～■３の「国道45号」はほぼ平地を通る。よって，●２～■２の断面図はウがあてはまる。なお，●１～■１はア，●３～■３はイ。　(2)　図３のＡの(⌷)は国土地理院が新たに2019年に採用した「自然災害伝承碑《でんしょうひ》」で，過去に起きた津波・洪水や火山・土砂災害などの自然災害の情報を伝える石碑やモニュメントを表した地図記号である。よって，イがあてはまる。なお，アは石どうろう，ウは災害が予想される地域を表す標識，エは測量の基準となる三角点。　(3)　ア　図４の震災前の地図では「荒谷《ありや》」「野原」地区に市街地があったが，図３の震災後の地図ではそれがなくなり，「乙部《おとべ》」地区の高台に新たに市街地が形成されている。よって，正しい。　イ　「向山」地区には工場(☼)はあったが，もともと高等学校(⊗)はない。　ウ　三陸鉄道の「新田老《たろう》駅」は，震災後に設けられている。　エ　図３の震災後の地図では，「乙部」地区の市街地の西に消防署(Y)が見られる。　(4)　この地域に伝えられる「津波てんでんこ」は防災の教訓として，「津波が来たら，肉親にもかまわずに，各自，てんでばらばらに逃げろ」としている。よって，エが正しくない。

Ⅱ　自然災害と感染症《しょう》の歴史についての問題

１　日米修好通商条約(1858年)では，函館・新潟・横浜(神奈川)・神戸(兵庫)・長崎の５港が貿易港として開かれることになり，日米和親条約(1854年)で開港された下田(静岡県)は神奈川港の開港にともなって閉鎖《へいさ》された。よって，イが正しい。なお，アについて，明治政府はアイヌとの間に条約を結んだことはない。ウについて，日朝修好条規が結ばれたのは1876年のできごと。エについて，ラクスマンの来航は1792年で，異国船打払令を撤回するきっかけとなったできごとは清(中国)で起きたアヘン戦争(1840～42年)である。

２　開国後，異国船の来航が感染症を招いたとして，外国人を排斥《はいせき》しようとする攘夷《じょうい》論が人々の間でさらに高まった。この考え方は天皇を尊ぶ尊王論と結びつき，やがて倒幕論へと発展した。

３「血税一揆」とは，1873年に明治政府が出した徴兵令に対する反対一揆である。政府の法令(太政官告諭)に「血税」という言葉があったことなどから，農民たちが反発して起こった。なお，徴兵令は，満20歳以上の男子に兵役の義務を課したもの。

４ 仏教は538年(一説には552年)，朝鮮半島にあった百済《くだら》の聖明王が仏像や経典などを欽明《きんめい》天皇におくったのが公式の伝来とされている。なお，長野市の善光寺にある「一光三尊阿弥陀如来《あみだにょらい》像」はこのとき伝えられた最古の仏像とされるが，秘仏とされており見ることはできない。７年に１度「御開帳」されるが，公開されるのは前立本尊(本尊を模造したもの)である。

５ 天智天皇の弟である大海人《おおあまの》皇子は，壬申の乱(672年)で天皇の子の大友皇子を破って即位《そくい》し，天武天皇となると，天智天皇の事業を引きついで律令制度の整備に努めた。

６ 表１において，縄文時代には朝鮮半島と中国大陸で結核の影響を受けた人骨が発見されているが，日本では発見されていない。一方，弥生時代には日本でも結核の影響を受けた人骨が発見されるようになった。つまり，朝鮮半島や中国との人的な交流が活発になったことを背景に，弥生時代に結核が大陸から日本にもたらされたのだと考えられる。

７ 菅原道真は平安時代前半に活躍《かつやく》した貴族で，遣唐使の廃止(894年)を進言し，宇多天皇の信任も厚く，その後右大臣にまでなったが，左大臣の藤原時平のはかりごとにあって北九州の大宰府《だざいふ》(現在の福岡県太宰府市)に左遷され，２年後にその地で亡くなった。なお，アの佐渡島は新潟県，イの隠岐島は島根県に属しており，ウの平泉は岩手県に位置する。

８「畿内５か国」とは都と周辺地域のことで，大和・山城・摂津・河内・和泉を指す。加賀は石川県南西部の旧国名であるので，ウがふくまれない。

９ 律令制度の下では国ごとに国府が置かれ，中央から任命された国司が地方行政を担当した。よって，アが正しい。

10 10世紀の後半，藤原氏は自分の娘を天皇のきさきとし，生まれた子(孫)を天皇に立てて皇室との関係を強め，天皇の外祖父として大きな権力をにぎった。そして，天皇が幼いときには摂政《せっしょう》，成人してからは関白として政治を行った。これを摂関政治といい，11世紀前半の藤原道長・頼通父子のころにその全盛期をむかえた。

11 江戸時代に人々の平均寿命《じゅみょう》が短かったのは，自然災害による飢饉《ききん》や感染症の拡大などが大きな原因であるが，当時の衛生・医療《いりょう》状況は現在と比べようもないほど貧弱なものであったことから，幼児の死亡率が高かったことがおもな理由として考えられる。

12「バターン死の行進」とは，太平洋戦争(1941～45年)において，日本軍が当時アメリカ合衆国の植民地であったフィリピンに侵攻《しんこう》したとき，バターン半島で投降した捕虜《ほりょ》を収容所へ移動させるさいに炎天下を約100km歩かせたため，マラリアや飢え・疲労から多数のアメリカ兵とフィリピン兵が死亡した事件である。また，「レイテ沖海戦」は，1944年にフィリピンのレイテ湾を中心とする周辺海域における，日本海軍とアメリカ海軍の総力戦のこと。

13 伝染病予防法が定められた1897年は，日清戦争(1894～95年)の直後にあたる。つまり，この戦争のさいに海外で戦った兵士が帰国し，感染症を国内に持ちこんだことが制定のきっかけだと考えられる。よって，エが正しい。

14 1909年，韓国統監府の初代統監であった伊藤博文が暗殺されたことをきっかけに，翌10年，日本は韓国併合条約を結んで朝鮮を植民地とした。そうした背景があったことから，関東大震災(1923

年)のさいには，デマによって多数の朝鮮人が虐殺《ぎゃくさつ》された。よって，イが正しい。

15　大きな自然災害が発生したり感染症が拡大したりしたとき，不確かな情報や何の根拠《こんきょ》もないウソの情報が飛び交うことがしばしばある。人々の不安な気持ちややり場のない怒り・ストレスなどによると思われるが，だからこそ情報の正しさを確認して行動することが求められる。

Ⅲ　日本の政治や安全保障，所得格差などについての問題

1　あ，い　日本国憲法前文の前半には，「政府の行為によって再び戦争の惨禍《さんか》が起こることのないようにすることを決意し，ここに主権が国民に存することを宣言し，この憲法を確定する」と明記されている。

2　日本の安全保障政策は，日米安全保障条約にもとづくアメリカ合衆国との同盟関係を基礎にしている。そのため，唯一《ゆいいつ》の被爆国であるにもかかわらず，アメリカ合衆国の「核の傘《かさ》」に入っていることから，核兵器禁止条約に批准《ひじゅん》していない。よって，イが正しくない。

3　⑴　観光庁は国土交通省に属する機関で，観光事業の育成・振興を目的としている。2020年７月からコロナ禍で不振にあえぐ観光業を支援するため，「Go To トラベル」事業が始まった。

⑵　「閣議」は内閣総理大臣と国務大臣によって構成される会議で，内閣の意思決定を行う。会議は公開されず，原則として全閣僚の全会一致で政策や方針を決める。

4　日本国憲法第99条は憲法尊重擁護《ようご》の義務を定めた条文で，「天皇又は摂政及《およ》び国務大臣，国会議員，裁判官その他の公務員は，この憲法を尊重し擁護する義務を負う」としている。よって，ウがあてはまらない。

5　⑴　国民が憲法を定めて政府の権力が暴走しないようにしっかりと制限するという考え方を，「立憲主義」という。日本国憲法はこの立憲主義にもとづく憲法である。　⑵　日本国憲法第53条は臨時国会(臨時会)について定めた条文で，「いずれかの議院の総議員の４分の１以上の要求があれば，内閣は，その召集《しょうしゅう》を決定しなければならない」と明記されている。しかし，2017年６月，国会で野党がこの条文にもとづき，衆・参両議院で臨時会召集の要求をしたにもかかわらず，当時の安倍晋三内閣はこれに応じず，98日経ってから国会を召集したものの，審議に入る前に衆議院を解散してしまった。2020年６月，これに関する訴訟《そしょう》で初めて那覇地方裁判所で判決が下り，内閣が憲法に書かれた義務をはたさなかったり，召集を不当に遅らせたりした場合，司法審査の対象になるとした。しかし，違憲か合憲かの判断は見送られた。よって，イが正しい。

6　【例】のように，数値を全部足して人数で割ったものが「平均」，数値を順に並べて真ん中にくる数が「中央値」である。図１より，「平均所得金額」の552万３千円が，「中央値」の437万円を大きく上回っていることがわかる。これは一部の高額所得者が非常に高い所得を得ているため，それだけ所得の格差が広がっていると考えられる。

7　2019年の参議院通常選挙の投票率は48.80％で，過去最低であった1995年の参議院通常選挙の44.52％につぐ過去２番目に低いものであった。

8　解決したいと思っている社会課題(☆)が，９か国中すべてで５位以内に入っており，日本・ベトナム・アメリカで第１位，中国・イギリスでは第２位となっている。共通して解決したい課題としては，所得の格差による貧困問題が考えられる。日本の場合，一部の高額所得者や大企業に所得が集中しているので，高額所得者の所得税率と大きな利益を得ている大企業の法人税率を引き上げること，また低所得者ほど負担が重くなる消費税の税率を下げること，貧困層を支援するしくみを拡充することなどの政策が求められる。

理 科 ＜第１回試験＞（40分）＜満点：75点＞

解 答

Ⅰ ⑴ ① イ　② ア　⑵ ① 0g　② 0g　③ 0.160g　Ⅱ ⑴ 上皿てんびん　⑵ イ，ウ　⑶ ア，ウ　⑷ メスシリンダー　⑸ ア　Ⅲ ⑴ ウ　⑵ ウ　⑶ イ　⑷ フェーン現象　⑸ ウ　⑹ ア，イ　⑺ エ　Ⅳ ⑴ ① 酸素　② 二酸化炭素　③ エネルギー　④ 呼吸　⑤ 動脈血　⑥ 暗く　⑵ iPS細胞　⑶ イ　Ⅴ ⑴ ウ　⑵ ④　⑶ イ　⑷ 蒸散　⑸ オ　⑹ 1.3cm　Ⅵ ⑴ ４秒後　⑵ ５秒後　⑶ 117.6m　⑷ 39.2m　⑸ オ　Ⅶ ⑴ エ　⑵ 8cm　⑶ A 24cm　B 4cm　⑷ オ　⑸ ア

解 説

Ⅰ 水酸化ナトリウム水溶《よう》液と塩酸の中和についての問題

⑴ ① BTB溶液は，酸性で黄色，中性で緑色，アルカリ性で青色を示す。表のうち，水酸化ナトリウム水溶液の体積が0mLから50mLの間では，10mL増すごとに残った固体は0.117gずつ増え，50mLから100mLの間では，10mL増すごとに固体は0.043gずつ増えることから，水酸化ナトリウム水溶液50mLとうすい塩酸50mLがちょうど中和することがわかる。したがって，混合液①では，水酸化ナトリウム水溶液40mLがすべて反応し，うすい塩酸があまっているのでBTB溶液は黄色を示す。② うすい塩酸40mLがすべて反応し，水酸化ナトリウム水溶液があまっているので，BTB溶液は青色になる。

⑵ ① 水酸化ナトリウム水溶液とうすい塩酸が反応すると，食塩と水ができる。混合液①では，水酸化ナトリウム水溶液30mLとうすい塩酸30mLが中和し，うすい塩酸40mLがあまるが，塩酸を蒸発させても固体が残らないことから，残った固体は食塩だけである。② 水酸化ナトリウム水溶液50mLとうすい塩酸50mLはちょうど中和し，食塩が0.585gだけ残る。③ 水酸化ナトリウム水溶液40mLとうすい塩酸40mLが反応し，水酸化ナトリウム水溶液が，60－40＝20(mL)あまる。表から，水酸化ナトリウム水溶液100mLには0.800gの水酸化ナトリウムがとけているとわかるので，あまった水酸化ナトリウム水溶液20mLにとけている水酸化ナトリウムの重さは，$0.800\times\frac{20}{100}=0.160$(g)である。

Ⅱ 実験器具の使い方についての問題

⑴ 上皿てんびんは，左右の皿にのせた物体と分銅の重さがつりあうことを利用して，物体の重さをはかったり，薬品をはかりとったりすることができる器具である。

⑵ 分銅は手のよごれなどがつくとさびることがあるので，直接手では持たずピンセットを使う。薬品をはかりとるときには，ふつう，きき手で薬品をのせていくので，右ききの人が使うときは，あらかじめ左側の皿に分銅をのせておき，右側の皿に薬品を加えていく。また，指針がめもり板の中央を中心にして，左右同じ幅《はば》でふれていれば，左右の重さがつりあっているとしてよい。

⑶ アルコールランプに火をつけるときには，つけた火でやけどをしないように，しんの横からマ

ッチの火を近づけるようにする。また，火のついているアルコールランプからほかのアルコールランプに火を移す操作は，中のアルコールがこぼれて引火する危険があるので，絶対にしてはいけない。

⑷　図２は，液体の体積をはかる器具で，メスシリンダーとよぶ。

⑸　メスシリンダーは，めもりが水平になるように，水平な台に置いて使うので，アが正しい。薬品を加えて水溶液をつくるのには適さないので，イは不適当である。また，高温の液体を入れたり，液体を入れたまま凍《こお》らせたりすると，メスシリンダーが割れることがあるため，ウ，エもまちがいである。

Ⅲ　気象現象についての問題

⑴　最高気温が35℃以上の日を猛暑《もうしょ》日とよぶ。なお，最高気温が25℃以上の日は夏日，30℃以上の日は真夏日という。

⑵　2020年８月17日に静岡県浜松《はままつ》市では最高気温41.1℃を記録し，2018年７月23日に埼玉県熊谷《くまがや》市で観測された記録と並んで，国内観測史上最高気温となった。

⑶　地上付近では，高気圧の中心から外に向かって風が右回りに吹《ふ》き出している。

⑷，⑸　しめり気をおびた空気が山にそって上昇《じょうしょう》すると，雲が発生して雨を降らせる。水分が少なくなった空気が山を越《こ》えて下降するときの温度の上がり方は，山を越える前の温度の下がり方より変化が大きいため，山を越える前と比べて気温が高くなる。このようにして，空気が山を越えて下降することで，温度が上昇し乾燥《かんそう》する現象をフェーン現象という。

⑹　台風に吹き込《こ》む空気は，中心付近でらせんをえがくように上昇する。そのとき，回転による遠心力がはたらいて，雲のない部分ができることがある。これを上空から見ると，雲のうずの中心に穴があいているように見えるので，台風の目といわれる。台風の目の中は下降気流が発生し，その下の地上では晴れていて青空が見える。よって，アとイは正しい。台風の雲はほぼ円形で前線をともなわないので，ウはまちがいである。台風が弱まって最大風速が17.2m/秒以下になったもののうち，前線がなければ熱帯低気圧，前線があれば温帯低気圧とよぶ。また，台風はふつう，日本付近では太平洋高気圧のへりを偏西《へんせい》風の影響《えいきょう》を受けながら進む。

⑺　台風は熱帯低気圧が発達したものであるから，地表近くでは中心付近に向かって左回りの風が吹き込んでいる。

Ⅳ　呼吸のしくみと血液についての問題

⑴　①　肺で体外からとり入れるものとあるので，酸素である。　②　肺で体外へ排《はい》出するものとあるため，二酸化炭素である。　③　細胞《さいぼう》は酸素を使って，ブドウ糖などの栄養分から活動のためのエネルギーをとり出している。　④　呼吸には，肺などの呼吸器官で空気中の酸素と血液中の二酸化炭素を交換《こうかん》する呼吸と，ひとつひとつの細胞で酸素を使って栄養分からエネルギーをとり出す，細胞による呼吸がある。　⑤，⑥　酸素を運ぶ赤血球は，結びついている酸素が多いほど明るい赤色をしている。肺炎《えん》によって動脈血中に酸素を十分にとり入れることができないとき，動脈血の色は暗い赤色になる。なお，静脈血はもともと酸素の量が少ないため，血液の色の変化で肺炎を判別するのは難しいことが多い。血液の色を見ることによって，血液中の酸素の濃《こ》さ(酸素飽和《ほうわ》度)をはかる器具に，パルスオキシメーターがある。

⑵　山中伸弥《しんや》先生は，皮ふの細胞から体のさまざまな部分の細胞組織に成長する能力を持つiPS細

胞をつくり出したことで，2012年のノーベル生理学・医学賞を受賞した。

⑶　白血球は，体内に入ってきたウイルスや細菌《さいきん》などの異物をとり込んで分解することで体を守るはたらきをしていて，アメーバのように形を変えて移動することができる。

Ⅴ　ホウセンカの蒸散についての問題

⑴　ホウセンカは双《そう》子葉類なので，子葉は２枚で，根は主根と側根からなる。

⑵　④は道管で，②は師管である。双子葉類は，道管と師管が形成層(③)をはさんでひとまとまりになっていて，これを維《い》管束《かんそく》とよぶ。根から吸い上げた水は道管を通って体の各部分に運ばれるので，赤く染まるのは④の部分である。

⑶　③の形成層は，さかんに細胞分裂《ぶんれつ》をすることによってくきを太くしている。

⑷，⑸　ビニール袋《ぶくろ》についた水滴《てき》は無色で，蒸散によって葉の気こうから出てきた水蒸気が冷やされて水になったものである。

⑹　試験管Ｂと試験管Ｄを比べると，葉の裏側からの蒸散によって水面は，1.0−0.3＝0.7(cm)下がったとわかる。また，試験管Ｃと試験管Ｄを比べると，葉の表側からの蒸散によって水面は，0.6−0.3＝0.3(cm)下がっている。さらに，試験管Ｄより，くきからの蒸散と水面からの蒸発によって，水面が0.3cm下がることから，試験管Ａの水面は，0.7＋0.3＋0.3＝1.3(cm)下がると考えられる。

Ⅵ　物体の運動についての問題

⑴　表４のＢのビルの屋上からの高さは，経過時間４秒の78.4mが最高で，この前後では同じように値が小さくなっている。

⑵　表１より，Ａを離《はな》してから１秒後に，Ａは速さは9.8m/s(秒速9.8m)で下向きに運動している。⑴より，表３では，Ｂの速さは，経過時間４秒が最低で，この前後で同じように値が大きくなっていると考えられることから，５秒後のＢの速さは下向きに9.8m/sとわかる。なお，経過時間４秒のＢは最高点に達していて，速さは０m/秒である。

⑶　Ａを離してから３秒間に落下した距離《きょり》は，Ｂが最高点に達してからの３秒間，つまり経過時間４秒から７秒の間に落下した距離と同じだから，表４より，78.4−34.3＝44.1(m)である。経過時間３秒のＢの屋上からの高さは73.5mなので，Ａを離したのはビルの屋上から，44.1＋73.5＝117.6(m)の高さとわかる。

⑷　４秒後までは，Ａは下向き，Ｂは上向きに運動しているので，Ａを離してから４秒後のＡとＢの高さの差は，ＡとＢがすれ違《ちが》った３秒後から１秒間に動く距離の和である。Ａが経過時間３秒から４秒の間に動いた距離は，Ｂが経過時間７秒から８秒に動いた距離と同じだから，表４より，34.3−０＝34.3(m)とわかる。また，Ｂはその間に，78.4−73.5＝4.9(m)動くので，高さの差は，34.3＋4.9＝39.2(m)となる。

⑸　ＡとＢの高さの差は，はじめは117.6mで，Ａを離してから３秒後に０mとなる。そこからまた離れて差が大きくなっていくので，オが選べる。

Ⅶ　凸《とつ》レンズによる像のでき方についての問題

⑴　凸レンズを通してスクリーンにできる像は，上下左右が逆になるので，エが正しい。

⑵　像のたての長さが物体のスリットの長さと等しくなるとき，物体と凸レンズの距離と凸レンズとスクリーンの距離は，どちらも焦点《しょうてん》距離の２倍になる。よって，この凸レンズの焦点距離は，16÷２＝８(cm)である。

⑶　**A**　表より，物体と凸レンズの距離と，凸レンズとスクリーンの距離の比は，スリットのたての長さと，スクリーンにできた像のたての長さの比と同じになる。よって，$A:12=2:1$より，$A=12\times 2\div 1=24$(cm)である。　**B**　Aと同様に考えると，$12:24=2:B$より，$B=2\times 24\div 12=4$ (cm)である。

⑷　凸レンズの上半分に厚紙をあてても，凸レンズの焦点距離は変わらないので，像の大きさや形は変化しないが，凸レンズを通る光の量が半分になるので，像の明るさは暗くなる。

⑸　物体と凸レンズの距離が大きくなるほど，像のたての長さは短くなり，アのような曲線のグラフになる。

国　語　＜第１回試験＞（50分）＜満点：100点＞

解　答

一　**問１**　（例）　本を速読するよりも時間をかけて読むほうが，本に対する理解や印象が深まり，得られる知識の量が多くあるという点。　**問２**　（例）　本の中の様々な仕掛けや意味深い一節，絶妙な表現を楽しめるという得。　**問３**　**A**　ウ　**B**　カ　**問４**　書き手の視点で読む　**問５**　（例）　具体的な結末に直接結びつくものではなく，プロットとは関係がない場合があるから。　**問６**　（例）　三島由紀夫などの小説に仕掛けられている様々な技巧が，多くの読者に見過ごされていること。　**問７**　（例）　限られた本の冊数や曲数などの少ない情報だけを手掛かりにしながら，今日にも通じる深い思索を行ったこと。　**問８**　エ　**問９**　（例）　長期的に見たときに教養につながらない無意味なものであること。　**問10**　⑦　（例）　たった一冊の本の，たった一つのフレーズ。　⑧　（例）　速読が「明日のための読書」であること。　⑩　（例）　何も考えずに文字だけを追っていく読み方。　⑭　（例）　モンテスキューが『法の精神』を完成させるために，二〇年もの歳月を費やしたこと。　**問11**　（例）　スロー・リーディングにより，人間的な厚みと本当に自分の身についた教養が与えられるから。　**問12**　Ⅰ　オ　Ⅱ　エ　Ⅲ　イ　**問13**　ノイズは，　**問14**　⑫　（例）　小説中の様々な描写や細かな設定。　⑬　（例）　二人以上の人間が，何らかの事情で出会い，深い関係を持ち，場合によっては別れるということ。　**問15**　**漢字**…目　**記号**…イ，キ　**問16**　（例）　『法の精神』はモンテスキューが長年の根気強い思考の産物としてつくり上げた，成熟させたぶどう酒のような深い味わいを持った優れた著作であるということ。　**問17**　１　×　２　○　３　×　４　×　５　○　二　下記を参照のこと。

●漢字の書き取り

二　１　徒党　２　保険　３　聖火　４　派生　５　復旧　６　立証　７　参照　８　灯台　９　迷(う)　10　束(ねる)

解　説

一　**出典は平野啓一郎《ひらのけいいちろう》の『本の読み方　スロー・リーディングの実践《じっせん》』による。**一冊の本をゆっくりと読んで楽しむ「スロー・リーディング」について，速読と比べつつ，その意義を説明している。

問１　前の段落で筆者は，「見知らぬ土地を訪《おとず》れる」とき，町を短時間でざっと見て回るのと，時間をかけて「丹念《たんねん》」に歩いて回るのとでは，「理解の深さや印象の強さ，得られた知識の量」に「大きな違《ちが》い」があり，「行ったという事実」ではなく「その土地の魅力《みりょく》を堪能《たんのう》できたか」に意味があると述べている。これと「読書」が同じだということで速読とスロー・リーディングを比べているので，この内容をまとめるとよい。

問２　同じ段落で説明されている。ゆっくり読むと，速読では「見落とし」がちな「本の中の様々な仕掛《しか》けや，意味深い一節，絶妙《ぜつみょう》な表現など」を楽しめるから，「得」なのである。

問３　Ａ，Ｂ　「丁寧《ていねい》に本を読む」という意味にあたる語なので，ウの「熟読」（意味をよく考えながら読むこと）とカの「精読」（細部まで注意深く読むこと）が入る。なお，アの「通読」は，始めから終わりまでざっと読むこと。イの「素読」は，書物，特に漢文で，意味は考えず文字だけ音読すること。エの「多読」は，本をたくさん読むこと。オの「黙読《もくどく》」は，声に出さずに読むこと。キの「乱読」は，種々の本を手当たり次第《しだい》に読むこと。

問４　作家が他人の本を読むときに行っている作業，筆者がみんなにすすめたい読書法が入る。同じ段落の最初に「この読書法」とあるので，その前の段落に注目する。筆者がすすめたいのは，スロー・リーディングの方法の一つ，「書き手の視点で読む」ことである。

問５　「伏線《ふくせん》」は，小説などで後の展開に備え，関連したことがらをそれとなく前のほうで示しておくこと。本文での「こうした伏線」は，登場人物の繊細《せんさい》な感情の動き，ちょっとした仕草などを指している。こうした伏線は，推理小説以外は「具体的な結末に結びつくものではなく」，「プロット」（話の筋）とは関係ない場合があるから，見落としても先を読めなくならないのである。

問６　「埋蔵金《まいぞうきん》」は，地中に埋《う》めて隠《かく》した財宝。財宝に当たるのは，小説の中に仕掛けてある「技《ぎ》巧《こう》」で，それに「ほとんどの読者」が気づかないことをたとえている。

問７　直前の三つの段落で，今と昔の「リーダー」（読む人）と「リスナー」（聴《き》く人）を比べている。昔は本や音楽を手に入れることは難しかったため，たとえば，カントやヘーゲルが生涯《しょうがい》に読んだ本は，今の読者から見れば意外なほど少なく，バッハやモーツァルトでも生涯に聴いた曲は，今のリスナーの何百分の一程度だった。今より圧倒的《あっとうてき》に「少ない情報」を手がかりに「今日にも通じるような深い思索《しさく》を行って」いたのである。これが，彼《かれ》らがスロー・リーダー，スロー・リスナーだったということの内容にあたる。

問８　「本当に読書を楽しむために」読書をどう転換《てんかん》するかが入る。問７でみたように，昔は今より圧倒的に少ない情報をもとに「深い思索を行って」いたのだから，筆者がすすめたいのは「量」の読書から「質」の読書への転換だとわかる。

問９　続く四つの段落で，速読の知識と，スロー・リーディングの教養について説明されている。速読でたくさんの本を読んで得られるのは，翌日の会議のため，今日の話題のための即席《そくせき》の「知識」で，スロー・リーディングで授《さず》かるのは，「長い目で見たとき」の「人間的な厚み」や「本当に自分の身についた教養」である。つまり，速読で得る「脂肪《しぼう》」とは，長い目で見て身についていく教養ではなく，即席の知識にすぎないことのたとえであるといえる。

問10　⑦　一〇〇冊，一〇〇〇冊を速読して得られるのが即席の知識である。それに対し，よく噛《か》みしめることで知的な栄養になるものだから，直前の「たった一冊の本の，たった一つのフレーズ」を指す。　⑧　「それ」は，「五年後，一〇年後のための読書」であるスロー・リーディングと対比されている。つまり，前の段落にある，速読は「明日のための読書」であるということを指している。　⑩　名作を読むとき「十分に魅力が理解できない」読み方だから，すぐ前の「何も考えずに文字だけ追って」いく読み方を指す。　⑭　法学者であったモンテスキューの，もう一つの顔の「ぶどう栽培《さいばい》者」にピッタリのエピソードを指す。まず，次の段落に，ぶどう酒も本もよいものに成熟させるには「忍耐《にんたい》」や「時間」が必要だとある。ぶどう栽培者のように「時間」をかけて執筆《しっぴつ》したエピソードとして，前の文に「『法の精神』を完成させるために，実に二〇年もの歳月《さいげつ》を費やした」ことが紹介《しょうかい》されている。

問11　情報化社会において猛《もう》スピードでやりとりされる「表面的な知識」は，問９で検討した「速読」で得られる即席の知識と重なる。それを「補う」のがスロー・リーディングによって授かる人間的厚み・教養である。これをふまえ，「表面的な知識」と違い，スロー・リーディングは「人間的な厚み」や「本当に自分の身についた教養」を授けてくれるからという内容でまとめる。

問12　Ⅰ　名作といわれる小説は速読では「十分に魅力が理解できない」と述べた後，「なぜ，小説は速読できないのだろうか」と展開するので，前のことがらを受けて，それをふまえながら次のことを導く働きの「では」が入る。　Ⅱ　ストーリー展開を追うだけなら細かな設定や描写《びょうしゃ》は「ノイズ」，つまり雑音だが，小説を小説として成立させるのは「ノイズ」の部分だという文脈なので，前のことがらを受けて，それに反する内容を述べるときに用いる「しかし」が合う。　Ⅲ　一見どうでもいいような設定，情景の描写など「ノイズ」の例を列挙しているので，同類のことがらを並べ立て，いろいろな場合があることを表す「あるいは」が適する。

問13　「ノイズ」は「小説を小説たらしめている」，「様々な描写や細かな設定」である。この後筆者は「恋愛《れんあい》」小説を例に，「ノイズ」の働きをくわしく説明している。我々が恋愛小説で楽しんでいるのは，「二人の人間が出会って，仲良くなって，別れた」という骨格ではなく，ノイズに表れた恋愛の「恐《おそ》ろしいほどのパターン」である。「ノイズ」と「恐ろしいほどのパターン」の関係について筆者は，空らんＦをふくむ段落で，「ノイズは，私たちに現実の多様さを教え，『恋愛』のように何度となく繰《く》り返されてきた主題が，決していつも同じでないことを知らしめてくれる」とまとめている。

問14　⑫　「贅肉《ぜいにく》」は，問13で検討した「ノイズ」に当たるので，恋愛小説における「様々な描写や細かな設定」である。　⑬　恋愛小説の「骨格」は，問13でみたように「二人の人間が出会って，仲良くなって，別れた」という情報である。これを，ぼう線部⑬の直前の二文で「二人以上の複数の人間が～何らかの事情で出会い～深い関係を持ち，場合によっては別れる」と説明しているので，ここを使ってまとめてもよい。

問15　「目を凝《こ》らす」は“じっと見つめる”という意味。「目」が入るのは，イの「目を疑う」（見ても信じられないほど意外である）と，キの「目をぬすむ」（人に見つからないようにこっそり行う）である。なお，アは「骨を折る」（力をつくす），「腰《こし》を折る」（話の途中《とちゅう》でじゃまする），「鼻を折る」（相手の自信をくじく），「膝《ひざ》を折る」（相手に頭を下げる）などがある。ウは「腹を抱《かか》える」（大笑いする），「頭を抱える」（なやむ）などがある。エは「眉《まゆ》をひそめる」（心配や不快感などで眉と眉の間にしわを寄せる），「息をひそめる」（息をおさえてじっとしている）などがある。オは「足を洗う」（悪事からぬけ出す），「耳を洗う」（立身出世をきらい，世間からはなれて清らかに暮らす）などがある。カは「手を焼く」（対処に困る），「身を焼く」（嫉妬《しっと》などでひどく苦しむ）などがある。クは「肩《かた》を並べる」（対等の位置に立つ），「鼻を並べる」（一線に並ぶ，横に並ぶ）などがある。

ケは「腹をさぐる」（それとなく人の本意を知ろうとする）などがある。コは「手を打つ」（予想される事態に必要な処置をとる），「膝を打つ」（急に思いついたときや感心したときの動作），「胸《むね》を打つ」（感動を与《あた》える），「耳を打つ」（強く耳にひびく）などがある。

問16　問10の⑭で，モンテスキューは法学者だけでなく「ぶどう栽培者」でもあったこと，ぶどう酒も本も成熟させてよいものにするには「忍耐」「時間」が必要なこと，ぶどう栽培者のように二〇年もの「時間」をかけて『法の精神』を完成させたことをみた。これをふまえ，二〇年もの歳月を費やして執筆した『法の精神』は，時間をかけてつくられたぶどう酒のように成熟した味わいを持つ著書であるという内容をまとめればよい。

問17　**1**　第三段落で，スロー・リーダーが楽しむ「本の中の様々な仕掛けや，意味深い一節，絶妙な表現」を，速読では見落とすと述べているので，間違い。　**2**「表面的な知識」がとびかう「情報化社会」においては，「人間的な厚み」や「教養」を与えてくれる「スロー・リーディング」が重要だと筆者は述べているので，正しい。　**3**「本を読まない人」を本文では取りあげていない。　**4**　本文では，「情報科社会において，猛スピードで交換されている表面的な知識を補う」点で，スロー・リーダーの出現は「現代の必然」だと言っているので，合わない。　**5**　筆者は，「ノイズ」とされがちな「小説中の様々な描写や細かな設定」が実は「小説を小説たらしめている」と述べているので，合う。

二　漢字の書き取り

1「徒党を組む」で，悪だくみを持つ仲間が集まること。　**2**　ふだんからお金を集めておき，体や財産に思いがけない災難があったときに，決まった額の保険金を給付する制度。　**3**　神聖な火。オリンピックのときにギリシャから運ばれ，競技場の聖火台で燃やし続ける火。　**4**　元の物事から別の物事が分かれ出ること。　**5**　こわれたり傷んだりした状態を元にもどすこと。　**6**　証拠《しょうこ》を示して事実や正当性を明らかにすること。　**7**　照らし合わせて参考にすること。　**8**　岬《みさき》や港の入口などにあり，夜でも船が安全に進めるように強い光を出す高い建物。　**9**　音読みは「メイ」で，「迷路」などの熟語がある。　**10**　音読みは「ソク」で，「約束」などの熟語がある。

2021年度　明治大学付属明治中学校

〔電　話〕 (042) 444－9100
〔所在地〕 〒182-0033　東京都調布市富士見町4－23－25
〔交　通〕 JR中央線－「三鷹駅」，京王線「調布駅」よりスクールバス

【算　数】 〈第2回試験〉 (50分) 〈満点：100点〉

注意　1．解答は答えだけでなく，式や考え方も解答用紙に書きなさい。(ただし，**1** は答えだけでよい。)
　　　2．円周率《えんしゅうりつ》は3.14とします。
　　　3．定規・分度器・コンパスは使用してはいけません。

1　次の $\boxed{}$ にあてはまる数を求めなさい。

(1)　$1.75\times\left(\frac{4}{7}-\frac{1}{3}\right)-\frac{1}{18}\div\left\{\boxed{}-\left(1\frac{1}{3}-0.5\right)\right\}=\frac{1}{3}$

(2)　ある商品を85円で何個か仕入れ，定価100円で売りました。仕入れた数の $\frac{5}{7}$ が売れたときに，残りの商品を2個セット100円ですべて売ったところ，利益は115円でした。はじめに仕入れたのは $\boxed{}$ 個です。

(3)　右の図のように，半円と三角形が重なっています。㋐と㋑を合わせた面積と㋒と㋓を合わせた面積が同じとき，Xは $\boxed{}$ です。

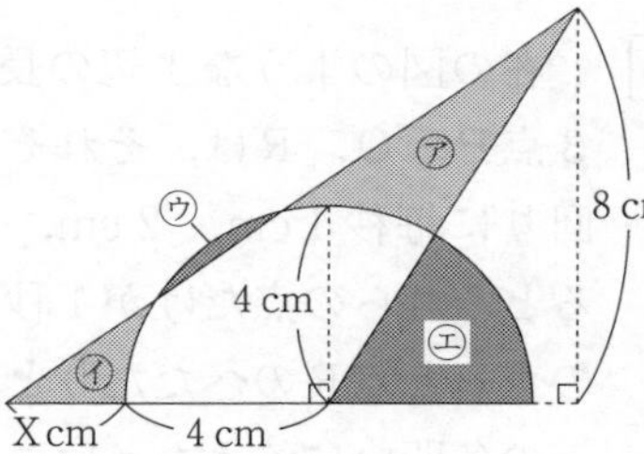

(4)　あるクラスの児童がいくつかの長いすに座ります。1脚《きゃく》に5人ずつ座ると，長いすが4脚余ります。1脚に3人ずつ座ると，すべての長いすに児童が座り，座れない児童が1人います。クラスの児童の人数が偶《ぐう》数のとき，児童は全員で $\boxed{}$ 人です。

(5)　2種類の食塩水A，Bがあります。Aを200g，Bを100g混ぜると，9.8%の食塩水ができ，Aを100g，Bを150g混ぜると，12.2%の食塩水ができます。このとき，Aの濃《こ》さは $\boxed{(ア)}$ %で，Bの濃さは $\boxed{(イ)}$ %です。

2　川の下流にあるA町から28km離《はな》れた上流にB町があります。それぞれの町を出発した船は，一定の速さで休みなく往復し，船の静水での速さと川の流れの速さの比は7：1です。8時ちょうどにA町を出発した船がB町を出発した船と8時32分にすれ違《ちが》い，両方の船は同時刻にそれぞれB町とA町に初めて到着《とうちゃく》しました。このとき，次の各問いに答えなさい。

(1)　はじめにB町を出発した船は，何時何分に出発しましたか。

(2)　A町を出発した船がB町を出発した船と初めてすれ違ってから再びすれ違うまでの平均の速さは，毎時何kmですか。

(3)　この船が1往復するときの平均の速さは，毎時何kmですか。

3　右の図は，１辺の長さが６cm の立方体 ABCDEFGH から４つの三角すい AEIL，BFJI，CGKJ，DHLK を切りとった立体です。４点Ｉ，Ｊ，Ｋ，Ｌはそれぞれ辺 AB，BC，CD，DA の真ん中の点です。このとき，次の各問いに答えなさい。ただし，三角すいの体積は，(底面積)×(高さ)÷３で求められます。

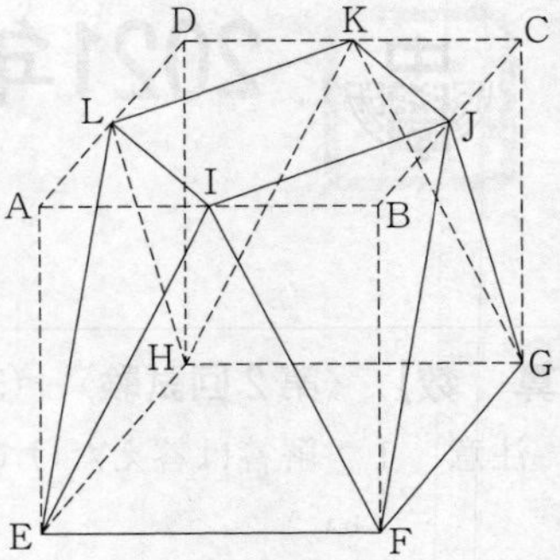

(1)　この立体の体積は何 cm^3 ですか。

(2)　この立体の表面積は何 cm^2 ですか。

4　ＡさんとＢさんは１本の値段が80円，100円，140円の３種類のボールペンをそれぞれ何本か買いました。このとき，次の各問いに答えなさい。

(1)　Ａさんが80円，100円，140円のボールペンを３：３：４の本数の比で買ったところ，代金は7700円でした。Ａさんは80円のボールペンを何本買いましたか。

(2)　Ｂさんが３種類のボールペンを合わせて35本買ったところ，代金は3520円でした。80円のボールペンの本数が100円のボールペンの本数の３倍より１本多いとき，Ｂさんは140円のボールペンを何本買いましたか。

5　右の図のような１辺の長さが12cm の正三角形 ABC があります。３点Ｐ，Ｑ，Ｒは，それぞれ頂点Ａ，Ｂ，Ｃを出発して辺上を反時計回りに毎秒１cm，２cm，３cm の速さで動き，点が同じ位置で重なるとそれらの点だけが１秒間静止します。また，次のグラフは，辺上の点Ｐと点Ｒのへだたりと時間の関係を表したものです。このとき，下の各問いに答えなさい。ただし，辺上の点Ｐと点Ｒのへだたりとは，辺に沿《そ》って測った２点の間の長さのうち，短い方を表します。

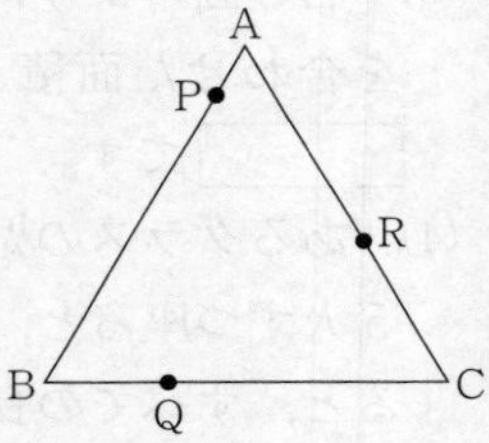

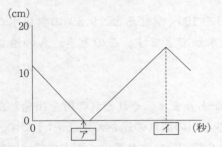

(1)　グラフ中の ア はいくつですか。

(2)　グラフ中の イ はいくつですか。

(3)　22秒後のへだたり ウ を書き入れ，26秒後までをグラフに表しなさい。(解答用紙に答えとグラフだけをかき入れなさい。)

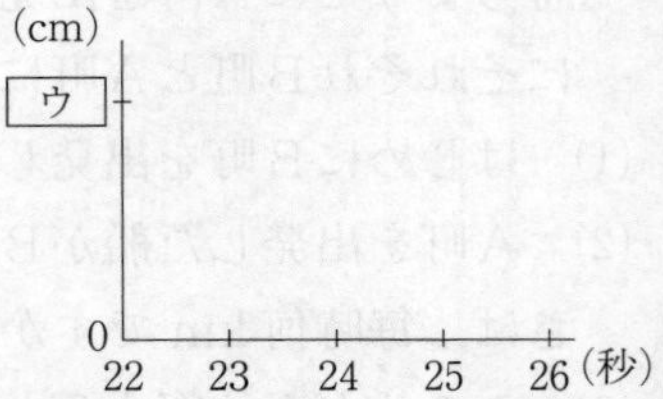

【社　会】〈第２回試験〉（40分）〈満点：75点〉

Ⅰ　鉄道に関して，以下の問いに答えなさい。

1　**図１**は，時刻表に印刷された地図をもとに作成したものです。あとの問いに答えなさい。

(1)　**図１**中の**A**～**C**にあてはまる川の名前の組み合わせとして正しいものを，次の**ア**～**カ**の中から１つ選び記号で答えなさい。

ア　**A**　阿賀野　**B**　雄物　**C**　最上
イ　**A**　阿賀野　**B**　最上　**C**　雄物
ウ　**A**　雄物　**B**　阿賀野　**C**　最上
エ　**A**　雄物　**B**　最上　**C**　阿賀野
オ　**A**　最上　**B**　阿賀野　**C**　雄物
カ　**A**　最上　**B**　雄物　**C**　阿賀野

(2)　**図１**中の**D**には，この付近にある山の名前が入ります。その山を，次の**ア**～**カ**の中から１つ選び記号で答えなさい。

ア　石鎚山　**イ**　岩手山　**ウ**　岩木山
エ　三瓶山　**オ**　鳥海山　**カ**　羊蹄山

(3)　**図１**中の**X**には余目駅から，**Y**には坂町駅から，**Z**には新津駅から，それぞれ乗り継ぎができる方面の駅名が入ります。乗り継ぎ先の組み合わせとして正しいものを，次の**ア**～**カ**の中から１つ選び記号で答えなさい。

ア　**X**　会津若松　**Y**　新庄　**Z**　米沢
イ　**X**　会津若松　**Y**　米沢　**Z**　新庄
ウ　**X**　新庄　**Y**　会津若松　**Z**　米沢
エ　**X**　新庄　**Y**　米沢　**Z**　会津若松
オ　**X**　米沢　**Y**　会津若松　**Z**　新庄
カ　**X**　米沢　**Y**　新庄　**Z**　会津若松

2　次の(**1**)と(**2**)は，ある地域で販売されている駅弁です。〰〰部には昔の国の名前(旧国名)が使われています。〰〰部の地域は，主に，現在のどの都道府県に位置するか，次ページの**図２**中の１～47の中から１つずつ選び番号で答えなさい。

(1)　越前かにめし

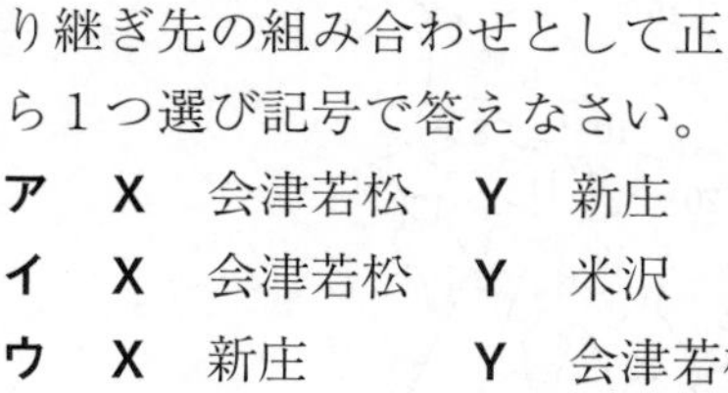

(2)　但馬の里　和牛弁当

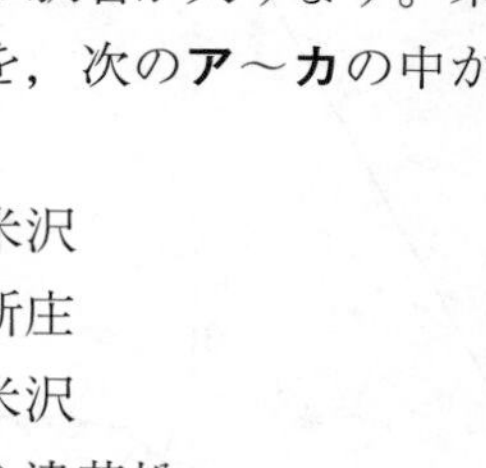

図１

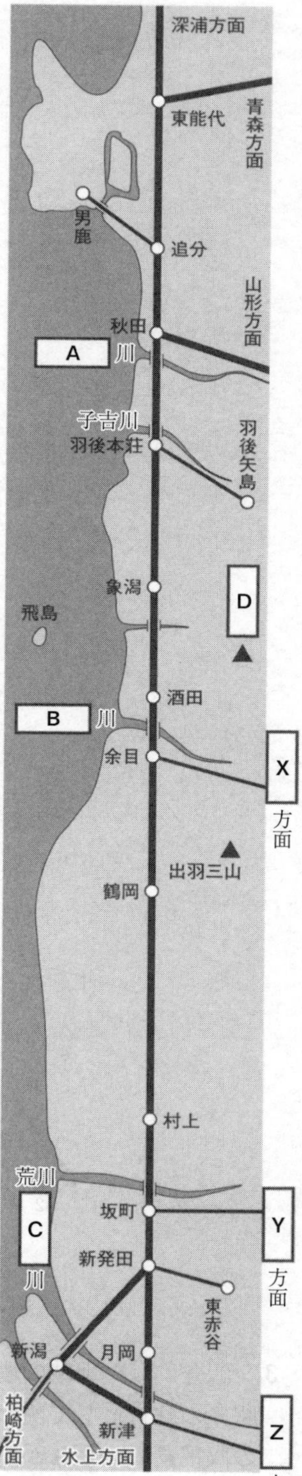

［JTB 時刻表
1980年10月号より作成］

図２

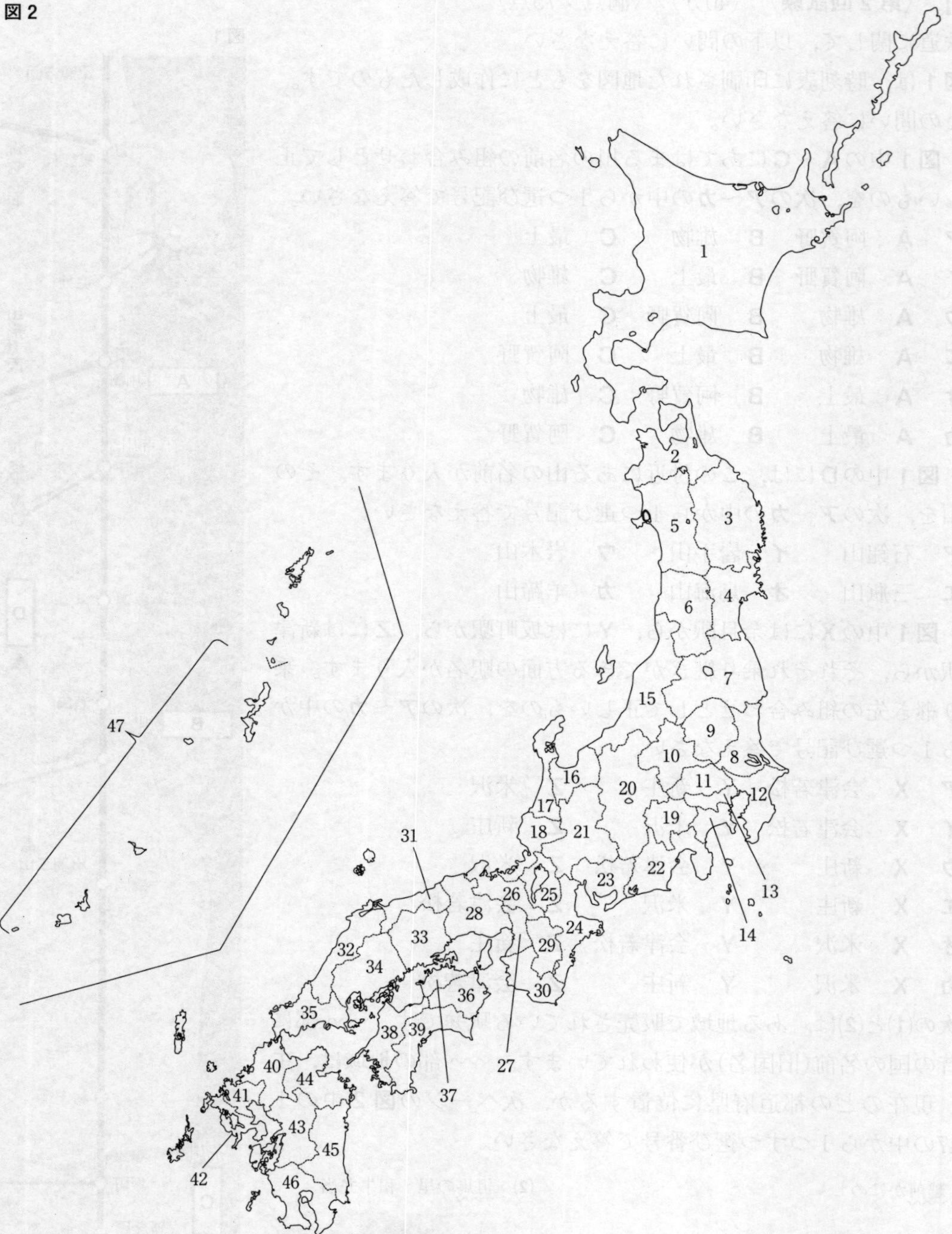

3　駅弁には，地域の農産物が利用されているものがあります。次ページの**表１**中の**ア**～**エ**は，駅弁の食材として関わりの深い，肉用牛の飼育頭数，豚の飼育頭数，うなぎの養殖収獲量，茶の収穫量のいずれかがあてはまります。また**表１**中の**Ａ**～**Ｃ**には，それぞれある都道府県があてはまります。

⑴　肉用牛の飼育頭数とうなぎの養殖収獲量にあてはまるものを，**表１**中の**ア**～**エ**の中から

１つずつ選び記号で答えなさい。

⑵　**表１**中の**Ａ～Ｃ**にあてはまる都道府県を，**図２**の１～47の中から１つずつ選び番号で答えなさい。

表１

	１位	２位	３位	４位	５位
ア	Ａ	愛知県	Ｂ	Ｃ	高知県
イ	Ｃ	Ａ	三重県	Ｂ	京都府
ウ	Ａ	Ｂ	北海道	千葉県	群馬県
エ	北海道	Ａ	Ｂ	熊本県	岩手県

※　肉用牛と豚の飼育頭数は2018年で，うなぎの養殖収獲量と茶の収穫量は2017年の統計です。

［第93次農林水産省統計表より作成］

４　東京を出発する列車に乗ると，直通で様々な道府県まで行くことができます。次の**図３**は，東京23区内の駅を出発する列車に乗って，道府県庁のある市の駅まで，一度も乗り換えすることなく行くことのできる道府県を着色した地図です。〈**図３**の解説文〉をよく読んで，あとの問いに答えなさい。

図３

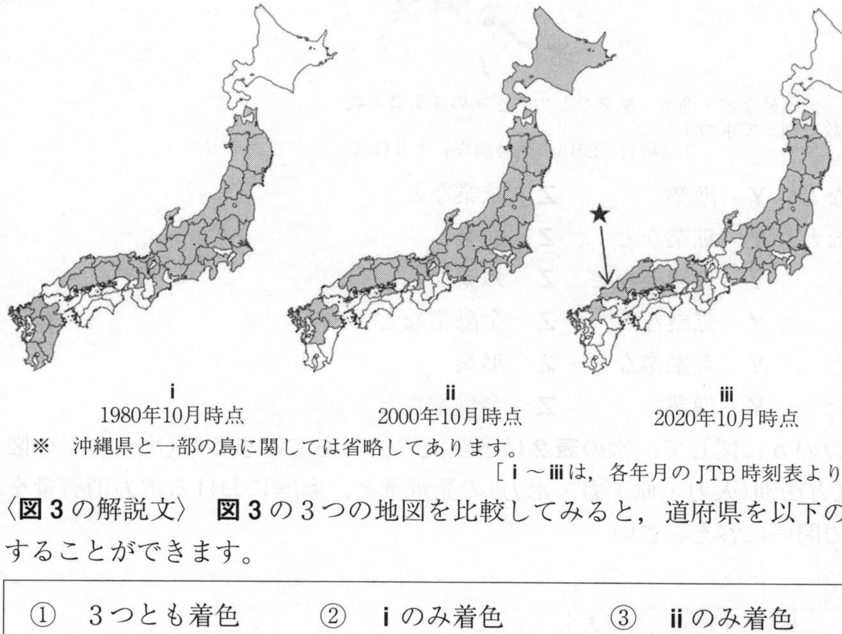

ⅰ　1980年10月時点　　ⅱ　2000年10月時点　　ⅲ　2020年10月時点

※　沖縄県と一部の島に関しては省略してあります。

［ⅰ～ⅲは，各年月のJTB時刻表より作成］

〈**図３**の解説文〉　**図３**の３つの地図を比較してみると，道府県を以下の７つのパターンに整理することができます。

①　３つとも着色	②　ⅰのみ着色	③　ⅱのみ着色	④　ⅲのみ着色
⑤　ⅰとⅱのみ着色	⑥　ⅱとⅲのみ着色	⑦　３つとも着色されていない	

③・④・⑥に関しては，それぞれ１つの道県のみがあてはまります。

④にあてはまる県は，ⅲの図において★がつけられている県です。ⅲのみ着色されているのは，2005年に市町が合併し，以前より東京23区からの直通列車が停車していた駅が属す町が，県庁のある市の一部になったためです。

⑦に関しては，５つの県があてはまります。これら５つの県は，東京23区からの鉄道でのアクセスという点では共通していますが，地域的な特徴が大きく異なる点もあります。発電や電力の消費量は，大きく異なる点の１つです。　**a**

③は北海道が，⑥は四国地方の１つの県があてはまります。｝**b**

(1)　次の**図４**は，〈**図３**の解説文〉の④にあてはまる県(**図３**の**iii**の★の県)の市町を示しています。「金融業など」(金融業と保険業)・「漁業」・「鉱業など」(鉱業と採石業と砂利採取業)のいずれかの産業の従業者割合が高い，県内の上位３市町に模様をつけています。**X**～**Z**の組み合わせとして正しいものを，あとの**ア**～**カ**の中から１つ選び記号で答えなさい。

図４

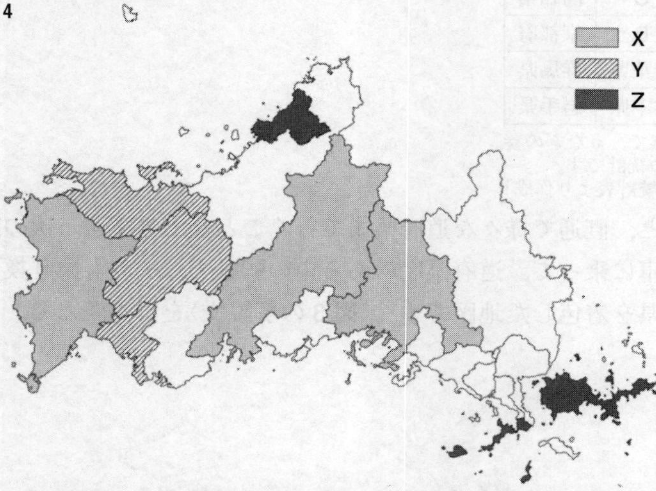

※　従業者割合は，金融業など・漁業・鉱業などの各産業の従業者の数を，全従業者の数で割って求めました。

［総務省「2015年国勢調査」より作成］

ア　**X**　金融業など　**Y**　漁業　**Z**　鉱業など
イ　**X**　金融業など　**Y**　鉱業など　**Z**　漁業
ウ　**X**　漁業　**Y**　金融業など　**Z**　鉱業など
エ　**X**　漁業　**Y**　鉱業など　**Z**　金融業など
オ　**X**　鉱業など　**Y**　金融業など　**Z**　漁業
カ　**X**　鉱業など　**Y**　漁業　**Z**　金融業など

(2)　〈**図３**の解説文〉の**a**に関して，次の**表２**は解説文の⑦にあてはまる県(次ページの**図５**中の１～５)の発電方法別(火力・原子力・水力)の発電量と，家庭における電力消費量を示しています。あとの問いに答えなさい。

表２

	X	Y	Z	家庭における電力消費量
●	10177	778	4717	3487
▲	0	1078	0	3329
■	1892	2229	0	1551
３の県	20484	979	0	2108
４の県	5414	588	0	2524

※　数値の単位は，100万 kWh である。統計は，2016年度の値を用いています。

［資源エネルギー庁「電力調査統計」・「都道府県別エネルギー消費統計」より作成］

図５

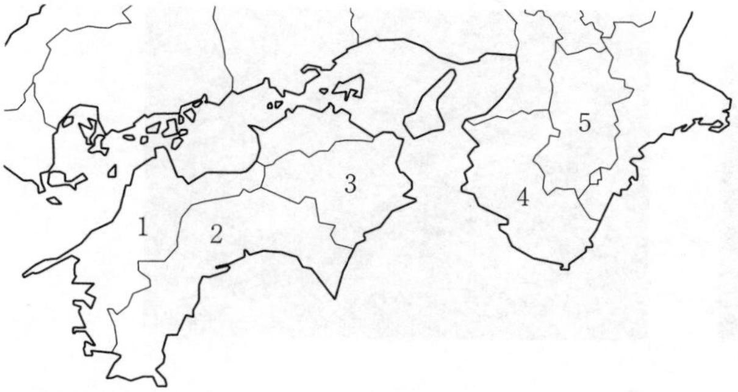

(A)　**表２**中の**Ｘ**～**Ｚ**にあてはまる発電方法の組み合わせとして正しいものを，次の**ア**～**カ**の中から１つ選び記号で答えなさい。

ア　**Ｘ**　火力　**Ｙ**　原子力　**Ｚ**　水力
イ　**Ｘ**　火力　**Ｙ**　水力　**Ｚ**　原子力
ウ　**Ｘ**　原子力　**Ｙ**　火力　**Ｚ**　水力
エ　**Ｘ**　原子力　**Ｙ**　水力　**Ｚ**　火力
オ　**Ｘ**　水力　**Ｙ**　火力　**Ｚ**　原子力
カ　**Ｘ**　水力　**Ｙ**　原子力　**Ｚ**　火力

(B)　**表２**中の●・▲・■にあてはまる県の組み合わせとして正しいものを，次の**ア**～**カ**の中から１つ選び記号で答えなさい。

ア　●　１の県　▲　２の県　■　５の県
イ　●　１の県　▲　５の県　■　２の県
ウ　●　２の県　▲　１の県　■　５の県
エ　●　２の県　▲　５の県　■　１の県
オ　●　５の県　▲　１の県　■　２の県
カ　●　５の県　▲　２の県　■　１の県

(3)　〈**図３**の解説文〉の**ｂ**に関して，次の文章は，**ⅰ**と**ⅱ**の間に起きた変化に関して説明したものです。文章中の**Ｘ**と**Ｙ**にあてはまる文を，あとの**ア**～**エ**の中から１つずつ選び記号で答えなさい。なお，**Ｘ**と**Ｙ**で同じ記号を用いて解答しても構いません。

> 東京23区から北海道まで直通列車で行けるようになったのは，本州と北海道を結ぶ（　**Ｘ**　）が開通したからです。一方，東京23区から四国まで直通列車で行けるようになったのは，本州と四国を結ぶ（　**Ｙ**　）が開通したからです。

ア　鉄道専用のトンネル　　**イ**　鉄道専用の橋
ウ　自動車と鉄道のトンネル　　**エ**　自動車と鉄道の橋

(4)　〈**図３**の解説文〉の②・③・⑤にあてはまる道県に関する問いです。2020年10月時点，これらの道県の道県庁のある市へ，東京23区から乗り換えなしで行くことができなくなった背景には，ある種類の列車の減少があります。その列車として正しいものを，次の**ア**～**エ**の中から１つ選び記号で答えなさい。

ア

イ

ウ

エ

(5)　過去40年の間に，東京23区から乗り換えなしで行くことができる道府県庁のある市が減少している一方で，それらの市までの移動に要する時間は短くなりました。**図６**は，東京駅と中部地方にある名古屋駅・金沢駅・長野駅について，1980年10月時点と2020年10月時点における各駅間の移動時間を比較したものです。あとの問いに答えなさい。

図６

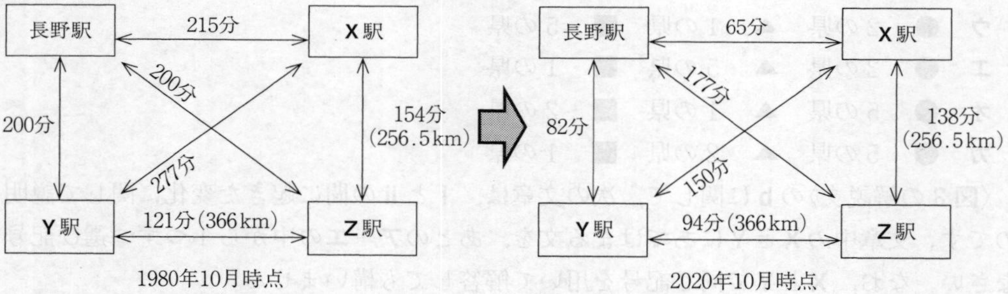

※１　移動時間は，午前６時以降に出発することを想定し，最も早く目的地に着くルートで計算しています。また，移動時間は乗車時間のみで，乗り換えや列車待ちの時間はふくみません。

※２　逆方向の移動時間と比較して(例えば**X**駅から**Y**駅までの移動時間と，**Y**駅から**X**駅までの移動時間の比較)，移動時間が異なる場合は，短い方の移動時間を示しています。

※３　**X**駅～**Z**駅と**Y**駅～**Z**駅のルートは，いずれの時期も同じです。各ルートの距離は，図中に示している通りです。また，他の駅間のルートは，２つの時期で異なります。

※４　**図６**は，地図上の位置を示していません。例えば，**X**駅～**Y**駅の最短ルートが，長野駅や**Z**駅を経由するルートであり，その移動時間が示されている可能性もあり得ます。

(A)　過去40年の間に，長野駅と**X**駅・**Y**駅の間の移動時間は，大はばに短縮されたのに対し，長野駅と**Z**駅の間の移動時間は，それほど短縮されていません。長野駅と**X**駅・**Y**駅の間の移動時間が，大はばに短縮された理由を説明しなさい。

(B)　**図６**中の**Ｘ～Ｚ**にあてはまる駅の組み合わせとして正しいものを，次の**ア～カ**の中から１つ選び記号で答えなさい。

ア　**Ｘ**　金沢　**Ｙ**　東京　**Ｚ**　名古屋
イ　**Ｘ**　金沢　**Ｙ**　名古屋　**Ｚ**　東京
ウ　**Ｘ**　東京　**Ｙ**　金沢　**Ｚ**　名古屋
エ　**Ｘ**　東京　**Ｙ**　名古屋　**Ｚ**　金沢
オ　**Ｘ**　名古屋　**Ｙ**　金沢　**Ｚ**　東京
カ　**Ｘ**　名古屋　**Ｙ**　東京　**Ｚ**　金沢

Ⅱ　次の文章を読み，以下の問いに答えなさい。

近年，公文書を書きかえたり，捨ててしまう問題が起こりました。記録を残すことは，なぜ重要なのでしょうか。ここでは，歴史をさかのぼって，文字史料に注目したいと思います。なお，ここで扱う史料は現代語に訳し，わかりやすいように一部を改めています。

中国では，古代から歴史書が作られました。その中の一つの『三国志』には，日本のことが次のように書かれています。

Ａ　倭の国の王は，もとは男性が務めました。従えていたくにぐにが争いを起こし，戦いが続いたので，相談して，(①)という女性を王に立てました。(①)は，よくうらないをして，人々をひきつけるふしぎな力をもっていました。

日本の歴史書である『日本書紀』には，国の下に「郡」があり，地方の豪族から選ばれ郡内の政務を行った「(②)」がいたことが書かれています。しかし，７世紀の金属や石などに書かれた記録には，「郡」ではなくて「評」の文字が使われていました。「郡」なのか「評」なのかという論争が起こりましたが，土の中から出てきた③木簡《もっかん》に「評」という文字が書かれており，「郡」ではなく「評」の文字が使われていたことがわかりました。

時代が経過して紙が普及してくると，木簡ではなく紙に文字が書かれるようになります。それでは，具体的な史料(書物・日記・手紙)を見てみましょう。

Ｂ　第１条　人の和を第一にしなければなりません。
第２条　仏教をあつく信仰しなさい。

Ｃ　天下は大いに乱れ，それ以降全国に戦乱が広がりました。その原因は，尊氏の子孫の(④)が天下の政治を有能な管領に任せず，妻などが遊び半分に政治を行っていることによります。

Ｄ　２月９日，東京全市は11日の(⑤)発布をひかえて，準備のため，言語に絶した騒ぎを演じている。……だが，こっけいなことには，誰も(⑤)の内容をご存じないのだ。

E　⑥この法律をつくった理由は，……ただ武家社会の慣習である道理を示し，記録しておきたかったのです。……この法律は，ひろく人々が理解しやすいように仮名でさだめたもので，武家の人々に都合の良いようにつくりました。

一方で，記録が偶然に残ったり，記録を書きかえたり，捨ててしまうこともありました。古代では，紙が大変貴重な存在でしたから，裏側の白紙を再利用することがありました。正倉院文書の中には，不要になった(　⑦　)を東大寺に渡し，裏側の白紙を再利用してお経を書いたものがあります。このお経を保存することによって，偶然にも(　⑦　)の内容を知ることができるのです。例えば，当時は平均20人くらいの大家族で，名前は干支《えと》や動物にちなんでいる人物も多いなど，本来は知ることのできない当時の人々の生活が浮かびあがってきます。

記録を書きかえた事例としては，対馬藩主の宗氏による国書の書きかえ事件があります。この事件は，⑧宗氏が朝鮮に渡す国書の署名を「大君」から「日本国王」に書きかえたものです。

捨ててしまった事例としては，アジア太平洋戦争の終戦時の大蔵大臣が，「終戦直後，⑨資料は焼いてしまえという方針に従って焼きました。これはわれわれが閣議で決めたことですから」と述べています。また，右の絵画は，札幌市に置かれていた旧陸軍の作戦室に勤務していたという大坪稱《ただい》が，終戦直後に広場で書類が燃やされている様子を描いたものです。

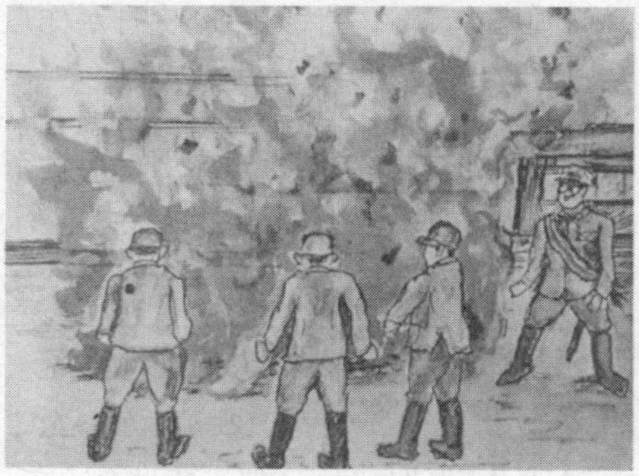

⑩有名な史料は，現代でも読めることは「当たり前」のように感じますが，必ずしもそうではありません。戦災などで消失してしまい，読むことができない史料も多々あります。また，印刷が一般的でなかった時代には，読みたい，残したいという書物が筆写され，大事に保管されて今日に伝わったのです。こうした先人のたゆまぬ努力の結果，私たちは今も史料を読むことができるということを，しっかりと考えなければなりません。

1　(①)と(②)に入る適切な語句を答えなさい。

2　下線部③の写真として正しいものを，次の**ア**～**エ**の中から１つ選び記号で答えなさい。

ア

イ

ウ

エ

3　(④)の人物の時代に建てられた建造物として正しいものを，次の**ア**～**エ**の中から１つ選び記号で答えなさい。

ア

イ

ウ

エ

4　(⑤)に入る適切な語句として正しいものを，次の**ア**～**エ**の中から１つ選び記号で答えなさい。

ア　教育勅語　　**イ**　五箇条の御誓文

ウ　憲法　　**エ**　徴兵令

5　下線部⑥は，日本最初の武家の法律です。これを制定した人物を答えなさい。

6　(⑦)は，６年ごとの作成が定められていました。ここに入る適切な語句を答えなさい。

7　下線部⑧の書きかえた理由とその後に関して誤りをふくむものを，次の**ア**～**エ**の中から１つ選び記号で答えなさい。

ア　日朝貿易の再開に藩の命運がかかっていたから

イ　文永・弘安の役の講和を進めたかったから

ウ　日本側の国書を書きかえたため，その返書である朝鮮側の国書も書きかえた

エ　国書の書きかえは，徳川家光の時代に発覚《はっかく》した

8　下線部⑨に関連して，当時の状況で誤りをふくむものを，次の**ア**～**エ**の中から１つ選び記号で答えなさい。

ア　自分たちの責任を追及される記録だから

イ　記録が連合国軍の手にわたるのを防ぎたかったから

ウ　将来，国民に公開するという法律がなかったから

エ　「公文書管理法」で，記録はすぐに破棄することが決まっていたから

9　下線部⑩に関して，次のページの左の資料はある史料の写本の一部，右の資料はそれを活字にしたものです(原本は現存しません)。これらの資料は，文章中の史料**Ａ**～**Ｅ**のいずれかの内容を表しています。これらの資料から得られる文字情報を活用し，内容に合うものを史料**Ａ**～**Ｅ**の中から１つ選び記号で答えなさい。

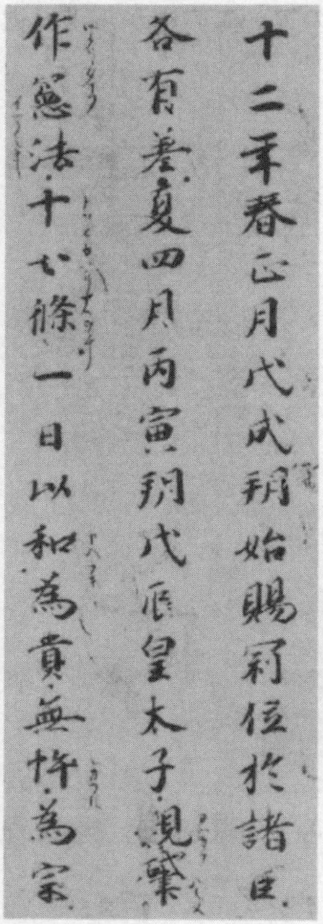
十二年春正月戊戌朔始賜冠位於諸臣
各有差夏四月丙寅朔戊辰皇太子親聿
作憲法十七条一日以和為貴無忤為宗

十二年春正月戊戌朔始賜冠位於諸臣
各有差夏四月丙寅朔戊辰皇太子親聿
作憲法十七条一日以和為貴無忤為宗

10　文章中の史料**Ａ～Ｅ**に書かれているできごとを時代の古い順に並べ，**Ａ～Ｅ**の記号で答えなさい。

11　文字で記録を残すことの重要性について，歴史を学ぶことの意義をふまえ説明しなさい。

Ⅲ　次の文章を読み，以下の問いに答えなさい。

1920年に出版されたある雑誌の特集(**写真１**)では，当時の著名人が100年後の日本について予想をしていました。また，①1970年に開かれた万国博覧会(万博)でも50年後の日本の未来ビジョンを示す展示(三菱未来館)があり，そのパンフレット(**写真２**)には「50年後のあなた」の生活が予想されました。

写真１　日本及日本人
「百年後の日本」特集の表紙

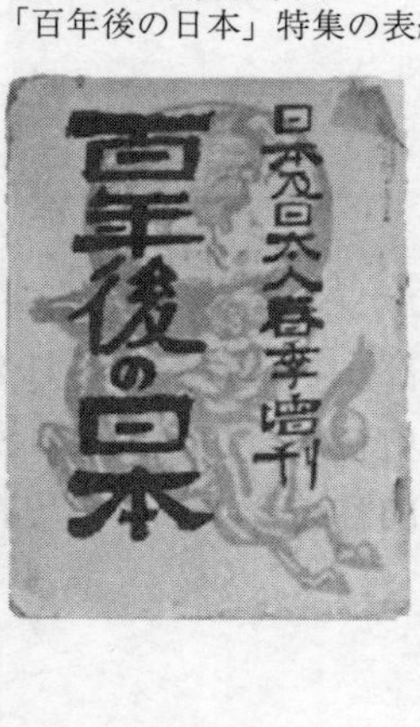

写真２　三菱未来館のパンフレットの表紙

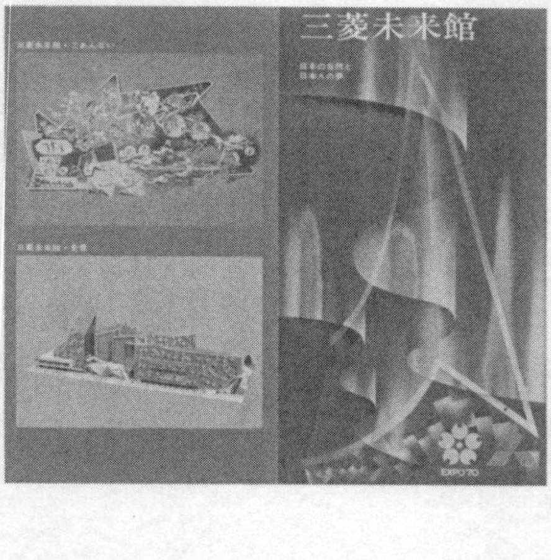

《1920年の雑誌の特集で予想された「100年後の日本」》(**写真1**)

1920-(1)　女性の社会進出が進み，女性巡査や女性代議士が活躍する。
1920-(2)　日本の人口が約2億5000万人になる。
1920-(3)　華族・士族・平民の差別がなくなる。
1920-(4)　国家予算の半分が教育費になる。
1920-(5)　石炭火力や水力だけでは足りなくなるかもしれないので，地熱，太陽光，潮力などの新しいエネルギーが必要になる。
1920-(6)　天皇中心の政治体制は変わらず，政治は衆愚《しゅうぐ》政治に飽きてしまい，武断《ぶだん》政治となる。
1920-(7)　侵略主義が強くなり日米戦争にいたる。その結果により日本の百年後が大きく左右される。
1920-(8)　国民経済から世界経済へと変化し，社会の変化は一国内にとどまらず，世界を通じて同様に起こっていく。
など
※　予想の一部を抜き出し，わかりやすく改めたものです。

《1970年の万博の展示で予想された「50年後のあなた」》(**写真2**)

1970-(1)　家事はすべて機械がやるため，主婦は電子チェアに座ってボタンを押すだけとなる。
1970-(2)　会社の業務は完全自動化され，24時間業務を続けるが，人間が働く時間は1日4時間に短縮される。肉体労働は姿を消す。
1970-(3)　ガンは克服され，交通事故のとき以外は手術を必要としなくなる。健康状態のデータが病院に管理され，もし病気があれば病院から呼び出される。
など
※　予想の一部を抜き出し，わかりやすく改めたものです。

当然ですが，当たらずとも遠からずと思えるものもあれば，的外れなものもあるようです。激動の2020年が終わった今，これらの未来予想から日本の過去，現在，未来を考えてみましょう。

1　下線部①に関して，1970年に「人類の調和と進歩」をテーマに万博が開かれた日本の都市の名前を書きなさい。なお，この都市では2025年に「いのち輝く未来社会のデザイン」をテーマに再び万博が開催される予定です。

2　1920-(1)予想では，100年後の女性の社会進出が描かれています。一方で，1970-(1)予想では50年後も家事を担うのは女性という考え方から抜け出せなかった様子が見てとれます。次の**ア**～**エ**のデータは，2019年の女性の社会進出に関連するものです。誤りをふくむものを，**ア**～**エ**の中から1つ選び記号で答えなさい。

ア　上場企業の役員にしめる女性の割合　約5％
イ　育児休業を取得する男性の割合　約7％
ウ　国会議員にしめる女性の割合　約40％
エ　女性の就業率(15歳～64歳)　約71％

※　上場企業とは，株式市場で株の売買が認められている企業で，大企業が多い。

3　1920-(2)予想に関して，これは当時の人口(約5600万人)と人口増加率から単純計算をした推計でした。現在の日本の人口は約1億2600万人で，この数字には遠く及びません。100年間の人口推移を説明する文の中で誤りをふくむものを，次の**ア**～**エ**の中から1つ選び記号で答えなさい。

ア　1940年代には，大きな戦争により人口が減少する年があった
イ　1950年代には，ベビーブームが落ち着き，合計特殊出生率が低下した
ウ　1970年代には，高度経済成長の終わりとともにいったん人口減少社会に突入した

エ　2010年代には，少子高齢化の影響でほぼすべての年で人口が減少した

※「合計特殊出生率」とは，「一人の女性が一生の間に産む子どもの数の平均」を示します。

4　1920-(3)予想に関して，100年の間に様々な差別が克服されてきましたが，十分に克服されていないものもあります。差別に関する文の中で，誤りをふくむものを，次の**ア～エ**の中から１つ選び記号で答えなさい。

ア　ハンセン病患者の療養所への隔離などを定めた「らい予防法」は1996年に廃止されたものの，この法律の違憲性や患者に対する国家賠償は裁判で一度も認められていない

イ　障害者差別を禁止する目的もある「障害者雇用促進法」では，政府や一定以上の規模の企業には障害者の法定雇用率を設けているが，2018年には中央省庁でその数を不正に報告していることが明らかになった

ウ　特定の人種や民族への憎しみをあおるような差別的表現を無くすために，2016年に「ヘイトスピーチ解消法」が施行されたが，表現の自由を制限する可能性があるため罰則規定は盛り込まれていなかった

エ　2019年に成立した「アイヌ民族支援法」にはアイヌが初めて先住民族として法律に明記されたものの，土地の原状回復などを認める先住権は盛り込まれなかった

5　1920-(4)予想を説明した次の文章の空らん(**あ**)～(**う**)に入る適切な語句の組み合わせとして正しいものを，あとの**ア～ク**の中から１つ選び記号で答えなさい。

> この予想は，100年後には世界連邦が樹立されているだろうから，1920年当時の国家予算で約半分をしめる(**あ**)の必要がなくなり，また，文化水準があがっているだろうから，その分が教育費にあてられることを根拠としています。2020年度の一般会計予算(当初予算)では，約103兆円の支出のうち最も大きな支出である(　**い**　)が約35％をしめており，教育費(文教および科学振興費)のしめる割合は約(**う**)％程度です。

ア　**あ**　軍事費　**い**　地方交付税交付金　**う**　15
イ　**あ**　軍事費　**い**　社会保障費　**う**　15
ウ　**あ**　軍事費　**い**　地方交付税交付金　**う**　5
エ　**あ**　軍事費　**い**　社会保障費　**う**　5
オ　**あ**　公共事業費　**い**　地方交付税交付金　**う**　15
カ　**あ**　公共事業費　**い**　社会保障費　**う**　15
キ　**あ**　公共事業費　**い**　地方交付税交付金　**う**　5
ク　**あ**　公共事業費　**い**　社会保障費　**う**　5

6　1920-(5)予想について，2020年の日本でもこのような新エネルギーへの関心は高まっています。その理由を説明した次の文の空らん(**あ**)～(**え**)に入る適切な語句を，あとの〈**語群**〉**ア～シ**の中から１つずつ選び記号で答えなさい。

> 新エネルギーへの関心が高まった理由には，2011年の(**あ**)をきっかけとして脱(**い**)の機運が高まったこと，および，2020年以降の国際的枠組み(**う**)協定に代表される脱(**え**)社会への取り組みが進められていることなどがあります。

〈**語群**〉

ア　阪神淡路大震災　**イ**　東日本大震災　**ウ**　熊本地震
エ　パリ　**オ**　リオデジャネイロ　**カ**　京都
キ　原子力発電　**ク**　火力発電　**ケ**　水力発電
コ　炭素　**サ**　酸素　**シ**　窒素

7　1920−(6)予想に「衆愚政治」という言葉がでてきます。これは「失敗した民主政」のことを意味し，今日では大衆迎合主義と同じように使われることもあります。「大衆に迎合し人気をあおる政治姿勢」のことを呼ぶ際に使われる語句として正しいものを，次の**ア**〜**エ**の中から１つ選び記号で答えなさい。

ア　ポピュリズム　**イ**　ナショナリズム　**ウ**　ジャーナリズム　**エ**　テロリズム

8　1920−(7)予想は，その後の日本の行く末を暗示するかのような予想です。25年後の1945年に日本は敗戦を迎えます。日米開戦にいたるできごとを説明した次の文を時代の古い順に並べ，**ア**〜**オ**の記号で答えなさい。

ア　世界恐慌などの影響により日本では昭和恐慌が始まる
イ　日本はドイツ・イタリアと三国軍事同盟を締結する
ウ　日本は国際連盟の脱退を通告する
エ　日本が満州事変を起こす
オ　日本がハワイの真珠湾を攻撃する

9　1970−(2)予想に関して，労働に関する日本の現状として正しいものを，次の**ア**〜**エ**の中から１つ選び記号で答えなさい。

ア　国民は勤労の義務を負っているが勤労の権利はない
イ　労働条件に関する最低基準を定めた法律として労働基準法がある
ウ　2010年代に派遣労働法の改正が続き，非正規雇用の数は減少傾向にある
エ　2020年に施行された働き方改革関連法では，非正規雇用もふくめた同一労働・同一賃金の原則は明記されていない

10　1970−(3)予想に関して，2020年には携帯電話を利用した新型コロナウイルス接触確認アプリ(COCOA)によって，自動的に感染リスクを通知してくれるシステムが登場しました(**図１**)。このアプリの導入にあたっては，感染拡大の予防に役に立つという好意的な意見とともに，人権上の問題を心配する声もありました。どのような人権上の問題がおこりうるか答えなさい。

図１

11　1920−(8)予想は，今日のグローバル社会を言い当てているかのようです。このグローバル社会において，これからの100年を明るいものにできるかどうかは，みなさんの力にかかっています。そこで，あなたが特に関心を持っているグローバルな社会的課題を次の**ア**〜**ウ**の中から１つ選び，(**1**)どのような点が問題なのかを指摘し，(**2**)それを解決するために社会全体で取り組むべきことを具体的に書きなさい。

ア　核問題　**イ**　貿易摩擦　**ウ**　難民問題

【理　科】〈第２回試験〉（40分）〈満点：75点〉

Ⅰ　アルミニウムにうすい塩酸を加えると気体が発生します。４gのアルミニウムをすべて溶かすのに，ある濃《こ》さのうすい塩酸（Ａ液）が450mL必要でした。また，このとき５Ｌの気体が発生しました。このことについて，問いに答えなさい。

(1)　アルミニウムにうすい塩酸を加えると発生する気体の名称《しょう》を答えなさい。

(2)　10gのアルミニウムをすべて溶かすのに，Ａ液は何mL必要ですか。

(3)　２gのアルミニウムを溶かすのに，４倍にうすめたＡ液を使いました。すべてのアルミニウムを溶かすのに，４倍にうすめたＡ液は何mL必要ですか。また，このとき発生した気体は何Ｌですか。

(4)　0.8gのアルミニウムを溶かすのに，５倍にうすめたＡ液を使いました。５倍にうすめたＡ液を90mL加えたとき，発生した気体は何Ｌですか。

Ⅱ　５種類の水溶液Ａ～Ｅがあります。これらの水溶液は，水酸化ナトリウム水溶液，石灰水，うすい塩酸，炭酸水，食塩水のいずれかであることがわかっています。Ａ～Ｅがそれぞれどの水溶液かを調べるため，【実験１】～【実験４】を行いました。これらの実験について，問いに答えなさい。

【実験１】

無色のフェノールフタレイン溶液を加えると，水溶液Ａ，Ｅの色が変化した。

【実験２】

緑色のBTB溶液を加えると，水溶液Ｂ，Ｃが黄色に変化した。

【実験３】

紫《むらさき》キャベツの煮汁《にじる》を加え，水溶液の色を観察した。

【実験４】

水溶液Ｃを加熱すると，気体が発生した。この気体を水溶液Ａに通すと，水溶液Ａが白くにごった。この気体は，水溶液Ｂに貝殻《がら》を入れたときに発生する気体と同じだった。

(1)　【実験１】で，水溶液Ａ，Ｅは何色になりましたか。正しいものを選び，ア～エの記号で答えなさい。

ア　赤色　　イ　青色　　ウ　黄色　　エ　緑色

(2)　【実験３】で，水溶液Ｂ，Ｃは何色になりましたか。正しいものを選び，ア～エの記号で答えなさい。

ア　赤色　　イ　青色　　ウ　黄色　　エ　緑色

(3)　【実験４】で発生する気体の名称を答えなさい。また，この気体を発生させるための実験操作として正しいものを選び，ア～オの記号で答えなさい。

ア　鉄にうすい塩酸を加える。

イ　亜鉛《あえん》にうすい硫《りゅう》酸を加える。

ウ　大理石にうすい塩酸を加える。

エ　二酸化マンガンに過酸化水素水を加える。

オ　塩化アンモニウムと水酸化カルシウムの混合物を加熱する。

(4)　【実験４】で発生する気体の性質についてあてはまるものを選び，ア～ケの記号で答えなさい。

ア　同じ体積の空気よりも軽い。

イ　同じ体積の空気よりも重い。

ウ　まじり気のない気体を集めるためには，上方置換《かん》法が最も適切である。

エ　まじり気のない気体を集めるためには，下方置換法が最も適切である。

オ　まじり気のない気体を集めるためには，水上置換法が最も適切である。

カ　刺《し》激臭《しゅう》がある。

キ　においがない。

ク　燃える性質がある。

ケ　ものが燃えるのを助けるはたらきがある。

(5)　水溶液Ａ～Ｅのなかで，気体が溶けているものを選び，Ａ～Ｅの記号で答えなさい。

Ⅲ　右の図は，大気中の二酸化炭素濃《のう》度の月平均値が変化するようすを示したグラフです。これについて，次の文章を読み，問いに答えなさい。

大気中の二酸化炭素濃度は，毎年規則的に変動しながら，徐《じょ》々に高くなっていることがわかります。一年の中で規則的に二酸化炭素濃度が変動するのは，植物が行う（ ① ）と関連しています。

夏になると（ ① ）が盛んに行われるため，大気中の二酸化炭素濃度が（② 高く・低く）なります。

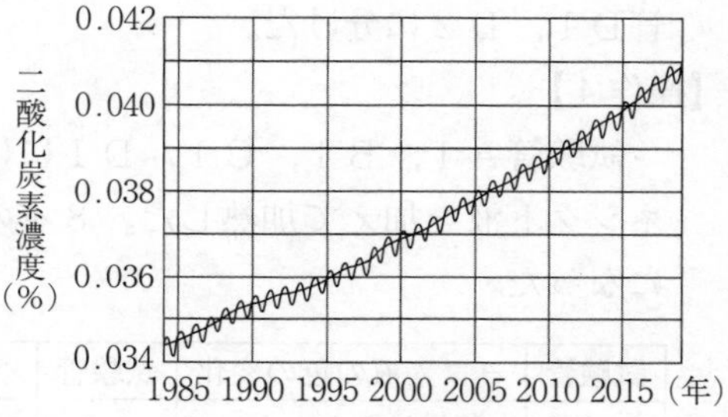

図

二酸化炭素は，地表の熱が宇宙空間へ逃《に》げるのを防ぐ（ ③ ）効果がある気体です。二酸化炭素濃度などが高くなることによって，地球の気温が上昇《しょう》する地球（ ④ ）がおこっています。

(1)　文中(①)，(③)，(④)にあてはまることばをそれぞれ答えなさい。また，(②)にあてはまることばを選びなさい。

(2)　地表の熱が宇宙空間へ逃げるのを防ぐ効果がある気体を選び，ア～オの記号で答えなさい。

ア　水素

イ　酸素

ウ　窒《ちっ》素

エ　メタン

オ　フロン

(3)　二酸化炭素濃度が年々高くなる原因として考えられることを選び，ア～オの記号で答えなさい。

ア　熱帯雨林の伐《ばっ》採が広がっていること。

イ　オゾンホールが広がっていること。

ウ　海面が上昇していること。

エ　化石燃料の消費が増えていること。

オ　日本で豪《ごう》雨が増えていること。

Ⅳ　だ液のはたらきを調べるため，次の実験を行いました。これらの実験について，問いに答えなさい。

【操作１】

４本の試験管Ａ～Ｄを用意し，Ａ，Ｄにはデンプン溶液とだ液，Ｂにはデンプン溶液とふっとうさせた後室温まで冷ましただ液，Ｃにはデンプン溶液と水を入れた。

【操作２】

試験管Ａ～Ｃを40℃の水を入れたビーカーに，試験管Ｄを０℃の水を入れたビーカーに入れ，15分間保った。なお，ビーカーの水の温度は変化しないものとする。

【操作３】

試験管Ａ内の液を２つの試験管Ａ１，Ａ２に分けた。同様に，試験管Ｂ内の液を２つの試験管Ｂ１，Ｂ２に，試験管Ｃ内の液を２つの試験管Ｃ１，Ｃ２に，試験管Ｄ内の液を２つの試験管Ｄ１，Ｄ２に分けた。

【操作４】

試験管Ａ１，Ｂ１，Ｃ１，Ｄ１にはヨウ素液を加え，試験管Ａ２，Ｂ２，Ｃ２，Ｄ２にはベネジクト液を加えて加熱した。８本の試験管の液の色の変化を観察したところ，次の表のようになった。

試験管	ヨウ素液の色の変化	試験管	ベネジクト液の色の変化
Ａ１	変化しなかった。	Ａ２	赤かっ色に変化した。
Ｂ１	①	Ｂ２	②
Ｃ１	青紫色に変化した。	Ｃ２	変化しなかった。
Ｄ１	③	Ｄ２	変化しなかった。

表

(1)　ヨウ素液が青紫色に変化する原因となっている物質の名称を答えなさい。

(2)　ベネジクト液が赤かっ色に変化する原因となっている物質の名称を答えなさい。

(3)　【操作４】で，表中の①～③にあてはまるものを選び，それぞれア～ウの記号で答えなさい。

ア　青紫色に変化した。

イ　赤かっ色に変化した。

ウ　変化しなかった。

(4)　【操作４】で，試験管Ｃ１，Ｃ２の液の色の変化からわかることを選び，ア～エの記号で答えなさい。

ア　水によってデンプンが別の物質に変化した。

イ　水によってデンプンが別の物質に変化しなかった。

ウ　だ液が存在するとデンプンが別の物質に変化した。

エ　だ液が存在するとデンプンが別の物質に変化しなかった。

(5)　【操作２】で，ビーカーの水の温度を変えて実験したとき，試験管Ａ１，Ｂ１，Ｃ１，Ｄ１のうち，ヨウ素液の色の変化が表と異なる可能性がある試験管を選び，Ａ１，Ｂ１，Ｃ１，Ｄ１の記号で答えなさい。

V　ばねＡ～Ｃとおもりを使って【実験１】，【実験２】を行いました。１つのばねには，重さにかかわらず１個から12個のおもりをつるします。これらの実験について，ばねには重さがないものとして，問いに答えなさい。

【実験１】

ばねＡ～Ｃに，１個あたり100ｇのおもりをつるしました。つるすおもりの数とばねの長さの関係を調べたところ，**表１**～**表３**のようになりました。

100ｇのおもりの数	1	2	3
ばねＡの長さ(cm)	14	18	22

表１

100ｇのおもりの数	1	2	3
ばねＢの長さ(cm)	23	26	29

表２

100ｇのおもりの数	1	2	3
ばねＣの長さ(cm)	27	29	31

表３

【実験２】

ばねＡ～Ｃに，１個あたり10ｇのおもりをつるしました。つるすおもりの数とばねの長さの関係を調べたところ，**表４**～**表６**のようになりました。

10ｇのおもりの数	1	2	3
ばねＡの長さ(cm)	10.4	10.8	11.2

表４

10ｇのおもりの数	1	2	3
ばねＢの長さ(cm)	20.3	20.6	20.9

表５

10ｇのおもりの数	1	2	3
ばねＣの長さ(cm)	25.2	25.4	25.6

表６

(1)　ばねＡ，Ｂに，100ｇのおもりのみをつるしたとき，ばねの長さが等しくなりました。２つのばねにつるしたおもりの数の合計は何個ですか。最も小さい数を答えなさい。

(2)　ばねＡ～Ｃに，100ｇのおもりのみを同じ数ずつつるしたとき，３つのばねの長さの和が５の倍数になるのは何通りありますか。

(3)　ばねＡ，Ｃに，100ｇと10ｇのおもりを自由に組み合わせてつるしたとき，ばねの長さが等しくなりました。２つのばねにつるしたおもりの重さの合計が最も小さくなるとき，つるしたおもりの重さの合計を答えなさい。

(4)　ばねＡ，Ｃに，100ｇと10ｇのおもりを自由に組み合わせてつるしたとき，ばねの長さが等しくなりました。２つのばねにつるしたおもりの数の合計が最も小さくなるとき，つるしたおもりの数の合計を答えなさい。

Ⅵ　６個の豆電球，スイッチＡ～Ｆ，導線，電池を使って図のような回路を作り，この回路の中で電流が流れている部分を調べました。Ｐ，Ｑ，Ｒ，Ｓは正四面体の頂点の位置関係にあります。導線に抵抗がないものとして，問いに答えなさい。

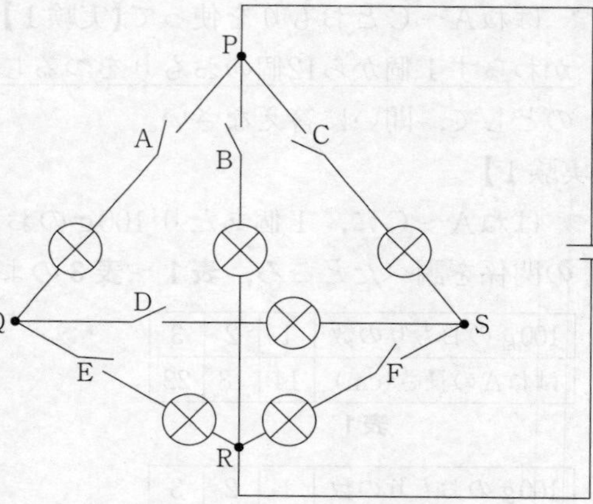

図

(1)　図の回路で，スイッチＡ～Ｆをすべて閉じました。電流が流れている部分だけを取り出して回路を書き直したとき，どの回路と同じになりますか。正しいものを選び，ア～サの記号で答えなさい。

(2)　図の回路で，スイッチＡを開き，残りのスイッチを閉じました。電流が流れている部分だけを取り出して回路を書き直したとき，どの回路と同じになりますか。正しいものを選び，ア～サの記号で答えなさい。

(3)　図の回路で，スイッチＢを開き，残りのスイッチを閉じました。電流が流れている部分だけを取り出して回路を書き直したとき，どの回路と同じになりますか。正しいものを選び，ア～サの記号で答えなさい。

(4)　図の回路で，スイッチＡ，Ｅを開き，残りのスイッチを閉じました。電流が流れている部分だけを取り出して回路を書き直したとき，どの回路と同じになりますか。正しいものを選び，ア～サの記号で答えなさい。

(5)　図の回路で，スイッチＡ，Ｂ，Ｆを開き，残りのスイッチを閉じました。電流が流れている部分だけを取り出して回路を書き直したとき，どの回路と同じになりますか。正しいものを選び，ア～サの記号で答えなさい。

ア

イ
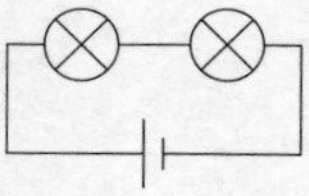
ウ
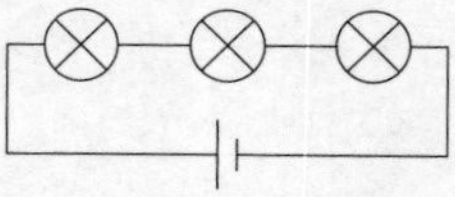
エ
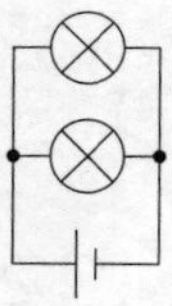
オ
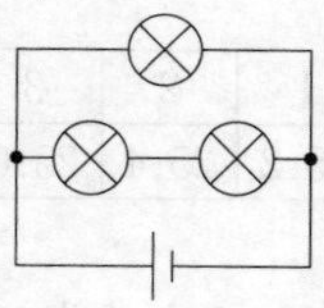
カ
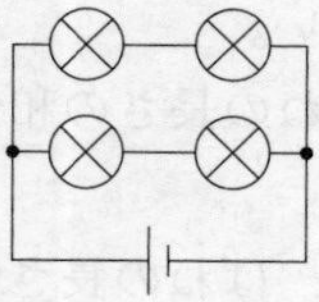
キ
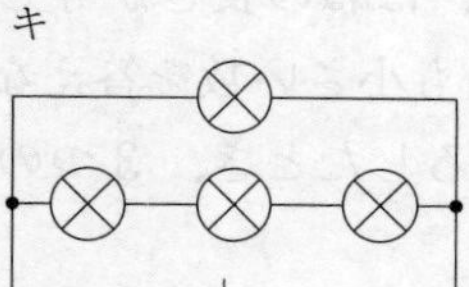
ク
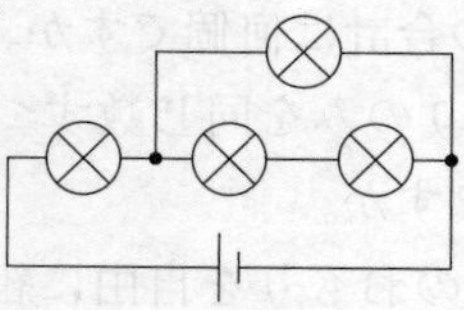
ケ
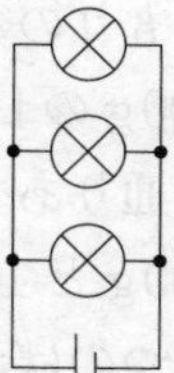
コ
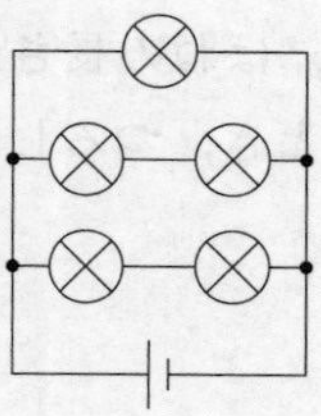
サ
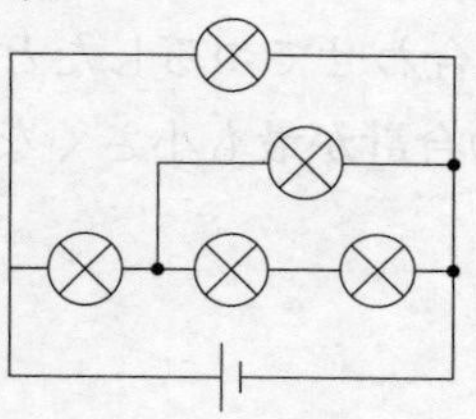

Ⅶ　ある地域の地層の重なりを調べるため，Ａ～Ｃの３地点でボーリング調査を行いました。**図１**は，Ａ～Ｃ地点の位置と標高を表している地図で，**図２**は，Ａ～Ｃ地点における地層の重なりを表した柱状図です。また，この地域には断層がなく，それぞれの地層は平行に重なっていて，一定の方向に傾《かたむ》いていることがわかっています。図を見て，問いに答えなさい。

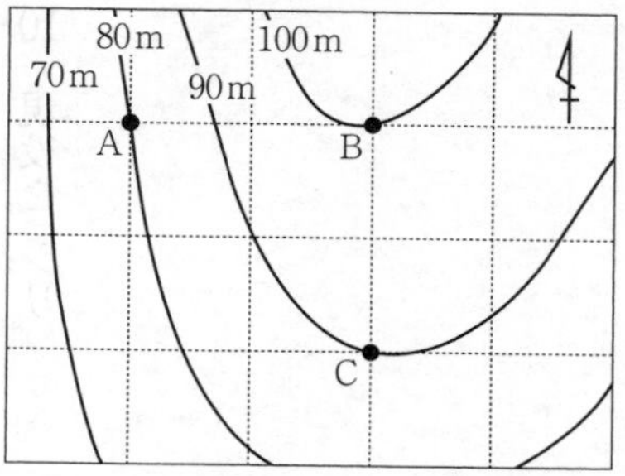

図１

(1)　**図２**の地層Ｘからアンモナイトの化石が発見されました。地層Ｘが堆《たい》積した時代を答えなさい。また，アンモナイトのように，その地層が堆積した時代を推定する手がかりとなる化石のことを何といいますか。

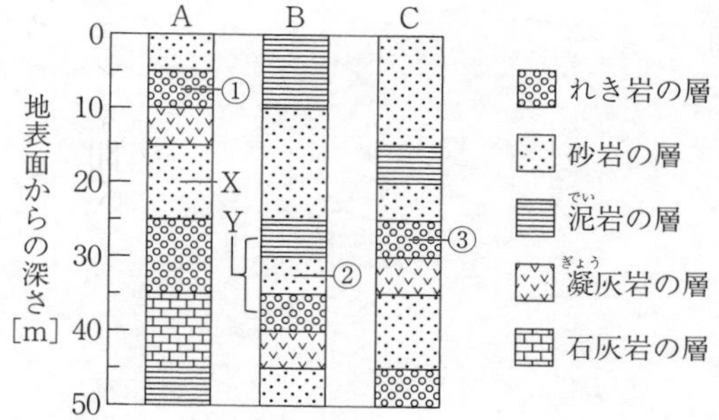

図２

(2)　**図２**の地層①～③のうち，最も新しく堆積した地層はどれですか。正しいものを選び，①～③の番号で答えなさい。

(3)　この地域の地層が傾いて低くなっている方向を選び，ア～エの記号で答えなさい。

ア　北　　イ　東　　ウ　南　　エ　西

(4)　**図２**の地層をつくっている泥岩，砂岩，れき岩のうち，岩石をつくっている粒《りゅう》子が最も小さい岩石はどれですか。正しいものを選び，ア～ウの記号で答えなさい。

ア　泥岩　　イ　砂岩　　ウ　れき岩

(5)　**図２**の柱状図を見ると，Ｂ地点のＹの部分では，地表面から近い順に泥岩，砂岩，れき岩が堆積しています。これらの地層が堆積したときの説明として正しいものを選び，ア～エの記号で答えなさい。

ア　だんだん海水面が上昇し，河口から大きな粒子が運搬《ぱん》されてこなくなったから。
イ　だんだん海水面が上昇し，河口から小さな粒子が運搬されてこなくなったから。
ウ　だんだん海水面が下降し，河口から大きな粒子が運搬されてこなくなったから。
エ　だんだん海水面が下降し，河口から小さな粒子が運搬されてこなくなったから。

(6)　この地域に凝灰岩の地層があることがわかっています。このことからわかることを選び，ア～エの記号で答えなさい。

ア　海底に，たくさんの貝殻《がら》が堆積した。　　イ　浅くて暖かい海底だった。
ウ　河口近くの海底だった。　　エ　近くで火山が噴《ふん》火した。

問十二　――部⑬「私は小学生が電子手帳を持っている、手帳を持っているというふうなことが報道されたときには本当にぎくっとした」とありますが、それはなぜか答えなさい。

問十三　――部⑭「ああすればこうなるで物を考えているということ」とありますが、それを文中の漢字三字で言い換《か》えなさい。

問十四　この文章で筆者が主張していることを六十字以内で書きなさい。

二　次の1～10の文中の(カタカナ)を漢字で書きなさい。

1　(オンシ)と再会する。

2　(シンカ)として仕える。

3　(ユウエキ)な情報を得る。

4　(コウセキ)をたたえる。

5　祖父の家に(キシュク)する。

6　将来の(テンボウ)を描く。

7　文化財を(シュウゾウ)する。

8　人口問題についての(コウエン)を聞く。

9　(ヒタイ)に手を当てる。

10　現役《えき》を(シリゾ)く。

活というのを今の子供にさせてあげるのも悪いことではないだろうと私は思います。

それは自分が育ってきた時代というものを今考えてみて、実際悪くないなと思っているからです。今考えてみますと、まさにひどい時代でしたが、今よりもはるかに幸せだったような気がいたします。大人はそれこそ食物を手に入れるために必死でしたから、子供の面倒《どう》なんか見ている暇《ひま》がない。子供は子供で勝手に遊んでいまして、社会の圧力というものが私どもの世代は子供のとき一番なかったんじゃないかという気がむしろいたします。

そういう生活がといいますか、考え方が基本的にはゆとりにとって必要ではないかと思います。今申し上げたように一つは意識の中に閉じこもらないということであって、それがもう一つは時間的な余裕を生んでくるということです。

（養老孟《たけ》司『脳と自然と日本』より・一部改変）

問一　――部①「都市という空間」とありますが、筆者が考える都市とはどのような条件があるものか答えなさい。

問二　文中の[A]～[D]に入る最適な言葉を次のア～カから選び、記号で答えなさい。ただし、同じ記号は二度使えません。

ア　意図的　　イ　基本的
ウ　典型的　　エ　論理的
オ　楽観的　　カ　比較《かく》的

問三　文中の（Ⅰ）～（Ⅳ）に入る最適な言葉を次のア～エから選び、記号で答えなさい。

ア　自然の象徴《ちょう》　　イ　自然の排除
ウ　自然の浸透《しんとう》　　エ　自然の思想

問四　本文から次の段落が抜けています。どの形式段落の前に入れるのが適当ですか。その段落の初めの五字を答えなさい。

> この中で私が問題にしたいのは現在です。なぜかって言いますと、こういうふうに書きますと、昔から不思議だと思ったのは、現在は時の一瞬《しゅん》になってしまいまして、なくなってしまいます。ただいま現在というのは直ちに過去になって、未来から直ちに過去に組み入れられていく時の一点になります。しかし、皆さん方が日常的に「ただいま現在」というのをお考えのときはですね、そのはずはないのでありまして、もし時の一点ならば内容を持っていませんが、我々はしょっちゅう今とか現在という言葉を使います。

問五　文中の[E]～[G]に入る最適な言葉を次のア～エから選び、記号で答えなさい。ただし、同じ記号は二度使えません。

ア　すなわち　　イ　だから
ウ　たとえば　　エ　あるいは

問六　――部②「予期せざる出来事が生じる自然」とありますが、都市の中に存在するそれは何か正確に書きなさい。

問七　――部③「平重盛」、④「清盛」、⑤「義経」、⑥「公家」の中で「都会人」と同様の考え方をしているものにはA、そうでないものにはBとそれぞれ解答欄《らん》に記入しなさい。ただし、すべて同じ記号の解答は認めません。

問八　文中の[H]にあてはまる言葉を本文からひらがな三字で抜き出しなさい。

問九　――部⑦・⑨・⑩・⑪の指示内容を答えなさい。

問十　――部⑧「あんた何してるの」とありますが、なぜそのように問いかけるのか、理由を答えなさい。

問十一　――部⑫「手帳に書かれた予定された未来ということが、実は現在だ」とありますが、それはどういうことか答えなさい。

いるということに気がついた。ついこの間なくなったミハイル・エンデの『モモ』という小説です。あの中に時間泥《どろ》棒という人たちが出てまいりますが、それが現代社会、都市社会でして、そこではすべてがああすればこうなるという形で予定され、コントロールされています。そういう世界が奪《うば》っていくものが、ですからこういった漠然とした不確定な未来である。

おもしろいのは、こういう話をいたしますと若い人がですね、「先生、それじゃあどうしたらいいのですか」と、こう聞くわけですね。もうおわかりだと思いますが、どうしたらいいのですかという質問が出ること自体が、すべてがああすればこうなるというふうに解決できると思い込《こ》んでいるということです。ですから私はそういう学生によく、「君の質問自体がすでにそういうふうな考え方をあらわしているのだよ」ということを申し上げます。

今の若い人、あるいは子供たちの生活を考えますと、若い人の応答を聞いていればわかりますが、若い人自身がすべて⑭ああすればこうなるで物を考えているということがよくわかります。これじゃあ、ゆとりもくそもないので、それは先ほどから申し上げているように、そういった意識が言ってみればすき間を持っていまして、そこの壊《こわ》れた入り口からいろんなものが入ってきてくれないと困る。若い人の頭の中にですね。もっと年をとったらどんなかたい頭になるかと思って私は心配になってまいります。

人間は意識を信用しますと無意識、すなわち自然を信用しなくなるようです。例えば『平家物語』なんか読んでも典型的にそうだと申し上げましたが、私がいずれ何かの病気で死ぬということは、これは間違いないわけです。そしたらそれは徹底的に信用していいわけですが、そちらはどちらかというと信用しないでですね、会社をクビになるってことを信用しているわけですね。会社をクビになる方が心配でしょうがない。これはですからそちらの方をむしろ信用しているわけです。

ところが会社というのは何かといいますと、これは人間が意識してつくったものです。ですから、若い人に一言言うとすれば何を言うかというと、人間のつくったものは信用するなと。人間のつくったものを信用するなというのは、今の世の中だから言うのでありまして、それはすべてがおそらくそれだけででき上がってしまっているからです。そうでないもの、例えば先ほどのカマキリではないのですが、ああいうものを見ていますと、あれはある意味で信用がおけるわけであって、要するに考えてやっていませんから、いつでもああするだろうというふうにわかります。そういうふうなことを言うしかないという気がしています。

ゆとりの問題というのを一つのテーマとしては意識と無意識ということで申し上げ、もう一つの問題として時間ということで申し上げました。しかし、どちらも結局は同じことを指しているような気がいたします。それをマクロ的【巨《きょ》視的】に非常に大きく見れば地球規模で都市化という問題であって、それで都市化というのは別な見方で言えば意識化でして、そして意識化というものは進行すれば、誰《だれ》が割を食うかというと、それは子供が割を食うというふうに私は思います。

私程度の老人になればどっちでもやっていけるわけであって、別にああすればこうなるの世界でも、何とかずるく立ち回って逃《に》げることはできますが、子供はそれができません。

私がブータンへ行って一番思ったのは、ここの小学校の生徒と日本の小学校の生徒を一学期でも一年でもいいから取りかえてみたらどうだということです。向こうの子供にはかわいそうですけども、いずれ都市化せざるをえないとすればですね、そういうことを知っておくのも悪いことではない。それと同時に私が小学校時代に育ったような生その方が意識にとっては居心地がいいわけで、なぜならばそういう世界にはゴキブリがいないからです。ですから、あのゴキブリを追っかける執《しゅう》念というのは私は非常に興味があるのでいつも見ています。どうしてあんなか弱い生き物が気に入らないのかなあと思って見ていますが、しかしそれはやっぱり、その裏には非常に深い、何か根の深いものがあってですね、もしそういうものを容認すると、つまりゴキブリのような存在を容認いたしますと、私どもは自分たちがつくり上げてきた、いわゆる近代文明、高度先進社会というものを否定すること、根こそぎ否定するようなことになると思っているんじゃないかという気がいたします。それはすなわちゴキブリが（　Ⅳ　）になっているということです。

時間というのは都市ではどうなるかということです。皆さんよくご存じの「時の三分《さんぶん》」というのがありまして、時を一直線に描《か》いて、一つ仕切りを入れて、左側を過去にとって、右側を未来にとって、ただいま現在を仕切りとして置くと、こういうふうな考え方がふつうです。それじゃあそういうふうに我々が普通に使っている今とか現在とは、この中ではどこに位置するのだろうかということです。そこですぐに思い当たるのは、それは「手帳」だということです。皆さん方がお持ちの手帳で、それをごらんになれば予定が書いてあります。きょうは三時一五分から私は横浜の県民ホールに来るということに大分前からなっています。大分前からなっていますので、実はきょうまで私はベトナムで虫をとっていればよかったわけですけども、そういう予定がありますから帰ってくるわけです。

そう考えますとすぐわかるのは、実は⑫手帳に書かれた予定された未来ということが、実は現在だということです。なぜなら、今申し上げたようにきょうここに来るということを私が数カ月前に約束してしまいましたら、未来に起こるはずのベトナムに行っている時間がきちっと制限されてしまいますので、したがってそれはすでに決まったことで、現在であるということです。そう考えますと、都市生活、先ほど申し上げた都市の中で言われる現在というのは、実は予定された未来のことであるということがわかります。

予定をしただけですでにそれは私の未来の行動を拘《こう》束してしまいます。いかにベトナムにいたいと思っても帰ってこなきゃならないということになりますので、すでにそれは数カ月前から私自身の行動を拘束していますから、それは現在と考えるべきで、つまり意識化された予定というものが現在なのだということに気がついてまいります。

その意味で考えますと未来とは何かというと、漠《ばく》然とした不確定な何ともわからない未来です。そこで考えなきゃいけないのは子供です。つまり子供は一体何を持っているのかということです。

子供が持っているものは、実は確定した現在、確定した未来ではありません。子供が唯《ゆい》一持っているのは、どうなるかわからない漠然とした将来です。それが子供の財産です。子供は能力もないし、財産もないし、普通は地位もありませんし、力もない。彼《かれ》らが唯一持っているのは何ともわからない、幸福とも不幸ともわからない未来です。

しかし都市は、すべてを意識化してまいりますので、何が起こるかというと、都市では「現在」が急速に肥大してまいります。過去はどうしようもありませんので、現在が食っていくのは未来です。そして徹底的に食いつくされた未来が手帳に変わります。ですから⑬私は小学生が電子手帳を持っている、手帳を持っているというふうなことが報道されたときには本当にぎくっとした。それは今の子供が急速に都市の中に言ってみれば食われていっている。

そう思ったときにですね、そんなこと、とうの昔に言っている人がとしか思えない。しかし、⑨それを考えてやっているとも思えないわけです。

　カマキリの脳みそなんていうのは本当に顕微《けんび》鏡で見なきゃ見えないようなものであって、とてもそんな高級なことを考えているとは思えない。そうしますとこれは典型的な本能である合目的的行動です。こういうことをカマキリがやるときに、どうして感心するかというとですね、大体ハチはかみつこうとするわけです。だけども頭がこっち向いていますから、直角方向でかみつけない。刺《さ》そうとするんですが、針が刺せない。向きがまったく違います。そうして今申し上げたように食いたいところだけ食うという、こういうふうな実に見事な行動をいたします。

　人間はこういうことをするとき、まさに今私が説明したように考えるわけです。こういうふうにすればかみつかれないな、刺されないな、食いたいとこが一番簡単に食えるなと、こうやって考えていくわけです。こういうことをさんざん考えた挙げ句の果てに、ノイローゼになったりしているわけですけども、カマキリは全然考えないで一発でこれをやっています。そういうのを見ていますと、人間が偉《えら》いんだか、虫が偉いのかよくわからないんですけども、⑩こういうものを合目的的行動といいます。

　じゃあ、意識はこれをどうとらえているかといいますと、今申し上げた通りでして、どうやったらうまくいくかということを考えてやります。ですから、ああすればこうなると、こういうわけです。こうすれば刺されない、ああすればかまれない、そうやってやっていきますから、ああすればこうなるという考え方が、実は昆虫がやっている合目的行動を人間が意識的にやるときの考え方です。それを考えていくと、実は都市の中の人間行動の原則は合目的行動である、すなわち意識的にはああすればこうなるであるということがわかってまいります。

　極端に言いますと、⑪それ以外のことは現代人はやっていないと言うしかない。ああすればこうなる以外のことをやっていますと、だいたい馬鹿《か》じゃないかと思われます。要するに何のためにそういうことをするのかよくわからないと言うとですね、これは通りません。

　それは子供のころからどうもそういうふうに先生方が押《お》しつけておられるのじゃないかという気が私はする。私が子供だったときからそういう記憶《おく》があります。私は幼稚《ち》園のときから虫が好きでして、母が時々言っていましたが、うちは横丁【表通りから入った細い通り】にありまして、横丁で私がしゃがんでいるというのですね。何しているのかと思うと、ただじっと座っている。あんた、何しているのと言ったら、「犬のふん見ている」と。何で犬のふん見てるのと聞いたら、犬のふんに虫が来ていると言う。これは合目的的行動とは言えないのであって、何にもしていない。要するに普《ふ》通の人から見れば何にもしていない。

　先ほど余裕《ゆう》とどういう関係があるかと申し上げたのですが、実は都市化というのはそういう意味で徹底的に人間の意識が優先していく世界ですから、意識の中にないことはなくなっていく世界です。

　ですからそこでゆとりがなくなってくるように見えるのは私から見れば当たり前です。なぜなら人間というのは意識だけでできているわけじゃない。いつか確実に何かの病気でお亡くなりになるわけであって、そうしますとですね、それ以前のことをいくら一生懸《けん》命考えてみても、いずれは死んじゃうよ、というところが抜《ぬ》けちゃっているわけです。そうするとそれはゆとりになりません。つまり基本的に私どもは意識の世界に住み着くというくせをつけてしまった。

ないとうまくいかないというようなところがありまして、そう考えてみますと戦後に大きくいくつか新興宗教といわれるものができてまいりましたけども、仏教系のものは明らかに都市型のものであるという気がいたします。仏教が都市化していくと難しい問題を起こす。それは中国でも起こり、特にベトナムがそうですが、やはり仏教が変質してまいります。これは都市の思想というものと（ Ⅲ ）というのがその仏教の中でどういうふうに折り合うか、そこに難しい面があるのだろうと思います。

私は鎌《かま》倉に住んでいますけども、日本で日本型の仏教が成立するのが鎌倉仏教です。これは中世の初めです。そういう中世というのは、先ほど申し上げたように人の自然というものが正面に出てくる時代であって、古代から時代が変わってまいりますと仏教の形が変わってくる。

これと［ H ］の話が一体どう結びつくかということですが、私どもが戦後ずうっと、あるいは明治以降と言ってもいいんですが、あるいはもっと延長すれば江戸以降と言ってもいいんですが、追っかけてきた近代化、いわゆる都市化ですが、この問題点が［ H ］と関係している。

都市は結局は先ほどから申し上げているように意識がつくり出してくるものである。ところがご存じのように私どもは意識だけではなくて、無意識というものを持っています。体は典型的にそうであって、皆さん方がいかに心配しようが、心臓は勝手に動いていまして、止まるときには勝手に止まってしまいますので、そういうものを含めて考えれば、私どもは意識だけでできているわけではありません。ところが都市というところは⑦それを完全に意識化するところです。

例えば都市の中で起こる人間の行動を考えてみますと、これは典型的な合目的《ごうもくてき》的な行動です。合目的的行動しかしない。どういうことかと言いますと、私は子供のころから昆《こん》虫採集なんかやっていますからよくわかるんですけども、ああいうことをやっていますとですね、大人がのぞいて「⑧あんた何してるの」と言う。「そんなことしてどうするの」と、こう言うのです。つまりそんなことしてどうするのという質問はですね、それに対して何らかの意識的な答えがなきゃいけない。ところがそういう答えができませんので、「好きだからやっている」と言うしかないんですけども、そういうふうな行動が何となく許されないのだということが子供のころからわかっていました。

その逆が合目的的な行動でして、何かのために何かをするということです。ある目的のために何かをするということが意識的な世界では非常に優先してまいります。ところが、妙《みょう》な話ですが、昆虫を見ていますと、昆虫もまた非常にしっかりと合目的的な行動をするわけです。

よく例として申し上げるんですが、東京あたりですと、いまでは虫がほとんどいません。それがたまたまですね、芝生《しばふ》で見ていましたらカマキリがミツバチをつかまえている。かまでぽんとつかまえてですね、見ていますと、腹の一部だけを食うのです。捕《と》らえた位置のまま口を近づけていくと腹へ行きますので、そこをかじる。かじってどうするかというとミツバチを捨ててしまいます。あたりを見てみますと二、三匹《ひき》腹に穴のあいたミツバチが捨ててあります。何を食っているかというと、蜜《みつ》の袋《ふくろ》です。

カマキリは自分が何を食うかよくわかっているわけで、友達にこの話をしますと、それは甘《あま》党のカマキリなんだって、こう言うのですけども、非常に不思議なのは、ハチもいろんな種類があるわけです。しかし、カマキリはこれはミツバチだとわかっているとしか思えない。そして自分の食いたいとこはどこにあるかということもわかっているちょうど心の中に城郭をつくるのと同じことであって、そしてその外は一般には無視する、考えないことにすると思います。

中世の文献《けん》を読みますと、まったく違った世界がそこにあることがわかります。ついこの間、私は『平家物語』を仕事の都合で読まされたわけですが、『平家』なんか読んでいますと話がまったく違うわけです。あそこに登場する人たちは、直接に人の自然を見ているような気がいたします。

③平重盛《しげもり》が病気になりまして、まだ四〇代ですが、具合が悪い、どうも危ないと。そしておやじの④清盛《きよもり》が心配いたしまして、中国からいい医者が来ているから、当時の福原、神戸から、京都にやるから診《み》てもらえというのを重盛が断ります。自分の寿命《じゅみょう》を知っているということだと思いますが、そんな必要はないと言うわけです。

そういう段を何気なく読めば何でもないんですけども、そうでなく見ていますと中世と近世の非常にはっきりした違いが見えてまいりまして、近世、つまり江戸《え》以降、私どもはこの城郭の中に住むようになり、中世の人たちはそうではなくて、いわば穴ぼこだらけの状況《きょう》で暮らしていたということです。

この二つの常識の食い違いは日本では非常に極端に出ているような気がいたします。例えば非常に乱暴な言い方をいたしますと、縄文《じょう》の人たちはまさに自然と折り合って暮らしていましたが、弥生《やよい》時代になりますと吉野ヶ里に見るようにまず堀《ほ》を掘って、その中の空間に住むようになります。そしてそれが完成しますのがおそらく平城京、平安京という古代です。古代の人は中世の人とは違って、私どもに近い感覚を持っています。

それは『平家物語』の終わりの方に出てまいりますが、⑤義経《よしつね》と範《のり》頼《より》が壇《だん》の浦《うら》で平家を滅《ほろ》ぼして、大勢の平家の公達《きんだち》【貴族の子息】の首を持って帰ってまいります。そして京都でそれをさらし首にするという。そうすると後白河法皇《ごしらかわほうおう》を中心にした朝廷《てい》がありますので、そこの⑥公《く》家《げ》(貴族)が相談をいたしまして、そういうことを許すか許さないかと議論する。そういうことはしてもらっては困るという結論を出します。

それは古代の人たちはいわば都会人、私どもと同じ人たちですから、そんなことはとんでもないと言います。それに対して断固として義経と範頼は聞かないわけであって、さらし首にしないと言うのであれば我々が何のために戦ったかわからんというような、そういう感じで強行いたしました。

ああいうところに私は非常にはっきりと中世の人間と古代の人間の違いというのが出ているような気がいたします。現在さらし首をやれば、おそらく日本では大変な物議をかもす【論議をひき起こす】だろうと思います。それは非常にはっきりしたことであって、したがって私どもの感性と当時の古代の宮廷の感性は同じものであって、その感性はなぜ同じかと言えばそれは都会人だからだと私は思います。

先ほどちょっと申し上げましたが、そういう目で東南アジアを回って見ていますと、これもずいぶん乱暴な見方になりますが、アジアには確かに大きな中心が二つありまして、一つが中国です。もう一つの中心がインドで、考えてみますとこの間でわずかに残っています仏教国がブータンであり、インドの南端にスリランカがありまして、タイ、カンボジア、ミャンマー、あるいはベトナム、この辺に仏教国が残っています。さらに東の端《はし》に日本が残っています。

あとはチベットですが、こう見ますとよくわかるような気がするのは、仏教が生き残っているところはアジアの辺縁《えん》【へり】だということです。この辺縁には同時にご存じのように自然が生き残っています。

仏教というのはおもしろい宗教で、どうも自然なりと共存しつまり設計者、内装者はそこにゴキブリが出てくるということを全然計算に入れていませんで、したがってそれはあってはならないものです。ですから、そういうものが出てきますと大の男が目をつり上げて追いかけていって踏《ふ》みつぶしていますが、それはこういった（　Ｉ　）という原則がいかに強く都市空間では貫徹《かんてつ》しているか【つらぬき通しているか】ということを示すように私には見えるわけです。

こうやってつくり出された人工空間は世界中どこでもまったく同じ性質を持っています。そういったものを城壁《へき》で囲うというのは案外利口な知恵《え》でして、この中だけだよ、という約束事が成り立ちます。ですから、ちょっとでもここから外へ出れば、再び（　Ⅱ　）が始まる。そしてそこから離《はな》れるほど自然が強くなってくる。

つまりこの中はすべてが人の意識でコントロールしうるという世界ですが、この外に行きますと次第に意識でコントロールできない部分がふえてまいりまして、最終的には完全に我々がコントロールできない世界、すなわち自然がそこに出現してまいります。

ヨーロッパの場合ですと、そういった世界は森です。西ヨーロッパの歴史をご存じの方はよくおわかりだと思いますが、実は現在の西ヨーロッパの歴史は森林を削《けず》ってきた歴史でして、どんどんどんどん森林を削ったわけです。現在私どもが西ドイツ、［Ｅ］フランスあたりで見る広々とした平原は、実はヨーロッパの森を削った跡《あと》です。

森を削っていく過程が中世から現代に至るヨーロッパの歴史であって、一九世紀の終わりにはヨーロッパは森を削り終わっています。ポーランドに森林性の野牛が最後に生き残っていましたのが一九世紀の末です。

そういう形で森を削っていくわけですが、森に住む人というのも当然いたわけであって、中世に森に住んでいた人たちは、これはグリム童話でもお読みになればすぐわかりますが、魔《ま》物です。つまりヘンゼルとグレーテルの魔女は森に住んでいますし、赤ずきんのオオカミは人語を解する、人の言葉を話しますが、オオカミです。

森に住む人は都市に住む人とまったく違《ちが》うルールで生きているわけであって、おとぎ話を書く、書き残す人たちはどちらかといえば都市の人ですから、したがって森に住む人たちはその人たちにとっては人ではない、何らかの意味で魔物でした。

ですから、そう考えますとこういうルールというのは世界じゅうどこでも同じ、歴史上どこでも同じように見えてまいります。

［Ｆ］この都市というものの中にやむをえず発生する自然というのがあるわけです。九五年は神戸の地震《しん》があったわけですが、日本の場合には震災とか台風とかですね、さまざまな自然の災害が起こってまいりますが、これは一般に自然と解されています。これはもちろん意識の外にありまして、神戸の地震を予測した人はないわけです。そういう②予期せざる出来事が生じる自然というものが、ただ都市の中に一つだけどうしても存在してしまうわけです。

どうしても存在する自然とは何か。実は皆さん方そのものである。端的には人間の身体だと申し上げたい。そういった都市の中にやむをえず発生するものが人間の身体という自然です。

私は解剖《ぼう》学を長年やっていましたが、その中で人間の自然、つまり体について一番困るのが死んだ人なんですね。死んだ人が発生いたしますと、これはどう扱《あつか》っていいかわからない。亡《な》くなりますと人はやがて土に返ります。［Ｇ］自然に戻《もど》っていきますが、都市の中で暮らしていますとその観念がありませんので、自然に戻るところでうろたえてしまいます。ですから、そこにさまざまなタブー【ふれてはならないこと】を置いて、そこから先は考えないという形で仕切りをつくっていきます。

二〇二一年度 明治大学付属明治中学校

【国　語】〈第二回試験〉（五〇分）〈満点：一〇〇点〉

注意　字数制限のある問題については句読点・記号を字数に含《ふく》めること。

一　次の文章を読んで、あとの問いに答えなさい。ただし、【　】は語句の意味で、解答の字数に含《ふく》めないものとします。

都市がどういうものかをごく図式的に書いてみますと、大陸はどこでも同じですが、四角の中に人が住むところです。日本ですとご存じのように最も古い形で都市ができてくるのは吉野《よし》ヶ《が》里のような堀《ほり》で囲まれた空間ですが、それがきちんと成立いたしますのは平城京、平安京です。日本は不思議なことに城郭《かく》を置いていませんが、大陸諸国では必ず周辺を城郭で囲う。その内部が都市です。

ヨーロッパの中世ですと、典型的な城郭都市になりまして、現在でもこれはたくさん残っています。ヨーロッパへ行かれますと、こういう町を訪問される方が非常に多い。そこへ行かれた方が、非常に古い、中世にできた町であるのに、道路が全部舗《ほ》装してあると言って感心しておられる。コンクリートで舗装しているわけじゃないんで、敷《しき》石です。これは実は都市のルールであると私は考えています。一体どういうルールかというと、都市という四角の中には自然のものは置かないというルールです。自然はいわば排《はい》除されます。たとえ木が植わっていてもそれは人が植えたものである、そこにしつらえて置いたものです。①都市という空間をそういうふうに考えますと非常によく理解できるような気がします。

日本の場合にはご存じのように城郭を置きませんのではっきりわからないんですが、近代日本の場合はおそらくこの島全体を都市と見なすような傾《けい》向になってきたんじゃないかという気がいたします。それを中央集権化とか、近代化とか、さまざまに表現をいたしますが、要するにこういった四角で囲まれた空間の中に人が住むようになる。

この中では自然が排除されると申し上げたわけですが、それじゃあ代わりに何があるかというと、この中に置かれるものは［Ａ］に人工物です。人工物とは何かといえば、それは私どもが考えたものである。意識的に置いたものである。あるいは［Ｂ］に置いたものである。そういう世界です。ですから、都市化が進行すると何が起こるかというのは、そういう原理で［Ｃ］簡単に読めるわけでして、意識されないものはそこには置いてはいけないということです。

それを端《たん》的【てっとりばやい様子】に示していますのが現在私どものいますこの空間です。横浜《はま》も大きな都市でして、そしてこの空間がそうである。この建物がそうでして、ここは人が完全に意識的につくり上げたものです。本来こんな空間はなかったわけで、設計してつくられたものですから、もともとの段階では設計者の頭の中にあって、設計図としてそれが表現されます。

その設計図に従ってつくられたものですから、皆《みな》さん方がお座りの場所は、実は建築家と内装をやった方の脳の中、頭の中です。頭の中ですから、そこではすべてが意識化されていますので、一般《ぱん》に予期せざる出来事は起こらないことになっています。

そういうことが起これば、それは不祥《しょう》事と見なされます。先日、私は九州にまいりまして、こういうホールでお話をしていましたら、足元をゴキブリがはっていました。これは［Ｄ］な不祥事です。つまりゴキブリはこういう空間には出てきてはいけないのであって、なぜいけないかというとそれは自然のものだからです。

2021年度

明治大学付属明治中学校　▶解説と解答

算　数　＜第２回試験＞（50分）＜満点：100点＞

解　答

1 (1) $1\frac{1}{2}$　(2) 161　(3) 2.28　(4) 34　(5) (ア) 6.8　(イ) 15.8　**2** (1) 8時14分　(2) 毎時35km　(3) 毎時$34\frac{2}{7}$km　**3** (1) 180cm³　(2) 180cm²　**4** (1) 21本　(2) 10本　**5** (1) 6　(2) 16　(3) 解説の図10を参照のこと。

解　説

1 **逆算，売買損益，面積，差集め算，濃度《のうど》，消去算**

(1) $1.75\times\left(\frac{4}{7}-\frac{1}{3}\right)=1\frac{3}{4}\times\left(\frac{12}{21}-\frac{7}{21}\right)=\frac{7}{4}\times\frac{5}{21}=\frac{5}{12}$，$1\frac{1}{3}-0.5=\frac{4}{3}-\frac{1}{2}=\frac{8}{6}-\frac{3}{6}=\frac{5}{6}$より，$\frac{5}{12}-\frac{1}{18}\div\left(\square-\frac{5}{6}\right)=\frac{1}{3}$，$\frac{1}{18}\div\left(\square-\frac{5}{6}\right)=\frac{5}{12}-\frac{1}{3}=\frac{5}{12}-\frac{4}{12}=\frac{1}{12}$，$\square-\frac{5}{6}=\frac{1}{18}\div\frac{1}{12}=\frac{1}{18}\times\frac{12}{1}=\frac{2}{3}$　よって，$\square=\frac{2}{3}+\frac{5}{6}=\frac{4}{6}+\frac{5}{6}=\frac{9}{6}=\frac{3}{2}=1\frac{1}{2}$

(2) 仕入れた個数を□個とすると，仕入れ値の合計は，85×□(円)となる。また，100円で売った個数は，$\square\times\frac{5}{7}$(個)だから，２個セットで売った個数は，$\square\times\left(1-\frac{5}{7}\right)=\square\times\frac{2}{7}$(個)となる。さらに，２個セットで売ったときの１個あたりの値段は，100÷２＝50(円)なので，売り上げの合計は，$100\times\square\times\frac{5}{7}+50\times\square\times\frac{2}{7}=\frac{600}{7}\times\square$(円)と表すことができる。よって，利益は，$\frac{600}{7}\times\square-85\times\square=\left(\frac{600}{7}-85\right)\times\square=\frac{5}{7}\times\square$(円)となり，これが115円にあたるから，$\frac{5}{7}\times\square=115$(円)より，$\square=115\div\frac{5}{7}=161$(個)と求められる。

(3) 右の図１で，㋐＋㋑＝㋒＋㋓なので，両方に★印の部分の面積を加えると，㋐＋㋑＋★＝㋒＋㋓＋★となる。また，㋐＋㋑＋★は三角形ABCの面積であり，㋒＋㋓＋★は半径４cmの半円の面積だから，三角形ABCの面積は，４×４×3.14÷２＝８×3.14＝25.12(cm²)とわかる。よって，BCの長さは，25.12×２÷８＝6.28(cm)なので，Xの長さは，6.28－４＝2.28(cm)と求められる。

図１

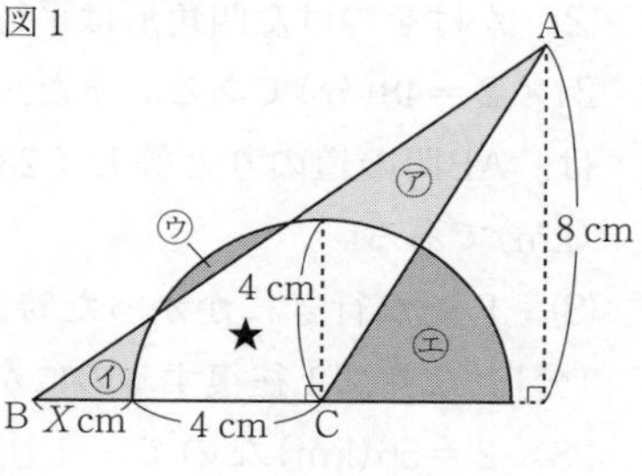

(4) 右の図２のように，１脚《きゃく》に５人ずつ座るとき，終わりから５番目の長いすには１～５人が座っていて，残りの４脚には誰《だれ》も座っていないことになる。このとき，終わりから５番目の長いすの空席の数は０～４人分であり，残りの４脚の空席の数の合計は，５×４＝20(人分)だから，空席の数は全部で20～24人分となる。一方，１脚に３人ずつ座ると１人分の座席が不足するので，１脚に５人ずつ座るときと３人ずつ座るときで，座ることができる人数の差は21～25人分とわかる。これは，５－３＝２(人)の差が長いすの数だけ集まったものだから，21÷２＝10.5，25÷２＝12.5

図２

５人，…，５人，１～５人，０人，０人，０人，０人

より，長いすの数は11脚または12脚となる。11脚のときの児童の人数は，３×11＋１＝34(人)，12脚のときの児童の人数は，３×12＋１＝37(人)なので，条件に合う児童の人数は34人である。

(5)　右の図３のように，Ａ200ｇとＢ100ｇを混ぜた食塩水をＰとすると，食塩水Ｐの重さは，200＋100＝300(ｇ)だから，食塩水Ｐに含《ふく》まれている食塩の重さは，300×0.098＝29.4(ｇ)となる。また，Ａ100ｇとＢ150ｇを混ぜた食塩水をＱとすると，食塩水Ｑの重さは，100＋150＝250(ｇ)なので，食塩水Ｑに含まれている食塩の重さは，250×0.122＝30.5(ｇ)とわかる。さらに，食塩水Ｑのそれぞれの重さを２倍にした食塩水をＲとすると，食塩水Ｒに含まれている食塩の重さは，30.5×２＝61(ｇ)になる。よって，食塩水Ｐと食塩水Ｒに含まれている食塩の重さの差は，61－29.4＝31.6(ｇ)であり，これはＢ300ｇとＢ100ｇに含まれている食塩の重さの差と等しいから，食塩水Ｂの濃《こ》さは，31.6÷(300－100)×100＝15.8(％)(…(イ))と求められる。したがって，Ｂ100ｇに含まれている食塩の重さは，100×0.158＝15.8(ｇ)なので，Ａ200ｇに含まれている食塩の重さは，29.4－15.8＝13.6(ｇ)となり，食塩水Ａの濃さは，13.6÷200×100＝6.8(％)(…(ア))とわかる。

図３

食塩水Ｐ：Ａ200ｇ＋Ｂ100ｇ(食塩29.4ｇ)
食塩水Ｑ：Ａ100ｇ＋Ｂ150ｇ(食塩30.5ｇ)
食塩水Ｒ：Ａ200ｇ＋Ｂ300ｇ(食塩61ｇ)

２　流水算，速さと比，旅人算

(1)　Ａ町を出発した船をＰ船，Ｂ町を出発した船をＱ船として２つの船の進行のようすをグラフに表すと，右のようになる。両船ともに上りと下りの速さの比は，(７－１)：(７＋１)＝３：４だから，上りと下りで同じ道のりを進むのにかかる時間の比は，$\frac{1}{3}$：$\frac{1}{4}$＝４：３となる。つまり，ア：イ＝４：３となる。また，ア＝８時32分－８時＝32分なので，イ＝32×$\frac{3}{4}$＝24(分)とわかる。さらに，イ：ウ＝４：３だから，ウ＝24×$\frac{3}{4}$＝18(分)と求められ，Ｑ船がＢ町を出発した時刻は，８時32分－18分＝８時14分とわかる。

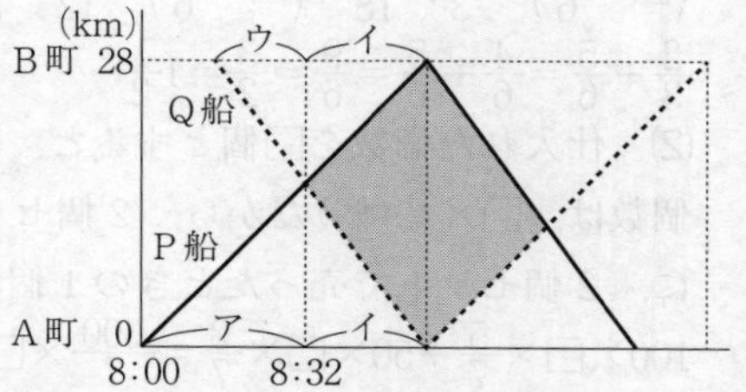

(2)　かげをつけた四角形は平行四辺形なので，初めてすれ違《ちが》ってから再びすれ違うまでの時間は，24×２＝48(分)である。また，初めてすれ違ってから再びすれ違うまでに一方の船が進んだ道のりは，AB間の道のりと等しく28kmとわかる。よって，このときの平均の速さは毎時，28÷$\frac{48}{60}$＝35(km)である。

(3)　Ｐ船が行きにかかった時間は，32＋24＝56(分)だから，帰りにかかった時間は，56×$\frac{3}{4}$＝42(分)となり，１往復するのにかかった時間は，56＋42＝98(分)とわかる。また，１往復の道のりは，28×２＝56(km)なので，１往復するときの平均の速さは毎時，56÷$\frac{98}{60}$＝$\frac{240}{7}$＝34$\frac{2}{7}$(km)と求められる。

３　立体図形―体積，表面積

(1)　右の図１で，もとの立方体の体積は，６×６×６＝216(cm³)である。また，切りとった三角すい１個の体積は，３×３÷２×６÷３＝９(cm³)だ

図１

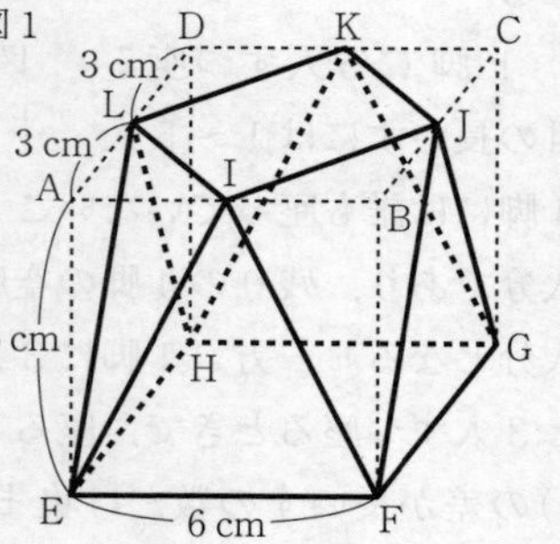

図２

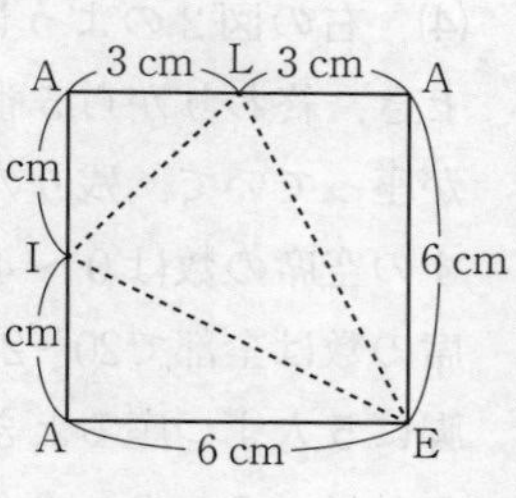

から，この立体の体積は，216－９×４＝180(cm^3)とわかる。

⑵　正方形EFGHの面積は，６×６＝36(cm^2)，正方形IJKLの面積は，36÷２＝18(cm^2)である。また，三角形IEFの面積は，６×６÷２＝18(cm^2)であり，これと合同な三角形が全部で４個ある。次に，三角すいAEILを展開図に表すと，上の図２のような正方形になる。図２で，正方形全体の面積は36cm^{2}である。また，三角形AILの面積は，３×３÷２＝4.5(cm^2)，三角形AEIと三角形AELの面積はどちらも，６×３÷２＝９(cm^2)なので，三角形ELIの面積は，36－(4.5＋９＋９)＝13.5(cm^2)とわかる。図１にはこれと合同な三角形が全部で４個あるから，図１の立体の表面積は，36＋18＋(18＋13.5)×４＝180(cm^2)と求められる。

4　つるかめ算

⑴　{80円３本，100円３本，140円４本}を１セットとすると，１セットの代金は，80×３＋100×３＋140×４＝1100(円)になる。この合計が7700円だから，全部で，7700÷1100＝７(セット)買ったことになる。よって，80円のボールペンの本数は，３×７＝21(本)とわかる。

⑵　80円の本数を１本減らすと，80円の本数は100円の本数のちょうど３倍になるので，80円と100円の１本あたりの平均の値段は，(80×３＋100×１)÷(３＋１)＝85(円)になる。また，３種類の本数の合計は，35－１＝34(本)，代金の合計は，3520－80×１＝3440(円)になるから，右上の図のようにまとめることができる。85円を34本買ったとすると，代金の合計は，85×34＝2890(円)となり，実際よりも，3440－2890＝550(円)安くなる。85円のかわりに140円を買うと，１本あたり，140－85＝55(円)高くなるので，140円のボールペンの本数は，550÷55＝10(本)と求められる。

85円｝合わせて
140円｝34本で3440円

5　グラフ―図形上の点の移動，旅人算

⑴　グラフ中のアは，ＰとＲが初めて重なるときである。また，ＰとＲの最初のへだたりは12cmだから，ア＝12÷(３－１)＝６(秒)とわかる。

⑵　６秒間で，Ｐは，１×６＝６(cm)，Ｑは，２×６＝12(cm)，Ｒは，３×６＝18(cm)動くので，６秒後には右の図１のようになる。この後の１秒間はＰとＲは静止し，Ｑだけが，２×１＝２(cm)動くから，６＋１＝７(秒後)には上の図２のようになる。また，グラフ中のイは，この後ＰとＲのへだたりが最も長くなるときである。つまり，ＰとＲのへだたりが三角形のまわりの長さの半分である，12×３÷２＝18(cm)になるときである。よって，７秒後の状態の，18÷(３－１)＝９(秒後)なので，イ＝７＋９＝16(秒)と求められる。なお，この９秒間で，Ｐは，１×９＝９(cm)，Ｑは，２×９＝18(cm)，Ｒは，３×９＝27(cm)動くから，16秒後には右上の図３のようになり，７秒後から16秒後までの間に点が重なることはないことがわかる。

図１　図２　図３

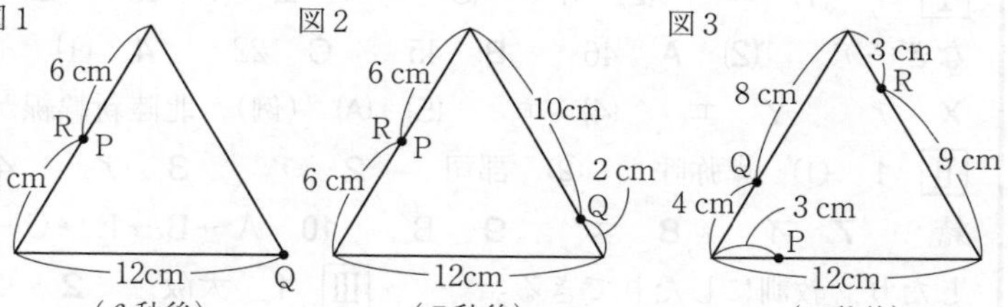

（６秒後）　（７秒後）　（16秒後）

⑶　16秒後から22秒後までの，22－16＝６(秒間)で，Ｐは６cm，Ｑは12cm，Ｒは18cm動くので，22秒後には下の図４のようになる。よって，22秒後のＰとＲのへだたりは，ウ＝９－３＝６(cm)である。また，22秒後のＰとＱのへだたりは，９－８＝１(cm)だから，図４の状態から，１÷(２－１)＝１(秒後)には下の図５のようにＰとＱが重なり，ＰとＲのへだたりは，10－６＝４(cm)に

なる。さらにその１秒後には下の図６のようになり，ＰとＲのへだたりは，10－９＝１(cm)になる。したがって，図６の状態から，１÷(３－１)＝0.5(秒後)には下の図７，その１秒後には下の図８，26秒後には下の図９のようになるので，グラフは下の図10のようにかける。

図４
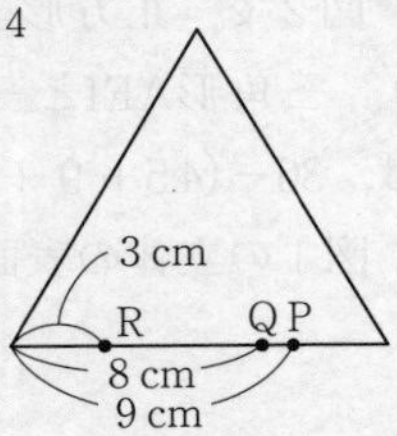

(22秒後)

図５
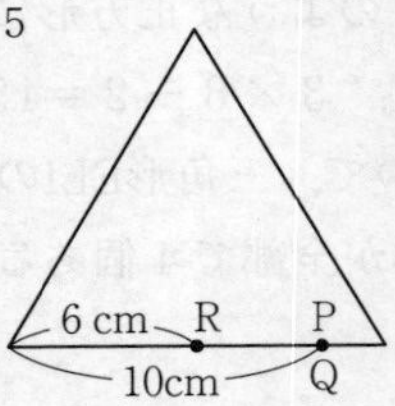

(23秒後)

図６
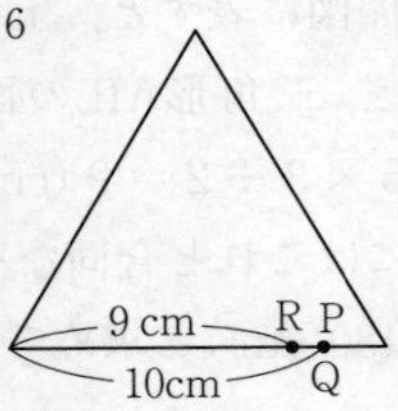

(24秒後)

図７
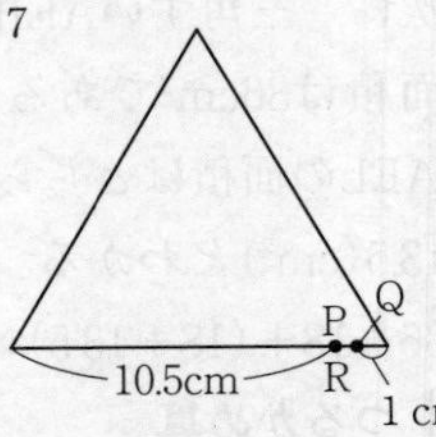

(24.5秒後)

図８
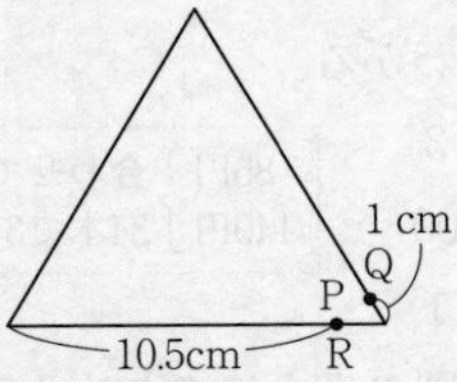

(25.5秒後)

図９
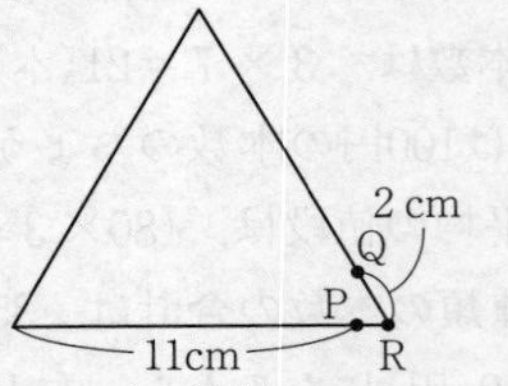

(26秒後)

図10
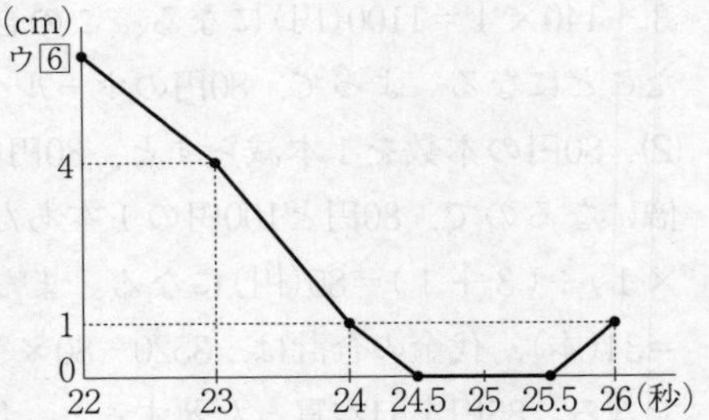

社　会　＜第２回試験＞（40分）＜満点：75点＞

解　答

Ⅰ　**1**　(1)　エ　(2)　オ　(3)　エ　**2**　(1)　18　(2)　28　**3**　(1)　**肉用牛**…エ　うなぎ…ア　(2)　**A**　46　**B**　45　**C**　22　**4**　(1)　イ　(2)　(A)　イ　(B)　イ　(3)　**X**　ア　**Y**　エ　(4)　エ　(5)　(A)　(例)　北陸新幹線が開通したから。　(B)　ア

Ⅱ　**1**　①　卑弥呼　②　郡司　**2**　ア　**3**　ア　**4**　ウ　**5**　北条泰時　**6**　戸籍　**7**　イ　**8**　エ　**9**　B　**10**　A→B→E→C→D　**11**　(例)　昔のことを検証したり，教訓にしたりできる。

Ⅲ　**1**　大阪　**2**　ウ　**3**　ウ　**4**　ア　**5**　エ　**6**　**あ**　イ　**い**　キ　**う**　エ　**え**　コ　**7**　ア　**8**　ア→エ→ウ→イ→オ　**9**　イ　**10**　(例)　個人情報の流出などのプライバシーの権利の侵害が心配される。　**11**　**記号**…(例)　ア　(1)　(例)　核兵器の悲惨さが十分に理解されていない。　(2)　(例)　核兵器の被害にあった人々の証言を記録し，多言語化して，世界に核兵器の悲惨さを発信する。

解　説

Ⅰ　鉄道を題材にした問題

1　(1)　秋田県内を流れ，秋田駅のある秋田市で日本海に注ぐＡは雄物川，山形県内を流れ，酒田駅のある山形県酒田市で日本海に注ぐＢは最上川，福島県，新潟県を流れ，新潟駅のある新潟市で日本海に注ぐＣは阿賀野川である。　(2)　山形県酒田市の北東には，秋田県と山形県にまたがって，活火山の鳥海山がそびえている。なお，アの石鎚山《いしづちさん》は愛媛県，イの岩手山は岩手県，ウの岩木山は青森県，エの三瓶山《さんべさん》は島根県，カの羊蹄山《ようていざん》は北海道にある。　⑶　山形県酒田市の東には，新庄盆地が広がっている。坂町駅のある新潟県北部から東に向かうと，山形県南部の米沢にあたる。新潟市から阿賀野川に沿うように南東へ向かうと，阿賀野川の水源である猪《い》苗代《なわしろ》湖が広がる福島県の会津若松に着く。よって，エがあてはまる。

２　⑴　越前は，18の福井県の北部の旧国名である。福井県沖はズワイガニ(越前ガニ)などの好漁場となっている。　⑵　但馬《たじま》は，28の兵庫県の北部の旧国名である。但馬では牛の生産がさかんで，但馬牛の一部は神戸ビーフとしてブランド化されている。

３　⑴，⑵　肉用牛の飼育頭数は１の北海道が全国第１位なので，エがあてはまる。北海道についで肉用牛の飼育頭数が多いＡは46の鹿児島県で，豚の飼育頭数は全国第１位となっている。ここから，鹿児島県以外が第１位となっているイが茶の収穫量で，収穫量が全国第１位であるＣには22の静岡県があてはまる。静岡県西部には，日本のうなぎ養殖が始まった場所として知られ，今でも養殖がさかんな浜名湖があるので，静岡県が第４位に入っているアがうなぎの養殖収獲量とわかる。残ったウが豚の飼育頭数で，畜産のさかんな鹿児島県や，Ｂにあてはまる45の宮崎県，北海道のほか，関東地方の県も上位を占《し》める。統計資料は『日本国勢図会』2020／21年版などによる(以下同じ)。

４　⑴　図３のⅲの★は山口県である。日本海に面する北部の小さな市町(阿武町)と，瀬戸内海上の離島をふくむ南部の市町をさすＺ(周防大島町と上関町)は，漁業の従事者が多いと判断できる。ＸとＹのうち，県西端の下関市や県庁所在地の山口市，周南市をさすＸは人口も多く，経済が発達していると考えられるので，「金融《きんゆう》業など」があてはまる。Ｙは「鉱業など」で，北から順に長門市・美祢《みね》市・山陽小野田市をさす。このうち，美祢市にはカルスト地形で知られる秋吉台があり，石灰石の産地やセメント工場もあるため，鉱業に従事する人が多いと考えられる。　⑵　(A)，(B)　図５で示されているのは，愛媛県(１)，高知県(２)，徳島県(３)，和歌山県(４)，奈良県(５)の５県である。表２において，▲だけＸのデータがなく，●にしかＺのデータがない。火力発電所はおもに沿岸部につくられ，内陸に位置する奈良県には火力発電所はない。よって，Ｘには火力発電，▲には奈良県があてはまる。図５中の５県の中では愛媛県にしか原子力発電所がないため，Ｚには原子力発電，●には愛媛県があてはまる。残るＹには水力発電，■には高知県があてはまる。
⑶　1988年，本州と北海道を結ぶ鉄道専用の青函海底トンネルが開通した。また，同年，本州と四国を結ぶ本州四国連絡橋のうち，自動車と鉄道併用《へいよう》の瀬戸大橋(児島・坂出ルート)が開通した。
⑷　〈図３の解説文〉の②には三重県，宮崎県，鹿児島県の３県，③には北海道，⑤には岐阜県，福井県，滋賀県，鳥取県，大分県，長崎県，熊本県の７県があてはまる。エは，「ブルートレイン」とよばれる長距離の夜行・寝台列車で，ⅱからⅲまでの間に採算が合わないなどの理由で，廃止あるいは期間・季節限定の運行となった。　⑸　(A)　図６において，長野駅－Ｘ駅間の移動時間は215分から65分，長野駅－Ｙ駅間は200分から82分に短縮されている。これは北陸新幹線の高崎駅と長野駅をつなぐ区間が長野新幹線として1997年に，長野駅と金沢駅をつなぐ区間が2015年に開業したからである。　(B)　図６において，長野駅－Ｚ駅間の移動時間は200分から177分とあまり短縮されていないので，Ｚ駅は長野駅と直接新幹線で結ばれていない名古屋駅になる。また，Ｙ駅－Ｚ駅間は距離が長いにもかかわらず，1980年10月時点でも移動時間が短いので，Ｙ駅はすでに名古屋駅と新幹線で結ばれている東京駅になる。よって，アが正しい。

Ⅱ　各時代の歴史的なことがらについての問題

1　①　史料Ａは中国の歴史書『三国志』の中の「魏志倭人《ぎしわじん》伝」である。この歴史書によると，３世紀ごろの倭(日本)では争いが続いていたが，卑弥呼《ひみこ》を邪馬台国《やまたいこく》の女王にしたところ，争いがおさまった。また，卑弥呼は呪術(まじない)によって人々をよくおさめたという。　②　律令制度のもと，地方は国・郡・里に区分された。国には中央から国司が派遣され，郡では地元の豪族が郡司に任命されて政務にあたった。

2　木簡は文字を記した木片で，中央におさめる税の荷札や，官庁間の連絡などに用いられた。なお，イは巻物(平家納経)，ウは石碑《せきひ》(高句麗《こうくり》の好太王碑)，エは鉄剣(七支刀《しちしとう》)。

3　史料Ｃは室町時代の応仁の乱(1467～77年)を題材にした戦記文学『応仁記』の一部。ここでは，足利尊氏の子孫で，応仁の乱の原因をつくった室町幕府の第８代将軍足利義政の政治が批判されている。義政が京都東山に建てたアの慈照《じしょう》寺銀閣は，和風住宅の原型となる書院造を取り入れた建物として知られる。なお，イは平等院鳳凰《ほうおう》堂，ウは日光東照宮の陽明門，エは法隆寺。

4　史料Ｄは明治時代にお雇《やと》い外国人として来日したドイツ人ベルツが書いた日記で，1889年２月11日の憲法発布をひかえた東京の人々のようすを伝えている。なお，アの教育勅語《ちょくご》が出されたのは1890年，イの大政奉還が行われたのは1867年，エの徴兵令が出されたのは1873年のこと。

5　史料Ｅは鎌倉時代に第３代執権《しっけん》の北条泰時が定めた御成敗《ごせいばい》式目(貞永《じょうえい》式目)で，源頼朝以来の武家の慣習をもとにした51か条からなる。最初の武家法として，以後の武家法の手本となった。

6　律令制度のもとでは，６年ごとに戸籍《こせき》が作成され，これをもとにおさめる税が決められた。

7　対馬《つしま》藩(長崎県)の宗氏による国書書きかえ事件は，江戸時代初めのことである。文永・弘安の役(元寇《げんこう》)は鎌倉時代のできごとなので，イが正しくない。

8　公文書管理法は，日本の行政機関や独立行政法人などにおける公文書の管理方法を定めた法律で，2009年に制定された。よって，エが正しくない。

9　示された資料の右から３行目に，「憲法十七条」という文字が記されている。よって，聖徳太子が604年に定め，役人(豪族)の政治における心構えを示した「憲法十七条」の一部である史料Ｂがあてはまる。

10　Ａは弥生時代，Ｂは飛鳥時代，Ｃは室町時代，Ｄは明治時代，Ｅは鎌倉時代の史料なので，時代の古い順にＡ→Ｂ→Ｅ→Ｃ→Ｄとなる。

11　昔のことを文字による記録として残すことは，過去の事例を検証し，それを教訓として将来にいかすという意味において，きわめて重要なことだといえる。

Ⅲ　過去の人々が記した未来を題材にした問題

1　1970年の大阪万国博覧会は「人類の進歩と調和」をテーマに行われ，大阪府吹田《すいた》市を会場とした。2025年の大阪・関西万国博覧会は，大阪市此花《このはな》区が会場に予定されている。

2　日本の国会(衆・参両議院)議員に占める女性の割合は世界的に見ても低く，約14％(2019年)となっている。よって，ウが正しくない。

3　日本の人口が減少に転じたのは2009年のことなので，ウが正しくない。

4　ハンセン病の元患者らによる国家賠償《ばいしょう》請求訴訟《そしょう》では，2001年５月に熊本地方裁判所で原告勝訴の判決が下り，政府は控訴《こうそ》を断念して判決が確定した。そして，政府はこれまでの国の政策の誤りを元患者らに謝罪し，国会で補償金の支払いに関する法律が可決された。よって，アが正しくない。

5　1920年は第一次世界大戦が終わったころで，当時の国家予算の約半分は軍事費が占めていた。2020年度の一般会計予算において，34.9％と最も大きな割合を占めているのは社会保障関係費で，教育費(文教及《およ》び科学振興費)はわずか5.4％である。

6　**あ，い**　2011年の東日本大震災では，福島第一原子力発電所の事故をきっかけとして，脱《だつ》原子力発電の機運が高まった。　**う，え**　2015年には，2020年以降の地球温暖化防止対策の新しい国際的な枠組《わくぐ》みであるパリ協定が採択《さいたく》され，脱炭素化の動きが加速している。

7　大衆に迎合《げいごう》し人気をあおる政治姿勢のことを「ポピュリズム」という。近年こうした政治姿勢が世界的に広がっており，それが自国中心主義や排外主義と結びついて，国際協調の理念を実現することが困難な状況となっている。なお，イの「ナショナリズム」は国家や民族の統一・独立・発展を強調する考え方，ウの「ジャーナリズム」は情報媒体《ばいたい》による活動や事業，エの「テロリズム」は暴力や恐怖によって政治上の主張を押し通そうとする考え方。

8　アは1930年，イは1940年，ウは1933年，エは1931年，オは1941年のできごとなので，時代の古い順にア→エ→ウ→イ→オとなる。

9　労働基準法は労働条件についての最低基準を定めた法律である。よって，イが正しい。なお，アについて，勤労は義務でもあり権利でもある。ウについて，2012年に派遣労働法が改正されたが，非正規雇用《こよう》者の割合は増え続けている。エについて，働き方改革関連法では，非正規雇用をふくめた同一労働・同一賃金の原則が明記されている。

10　新型コロナウイルス感染症《しょう》拡大防止のために導入された接触《せっしょく》確認アプリ(COCOA)は，個人情報が流出しプライバシーの権利が侵害《しんがい》されるのではないかという恐れから，普及《ふきゅう》がすすんでいない。

11　(1)，(2)　アの「核問題」について，日本は世界で唯一《ゆいいつ》の被爆国であり，太平洋戦争中の広島・長崎への原爆投下と，1954年の第五福竜丸事件で３回も被爆している。また，広島への原爆投下の残がいである原爆ドームが人類の「負の遺産」としてユネスコ(国連教育科学文化機関)の世界文化遺産に登録されている。しかし，核兵器の恐ろしさ・悲惨《ひさん》さは日本国内でも十分に理解されているとはいえず，外国ではなおさらである。さらに，核兵器を保有する国は増えており，2017年に国連総会で採択された核兵器禁止条約が2021年１月に発効したものの，核保有国は批准していない。戦後75年を経て，原爆の被害を受けた人は少なくなっているが，被爆者の証言はきわめて貴重である。これを記録して広く伝えること，多言語化して世界に発信することを通じて，核廃絶の国際世論を形成することが必要といえる。イの「貿易摩擦」について，貿易摩擦はある国との貿易において，輸出と輸入のバランスがくずれるなどの経済的な要因から発生する国と国との対立である。これにより，貿易における制裁がエスカレートしたり，政治的な要因と結びついて紛争に発展したりする。グローバル化が急速に進んでいる現代において，自国の産業や経済の発展ばかりを求めるのではなく，国際協調・国際分業という観点から，貿易相手国あるいは発展途上国の産業や経済にも配慮《はいりょ》した貿易のあり方が求められる。ウの「難民問題」について，難民は宗教や人種・民族の違いから派生する政治的な弾圧や紛争ばかりではなく，干ばつや洪水といった自然災害による食料不足も原因となって発生する。政治的対立や紛争を平和的に解決するため，国連のPKO(平和維持活動)をより強化することも必要だが，自然災害の原因となる気候変動への対応も求められる。また，先進国の発展途上国への資金や技術の援助を，さらに拡充していくことも必要だろう。

※　編集部注…学校より，Ⅲの１に誤解をまねく表現があったため，受験生全員を正解としたとのコメントがありました。

理　科　＜第２回試験＞（40分）＜満点：75点＞

解　答

Ⅰ　(1)　水素　(2)　1125mL　(3)　**Ａ液**…900mL，**気体**…2.5Ｌ　(4)　0.2Ｌ　Ⅱ　(1)　ア　(2)　ア　(3)　**気体**…二酸化炭素，**記号**…ウ　(4)　イ，オ，キ　(5)　Ｂ，Ｃ
Ⅲ　(1)　①　光合成　②　低く　③　温室　④　温暖化　(2)　エ，オ　(3)　ア，エ
Ⅳ　(1)　デンプン　(2)　（麦芽）糖　(3)　①　ア　②　ウ　③　ア　(4)　イ　(5)　Ａ１，Ｄ１　Ⅴ　(1)　６個　(2)　２通り　(3)　390ｇ　(4)　９個　Ⅵ　(1)　コ　(2)　サ　(3)　カ　(4)　オ　(5)　ウ　Ⅶ　(1)　**時代**…中生代，**化石**…示準化石　(2)　②　(3)　イ　(4)　ア　(5)　ア　(6)　エ

解　説

Ⅰ　気体の発生についての問題

(1)　アルミニウムにうすい塩酸を加えると，アルミニウムが水素をさかんに発生しながら溶《と》ける。

(2)　４ｇのアルミニウムと過不足なく反応するＡ液は450mLだから，10ｇのアルミニウムをすべて溶かすために必要なＡ液は，$450\times\frac{10}{4}=1125$(mL)である。

(3)　２ｇのアルミニウムを溶かすのに必要なＡ液は，$450\times\frac{2}{4}=225$(mL)なので，４倍にうすめたＡ液を用いると，$225\times4=900$(mL)必要になる。また，このとき発生した気体は，$5\times\frac{2}{4}=2.5$(Ｌ)になる。

(4)　５倍にうすめたＡ液90mLはもとの濃さのＡ液，$90\div5=18$(mL)を含《ふく》むので，これに溶けるアルミニウムは，$4\times\frac{18}{450}=0.16$(ｇ)である。よって，0.8ｇのアルミニウムに５倍にうすめたＡ液を90mL加えると，アルミニウムが溶け残り，$5\times\frac{18}{450}=0.2$(Ｌ)の気体が発生する。

Ⅱ　水溶液《すいようえき》と気体の性質についての問題

(1)　フェノールフタレイン溶液は，アルカリ性の水溶液に対して無色から赤色に変化する。一方，中性や酸性の水溶液には反応しない。

(2)　紫《むらさき》キャベツの煮汁《にじる》(紫キャベツ液)は，酸性の水溶液に対して赤色～ピンク色，中性の水溶液に対して紫色，アルカリ性の水溶液に対して青色～緑色～黄色に変化する。水溶液Ｂと水溶液Ｃは，実験２でBTB溶液を加えて黄色に変化したことから酸性とわかるので，実験３では紫キャベツの煮汁が赤色に変化すると考えられる。

(3)　石灰水には二酸化炭素を通すと白くにごる性質があること，炭酸水は二酸化炭素が溶けた水溶液であることから，水溶液Ａは石灰水，水溶液Ｃは炭酸水と考えられる。よって，実験４で発生したのは二酸化炭素である。二酸化炭素は大理石のような炭酸カルシウムを多く含むものにうすい塩

酸を加えると発生する。なお，アとイでは水素，エでは酸素，オではアンモニアが発生する。

(4)　二酸化炭素は，空気の約1.5倍の重さがあるため，下方置換《ちかん》法でも集められるが，これでは空気とまじってしまう。よって，まじり気のない二酸化炭素を集めるときは水上置換法を用いる(ただし，二酸化炭素の一部は水に溶けてしまう)。また，二酸化炭素にはにおいがなく，みずから燃える性質やものが燃えるのを助ける性質もない。

(5)　５種類の水溶液のうち気体が溶けているのはうすい塩酸と炭酸水の２種類で，ともに酸性の水溶液である。よって，実験２より，水溶液Ｂと水溶液Ｃが選べる。なお，それぞれの実験の結果から，水溶液Ｂはうすい塩酸，水溶液Ｄは食塩水，水溶液Ｅは水酸化ナトリウム水溶液である。

Ⅲ　地球温暖化についての問題

(1)　①，②　夏は植物がしげって光合成をさかんに行い，二酸化炭素が吸収されるため，大気中の二酸化炭素濃度《のうど》が低くなる。逆に，植物が少なくなる冬は二酸化炭素濃度が高くなる。このようにして，二酸化炭素濃度は１年の中で規則的に変動する。　③　二酸化炭素は，熱が地表から宇宙空間に逃げるのを防ぐはたらきが強い。このはたらきは温室のようすに似ていることから温室効果と呼ばれる。　④　近年，二酸化炭素などの温室効果のはたらきが強い気体(温室効果ガス)が大気中に増えているため，地球の気温が上昇《じょうしょう》しており，これを地球温暖化という。

(2)　地球温暖化をもたらしている温室効果ガスには，二酸化炭素のほかにメタン，フロンなどがある。

(3)　二酸化炭素濃度が上昇している原因としては，石油や石炭などの化石燃料を大量に消費することで，二酸化炭素の排出《はいしゅつ》量が増加していることや，森林，特に熱帯雨林が伐採《ばっさい》されて，光合成による二酸化炭素の吸収量が減少していることなどがあげられる。

Ⅳ　だ液のはたらきについての問題

(1)　ヨウ素液は，デンプンがあると反応して青紫色に変化する。

(2)　麦芽《ばくが》糖などの糖を含む液体にベネジクト液を加えて加熱すると，赤かっ色の沈殿《ちんでん》が生じる。

(3)　①，②　だ液を高温にすると，だ液がデンプンを麦芽糖に消化するはたらきが失われ，冷ましてもこのはたらきは回復しない。よって，Ｂではデンプンが麦芽糖に変化していないので，ヨウ素液は青紫色になり，ベネジクト液の変化は見られない。　③　だ液がデンプンを麦芽糖に消化するはたらきは，低温でははたらかない(ただし，適温にもどすとはたらきが回復する)。したがって，Ｄではデンプンが麦芽糖にほとんど変化していないので，ヨウ素液は青紫色になる。

(4)　だ液のかわりに水を加えたＣではデンプンが残っており，麦芽糖などの糖はできていない。このことから，水にはデンプンを消化するはたらきがないことがわかる。

(5)　デンプンが麦芽糖に変化したＡの場合，操作２で高温にしたり低温にしたりすると，ＢやＤのようにデンプンが麦芽糖に変化しなくなり，ヨウ素液が青紫色に変化するようになる。Ｂの場合，操作１の時点でだ液はデンプンを消化するはたらきを失っているため，操作２で温度を変えても結果は変わらない。Ｃの場合は，だ液が入っていないため，操作２で温度を変えても結果は変わらない。Ｄの場合，低温のだ液は適温にするとはたらくようになるので，デンプンが麦芽糖に変わるため，ヨウ素液は変化しなくなる。

Ⅴ　ばねののびについての問題

(1)　ばねＡはもとの長さが10cmで，100ｇあたり４cmのび，ばねＢはもとの長さが20cmで，100

ｇあたり３cmのびる。ばねＡに100ｇのおもりを４個つるすと長さが26cmになり，ばねＢに100ｇのおもりを２個つるしたときの長さと同じになるから，４＋２＝６（個）が最も小さい。

⑵　ばねＣはもとの長さが25cmで，100ｇあたり２cmのびる。ばねＡ～Ｃのもとの長さの和は，10＋20＋25＝55（cm）で，この値は５の倍数だから，ばねＡ～Ｃののびの和が５の倍数になる場合を求めればよい。ばねＡ～Ｃに100ｇのおもりを１個ずつつるしたときののびの和は，４＋３＋２＝９（cm）で，のびの和が５の倍数となるとき，それぞれにつるすおもりの数は12以下の５の倍数となる。つまり，５個の場合と10個の場合の２通りが考えられる。

⑶　ばねＡのもとの長さはばねＣより，25－10＝15（cm）短いので，まず，ばねＡを15cm以上のばすことを考える。ばねＡに100ｇのおもりを３個，10ｇのおもりを８個つるすと，４×３＋0.4×８＝15.2（cm）のびる。すると，ばねＡの方が0.2cm長くなってしまうので，今度はばねＣに10ｇのおもりを１個つるし，0.2cmのばす。これで２つのばねの長さが等しくなるので，つるしたおもりの重さの合計は，100×３＋10×（８＋１）＝390（ｇ）となる。

⑷　ばねＡに100ｇのおもりを４個つるすと，４×４＝16（cm）のび，これだとばねＡの方が１cm長くなるので，0.2×５＝１より，ばねＣに10ｇのおもりを５個つるして長さが等しくなるようにするとよい。このときつるしたおもりの数の合計は，４＋５＝９（個）になる。

Ⅵ　電気回路についての問題

⑴　ＰからＲまでの電流の流れは，Ｐ→Ｂ→Ｒ，Ｐ→Ａ→Ｅ→Ｒ，Ｐ→Ｃ→Ｆ→Ｒの３通りの並列つなぎとなるので，コが選べる。なお，このときＤには電流が流れない。

⑵　ＰからＲまではＢを通るすじ道とＣを通るすじ道があり，Ｐ→Ｃ→Ｓと流れた電流はＳ→Ｄ→Ｅ→ＲとＳ→Ｆ→Ｒに分かれて流れる。したがって，サが選べる。

⑶　ＰからＲまでの電流の流れは，Ｐ→Ａ→Ｅ→Ｒ，Ｐ→Ｃ→Ｆ→Ｒの２通りの並列つなぎとなり，カのようになる。このときもＤには電流は流れない。

⑷　ＰからＲまでの電流の流れは，Ｐ→Ｂ→Ｒ，Ｐ→Ｃ→Ｆ→Ｒの２通りの並列つなぎになるから，オが選べる。

⑸　ＰからＲまでの電流の流れは，Ｐ→Ｃ→Ｄ→Ｅ→Ｒとなり，ウのような豆電球３個の直列つなぎになる。

Ⅶ　地層についての問題

⑴　アンモナイトは今から約２億5000万年前～約6600万年前の中生代に栄えていた生物なので，アンモナイトの化石を含む層は中生代に堆積《たいせき》したと考えられる。このように，地層が堆積した時代を推定する手がかりとなる化石のことを示準化石という。

⑵　①と③の層は凝灰《ぎょうかい》岩の層の１つ上，②の層は凝灰岩の層の２つ上にある，凝灰岩の層は同じ時代に堆積したと考えられるので，②の層が最も新しい。

⑶　凝灰岩の層の上端《じょうたん》の標高は，Ａ地点が，80－10＝70（m），Ｂ地点が，100－40＝60（m），Ｃ地点が，90－30＝60（m）である。よって，Ａ地点とＢ地点を比べると，東西方向では東の方が低くなっていて，Ｂ地点とＣ地点を比べると，南北方向では傾《かたむ》きがないことがわかる。

⑷　れき岩に含まれるれき（小石）は直径が２mm以上，砂岩に含まれる砂は直径が２～約0.06mm，泥《でい》岩に含まれる泥《どろ》は直径が約0.06mm以下である。

⑸　下かられき岩→砂岩→泥岩の順に堆積していて，岩石に含まれる粒《つぶ》の大きさがだんだん小さく

なっている。よって，堆積した場所の水深が深くなっていったといえるので，海水面が上昇したことがわかる。

⑹　凝灰岩は火山灰などが堆積してできた岩石なので，凝灰岩が堆積した当時，近くで火山の噴火《ふんか》があったと考えられる。

国　語　＜第２回試験＞（50分）＜満点：100点＞

解　答

□一　問１　（例）　四角の中に自然のものは置かないようにするという条件。　問２　A　イ　B　ア　C　カ　D　ウ　問３　Ⅰ　イ　Ⅱ　ウ　Ⅲ　エ　Ⅳ　ア　問４　それじゃあ　問５　E　エ　F　ウ　G　ア　問６　人間の身体　問７　③　B　④　A　⑤　B　⑥　A　問８　ゆとり　問９　⑦　（例）　無意識というもの。　⑨　（例）　カマキリがミツバチの蜜の袋だけを食べること。　⑩　（例）　人間やカマキリが自分の食べたいところだけを食べるという行動。　⑪　（例）　合目的的行動。　問10　（例）　大人にとって昆虫採集は合目的的行動ではないと感じられるため。　問11　（例）　都市において未来は漠然とした不確定なものではなく，手帳に予定を書いた時点で未来が拘束され，現在起きていることそのものになること。　問12　（例）　本来小学生が持つ，どうなるかわからない漠然とした将来が，都市の中で意識化した現在に侵食されつつあるという不安を覚えたから。　問13　意識化　問14　（例）　子供がいろいろなものを吸収するゆとりを生むために，都市化した世界で意識的に生きるあり方を見直すべきだということ。　□二　下記を参照のこと。

●漢字の書き取り

□二　１　恩師　２　臣下　３　有益　４　功績　５　寄宿　６　展望　７　収蔵　８　講演　９　額　10　退(く)

解　説

□一　**出典は養老孟司《ようろうたけし》の『脳と自然と日本』による。**自然を排除《はいじょ》する方向へ進む都市化が，意識レベルでも地球規模でも起きていること，それによって子供が割を食っていることを説明している。

問１　同じ段落に，都市のルールの説明がある。典型的な都市として，ヨーロッパの城郭都市《じょうかくとし》をあげ，「都市という四角の中には自然のものは置かない」というルールがあると述べている。

問２　A　自然を排除する都市空間の土台は「人工物」だという文意をおさえる。ものごとの土台であるようすを表すのは「基本的」である。　B　「意識的」の類語が入るので，故意に行うようすの「意図的」がよい。　C　都市化の進行に伴《ともな》って何が起きるかは「簡単に読める」という文意だから，予測しやすさを強める言葉が入る。著しくはなくともほかより度合が強いようすの「比較《ひかく》的」で強めるのが合う。　D　その仲間の特徴《とくちょう》を最もよく表すようすの「典型的」が入る。公共施設《しせつ》にゴキブリが出ることは「不祥事《ふしょうじ》」，つまり関係者にとって不都合な事件の典型なのである。

問３　Ⅰ　都市空間の原則が入るので，「自然の排除」が適する。　Ⅱ　都市の城郭内では自然の排除が行われるので，逆に外へ出て始まるのは「自然の浸透《しんとう》」である。　Ⅲ　「自然」と共生する「仏教」思想が都市化するとき，「都市の思想」と折り合わなくてはならないのは，「自然の思想」である。　Ⅳ　「ゴキブリ」を容認《ようにん》すると，築いてきた都市社会を否定する感覚になるというのだから，ゴキブリは都市が排除してきた「自然の象徴《しょうちょう》」である。

問４　ぬけている段落では「現在」について述べられており，最後に「我々はしょっちゅう今とか現在という言葉を使います」とある。これを受けて，「それじゃあそういうふうに我々が普通《ふつう》に使っている今とか現在とは〜」と説明している段落があるので，その前に入れると文意が通る。

問５　**E**　森を削った跡地《あとち》の例として，ドイツ，フランスの平原をあげているので，同類のことがらを並べるときに使われる「あるいは」が合う。　**F**　この段落の前までに，予測できない自然の排除が都市のルールで，都市の外に予測できない自然があるのは世界共通の構図だと述べられていることをふまえる。そして，その関係の例外である都市の中にやむをえず発生する自然として，都市に発生する自然の災害をあげているので，具体的な例をあげるときに用いる「たとえば」が入る。　**G**　死者が土に返ることを「自然に戻《もど》っていきます」と言いかえているので，別の言葉で言いかえるときに使われる「すなわち」が適する。

問６　都市の中に「どうしても存在する自然」があり，それは「人間の身体」だと，次の段落で述べている。

問７　「死」に対する感覚，考え方で分ける。中世は「直接に人の自然を見ている」人々，朝廷《ちょうてい》の人々(都会人)などが混在し，死への感覚が違《ちが》っていた。　③，④　病気の重盛《しげもり》は医者の診察を断っている。自然の「寿命《じゅみょう》」に従うのはＢである。清盛《きよもり》は病気の重盛を「医者」に診《み》せようとしたので，Ａに当たる。　⑤，⑥　義経《よしつね》は公家《くげ》の反対に逆らい，平家の「首」を「京都」でさらした。都市で人の死(自然)をさらす義経の感覚はＢに当たる。死を排除しようとした公家はＡである。

問８　都市化の問題点と関係することが入るため，それについて述べられているこの後の部分から考える。都市では，意識的な「合目的的行動」が優先されるが，人には無意識の領域があり，合目的的行動ばかりでは「余裕《よゆう》」「ゆとり」がなくなる。その割を食うのが子供たちである。「子供が持っている」のは，本来「どうなるかわからない」漠然《ばくぜん》とした時間，未来なのに，今の「子供たちの生活」では合目的的な考え方にしばられ，時間的にも「余裕」をなくしている。都市化の問題は，子供たちに必要な意識のすきま，時間的な「ゆとり」と関係しているのである。

問９　⑦　同じ段落で，人には「意識」と身体に代表される「無意識というもの」があること，都市は意識がつくることを述べている。つまり，都市内で「意識化」される「それ」とは，「無意識というもの」の領域である。たとえば，死は無意識の領域にあるが，医療で意識化されるのである。
⑨　この前で筆者は，カマキリがミツバチの腹の「蜜《みつ》の袋《ふくろ》」だけかじる場面に出くわしたことを述べている。ミツバチであることも食べたい部分がどこにあるかもわかっているが，「考えてやっているとも思えない」ことなのである。　⑩　「人間」と「虫」の合目的的行動である。具体的には，カマキリが本能で，人間は考えて「食いたいとこ」を食べることを指す。　⑪　現代人は「ああすればこうなる以外のこと」をしないと述べられていることをおさえる。よって，「それ」は「ああすればこうなる」という意識的な行動を指しており，これを前の段落で「合目的的行動」と呼んでいる。

問10　「あんた何してるの」という言葉には，「何らかの意識的な答えがなきゃいけない」と述べられていることから，昆虫《こんちゅう》採集を「好きだからやっている」という答えは意識的でない，つまり

「合目的的行動」ではないため，「何となく許されないのだ」と筆者は感じている。その背景には，行動は合目的的でなければならないという大人の考えがあることが読み取れるため，これらをまとめればよい。

問11　都市における時間の説明を整理する。都市生活では「手帳」に書いた予定が「未来の行動を拘束《こうそく》」するため，「現在」とは手帳に書かれた時点で「すでに決まった」ものなのである。

問12　子供の未来は，本来なら「漠然《ばくぜん》と」している。一方，「手帳」を持つと，問11でみたように，「予定」によって「未来の行動を拘束」される。したがって，不確定であるべき子供の未来が，「現在」の予定によって「食いつくされ」ようとしていることを思い，「ぎくっとした」のである。「ぎくっと」とは，突然《とつぜん》のことに驚《おどろ》き，恐《おそ》れたり不安になったりするようす。

問13　「食いたい」ものを食べるとき，人間は「ああすればこうなる」と「意識」して行っていることをふまえる。つまり「ああすればこうなるで物を考えているということ」とは，意識的に考えることである。これを一語で表す言葉としては，空らんＤの前の段落にある「意識化」が合う。

問14　最後の大段落に，本文の主なテーマと筆者の提言がある。筆者は，都市空間で進む「意識化」が，子供から「ゆとり」を奪《うば》うことを心配している。子供には「ゆとり」，つまり意識のすき間から「いろんなものが入って」くる必要がある。それには，問10～問12で見てきたような，「予定」に拘束されない時間，「合目的的行動」から外れた「何にもしていない」ような時間を過ごさなくてはならない。だから，筆者は現代の都市化した世界で意識的に生きるあり方を見直し，「社会の圧力」の少ない生活を子供たちにさせたらどうかと提案しているのである。

二　漢字の書き取り

1　教えを受けた先生。　**2**　家来。　**3**　利益があるようす。ためになるようす。　**4**　ことをなしとげた成果。　**5**　人の家に身を寄せて暮らすこと。　**6**　社会の動向や人生の行く末などを見通すこと。　**7**　取り集めたものをしまっておくこと。　**8**　大勢を相手にテーマにそった話をすること。　**9**　音読みは「ガク」で，「金額」などの熟語がある。　**10**　音読みは「タイ」で，「進退」などの熟語がある。

Dr.福井の
入試に勝つ！ 脳とからだのウルトラ科学

睡眠時間や休み時間も勉強!?

みんなは寝不足になっていないかな？　もしそうなら大変だ。睡眠時間が少ないと，体にも悪いし，脳にも悪い。なぜなら，眠っている間に，脳は海馬《かいば》という部分に記憶をくっつけているんだから。つまり，自分が眠っている間も頭は勉強しているわけだ。それに，成長ホルモン（体内に出される背をのばす薬みたいなもの）も眠っている間に出されている。昔から言われている「寝る子は育つ」は，医学的にも正しいことなんだ。

寝不足だと，勉強の成果も上がらないし，体も大きくなりにくく，いいことがない。だから，睡眠時間はちゃんと確保するように心がけよう。ただし，だからといって寝すぎるのもダメ。アメリカの学者タウブによると，10時間以上も眠ると，逆に能力や集中力がダウンしたという研究報告があるんだ。

睡眠時間と同じくらい大切なのが，休み時間だ。適度に休憩するのが勉強をはかどらせるコツといえる。何時間もぶっ続けで勉強するよりも，50分勉強して10分休むことをくり返すようにしたほうがよい。休み時間は，散歩や体操などをして体を動かそう。かたまった体をほぐして，つかれた脳を休ませるためだ。マンガを読んだりテレビを見たりするのは，頭を休めたことにならないから要注意！

頭の疲れに関連して，勉強の順序にもふれておこう。算数の応用問題や理科の計算問題，国語の読解問題などを勉強するときには，脳のおもに前頭葉という部分を使う。それに対して，国語の知識問題（漢字や語句など）や社会などの勉強では，おもに海馬《かいば》という部分を使う。したがって，それらを交互に勉強すると，１日中勉強しても疲れにくい。

Dr.福井（福《ふく》井《い》一成《かずしげ》）…医学博士。開成中・高から東大・文Ⅱに入学後，再受験して翌年東大・理Ⅲに合格。同大医学部卒。さまざまな勉強法や脳科学に関する著書多数。

2020年度　明治大学付属明治中学校

〔電　話〕 (042) 444－９１００
〔所在地〕 〒182-0033　東京都調布市富士見町４－23－25
〔交　通〕 JR中央線「三鷹駅」，京王線「調布駅」よりスクールバス

【算　数】 〈第１回試験〉 (50分) 〈満点：100点〉

注意　１．解答は答えだけでなく，式や考え方も解答用紙に書きなさい。(ただし，**1** は答えだけでよい。)

２．円周率《えんしゅうりつ》は3.14とします。

３．定規・分度器・コンパスは使用してはいけません。

1

次の□にあてはまる数を求めなさい。

(1) $2\frac{2}{5}\times2\frac{2}{3}-\left\{\frac{3}{5}\div(1-\boxed{})+2-\frac{1}{3}\div\frac{5}{9}\right\}=4$

(2) Ａさんは１日でＢさんの２日分の働きをします。Ａさん，Ｂさん，Ｃさんが３人で同時にするとちょうど10日で終わる仕事を，ＡさんとＣさんが２人でするとちょうど12日で終わります。この仕事をＣさんが１人でするとちょうど□日で終わります。

(3) 午前10時にＡさんは駅を出発して図書館に向かい，同時にＢさんは図書館を出発して駅に向かいました。その後，ＡさんとＢさんが出会う時刻に，Ｃさんは駅を出発して図書館に向かいました。ＡさんとＣさんは午前10時42分に同時に図書館に着き，Ｂさんは午前11時24分に駅に着きました。このとき，ＢさんとＣさんが出会ったのは午前10時□分です。ただし，Ａさん，Ｂさん，Ｃさんの速さはそれぞれ一定とします。

(4) Ａさんは，みかんとバナナとりんごを買いにいきます。持っているお金は，みかんであればちょうど270個分，バナナであればちょうど180本分，りんごであればちょうど60個分です。みかん１個とバナナ１本とりんご１個を１組として買うと，持っているお金で38組買うことができ，96円あまります。Ａさんの持っているお金は□円です。

(5) 右の図のように，正三角形ABCがあり，辺ABを１：２に分ける点をP，辺ACの真ん中の点をQ，辺BC上にある点をRとします。PR＋QRの長さがもっとも短くなるとき，三角形PQRの面積は三角形ABCの面積の□倍です。

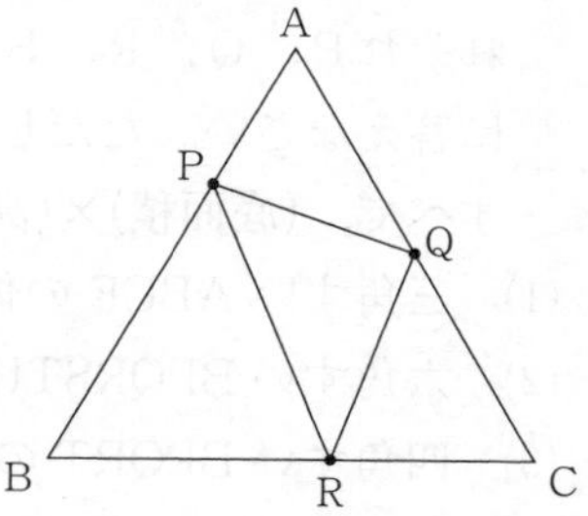

2

１周100ｍの走路をＡさんとＢさんが同じ方向に周回します。Ａさんは１周を一定の速さで40秒かけて走り，Ｂさんは１周を一定の速さで50秒かけて走ります。午後１時ちょうどにＡさんが走り始め，その12秒後にＢさんが走り始めます。このとき，次の各問いに答えなさい。

(1) ＡさんがＢさんに初めて追いつくのは，午後１時何分何秒ですか。

(2) Ａさんは18周走り終えたあとにペースを落とし，19周目からは１周を一定の速さで60秒かけて走り始めました。ＢさんがＡさんに初めて追いつくのは午後１時何分何秒ですか。

3 下のように，１から始まって同じ数が４つずつ並んでいます。

１，１，１，１，２，２，２，２，３，３，３，３，４，４，４，４，５，５，５，５，……

この数の並びを次のように，はじめから３つずつの組に分けます。

(1，1，1)，(1，2，2)，(2，2，3)，(3，3，3)，(4，4，4)，(4，5，5)，……

このとき，次の各問いに答えなさい。

(1) (100，101，101)は，はじめから数えて何番目の組ですか。

(2) はじめから数えて2020番目の組の最初の数はいくつですか。

(3) ある組の３つの数の和が1805になるとき，この組ははじめから数えて何番目の組ですか。

4 ある工場には，Ａ，Ｂ，Ｃの３種類の機械が何台かずつあり，メロンをそれぞれ一定の速さで箱詰《づ》めします。Ａ，Ｂ，Ｃが１分間に箱詰めするメロンの個数の比は２：４：５です。はじめに箱詰めされていないメロンが工場内にいくつかあり，機械を動かし始めると同時にメロンが一定の速さで工場に運び込まれます。Ａ４台，Ｂ３台を同時に使うと40分間で工場内のメロンはすべて箱詰めすることができます。また，Ｂ４台，Ｃ２台を同時に使うと25分間で工場内のメロンはすべて箱詰めすることができます。このとき，次の各問いに答えなさい。

(1) Ａ３台，Ｂ２台，Ｃ４台を同時に使ってメロンを箱詰めします。機械が動き始めてから，工場内のメロンがすべて箱詰めされるまでに，何分何秒かかりますか。

(2) Ａ２台，Ｂ５台，Ｃ２台を同時に使ってメロンを箱詰めします。機械が動き始めてから，８分後にＡ２台が故障したので，そのままＢ５台，Ｃ２台を使いメロンを箱詰めしました。機械が動き始めてから，工場内のメロンがすべて箱詰めされるまでに，何分何秒かかりますか。

5 右の図のように，１辺の長さが６cm の立方体 ABCDEFGH があります。辺 AD，AE，EF，FG，CG，CD の真ん中の点をそれぞれＰ，Ｑ，Ｒ，Ｓ，Ｔ，Ｕとします。このとき，次の各問いに答えなさい。ただし，三角すい，四角すい，六角すいの体積はすべて，(底面積)×(高さ)÷３で求められます。

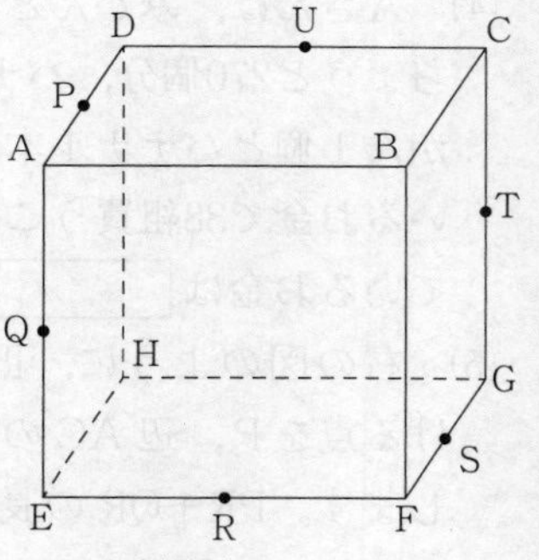

(1) 三角すい ABCF の体積は何 cm^3 ですか。

(2) 六角すい BPQRSTU の体積は何 cm^3 ですか。

(3) 四角すい BPQRT の体積は何 cm^3 ですか。

【社　会】〈第１回試験〉（40分）〈満点：75点〉

Ｉ　**図１**は47都道府県を示したものです。以下の問いに答えなさい。

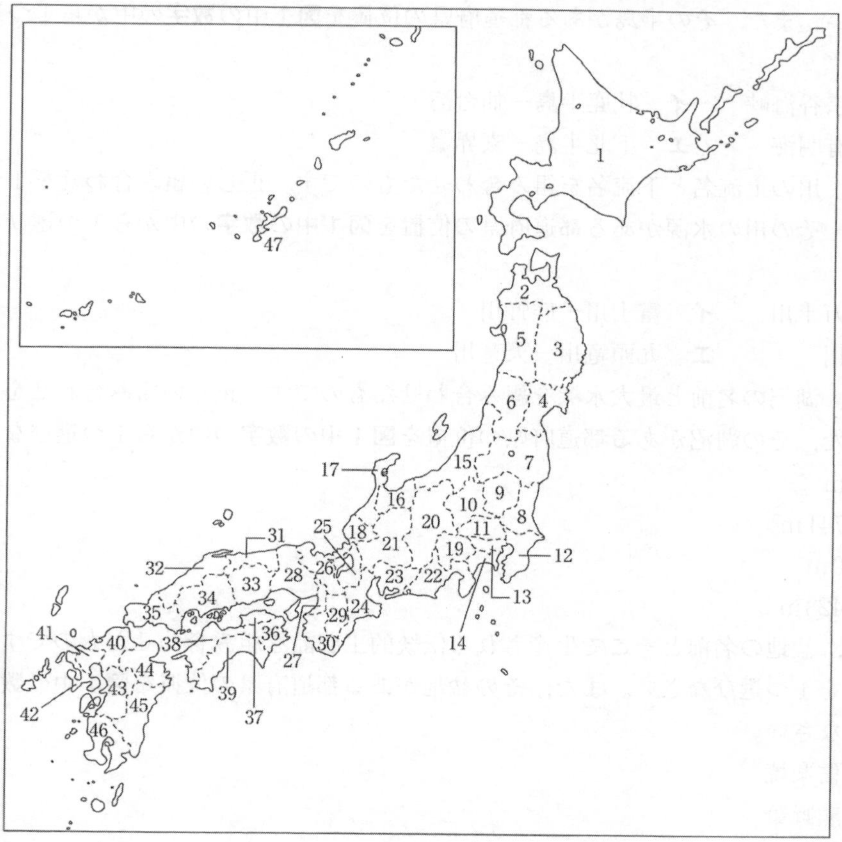

図１

1　自然地名と都市に関する次の問いに答えなさい。

(1)　次の**ア**～**エ**は，山の名前と山頂の標高を組み合わせたものです。正しい組み合わせを１つ選びなさい。また，その山頂がある都道府県の位置を**図１**中の**数字**の中から１つ選びなさい。

ア　北岳（白根山）―3,193ｍ　　**イ**　穂高岳（奥穂高）―4,810ｍ

ウ　槍ヶ岳―4,478ｍ　　**エ**　赤石岳―3,950ｍ

(2)　次の**ア**～**エ**は，山地の名前と国定公園を組み合わせたものです。正しい組み合わせを１つ選びなさい。また，その国定公園がある都道府県の位置を**図１**中の**数字**の中から１つ選びなさい。

ア　天塩山地―網走国定公園　　**イ**　出羽山地―蔵王国定公園

ウ　紀伊山地―石鎚国定公園　　**エ**　中国山地―秋吉台国定公園

(3)　次の**ア**～**エ**は，火山の名前と火山活動の内容を組み合わせたものです。正しい組み合わせを１つ選びなさい。また，その火山の山頂がある都道府県の位置を**図１**中の**数字**の中から１つ選びなさい。

ア　西之島―2013年に地盤変動と泥流，最大16,000人避難

イ　御嶽山―2014年に水蒸気爆発，山体崩壊に伴い村落埋没

ウ　口永良部島―2015年に火砕流が海岸到達，全島民避難

エ　新燃岳－2018年に溶岩流により大隅半島と地続きとなる

(4)　次の**ア～エ**は，半島の名前と接している海域を組み合わせたものです。正しい組み合わせを１つ選びなさい。また，その半島がある都道府県の位置を**図１**中の**数字**の中から１つ選びなさい。

ア　渡島半島－宗谷海峡　　**イ**　牡鹿半島－仙台湾

ウ　男鹿半島－有明海　　**エ**　下北半島－玄界灘

(5)　次の**ア～エ**は，川の上流名と下流名を組み合わせたものです。正しい組み合わせを１つ選びなさい。また，その川の水源がある都道府県の位置を**図１**中の**数字**の中から１つ選びなさい。

ア　紀ノ川－四万十川　　**イ**　富士川－熊野川

ウ　宇治川－淀川　　**エ**　九頭竜川－天竜川

(6)　次の**ア～エ**は，湖沼の名前と最大水深を組み合わせたものです。正しい組み合わせを１つ選びなさい。また，その湖沼がある都道府県の位置を**図１**中の**数字**の中から１つ選びなさい。

ア　宍道湖－６ｍ

イ　霞ヶ浦－1,741ｍ

ウ　浜名湖－360ｍ

エ　サロマ湖－423ｍ

(7)　次の**ア～エ**は，盆地の名前とそこで生産される伝統的工芸品を組み合わせたものです。正しい組み合わせを１つ選びなさい。また，その盆地がある都道府県の位置を**図１**中の**数字**の中から１つ選びなさい。

ア　会津盆地－信楽焼

イ　横手盆地－熊野筆

ウ　甲府盆地－雲州そろばん

エ　北上盆地－南部鉄器

2　次の(1)～(3)の５都市は，異なる１都市を除くと残りの４都市がある共通点をもった都市群になります。取り除く都市を**ア～オ**の中からそれぞれ１つ選びなさい。また【残り４都市の共通点】をあとの**A～E**の中からそれぞれ１つ選びなさい。

(1)　**ア**　八戸市　**イ**　松本市　**ウ**　富山市　**エ**　倉敷市　**オ**　久留米市

(2)　**ア**　旭川市　**イ**　福島市　**ウ**　山形市　**エ**　明石市　**オ**　豊田市

(3)　**ア**　日光市　**イ**　姫路市　**ウ**　広島市　**エ**　那覇市　**オ**　盛岡市

【残り４都市の共通点】

A　都道府県庁が置かれている

B　新幹線の駅が置かれている

C　市域が海に面していない

D　世界文化遺産がある

E　原子力発電所がある

3　**グラフ１**は面積，工業製品出荷額，年間商品販売額の３つの項目について，３大都市圏の全国に占める割合を示しています。**グラフ１**中の**A～C**は，大阪圏，東京圏，名古屋圏のいずれかです。ただし東京圏は東京都・埼玉県・千葉県・神奈川県，大阪圏は大阪府・京都府・兵庫県・奈良県，名古屋圏は愛知県・岐阜県・三重県の各都府県の集計によるものとします。**グラフ1**中の**A**〜**C**にあてはまる最も適当な組み合わせをあとの**ア**〜**カ**の中から1つ選びなさい。

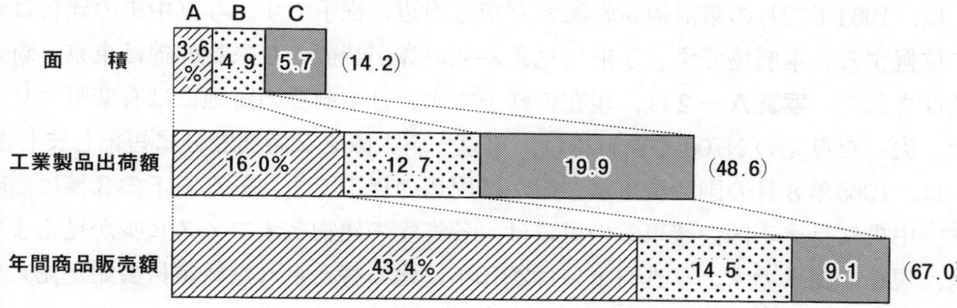

グラフ1

［総務省統計局2017年および経済産業省2016年］

ア　**A**　大阪圏　**B**　東京圏　**C**　名古屋圏
イ　**A**　大阪圏　**B**　名古屋圏　**C**　東京圏
ウ　**A**　東京圏　**B**　大阪圏　**C**　名古屋圏
エ　**A**　東京圏　**B**　名古屋圏　**C**　大阪圏
オ　**A**　名古屋圏　**B**　大阪圏　**C**　東京圏
カ　**A**　名古屋圏　**B**　東京圏　**C**　大阪圏

4　**グラフ2**は東京都中央卸売市場におけるピーマンの月別入荷量，**グラフ3**は都道府県別のピーマンの生産量割合を示しています。**グラフ2**と**グラフ3**中の**A**〜**C**はそれぞれ同じ県を示しており，茨城県，岩手県，宮崎県のいずれかです。最も適当な組み合わせを次の**ア**〜**カ**の中から1つ選びなさい。

ア　**A**　茨城県　**B**　岩手県　**C**　宮崎県
イ　**A**　茨城県　**B**　宮崎県　**C**　岩手県
ウ　**A**　岩手県　**B**　茨城県　**C**　宮崎県
エ　**A**　岩手県　**B**　宮崎県　**C**　茨城県
オ　**A**　宮崎県　**B**　茨城県　**C**　岩手県
カ　**A**　宮崎県　**B**　岩手県　**C**　茨城県

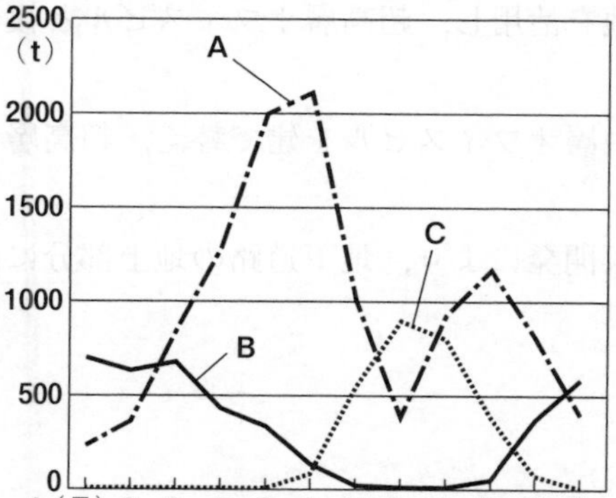

グラフ2

［東京都中央卸売市場2017年］

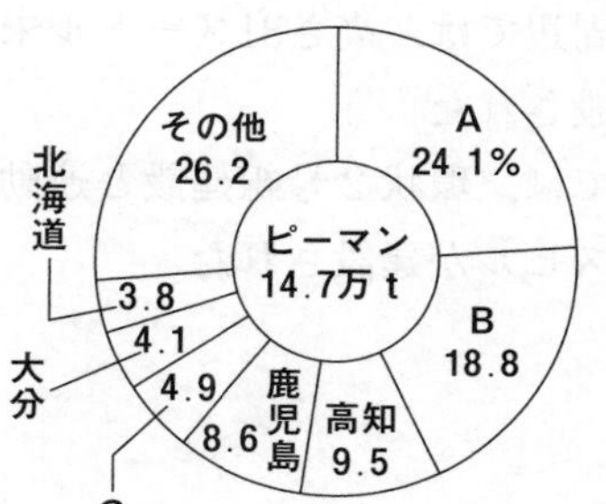

グラフ3

［農林水産省2017年］

5　次の文章は，半世紀前と現在の東京の風景を比較したものです。あとの写真と地形図を参考に，(1)～(3)の問いに答えなさい。

写真Ａ－１は，1964年12月の東海道新幹線と有楽町周辺の様子です。写真中央の建物は新幹線高架の東に位置する日本劇場です。手前に見える丸い鼻が特徴の０系新幹線は東京－新大阪を４時間で結びました。**写真Ａ－２**は，現在の様子です。日本劇場の跡地には有楽町マリオンが建ちました。尖った鼻先のN700系新幹線は，東京－新大阪を２時間22分に短縮しました。

写真Ｂ－１は，1965年８月の国会議事堂と霞が関周辺の様子です。写真右下の３棟は当時の議員会館です。中央に見える国会議事堂の奥には，各省庁の建物とオフィスビルが見えます。**写真Ｂ－２**は，現在の様子です。写真右下には2010年に建て替えられた新議員会館が見えます。国会議事堂の背景には超高層ビルが林立しています。

(1)　文章を参考に，**写真Ａ－２**と**写真Ｂ－２**が撮影された方向を示す矢印として適当なものを地形図中の**ア**～**エ**の中からそれぞれ１つ選びなさい。

(2)　次の**ア**～**エ**は，**写真Ａ－１**と**写真Ａ－２**に見える範囲の交通事情に関して述べたものです。**写真Ａ－１**から**写真Ａ－２**の期間に起きた交通事情の変化を述べた文として誤りがあるものを，次の**ア**～**エ**の中から１つ選びなさい。

ア　交通事故の急増を背景に，二本線の横断歩道標示から視認性の高いゼブラ模様の横断歩道標示に変化している

イ　自動車交通の急成長を背景に，鉄道高架下を直交する道路からは路面電車のレールが撤去されている

ウ　東海道新幹線は北海道・東北・山陽・九州の各新幹線と接続し，現在，函館北斗から鹿児島中央までの営業キロは9,797キロメートルとなっている

エ　国土交通省の示す山手線の平均混雑率は，並列路線の充実などにより緩和している

(3)　次の**ア**～**エ**は，**写真Ｂ－１**と**写真Ｂ－２**の範囲に見える超高層ビルについて説明したものです。**写真Ｂ－１**から**写真Ｂ－２**の期間におけるこの地域の建造物の高層化について述べた文として誤りがあるものを，次の**ア**～**エ**の中から１つ選びなさい。

ア　勝どき周辺では，河川が運んだ土砂による強固な地面を活用し，日本初の60メートルを超える超高層マンションが建設された

イ　東新橋周辺では，東京貨物ターミナル駅の跡地を活用し，超高層オフィスビルと複合商業施設が建設された

ウ　日比谷公園周辺では，高さ31メートル未満の中層オフィスビルを建て替え，超高層オフィスビルが建設された

エ　虎ノ門周辺では，環状２号線建設と連動する再開発により，地下道路の地上部分に超高層複合オフィスビルが建設された

写真Ａ－１

写真Ａ－２

写真Ｂ－１

写真Ｂ－２

［写真展「東京の半世紀」（2013年開催）HP］

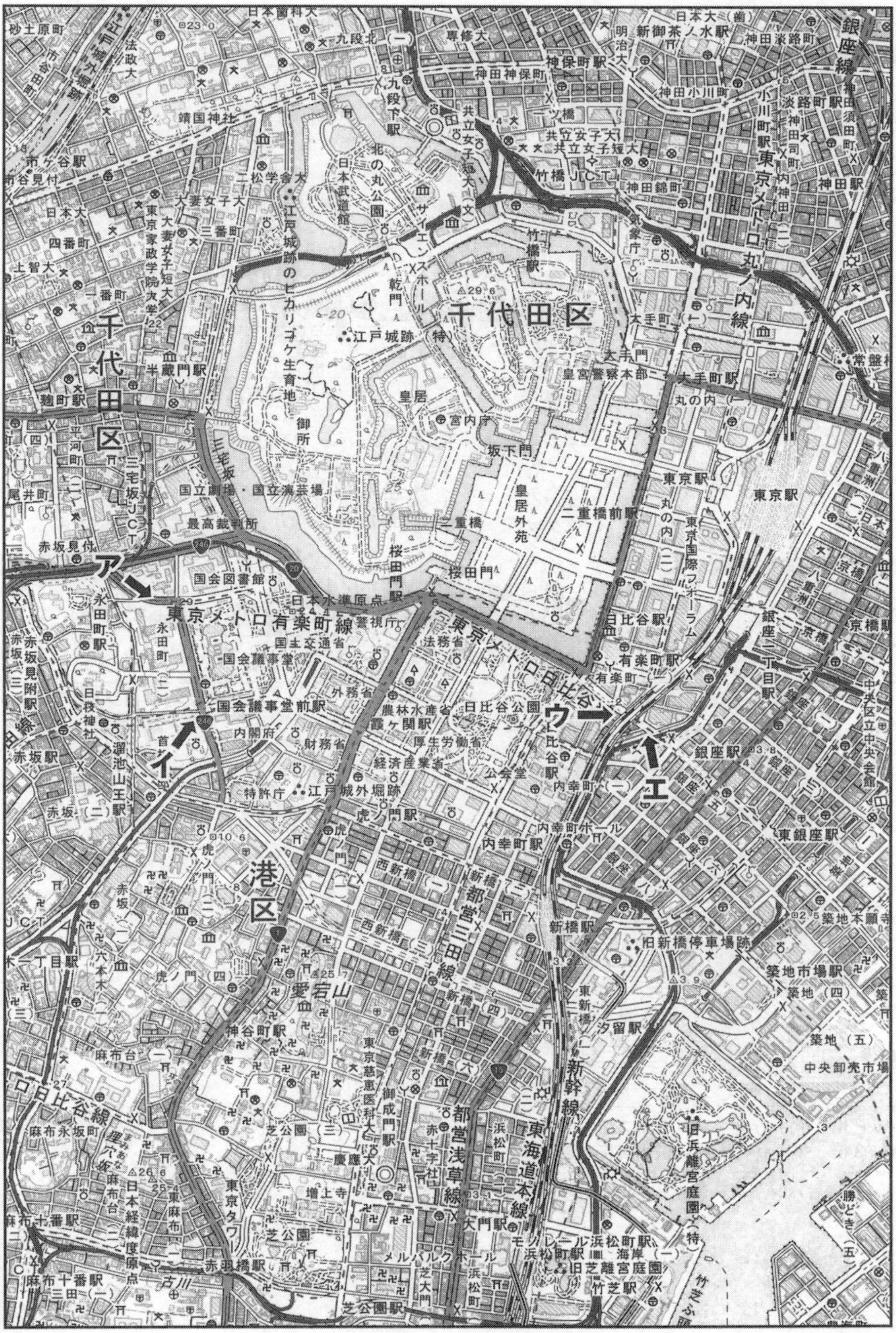

地形図　［1/25,000地形図「東京西部」「東京首部」「東京西南部」「東京南部」］

6　次の２つの資料から読み取れることを使って，ロンドンに比べて東京で水害が発生する可能性が高い理由を説明しなさい。

資料１　各都市の河川水位

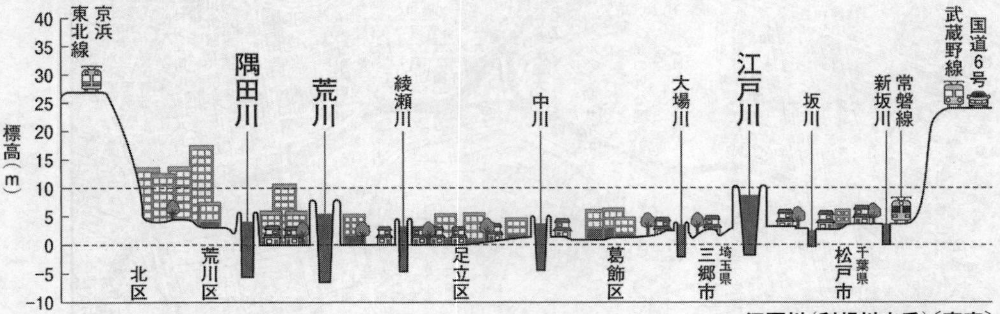

江戸川（利根川水系）〔東京〕

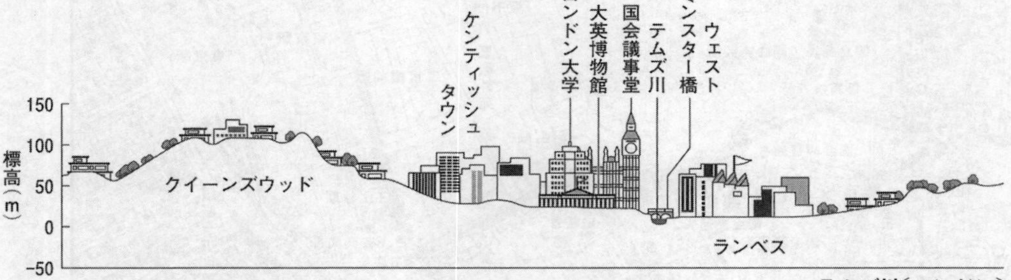

テムズ川〔ロンドン〕

資料２　洪水時と平常時の流量比較

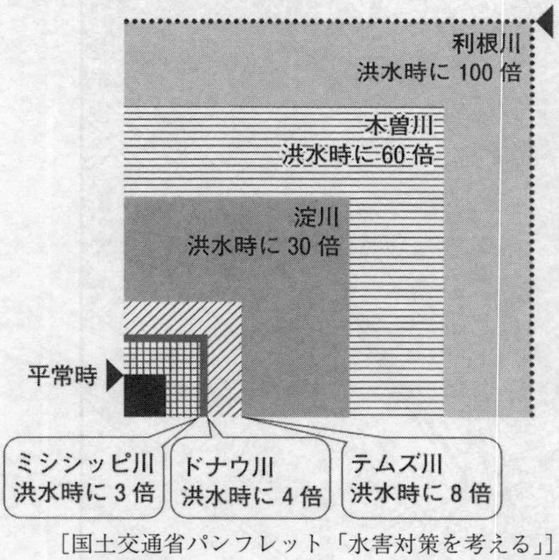

［国土交通省パンフレット「水害対策を考える」］

Ⅱ　次の写真**Ａ～Ｈ**は，日本にある世界遺産に関係するもの，**《説明文》**①～⑧はそれらについて説明したものです。これらについて，以下の問いに答えなさい。

Ａ

Ｂ

Ｃ

Ｄ

Ｅ

Ｆ

Ｇ

Ｈ

《説明文》

①　徳川家康をまつる場所として1617年に創建されました。現在の主要な社殿は，３代将軍徳川 □ により造営が行われたものです。この建物の建築により，日本の代表的な神社

建築様式である「権現造」が完成したともいわれます。

② 平安京の造営に際して，羅城門の東西に建立された2つの寺のひとつで，823年に空海に与えられ，真言宗の道場として整えられました。1644年に再建された建物の一部は，その高さから京都の景観のシンボルとなっています。

③ 建造直後の1865年，密かに信仰を継続してきた潜伏キリシタンの一人が信徒であることを告白した「信徒発見」の舞台となりました。

④ 建物は原爆の爆心地から北西約160メートルの至近距離にあり，熱線と爆風を浴びて大破，全焼しました。しかし，爆風が上方からほとんど垂直に働いたため，中心部は奇跡的に倒壊を免れたと考えられています。

⑤ 1429年に琉球王国が成立した後は，1870年代まで琉球王の居城として王国の政治・経済・文化の中心的役割を果たしました。これまでの発掘調査などの成果から，14世紀中ごろから後半に建設されたことがわかっています。

⑥ 世界でも独特な，長さ500メートル近くに達する前方後円墳から20メートル台の墳墓まで，さまざまな大きさと形状の古墳により構成されています。墳丘は葬送儀礼の舞台であり，□などで外観が飾り立てられました。

⑦ 一連の遺産群は，［ 1 ］世紀後半から［ 2 ］世紀の初めにかけ，日本が西洋の技術をとり入れて工業国の土台を作り上げ，急速な産業化をすすめていった過程を，時代を追って示すものです。

⑧ 仏教の戒律を学ぶための寺として唐の僧□が759年に創建しました。仏の教えを広めるための場所である講堂が最初に建てられました。

1 説明文①②⑤⑦に最も関連のある写真を，**A**～**H**の中からそれぞれ1つ選びなさい。

2 説明文①について，□にあてはまる人物名を答えなさい。

3 説明文②の下線部について，平安京には造営当時，寺はこの2つだけしかありませんでした。これは，東大寺や興福寺など多くの寺があった平城京とは大きく違う点です。このように，平安京を造営した時代に寺が少なかった理由を答えなさい。

4 説明文③の下線部に関連する次の**ア**～**エ**の中から正しいものを1つ選びなさい。

ア 1587年，織田信長はバテレン追放令を出した

イ 大名の中にはキリスト教を信仰するキリシタン大名と呼ばれる人がおり，天正遣欧使節としてヨーロッパへ渡った大名もいた

ウ 江戸時代に入り，スペイン船に続きポルトガル船の来航も禁止された

エ 18世紀，キリシタンの農民が中心となる，島原・天草一揆が起きた

5 説明文④に関連して，次の**ア**～**エ**は広島県または広島市について述べたものです。その内容に誤りがあるものを1つ選びなさい。

ア 広島県は，山陰道の備前と呼ばれていた地域である

イ 原爆の犠牲者数は，1945年末までに約14万人といわれる

ウ 広島市に軍事施設が多くあったことが，原爆が投下された理由の1つとされる

エ 広島県では，平氏が仏教の経典を納めた神社も世界遺産となっている

6 説明文⑤の下線部に関連して，1870年代の「琉球処分」の際に王位を奪われた，琉球王国最後の王の名前として正しいものを，次の**ア**～**エ**の中から1つ選びなさい。

ア　尚泰　　**イ**　李舜臣　　**ウ**　シャクシャイン　　**エ**　アテルイ

7　説明文⑥の［　　］にあてはまるものを，次の**ア**～**エ**の中から１つ選びなさい。

ア　瓦《かわら》　　**イ**　土偶　　**ウ**　はにわ　　**エ**　土器

8　説明文⑦について，次の⑴～⑵の問いに答えなさい。

⑴　［1］と［2］にあてはまる最も適切な組み合わせを，次の**ア**～**ウ**の中から１つ選びなさい。

ア　［1］：18　［2］：19

イ　［1］：18　［2］：20

ウ　［1］：19　［2］：20

⑵　日本の重工業を支える重要な資源のひとつが石炭でしたが，炭坑の仕事や生活の様子を描いた，次の絵のような一連の絵画も世界遺産とされています。このような世界遺産は，「世界自然遺産」「世界文化遺産」と区別して何と呼ばれますか。

9　説明文⑧の［　　］にあてはまる人物名を答えなさい。

10　世界遺産条約により世界遺産に選ばれる基準のひとつに，「歴史上の重要な段階を物語る建築物」というものがあります。次の［あ］～［お］が述べる「重要な段階」に最も強く関連しているものを，11ページの写真**A**～**H**の中からそれぞれ１つ選びなさい。

［あ］　東日本に生まれた新しい政権の権力の大きさを示すため，豪華に飾られた建築となった

［い］　300年近くの間禁止されていたことが，自由になったという変化を象徴している

［う］　中国との交流により，仏教文化が栄えた時代で，仏教の教えにより国を守るという考え方がとり入れられた

［え］　人類史上初めて行われ，くり返してはならないできごとを後世に伝えている

［お］　国の統一後，中国から東南アジアにわたる広い地域との交流で栄えたことを示している

Ⅲ　次の先生と明子さんの会話文を読んで，以下の問いに答えなさい。

明子：先生，千円・５千円・１万円の紙幣を，2024年度上半期に一新することを，昨年(2019年)４月に財務省が発表しましたよね。

資料１

新紙幣のイメージ

〔財務省 HP より〕

先生：よくニュースを見ていますね。その通り，2024年から紙幣が一新されることになり，今はその準備が進められています。**資料１**は，その新紙幣のイメージです。それでは，今日はその「お金」の話をすることにしましょう。明子さん，「まだお金がなかった時代」のことを考えたことはありますか。

明子：お金を払えばモノを買えるのが当たり前だと思っていたので，考えたことがありませんでした。

先生：まだお金がなかった時代には，**図１**のように物々交換によって自分に必要なものを手に入れていました。しかし，お互いに交換したいものが一致しなければ交換ができなかったので，交換がスムーズにできませんでした。また，交換するまでの間に，腐ったり欠けたりして，その価値がなくなってしまう場合もありました。そこで，「お金(①貨幣)」を使った**図２**のような仕組みが取り入れられるようになりました。かつては，貝や布，そして金や銀などの貴金属が「お金(貨幣)」の役割を果たしていたときもありましたが，現在は「紙幣」や「硬貨」が使われています。

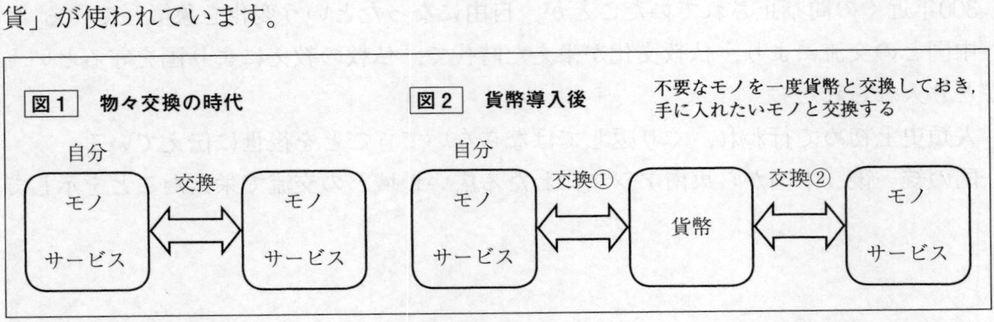

明子：「お金(貨幣)」の役割を果たしていたのは，必ずしも「紙幣」や「硬貨」ではない，ということですね。

先生：そういうことです。そして，現在世に出回り，使用されている「紙幣」や「硬貨」のことを，一般的に「通貨」と呼びます。今の日本では通貨として「円」が使われていますが，諸外国では違いますね。どのようなものがあるか知っていますか。

明子：例えば，アメリカ合衆国ではドル，大韓民国ではウォン，中華人民共和国では人民元が用いられています。

先生：では，イタリアやドイツでは何が用いられているか知っていますか。

明子：イタリアやドイツでは，②EUで用いられている共通通貨である［　い　］が使われています。

先生：そうですね。

明子：このように，国によって用いられている通貨が違うから，海外旅行をするときには通貨を両替しないといけないのですよね。

先生：そうですよ。ある国の通貨と他国の通貨を交換するときの交換比率のことを，為替《かわせ》レートといいますが，現在の制度の下では，これが様々な要因によって変化します。

明子：毎日，③為替レートの変化が新聞やニュースで伝えられていますよね。日本で円を持っている分には，その額面の数字は変わらないのに，円と交換できる他国の通貨の額が毎日変わるって，何だか不思議ですね。

先生：確かにそうですね。「お金」も「モノ」と同じように，その通貨をほしがっている人が多いと価値が上がり，逆に手放そうとしている人が多いと，その価値は下がるのです。

明子：そうなのですね。

先生：ところで，昨年(2019年)10月１日には，日本の④消費税率が10％に引き上げられましたね。そもそも，消費税をはじめとする「税金」は，一体どのように使われているか知っていますか。

明子：考えたことがありませんでした。どのように使われているのですか。

先生：次の**資料２**を見てみましょう。これは，⑤日本の国の予算のうち，一般会計歳出の変化を表したものです。

資料２

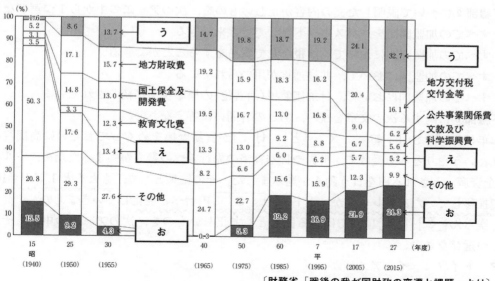

〔財務省「戦後の我が国財政の変遷と課題」より〕

明子：一般会計歳出のうち，［　う　］の占める割合が年々高くなっていますね。

先生：そうですね。［う］への支出が年々増加していて，今後も激しい増加が見込まれるため，その財源として消費税を増税することになったのです。

明子：そういうことなのですね。

先生：そして，消費税の増税にともない，キャッシュレス決済によるポイント還元制度も導入されましたね。

明子：キャッシュレス決済とは何ですか。

先生：現金を使わない支払い方法のことです。例えばクレジットカードや電子マネー，QRコードによる支払いなどが挙げられます。

明子：最近では，「⑥ビットコイン」が使用されていたり，昨年(2019年)６月にはアメリカのフェイスブックなどが「リブラ」の構想を打ち出したりするなど，お金をめぐる新たな動きも生まれていますよね。

先生：そうですね。2024年に新紙幣が導入されることになりましたが，一方で現金を使わない支払い方法が普及してきています。貝や布，金や銀が使われていたときを経て，現在の紙幣や硬貨へと続いてきたお金の歴史が，今大きく変化しようとしているということですね。⑦大きく変化してきているお金の未来について，一緒に考えてみましょう。

1　**資料１**中の空らん［あ］には，これらを発行する日本の機関の名称が入ります。空らん［あ］にあてはまる機関を答えなさい。

2　**下線部①**が果たす役割・機能を，次のように３つにまとめました。次の文中の空らん［か］・［き］にあてはまる語句を，会話文中からそれぞれ２文字で抜き出して答えなさい。

・モノ(サービス)の［か］をしやすくする(［か］の仲立ちをする)
・モノ(サービス)の［き］をはかる
・モノ(サービス)の［き］を貯める(［き］を保存する)

3　会話文中の空らん［い］にあてはまる語句を答えなさい。

4　**下線部②**について説明した文の内容が正しいものを，次の**ア**～**エ**の中から１つ選びなさい。

ア　すべての加盟国間を，パスポートなしで行き来できる
イ　すべての加盟国間において，関税なしで貿易をすることができる
ウ　すべての加盟国において，共通通貨が用いられている
エ　すべての加盟国において，付加価値税(消費税)の標準税率が統一されている

5　**下線部③**に関する次の文章を読み，あとの各問いに答えなさい。

昨年(2019年)８月下旬，［く］と［け］が貿易摩擦をめぐってお互いに高関税をかけ合うというやりとりを受けて，世界や日本経済の先行きへの警戒が強まったため，ドルを売り，「安全資産」とされる円を買う動きが進みました。その結果として，もともと１ドル＝108円近辺で推移していた為替レートが，１ドル＝［こ］円台へと変化していきました。

(1)　空らん［く］・［け］にあてはまる国名として正しいものを，次の**ア**～**カ**の中からそれぞれ１つ選びなさい。

ア　ドイツ　　**イ**　アメリカ
ウ　日本　　**エ**　韓国
オ　中国　　**カ**　フランス

(2)　空らん **こ** にあてはまる数字として考えられるものを，次の**ア**～**エ**の中からすべて選びなさい。

ア　104　**イ**　106　**ウ**　110　**エ**　112

(3)　次の文は，〰線部のように為替レートが変化することによって起こる一般的な影響を説明したものです。その内容に誤りがあるものを，次の**ア**～**エ**の中から１つ選びなさい。

ア　日本の自動車メーカーの株価が下がる要因となる

イ　日本のガソリン価格が下がる要因となる

ウ　海外で買い物をするのに有利となる

エ　日本から輸出をするのに有利となる

6　**下線部④**について説明した文としてその内容に誤りがあるものを，次の**ア**～**エ**の中から１つ選びなさい。

ア　所得が低い人にとっての負担が大きくなる「逆進性」がある

イ　1989年に初めて導入されたとき，その税率は３％であった

ウ　2019年度の一般会計歳入のうち，最も高い割合を占めている

エ　税を負担する人と税を納める人が異なる「間接税」である

7　**下線部⑤**の案は，例年１月中に召集され150日を会期とする国会において審議され，議決されます。このことについて，次の(1)～(2)の問いに答えなさい。

(1)　この国会のことを何というか答えなさい。

(2)　国会における審議・議決の過程について説明した文として，その内容が正しいものを，次の**ア**～**オ**の中からすべて選びなさい。

ア　予算案は，衆議院の優越が認められていることから，必ず先に衆議院において審議しなければならない

イ　予算案は，国会の予算委員会において作成し，そこで審議をしたのち，本会議において審議する

ウ　衆議院と参議院の両院協議会を開いても意見が一致しないときには，衆議院の議決が国会の議決となる

エ　衆議院で可決され，参議院で否決された予算案は，衆議院で出席議員の３分の２以上の賛成で再可決したときに限り成立する

オ　内閣総理大臣には拒否権が与えられており，国会において議決した予算案を内閣総理大臣が拒否した場合には，再度審議が行われる

8　**資料２**について説明した文の内容が正しいものを，次の**ア**～**エ**の中から１つ選びなさい。

ア　**う** の占める割合が増加傾向にあるのは，高齢化を１つの要因としている

イ　**え** の占める割合が減少傾向にあるのは，少子化を主な要因としている

ウ　1940年から1965年にかけて **お** の占める割合が減少しているのは，デフレ対策を行ったことが要因である

エ　1965年から1985年にかけて **お** の占める割合が増加しているのは，ベトナム戦争への自衛隊の海外派遣が要因である

9　**下線部⑥**のような，インターネット上でのみ流通する，中央銀行による管理を受けない「お金」を何というか，４文字で答えなさい。

10　**下線部⑦**について，現在キャッシュレス決済が普及してきており，今後「現金」が使われなくなる時代が来ることも考えられます。そのような中で，キャッシュレス決済に関する課題が残されているのも事実です。そのことに関して，次の文中の「　」の語句について答えなさい。

キャッシュレス決済の消費者にとっての「利点」，およびキャッシュレス決済に関する「課題」をそれぞれ１つ挙げなさい。

また，キャッシュレス決済が普及していく中で，上で挙げた「課題」を社会全体において解決していくために，どのような「方法」が考えられますか。あなたの考える具体的な「方法」を30字程度で述べなさい。

【理　科】〈第１回試験〉（40分）〈満点：75点〉

Ⅰ　金属の性質について，問いに答えなさい。

(1)　金属に関する説明文ア～エの中で，銅とアルミニウムについて説明したものを選び，それぞれア～エの記号で答えなさい。

ア　金，銀，銅，アルミニウムの中で電気や熱を最もよく伝える。

イ　同じ体積の重さが金，銀，銅，アルミニウムの中で最も重く，うすくのばしたもの(箔《はく》)は工芸品などにも用いられる。

ウ　導線や調理器具などに用いられる。また，この金属の合金は５円，10円，100円などの硬《こう》貨《か》の材料にも使用される。

エ　同じ体積の重さが金，銀，銅，アルミニウムの中で最も軽く，１円硬貨の材料にも使用される。

(2)　３種類の金属Ａ～Ｃがあり，これらの金属は銅，アルミニウム，鉄のいずれかであることがわかっています。金属Ａ～Ｃがそれぞれどの金属かを調べるため，塩酸を金属Ａ～Ｃにそれぞれ加えたところ，金属Ａと金属Ｂは反応して同じ気体が発生しましたが，金属Ｃは反応しませんでした。次に，水酸化ナトリウム水溶液《すいようえき》を金属Ａ～Ｃにそれぞれ加えたところ，金属Ａが反応して気体が発生しましたが，金属Ｂと金属Ｃは反応しませんでした。これらの結果から，金属Ａ～Ｃとして正しいものを選び，それぞれア～ウの記号で答えなさい。

ア　銅　　イ　アルミニウム　　ウ　鉄

Ⅱ　うすい塩酸と水酸化ナトリウム水溶液を用意し，表のような割合で混ぜ合わせて，７種類の水溶液Ａ～Ｇを試験管につくりました。次に水溶液Ａ～Ｇを使って，【実験１】～【実験３】を行いました。これらの実験について，問いに答えなさい。ただし，水溶液Ａ～Ｇを入れた試験管は必要な数だけ用意されているものとします。

水溶液	A	B	C	D	E	F	G
塩酸(cm^3)	0	5	10	15	20	25	30
水酸化ナトリウム水溶液(cm^3)	30	25	20	15	10	5	0

表

【実験１】　水溶液Ａ～Ｇに，緑色に調整したBTB溶液をそれぞれ加えて色の変化を観察すると，水溶液Ｃだけ緑色のままでした。

【実験２】　水溶液Ａ～Ｇに，紫《むらさき》キャベツの煮汁《にじる》をそれぞれ加えて色の変化を観察しました。

【実験３】　水溶液Ｃを蒸発皿に入れて加熱し，水を蒸発させたところ，固体が残りました。

(1)　【実験１】で，水溶液Ｇは何色になりますか。ア～オの記号で答えなさい。

ア　黄　　イ　緑　　ウ　赤　　エ　紫　　オ　青

(2)　【実験２】で，水溶液Ｄは何色になりますか。ア～オの記号で答えなさい。

ア　黄　　イ　緑　　ウ　赤　　エ　紫　　オ　青

(3)　【実験３】で残った固体は何ですか。

(4)　水溶液Ｅと，水溶液Ａ～Ｇのうちのいずれか１つを混ぜ合わせ，緑色に調整したBTB溶液を加えたとき，水溶液は緑色のままでした。混ぜ合わせた水溶液を選び，Ａ～Ｇの記号で答えなさい。ただし，試験管内の水溶液はすべて使われたものとします。

(5)　水溶液ＣとＤを混ぜ合わせ，緑色に調整したBTB溶液を加えると緑色にはなりませんでした。この水溶液に，さらに水溶液Ａ～Ｇのうちのいずれか１つを加えたとき，水溶液は緑色になりました。加えた水溶液を選び，Ａ～Ｇの記号で答えなさい。ただし，試験管内の水溶液はすべて使われたものとします。

Ⅲ　次の文章は顕微鏡《けんびきょう》でツバキの葉の断面を観察したときの，先生の説明をまとめたものです。また，図１はこのとき使用した顕微鏡を表しています。文章を読んで，問いに答えなさい。

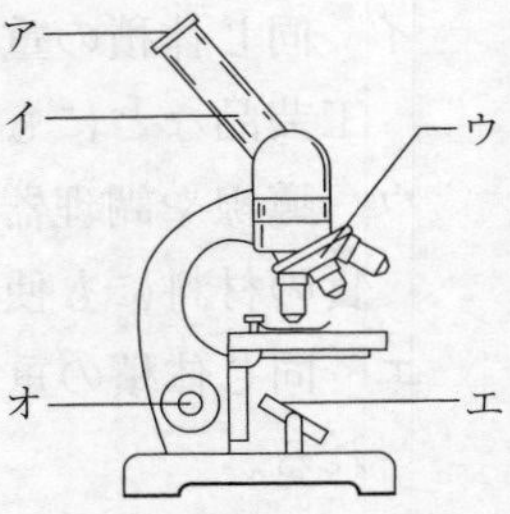

図１

今日は顕微鏡を使ってツバキの葉を観察します。まず顕微鏡で観察するときには，倍率は最初①[高い・低い]状態で観察するので，接眼レンズは最も②[長い・短い]ものを，対物レンズは最も③[長い・短い]ものを使いましょう。次にピントを合わせるときには，対物レンズとプレパラートを④[近づけた・離《はな》した]状態にしてから調節ねじを回して，ピントを合わせるようにしましょう。

(1)　文中①～④の[　]内から適切な語句を選び，それぞれ○をつけなさい。

(2)　下線部の調節ねじを図１から選び，ア～オの記号で答えなさい。

(3)　図２は観察したツバキの葉の断面のスケッチです。図中のＡ，Ｂの名《めい》称《しょう》をそれぞれ答えなさい。

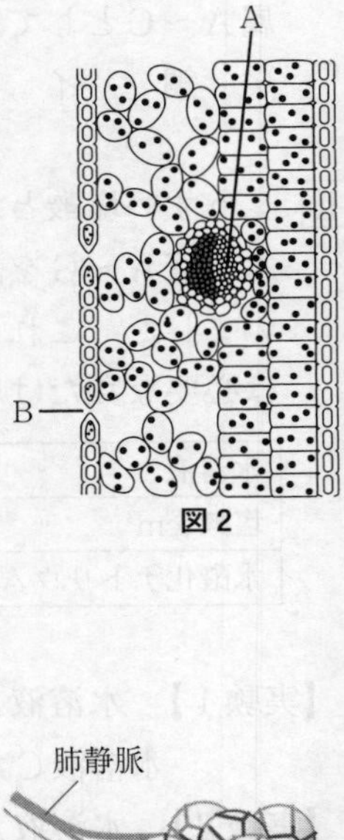

図２

(4)　ツバキは双《そう》子葉類に分類されます。双子葉類にあてはまるものを選び，ア～カの記号で答えなさい。

ア　種子で増える
イ　胞子《ほうし》で増える
ウ　維管束《いかんそく》がばらばらに散らばっている
エ　形成層がない
オ　ひげ根である
カ　網目《あみめ》状の葉脈がみられる

Ⅳ　次の文章を読み，問いに答えなさい。

ヒトの肺では，気体Ｘが効率よく毛細血管に取り込《こ》まれます。気体Ｘは血液によって全身に運ばれ，栄養分を分解してエネルギーを得るはたらきに使われます。

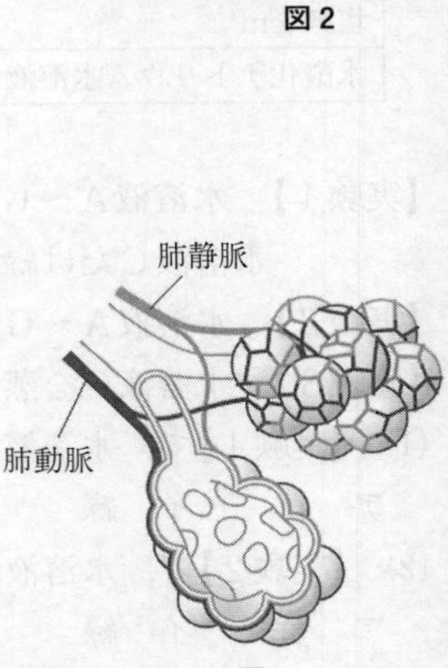

図

(1)　図は，肺にある小さな袋《ふくろ》状のつくりを表しています。このつくりの名称を答えなさい。またこのつくりによって，気体Ｘが効率よく取り込まれる理由を15文字以内で答えなさい。

(2)　気体Ｘを運ぶための血液の成分に関する説明として，正しいものを選び，ア～オの記号で答えなさい。

ア　円板状で，真ん中がくぼんでいる
イ　アメーバのような運動をする
ウ　不規則な形をしている

エ　病気を治《なお》したり，予防に関係する

オ　毛細血管からしみ出す

(3)　気体Ｘを多く含《ふく》む血液に関する説明として，正しいものを選び，ア～カの記号で答えなさい。

ア　肺動脈を流れる　　イ　大動脈を流れる　　ウ　左心室を流れる

エ　右心室を流れる　　オ　赤黒い色をしている　　カ　鮮《あざ》やかな赤色(紅色)をしている

(4)　下線部のはたらきの名称を答えなさい。

Ｖ　図はある地域の地下のようすを表したものです。地層Ｂと地層Ｇは同じものであることがわかっています。図を見て，問いに答えなさい。

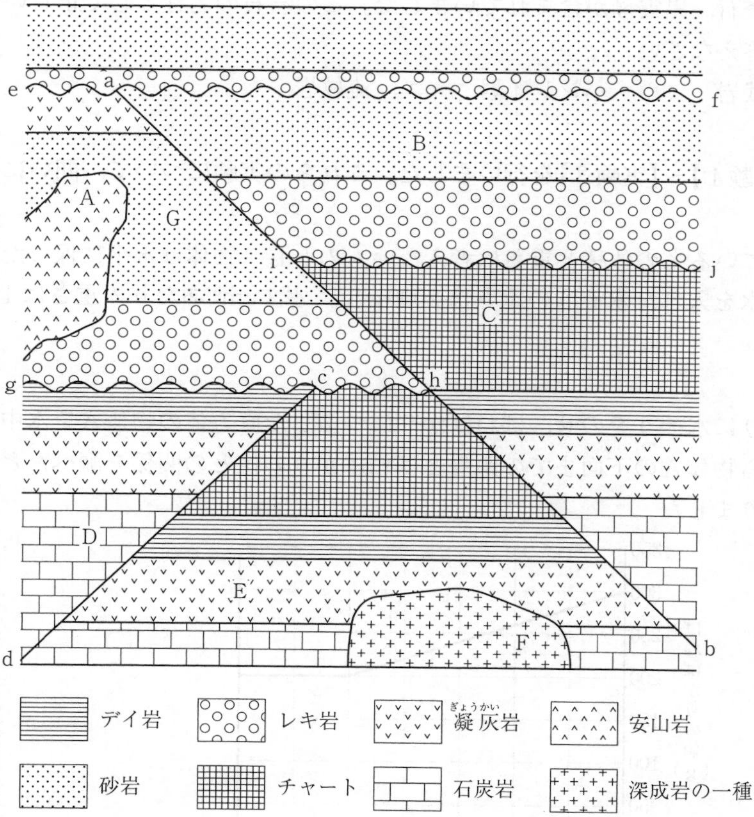

図

(1)　不整合ｅ～ｆと断層ｃ－ｄはどちらが先にできましたか。正しいものを選び，ア～エの記号で答えなさい。

ア　不整合ｅ～ｆが先にできた　　イ　断層ｃ－ｄが先にできた

ウ　同時にできた　　エ　これだけではわからない

(2)　断層ａ－ｂと岩石Ａはどちらが先にできましたか。正しいものを選び，ア～エの記号で答えなさい。

ア　断層ａ－ｂの方が先にできた　　イ　岩石Ａの方が先にできた

ウ　同時にできた　　エ　これだけではわからない

(3)　岩石Ｂ～Ｆのなかで，陸上に堆積《たいせき》してできた可能性のある岩石を選び，Ｂ～Ｆの記号で答えなさい。

(4)　チャートの主成分として正しいものを選び，ア〜エの記号で答えなさい。

ア　炭酸カルシウム　　イ　酸化鉄　　ウ　炭素　エ　二酸化ケイ素

(5)　岩石Ｂからアンモナイトの化石がみつかりました。このことから岩石Ｂができた時代として正しいものを選び，ア〜エの記号で答えなさい。

ア　先カンブリア時代　　イ　古生代　　ウ　中生代　　エ　新生代

(6)　岩石Ｄからフズリナの化石がみつかりました。このことから岩石Ｄができた時代として正しいものを選び，ア〜エの記号で答えなさい。

ア　先カンブリア時代　　イ　古生代　　ウ　中生代　　エ　新生代

(7)　深成岩Ｆには，石英，長石，黒雲母が含まれていました。この岩石の名称として正しいものを選び，ア〜エの記号で答えなさい。

ア　カコウ岩　　イ　玄武《げんぶ》岩　　ウ　ハンレイ岩　エ　流紋《もん》岩

Ⅵ　物体を水中に沈《しず》める【実験１】〜【実験３】を行いました。これらの実験について，問いに答えなさい。

ただし，物体をつるしている糸の体積と重さは考えないものとし，物体は水平に保ったまま水中に入れます。また，水を入れた水そうの重さは2000ｇで，水１cm^3あたりの重さは１ｇとします。

【実験１】

図１のように，台ばかりに水そうをのせ，ばねばかりにつるした直方体の物体Ａを水中に沈めていきました。水面から物体Ａの下面までの距離《きょり》とばねばかりの値との関係を調べたところ，図２のグラフのようになりました。

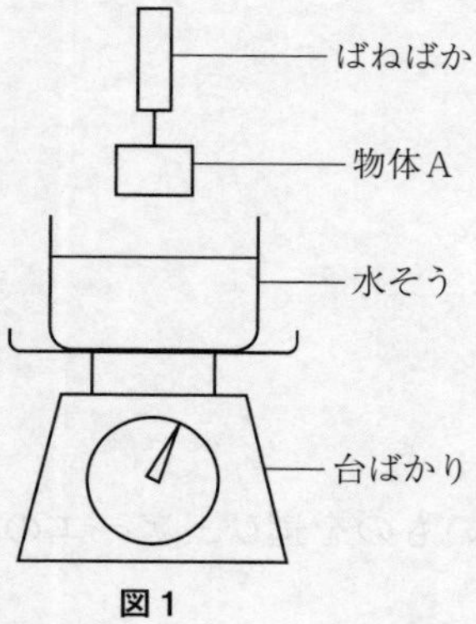

図１

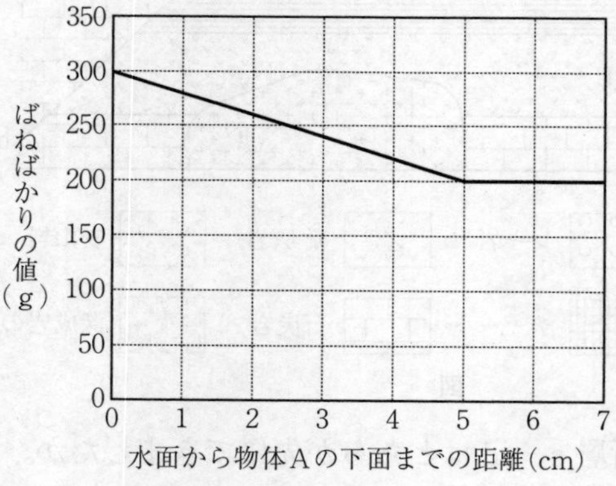

図２

【実験２】

物体Ａと同じ形(同じ底面積で同じ高さ)で重さの異なる物体Ｂをばねばかりにつるし，【実験１】と同様の実験を行いました。

水面から物体Ｂの下面までの距離と，ばねばかりの値との関係を調べたところ，図３のグラフのようになりました。

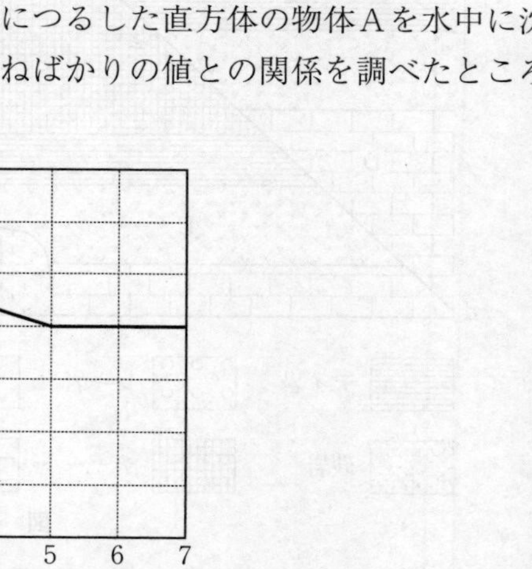

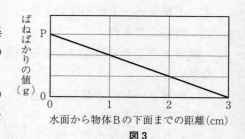

図３

【実験３】

図４のように，ばねばかりに物体Ａと物体Ｂをつるし，２つの物体Ａ，Ｂを完全に沈めました。物体Ａは水そうの底についていませんでした。

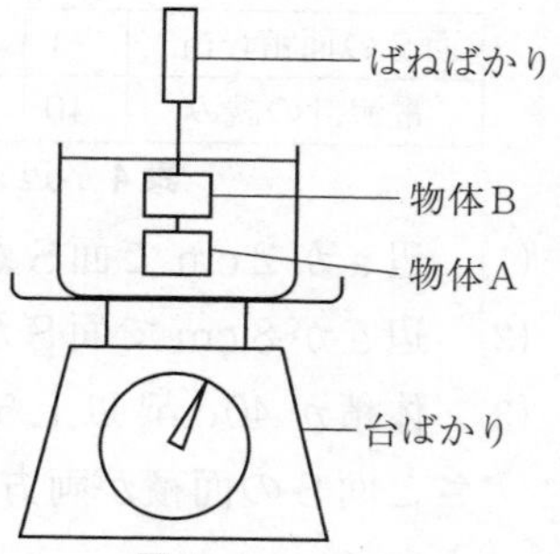

図４

(1) 物体Ａの重さは何ｇですか。

(2) 物体Ａの体積は何 cm^3 ですか。

(3) 【実験１】で，水面から物体Ａの下面までの距離が2.5cmのとき，物体Ａにはたらく浮力《ふりょく》の大きさは何ｇですか。

(4) 【実験２】で，図３のグラフのＰの値は何ｇですか。

(5) 【実験３】で，台ばかりは何ｇを示しますか。

Ⅶ　図１のように，電源装置，電流計，導線，抵抗《ていこう》を用いて回路をつくりました。抵抗は図２のような直方体をしています。次に，この回路を使って【実験１】～【実験３】を行いました。これらの実験について，問いに答えなさい。ただし，抵抗はすべて同じ材質でできており，電源装置や電流計の内部，導線には抵抗がないものとします。また，【実験１】と【実験２】では電圧は一定に保たれているものとします。

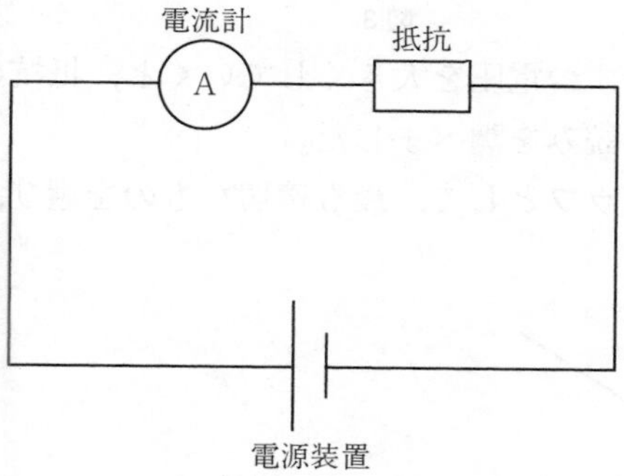

図１

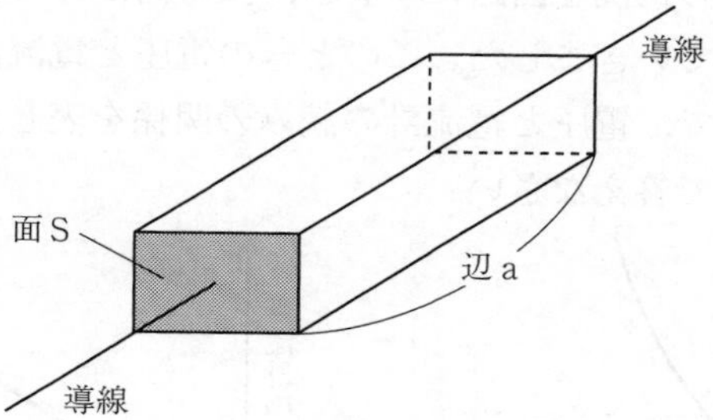

図２

【実験１】

図２の辺ａの長さと面Ｓの面積が異なる抵抗を用意し，それぞれの抵抗について電流計の読みを調べました。

表１～４は，そのときの電流計の読みをまとめたものです。ただし，辺ａが10cmで面Ｓが1 cm^2 の抵抗を電源装置につないだときの電流計の読みを１とします。

面Ｓの面積(cm^2)	1	2	3	4	5	…	20
電流計の読み	1	2	3	4	5	…	20

表１　辺ａが10cmの抵抗

面Ｓの面積(cm^2)	1	2	3	4	5	…	20
電流計の読み	2	4	6	8	10	…	40

表２　辺ａが5cmの抵抗

面Ｓの面積(cm^2)	1	2	3	4	5	…	20
電流計の読み	5	10	15	20	25	…	100

表３　辺ａが2cmの抵抗

面Sの面積(cm^2)	1	2	3	4	5	…	20
電流計の読み	10	20	30	40	50	…	200

表４　辺ａが１cmの抵抗

(1)　辺ａが２cmで面Sが６cm^2の抵抗を用いたとき，電流計の読みを答えなさい。

(2)　辺ａが８cmで面Sが10cm^2の抵抗を用いたとき，電流計の読みを答えなさい。

(3)　体積が40cm^3以上50cm^3以下で，電流計の読みが10となる抵抗をつくりました。辺ａの長さと面Sの面積が両方とも整数となるとき，辺ａの長さ(cm)と面Sの面積(cm^2)をそれぞれ答えなさい。

【実験２】

ある抵抗を回路につなぎ，長時間電流を流し続けていると，電流計の読みがだんだんと小さくなっていき，抵抗の温度が上昇《じょうしょう》していきました。このときの抵抗の温度と電流計の読みの関係を調べたところ，図３のグラフのようになりました。

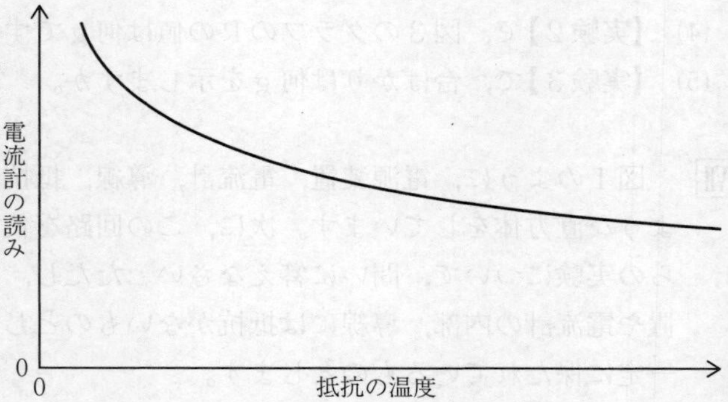

図３

【実験３】

【実験２】の抵抗を回路につなぎ，長時間かけて少しずつ電圧を大きくしていくと，抵抗の温度が上昇していきました。このときの電圧と電流計の読みを調べました。

(4)　【実験３】で，電圧と電流計の読みの関係を表したグラフとして，最も適切なものを選び，ア～エの記号で答えなさい。

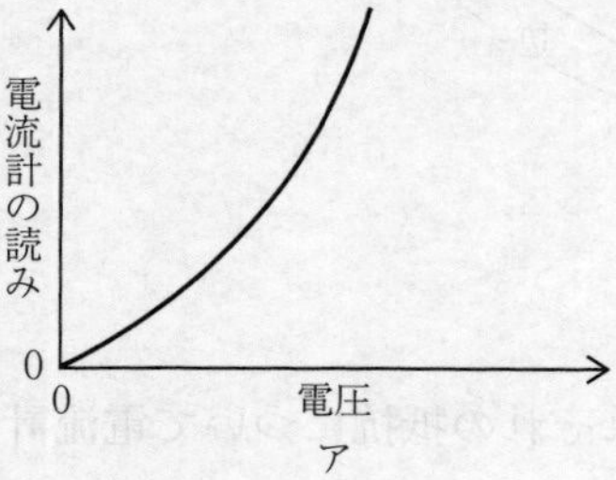

ア

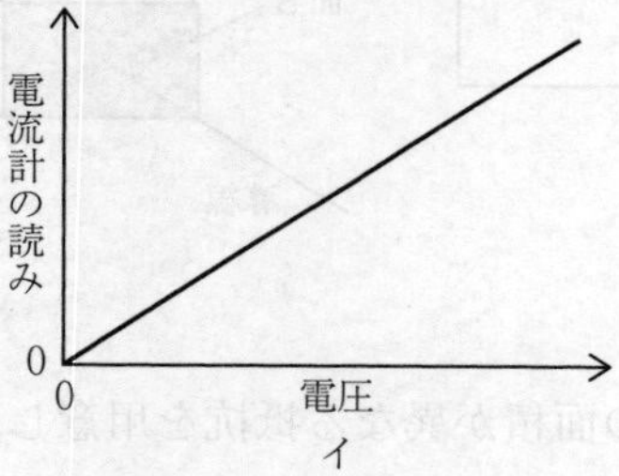

イ

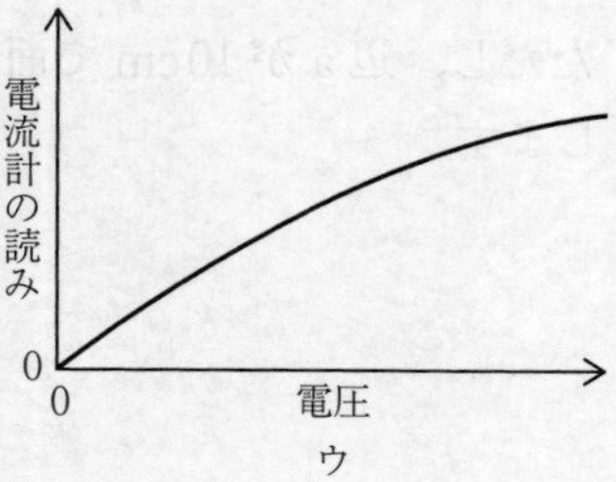

ウ

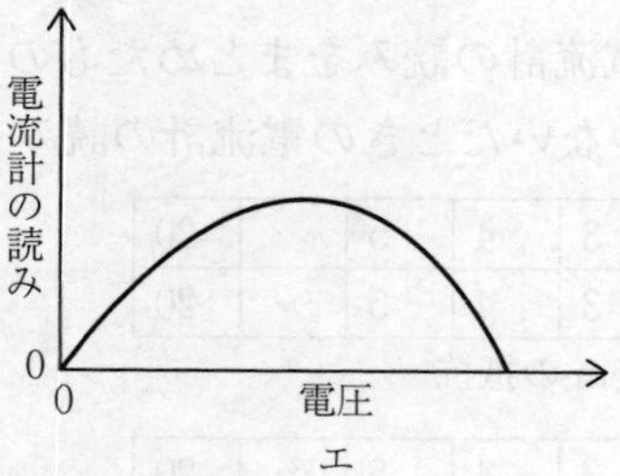

エ

問九　――部⑥「そういう行為」とありますが、それはどういうことですか。

問十　文中の（Ⅰ）～（Ⅲ）のそれぞれにあてはまる最適な言葉を次のア～カから選び、記号で答えなさい。ただし、同じ記号は二度使えません。

ア　つまり　イ　もし　ウ　しかし

エ　なぜなら　オ　だから　カ　まさか

問十一　――部⑦「距離が近すぎるとき」とありますが、筆者はなぜそれが問題だと言っているのですか。

問十二　――部⑧「学生たちの多くがいともたやすくネットから他者の言葉を借用している。いわゆる『コピペ』問題である」とありますが、筆者はコピペ問題のどのようなことを不安に思っているのですか。

問十三　文中の［５］にあてはまる最適な言葉を、本文から三字で抜き出しなさい。

問十四　――部⑩「ローベルト・ムージル」とありますが、この人物の話題を通して筆者が伝えたいことは何ですか。

問十五　――部⑫「矛盾を承知」とありますが、筆者はなぜこう言っているのですか。

問十六　文中の［６］にあてはまる最適な言葉を、本文から十一字で抜き出しなさい。

問十七　――部⑬「道」・――部⑭「あたりに見える建物」とは、それぞれ何をたとえた表現ですか、答えなさい。

問十八　――部⑮「あなただけにそっと打ち明けてくれるかもしれない」とありますが、これ以降の「あなた」に対する「作品」からの語りかけを通して、筆者は読者に何を求めているのか、解答欄《らん》に合うように五十字以内で答えなさい。

二

次の１～10の文中の（カタカナ）を漢字で書きなさい。

1　（シュクガ）会に出席する。
2　親（コウコウ）をする。
3　地図の（シュクシャク）。
4　国連に（カメイ）する。
5　（コウシ）を混同しない。
6　時計の（ビョウシン）が動く。
7　（ヒキョウ）にある温泉に行く。
8　才能が（ユタ）かな人。
9　選手団を（ヒキ）いる。
10　会場が熱気を（オ）びる。

とを言っていただの、あんなでたらめなことを言ってるだの、あっちこっちでしゃべっているんだ。あんまりしゃべるのはうまいやつじゃないが、なにせ大げさに真剣に言い立てるもんだから、その言葉を信じて、わたしのことをきっとろくでもないやつにちがいないと思っている人もたくさんいると思うよ」

そして作品はあなたに訴《うった》えるようなまなざしを向けて言うだろう。

「いや、実を言うとね、それであなたがわたしのところに来たんじゃないかと思ったんだよ……。ああいうふうに言われていたけど、そこまで言われてるやつっていったいどんなやつなんだろう、ちょっと覗いて顔でも見てみようってね。好奇心からここに来た、そんなところじゃないか、ちがうかい？　でもとにかくあなたは来てくれたんだ。嬉《うれ》しいよ。さあ入って入って。そんな心配そうな顔をしないで。一見愛想《あいそ》よく歓《かん》待し【もてなす】てくれるけど、実は……なんてどうせ聞かされてきたんじゃない？　そんなことはないから。絶対ちがうって。やれやれ、まったくわたしはどんなことを言われてるんだか……」

作品は悲しそうに首を振る。それから気を取り直し、かすかなほほえみを浮《う》かべてあなたを誘《さそ》う。

「さあとにかく入って。遠慮しないで。心配はいらないって。はははは、煮《に》たり焼いたり食ったりなんてしないよ。ほらほら。わたしはただあなた自身でたしかめてほしいだけなんだ。あなた自身の目と耳で、彼が言ったことが本当かどうかをたしかめてほしい。それだけさ。なのに、どうしてそんな顔をするんだい？　え、なに？　わたしからいろいろ訊《き》かれるんじゃないかって？　はは、心配ないよ。だってあなたの知らないことしか尋《たず》ねられないから」

真っ青になったあなたに作品はウィンクする。「大丈夫《だいじょうぶ》だよ。あなた以外の誰も答えられないことだから」

（小野正嗣《つぐ》『ヒューマニティーズ　文学』より・一部改変）

問一　文中の[1]にあてはまる最適な漢字一字を考えて答えなさい。

問二　――部①「働きかけられることができるということもまた、働きかけることになるのだ」とありますが、どういうことですか。

問三　文中の[2]にあてはまる最適な言葉を、本文から七字で抜き出しなさい。

問四　――部②・③・⑨・⑪の指示内容を答えなさい。

問五　文中の[3]にあてはまる最適な四字熟語を次のア～エから一つ選び、記号で答えなさい。

ア　初志貫徹《かんてつ》　　イ　言行一致《ち》

ウ　自画自賛　　エ　意気投合

問六　文中の[4]にあてはまる最適な言葉を、本文から漢字二字で抜き出しなさい。

問七　――部④「標識は矛盾だらけ」とありますが、どのようなことが「矛盾」と感じられるのですか。「標識」が何を示しているかを明らかにした上で答えなさい。

問八　――部⑤「『どこにもないところ』」とありますが、それは何ですか。次のア～オから最適なものを選び、記号で答えなさい。

ア　われわれ一般《ぱん》の読み手だけでなく、遍《へん》在する批評の言葉も判断できない、その作品の展開やストーリー。

イ　精読の末に、その読み手自身だけが出会えるかもしれない、その作品の内包する価値や意味。

ウ　世間にあふれる言葉の中から見つけた、自分の読み方と合致する批評やコメント。

エ　世間の批評でまだ触《ふ》れられていない、ある物語の核《かく》心に迫《せま》るひらめきやアイデア。

オ　読み手自身が悩《なや》みながら読み進めることで、最終的に味わうことのできる満足や達成感。

のなかを覗《のぞ》き込み、いつでも逃《に》げ出せるようにやや腰《こし》を引き気味に、そっと足を踏み入れたように、建物の住人もまた、扉を叩く音にびくびくしながら、さっきから扉の向こうの道を徘徊《はいかい》して【歩き回って】いる得体の知れない連中——つまりわれわれ——は不幸をもたらす危険な奴らなのではないかとやや怯《おび》えながらも、しかしどうもひどく困っているようではないかと見るに見かね、あとでひどく後悔《かい》することになるかもしれないと不安を覚えつつ、共感と迷いのあいだで激しく心を揺《ゆ》さぶられながらも、ついに覚悟《ご》を決めて扉を開けてくれたのかもしれない。こうして作品とわれわれは出会う。出会いが結果としてよいものとなるか、悪いものとなるかは、これからわれわれがどのような関係を作品と取り結べるかにかかっている。くり返すが、人間同士の関係と同じで、われわれと作品との関係も変わっていく。たとえば、あなたが学校や会社に入る。誰も知らない人たちばかりだ。しかしそのなかで、あなたに声をかけてくれる人がいる。そんなとき、あなたはその人のことをもっと知りたいと思うはずだ。それは逆にあなたが声をかける場合でも同じだ。たくさん人がいるなかで、ふと心を惹きつけられる人がいる。なぜか気になる。勇気を出して声をかけてみる。そしてもっとその人のことを知りたいと思う。どちらの場合にせよ、相手のことを知ろうとわれわれは努力する。友情が少しずつ生まれていく。しかし時とともに、相手が自分の求めていた通りの人ではないことがわかる。あるいは、われわれが相手を失望させる。醸《じょう》成された【つくられた】友情が誤解にもとづくものだとわかる場合もある。それでだめになる友情もあれば、それでも続く友情もある。本書において取り上げた作品については、翻《ほん》訳の存在するものは、各章の末尾《び》に簡単なものだけれど、書誌情報を記載《さい》してある。そうでない場合は、作者の名や作品名をたよりに自分で調べてほしい——そのための手段はまわりにいくらでもあるはずだ。そして読者の各自が作品の扉を叩いてみてほしい。作品によっては、⑮あなただけにそっと打ち明けてくれるかもしれない。

「うん、そうなんだよ。あんまりみじめに見えたから、ついつい哀《あわ》れになってね、扉を開いてしまったわけなんだよ。そしたらね……。うん、まあ、あまり悪口は言いたくないんだけど……これがまあ図々しいやつでね。おなかがすいているだろうと思って食事を出したら注文が多くてね。これは好きじゃないとか、これはあまりおいしくないとか、これはいらないとか言いたい放題だよ。泊《と》めてあげたら、ベッドの寝《ね》心地が悪いやら、通りの物音がうるさくて眠《ねむ》れないやら言う。それが昼過ぎになっても部屋から出てきやしない。出てきたら出てきたで、部屋の日当たりが悪くて気が滅《め》入《い》る【ゆううつになる】とか、シャワーのお湯が出ないとかまたひとくさり文句が始まる。脱《ぬ》いだ服などはそこらへんに置きっぱなしだし、どこからか引っぱりだしてきた本は片づけない、出かけるとき電気はつけっぱなし。こっちの都合などおかまいなしに好き勝手にやりたいようにやっているのに、ここのあらゆることが気に入らないようなんだよ。何かにつけて、こんなの自分の故郷では考えられないよ、と憤慨《ふんがい》【ひどく腹を立てる】したような口調で言う始末……。だったら来なきゃいいのにと何度も言いそうになったよ。いやあ、いっしょにいてあれほど疲れるやつはいなかったな。もっとも彼に言わせれば、わたしのほうこそ彼を疲れさせる無神経きわまりない野蛮《ばん》人にほかならないんだろうけどね。とにかく、ここがそんなに居心地が悪いんだったらとっとと出ていけばいいだけの話じゃないか。それが彼ときたらいったいどれだけうちに居座ったことか！　まったく……。まあ、いいや、そんなことは。もうすんだことだ。それよりも腹が立ったのはね、というか、いまでも腹立たしいんだが、あいつがね、わたしが言ってもいないことを外で言いふらしているということなんだよ。わたしが誰それについてこんなひどいこ

　僕《ぼく》はしかし、おそろしい恐怖《きょうふ》にもかかわらず、結局何か偉《い》大なものの前に立たされた人間だという気がする。何か書いてみようという気持ちをちっとも持っていなかった時分から、僕はときどき、そんな気がしたのを覚えている。しかし、今度は、いわば僕が書かれるのだ。僕が何かを書くというより、むしろ僕が書かれてしまうのだ。僕という人間は刻々に変化してゆく印象ではないのか。もう一歩踏《ふ》み出すことができれば、僕の深い苦しみは幸福に変わるだろう。しかしその最後の一歩を、僕はどうしても踏み出せないのだ。僕は地底に落ち、もはや起きあがることができない。僕はこなごなにこわされてしまった。僕はそれでも、誰かが助けに来てくれるだろうと信じていた。夜ごとに僕がお祈《いの》りした言葉は、僕のつたない筆つきでここに残されている。僕は聖書の章の中からそれを見つけて書き抜《ぬ》いたのだ。僕はそれをいつも手もとに置いておきたかったし、自分の字で書いておけば、何やら自分自身の言葉のように思えそうだったからである。僕はそれをもう一度ここへ書き写してみよう。机の前にひざまずいて、僕は今それを写すのだ。読むよりは、書いてゆけば、いくらか時間も長くかかるし、一つ一つの文字が手間どり、消えてゆくまでに言葉と違った相当な時間がかかる。それが、かえって僕にはうれしいのだ。

　リルケの『マルテの手記』の一節である。書き写すとき、たしかに言葉が自分の手を通して体のなかに入っていく気がする。「［6］思える」。そのためには「手間」と「時間」がかかる。それはたしかに他者の言葉であるが、「コピペ」的な作業から、つまり文字列を選択《たく》して、コピーしペーストすることから、この感覚を得るのはむずかしい。マルテは読むよりも書き写すほうを好む。しかし声に出して読むこともまた、他者の言葉を体に刻み込み、作品とひとつになることを可能にしてくれる最善の方法である。そんなことは、たとえば「テスト勉強」といったありふれた経験を通してわれわれだってよく知っている。われわれは単語や例文を覚えようとするとき、それを紙片にも書きつけながら、何度も声に出して読んではいないだろうか。他者の言葉を声に出して読んでいると、たしかに自分の存在が開かれていく感じがするのはどうしてなのか。開かれたわれわれのなかに他者の言葉が宿る。

　それにしても、われわれはここまで厚顔無恥《ち》に【図々《ずうずう》しく】あぐらをかいて、えらそうなことをずいぶんと書き連ねてきた気がする……。われながらあきれ果てて開いた口がふさがらないとはこのことである。われわれ自身が果たして「読む」ことができていたのだろうか。「いつもと同じわたし」とはおまえのことじゃないか！　と罵倒《ばとう》【ののしる】されても仕方がないが、同じ言い訳をくり返そう。研究の対象とするのでもない限りは、われわれと作品との関係は自由なものだ。われわれとしては、引用した作品からさまざまなかたちで手を借り知恵《え》を借りて、なんとかここまでやって来たというところが正直なところだ。文学という主題について書くなどというだいそれた試みの前に困惑《わく》しきって呆《ぼう》然と【ぼんやりと】立ち尽くすわれわれの前に、いくつかの作品が道に迷った子供に手を差し伸《の》べるようにしてやって来てくれた……。いや、われわれとしても⑬道を見つけるためになんの努力をしなかったわけではない。勇気を振《ふ》り絞《しぼ》って、⑭あたりに見える建物のいくつかの扉《とびら》を叩《たた》いてはみたのだ。なかに誰もいなかったのか、それともわれわれがおずおずと扉を叩く音が聞こえなかったのか、それとも居留守を使っていたのか、開かない扉もあった。しかし開かれた扉もあった。それが本当に両手を広げてわれわれを迎《むか》え入れるために開かれたものかどうかはわからない。むしろ、われわれが開かれた扉無理矢理流し込まれているような気がするのだとムージルは言う。これはわれわれの誰もが知っていることだ。真剣に本を読む、作品に向き合うというのは、われわれを消耗《もう》させる。小説だろうが詩だろうが、作者の思考の労苦の成果である。すぐれた作品はそこにかけられた労苦を読者に突《つ》きつけてくる。そしてそれに見合うだけの労苦を読者の側にも要求せずにはおかない。何かを理解するとはそういうことだろう。だから本を読むことはけっしてたやすいことではない。機会があれば、こんな面倒くさいことをしないですませようとするのは当然じゃないか、とムージルは言う。しかしそれは思考する努力をとことん重ねてきたムージルだから言えることなのだ。愚《おろ》かなわれわれはちがう。われわれの場合はだからこそ読まなければならない。読むことを、考えることを、いちいち面倒くさがっていたら、われわれはいつまでたっても「いつものわたし」のままだ。

本を読むときに出会う他者の言葉とそれを支える思考に対する敬意、要するに他者に対する敬意の欠如は、そっくり自分自身にはね返ってくる。他者の言葉に心を注ぐことができないのは、本当のところ自分の言葉もどうでもいいと思っているからではないか。⑪それは結局、自分自身を大切にしないことにつながる。では、どうやったらわれわれは対象を、他者が精魂《こん》【たましい】をこめて創造した作品とのあいだに適切な距離を測ることができるのか。どうやったら他者のなかに自己を失うことなく、そして自己のなかに他者を吸収してしまうことなく、対等な友として作品と向き合うことができるだろうか。

……と、こんなふうに作品との適切な距離を見つけることの重要性を強調しながらも、一方で、⑫矛盾を承知でこうも思うのだ——われわれがまず行うべきことは、距離のことなどいっさい忘れて、まずは作品に身を投げ、作品とひとつになることなのかもしれない。そうやって作品世界と融《ゆう》合する【一つになる】、それを通過し、それに通過されることこそ、われわれには必要なのかもしれない。いや、批評家だって、作品とのあいだに適切な距離を見いだすのは、きっと二度目以降に読むときなのだ。ある作品を論じようと思うのは、そこには強く、激しく、惹きつけられたからだ。そしてそこに吸い込まれるようにして、あるいはそこに迷い込むようにして読んだにちがいないのだ。

「あらゆるところ」に対象とわれわれを媒介する——ようでいて両者の出会いを阻みかねない言葉が溢れている時代に、どうやって作品と一体になることができるのだろう。なるほど、そんなことをこむずかしく考える必要もないのかもしれない。われわれほど人がたえず文字に触れている時代に生きている者はいないのだから。フローベールの『ブヴァールとペキュシェ』は、あらゆる分野の知を書き写す、つまりコピーする(!)ことによってわがものとしようとした二人のもと代書人(!)の話だが、彼《かれ》らが文学を極めようとするとき、ロマン派の詩人さながらのポーズを決めて歩きながら、インスピレーション【ひらめき】の訪れを待っていた場面があったと思う。しかし、この二人がやることなすことがみなそうなるように、天からは詩神はもちろん何も舞《ま》い降りてくれない。しかし、われわれはそんなへっぽこ詩人もどきとはちがう。言葉はしょっちゅうわれわれのもとを訪れてくる。何もしなくたって、しかもわざわざ着信音を鳴らし、ビビッだかブルルだか震《しん》動までつけて、四六時中言葉が向こうからやってくるのだから……。かりに問題は、何を読むかではなくて、どうやって読むかであったとして、ではどうしたらいいのか。

単純な方法がある。それは書き写すことである。本書を読んでくれている若い人たちと同じくらいの年頃《ごろ》の若者の経験を文字通り書き写しておこう。あなたたちと同じように、彼も不安な心をかかえ、自分自身の生に、この世界に、どこか違《い》和感を覚えているようだ。

だからと。しかしモンテーニュのやっていることは「コピペ」とはちがう。他者の言葉を何度も読み、それについて時間をかけて考えているうちに、その言葉がモンテーニュの血肉と化して、それゆえに自分のものだか他人のものだかわからなくなる。実際、モンテーニュの『エセー』は、古典ギリシア・ローマの文人たちの言葉の引用の織物である。多くの場合作者の名前が言及《きゅう》【取り上げる】されている。そして過去の文人たちとモンテーニュはいわば対等な立場で対話する。注釈《しゃく》というかたちでそれらの言葉を説明するのであれ、⑨それを支えに、あるいはそれに反論しつつ自説を展開するのであれ、そこには他者の言葉への敬意がある。「コピペ」レポートの驚《おどろ》くべき点は、ほとんどが他者の言葉の丸写しなのに、他者の言葉に対する敬意がまるでないところだ。恐《おそ》るべき想像力の欠如《じょ》である。学生たちがネット上で見つけレポートに引っぱってくる言葉の多くは、対象を把握《はあく》し、それを理解しようとする誠実な営為【行い】の産物である。そこには、つまり手間ひまがかかっている。「コピペ」的なものは、他者が対象に傾けた「労力と時間」などどうでもいいかのように書かれる――いや、それを「書く」とは言えないから、こしらえ【作り】あげられる。引用してきた他者の言葉を受けとめ、それを理解し、自分のものとするための「労力と時間」も省略されることになる。思考の作業がなされていないゆえに、書いたものについて説明してくれと問われると、学生たちは返答に窮《きゅう》する【困る】。面倒《どう》くさいこと言うやつだな、とうんざりしながらも、「終わらない授業はない」と学生たちはただひたすら時間が過ぎるのを待つ（なるほど、そういう時間は耐《た》えられるようだ）。「草食系」などという言葉があるが、そんなとき学生たちはむしろ「植物」そのものである。いや、植物は何も言わずとも酸素を作り出してくれるが、われわれは二酸化炭素を排《はい》出するだけである。まるで学生たちは――いや、もう嘘をつくのはやめよう、学生などと人ごとのように言う不誠実な真似《まね》はもうやめにしよう――そうだ、まるでわれわれは、それが他者のものであれおのれのものであれ、「［5］」という行為をひどく嫌悪しているかのようだ。他者の真剣《けん》な思考は、われわれを疲れさせる。われわれを脅《おびや》かし、不安にさせる。「コピペ」的なものは、いわばガラスの遮蔽《しゃへい》【隠す】物となって、この嫌悪すべき対象を閉じ込める。ガラスの壁の向こうに見える他者の言葉は、いわば透《とう》明な檻《おり》のなかに閉じ込められて無力である。われわれからは見えるが、われわれに働きかけることができないというわけだ。それでも他者の言葉がわれわれに触《ふ》れてくることがある。すると、「コピペ」的なものは、今度はトイレットペーパー、それが言いすぎならティッシュペーパーに姿を変える。それを使ってわれわれは、われわれを疲弊《へい》させ、われわれにひどく居心地の悪い思いをさせる他者の思考、と同時に、それと向き合い理解しようとするわれわれ自身の思考を、汚《お》物のようにぬぐい取り、ゴミ箱に捨てる。［5］ことはそれほどまでに敵視されなくてはいけないのだろうか。

［5］ことの嫌悪が、本を読むことの嫌悪につながるとしても驚くことではない。なぜなら読むことは、われわれに［5］ことを強《し》いるからだ。未完の長大な小説『特性のない男』で知られる⑩ローベルト・ムージルは、小説はもちろん膨《ぼう》大なエッセイや日記を残しているが、文学について論じたエッセイ『本と文学』の冒《ぼう》頭で、一冊の本を最後まで読み通すことはまれにしかないと言っている。よっぽどひどい小説であれば、えげつない【下品な】光景、ちょうどブランデー【酒】に浸《ひた》されたてんこもりのマカロニをむさぼっている人を目にしているかのように最後まで目が離せないのに、その名に値する作品は読むときは半分以上読めることはめったにないのだとムージルはユーモアたっぷりに語る。読む頁《ページ》が増えていくのにまったく比例して抵抗《ていこう》が増していく。本を読み出すや、見知らぬ者から頭のなかにその思考を

ろ」を塞《ふさ》いでしまっている。しかし問題はおそらく批評だけにあるのではなくて、われわれ読者のほうにもある。批評が対象の善し悪しを判断し、その価値を正当に評価するという行為であるならば、それは簡単に行われるものではない。熟慮《りょ》という言葉があるように、批評は時間と手間をかけてじっくり吟《ぎん》味【調べる・確かめること】した上でなされた評価であり、それを読者に正確に伝えるための練り上げられた言葉であるはずだ。⑥そういう行為はいまも昔もたえず行われているし、われわれに「どこにもないところ」を指し示すそうした精錬《れん》された言葉はおそらく「あらゆるところ」に埋もれている。それを掘《ほ》り出さなくてはいけない。批評が作品を選《え》り分けることであるならば、いまやその批評の言葉を選り分けることを知らなければならないのである。こうしてどのように読むかを学ぶことがますます重要になってきている。

（Ⅰ）作品を読むということは、実はそれほど簡単なことではない。読むこと、そして書くことについて考えるとき、批評行為について考えることは無駄《だ》ではない。（Ⅱ）批評行為は、対象を読む、そして対象について書くという二つの行為から成り立つものだからだ。そこでは読むことと書くことは分かちがたく結びついている。批評行為および文学研究のありようについて論じたテクストのなかで、先のジャン・スタロバンスキーは、批評というものは何よりも対象との距離の問題であることを明らかにしている。その距離がうまく測定できないときに、二つの危険が生じる。ひとつ目は、⑦距離が近すぎるとき。恋《れん》愛を考えればわかるように、われわれは愛する対象とひとつになりたいと欲望する。愛する人を崇《すう》拝【心から敬うこと】し、その人の言いなりになってしまう。愛する人が好きなものは好きになるし、嫌《けん》悪《お》するものは同じように嫌悪する。そのとき、われわれ自身は愛する人のコピーでしかない。われわれ自身の思考や感情はどこにあるのか。そのときわれわれはどこにいるのか、何者なのか。批評に関して、この対象との一体化の欲望が強すぎるときに、批評の言葉は対象の単なるパラフレーズ【言いかえ】でしかなくなってしまう。作品に書かれてあることを、えんえんとくり返すだけである。そこに作品との、他者との出会いが生じるだろうか。同様に、対象との距離が離《はな》れすぎて、関係が冷ややかになってしまうときにも危険が生じる。血の通わぬ関係と言えばよいか。そのとき、われわれの視線は作品を文字通り対象《オブ》・客体《ジェ》として見なす。読むことは、対象・客体を支配することになる。恋愛で言えば、今度はわれわれが愛され、崇拝されるときにそういうことが起こる。自分に向けられる感情を利用して、相手を支配し自分の言いなりに動かす。愛の奴《ど》隷《れい》という言葉があるが、今度は作品がわれわれに隷属【従う】させられる。作品の主体性は無視され、損なわれる。そのとき批評行為は、おのれをくり返すだけの作業になる。作品に自分自身の思考や感情だけを読みこむとき、そこに作品との、（Ⅲ）他者との出会いがあるだろうか。いつも同じ自分しか見つけられないとしたら、時間のなかに生きる人間は時間とともにみずからのなかにたえず異質な要素を含《ふく》み込《こ》みながら変化していく存在である以上、自分自身とも出会えていないということにならないか。

大学で教えていると学生の書いたレポートを定期的に読む。そのとき不安に思うことがある。⑧学生たちの多くがいともたやすくネットから他者の言葉を借用している。いわゆる「コピペ」問題である。なるほど、われわれの言葉はすべて借り物――言葉はわれわれが生まれたときにすでにそこにあり、それを使ってわれわれは自己を形成している――なのだから、いちいちそんなことに目くじらを立てる【欠点を責める】べきではないのかもしれない。モンテーニュだって、自分は記憶《おく》力があやふやだから、ときどき自分の書いた言葉が、他人の思考だったのか自分のものだかわからなくなると言っているくらいなのくなったとか、いやなやつだという第一印象だったのが、いつの間にか[3]して親友になっていたなんてこともあるだろう。そもそも「誰とつきあうべきか」を書いた本など見たことがない（ありますか?）。かりに③そんなものを目にしたら、そんなことを言うおまえはいったい何様だ、そんなにご立派なお人なのか、と反感を覚えるはずである。「何を読むべきか」というのは、あまり意味のない問いである。大切なのは、出会った人とどのようにつきあっていくかを学ぶように、出会った本とどのようにつきあっていくか、つまり[2]かを学ぶかではないか。

もちろん、それでも「何を読むべきか」を知りたいという読者もいるだろうし、世の中には、人と人とのあいだの関係を取り結ぶのが大好きな世話好きな人がいるように、作品とわれわれ読者とのあいだを取り結ぶ特殊《しゅ》な読者もいる。それが「批評家」である。スイスの碩《せき》学【学識が深く広い人】ジャン・スタロバンスキーが「批評」という言葉の語源にまで遡《さかのぼ》りながら示しているように、「批評」とは何よりも数ある作品をふるいにかけるようにして善し悪《あ》しを見極め、個々の作品の[4]を判断するという行為《い》である。だからもしも何を読むべきか知りたいのなら、新聞や雑誌、ネットなどあらゆるところで批評行為は行われているのだから、それを参照すればいい……。とは書いたものの、いまひとつ言葉に力がこもらないのは、まさにいま「あらゆるところ」で批評が行われていることだろう。批評が作品と読み手を媒介《ばいかい》【仲立ち】することからも明らかなように、批評は作品と読者との〈あいだ〉でなされる。つまり批評は、作品と読者とのあいだに距《きょ》離《り》があることを前提とする。しかしネットなどの発達で、われわれのまわりには、対象をふるいにかけ、本当にありとあらゆるもの——作品、商品、サービスなど——の善し悪しを判断し、評価を下す言葉が溢れており、われわれはその言葉の影響《えいきょう》のもとで日々の生活を営まざるをえない【しないではいられない】。批評の遍《へん》在【どこにでもあること】。どんな対象であれ、それに向かい合おうとするとき、われわれと作品とのあいだは、つねにすでに評価や判断の言葉（あるいは言葉ですらなくて、ランキングやポイントなど）で埋《う》め尽くされている。かりにそういう言葉をも——かなり無理を感じつつも——批評と呼ぶとする。批評の言葉は、われわれ自身が対象と出会い、その出会いのありようについて思いをめぐらし、判断を下すことを助けるというよりは、邪魔《じゃま》をする。それが言い過ぎなら、われわれの思考をあまりに方向づける。何かと出会うために距離が必要なのに、遍在する批評の言葉はその距離を、われわれが作品と出会うための文字通りの「余地【ゆとり】」を、われわれから奪《うば》う。対象までの距離があまりにありすぎて、どうやってそこに行き着けばよいのかわからず行き迷ったときに、さりげなく道行きを示してくれる、あるいは通らないほうがよい危険な場所などをそ知らぬ顔でつぶやいてくれるくらいのほうが、われわれも自分自身の力で目的地にたどり着いたのだという達成感を——それが幻《げん》想であれ——感じることができる。ところがいまや道は標識だらけである。その標識を読み、追いかけることに夢中のあまり、まわりに美しい、あるいは醜《みにく》い——とにかくいつもとはちがう——風景が広がっているのに、それを見ようともしない。④標識は矛盾《むじゅん》【つじつまが合わない】だらけで、どっちに行けばいいのやら、かえって道に行き迷う。目的地には着いたものの（ほんとかな?）、それが自分自身の経験なのだとはとても思えない。「ありとあらゆるところ」が批評の言葉で埋め尽くされる。問題は、「あらゆるところ」が「どこにもないところ」を覆《おお》い隠《かく》していることだ。「あらゆるところ」にある言葉が、「文学」という⑤「どこにもないところ」へ向かおうとするわれわれの行く手を阻《はば》む。作品と読者をつなぐべき批評の言葉が、むしろ壁《かべ》となって立ちはだかり、両者が出会うあの「どこにもないとこ

二〇二〇年度　明治大学付属明治中学校

【国　語】〈第一回試験〉（五〇分）〈満点：一〇〇点〉

注意　字数制限のある問題については句読点を字数に含《ふく》めること。

一　次の文章を読んで、あとの問いに答えなさい。ただし、【　】は語句の意味で、解答の字数に含《ふく》めないものとします。

　われわれはここまで文学作品とは他者であるということをくり返し述べてきた。奇妙《きみょう》な他者である。文学作品は――単にテクストと言ってもよいが――それを読むわれわれがいなければ、意味を持ちえないが、本物の人間に対してのようには働きかけることはできないからだ。つまり、われわれには作品の[1]は聞こえるのに、そしてその[1]に感動したり不快な気持ちになったりと働きかけられているのに、何を言おうが叫《さけ》ぼうが、作品世界のなかの人物たちにわれわれの[1]は絶対に届かないし、作品の世界の構成に変化が生じることはない。一方的に働きかけながらも、意味を十全に【完全に】花開かせるためにはわれわれの存在を必要とするという意味では、まったく無力な他者。われわれはどうやら一方的に作品に働きかけられているわけではないようだ。働きかけられる、①働きかけられることができるということもまた、働きかけることになるのだ。なぜなら作品に働きかけられるということは、作品に対して注意を、耳を傾《かたむ》けることだからだ。われわれの側からのこの注意がなければ作品にはなんの意味もないからだ。われわれが作品に対して無力であるとしたら、作品もまたわれわれに対して無力なのである。こうして無力な者同士が向かいあっている。作品が自己を開花させることができるかどうかは、われわれ次《し》第である。作品はわれわれを信頼《らい》して、その身をわれわれに委《ゆだ》ねて【まかせて】いる。だからこそ、われわれもまた、その信頼にこたえなければならない。作品に対して忠実でいようと最善を尽《つ》くさなければならない。

　本章の主題は「何を読むべきか」ではあるが、むしろ考えるべきは「[2]べきか」だろう。われわれは多かれ少なかれ誰《だれ》もが読者である。日々、新しい作品が発表され、周囲には本や電子書籍《せき》が溢《あふ》れている。幸運なことに、文学が尽きてしまう心配はなさそうである。しかしあまりにも作品が多すぎて、何を読めばいいのかわからないという人も多いだろう。本との出会いは人との出会いと同じようなものである。われわれの周囲にも無数の人々がいる。通り過ぎる人、目に入った人のすべてと知り合いになるわけではない。無数の人たちのあいだに生き、無数の人たちを知る可能性を持ちながらも、われわれの各自が持つ人間関係はきわめて限定されたものだ。あなたの友達とどのようにして知り合ったかを思い出してほしい。たまたま学校のクラスやクラブ活動がいっしょだった、たまたま家が近所だったなど、あなたと友達との出会いは偶《ぐう》然である。しかしその出会いを大切にしようとするあなたと友達との意志が、この友情をいまに至るまではぐくんできた。友達はいまやあなたにとってかけがえのない人である。そう思えるのは、あなたと友達がたがいに②そういうふうに思える関係を構築してきたからだ。友情は不変のものではない。あなたが時間のなかで変化していくように、友達も変わっていく。あなたが友達を、友達があなたを失望させることも数多くあったはずだ。その二つの変化していく項《こう》のあいだに、それでも安定した関係が維《い》持されるというのは、よく考えたらすごいことである。たしかに「誰とつきあうべきか」と考えた上で、友達を選ぶ人はあまりいないだろう（いますか？）。たまたま心を惹《ひ》かれて、話しかけると、うまく会話がはずんで、仲良

2020年度

明治大学付属明治中学校 ▶解説と解答

算 数 ＜第１回試験＞（50分）＜満点：100点＞

解 答

[1] (1) $\frac{2}{5}$　(2) 20　(3) 36　(4) 6480　(5) $\frac{5}{21}$　[2] (1) ２分32秒　(2) 16分12秒　[3] (1) 134番目　(2) 1515　(3) 802番目　[4] (1) 16分40秒　(2) 18分24秒　[5] (1) 36cm³　(2) 81cm³　(3) 54cm³

解 説

[1] 逆算，仕事算，速さと比，旅人算，比の性質，相似，辺の比と面積の比

(1) $2\frac{2}{5}\times2\frac{2}{3}=\frac{12}{5}\times\frac{8}{3}=\frac{32}{5}$，$2-\frac{1}{3}\div\frac{5}{9}=2-\frac{1}{3}\times\frac{9}{5}=\frac{10}{5}-\frac{3}{5}=\frac{7}{5}$より，$\frac{32}{5}-\left\{\frac{3}{5}\div(1-\square)+\frac{7}{5}\right\}=4$，$\frac{3}{5}\div(1-\square)+\frac{7}{5}=\frac{32}{5}-4=\frac{32}{5}-\frac{20}{5}=\frac{12}{5}$，$\frac{3}{5}\div(1-\square)=\frac{12}{5}-\frac{7}{5}=\frac{5}{5}=1$，$1-\square=\frac{3}{5}\div1=\frac{3}{5}$　よって，$\square=1-\frac{3}{5}=\frac{5}{5}-\frac{3}{5}=\frac{2}{5}$

(2) 仕事全体の量を１とする。また，Ａさん，Ｂさん，Ｃさんが１日にする仕事の量をそれぞれⒶ，Ⓑ，Ⓒとすると，右の図１のア，イの式を作ることができる。アの式からイの式をひくと，Ⓑ$=\frac{1}{10}-\frac{1}{12}=\frac{1}{60}$となる。また，ⒶはⒷの２倍だから，Ⓐ$=\frac{1}{60}\times2=\frac{1}{30}$である。

図１

Ⓐ＋Ⓑ＋Ⓒ$=1\div10=\frac{1}{10}$…ア

Ⓐ　　＋Ⓒ$=1\div12=\frac{1}{12}$…イ

さらに，これをイの式にあてはめると，Ⓒ$=\frac{1}{12}-\frac{1}{30}=\frac{1}{20}$と求められるので，この仕事をＣさんが１人ですると，$1\div\frac{1}{20}=20$（日）で終わることがわかる。

(3) ３人の進行のようすをグラフに表すと，右の図２のようになる。Ａさんが駅から図書館まで行くのにかかった時間は，10時42分－10時＝42分であり，Ｂさんが図書館から駅まで行くのにかかった時間は，11時24分－10時＝１時間24分＝84分である。その比は，42：84＝１：２だから，ＡさんとＢさんの速さの比は，$\frac{1}{1}:\frac{1}{2}=2:1$とわかる。

図２

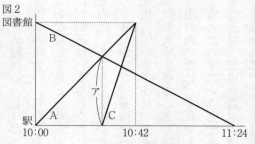

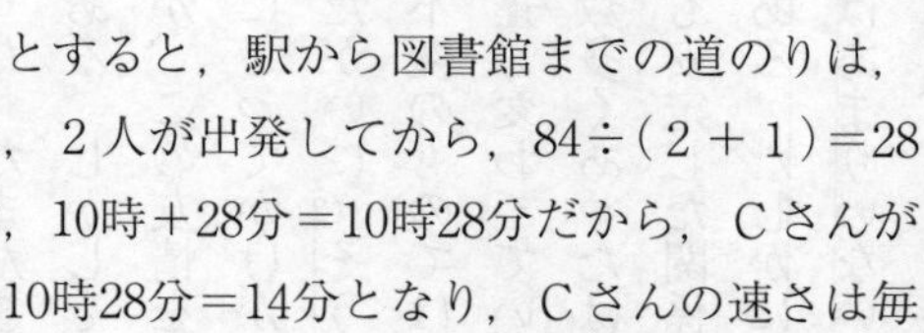

そこで，Ａさんの速さを毎分２，Ｂさんの速さを毎分１とすると，駅から図書館までの道のりは，２×42＝84になるので，ＡさんとＢさんが出会ったのは，２人が出発してから，84÷（２＋１）＝28（分後）と求められる。よって，Ｃさんが出発した時刻は，10時＋28分＝10時28分だから，Ｃさんが駅から図書館まで行くのにかかった時間は，10時42分－10時28分＝14分となり，Ｃさんの速さは毎分，84÷14＝６とわかる。次に，Ｃさんが出発するまでにＡさんが進んだ道のり（図２のア）は，２×28＝56なので，ＢさんとＣさんが出会ったのは，Ｃさんが出発してから，56÷（１＋６）＝８（分後）と求められる。したがって，その時刻は，10時28分＋８分＝10時36分である。

⑷　Ａさんが持っているお金を270と180と60の最小公倍数である540にすると，みかん１個の値段は，540÷270＝２，バナナ１個の値段は，540÷180＝３，りんご１個の値段は，540÷60＝９となる。すると，１組の値段は，２＋３＋９＝14だから，38組の代金は，14×38＝532となり，あまったお金は，540−532＝８とわかる。これが96円にあたるので，１にあたる金額は，96÷８＝12(円)となり，Ａさんが持っているお金は，12×540＝6480(円)と求められる。

⑸　正三角形ABCの１辺の長さを，１＋２＝３と，１＋１＝２の最小公倍数である６にすると，右の図３のようになる。図３のように，三角形ABCを辺BCを軸《じく》として折り返すと，PR＋QRの長さは，PR＋Q′Rの長さと等しくなる。よって，この長さが最も短くなるのは，直線PQ′と辺BCが交わる部分にＲがある場合とわかる。ここで，三角形PBRと三角形Q′CRは相似で，相似比は４：３だから，BR：RC＝４：３とわかる。また，三角形ABCの面積を１とすると，三角形PBRの面積は，$\frac{4}{2+4}\times\frac{4}{4+3}=\frac{8}{21}$，三角形QRCの面積は，$\frac{3}{4+3}\times\frac{3}{3+3}=\frac{3}{14}$となる。さらに，三角形APQの面積は，$\frac{2}{2+4}\times\frac{3}{3+3}=\frac{1}{6}$なので，三角形PQRの面積は，$1-\left(\frac{8}{21}+\frac{3}{14}+\frac{1}{6}\right)=\frac{5}{21}$と求められる。したがって，三角形PQRの面積は三角形ABCの面積の，$\frac{5}{21}\div 1=\frac{5}{21}$(倍)である。

図３

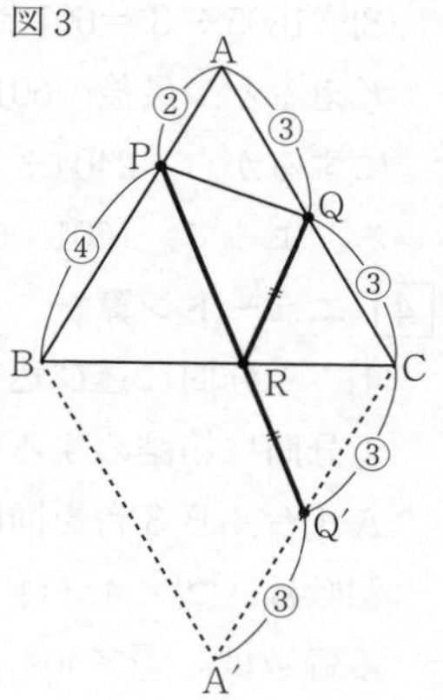

2 旅人算

⑴　Ａさんの速さは毎秒，100÷40＝2.5(m)，Ｂさんの速さは毎秒，100÷50＝２(m)である。よって，Ａさんが12秒で走る距離《きょり》は，2.5×12＝30(m)だから，Ｂさんが出発するときの２人の間の距離(右の図１の太線の長さ)は，100−30＝70(m)となる。この後，２人の間の距離は毎秒，2.5−２＝0.5(m)の割合で縮まるので，図１の状態からＡさんがＢさんに追いつくまでに，70÷0.5＝140(秒)かかる。140÷60＝２余り20より，これは２分20秒となるから，ＡさんがＢさんに初めて追いつく時刻は，１時＋12秒＋２分20秒＝１時２分32秒と求められる。

図１
（Ａが出発してから12秒後）

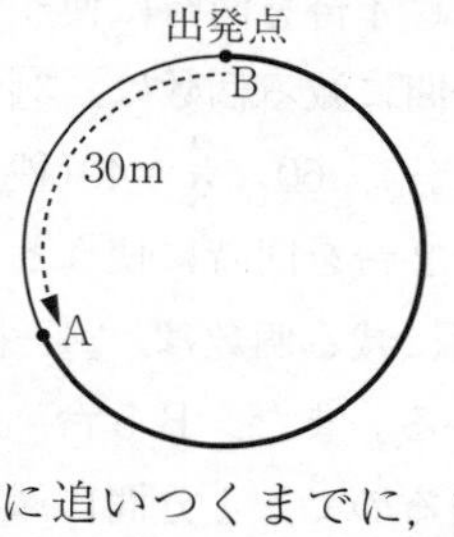

図２
（Ａが出発してから720秒後）

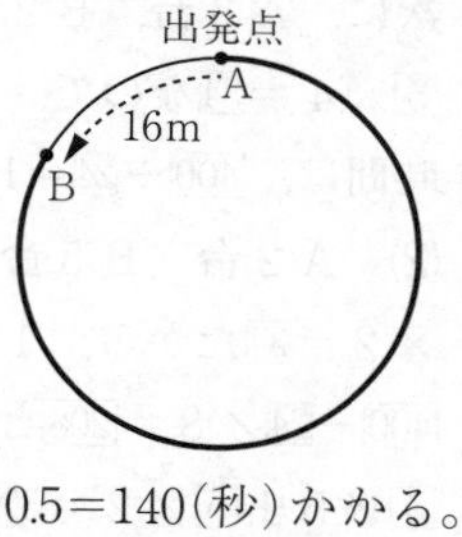

⑵　Ａさんが18周するのにかかった時間は，40×18＝720(秒)なので，それまでにＢさんが走った時間は，720−12＝708(秒)である。708÷50＝14余り８より，Ｂさんはその間に14周と８秒走っていることがわかり，Ｂさんが８秒で走る距離は，２×８＝16(m)だから，Ａさんが18周走り終えたときの状態は右上の図２のようになる。この後，Ａさんの速さは毎秒，$100\div 60=\frac{5}{3}$(m)になり，このときの２人の間の距離(図２の太線の長さ)は，100−16＝84(m)なので，図２の状態からＢさんがＡさんに追いつくまでに，$84\div\left(2-\frac{5}{3}\right)=252$(秒)かかる。252÷60＝４余り12より，これは４分12秒となるから，ＢさんがＡさんに初めて追いつく時刻は，１時＋720秒＋４分12秒＝１時＋12分＋４分12秒＝１時16分12秒である。

3 周期算

⑴　最初の１から最後の100までの個数は，４×100＝400(個)である。これを３個ずつの組にする

から，400÷３＝133余り１より，最後の100は，133＋１＝134(番目)の組の最初の数とわかる。よって，(100，101，101)は，はじめから数えて134番目の組である。

⑵　はじめから数えて2020番目の組までに，全部で，３×2020＝6060(個)の数がある。この中には１から順に同じ整数が４個ずつ並んでいるので，6060÷４＝1515より，6060個目の数は最後の1515とわかる。よって，2020番目の組の最初の数も1515である。

⑶　1805÷３＝601余り２より，和が1805になる３つの数は(601，602，602)とわかる。⑴と同様に考えると，最後の601は，はじめから数えて，４×601＝2404(個目)の数である。これを３個ずつ組にするから，2404÷３＝801余り１より，最後の601は，801＋１＝802(番目)の組の最初の数とわかる。よって，(601，602，602)は，はじめから数えて802番目の組である。

4　ニュートン算

⑴　１分間に運び込《こ》まれる個数を①とし，Ａ，Ｂ，Ｃが１分間に箱詰《づ》めする個数をそれぞれ$\boxed{2}$，$\boxed{4}$，$\boxed{5}$とする。Ａ４台，Ｂ３台を同時に使うとき，１分間に箱詰めする個数は，$\boxed{2}$×４＋$\boxed{4}$×３＝$\boxed{20}$だから，40分間で箱詰めする個数は，$\boxed{20}$×40＝$\boxed{800}$になる。また，この間に運び込まれる個数は，①×40＝㊵なので，上の図の㋐のように表すことができる。同様に，Ｂ４台，Ｃ２台を同時に使うとき，１分間に箱詰めする個数は，$\boxed{4}$×４＋$\boxed{5}$×２＝$\boxed{26}$だから，25分間で箱詰めする個数は，$\boxed{26}$×25＝$\boxed{650}$になる。また，この間に運び込まれる個数は，①×25＝㉕なので，図の㋑のように表すことができる。よって，㊵－㉕＝$\boxed{800}$－$\boxed{650}$より，⑮＝$\boxed{150}$，①＝$\boxed{10}$となるから，はじめの個数は，$\boxed{800}$－$\boxed{10}$×40＝$\boxed{400}$とわかる。次に，Ａ３台，Ｂ２台，Ｃ４台を同時に使うとき，１分間に箱詰めする個数は，$\boxed{2}$×３＋$\boxed{4}$×２＋$\boxed{5}$×４＝$\boxed{34}$なので，１分間に減る個数は，$\boxed{34}$－$\boxed{10}$＝$\boxed{24}$となる。したがって，すべてなくなるまでの時間は，$\boxed{400}$÷$\boxed{24}$＝$16\frac{2}{3}$(分)，60×$\frac{2}{3}$＝40(秒)より，16分40秒と求められる。

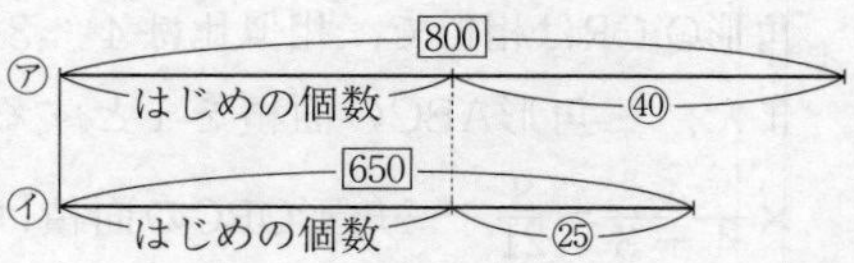

⑵　Ａ２台，Ｂ５台，Ｃ２台を同時に使うとき，１分間に箱詰めする個数は，$\boxed{2}$×２＋$\boxed{4}$×５＋$\boxed{5}$×２＝$\boxed{34}$だから，１分間に減る個数は，$\boxed{34}$－$\boxed{10}$＝$\boxed{24}$となる。よって，８分後に残っている個数は，$\boxed{400}$－$\boxed{24}$×８＝$\boxed{208}$とわかる。また，Ｂ５台，Ｃ２台を同時に使うとき，１分間に箱詰めする個数は，$\boxed{4}$×５＋$\boxed{5}$×２＝$\boxed{30}$になるので，１分間に減る個数は，$\boxed{30}$－$\boxed{10}$＝$\boxed{20}$となる。したがって，残りの個数がなくなるまでの時間は，$\boxed{208}$÷$\boxed{20}$＝10.4(分)だから，すべてなくなるまでの時間は，８＋10.4＝18.4(分)，60×0.4＝24(秒)より，18分24秒となる。

5　立体図形─分割，体積

⑴　三角すいABCFは，右の図１の太線で囲んだ立体である。これは，Ａを頂点とし，三角形BFCを底面とする三角すいだから，体積は，６×６÷２×６÷３＝36(cm^3)と求められる。

図１

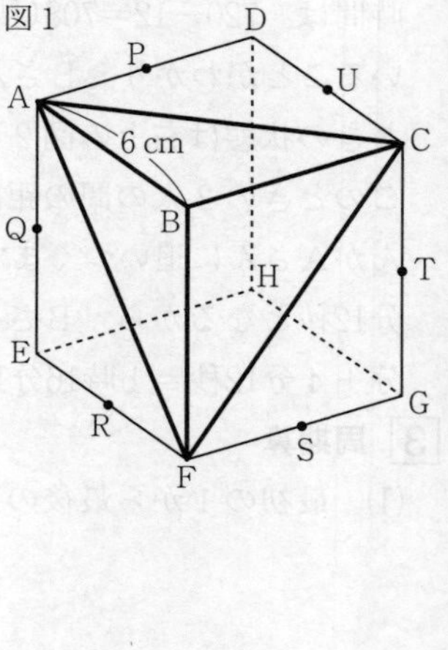

⑵　六角すいBPQRSTUは，下の図２の太線で囲んだ立体である。これは，立方体を面PQRSTUを通る平面で切断したときの手前の立体から，３個の三角すいBAQP，BFSR，BCUTを取り除いた形の立体である。ここで，立方体を面PQRSTUを通る平面で切断すると合同な２つの立体に分かれるので，一方の立体の体積は，６×６×６÷２＝108(cm^3)となる。また，取り除いた三角すい１個の

体積は，$3\times3\div2\times6\div3=9$ (cm³)だから，六角すいBPQRSTUの体積は，$108-9\times3=81$ (cm³)とわかる。

⑶　四角すいBPQRTは，下の図３の太線で囲んだ立体である。図２の六角すいの底面を正六角形PQRSTU，図３の四角すいの底面を四角形PQRTと考えると，この２つの立体の高さは等しくなるので，体積の比は底面積の比と等しくなる。また，正六角形PQRSTUは下の図４のように合同な二等辺三角形に分けることができるから，六角形PQRSTUと四角形PQRTの面積の比は，６：４＝３：２とわかる。よって，六角すいBPQRSTUと四角すいBPQRTの体積の比も３：２なので，四角すいBPQRTの体積は，$81\times\frac{2}{3}=54$ (cm³)と求められる。

図２
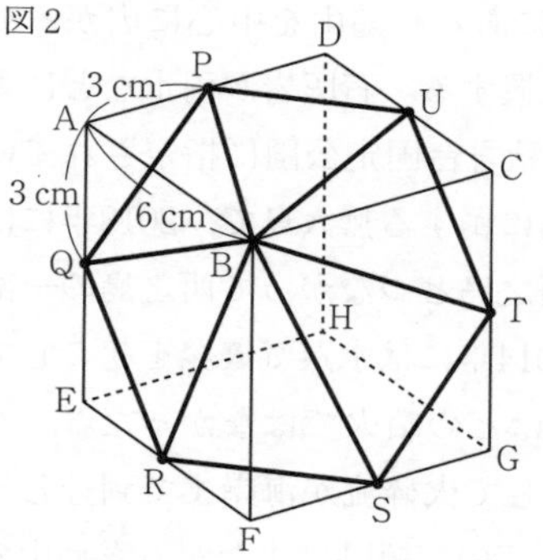

図３
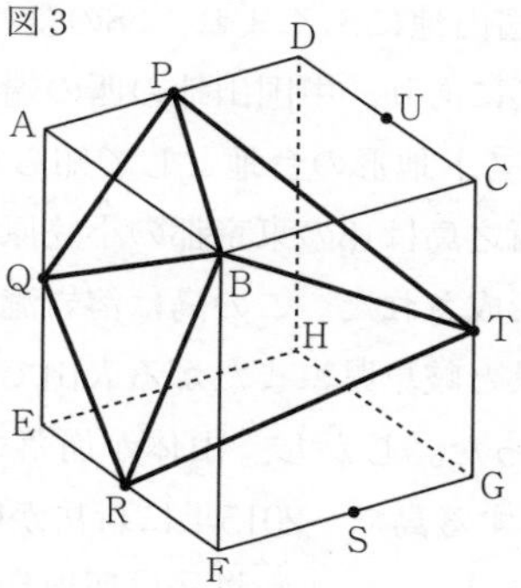

図４
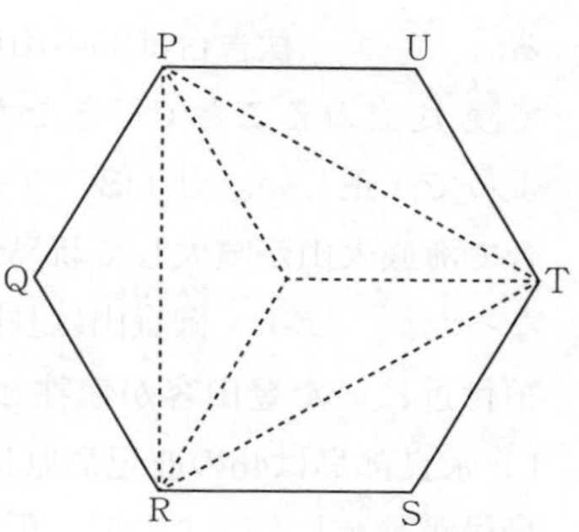

社　会　＜第１回試験＞（40分）＜満点：75点＞

解　答

Ⅰ　**1**　⑴　ア，19　⑵　エ，35　⑶　ウ，46　⑷　イ，4　⑸　ウ，25　⑹　ア，32　⑺　エ，3　**2**　⑴　イ，B　⑵　エ，C　⑶　オ，D　**3**　ウ　**4**　イ　**5**　⑴　**写真A-2**　ウ　**写真B-2**　ア　⑵　ウ　⑶　ア　**6**　(例)　東京を流れる河川は洪水時の流量増大が著しいうえ，水位が市街地より高くなるため，洪水時には水害が発生しやすい。　Ⅱ　**1**　①　B　②　G　⑤　E　⑦　H　**2**　家光　**3**　(例)　平城京のあった奈良で仏教勢力が大きな力を持ったことが遷都の理由の１つだから。　**4**　ウ　**5**　ア　**6**　ア　**7**　ウ　**8**　⑴　ウ　⑵　世界記憶遺産　**9**　鑑真　**10**　**あ**　B　**い**　C　**う**　F　**え**　A　**お**　E　Ⅲ　**1**　日本銀行　**2**　**か**　交換　**き**　価値　**3**　ユーロ　**4**　イ　**5**　⑴　**く**　イ　**け**　オ　⑵　ア，イ　⑶　エ　**6**　ウ　**7**　⑴　通常国会　⑵　ア，ウ　**8**　ア　**9**　暗号資産(仮想通貨)　**10**　**利点**…(例)　現金を数える手間が省け，すばやく買い物ができる。　**課題**…(例)　データでやりとりされるため，個人情報が流出してしまう危険がある。　**方法**…(例)　パスワードをかけることを義務づけるなど，セキュリティ対策の強化を行う。

解　説

Ⅰ　日本各地の地形や産業などについての問題

1　⑴　日本で最も高い山は，19の山梨県と22の静岡県にまたがる富士山で，標高は3776mである。

これより高い山はないのだから，アが正しいと判断できる。北岳（白根山，標高3193m）は赤石山脈（南アルプス）にふくまれる日本で２番目に高い山で，山梨県西部に位置する。なお，イの穂高《ほたか》岳（奥穂高，標高3190m）とウの槍ヶ岳《やりがたけ》（標高3180m）は20の長野県と21の岐阜県にまたがり，飛騨《ひだ》山脈（北アルプス）にふくまれる。エの赤石岳（標高3121m）は赤石山脈にふくまれる山で，長野県と静岡県にまたがる。　(2)　ア　天塩《てしお》山地は１の北海道北部で南北に連なっており，網走《あばしり》国定公園は北海道北東部のオホーツク海沿岸に広がっている。　イ　出羽山地は，東北地方西部で南北に連なっている。蔵王《ざおう》国定公園は東北地方中央部で南北に連なる奥羽山脈にふくまれ，４の宮城県と６の山形県にまたがる蔵王山を中心に広がっている。　ウ　紀伊山地は紀伊半島中央部で東西に連なっている。石鎚《いしづち》国定公園は四国山地にふくまれ，38の愛媛県にある石鎚山を中心に広がっている。　エ　秋吉台は35の山口県にあり，中国山地の西の端に位置する。石灰岩が雨水などによって浸食《しんしょく》されることでできたカルスト地形の台地として知られ，秋吉台国定公園に指定されている。よって，正しい。　(3)　ア　西之島《にしのしま》は13の東京都の小笠原《おがさわら》諸島に属する無人島で，2013年には沖合で海底火山が噴火《ふんか》して新島が形成された。この島は溶岩流で西之島とつながって西之島の一部となった。　イ　御嶽山《おんたけさん》は長野県と岐阜県にまたがる火山で，2014年には水蒸気爆発を起こして山頂付近にいた登山客が犠牲《ぎせい》となった。しかし，山体が崩落《ほうらく》するほどの噴火ではなかった。　ウ　口永良部《くちのえらぶ》島は46の鹿児島県に属する島で，2015年に新岳が噴火して火砕《かさい》流が海岸まで到達し，全島民が避難《ひなん》した。よって，正しい。　エ　新燃岳《しんもえだけ》は鹿児島県と45の宮崎県にまたがる霧島《きりしま》山の中央部に位置し，2018年の噴火では周囲に噴石や火山灰による被害が出た。なお，鹿児島湾の東岸にある桜島は，1914年の噴火のさい，溶岩流で対岸の大隅《おおすみ》半島と地続きになった。　(4)　牡鹿《おしか》半島は４の宮城県北東部で太平洋に向かって南東にのびており，南には仙台湾が広がる。よって，イが正しい。なお，アの渡島《おしま》半島は北海道南部にある半島で，本州との間に津軽海峡が広がる。ウの男《お》鹿《が》半島は５の秋田県西部で日本海にのびる半島で，有明海は九州北西部に広がっている。エの下北半島は２の青森県東部にある半島で，玄界灘《げんかいなだ》は40の福岡県の北に広がっている。　(5)　淀《よど》川は25の滋賀県中央部にある琵琶湖を水源とし，滋賀県内では瀬田川とよばれる。京都府に入って宇治川と名前を変え，大阪府との境付近で桂《かつら》川と合流して淀川となり，大阪平野を南西へと流れて大阪湾に注ぐ。よって，ウが正しい。なお，アの紀ノ川は30の和歌山県を流れ，上流にあたる29の奈良県では吉野川とよばれる。四万十川は，39の高知県西部を流れる。イの富士川は，上流の山梨県内で笛吹《ふえふき》川と釜無《かまなし》川が合流して富士川となる。熊野川は和歌山県南東部を流れる川である。エの九頭《くず》竜《りゅう》川は福井県を流れる川で，水源から名前が変わらず日本海に注ぐ。天竜川は，諏訪《すわ》湖を水源として長野県・静岡県を流れる川である。　(6)　日本の湖は，秋田県にある田沢湖が最大水深約423mで最も深く，ついで北海道にある最大水深約360mの支笏《しこつ》湖，秋田県と青森県にまたがる最大水深約327mの十和田湖の順となっている。よって，アが正しい。宍道《しんじ》湖は32の島根県北東部にある汽水湖（淡水と海水が入り混じった湖）で，最大水深は６mしかない。なお，イの霞ヶ浦《かすみがうら》は８の茨城県，ウの浜名湖は静岡県，エのサロマ湖は北海道にある。　(7)　ア　会津盆地は７の福島県西部に広がる盆地で，信楽《しがらき》焼は滋賀県でつくられる。　イ　横手盆地は秋田県南東部に広がる盆地で，熊野筆は広島県の伝統的工芸品である。　ウ　甲府盆地は山梨県中央部に広がる盆地で，雲州そろばんは島根県の伝統的工芸品である。　エ　北上盆地は３の岩手県の北上川流域に広がり，盛岡市や奥州市は伝統的工芸品の南部鉄器の産地として知られる。よって，正しい。

2　⑴　アの八戸市(青森県)には東北新幹線，ウの富山市には北陸新幹線，エの倉敷市(岡山県)には山陽新幹線，オの久留米市(福岡県)には九州新幹線が通っているが，イの松本市(長野県)には新幹線が通っていない。　⑵　アの旭川市(北海道)，イの福島市，ウの山形市，オの豊田市(愛知県)は内陸に位置するが，エの明石市(兵庫県)は瀬戸内海に面している。　⑶　アの日光市(栃木県)には日光東照宮，イの姫路市(兵庫県)には姫路城，ウの広島市には原爆ドーム，エの那覇市(沖縄県)には琉球《りゅうきゅう》王国のグスクなど，世界文化遺産に登録されたところがある。しかし，オの盛岡市(岩手県)には世界遺産の登録地はない。

3　年間商品販売額が最も大きいＡには，人口が多い東京圏《けん》があてはまる。工業製品出荷額が最も多いＣには，自動車産業を中心とした機械工業がさかんで，日本の工業地帯・地域の中で最も出荷額が多い中京工業地帯をかかえる名古屋圏があてはまる。残ったＢが大阪圏である。

4　グラフ２において，冬の入荷量が多いＢには，温暖な気候とビニルハウスや温室などの施設《しせつ》を利用してピーマンの促成《そくせい》栽培を行い，おもに冬から春先にかけて出荷している宮崎県があてはまる。ＡとＣのうち，より入荷量が多いＡが，全国で最もピーマンの生産量が多い茨城県で，Ｃが岩手県である。

5　⑴　写真Ａ－２は「東海道新幹線と有楽町周辺」を写したものなのだから，ウだとわかる。エの方向から撮った場合，手前には高速道路(首都高速道路)が写るはずである。写真Ｂ－２は，奥に「各省庁の建物」があるというのだから，国会議事堂の奥に「外務省」や「財務省」が位置することになるアの方向から撮ったものである。　⑵　日本は北端から南端までおよそ3000kmなので，北海道から鹿児島県までをつなぐ新幹線の営業キロが9000kmを超《こ》えるとは考えられない。よって，ウが正しくない。実際の営業キロは，およそ2350kmである。　⑶　地形図の右下に見える「勝どき」は，海岸線の形からわかるように埋立《うめたて》地であり，地盤が強固とはいえない。よって，アが正しくない。

6　資料１によると，東京都やその周辺には多くの川が流れており，川の水位よりも低いところに市街地が形成されている。一方，ロンドン(イギリス)の場合，唯一《ゆいいつ》の川であるテムズ川は標高が最も低いところを流れ，市街地は標高の高いところにある。また，資料２から，海外を流れる川と比べて日本の川は洪水時の流量が飛躍《ひやく》的に増えることがわかる。このように，東京を流れる川は洪水時の流量が著しく増し，さらに川の水位が市街地より高いため，洪水時に水害が発生する可能性が高くなるのである。

Ⅱ　日本の世界文化遺産についての問題

1　①　神社であることや，「権現《ごんげん》造」という建築様式が用いられているとあることなどから，Ｂの日光東照宮(写真は陽明門を写したもの)だとわかる。日光東照宮は二荒山《ふたらさん》神社，輪王寺とともに1999年に「日光の社寺」としてユネスコ(国連教育科学文化機関)の世界文化遺産に登録された。日光東照宮の建築様式が「権現造」とよばれるのは，この神社にまつられた徳川家康が死後，「東照大権現」という名をおくられたことによる。　②　京都の平安京にある寺で，「京都の景観のシンボル」とあることなどから，東寺の五重塔が写ったＧがあてはまる。東寺は，「古都京都の文化財」の１つとして1994年に世界文化遺産に登録された。　⑤　琉球王国の遺産であることから，琉球王国の王城・首里城の城門の１つである守礼門を写したＥがあてはまる。守礼門は，「琉球王国のグスク及《およ》び関連遺産群」の１つとして，2000年に世界文化遺産に登録された。　⑦「日本が西洋の技術をとり入れて」「急速な産業化をすすめていった」ころのものなのだから，「明治日本の産業革命遺産　製鉄・製鋼，造船，石炭産業」の１つとして2015年に世界文化遺産に登録された，長崎県の端島《はしま》を写したＨがあてはまる。端島は海底炭坑《たんこう》のあったところで，炭坑で働く人のために高層アパートなどが建てられた。これが遠目に軍艦のように見えたため，軍艦《ぐんかん》島ともよばれる。

2　江戸幕府の第３代将軍は徳川家光である。初代将軍の家康は死後，初めは駿府《すんぷ》(静岡県)の久能山東照宮にほうむられたが，第２代将軍の秀忠がこれを日光に移した。そして家光が日光東照宮の大改修工事を行い，1636年に現在のような豪華《ごうか》な社殿が完成した。

3　聖武天皇や，そのあとを継《つ》いだ孝謙《こうけん》天皇が仏教を重んじた結果，奈良時代末期には仏教勢力が政治に介入《かいにゅう》するようになり，影響力が強大になった。そこで，桓武天皇は仏教勢力が強くなりすぎた平城京を離れ，人心を一新しようと考え，784年に長岡京，794年に平安京へと都を移した。そのため，当初平安京には東寺と西寺という２つの寺院しか建てられなかった。

4　ア　バテレン(宣教師)追放令は，1587年に豊臣秀吉が出した法令である。　イ　天正遣欧使節は，九州のキリシタン大名が少年使節をローマ(イタリア)に派遣したもので，大名がヨーロッパに渡ったわけではない。　ウ　江戸時代初め，幕府はキリスト教禁教を徹底《てってい》するため，1624年にスペイン船，1639年にポルトガル船の来航を禁止した。よって，正しい。これによって鎖国は確立し，キリスト教は厳しく禁止されたが，九州ではその後も密かに信仰を持ち続ける人たちがいた。こうした人たちの残した遺産が2018年，「長崎と天草地方の潜伏《せんぷく》キリシタン関連遺産」として世界文化遺産に登録された。Ｃは，これにふくまれる長崎市の大浦天主堂を写したものである。　エ　島原・天草一揆《いっき》(島原の乱)は，17世紀初めの1637～38年に起こった。

5　備前(国)は岡山県南東部の旧国名で，山陽道にふくまれる。また，山陰道は，中国地方の日本海側の地域を指す。よって，アが誤っている。なお，④で説明されている原爆ドームを写した写真はＡで，原爆ドームは1996年に「負の遺産」として世界文化遺産に登録された。

6　尚泰《しょうたい》は琉球王国最後の王で，明治政府が1872年に琉球王国を琉球藩としたさい，琉球藩王とされたが，1879年，明治政府の強行姿勢に屈《くっ》して首里城を明け渡した。これによって琉球王国は滅亡し，沖縄県が設置された。この一連の流れを琉球処分という。なお，イの李舜臣《りしゅんしん》は秀吉の朝鮮出兵のとき，日本の水軍を破った李氏朝鮮の将軍。ウのシャクシャインは江戸時代前半，蝦夷《えぞ》地(北海道)で松前藩に抵抗したアイヌの族長。エのアテルイは平安時代初め，坂上田村麻呂に降伏《こうふく》した東北地方の蝦夷《えみし》の族長。

7　はにわ(埴輪)は古墳時代にさかんにつくられた素焼きの土製品で，古墳の頂上や周囲に置かれた。動物や人，舟，家などを表した形象埴輪や，土止め用と考えられている円筒埴輪がある。なお，⑥は2019年に世界文化遺産に登録された「百舌鳥《もず》・古市古墳群」について述べたもので，Ｄはこれにふくまれる仁徳《にんとく》天皇陵《りょう》古墳(大山古墳)を写したものである。

8　(1)　明治時代は19世紀後半の1868年に始まり，「富国強兵」「殖産興業」をめざす政府によって産業の西洋化・近代化が急速にすすめられた。最初は繊維産業などの軽工業ですすめられ，20世紀前半の1901年に官営八幡製鉄所が操業を開始したことで，重工業の分野でも近代化がすすんだ。

(2)　世界記憶遺産は，歴史的な文書や絵画，音楽などを後世に残すため，ユネスコが1992年から始めた取り組みで，登録された遺産はデジタルデータにして公表される。示された絵は「山本作兵衛コレクション」とよばれる炭坑記録画で，2011年に日本で初めて世界記憶遺産に登録された。

9　鑑真《がんじん》は唐(中国)の高僧で，日本の招きに応じて来日を決意すると，５度の渡航失敗や失明という苦難を乗り越えて753年に念願の来日をはたした。鑑真は正式な戒律《かいりつ》(僧が守るべきいましめ)を伝え，奈良の都に唐招提寺《とうしょうだいじ》を建てるなど，日本の仏教発展に力をつくした。Ｆは唐招提寺にある「鑑真和上像」を写したもので，唐招提寺は「古都奈良の文化財」の１つとして1998年に世界文化遺産に登録された。

10　**あ**　「東日本に生まれた新しい政権」とは江戸幕府のことなので，Ｂがあてはまる。２の解説も参照のこと。　**い**　「300年近くの間禁止されていた」とあるので，江戸時代に禁止されていたキリスト教だとわかる。よって，Ｃがあてはまる。４の解説も参照のこと。　**う**　「仏教の教えにより国を守る」という考え方は，奈良時代の聖武天皇のときに政治に強く反映され，この時代には国際色豊かな仏教文化である天平文化が栄えた。よって，Ｆがあてはまる。　**え**　「人類史上初めて行われ，くり返してはならないできごと」とは，1945年にアメリカ軍によって行われた広島への原子爆弾の投下を指している。よって，Ａがあてはまる。　**お**　「中国から東南アジアにわたる広い地域との交流で栄えた」のは琉球王国なので，Ｅがあてはまる。

Ⅲ　日本の経済についての問題

1　紙幣《しへい》は日本銀行が発行する通貨で，正式には「日本銀行券」という。日本銀行は日本の中央銀行で，紙幣を発行する「発券銀行」のほか，政府の資金を管理する「政府の銀行」，普通銀行を対象とする「銀行の銀行」という役割を持つ。

2　図２にも示されているとおり，お金(貨幣)はモノやサービスの交換の仲立ちをする役割をはたしており，これによってモノやサービスの交換がしやすくなる。また，金額によってモノやサービスの価値をはかることができるほか，食料などとちがってその価値を長い間保存しておくこともできる。

3　ユーロはヨーロッパの地域共同体であるEU(ヨーロッパ連合)加盟国で導入されている通貨で，1999年から流通が始まった。ただし，加盟国であってもユーロを導入していない国もある。

4　ア　EU加盟国内の移動では，入国審査を必要としないという協定に加盟している国であれば，加盟国の旅行者はパスポート(旅券)なしで移動できる。しかし，協定に加盟していない国の場合はパスポートが必要となり，日本人のような加盟国外の旅行者はパスポートなしでは入国できない。　イ　EU加盟国間ではモノや人・資本の移動が原則として自由化されており，関税なしで貿易をすることができる。よって，正しい。　ウ　デンマークやスウェーデンなどはEU加盟国であるが，ユーロを導入していない。　エ　付加価値税(消費税)の標準税率は加盟国によって異なる。

5　⑴　2019年，アメリカが中国との貿易における輸入超過を問題視し，輸入制限や関税の引き上げを行うと，これに対抗して中国も関税を引き上げた。この状況は，貿易戦争ともよばれた。　⑵　「ドルを売り」「円を買う」と，市場にはドルが増えて価値が下がる一方，円は減って価値が上がる。これが円高ドル安で，円高の場合，１ドルと交換できる円は少なくてすむため，円の額面は下がる。よって，アとイの２つがあてはまる。　⑶　円高になると，今までと同様の日本円で製品を輸出した場合，海外では値上がりすることになって売れ行きが下がるので，不利になることが多い。よって，エが正しくない。

6　消費税は原則としてすべてのモノやサービスにかかる税で，税を負担する人と納める人が異なる間接税である。1989年に税率３％で導入され，税率は1997年に５％，2014年に８％，2019年に10

%（特定の生活必需《ひつじゅ》品は８％のまますえ置く軽減税率を導入）へと引き上げられた。消費税は所得にかかわらず課されるため，所得の低い人ほど負担が大きくなる「逆進性」がある。税収では所得税につぐ財源となっており，おもに社会保障のための費用として用いられることになっている。よって，ウが誤っている。

7 (1)　通常国会は毎年１月に会期150日（１回に限り延長できる）で召集され，おもに次年度の予算についての審議が行われる。　(2)　内閣が作成した予算案は，憲法の規定にもとづいて必ず衆議院から先に審議が行われる。初めは予算委員会で審議・可決され，その後，本会議で議決が行われる。その後，参議院でも同様の手続きが行われるが，衆議院で可決された予算案が参議院で否決され，両院協議会を開いても意見が一致しない場合，または衆議院の可決後30日（国会休会中を除く）以内に参議院が可決しない場合には，衆議院の議決が国会の議決となる。よって，アとウが正しい。なお，オについて，内閣総理大臣には拒否権はない。

8　資料２において，近年増加を続け，2015年度で最も大きな割合を占める「う」は社会保障関係費である。また，第二次世界大戦前の1940年度に最も大きな割合を占めていた「え」は防衛関係費（軍事費），社会保障費の増大にともなって増えてきた「お」は，国の借金である国債の返済にあてる国債費を表す。近年の社会保障関係費の増大は，少子高齢化の進行が大きな要因となっているので，アが正しい。なお，ウについて，1965年度の国債費がきわめて低いのは，高度経済成長で税収が多かったからである。また，エについて，自衛隊の海外派遣は1992年から始まった。

9　暗号資産，または仮想通貨とは，インターネット上でやりとりできる財産的価値のことで，代金の支払い等などに使用でき，円などの法定通貨と交換できる。「取引所」や「交換所」とよばれるところで入手・換金でき，ビットコインは代表的な仮想通貨として知られる。

10　キャッシュレス決済は現金を用いないため，現金を持ち歩かなくてすみ，レジでの支払いもスムーズになるという利点がある。一方で，お金を使った実感がないため使いすぎるおそれがあることや，キャッシュレス決済のさいに用いたカードや端末に記録された個人情報が流出する危険性もある。個人情報の流出防止には，パスワードの設定や情報の暗号化など，セキュリティを強化する対策が必要となる。

理　科　＜第１回試験＞（40分）＜満点：75点＞

解　答

[Ⅰ] (1)　**銅**…ウ，**アルミニウム**…エ　(2)　**金属Ａ**…イ，**金属Ｂ**…ウ，**金属Ｃ**…ア　[Ⅱ] (1)　ア　(2)　ウ　(3)　食塩（塩化ナトリウム）　(4)　Ａ　(5)　Ｂ　[Ⅲ] (1)　①　低い　②　長い　③　短い　④　近づけた　(2)　オ　(3)　**Ａ**　道管　**Ｂ**　気こう　(4)　ア，カ　[Ⅳ] (1)　**名称**…肺ほう／**理由**…（例）　空気とふれる面積が増えるから。　(2)　ア　(3)　イ，ウ，カ　(4)　呼吸　[Ⅴ] (1)　イ　(2)　エ　(3)　Ｅ　(4)　エ　(5)　ウ　(6)　イ　(7)　ア　[Ⅵ] (1)　300 g　(2)　100cm^3　(3)　50 g　(4)　60 g　(5)　2200 g　[Ⅶ] (1)　30　(2)　12.5　(3)　**辺ａの長さ**…７cm，**面Ｓの面積**…７cm^2　(4)　ウ

解　説

Ⅰ　金属の性質についての問題

⑴　電気や熱を伝えやすい順にならべると，銀→銅→金→アルミニウムとなり，同じ体積の重さが重い順にならべると，金→銀→銅→アルミニウムである。また，銅は熱や電気を伝えやすく，銀に比べて安価なため，導線や調理器具に用いられる。

⑵　塩酸に銅，アルミニウム，鉄をそれぞれ加えると，アルミニウムと鉄はとけて水素が発生する。また，水酸化ナトリウム水溶液《すいようえき》に銅，アルミニウム，鉄をそれぞれ加えると，アルミニウムだけがとけて水素が発生する。よって，金属Ａはアルミニウム，金属Ｂは鉄，金属Ｃは銅である。

Ⅱ　水溶液の中和についての問題

⑴　BTB溶液は酸性のときに黄色，中性のときに緑色，アルカリ性のときに青色になる。塩酸は酸性の水溶液なので，水溶液Ｇに緑色のBTB溶液を加えると黄色になる。

⑵　水溶液Ｃに緑色のBTB溶液を加えても緑色のままであったことから，水溶液Ｃは中性である。つまり，塩酸10cm^{3}と水酸化ナトリウム水溶液20cm^{3}が完全に中和して中性になったことがわかる。塩酸と水酸化ナトリウム水溶液が完全に中和する体積の比は，10：20＝１：２であることから，水溶液Ｄに混ざっている水酸化ナトリウム水溶液15cm^{3}と完全に中和する塩酸の体積は，$15\times\frac{1}{2}=7.5$(cm^3)とわかる。よって，水溶液Ｄは中和後に塩酸が，15−7.5＝7.5(cm^3)あまり，酸性になっている。紫《むらさき》キャベツ液は酸性のときに赤色，中性のときに紫色，アルカリ性のときに黄色や緑色になるので，水溶液Ｄに紫キャベツ液を加えると赤色になる。

⑶　水溶液Ｃでは，塩酸10cm^{3}と水酸化ナトリウム水溶液20cm^{3}が完全に中和して中性になり，このときに食塩(塩化ナトリウム)と水ができる。よって，水溶液Ｃを加熱して水を蒸発させると，食塩(塩化ナトリウム)が残る。

⑷　水溶液Ｅと水溶液Ａを混ぜ合わせると，それに含《ふく》まれている塩酸の体積は20cm^3，水酸化ナトリウム水溶液の体積は，30＋10＝40(cm^3)となる。このとき，塩酸と水酸化ナトリウム水溶液の体積の比が，20：40＝１：２になるので，塩酸と水酸化ナトリウム水溶液が完全に中和して中性となる。よって，この混合液に緑色のBTB溶液を加えても緑色のままである。

⑸　水溶液Ｃと水溶液Ｄを混ぜ合わせた混合液に含まれている塩酸の体積は，10＋15＝25(cm^3)，水酸化ナトリウム水溶液の体積は，20＋15＝35(cm^3)である。さらに，この混合液に水溶液Ｂを混ぜ合わせると，それに含まれる塩酸の体積は，25＋５＝30(cm^3)，水酸化ナトリウム水溶液の体積は，35＋25＝60(cm^3)になる。このとき，塩酸と水酸化ナトリウム水溶液の体積の比が，30：60＝１：２になるので，塩酸と水酸化ナトリウム水溶液が完全に中和して中性となる。よって，この混合液に緑色のBTB溶液を加えても緑色のままである。

Ⅲ　顕微鏡《けんびきょう》の使い方，植物の葉のつくりについての問題

⑴　①　最初に顕微鏡で観察するときは，低倍率で観察する。これは，低倍率のほうが視野が広くなり，観察するものを見つけやすいからである。　②，③　接眼レンズは，長いものほど倍率が低い。また，対物レンズは短いほど倍率が低い。　④　ピントを合わせるときは，横から見ながら対物レンズとプレパラートをできるだけ近づけたあと，接眼レンズをのぞきながら対物レンズとプレパラートを遠ざけていく。

⑵　図１で，調節ねじはオである。なお，アは接眼レンズ，イは鏡筒《とう》，ウはレボルバー，エは反射

鏡である。

⑶　図２で，葉の右側は葉緑体をもつ細ぼうが密集しているので，葉の表側である。維管束《いかんそく》の中で，葉の表側を通っている管Ａは道管である。また，葉の左側は葉の裏《うら》側で，葉の裏にあるすきまＢは気こうである。

⑷　種子で増える植物のうち，はじめに出てくる子葉の数が２枚の植物のなかまを双《そう》子葉類という。双子葉類の葉の葉脈は網目《あみめ》状になっており，根は主根と，そこから枝分かれする側根からできている。また，くきの断面を観察すると，維管束が輪状にならんでおり，くきを太くする形成層がある。

Ⅳ　肺のつくりとはたらきについての問題

⑴　肺の中には肺ほうという小さな袋状《ふくろじょう》のつくりがたくさんあり，肺ほうには毛細血管が取りまいている。そのため，肺ほうの中の空気と毛細血管のふれる面積が大きくなり，肺ほうから血液へ酸素(気体Ｘ)が取り入れられ，血液から肺ほうへ二酸化炭素が出されることが効率よく行われる。

⑵　酸素(気体Ｘ)は血液中の赤血球によって運ばれる。赤血球は円板状で，真ん中がくぼんだ形をしている。なお，イ，エは白血球，ウは血小板，オは血しょうに関する説明である。

⑶　酸素(気体Ｘ)は，肺を通ったあとの血液に多く含まれており，酸素を多く含む血液は鮮やかな赤色をしている。肺を通ったあとの酸素を多く含む血液は，肺静脈を通って左心房《ぼう》，左心室を通り，大動脈を通って全身に送られる。なお，酸素を多く含む血液を動脈血という。

⑷　生物は，体内に取り入れた酸素と栄養分から，生きるためのエネルギーをつくり出す。このはたらきを呼吸という。呼吸によってできた不要な二酸化炭素などは，体の外へ排出《はいしゅつ》される。

Ⅴ　地層と岩石についての問題

⑴　断層ｃ－ｄは不整合ｇ～ｈによって切られているので，断層ｃ－ｄができてから不整合ｇ～ｈができた。不整合ｇ～ｈは断層ａ－ｂによって切られているので，不整合ｇ～ｈができてから断層ａ－ｂができた。また，断層ａ－ｂは不整合ｅ～ｆによって切られているので，断層ａ－ｂができてから不整合ｅ～ｆができた。よって，断層ｃ－ｄが先にできてから不整合ｅ～ｆができたことがわかる。

⑵　岩石Ａと断層ａ－ｂはともに岩石Ｇができたあとにできたことはわかるが，岩石Ａと断層ａ－ｂのどちらが先にできたかは，この図だけではわからない。

⑶　Ｅの凝灰《ぎょうかい》岩は，火山灰などの火山噴出《ふんしゅつ》物が堆積《たいせき》してできた岩石なので，陸上に堆積してできた可能性がある。

⑷　ホウサンチュウなどの動物のからなどが海底に堆積してできた岩石であるチャートのおもな成分は二酸化ケイ素である。

⑸，⑹　アンモナイトは，キョウリュウと同じく，中生代を代表する示準《しじゅん》化石である。また，古生代を代表する示準化石にはフズリナやサンヨウチュウ，新生代を代表する示準化石にはマンモスやビカリアがある。

⑺　無色鉱物である石英や長石が含まれている深成岩Ｆは，白っぽい色をしているカコウ岩である。深成岩のひとつであるハンレイ岩は黒っぽい色をしている。玄武《げんぶ》岩と流紋《りゅうもん》岩は火山岩である。

Ⅵ　物体にはたらく浮力《ふりょく》についての問題

⑴　物体Ａが水中に沈《しず》んでいないとき(水面から物体Ａの下面までの距離《きょり》が０cmのとき)，ばねばかりの値が300ｇなので，物体Ａの重さは300ｇである。

⑵　図２より，水面から物体Ａの下面までの距離が５cm以上になったとき，ばねばかりの値は200ｇのまま一定になっている。このとき，物体Ａは水中に完全に沈んでおり，物体Ａにはたらく浮力の大きさは，300－200＝100(ｇ)である。つまり，物体Ａは100ｇの水をおしのけていることになり，100ｇの水の体積は100cm^{3}なので，物体Ａの体積は100cm^{3}とわかる。

⑶　図２で，水面から物体Ａの下面までの距離が2.5cmのときのばねばかりの値は250ｇである。よって，このときの物体Ａにはたらいている浮力の大きさは，300－250＝50(ｇ)である。

⑷　図２より，水面から物体Ａの下面までの距離が５cmになったとき，物体Ａが水中に完全に沈んでいるので，物体Ａの高さは５cmである。⑵より，物体Ａの体積は100cm^{3}なので，物体Ａの底面積は，100÷５＝20(cm^2)とわかる。水面から物体Ａの下面までの距離が１cmのとき，物体Ａの水中に沈んでいる部分の体積は，20×１＝20(cm^3)なので，このときに物体Ａにはたらく浮力の大きさは20ｇである。つまり，図３のたてじくの１目盛りの値は20ｇである。よって，物体Ｂが水中に沈んでいないとき(水面から物体Ｂの下面までの距離が０cmのとき)のばねばかりの値Pは，20×３＝60(ｇ)となる。

⑸　図４の物体Ａ，Ｂにはたらく浮力の大きさの合計は，100×２＝200(ｇ)である。台ばかりが示す値は，物体Ａ，Ｂにはたらく浮力の大きさの合計のぶんだけ大きくなるので，2000＋200＝2200(ｇ)になる。

Ⅶ　抵抗《ていこう》を流れる電流についての問題

⑴　表１～４より，辺aが一定のとき，面Ｓの面積を２倍，３倍にすると，電流計の読みも２倍，３倍になっているので，電流計の読みは面Ｓの面積に比例することがわかる。また，面Ｓの面積が一定のとき，辺aの長さを２倍，５倍にすると，電流計の読みは$\frac{1}{2}$倍，$\frac{1}{5}$倍になっているので，電流計の読みは辺aの長さに反比例することがわかる。よって，辺aが10cm，面Ｓが１cm^{2}のときの電流計の読みを１とすると，辺aが２cm，面Ｓが６cm^{2}のときの電流計の読みは，$1\times\frac{10}{2}\times\frac{6}{1}=30$となる。

⑵　⑴と同様に計算すると，辺aが８cm，面Ｓが10cm^{2}のときの電流計の読みは，$1\times\frac{10}{8}\times\frac{10}{1}=$12.5である。

⑶　電流計の読みは，面Ｓの面積に比例し，辺aの長さに反比例するので，面Ｓの面積と辺aの長さをどちらも２倍，３倍，…にしても電流計の読みは変わらない。表４より，面Ｓの面積が１cm^2，辺aが１cmのときの電流計の読みは10なので，面Ｓの面積が２cm^2，辺aが２cmのとき，面Ｓの面積が３cm^2，辺aが３cmのときの電流計の読みも10になる。よって，抵抗の体積が40cm^{3}以上50cm^{3}以下になるのは，面Ｓの面積が７cm^2，辺aの長さが７cmのときで，体積が，７×７＝49(cm^3)の場合である。

⑷　図３より，抵抗の温度が上昇《じょうしょう》していくと，電流が流れにくくなることがわかる。よって，実験３で，長時間かけて電圧を大きくすると，電圧に比例して流れる電流も大きくなっていこうとするが，抵抗の温度が上昇していくにつれて電流が流れにくくなるため，流れる電流の増え方は少しゆるやかになる。

国　語　＜第１回試験＞（50分）＜満点：100点＞

解　答

一　**問１**　声　**問２**　（例）　われわれの存在と注意があるからこそ，作品が意味を十全に花開かせることができるということ。　**問３**　どのように読む　**問４**　②　（例）　相手が自分にとってかけがえのない存在だということ。　③　（例）「誰とつきあうべきか」を書いた本。　⑨　（例）　古典ギリシア・ローマの文人たちの言葉。　⑪　（例）　他者に対する敬意の欠如。　**問５**　エ　**問６**　価値　**問７**　（例）　批評とは本来作品の理解を助けるものなのに，われわれの思考を強く方向づけ，自分自身の力で作品と出会うことやその達成感を奪っていること。　**問８**　イ　**問９**　（例）　時間と手間をかけてじっくり吟味した上で出した評価を，読者に正確に伝えるために言葉を練り上げること。　**問10**　Ⅰ　ウ　Ⅱ　エ　Ⅲ　ア　**問11**　（例）　批評の言葉が作品に書かれてあることをくり返すだけになってしまうから。　**問12**　（例）　他者の言葉を自分のものにするための思考の努力をせず，他者の言葉への敬意が欠如していること。　**問13**　考える　**問14**　（例）　作品や他者と出会うためにわれわれが本を読むときには，真剣に作品と向き合い，思考する努力を惜しんではいけないということ。　**問15**　（例）　作品と適切な距離をとることが重要だとしながらも，最初はある作品に惹きつけられ，距離のことをいっさい忘れてしまうことが大切だと考えているから。　**問16**　自分自身の言葉のように　**問17**　（例）　⑬　**道**…文学という主題　⑭　**建物**…いくつかの作品　**問18**　（例）　遠慮しないで作品と向き合い，批評の言葉に左右されず，自分にとっての作品の価値を確かめること（を求めている。）　二　下記を参照のこと。

●漢字の書き取り

二　1　祝賀　2　孝行　3　縮尺　4　加盟　5　公私　6　秒針　7　秘境　8　豊（か）　9　率（いる）　10　帯（びる）

解　説

一　**出典は小《お》野《の》正嗣《まさつぐ》の『文学　ヒューマニティーズ』による。**文学作品をどのように読むべきかを説明し，作品を読むとはどういうことかについて考察している。

問１　前後から読み取る。われわれには，作品が伝えようとする内容やメッセージは「聞こえる」し，それらに「感動したり不快な気持ちになったり」する。しかし，われわれが「何を言おうが叫《さけ》ぼうが，作品世界のなかの人物たちに」は，こちらの伝えようとしていることは「絶対に届かない」と述べられているので，作品の内容やメッセージ，または読者の言いたいことなどをたとえた「声」があてはまる。

問２「作品に働きかけられるということは，作品に対して注意を，耳を傾《かたむ》けること」であり，「われわれの側からのこの注意がなければ作品にはなんの意味もない」と説明されていることをおさえる。つまり，われわれが存在し，注意を傾けるからこそ，その作品は「意味を十全に花開かせる」ことができるのだと言っている。

問３　二つ目の空らんの前で，筆者は，「大切な」ことは「出会った本とどのようにつきあっていくか」だと述べている。つまり，「何を読むべきか」ではなく，本を「どのように読む」べきかを考えるべきだというのである。

問４　②「あなたと友達」が，「たがいに」どのように思える関係を構築してきたのかを考える。直前の文の内容から，おたがいが「かけがえのない」存在と思えるような関係を育んできたことが読み取れる。　③「目にしたら，そんなことを言うおまえはいったい何様だ」と反感を覚えるのはどのようなものかを考えればよいので，直前の「『誰《だれ》とつきあうべきか』を書いた本」だと判断できる。　⑨「モンテーニュ」の『エセー』と，学生たちのレポートにおける「コピペ」が比較《ひかく》されていることに注目する。学生たちによる「コピペ」レポートは「ほとんどが他者の言葉の丸写し」でありながら，そこに敬意が全くないのに対し，モンテーニュの『エセー』では，「古典ギリシア・ローマの文人たちの言葉」を「支えに，あるいはそれに反論しつつ自説を展開する」ときも，「他者の言葉に対する敬意」があると述べられている。　⑪　直前に，「他者の言葉に心を注ぐことができないのは，本当のところ自分の言葉もどうでもいいと思っているからではないか」と述べられていることに注目する。つまり，「他者に対する敬意の欠如《けつじょ》」は結局，自分自身を大切にしないことにつながるのだと筆者は指摘《してき》している。

問５　前後の内容に着目する。「いやなやつだという第一印象だった」のが，話しかけてみるとうまく会話がはずんで仲良くなり，「いつの間にか」「親友になっていたなんてこともあるだろう」と述べられているので，“おたがいの気持ちがぴったり合う”という意味の「意気投合」があてはまる。なお，「初志貫徹《かんてつ》」は，最初に思い立ったときの意志を最後まで貫《つらぬ》き通すさま。「言行一致《いっち》」は，言っているとおりのことを行うこと。「自画自賛」は，自分で自分を褒《ほ》めること。

問６　続く部分に注目する。いまは「あらゆるところ」で「批評」が行われ，われわれのまわりには「対象」の「善し悪しを判断し，評価を下す言葉が溢《あふ》れて」いると述べられている。よって，「『批評』とは何よりも数ある作品をふるいにかけるようにして善し悪しを見極め」，「価値」を判断する行為《こうい》だといえる。

問７　「標識」とは，周囲に溢れる「批評」を指している。批評は本来「われわれ自身が対象と出会い，その出会いのありようについて思いをめぐらし，判断を下すことを助ける」はずのものだが，実際には「われわれの思考をあまりに方向づけ」てしまい，「自分自身の力で目的地にたどり着いたのだという達成感」を奪《うば》うと述べられている。つまり，批評が本来の役割を果たしていないことが「矛盾《むじゅん》」だと筆者は述べている。

問８　最初のほうで，読者が，ある「作品に対して忠実でいようと最善を尽《つ》く」して丁寧《ていねい》に読めば，作品は「自己を開花させる」かもしれないと述べられていることをおさえる。すなわち，「どこにもないところ」とは，作品がそれぞれの読者に示してくれる，独自の意味や内容にあたる。

問９　いまも昔もたえず行われている，「われわれに『どこにもないところ』を指し示す」行為を考える。直前で述べられているとおり，それは「時間と手間をかけてじっくり吟味《ぎんみ》した上」でなされた評価を，練り上げた言葉によって読者に「正確に伝える」という，本来あるべき「批評」にあたる。

問10　Ⅰ　作品を「どのように読むかを学ぶことがますます重要になってきている」が，「読むということは，実はそれほど簡単なことではない」という流れなので，前のことがらを受けて，それに反する内容を述べるときに用いる「しかし」があてはまる。　Ⅱ「読むこと，そして書くことについて考えるとき，批評行為について考えることは無駄《むだ》ではない」とした後，その理由が述べられているので，「なぜなら」が合う。　　Ⅲ「作品」を「他者」と言いかえているので，まとめて言いかえる働きの「つまり」が入る。

問11　続く部分で，「恋愛《れんあい》」において「愛する対象とひとつになりたいと欲望する」あまり，われわれは「愛する人のコピー」になりかねないという例をあげたうえで，「作品」に対しても「一体化の欲望が強すぎる」と，「批評の言葉」はそこに「書かれてあることを，えんえんとくり返すだけ」になってしまうと述べられている。

問12　少し後で，筆者は「『コピペ』レポート」について，「ほとんどが他者の言葉の丸写しなのに，他者の言葉に対する敬意がまるでないところ」を「驚《おどろ》くべき点」だとしたうえで，学生たちが「『コピペ』的なもの」をこしらえあげるときには，「引用してきた他者の言葉を受けとめ，それを理解し，自分のものとするための『労力と時間』も省略される」と述べている。このことから，筆者は，他者の言葉を自分のものにするための思考の努力をせず，他者の言葉への敬意が欠如している学生たちの姿勢を不安に思っているものとわかる。

問13　少し後で，「小説」や「詩」は「作者の思考の労苦の成果」であり，「すぐれた作品はそこにかけられた労苦を読者に突《つ》きつけ」，「それに見合うだけの労苦を読者の側にも要求せずにはおかない」と述べられていることをおさえる。つまり，「作品」を理解するには読者もそれなりに「思考」しなければならないというのである。しかし，そうした「他者の真剣《けん》な思考」は「われわれを脅《おびや》かし，不安にさせる」，ひじょうに「疲《つか》れ」るものであると同時に，それと向き合い，理解しようとするのに「労力と時間」もかかるので，われわれにとって「考える」ことが嫌悪されるのだと筆者は述べている。

問14「真剣《しんけん》に本を読む，作品に向き合うというのは，われわれを消耗《しょうもう》させる」ので，「こんな面《めん》倒《どう》くさいことをしないですませようとするのは当然じゃないか，とムージルは言う」が，「それは思考する努力をとことん重ねてきた」から言えると述べた後で，「愚《おろ》かなわれわれ」は「読むことを，考えることを，いちいち面倒くさがっていたら」，「いつまでたっても『いつものわたし』のまま」で，他者や作品と出会うことはできないと指摘している。筆者は，ローベルト・ムージルの話題を通し，平凡《へいぼん》なわれわれが読書を通じて他者と出会うためには，真剣に本を読み，懸命《けんめい》に考えなければならないということを伝えようとしているのである。

問15　前後に注目する。筆者は，「作品との適切な距離《きょり》を見つけることの重要性を強調」する一方，「われわれがまず行うべきことは，距離のことなどいっさい忘れて，まずは作品に身を投げ，作品とひとつになることなのかもしれない」と思っている。前後で述べていることのつじつまが合っていないことを理解しているので，筆者は「矛盾を承知で」と表現しているのである。

問16「どうやって読むか」という問題に対しては，「書き写す」という「単純な方法」があるとしたうえで，リルケの『マルテの手記』をあげた筆者は，「書き写すとき，たしかに言葉が自分の手を通して体のなかに入っていく気がする」と述べている。つまり，自分の字で書くことで，「自分自身の言葉のように思える」というのである。

問17　⑬　前後に注目する。筆者は，「文学という主題について書くなどというだいそれた試みの前に困惑《こんわく》しきって呆然《ぼうぜん》と立ち尽く」していたが，その「道」を見つけるために「なんの努力をしなかったわけではない」と述べているのだから，「道」は「文学という主題」を意味しているものとわかる。　⑭「文学という主題」を追求するために，筆者は「勇気を振り絞《しぼ》って，あたりに見える建物のいくつかの扉《とびら》を叩《たた》いてはみた」とある。つまり，それらの「建物」とは，「呆然と立ち尽くす」筆者の前にやって来てくれた，「いくつかの作品」にあたる。

問18 「作品」は「あなた」に対して，遠慮《えんりょ》や心配はせず存分に自分を味わってほしいと言っている。ただし「あなた自身の目と耳」で，他人が「作品」について「言ったことが本当かどうかをたしかめてほしい」と望んでいる。つまり，筆者は読者に対して，自由な態度でのびのびと作品と接し，批評に影響《えいきょう》されず，その作品が自分にとってどのような意味や価値があるのかを見定めることを求めているのである。

二 漢字の書き取り

1 祝い喜ぶこと。 **2** 子が親を敬い，尽くすこと。 **3** 実物より縮めた地図などをつくるさいに，縮める割合のこと。 **4** その一員として，団体に入ること。 **5** 公的なことと私的なこと。 **6** 時計の秒を示す針。 **7** 外部の人があまり訪《おとず》れないため，よく知られていない場所。 **8** 音読みは「ホウ」で，「豊富」などの熟語がある。 **9** 音読みは「ソツ」「リツ」で，「引率」「確率」などの熟語がある。 **10** 音読みは「タイ」で，「熱帯」などの熟語がある。訓読みにはほかに「おび」がある。

2020年度　明治大学付属明治中学校

〔電　話〕 (042) 444－９１００
〔所在地〕 〒182-0003　東京都調布市富士見町４―23―25
〔交　通〕 JR中央線―「三鷹駅」，京王線「調布駅」よりスクールバス

【算　数】〈第２回試験〉 (50分) 〈満点：100点〉

注意　１．解答は答えだけでなく，式や考え方も解答用紙に書きなさい。(ただし，**1** は答えだけでよい。)
　２．円周率《えんしゅうりつ》は3.14とします。
　３．定規・分度器・コンパスは使用してはいけません。

1　次の□にあてはまる数を求めなさい。

(1)　$(2020-\square)\div\frac{2}{3}+1\frac{1}{5}\times7\frac{1}{2}-3\times\left\{18-\left(8-2\div\frac{3}{5}\right)\right\}=62$

(2)　太郎君は，ある本を読み始めました。１日目は全体の $\frac{2}{9}$ より11ページ多く読み，２日目は残りの $\frac{2}{3}$ より４ページ少なく読んだところ，40ページ残っていました。この本は全部で□ページあります。

(3)　６で割ると４あまり，７で割ると５あまり，８で割ると６あまる４けたの整数の中で，もっとも大きい数は□です。

(4)　大小２つの正方形があり，２つの正方形のまわりの長さの差は８cmで，面積の差は15cm^2です。大きい正方形の１辺の長さは□cmです。

(5)　１が１個，３が３個，５が５個，７が７個，…が，次のように三角形の形に並んでいます。上から数えて21段目の左から数えて17番目の数は□です。

1
3　3
3　5　5
5　5　5　7
7　7　7　7　7
7　9　9　9　9　9
⋮

2　ある店では，３種類のお菓子Ａ，Ｂ，Ｃを作っています。Ａ１個の重さは16g，Ｂ１個の重さは24g，Ｃ１個の重さは30gです。ＡとＢの個数の比が５：３になるように作るとき，次の各問いに答えなさい。

(1)　ＣをＢより５個多く作ったところ，Ａ，Ｂ，Ｃの重さは合わせて3780gでした。このとき，Ａ，Ｂ，Ｃを合わせて何個作りましたか。

(2)　Ａ，Ｂ，Ｃを合わせて200個作ります。Ａ，Ｂ，Ｃの重さを合わせて5000g以下にするとき，Ｃをできるだけ多く作ろうとすると，Ｃは何個作ることができますか。

3　５つの空の容器Ａ，Ｂ，Ｃ，Ｄ，Ｅがあります。はじめにＡには濃度《のうど》6.1％，Ｂには濃度11.3％，Ｃには濃度17％の食塩水をそれぞれ100ｇずつ入れます。Ａから何ｇかをＤに入れ，Ｂからも何ｇかをＤに入れて混ぜると，Ｄには濃度10％の食塩水ができました。さらに，Ｃからも何ｇかをＤに入れて混ぜると，Ｄには濃度12％の食塩水ができました。最後に，Ｂの残りとＣの残りをすべてＥに入れて混ぜると，Ｅには濃度14.5％の食塩水ができました。このとき，次の各問いに答えなさい。

(1)　ＢからＤに入れた食塩水の量と，ＣからＤに入れた食塩水の量の比を，もっとも簡単な整数の比で表しなさい。

(2)　ＢからＤに入れた食塩水の量は何ｇですか。

4　川の上流にある北町と下流にある南町の間を１往復する２つの船Ａ，Ｂがあります。Ａ，Ｂともに静水時の速さは時速21km で，上る時間と下る時間の比は４：３です。午前10時にＡは北町を，Ｂは南町を同時に出発し，Ａは南町に，Ｂは北町に到着《とうちゃく》してからその町を出発するまで同じ時間とまっています。ＡとＢが最初にすれちがうのは午前10時12分，２回目にすれちがうのは午前10時57分です。このとき，次の各問いに答えなさい。ただし，川の流れの速さは一定とします。

(1)　北町と南町の間の距離《きょり》は何km ですか。

(2)　Ａは南町に，Ｂは北町に到着してからその町を出発するまでに何分間とまっていますか。

5　右の図のように，直角三角形AEF と長方形BEGD があり，辺AF と辺BD が交わる点をＣとします。AE＝16cm，EF＝12cm，AF＝20cm，BE＝12cm，BD＝18cm です。点Ｐは点Ｆから動き始めて，Ｆ→Ｃ→Ｂ→Ｅ→Ｆ→…の順に毎秒１cm の速さで動き続けます。点Ｑは点Ｐが動き始めるのと同時に点Ｅから動き始めて，Ｅ→Ｇ→Ｄ→Ｃの順に毎秒１cm の速さで動き，点Ｃでとまります。このとき，次の各問いに答えなさい。

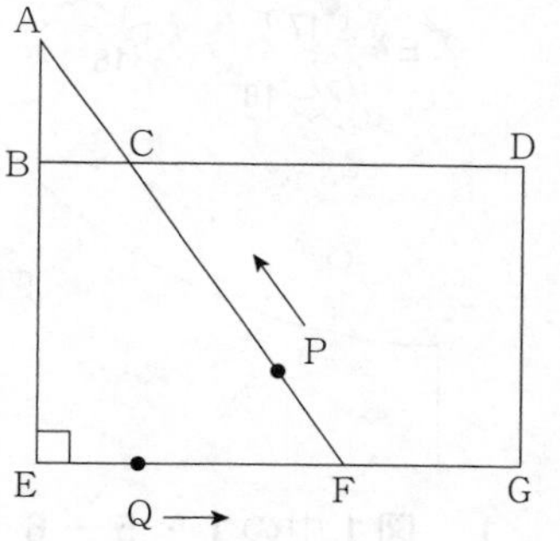

(1)　点Ｐが動き始めてから５秒後の三角形EQP の面積は何cm^2 ですか。

(2)　三角形EQP の面積が２回目に$99cm^2$ になるのは，点Ｐが動き始めてから何秒後ですか。

(3)　点Ｑが点Ｃに着いたあと三角形EQP の面積が初めて$48cm^2$ になるのは，点Ｐが動き始めてから何秒後ですか。

【社　会】〈第２回試験〉（40分）〈満点：75点〉

Ⅰ　日本列島には多くの河川が流れています。特に大きな河川はその下流部に平野を形成し，そこは人々の生活の舞台となっています。次の**図１**は日本の主な河川を示したものです。これらの河川について以下の問いに答えなさい。

図１　日本の主な河川

1　**図１**中の**1**・**5**・**6**・**14**の河川名として正しいものを次の**ア**～**オ**の中から１つ選びなさい。

	1	5	6	14		1	5	6	14
ア	十勝川	阿武隈川	北上川	四万十川	**イ**	石狩川	雄物川	阿武隈川	吉野川
ウ	十津川	米代川	久慈川	仁淀川	**エ**	勇払川	阿武隈川	北上川	四万十川
オ	天塩川	最上川	阿武隈川	吉野川					

2　**図１**に示した河川は，「流路延長」（川の長さ）が長い川です。**図１**に示した河川と流路延長の長い順位の組み合わせが正しいものを次の**ア**～**オ**の中から１つ選びなさい。

	１位	２位	３位	４位	５位
ア	8	9	2	1	4
イ	9	2	8	4	13
ウ	9	8	2	13	12
エ	8	2	9	4	13
オ	8	9	2	13	1

3　河川の長さとは別に，河川の広がりを示す「流域面積」というものがあります。**図１**に示した河川と流域面積の大きい順位の組み合わせが正しいものを次の**ア～オ**の中から１つ選びなさい。

	１位	２位	３位	４位	５位
ア	**8**	**9**	**2**	**4**	**13**
イ	**9**	**2**	**8**	**4**	**13**
ウ	**9**	**8**	**2**	**13**	**4**
エ	**8**	**2**	**9**	**4**	**13**
オ	**8**	**9**	**2**	**1**	**4**

4　次の地図と文章**ア～エ**は，**図１**中の**２**・**11**・**13**・**17**の河川の流域について示したものです。これらの河川にあてはまるものを次の**ア～エ**の中からそれぞれ１つ選びなさい。

ア　低平な平野に水田が発達している。その中には大きな河川から引かれたクリークと呼ばれる水路が発達している。小舟を利用し物資の運搬や交通路として使われていた。

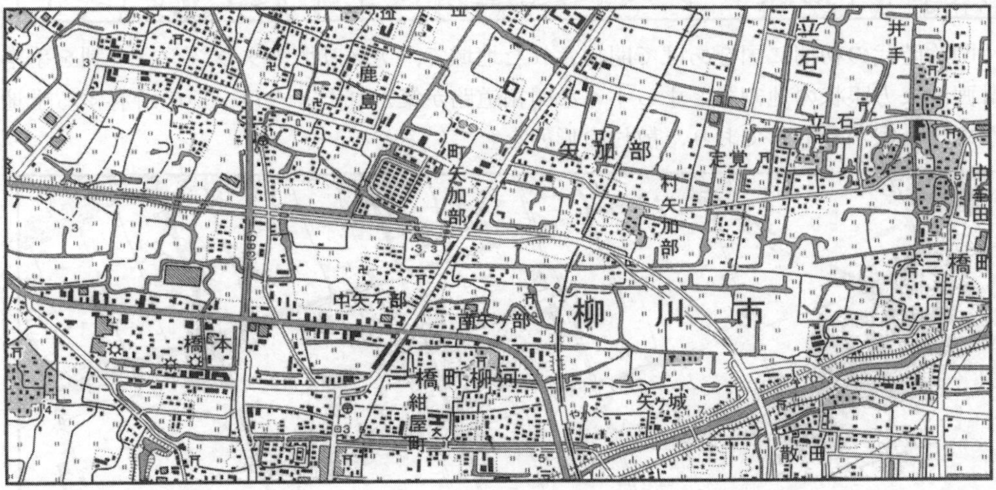

イ　大きな河川が合流するこの地域では，水害から集落や水田を守るため，輪中といわれる堤防で仕切った一画を築き備えてきた。集落は周囲より高い堤防上に築かれている。

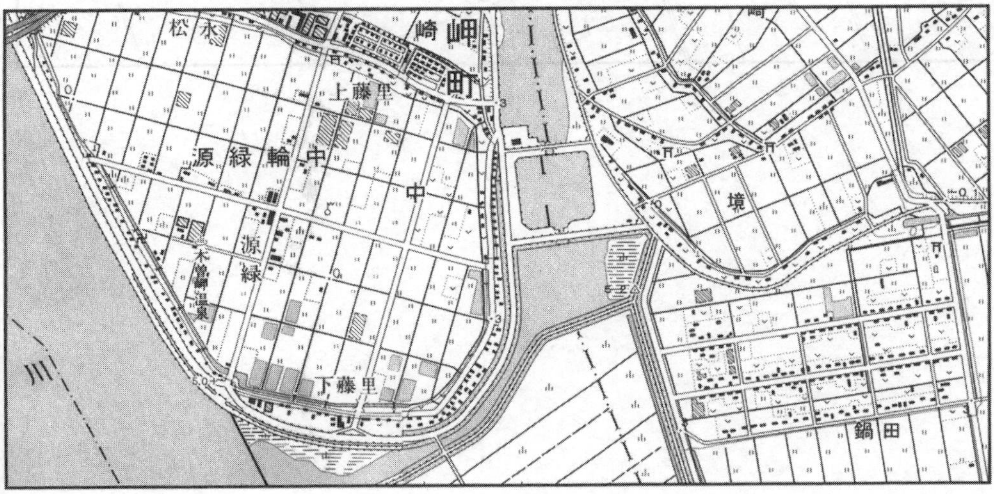

ウ　近世以降，この地域の開発の過程で，屋敷の周囲に農地を集めたため独特の散居村を形成している。地図中にある二万石用水のように各地域にくまなく用水が配置されている。

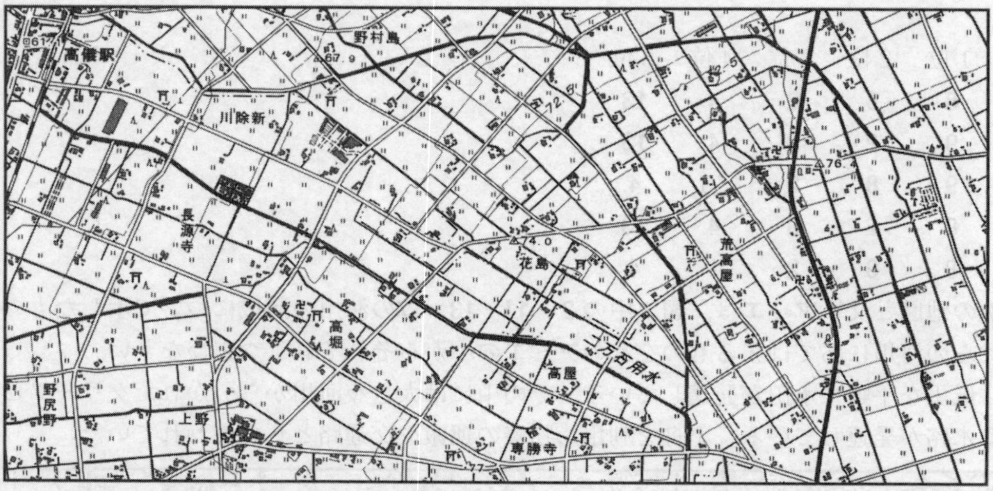

エ　明治時代の初期に国をあげて開拓された地域で，アメリカのタウンシップ制を手本とした，計画的な方眼状の地割りとまっすぐな開拓道路が築かれた。一戸一戸の所有する土地が広いため，人家が分散しており，散村の形態をしている。

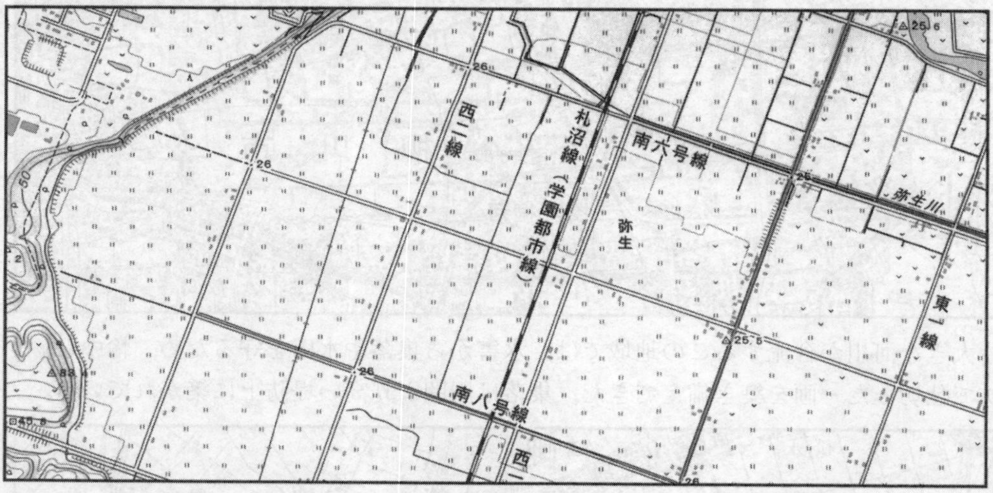

5　次の２枚の航空写真は，**4**の**ア**～**エ**のいずれかの地域です。**1**と**2**にあてはまるものを，**4**の**ア**～**エ**の中からそれぞれ１つ選びなさい。

1

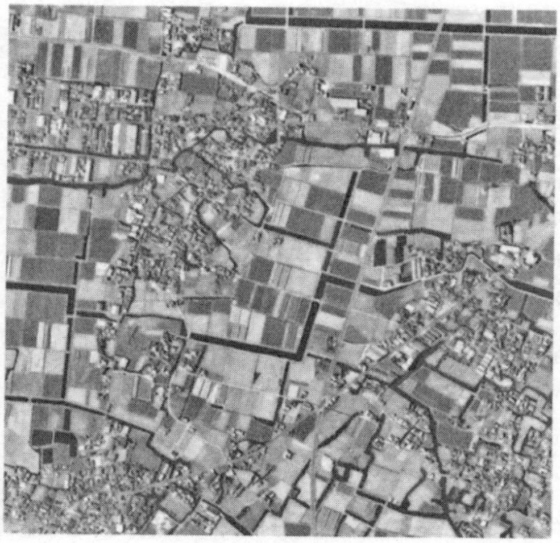

2

6　次の文章は，**図１**中の**3**・**8**・**9**・**12**の河川の中～下流域に位置する**×**印の都市の農業生産について説明したものです。これらの河川にあてはまるものを，次の**ア**～**エ**の中からそれぞれ１つ選びなさい。

ア　この川の中～下流域では，大都市向けに野菜を中心とする園芸農業が盛んにおこなわれており，**×**印のある市は野菜の生産額で日本一位である。

イ　この川の中～下流域に位置する**×**市では米・野菜に加え，みかんやメロンなどの果実栽培が盛んで生産額で日本三位である。また，花の生産額では日本二位である。

ウ　この川の**×**の地域では広大な農地で酪農や畑作農業が盛んにおこなわれており，生乳の生産は全国でトップ10に入る。

エ　この川の下流に広がる**×**地域では広大な水田で稲作を中心とする農業がおこなわれている。**×**印の市は米の生産量で日本一位である。

7　次の統計資料は**図１**中の**４・５・12・15・16**の河川の河口にある都道府県の農業生産額と主な生産物を示したものです。これらの河川にあてはまるものを次の**ア～オ**の中からそれぞれ１つ選びなさい。

	販売農家数(2017)戸	農業生産額(2016)億円	米の生産量(2017)トン	生産額上位の作物(2017) 億円 1位		2位		3位		4位		5位		漁獲量(2016)百トン
ア	33,100	1,843	354,700(６位)	米	771	肉用牛	271	鶏卵	158	豚	134	生乳	126	1,632
イ	17,500	629	90,800	米	196	肉用牛	83	生乳	71	鶏卵	38	豚	30	1,094
ウ	28,900	2,266	80,900	みかん	246	茶(生葉)	210	米	198	鶏卵	140	荒茶	115	1,834
エ	14,700	1,144	54,600	なす	144	米	125	しょうが	104	にら	99	みょうが	83	661
オ	29,300	2,391	385,700(４位)	米	850	桜桃	368	豚	120	肉用牛	114	ぶどう	111	52

8　**図１**中の**９**の河川の河口には日本一の水揚げを誇る銚子漁港(■**B**)があります。**図１**に示した■**A**～■**E**の漁港と水揚げ量の順位(2016年)の組み合わせが正しいものを次の**ア～エ**の中から１つ選びなさい。

	１位	２位	３位	４位	５位
ア	B	C	A	D	E
イ	B	A	C	E	D
ウ	B	C	A	E	D
エ	B	E	C	A	D

9　**図１**中の**10**の河川が流れ込む東京湾の周辺には様々な工場が見られます。次の**写真１～３**の工場は何を製造する工場であると考えられますか。正しいものをあとの**ア～オ**の中からそれぞれ１つ選びなさい。

写真１

写真２

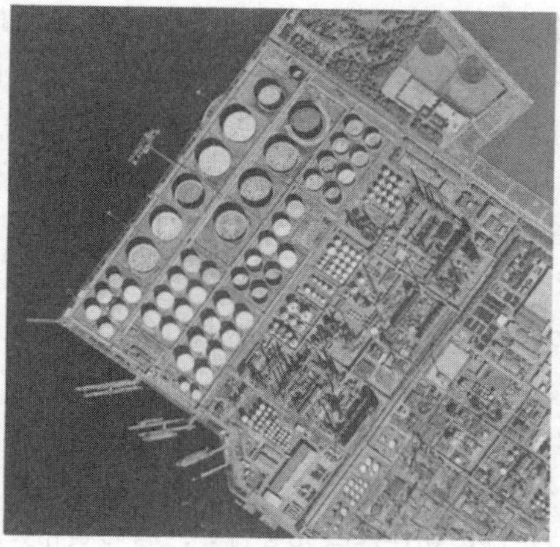

写真３

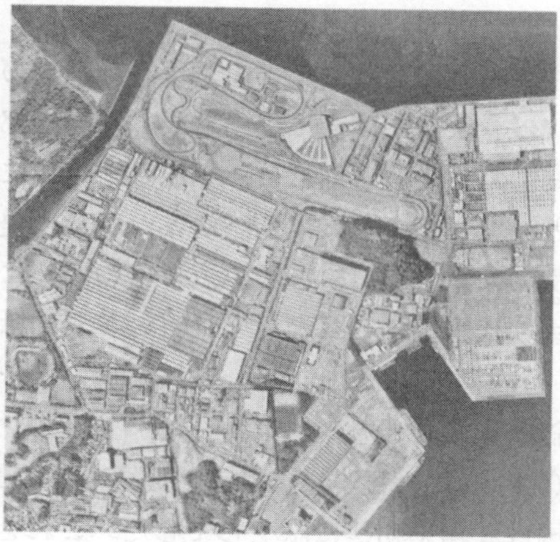

ア　火力発電所

イ　自動車工場

ウ　石油化学工場

エ　製鉄所

オ　造船所

10　**図１**中の**７**・**11**・**18**の河川の流域またはその近くでは，かつて深刻な公害が発生して大きな社会問題となり，今でも被害者は病気とたたかっています。これらの流域またはその近くで起こった公害に関する説明として正しいものを次の**ア**～**エ**の中からそれぞれ１つ選びなさい。

ア　この川の上流にあった三井金属神岡鉱山の製錬に伴う未処理廃水にカドミウムが含まれ，これにより汚染された米や野菜を食べたことで発生した公害病。補償裁判は終結しているが，汚染土の処理などが問題として残されている。

イ　この地域で発電される電力を利用したチッソという化学肥料の工場が排出した有機水銀による中毒で，多くの人々が脳神経障害を起こし，苦しんで亡くなった。現在も病気認定と補償をめぐり裁判がおこなわれている。

ウ　石原産業・中部電力・昭和石油など６社の工場から排出された硫黄酸化物により引き起こされた呼吸器疾患などの公害病。大気汚染による公害であったため，被害は広範囲に及び，多くの被害患者が発生した。

エ　昭和電工という会社がアセトアルデヒドという化学物質を製造する過程で発生した有機水銀を排出したために公害が発生した。流域で川魚を食べた人を中心に中毒患者が発生し，現在も裁判が続いている。

11　かつての公害病事件から私たちが学んだはずの経験を考えにいれ，次の**A**～**C**のそれぞれの立場から「環境を守るために何をすべきか」について述べなさい。

A　工場を操業する企業の立場

B　工場の周辺に住む住民の立場

C　国や地方自治体の立場

Ⅱ　身分の高い人が身分の低い人にものを与えることを「下賜《かし》」と言い，身分の高い人にものをさしあげることを「献上」と言います。現在，天皇家がものを受け取る場合，上限は年間600万円と定められており，超過する場合は国会の議決が必要とされています。昭和から平成に替《か》わる時には議決案が国会に提出され，国会や都道府県などから絵画や工芸品など58件の献上品がありました。これと同様に，平成から令和に替わる時にも，即位の礼で皇室が献上品を受け取ることができるようにする議決案が国会に提出されました。そこで，献上に関わる歴史をまとめた次の文章［1］～［5］を読み，以下の問いに答えなさい。

［1］　木村屋初代当主の安兵衛，二代目の英三郎は，あんぱんを明治天皇に献上しました。天皇と皇后は，とても気に入り，「引き続き納めるように」と話しました。

［2］　塩瀬総本家の初代林浄因《りんじょういん》は，元から来日して饅頭《まんじゅう》を作り宮中に献上しました。銀閣を建てた将軍(　**1**　)は，「日本第一番本饅頭所」の直筆の看板を下賜しました。

［3］　武蔵国は，銅を朝廷に献上しました。これをきっかけに朝廷は改元を行い，唐の貨幣にならって(　**2**　)を鋳造しました。

［4］　臨済宗の開祖である(　**3**　)は，宋に渡って禅宗を学び，飲茶が盛んに行われているのを見聞きしました。帰国後に茶の専門書である「喫茶養生記《きっさようじょうき》」を著し，将軍に献上しました。

［5］　毎年，旧暦６月１日(現在の７月上旬)になると，加賀藩は幕府に氷を献上しました。大名飛脚たちは，「お氷さま」(出発時は約60キログラム)を桐箱に入れ，金沢から江戸までの約480キロメートルの道のりを昼夜４日間かけて運び継ぎました。

1　文章中の空らん(**1**)～(**3**)にあてはまる語句を答えなさい。

2　文章中の下線部に関して，献上した時代の古い順に並べ，［1］～［5］の番号で答えなさい。

3　［1］の時代の流行語に「文明開化の七つ道具」というものがあり，その中に「あんぱん」が含まれていました。「七つ道具」にあてはまらないものを次の**ア**～**カ**の資料の中から１つ選びなさい。

ア

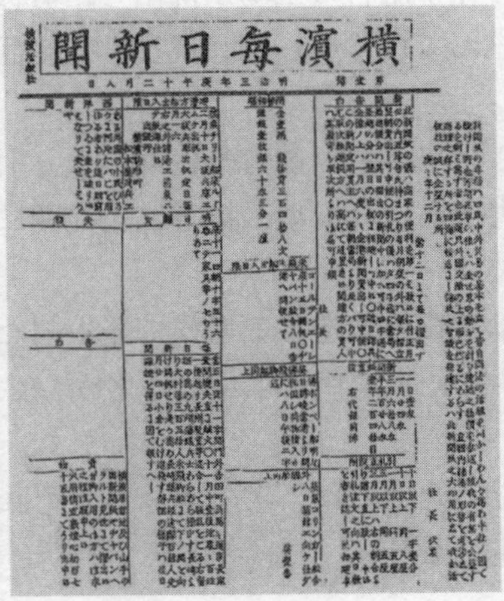

横濱毎日新聞

イ

ウ

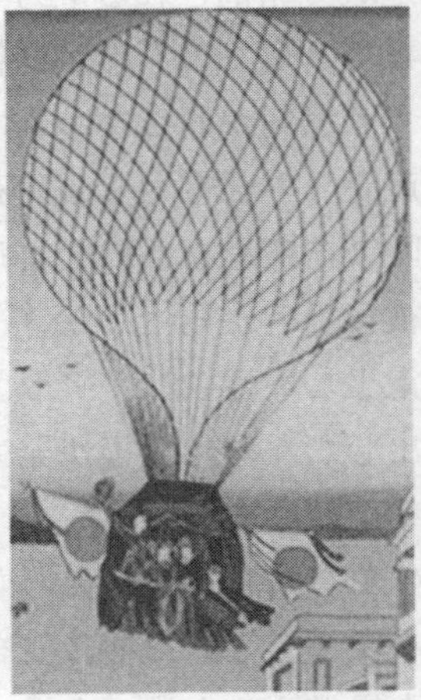

エ

オ

カ

4　2 の銀閣が建てられた時代と同時代の文化ではないものを次の**ア**～**エ**の中から１つ選びなさい。

ア

イ

ウ

エ

5　3 の改元された元号の時代に起こった出来事ではないものを次の**ア**～**エ**の中から１つ選びなさい。

ア　藤原不比等らが編纂《さん》した律令が施行された　　**イ**　『古事記』がまとめられた

ウ　出羽国が建てられた　　**エ**　平城京に遷都した

6　4 の時代の対外関係として正しいものを次の**ア**～**エ**の中から１つ選びなさい。

ア　遣唐使が廃止された　　**イ**　白村江の戦いに敗れた

ウ　モンゴル帝国が襲来した　　**エ**　李舜臣の水軍が日本の水軍を破った

7　[5]に関して，加賀藩が領有していない旧国名を次の**ア**～**エ**の中から１つ選びなさい。

ア　越前　　**イ**　越中　　**ウ**　加賀　　**エ**　能登

8　[5]に関して，『定本江戸城大奥』では「氷とは言っても，器に入る程度の雪の塊で，土の中に埋めて置いたものだからであろうか，土やごみなどが混ざって，とてもきれいではない。そのため，将軍の妻はお手を付けず，私たち女中《じょちゅう》に分けて下さります」(現代語に訳し補足した)と書かれています。そのため，この氷は，将軍が食べたり，何かを冷やしたりする実用的なものではありませんでした。それでも，加賀藩が毎年氷を献上する理由を述べなさい。

9　1921年６月22日「朝日新聞」夕刊には，次のような記事があります(現代語に訳し，わかりやすいように改変しました)。

> 最近，市内の商店の中で「宮内省御用達」という看板を掲げて市民をだましている不正商人が続出した。そこで，警視庁は不正商人を撲滅《ぼくめつ》する方針を立て，宮内省と打ち合わせ，実際の宮内省出入商人を調査した。すると，その数はわずかに57名であり，そのうち英仏人が各３名で，虚偽《きょぎ》の看板を掲げて営業している者が約100名いることが判明した。そこで，21日，保安部では前記57名の実際の宮内省出入商人の住所と氏名を列挙《れっきょ》して，市内各所並びに内務省を経て，全国主要の各都市にも配付することとして，これらの不正者に対し厳重な処分をすることとなった。

(1)　この年に起こった出来事として，正しいものを次の**ア**～**エ**の中から１つ選びなさい。

ア　関東大震災が発生した　　　**イ**　普通選挙法が公布された

ウ　ベルサイユ条約が調印された　　**エ**　原敬首相が東京駅で暗殺された

(2)「不正商人」が「宮内省御用達」という看板を掲げる理由を説明しなさい。

Ⅲ　次の文章を読み，以下の問いに答えなさい。

2019年は改元が行われ，４月30日をもって退位した天皇は[　あ　]という立場になりました。次の年表は平成の時代に起こったり，初めて実施されたりした出来事を挙げたものです。

1989年　①消費税[　い　]％が導入される
1991年　②平成不況がおとずれる
1992年　自衛隊が，[　う　]協力法に基づきカンボジアへ派遣される
1993年　法隆寺地域の仏教建造物と姫路城が③世界文化遺産に登録される
　　　　[　え　]連立内閣誕生，55年体制の崩壊
1995年　④阪神淡路大震災が発生する
1996年　⑤小選挙区比例代表並立制による衆院選実施
2000年　介護保険制度が始まる
2001年　⑥中央省庁の再編が行われる
2003年　個人情報保護法が成立する
2007年　⑦郵政民営化が実施される
2011年　⑧東日本大震災が発生する
2016年　オバマ大統領が現職大統領として初めて広島を訪問する

改元されても，平成の出来事と今の世の中とのつながりが切れるわけではありません。⑨令和の世に起こることも，平成にその原因やきっかけをさかのぼることができますから，みなさんも“今”という結果が，何によってもたらされているのか，考えてみる習慣をつけましょう。

1　文と年表中の空らん［あ］～［え］にあてはまる語句を答えなさい。ただし，［う］にはアルファベットの略称が，［え］には当時の首相の名字が入ります。

2　**下線部①**について，次の(1)・(2)の問いに答えなさい。

(1)　なぜ政府は，直接税である法人税や所得税ではなく，間接税である消費税を引き上げるのか，その理由として考えられることを簡潔に答えなさい。

(2)　2019年の引き上げに伴い，いわゆる軽減税率が導入されました。次の**A**～**D**のような場合，その税率は何％になると考えられますか。税率の組み合わせとして正しいものを，あとの**ア**～**エ**の中から１つ選びなさい。

A	家で誕生日パーティーを開くために宅配ピザを注文した
B	近所のファミリーレストランで友達と一緒に食事をした
C	店の前の飲食用テーブルで食べる目的で，そのお店のたい焼きを買った
D	ハンバーガー店で持ち帰り用にハンバーガーを買った

ア　**A**：10％　**B**：10％　**C**：10％　**D**：８％
イ　**A**：８％　**B**：10％　**C**：10％　**D**：８％
ウ　**A**：10％　**B**：８％　**C**：８％　**D**：10％
エ　**A**：８％　**B**：８％　**C**：８％　**D**：10％

3　**下線部②**について，その原因について説明した次の文章を読み，あとの(1)・(2)の問いに答えなさい。

1970～80年代にアメリカの景気が悪化したため，アメリカは自国の輸出を伸ばすことを考えた。1985年の［ 1 ］によって各国が協調して，外国為替をドル［ 2 ］に進めていく体制がとられたことで，日本にとっては逆に円［ 3 ］による不況がおとずれた。日本銀行は景気対策のために，※1金利の基準となっていた※2公定歩合を引き［ 4 ］げ，企業が銀行からお金を借りやすいようにした。しかし企業はそのお金で［ X ］を買い，その［ X ］を※3担保にまたお金を借りるということを繰り返したために［ X ］の価格が何倍にもはね上がることになった。

そこで日本政府は銀行に対して，不動産会社が［ X ］を買うお金を貸さないように指導した結果，［ X ］を買う人が激減した。更に新たな税を導入したり，公定歩合を引き［ 5 ］げたりといった政策を同時に実施したので，［ X ］の価格は大暴落してしまった。その結果，銀行は［ X ］を担保にして貸したお金を回収できなくなり，金融機関が経営破たんする事態へと進んだ。

※1　お金を貸し借りする時の「預け賃」や「借り賃」となる利子のこと。
※2　日銀が銀行にお金を貸す時の金利のことで，これが上下すると世の中の金利も上下していた。
※3　お金を借りる時に相手に預けるものや預ける行為のこと。

(1)　空らん 1 ～ 5 にあてはまる語句を，次の**ア～ク**の中からそれぞれ１つ選びなさい。

ア　高　**イ**　冷戦終結　**ウ**　パリ協定　**エ**　上

オ　安　**カ**　石油危機　**キ**　プラザ合意　**ク**　下

(2)　空らん X にあてはまる語句を漢字２文字で答えなさい。

4　**下線部③**について，2019年に世界遺産に指定されたものを次の**ア～エ**の中から１つ選びなさい。

ア　百舌鳥・古市古墳群　**イ**　彦根城

ウ　北海道・北東北の縄文遺跡群　**エ**　武家の古都「鎌倉」

5　**下線部④**について，このことをきっかけに始まった取り組みについて説明した文の内容に誤りがあるものを次の**ア～エ**の中から１つ選びなさい。

ア　のちの「緊急地震速報」につながる地震計の設置が進められた

イ　帰宅支援ステーションを廃止し，避難所の整備を進めるようになった

ウ　ホースのつなぎ口など消火設備の規格が統一されるようになった

エ　体感による震度の測定をやめ，各市町村に地震計が設置されるようになった

6　**下線部⑤**について，日本におけるこの選挙方法について説明した文の内容に誤りがあるものを次の**ア～エ**の中から１つ選びなさい。

ア　比例代表制は死票を生じやすいしくみのため，小選挙区制を組み合わせている

イ　比例代表よりも小選挙区から選出する議員数の方が多いしくみである

ウ　小選挙区と比例代表の両方から重複して立候補することができる

エ　小選挙区の区割りは国勢調査で調べた人口をもとに10年ごとに見直される

7　**下線部⑥⑧**について，2001年の省庁再編時には存在せず，2011年の東日本大震災を機に誕生し，2031年まで存続させることになった省庁を答えなさい。

8　**下線部⑦**について，郵政民営化によって行われたことを説明した文として，正しいものを次の**ア～エ**の中から１つ選びなさい。

ア　郵便局員が公務員でなくなり，国から給料を支払う必要がなくなった

イ　郵便配達の仕事のみ国の仕事から切り離され，民間の会社が行うようになった

ウ　郵便貯金と簡易保険の仕事のみ，民間の会社が行うようになった

エ　郵便配達・郵便貯金・簡易保険を，別々の民間の会社が行うようになった

9　**下線部⑨**について，平成元年に導入された消費税は，令和元年に引き上げられ，同時に軽減税率が導入されました。この軽減税率を導入した目的を述べなさい。また，その目的に沿って考えた時に，対象品目の選び方にどのような問題があると考えられるか，具体的に説明しなさい。

【理　科】〈第２回試験〉（40分）〈満点：75点〉

Ⅰ　気体の発生に関するア～カの実験を行いました。これらの実験について，問いに答えなさい。

ア　スチールウールにうすい塩酸を加えた。

イ　石灰石にうすい塩酸を加えた。

ウ　よくみがいたアルミニウムにうすい塩酸を加えた。

エ　二酸化マンガンに過酸化水素水を加えた。

オ　スチールウールに水酸化ナトリウム水溶液《すいようえき》を加えた。

カ　塩化アンモニウムと水酸化カルシウムを混ぜて加熱した。

(1)　酸素が発生するのはどの実験ですか。ア～カの記号で答えなさい。

(2)　同じ気体が発生するのはどの実験ですか。ア～カの記号で答えなさい。

(3)　気体が発生しないのはどの実験ですか。ア～カの記号で答えなさい。

(4)　同じ体積の重さが最も重い気体が発生するのはどの実験ですか。ア～カの記号で答えなさい。

(5)　発生した気体を水に溶《と》かして水溶液にした後，無色のフェノールフタレイン溶液を入れると赤くなるのはどの実験ですか。ア～カの記号で答えなさい。

Ⅱ　固体Ａが100ｇの水にどのくらい溶けるかを調べたところ，20℃の水に32ｇ，40℃の水に64ｇまで溶けました。このことについて，問いに答えなさい。

(1)　20℃の水100ｇに，固体Ａを溶けるだけ溶かしました。この水溶液の濃度《のうど》は何％ですか。小数第１位を四捨五入して整数で答えなさい。

(2)　40℃の水50ｇに，固体Ａを20ｇ溶かしました。この水溶液の濃度は何％ですか。小数第１位を四捨五入して整数で答えなさい。

(3)　(2)の水溶液に，さらに固体Ａを加えると，あと何ｇまで溶かすことができますか。

(4)　40℃の水200ｇに固体Ａを100ｇ溶かし，水溶液の温度を20℃まで下げました。水に溶けきれずに出てくる固体Ａは何ｇですか。

(5)　(4)のときに出てきた固体Ａを完全に溶かすには，20℃の水を最低何ｇ加えればよいですか。小数第１位を四捨五入して整数で答えなさい。

Ⅲ　７種類の動物を，次のページの**図**のようになかま分けしていきました。図中の①～⑥は，どのような基準でなかま分けをしましたか。正しいものを選び，それぞれア～カの記号で答えなさい。

ア　卵を産むか，子を産むか。

イ　体温がほぼ一定に保たれているか，周囲の温度によって変化するか。

ウ　背骨があるか，ないか。

エ　受精を体内で行うか，体外で行うか。

オ　からだが，３つの部分に分かれているか，２つの部分に分かれているか。

カ　肺で呼吸する時期があるか，一生えらで呼吸するか。

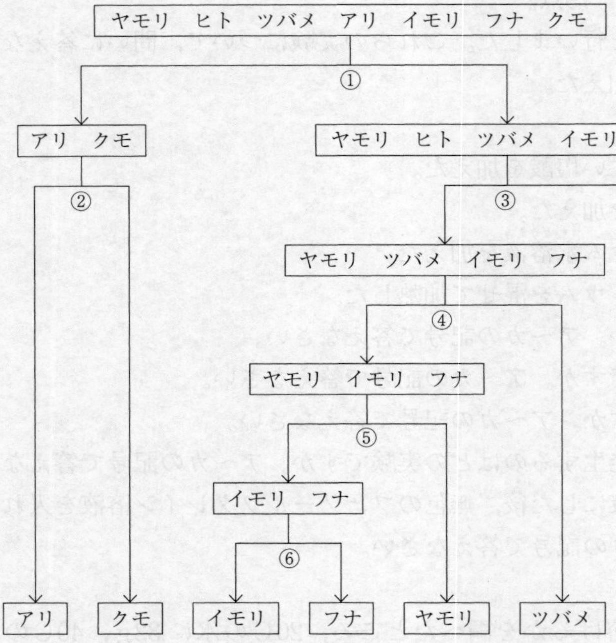

図

Ⅳ　図のように，水の入った試験管Ａ～ＣにBTB溶液を入れ，息を吹き込《こ》んで緑色にしました。それぞれの試験管に同じ大きさのオオカナダモを入れてゴム栓《せん》をしました。次に試験管Ｂをアルミニウムはくで，試験管Ｃをガーゼでおおい，【実験１】と【実験２】を行いました。これらの実験について，問いに答えなさい。

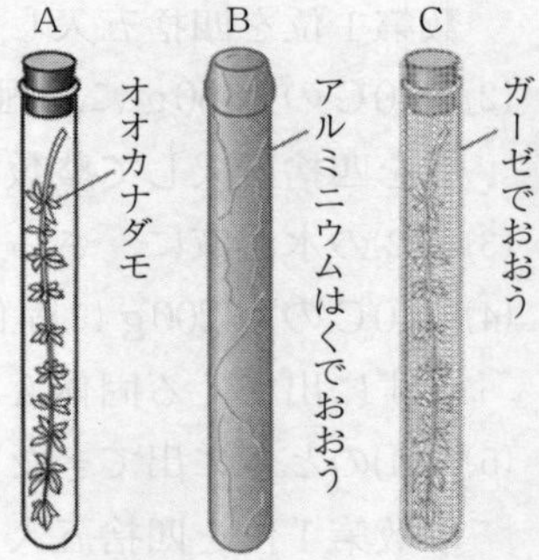

【実験１】

すべての試験管に日光を１時間あてたところ，試験管Ｃだけは BTB溶液の色が変わらず，その他の試験管は色が変化しました。

【実験２】

すべての試験管に光をあてず，１時間後に試験管を観察しました。

(1)　息を吹き込む前のBTB溶液の色として正しいものを選び，ア～エの記号で答えなさい。また，息を吹き込んだときBTB溶液の色が変化した原因となる物質の名称《めいしょう》を答えなさい。

ア　赤　　イ　黄　　ウ　青　　エ　緑

(2)　【実験１】で，試験管Ａ，Ｂの色の変化として正しいものを選び，ア～ケの記号で答えなさい。

ア　試験管Ａ，Ｂともに赤色に変化した。

イ　試験管Ａ，Ｂともに黄色に変化した。

ウ　試験管Ａ，Ｂともに青色に変化した。

エ　試験管Ａは青色，試験管Ｂは黄色に変化した。

オ　試験管Ａは黄色，試験管Ｂは青色に変化した。

カ　試験管Ａは青色，試験管Ｂは赤色に変化した。

キ　試験管Ａは赤色，試験管Ｂは青色に変化した。

ク　試験管Ａは黄色，試験管Ｂは赤色に変化した。

ケ　試験管Ａは赤色，試験管Ｂは黄色に変化した。

(3)　【実験１】の試験管Ａ～Ｃにおいて，オオカナダモの光合成量と呼吸量を比較《ひかく》したときの説明として正しいものを選び，それぞれア～ウの記号で答えなさい。

ア　光合成量の方が呼吸量より多い。

イ　光合成量の方が呼吸量より少ない。

ウ　光合成量と呼吸量は等しい。

(4)　【実験２】で，試験管Ａ～ＣのBTB溶液の色として正しいものを選び，それぞれア～エの記号で答えなさい。

ア　赤　　イ　黄　　ウ　青　　エ　緑

V　次の**図**は，東京における，2019年12月26日３時の西の星空を表したものです。図を見て，問いに答えなさい。

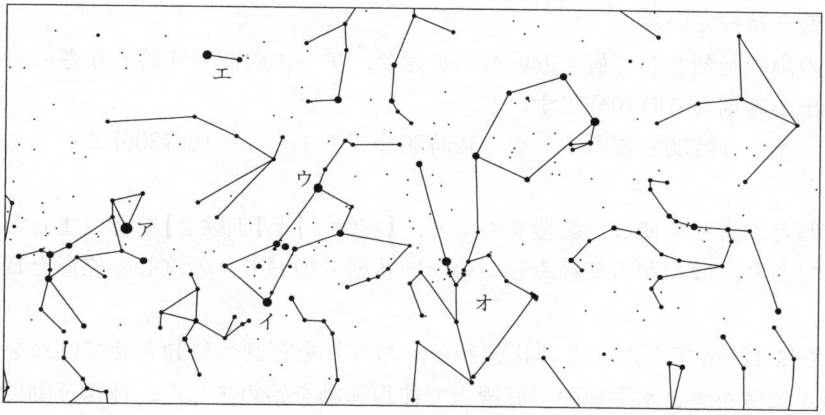

図

(1)　**図**の恒星《こうせい》ア，イ，ウ，星座エ，オの名称をそれぞれ答えなさい。

(2)　３か月後，西の星空が**図**と同じになるのは何時ごろですか。

(3)　この日の１時の西の星空として正しいものを選び，ア～エの記号で答えなさい。

ア

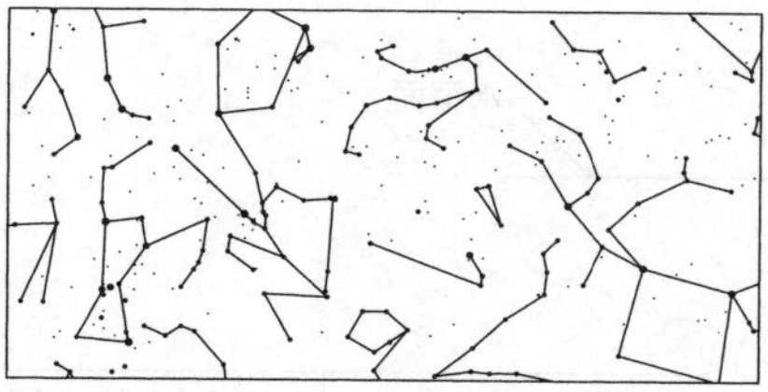

イ

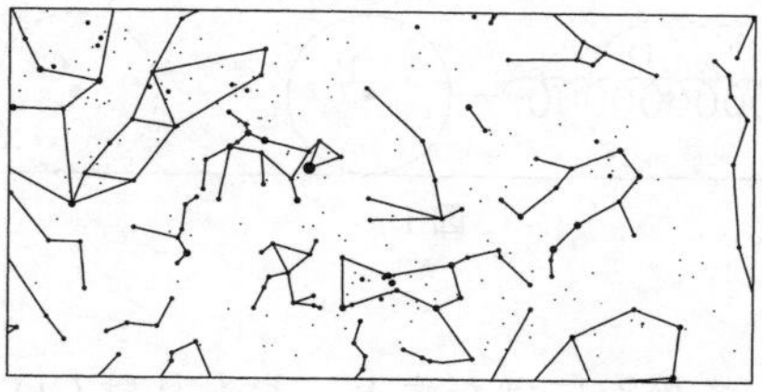

ウ

エ

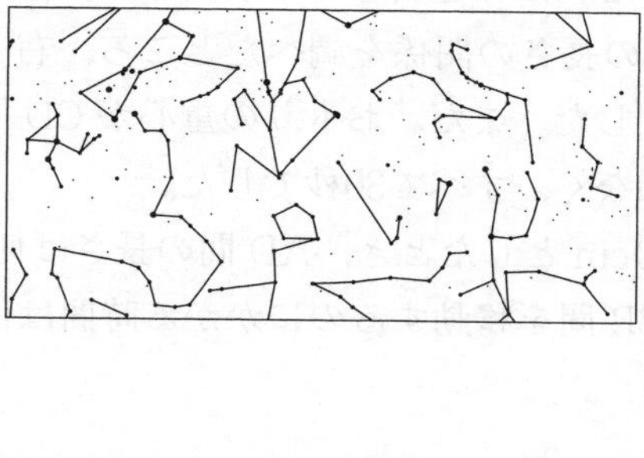

(4)　この日の午後，日本各地で部分日食が観測されました。日食についての説明として正しいものを選び，ア～オの記号で答えなさい。

ア　日食は，太陽，地球，月の順に一直線に並んだときに観測できる。

イ　日食が観測できるのは新月のときだけである。

ウ　日食は，地球の影《かげ》の中に月が入ったときに観測できる。

エ　毎月日食が観測できないのは，太陽の大きさが変化するからである。

オ　日食は，北極点では観測することができない。

(5)　この日，星空の観測をしばらく続けていると，やがて東の空に火星がのぼってきました。火星についての説明として正しいものを選び，ア～オの記号で答えなさい。

ア　火星は，地球よりも外側の軌道《きどう》を公転している。

イ　火星は，真夜中には観測することができない。

ウ　火星は，地球よりも大きい惑星《わくせい》である。

エ　火星は，「よいの明星」，「明けの明星」と呼ばれることがある。

オ　火星は，うすい輪を持っている。

(6)　この日，東京の月の出の時刻として最も近いものを選び，ア～エの記号で答えなさい。なお，この日の東京の日の出の時刻は６時49分です。

ア　０時30分ごろ　　イ　６時30分ごろ　　ウ　12時30分ごろ　　エ　18時30分ごろ

Ⅵ　**図１**のように，ばねとおもりを使った装置をつくり，【実験１】と【実験２】を行いました。ばねはＡ点で固定されており，ばねがのび縮みしていない状態でのおもりの重心の位置をＢ点とします。

最初，AB 間の長さは 12cm でした。この状態から，おもりを右側へ移動させてばねを引きのばし，おもりを静かにはなすと水平面の一直線上で往復運動を始めました。往復運動におけるおもりの重心の右端《はし》をＣ点，左端をＤ点とします。

ただし，ばねの重さは無視できるほど軽く，また，空気や水平面による摩擦《まさつ》はないものとして，問いに答えなさい。

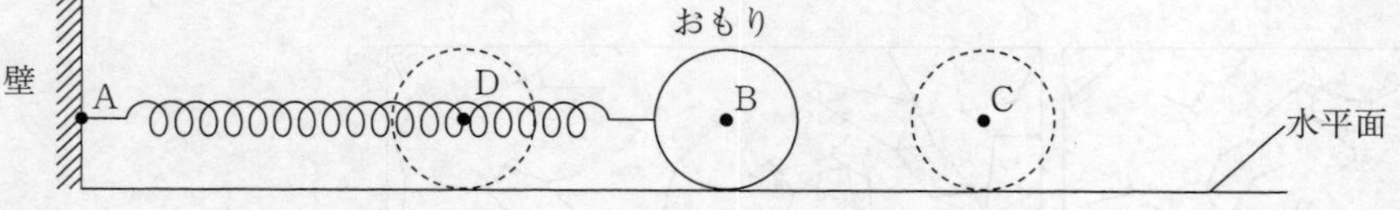

図１

【実験１】

ばねを引きのばして静かにはなすと，おもりは CD 間を往復運動しました。ばねを引きのばす長さを変えて，AC 間と AD 間の長さの関係を調べたところ，右の**表**のようになりました。また，おもりの重心が CD 間を10往復する時間を計ったところ，引きのばす長さに関係なく，すべて30秒でした。

AC 間の長さ(cm)	13	14	15	16	17
AD 間の長さ(cm)	11	10	9	8	7

表

(1)　AC 間の長さを 20cm としたとき，AD 間の長さは何 cm ですか。

(2)　おもりの重心が CB 間を移動するのにかかる時間は何秒ですか。

【実験２】

長さの等しいばね①〜③を用意し，おもりをつるしました。つるすおもりの重さと，ばねののびの関係は，**図２**のグラフのようになりました。

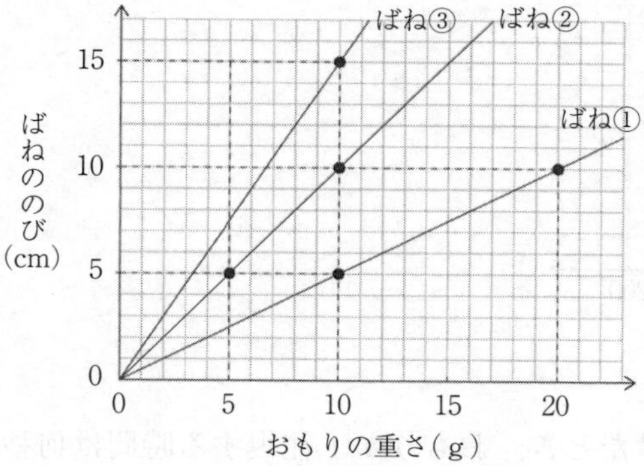

図２

ばね①〜③を使って，**図１**と同じ装置をつくりました。おもりの重さとおもりが10往復する時間の関係を調べたところ，**図３〜５**のグラフのようになりました。

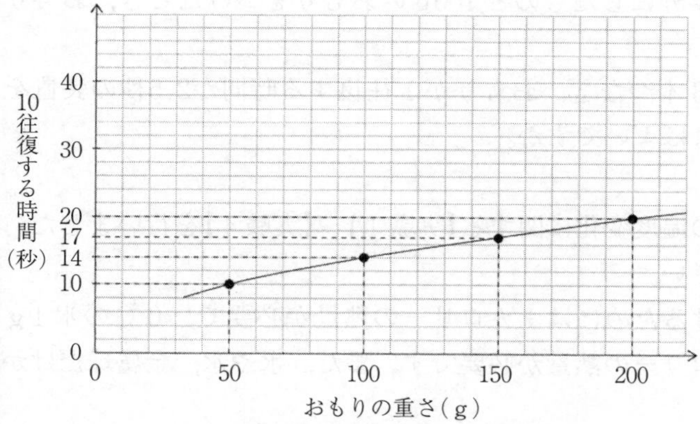

図３　ばね①を使ったとき

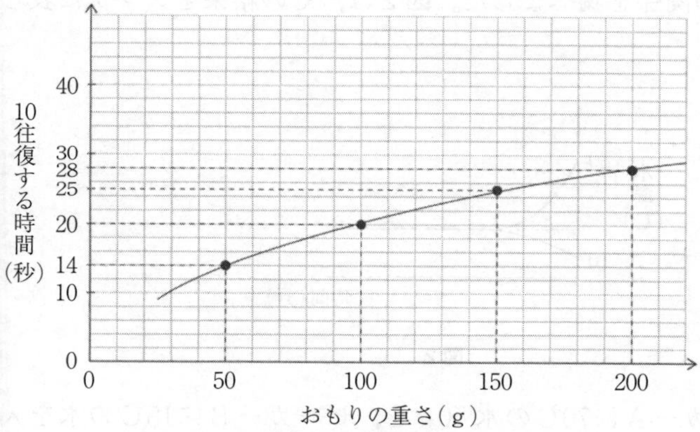

図４　ばね②を使ったとき

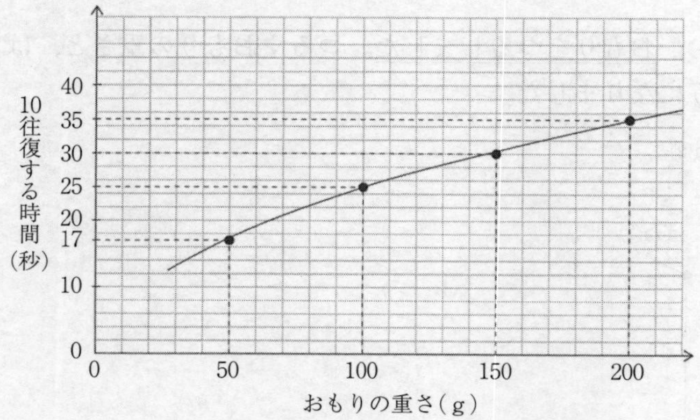

図５　ばね③を使ったとき

(3)　**図１**の装置で，ばね①と200ｇのおもりをつけたとき，おもりが１往復する時間は何秒ですか。

(4)　**図１**の装置で，ばね①をつけたとき，おもりが１往復する時間を(3)の半分にするためには，何ｇのおもりをつければよいですか。

(5)　**図１**の装置で，ばね②の長さを半分にしたものと100ｇのおもりをつけたとき，おもりが１往復する時間は何秒ですか。

(6)　**図１**の装置で，ばね①を直列に３本つなぎ，おもりが１往復する時間が2.5秒の装置をつくるためには，何ｇのおもりをつければよいですか。

Ⅶ　水や氷，金属球を使って，物体の温度変化に関する【実験１】～【実験４】を行いました。これらの実験について，問いに答えなさい。

ただし，水１ｇの温度を１℃上げるためには１カロリーの熱量が必要で，０℃の氷１ｇが溶けて０℃の水になるためには80カロリーの熱量が必要です。また，水や氷，金属球だけが温度変化したものとします。

【実験１】　**図１**のように，２つのビーカーＡ，Ｂに温度の異なる水を入れ，それぞれの水をゆっくりとかき混ぜながら時間と水温の関係を調べました。**図２**は，その結果をグラフに表したものです。

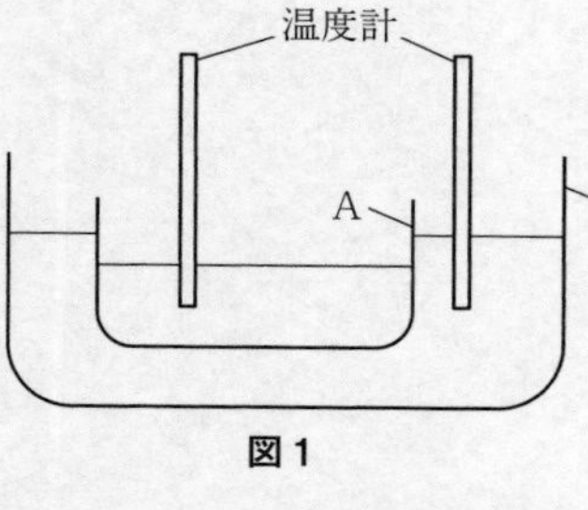

図１

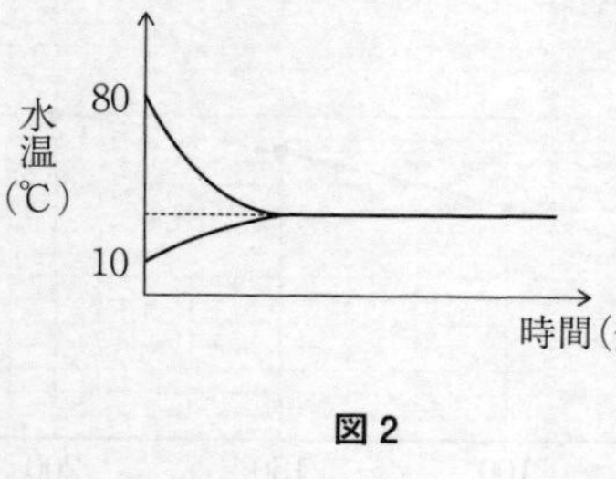

図２

【実験２】　**図１**と同じ装置で，ビーカーＡに70℃の水40ｇを，ビーカーＢに15℃の水を入れ，それぞれゆっくりとかき混ぜました。

【実験３】　**図１**と同じ装置で，ビーカーＡに90℃の水100ｇを，ビーカーＢに０℃の水100ｇと０℃の氷50ｇを入れ，それぞれゆっくりとかき混ぜました。

【実験４】　**図３**のように，20℃の水200ｇを入れたビーカーＡの中に，100℃の金属球100ｇを入れ，ゆっくりとかき混ぜたところ，金属球と水の温度はともに35℃になりました。

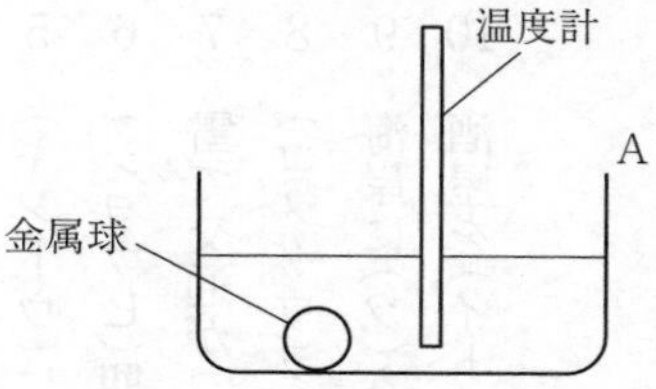

図３

(1)　【実験２】で，ビーカーＡ，Ｂの水の温度を40℃にするためには，ビーカーＢに何ｇの水を入れればよいですか。

(2)　【実験３】で，時間と水温の関係を表すグラフとして正しいものを選び，ア～エの記号で答えなさい。

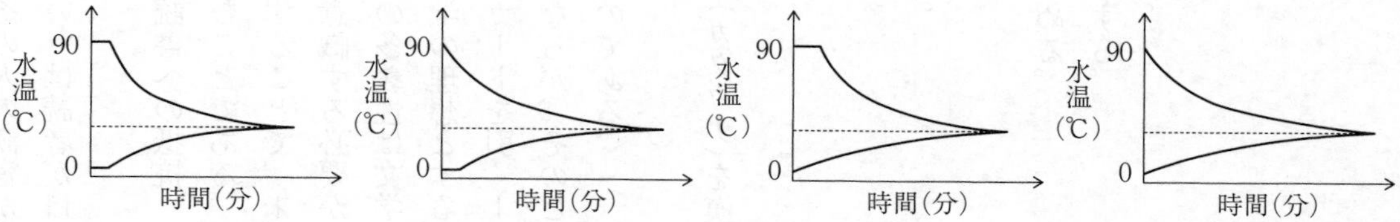

ア　　イ　　ウ　　エ

(3)　【実験３】で，ビーカーＡ，Ｂの水の温度は何℃になりましたか。

(4)　【実験４】から，金属球１ｇの温度を１℃上げるために必要な熱量は何カロリーですか。小数第３位を四捨五入して，小数第２位まで答えなさい。

ん。

ア　他者からの評価がその人の読書が成功かどうかを決めるので、その本の読み方については読者が自分で決められることは何もない。

イ　筆者がすすめる「読書への抵抗」とは、異なる解釈の仕方があるか考えながら読むことである。

ウ　読書は他者を信頼することで、未来形の自分をつくるものなので、最新の流行を意識する必要がある。

エ　解釈の余地や言葉の多義性は文学本来の価値を奪《うば》うものであり、条文の形式を文学の理想とする。

オ　トランプで様々なカードを引くように、読書によって受け取るものは一人一人異なるが、そのどれが個性的で優れているかは他者が評価するものである。

三　次の1～10の文中の（カタカナ）を漢字で書きなさい。

1　（キキ）を乗り切る。

2　（チュウセイ）を誓《ちか》う。

3　（タイソウ）選手になる。

4　書類に（ショメイ）する。

5　（キントウ）に分ける。

6　（ショウヒ）期限を確かめる。

7　雪で交通が（コンラン）する。

8　（コメダワラ）をかつぐ。

9　海岸に（ソ）う道。

10　酒屋を（イトナ）む。

小説を読むことは、そういうことではないかとぼくは思っている。

前にも書いたように、小説は宝探しなのだ。小説には、宝がたくさん埋《う》まっている。なかには、ここに宝があるよと指差しているような小説もある。あることが起きるのはわかっているけれども、その途《と》中で書くことをやめる場合などだ。そこに余韻《いん》を残した形になっていて、読者の仕事場はここだと言っているような小説である。しかし、多くの小説はそうでない。

そこで、読者はどこで仕事をしようかと考えることになる。ただ、人によってその小説と馬が合うとか合わないとかということもあるし、小説がうまく読める人と読めない人もいる。そこでいま言ったように、カードが何枚めくれるかが違《ちが》ってくるのである。

ただ、トランプカードだと言っているところが味噌《みそ》【特色】なのだ。二枚だけしかトランプを表にできなかったとしても、それがキングとクィーンの場合がある。合計で二十五点だ。五枚表にできたとしても、一、二、三、四、五かもしれない。これだと合計で十五点だ。そうすると、単純に枚数では優劣《れつ》が決まらないのである。どちらが得点が高いかはなかなか決められない。

何を言いたいかというと、カードを表にしたとしても、そのカードの点数を決めるのは自分ではないということなのだ。それは読者の読み方を聞いた誰《だれ》かだ。その人がカードの点数を決めるのである。読者の所属する「解釈共同体」が点数を決める場合もある。後世の人が点を決める場合もあるだろう。しかも、決めた点が人ごとに違っていることさえある。読むということはそういうものではないだろうか。

先の迷路のたとえでも、誰が一番遅《おそ》く出てきたのかは、誰かが出口で見張っていなければわからない。つまり、小説を面白《おもしろ》く読んだか読まないかは、自己満足をのぞけば、実は自分で決められる問題ではないということだ。誰かに自分の読みを聞いてもらって、はじめてそれが面白いか面白くないかということが評価されるのである。自分の読みが個性的かどうかは、他人の読みと比べてみなければわからないものだろう。

多くの読者は、迷路から同じような時間を掛《か》けて同じ出口から出てくる。あるいは、同じような点数のカードを同じような枚数だけ表にしている。しかし、たまに時間を掛けて偶《ぐう》然みんなとは違った出口から出てきたり、みんなとは違ったカードを違った枚数表にする読者がいる。彼ははじめは一人ぼっちで佇《たたず》んで【じっと立って】いるだろう。しかし、もしかしたらそのうちにみんながそれに気づいて、あっちの出口の方が面白いとか、あのカードはすてきだとか言ってくれるかもしれない。それが読者の「個性」というものではないだろうか。あるいは、「才能」とはそういうものかもしれない。

本を読んでいる最中にはあなたは世界のどこにもいなかった。しかし読み終わったとき、あなたは世界の中にシッカリと場所を占《し》めている。それがあなたにとって居心地がいい場所なのかそうでないかを決めるのは、あなただ。しかし、その場所の評価をするのは、あなたではない。先生や友人や世間が、あなたを評価する。そういう現実は厳しいが、それが世界の中に場所を占めるということの意味なのである。そして、そのようにして他者を信頼《らい》することで、あなたは未来形の自分を認めてもらうことができるのである。別の言い方をするなら、未来形の自分がまちがいなく「自分」のものとなったと実感することができるのである。それをもたらしてくれるのは「読書への抵抗」だった。もっとも大切な読者の仕事とは、実は「読書への抵抗」だったのだ。これが小説の読書について考えてきた、到《とう》達点である。

（石原千秋『未来形の読書術』より・一部改変）

問い　本文の内容として適切なものには「〇」を、不適切なものには「×」をつけなさい。ただし、すべて同じ記号の解答は認めませ

問十一　文中の[I]に入る最適な言葉を次のア～オから選び、記号で答えなさい。

ア　美しい　イ　おもしろい　ウ　難しい
エ　正しい　オ　新しい

問十二　文中の（①）・（②）・（③）に入る最適な言葉を次のア～オからそれぞれ選び、記号で答えなさい。ただし、同じ記号は二度使えません。

ア　しかし　イ　もし　ウ　つまり
エ　さて　オ　たとえば

問十三　文中の[J]にあてはまる最適な表現を、本文から七字以内で抜き出しなさい。

問十四　――部⑦「学問の変化や新発見」の具体例として挙げられていることは何ですか。――部⑦よりも前の部分から探して答えなさい。

問十五　文中[M]に入る漢字一字を答え、これと同じ漢字が入る慣用的表現を次のア～オから選び、記号で答えなさい。

ア　□が痛い　イ　□を離《はな》す
ウ　□を抜く　エ　□が足りない
オ　□を長くする

問十六　――部⑨「そういうシフトになっていく」とありますが、どういうことですか。

問十七　――部⑩「評論の批評」とはどういうことですか。七十字以内で答えなさい。

二

次の文章を読んで、あとの問いに答えなさい。ただし、【　】は語句の意味で、解答の字数に含《ふく》めないものとします。

法学者の話を聞いていると、「解釈《しゃく》の余地のない条文【法律を書き並べた文】にしなければならない」という言い方をよくする。ぼくには意味がわからない。「解釈をしない条文ということは、意味を読まない条文ということだろうか」と思ったりする。それでは条文の役割を果たさないではないか。そこでやむなく【仕方なく】、法学者は「一通りの解釈しか許さない条文」という意味で言っているのだろうと、勝手に「翻《ほん》訳」して聞くことにしている。

文学の言葉はそうではない。解釈の余地があればあるほど、言葉が多義的【多くの意味を持つ】であればあるほど、すぐれた文学だとさえ言える。そういう文学が古典たり得《う》る【古典となれる】。では、小説を読むのはどういう行為なのだろうか。それは、迷《めい》路のようなものだと言った人がいる。ただしその人は、最短距離《きょり》で出口に着いた人がすぐれた読者なのではなく、もっとも多く迷って最後に出口に着いた人がもっとも優れた読者だと言うのだ。最短距離で出口に着いた人は小説を一通りでしか読んでいないだろうが、多く迷って最後に出口に着いた人は小説を何通りにも読んだにちがいない。みごとなたとえだ。迷うことを楽しむ読者を「精読者」と呼ぶこともある。ぼくは先に【以前】「読書への抵抗《ていこう》」と言ってみた。

ぼくはいつもこういうたとえを使っている。

小説を読むことは、裏になっているトランプカードを引っくり返すようなものだ。仮にトランプカードが裏返しに十枚並んでいたとしよう。そのトランプカードを前にして、呪《じゅ》文を唱える。つまり、こういう枠組《わくぐみ》で読もうと決める。ある人は二、三枚しかカードを表にできないかもしれない。別のある人は八枚ぐらい表にできるかもしれない。

行為《い》をまず求められるからである。その結果、ぼくたちは評論から現代の「正しさ」やパラダイムを教わることもできるし、さまざまな思考を教わることもできるし、多くの知識を教わることもできる。評論を読むときには、ぼくたちはこういうふうにまず何かを教わろうと思っているものだ。これが、評論における読者の仕事というものだ。

しかし、評論の読者はいつも読者の仕事を評論が想定している通りに行えるわけではないし、ある分野ならば自分の方がよくわかっていると思うこともある。そういうことが重なって、評論を読んで反発を覚えることも少なくない。そんなときには、まず少しだけ謙《けん》虚になって「ふつう」を演じてみてほしい。それは評論の書き手が予想した読者像に(つまり評論における「内包された読者」に)自分を合わせることだ。その上で、自分の「ふつう」とその評論が想定している「ふつう」との違いを正確に測定してほしい。自分の「ふつう」の方が高級だとしたら、その評論はあなたにはもともと必要でなかったのかもしれない。自分の「ふつう」が、評論が想定している「ふつう」と隔《へだ》たっているとしたら、その評論を読むにはあなたはまだ準備が足りなかったのだろう。評論と読者との不幸な出会いは、こうした「ふつう」のレベルの違いによっていることが多い。

だから、評論を読むぼくたちは現代の「正しさ」がどこにあるのかを知っておかなければならない。「現代の『正しさ』」は評論における「ふつう」と重なる場合が多いからである。それを知ることで、ぼくたちは評論における読者の仕事を、⑩評論の批評という高度な読書行為を含めて、うまく遂《すい》行【最後までやり通すこと】することができるのである。

(石原千秋『未来形の読書術』より・一部改変)

問一　文中の［A］・［B］に入る言葉を、それぞれ本文から抜《ぬ》き出しなさい。

問二　――部①・⑥・⑧の指示内容を答えなさい。

問三　文中の［(C)も(D)もない］は「味わいがない」、［(K)に(L)ができる］は「うんざりする」と言う意味の慣用的表現となるように、( )に適する言葉を入れなさい。ただし、(C)と(K)は漢字一字、(D)と(L)はひらがなで答えなさい。

問四　本文から次の部分が抜けています。どこに入れるのが最適ですか。その直後の文の初めの六字を答えなさい。

> ぼくは、そういう教科書で小学生時代を過ごしてきた。そこで、ぼくは「煙モクモク」はすばらしいことだと思い込んでいたのである。小学生のぼくにとっては、「煙モクモク」が「正しい」日本の姿だった。

問五　――部②「たったいま書いたぼくの文章」とありますが、その初めの五字を答えなさい。

問六　文中の［E］・［H］に入る漢字一字を答えなさい。また、その一字と結びつく熟語をそれぞれ二つずつ次のア～クから選び、記号で答えなさい。ただし、同じ記号は二度使えません。

ア　規則　　イ　公式　　ウ　完成　　エ　完全
オ　通知　　カ　成年　　キ　期限　　ク　関係

問七　文中の［F］・［G］に入る言葉を、それぞれ六字以内で考えて答えなさい。

問八　――部③「二項対立をうまく使うこと」とはどういうことですか。

問九　――部④「まったくその通りだ」とありますが、筆者は何をその通りだと言っているのか答えなさい。

問十　――部⑤「みごとな評論になっている」とありますが、それはなぜですか。「鷲田清一」の文章の内容にふれながら答えなさい。

たしか杉《すぎ》並区の小学校の校庭で夏に児童がバタバタ倒《たお》れてしまったのだ。それが、しばらくして大気汚《お》染が原因だとわかってきた。そのほかにも、さまざまな公害が一気に「問題」になった。新聞やテレビで「公害」という言葉を見たり聞いたりしなかった日は、文字通りなかった。その後オイル・ショックがやってきて、経済《ざい》成長率十二・三パーセントが十年ほど続いた疾風怒濤《しっぷうどとう》【激動】の高度経済成長期が[M]の根を止められたのである。

その高度経済成長期の[M]の根が止められた後の時代になってみると、高い煙突から煙モクモクというのは「まちがったこと」になってしまったのだ。環《かん》境を破壊《かい》して、光化学スモッグの原因になる、喘息《ぜんそく》の原因にもなる。これはたいへんよくない。これからは環境を守ろう、自然を守ろう、そういう時代になった。いまは環境問題のキャッチフレイズ【人の注意をひく宣伝文句】は「地球にやさしく」だろうか。そうなると、ぼくが少年時代に習った「煙モクモク＝加工貿易＝正しい日本」というパラダイムはもうまちがいになってしまったのである。もっと言えば、「正しくない」ということになってしまったのだ。⑧これはショックだった。「加工貿易ができなくなるとしたら、これから日本の先行きはどうなるのだろう」と、子供心に不安になったものだ。

これがパラダイム・チェンジというものである。

先日タクシーに乗っていたら、道路の右手で林の木を伐《ばっ》採してマンション開発を行っているところを通った。ところが、道路の左手のマンションに横断幕が垂れ下がっていて、「木は一度伐《き》ると再生に百年かかる」と書いてある。どうやら、左側のマンションの住人が、右側のマンション開発に反対しているらしい。これはもうほとんど住民エゴの典型的な【特徴《ちょう》をよく表している】構図だろう。左側のマンションの住人には、「あなたたちだって木を伐ってそこに住んだのではありませんか」と言いたいが、ぼくも郊《こう》外【都市の周辺】の丘陵《きゅうりょう》地帯を切り開いて造成したニュータウンのマンションに住んでいるからほとんど同罪だろう。

こういう具合に木を伐り倒してマンションを建てると、その度《たび》に反対運動が起きて、新聞やテレビで報道される。そういう時代になったのである。いまは「開発は悪」であるかのような時代になった。ぼくが過ごした「開発は善」という少年時代と、「開発は悪」になってしまった現在では、世界観がまるっきり違う。繰り返すが、これがパラダイム・チェンジというものなのだ。

そこで、「地球にやさしく」するために色々な工夫《くふう》が奨励《しょうれい》【よいことだと人にすすめること】されるようになった。ゴミは分別して出しましょうとか、牛乳パックはよく洗ってスーパーに戻《もど》しましょうとか、スーパーのビニール袋《ぶくろ》はやめて自分で買い物バッグを持って行きましょうとか、そういう話になってきた。「開発が悪」となってゆくと、世の中すべてが⑨そういうシフト【移行】になっていくのである。

スーパーができはじめた頃は、ビニール袋がもらえるからいちいち買い物かごを持って行かなくていいし、買いだめもできるから便利だとしか思っていなかっただろう。牛乳パックがスーパーで売り出された頃は、毎日届けられる牛乳瓶《びん》を洗って返す手間が省けるし、好きな分量を買ってこられて、しかもポイッと捨てられるからこれは便利としか思っていなかっただろう。それがどうして牛乳パックを返さなければいけなくなったのかというと、「開発は善」から「開発は悪」へとパラダイム・チェンジしたからである。ぼくたちにとって、パラダイム・チェンジはこういう具体的な形として現れるものだ。

評論を面白く読む「内包された読者」は「ふつう」の人を演じるちょっと「おばかさん」でなければならなかった。それは、評論における読者が「正確な読解」というあたかも「学習者」であるかのようなる。そして、「ふつう」の読者の振《ふ》りをしたぼくたちも、みごとに成功したわけだ。

問題は、この「ふつう」が時代とともに変わってくるところにある。昔の「ふつう」はいまの「ふつう」ではないということがよく起きる。「昔の常識はいまの[H]常識」というわけだ。だから、小説よりも評論の方が早く古くなる。あるいは、古さが目立ってしまうと言うべきだろうか。

パラダイムという言葉を知っているだろうか。これは、クーンというアメリカの科学哲《てつ》学者が言い出した概《がい》念【おおまかな意味内容】で、「思考の枠組《わくぐみ》」と理解していい。それが時代によって変わっていくのがパラダイム・チェンジで、極端《たん》に言うと、ある時代に「[I]」とされていたことが、「パラダイム＝思考の枠組」が変わると、「まちがった」ことになってしまうことがあるということだ。先に述べた「第二の教養」は、このパラダイムを多く身につけていることを言う。

「天動説」から「地動説」に宇宙観が変わったのは、パラダイム・チェンジのもっともわかりやすい例の一つである。（①）、ある時代に「論理的」であったことが別の時代には「非論理的」になってしまうことがあるということだ。クーンはそういう事態をパラダイム・チェンジという言葉で語ったのである。

最近国語力の低下が話題になっていて、文部科学省が「国語教育においては[J]の育成を重視する」という趣旨《しゅし》【中心になる考え】のことを打ち出したという記事を読んだとき、ぼくはたいへん不安になった。と言うのは、文部科学省のお役人さんとか中央教育審《しん》議会の学者さんは、論理は一つしかないと思っているに違いないと思ったからだ。もしそう考えなければ、学校教育で「論理的思考」を教え込もうという発想自体が出てこないはずである。学校は「[I]」ことを教える場所だからである。

しかし、パラダイム・チェンジを視野に入れれば、「論理は一つしかない」とか「論理は普遍《ふへん》【すべてにあてはまること】的なものだ」といったことはないとすぐにわかるはずだが、彼《かれ》らはたぶんいつも「正解」をいとも簡単に答えていた秀《しゅう》才さんだから、「正解は一つしかない」と思い込んでいるに違いない。だから、「論理は普遍的なものだ」と思っているに違いない。

⑥これは困ったことだ。現在の学問の共通理解では、「どの時代でも、どこの国でも、誰《だれ》にでも通用する論理などというものはない」と考えるのが当たり前になっている。論理は時代につれて変わっていくものである。少なくとも、現在人文科学や社会科学の最先端をいっている研究者はそう理解している。（②）そうでなければ、⑦学問の変化や新発見自体が起こりえないことになってしまうだろう。

「正しさが変わる」ということを、ぼくは人生の中で劇的に体験して来た。

ぼくが小学生だった昭和三十年代には「加工貿易」という言葉がさかんに使われていた。（③）「社会」という教科では「日本は資源が少ないから、原材料を輸入して、それを加工して、他の国が真似《まね》できないような製品に仕立てあげて、それを輸出して発展する加工貿易の国だ」ということを、（K）に（L）ができるほど繰《く》り返し繰り返し習った。日本には技術しかないというわけである。

実際、「社会」の教科書には工業地帯の写真が載《の》っていたものだ。すごく背の高い煙突《えんとつ》から黒い煙《けむり》がモクモク出ている写真だ。これが日本の国の発展だ、これはすばらしいことだという趣旨のキャプション【説明】が付いていた。

ところが、中学の二年生になったとき、まるで突然のように公害問題が出てきた。ぼくにとって身近だったのが光化学スモッグだった。光化学スモッグはあの頃《ころ》はじめて発生した。はじめは原因が不明で、る(こともある)。具体例を見ておこう。

じぶんの身体《からだ》というものは、だれもがじぶんのもっとも近くにあるものだとおもっている。(中略)ぼくとはほかならぬこのぼくの身体のことだと言いうるほどに、ぼくはまちがいなくぼくの身体に密着している。ところが、よく考えてみると、ぼくがじぶんの身体についてもっている情報は、ふつう想像しているよりもはるかに貧弱なものだ。身体の全表面のうちでじぶんで見える部分というのは、ごく限られている。さっきもふれたことだけれど、だれもじぶんの身体の内部はもちろん、背中や後頭部でさえじかに見たことがない。それどころか、ましてや自分の顔は、終生《しゅうせい》【一生】見ることができない。ところがその顔に、じぶんではコントロール E 可能なじぶんの感情の揺《ゆ》れが露《ろ》出してしまう。なんとも無防備なのだ。

(鷲田清一《わしだきよかず》『ちぐはぐな身体』ちくま文庫、二〇〇五・一)

いま傍《ぼう》線(……)を施《ほどこ》したところに、「ふつう」の読者の位置が、すなわち「内包された読者」の位置が明確に示されている。たぶん、鷲田清一は「ふつう」の人は①「自分の身体のことなら自分が一番よく F と思い込《こ》んでいる」と考えている。それを前提として②「いや、実は自分の身体ほどわかりにくいものはないのだ」と説いているのである。そこで読者が「なるほど」と思えば、鷲田清一の勝ちである。この文章は、「二項《こう》対立」が利《き》いている。〈既《き》知【すでに知っていること】の身体/未知の身体〉という図式である。「ふつう」の読者は①〈既知の身体〉の側にいて、鷲田清一は②〈未知の身体〉の側にいることになる。

①はいわば常識と言える部分で、②はそれに対する批判的検討(批評)だと言える。評論はこの二つの要素がうまく組み合わさってはじめて成功するのである。つまり、③二項対立をうまく使うことが評論を読んだり書いたりするコツなのだ。一番みじめなのは①の常識の把《は》握《あく》【理解】が間違《ちが》ってしまった場合で、これがズレていると、何に対して異議申し立て(批評)を行っているのかサッパリわからないようなピンぼけの文章になってしまう。次にみじめなのは、②の批判的検討(批評)が実は常識そのものでしかなかった場合で、実に凡庸《ぼんよう》【平凡なこと】な評論になってしまう。たとえば、「ふつうは自分の身体のことはよく G と思っているだろうが、実は自分の身体のことは自分が一番よく知っている」という構成になっていたら、前半は「なにわけのわからないこと言ってるの?」となって、後半は「当たり前じゃん」ということになってしまうだろう。

この点に関して、フリーライターの永江朗《ながえあきら》が面白いことを言っている。新聞の読者投稿《こう》欄《らん》によくある「ゴミを捨てるのはよくない」とか「電車では老人には席を譲《ゆず》ろう」といった文章は、わが新聞は「こういうつまらないふつうの人々が読んでいるんですよ。みなさん、ご安心下さい」(傍線、石原)というメッセージであって、お金をもらうための文章ならば、「ゴミを捨てれば、ゴミを拾う人の仕事が増えるのだからゴミをどんどん捨てよう」とか「老人を鍛《きた》えるために、席を譲るのはやめよう」ぐらいのことは書かないとダメだというのだ(『〈不良〉のための文章術』NHKブックス、二〇〇四・六)。

④まったくその通りだ。もともと新聞は「ふつう」の人に向けて作られているのだから当然と言えば当然で、「ふつう」でいいのだが、評論でプロになるためには「ふつう」ではダメなのである。それでいて「ふつう」がよくわかっていなければならない。つまり、評論とは「ふつう」がよくわかっている人が「ふつう」でないことを書いた文章なのだ。その意味で、鷲田清一の文章は⑤みごとな評論になってい

二〇二〇年度　明治大学付属明治中学校

【国　語】〈第二回試験〉（五〇分）〈満点：一〇〇点〉

注意　字数制限のある問題については句読点・記号を字数に含《ふく》めること。

一　次の文章を読んで、あとの問いに答えなさい。ただし、【　】は語句の意味で、解答の字数に含《ふく》めないものとします。

この章では、評論についても書いておこう。

小説家で自作解説をする人がたまにいる。ぼくは「ちょっとなぁ……」と思う。なぜそんなふうに思うのかと言うと、一つは「ぼくの自由に読ませてよ」と言いたいからだ。もう一つは、自作解説ができるほど言いたいことがはっきりしているなら、なにも[A]などという回りくどい表現形式をとる必要はなかったではないかと思うからだ。はじめから[B]を書けばよかったのだ。

[A]は言葉を使ってこの世界に似せたイメージを作る表現形式である。世界はそれ自身では主張を持たないから、ぼくたちは[A]を「自由」に解釈《しゃく》できる。それが、[A]を読む楽しみだ。ところが、[B]はそうではない。古典的名著ともなれば[B]でもさまざまな解釈が競われることがあるが、ふつうは[B]の主張ははっきりしている。「自由」に解釈すれば「誤読」となることが多い。

では、ぼくたちはなぜ[B]を読むのかと言えば、それは自分の知らないことやわからないことを、知りたいしわかりたいからだ。それが知的な虚《きょ》栄心【みえを張ろうとする心】というもので、これがなくなったら精神的な「老人」である。精神的な「若者」は、友人が本を読んだと聞けば、たとえ自分が読んでない本であっても「読んだよ」と答えるものだ。そして、あわてふためいて本屋さんか図書館に行って、わかってもわからなくても一晩で①それを読んで、翌日には涼《すず》しい顔をして「そう言えば、あれはたいした本じゃないね」なんて言ってみるものだ。そんなふうにして、ぼくたちは教養を身につける。

ぼくは「教養」という言葉を二つの意味でとらえている。一つは知識の量で、これは多ければ多いほどいい。しかし、これは少し古風な教養のとらえ方である。現代ではあまりに多くの情報があふれているからとても追いつけない。その上に過去のことまで知っていなければならないとしたら大変だ。もちろんそのための努力は大切だが、限りがある。そこで二つめの教養の意味が必要だと考えている。それは、物事を考えるための座標軸《じく》【基準】をできるだけたくさん持つことだ。「たくさん」とは言っても、ぼくたちの思考方法にはその時代ごとに流行があるから、これは無限というわけではない。ぼくは、その時代に必要な思考方法を身につけることを第二の教養、そして現代の教養と呼んでおきたい。この現代の教養を身につけるために評論を読むのである。

ふつう「評論は、筆者の言いたいことを読解すればいい」と考えている人が多いと思うが、実は評論を読むにもコツがある。ただし、これは「評論早わかり」という類《たぐい》のものではない。具体的には、評論にも「内包された読者」の位置が用意されているということなのである。ごく簡単に（C）も（D）もない言い方をすれば、「ふつうはこう思っているだろうが、ぼくはこう思う」と書くのが評論である。実際、②たったいま書いたぼくの文章がそうなっているではないか。

この「ふつう」の位置が「内包された読者」の位置だ。そう、ちょっと「おばかさん」を演じるのが、評論を読むコツなのである。そうすると、「へぇ、そうだったのか！」という具合に評論が面白《おもしろ》く読め

2020年度

明治大学付属明治中学校　▶解説と解答

算　数　＜第２回試験＞（50分）＜満点：100点＞

解　答

1 (1)　1958　(2)　153　(3)　9910　(4)　4.75　(5)　31　**2** (1)　170個　(2)　104個　**3** (1)　15：8　(2)　37.5 g　**4** (1)　8.4km　(2)　20分間　**5** (1)　$10cm^2$　(2)　19秒後　(3)　47秒後

解　説

1　逆算，相当算，整数の性質，長さ，数列

(1)　$1\frac{1}{5}\times7\frac{1}{2}=\frac{6}{5}\times\frac{15}{2}=9$，$3\times\left\{18-\left(8-2\div\frac{3}{5}\right)\right\}=3\times\left\{18-\left(8-2\times\frac{5}{3}\right)\right\}=3\times\left\{18-\left(8-\frac{10}{3}\right)\right\}=3\times\left\{18-\left(\frac{24}{3}-\frac{10}{3}\right)\right\}=3\times\left(18-\frac{14}{3}\right)=3\times\left(\frac{54}{3}-\frac{14}{3}\right)=3\times\frac{40}{3}=40$より，$(2020-\square)\div\frac{2}{3}+9-40=62$，$(2020-\square)\div\frac{2}{3}=62+40-9=93$，$2020-\square=93\times\frac{2}{3}=62$　よって，$\square=2020-62=1958$

(2)　全体のページ数を１，１日目に読んだ後の残りのページ数を①として図に表すと，右の図１のようになる。図１で，①$-\textcircled{\small\frac{2}{3}}=\textcircled{\small\frac{1}{3}}$にあたるページ数が，$40-4=36$（ページ）だから，①にあたるページ数は，$36\div\frac{1}{3}=108$（ページ）とわかる。よって，$1-\frac{2}{9}=\frac{7}{9}$にあたるページ数が，$11+108=119$（ページ）なので，１にあたるページ数（全体のページ数）は，$119\div\frac{7}{9}=153$（ページ）と求められる。

図１

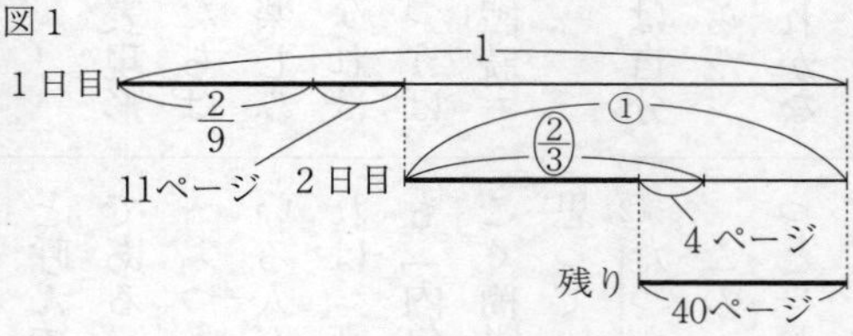

(3)　６で割ると４あまる数は６の倍数よりも，$6-4=2$小さい数と考えることができる。同様に，７で割ると５あまる数は７の倍数よりも，$7-5=2$小さい数と考えることができ，８で割ると６あまる数は８の倍数よりも，$8-6=2$小さい数と考えることができる。よって，３つに共通する数は，６と７と８の公倍数よりも２小さい数である。また，右上の図２の計算から，６と７と８の最小公倍数は，$2\times3\times7\times4=168$とわかるから，このような数は168の倍数よりも２小さい数である。さらに，$9999\div168=59$あまり87より，４けたでもっとも大きい数は，$168\times59-2=9910$と求められる。

図２

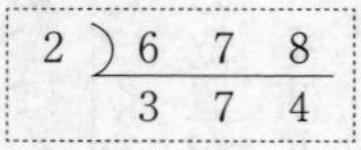

(4)　まわりの長さの差が８cmなので，１辺の長さの差は，$8\div4=2$（cm）である。よって，２つの正方形を重ねると右の図３のようになる。図３で，かげをつけた部分の面積が$15cm^2$であり，イの部分の面積が，$2\times2=4$（cm^2）だから，ア（ウ）の部分の面積は，$(15-4)\div2=5.5$（cm^2）とわかる。したがって，小さい正方形の１辺の長さは，$5.5\div2=2.75$（cm）なので，大きい正方形の１辺の長さは，$2.75+2=4.75$（cm）とわかる。

図３

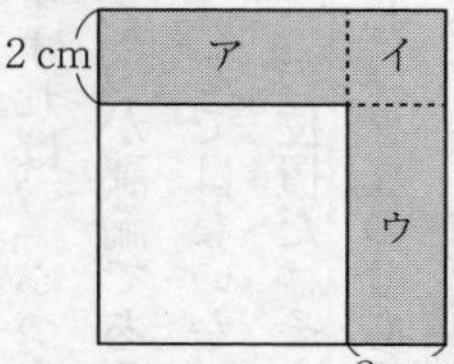

(5)　20段目には20個の数が並んでいるから，１段目から20段目までに並んでいる個数の合計は，１＋２＋…＋20＝（１＋20）×20÷２＝210（個）となる。よって，21段目の左から17番目の数は，１から数えて，210＋17＝227（個目）の数である。また，１から連続する奇数《きすう》の和は，（個数）×（個数）で求めることができるので，15×15＝225より，１から数えて15番目の奇数まで並べたときの個数の合計が225個になることがわかる。したがって，１から数えて227個目の数は，１から数えて16番目の奇数だから，２×16－１＝31と求められる。

2　条件の整理，つるかめ算

(1)　Ｃを５個減らすと，ＢとＣの個数は同じになり，重さの合計は，3780－30×５＝3630（ｇ）になる。また，ＡとＢの個数の比が５：３だから，Ａ５個，Ｂ３個，Ｃ３個を１組とすると，１組の重さは，16×５＋24×３＋30×３＝242（ｇ）になる。よって，3630÷242＝15（組）作ったことがわかる。さらに，１組の個数は，５＋３＋３＝11（個）なので，15組の個数の合計は，11×15＝165（個）になる。これに，はじめに減らしたＣの５個を加えると，全部で，165＋５＝170（個）と求められる。

(2)　ＡとＢの１個あたりの平均の重さは，（16×５＋24×３）÷（５＋３）＝19（ｇ）だから，右のようにまとめることができる。Ｃを200個作ったとすると，30×200＝6000（ｇ）となり，6000－5000＝1000（ｇ）以上重くなる。ＣをＡ，Ｂと１個ずつ交換《こうかん》するごとに，30－19＝11（ｇ）ずつ軽くなるので，1000÷11＝90.9…より，91個以上交換する必要がある。ただし，ＡとＢの個数の合計は，５＋３＝８の倍数だから，ＡとＢの個数の合計は最も少なくて，８×12＝96（個）とわかる。よって，Ｃの個数は最も多くて，200－96＝104（個）である。

（ＡとＢ）１個あたり19ｇ ｝合わせて
（　Ｃ　）１個あたり30ｇ ｝200個で5000ｇ以下

3　濃度《のうど》

(1)　ＡからＤに入れた重さを a ｇ，ＢからＤに入れた重さを b ｇとすると，下の図１のようになる。図１で，ア：イ＝（10－6.1）：（11.3－10）＝３：１だから，$a : b = \frac{1}{3} : \frac{1}{1} = 1 : 3$ とわかる。そこで，$a=\boxed{1}$，$b=\boxed{3}$ とすると，このときのＤの重さは，$\boxed{1}+\boxed{3}=\boxed{4}$ になる。よって，ＣからＤに入れた重さを c ｇとすると，下の図２のようになる。図２で，ウ：エ＝（17－12）：（12－10）＝５：２なので，$c : \boxed{4} = \frac{1}{5} : \frac{1}{2} = 2 : 5$ となり，$c = \boxed{4} \times \frac{2}{5} = \boxed{1.6}$ と求められる。よって，ＢからＤに入れた重さ（b）とＣからＤに入れた重さ（c）の比は，３：1.6＝15：８である。

図１

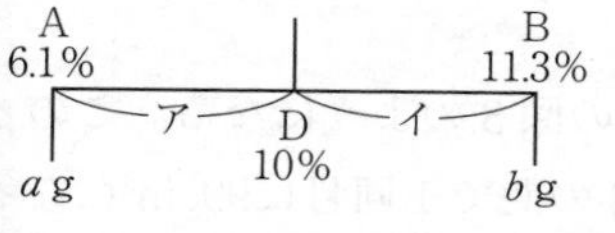

図２

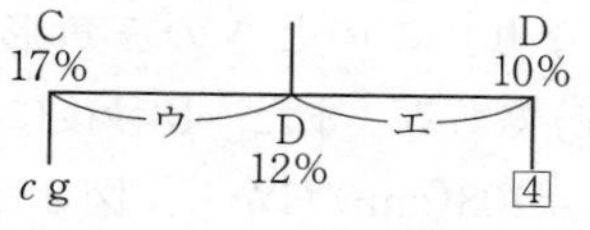

図３

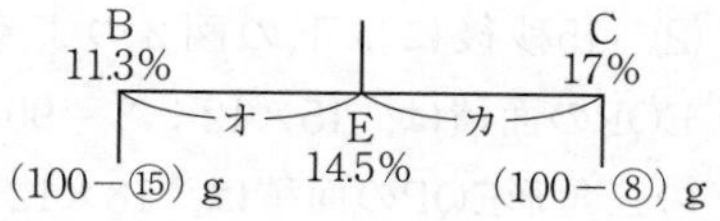

(2)　(1)より，ＢからＤに入れた重さを⑮，ＣからＤに入れた重さを⑧とすると，Ｂの残りとＣの残りを混ぜたときのようすは上の図３のようになる。図３で，オ：カ＝（14.5－11.3）：（17－14.5）＝32：25なので，（100－⑮）：（100－⑧）＝$\frac{1}{32}:\frac{1}{25}$＝25：32となり，右上の図４のように表すことができる。図４で，⑮－⑧＝⑦と，㉜－㉕＝❼の重さが等しいから，これらの比の１あたりの重さは等しいことがわかる。よって，ＢからＤに入れた重さ（⑮）は，$100 \times \frac{15}{15+25} = 37.5$（ｇ）と求められる。

図４

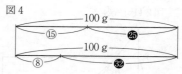

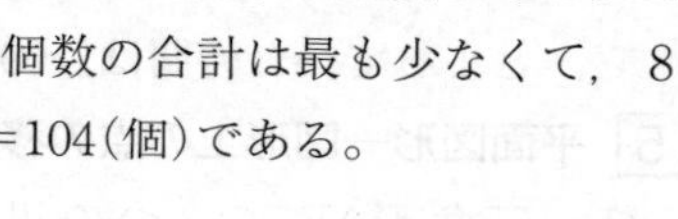

4　流水算，速さと比

図１

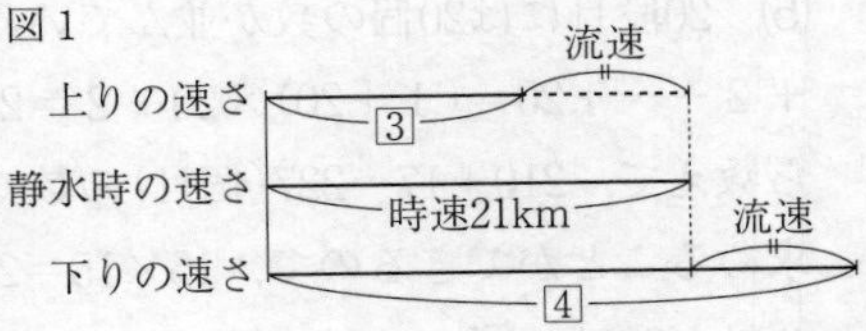

(1)　両船が同じ距離《きょり》を上る時間と下る時間の比が４：３だから，両船の上りと下りの速さの比は，$\frac{1}{4}:\frac{1}{3}=3:4$となり，右の図１のように表すことができる。図１で，静水時の速さは，([3]＋[4])÷２＝[3.5]であり，これが時速21kmなので，[1]にあたる速さは時速，21÷3.5＝6(km)と求められる。よって，上りの速さは時速，６×３＝18(km)，下りの速さは時速，６×４＝24(km)とわかる。次に，両船がとまっていた時間は同じだから，両船が１往復を終えた時刻も同じである。したがって，両船の進行のようすをグラフに表すと，右の図２のようになる。両船が出発してから１回目にすれちがうまでの時間は，10時12分－10時＝12分なので，その間に両船が進んだ距離の和(北町と南町の間の距離)は，$(18+24)\times\frac{12}{60}=8.4$(km)と求められる。

図２

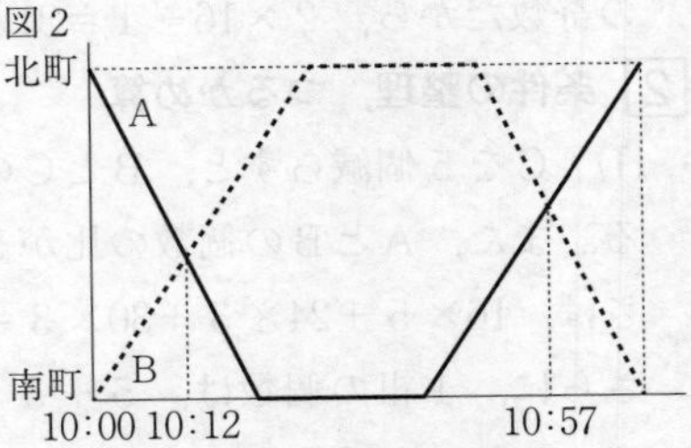

(2)　両船が出発してから１回目にすれちがうまでの時間が12分だから，２回目にすれちがってから１往復を終えるまでの時間も12分である。よって，両船が１往復を終えた時刻は，10時57分＋12分＝10時69分なので，両船が出発してから１往復を終えるまでの時間は，10時69分－10時＝69分とわかる。そのうち，上りの時間は，8.4÷18×60＝28(分)，下りの時間は，8.4÷24×60＝21(分)だから，とまっていた時間は，69－(28＋21)＝20(分間)である。

5　平面図形─図形上の点の移動，相似，面積

(1)　三角形AEFの３つの辺の長さの比は，EF：AE：AF＝12：16：20＝３：４：５である。また，三角形AEFと三角形ABCは相似だから，三角形ABCの３つの辺の長さの比も３：４：５で，AB＝16－12＝４(cm)より，右の図１のようになる。また，点P，Qは５秒間で，１×５＝５(cm)動くので，５秒後には図１の位置にある。図１で，三角形PHFと三角形ABCは合同だから，PHの長さは４cmであり，三角形PEQの面積は，５×４÷２＝10(cm^2)と求められる。

図１

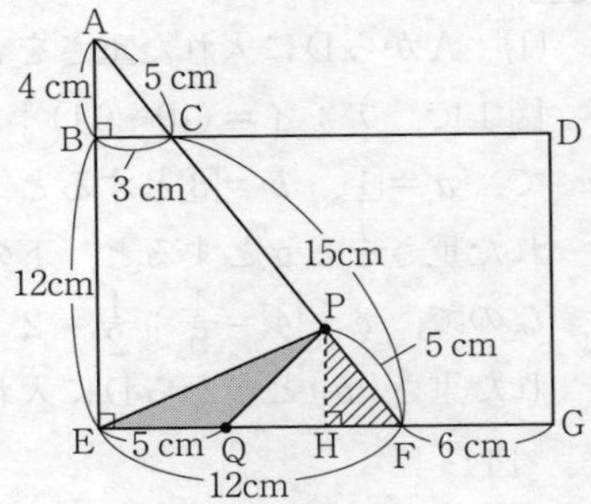

(2)　15秒後には下の図２のようになり，このときの三角形EQPの面積は，15×12÷２＝90(cm^2)である。また，18秒後には下の図３のようになる。このときの三角形EQPの面積は，18×12÷２＝108(cm^2)だから，図２と図３の間で１回目に99cm^2になった

図２(15秒後)

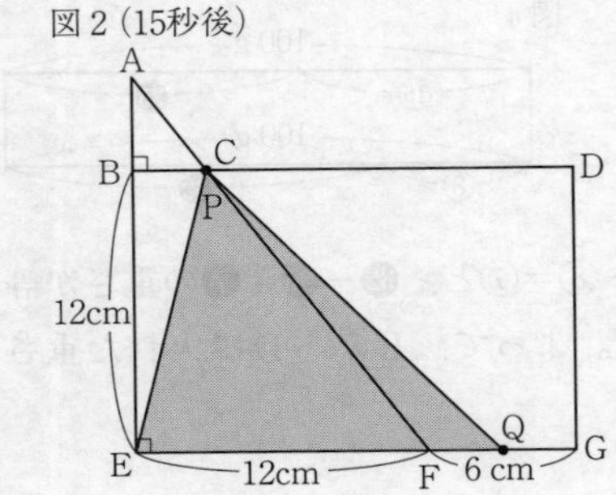

図３(18秒後)

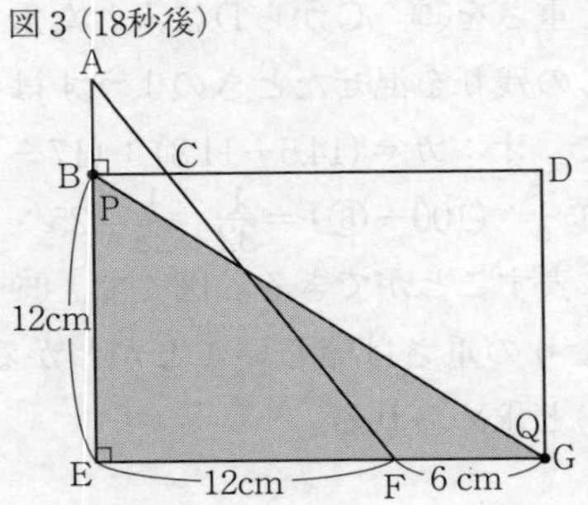

図４

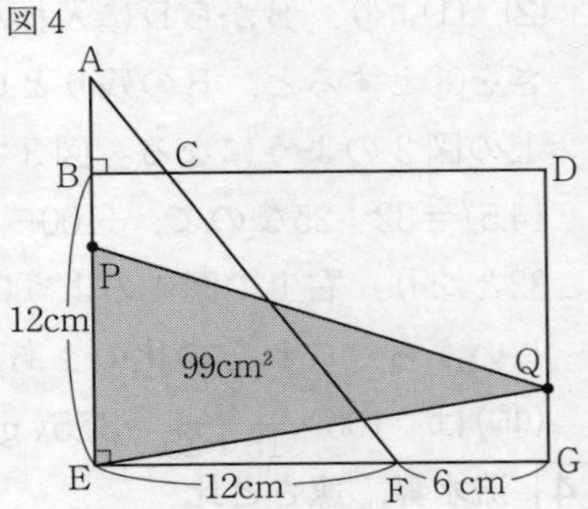

ことがわかる。よって，２回目に99cm^{2}になるのは上の図４のときである。図４で，PEの長さは，99×２÷18＝11(cm)なので，BPの長さは，12－11＝１(cm)と求められる。したがって，図３から図４までの時間は，１÷１＝１(秒)だから，図４のようになるのは動き始めてから，18＋１＝19(秒後)とわかる。

⑶　点ＱがＣに着くのは動き始めてから，(18＋12＋18－３)÷１＝45(秒後)なので，このときまでに点Ｐは，１×45＝45(cm)動く。また，点Ｐが動く台形の周りの長さは，15＋３＋12＋12＝42(cm)だから，右の図５のように，点ＱがＣに着いたとき，点ＰはＦから，45－42＝３(cm)のところにいることがわかる。そこで，このあと三角形EQPの面積が48cm^{2}になるときの点Ｐの位置をⓅとすると，右の図５のようになる。図５で，三角形EQFの面積は，12×12÷２＝72(cm^2)なので，三角形EQⓅと三角形EQFの面積の比は，48：72＝２：３となり，QⓅとQFの長さの比も２：３とわかる。よって，QⓅの長さは，$15\times\frac{2}{3}$＝10(cm)だから，PⓅの長さは，15－(３＋10)＝２(cm)と求められる。したがって，このようになるのは図５の，２÷１＝２(秒後)なので，動き始めてから，45＋２＝47(秒後)とわかる。

図５（45秒後）

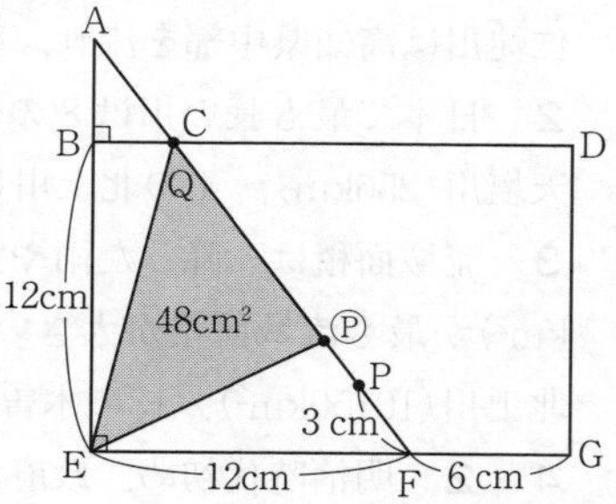

社　会　＜第２回試験＞（40分）＜満点：75点＞

解　答

Ⅰ　１　オ　　２　ア　　３　イ　　４　２　エ　　11　ウ　　13　イ　　17　ア　　５　１　ア　　２　ウ　　６　３　ウ　　８　エ　　９　ア　　12　イ　　７　４　ア　　５　オ　　12　ウ　　15　イ　　16　エ　　８　ア　　９　１　エ　　２　ウ　　３　イ　　10　７　エ　　11　ア　　18　イ　　11　Ａ　**企業**…(例)　法令や環境アセスメントを遵守して，操業する。　Ｂ　**住民**…(例)　生活環境の変化に注目し，生活者の立場で環境の保全に努める。　Ｃ　**自治体**…(例)　国や自治体の担当部署によるチェック機能をはたらかせる。　Ⅱ　１　１　足利義政　２　和同開珎　３　栄西　２　3→4→2→5→1　３　オ　４　エ　５　ア　６　ウ　７　ア　８　(例)　幕府への忠誠を示すため。　９　⑴　エ　⑵　(例)　売り上げをのばすため。(宣伝の材料に使うため。)(はくをつけるため。)　Ⅲ　１　あ　上皇　い　３　う　PKO　え　細川　２　⑴　(例)　直接税は景気の影響を受けやすいが，消費税は不景気でも税収があまり落ちこまないから。　⑵　イ　３　⑴　１　キ　２　オ　３　ア　４　ク　５　エ　⑵　土地　４　ア　５　イ　６　ア　７　復興庁　８　エ　９　**目的**…(例)　家計に占める生活必需品の割合が高くなる低所得者層の税の負担をやわらげるため。　**問題**…(例)　生理用品やトイレットペーパーなど，食料品以外のものが対象になっていないのに，低所得者ほど利用が少ない新聞の定期購読が対象になっている点。

解　説

Ⅰ　日本の河川と流域の特色についての問題

1　１は天塩《てしお》川，２は石狩川，３は十勝川，４は北上川，５は最上川，６は阿武隈《あぶくま》川，７は阿賀野川，８は信濃《しなの》川，９は利根川，10は荒川，11は庄《しょう》川，12は天竜《てんりゅう》川，13は木曽川，14は吉野川，15は江《ごう》の川，16は四万十《しまんと》川，17は筑後《ちくご》川，18は球磨《くま》川である。なお，勇払《ゆうふつ》川は北海道南西部を流れ，苫小牧《とまこまい》市で太平洋に注ぐ川，十津《とつ》川は奈良県南部を流れ，熊野川に合流する川，雄物《おもの》川は秋田県南部から中部を流れて下流で秋田平野を形成し，秋田市で日本海に注ぐ川，米代川は秋田県北部を流れ，能代《のしろ》市で日本海に注ぐ川，久慈《くじ》川は茨城県北部を流れ，日立市と東海村の境で太平洋に注ぐ川，仁淀《によど》川は高知県中部を流れ，高知市で太平洋に注ぐ川。

2　日本で最も長い川は８の信濃川(367km)で，９の利根川(322km)，２の石狩川(268km)，１の天塩川(256km)，４の北上川(249km)がこれにつぐ。

3　流域面積は，降った雨や雪の水を集める広さをあらわしたもので，日本では９の利根川(16840km^2)が最も流域面積が大きい。第２位は２の石狩川(14330km^2)で，８の信濃川(11900km^2)，４の北上川(10150km^2)，13の木曽川(9100km^2)がこれにつぐ。

4　**2**　明治時代初め，政府は北方の警備と北海道の開拓をかねて，屯田兵《とんでんへい》とよばれる兵士を集め，北海道に送りこんだ。こうした人たちによって石狩川流域の上川盆地や石狩平野が開発され，「計画的な方眼状の地割り」や「まっすぐな開拓道路」などが築かれた。　**11**　庄川下流域に広がる富山県の砺波《となみ》平野では，それぞれの農家が自分の家のまわりの土地を開拓して米づくりを行ってきたため，広い農地の中心に家屋が位置する「散居村」が形成された。砺波平野は庄川などがつくった扇状地《せんじょうち》で，地下水位が深かったため，井戸ではなく，「各地域にくまなく用水が配置され」，水を得ていた。　**13**　岐阜県・愛知県・三重県にまたがる濃尾平野西部は低湿地帯となっており，木曽川・揖斐《いび》川・長良《ながら》川という木曽三川が集中して流れているため，昔から水害になやまされてきた。そこで，「水害から集落や水田を守るため，輪中といわれる堤防で仕切った一画を築き備えてきた」。　**17**　筑後川下流に広がる筑紫《つくし》平野では，かつてかんがいと排水，物資の輸送をかねた「クリークと呼ばれる水路」が網の目のように張りめぐらされていた。現在は宅地化や機械化などのために減っており，観光用に残されているものもある。

5　**1**　家屋などが集まって集落を形成しており，直線的な水路が張りめぐらされていることがわかるので，クリークが発達しているアがあてはまる。　**2**　家屋が点在し，その周辺に田畑があるので，散居村のあるウがあてはまる。

6　**3**　十勝川中流に位置する×の帯広市周辺は日本を代表する畑作地帯で，大型機械を導入した大規模経営によって，小麦・大豆・じゃがいも・てんさいなどが栽培されているほか，酪農もさかんである。よって，ウがあてはまる。　**8**　信濃川下流に広がる越後平野は日本有数の米どころとして知られ，×の新潟市は2018年の米の生産額が全国の市町村で最も多かった。よって，エがあてはまる。統計資料は農林水産統計「平成30年　市町村別農業産出額(推計)」による(以下同じ)。

9　利根川流域の群馬県や埼玉県，千葉県，茨城県では，大都市向けに野菜や花などを生産して出荷する近郊農業がさかんに行われている。×の茨城県鉾田《ほこた》市は，2018年の野菜といも類の生産額が全国の市町村で最も多かった。よって，アがあてはまる。　**12**　天竜川下流に位置する×の静岡県浜松市は，浜名湖のうなぎの養殖で知られるが，花の生産もさかんで，2018年の生産額は，電照菊の栽培で知られる愛知県田原市についで全国の市町村で第２位であった。よって，イがあてはまる。

7　みかんや茶が上位に入っているウは，12の天竜川の河口が位置する静岡県で，遠洋漁業の基地として知られる焼津《やいづ》港があることなどから，漁獲《ぎょかく》量も多い。なすが第１位となっているエは，16の四万十川が流れる高知県である。高知県では，温暖な気候とビニルハウスや温室などの施設《しせつ》を利用した野菜の促成栽培がさかんに行われており，2017年のなすの生産額は全国第１位であった。第２位が桜桃（さくらんぼ）となっているオは，５の最上川が流れる山形県で，2017年の山形県の桜桃の生産額は全国第１位であった。残ったアとイのうち，米の生産額が多いアが，米の生産がさかんな東北地方に属し，４の北上川の河口がある宮城県で，イが15の江の川の河口がある島根県である。

8　Aは釧路《くしろ》港，Bは銚子《ちょうし》港，Cは焼津港，Dは境港，Eは長崎港の位置。近年の水揚《みずあ》げ高は，第１位が銚子港，第２位が焼津港で，これ以降の順位は主力となる魚種の漁獲量によって変動することが多く，2016年は釧路港，境港，長崎港の順に多かった。

9　写真２には多くの原油備蓄タンクが見える。原油を使うのはアの火力発電所かウの石油化学工場だが，原油を精製してさまざまな製品にする石油化学工場のほうがたくさんの石油タンクが必要になり，大規模であることが多い。よって，ウが選べる。写真３では，写真の上部に車を走らせるコースが見られる。これは，つくった自動車の試験走行をするための道路だと判断できるので，イの自動車工場があてはまる。残った２つのうち，オの造船所であれば船が見られると考えられるが，これがないことから，エの製鉄所だと判断できる。なお，写真１は千葉市のJFEスチール東日本製鉄所，写真２は千葉県市原市の丸善石油化学，写真３は神奈川県横須賀市の日産自動車追浜《おっぱま》工場を写したものである。

10　高度経済成長期の1960年代，経済発展によって人びとの暮らしが豊かになる一方で，公害問題が深刻化した。18の球磨川が注ぐ水俣《みなまた》湾沿岸では，チッソという会社の工場が出した廃水にふくまれていた有機水銀が魚にとりこまれ，これを食べた住民が水銀中毒にかかるという水俣病が発生した。また，７の阿賀野川下流域でも，昭和電工という会社の工場が出した廃水にふくまれていた有機水銀が阿賀野川を汚染し，住民が水銀中毒にかかった。同じ水銀中毒であったことから，この病気は第二（新潟）水俣病とよばれる。11の庄川の東側を流れる神通《じんずう》川下流域では，上流の神岡鉱山（岐阜県）の精錬所から流されたカドミウムが流域の田畑を汚染し，腎臓《じんぞう》が悪くなったり骨がもろくなったりするイタイイタイ病が発生した。なお，ウは三重県の四日市市で発生した四日市ぜんそくの説明で，これら４つは四大公害病に数えられる。

11　**A**　現在は，公害の教訓や世界的な環境意識への高まりから，環境に関する多くの法律が整備されている。そこで，企業には，環境基本法や，大規模開発のさいに義務づけられている環境アセスメント（環境影響評価）法のような法令をきちんと守ったうえで工場を操業することが求められる。**B**　工場の周辺に住む住民は，環境の変化に常に気を配り，それが工場の操業によるものなのかなどをきちんと判断することが必要である。また，工場の操業の動きを常に見張っていると企業に伝えることで，企業に緊張感を持ってもらうことも大切だろう。　**C**　国や地方自治体は法律や条例を正しく適用するとともに，工場から出る廃棄物や廃水，ばい煙などを環境基準に照らしてチェックし，しかるべき指導をすることが求められる。

Ⅱ　各時代の歴史的なことがらについての問題

1　**1**　足利義政は室町幕府第８代将軍で，弟を跡継《あとつ》ぎに指名したのち男子が生まれたため，跡継ぎ争いが起こり，これが応仁の乱（1467～77年）へと発展した。戦乱の中，1473年に将軍職を息子の義尚《よしひさ》にゆずると，みずからは京都東山に営んだ山荘に暮らして芸術を楽しんだ。銀閣は義政が東山の山荘内に建てたもので，1489年に完成し，義政の死後，慈照《じしょう》寺という寺とされた。 **2** 708年に武蔵《むさし》国秩父《ちちぶ》(埼玉県)から和銅(自然銅)が朝廷に献上《けんじょう》されたことを記念し，元明天皇は元号を和銅と改めた。このとき，中国の開元通宝にならって貨幣《かへい》がつくられた。 **3** 栄西は平安時代の終わりごろに宋(中国)へ渡って禅宗を学び，帰国後に臨済宗を開いた。また，中国から茶の種を持ち帰り，茶の薬効を説いた『喫茶養生記《きっさようじょうき》』を著して鎌倉幕府の第３代将軍源実朝《さねとも》に献上した。

2 [1]は明治時代，[2]は室町時代，[3]は飛鳥時代，[4]は鎌倉時代，[5]は江戸時代のことなので，時代の古い順に[3]→[4]→[2]→[5]→[1]となる。

3 「文明開化の七つ道具」とは，明治時代初めの文明開化のころに普及《ふきゅう》した文物のことで，アの新聞，イのガス灯，ウの軽気球，エの蒸気船，カの陸《おか》蒸気(蒸気機関車)のほか，郵便・あんぱんなど，７つに限らず，このころに西洋の影響を受けてつくられたものがこのようによばれた。そりは古墳時代にすでにつくられていたので，オがあてはまらない。

4 銀閣は室町時代の東山文化を代表する建築物で，中にアの書院造という建築様式が取り入れられた。また，このころには石や砂で山水を表現するイの枯山水《かれさんすい》という庭園がつくられ，ウのような日本風の水墨画《すいぼくが》が雪舟《せっしゅう》によって大成された。エは歌舞伎《かぶき》を上演している劇場(芝居小屋)のようすを描いたもので，歌舞伎は安土桃山時代に出雲阿国《いずものおくに》が始めた阿国歌舞伎から発展し，江戸時代に文化として庶民《しょみん》の間で楽しまれるようになった。

5 708年，元明天皇は元号を和銅と改め，715年に改元されるまでこの元号が用いられた。「藤原不比等《ふひと》らが編纂《へんさん》した律令」には，701年に施行された大宝律令と757年に施行された(完成は718年といわれる)養老律令があるが，いずれもこの時期にあてはまらない。なお，イとウ(出羽国は現在の山形県と秋田県にあたる)は712年，エは710年のできごと。

6 栄西が臨済宗を開いた鎌倉時代の後半には，1274年の文永の役と1281年の弘安の役という２度にわたる元寇《げんこう》(元軍の襲来《しゅうらい》)があった。元はモンゴル帝国の第５代皇帝フビライ＝ハンが中国に建てた国なので，ウが正しい。なお，アは平安時代の894年，イは飛鳥時代の663年のできごと。エは安土桃山時代に豊臣秀吉が行った1592～93年の文禄の役と，1597～98年の慶長の役という２度の朝鮮出兵のときのできごとである。

7 江戸時代，外様大名の前田氏が治めた加賀藩の領地は「加賀」「能登」(石川県)と「越中」(富山県)におよび，「加賀百万石」とよばれた。アの「越前」は福井県北東部にあたり，親藩の松平氏が治めた。

8 加賀藩に限らず，諸藩は将軍へ特産品などの献上をたびたび行った。これは，幕府への忠誠を示したり，領地を保障してくれたことに感謝の気持ちを表したりするため，あるいは，将軍の代がわりなどの祝賀のさいにお祝いの気持ちを表すためだったと考えられる。

9 (1) 示された新聞が発行された1921年の11月，原敬《たかし》首相が東京駅で暗殺されたので，エが正しい。なお，アは1923年，イは1925年，ウは1919年のできごと。 (2) 新聞記事は，「宮内省御用達」という看板を掲《かか》げて市民をだます不正商人が横行していると報じている。「宮内省御用達」とは，皇室に商品を納入することを認められているということで，商品が非常に良質であるという証明になるとともに，庶民にとっては，皇室の人たちと同じものを口にできるということになる。つまり，「宮内庁御用達」という看板を掲げることで売り上げの増加が期待できるため，にせの看板を掲げる商人が現れたのである。

Ⅲ 平成時代のできごとを題材にした問題

１ あ 平成時代の天皇は，2017年に制定された「天皇の退位等に関する皇室典範《てんぱん》特例法」にもとづき，退位後は上皇とよばれることになった。 **い** 1989年，消費税が税率３％で初めて導入され，税率はその後，1997年に５％，2014年に８％，2019年10月に原則10％へと引き上げられた。 **う** 1991年の湾岸戦争のさい，国際貢献《こうけん》のあり方を国際社会に問われた日本政府は，翌92年，PKO(国連平和維持活動)協力法を成立させた。これによって，自衛隊の海外での活動が可能になった。 **え** 1993年，非自民・非共産の８党派による細川護熙《もりひろ》内閣が成立した。これによって，1955年から続いた，自由民主党が与党，社会党が野党第１党という「55年体制」が崩壊《ほうかい》した。

２ (1) 消費税は原則としてすべてのものやサービスにかかり，税を納める人と負担する人が異なる間接税である。消費税は国民から広く徴収《ちょうしゅう》できるうえ，物価にともなう変動はあるものの，個人の所得(収入)にかかる所得税や，企業の利益にかかる法人税ほど景気の影響を受けない。つまり，消費税は，政府としては一定の税収が見こめる税であるため，これを引き上げることで財源を安定させようと政府は考えているのである。 (2) 2019年，消費税率が10％に引き上げられたさい，酒類をのぞく飲食料品や新聞などについては，税率を８％のまますえ置く軽減税率が導入された。しかし，外食は軽減税率の対象外とされ，コンビニエンスストアに設けられた飲食スペースで飲食をすることも外食とみなされる。よって，ＢとＣは税率が10％となる。ＡやＤのように，家で食べる場合には軽減税率が適用される。

３ (1) **１～３** 日本の輸出超過による欧米諸国と日本の貿易摩擦《まさつ》が問題となっていた1985年，各国の財務大臣(当時は大蔵大臣)や中央銀行総裁らがニューヨークのプラザホテルに集まり，円相場を円高ドル安になるよう誘導《ゆうどう》するというプラザ合意がなされた。 **４，５** 円高は日本の輸出産業には不利にはたらくため，日本ではプラザ合意後，円高による不況《ふきょう》が起こった。これに対し，日本銀行は公定歩合(日本銀行が一般銀行にお金を貸すときの利子率)を引き下げ，一般銀行がお金を借りやすくなるような金融《きんゆう》政策を行った。この結果，市中に流通する貨幣が増加して株価や地価が上昇するなど，景気が加熱したので，日本銀行は公定歩合を引き上げるという対策をとった。
(2) 「不動産会社」がかかわるもので，企業が銀行からお金を借りるときの担保《たんぽ》(お金が返せなかった場合の補償となるもの)となるものなので，土地である。

４ 2019年，大阪府堺市にある百舌鳥《もず》古墳群と，藤井寺市・羽曳野《はびきの》市にある古市古墳群が，「百舌鳥・古市古墳群」としてユネスコ(国連教育科学文化機関)の世界文化遺産に登録された。これらの古墳群には，日本最大の前方後円墳で，仁徳《にんとく》天皇陵《りょう》と伝えられる大山古墳もふくまれている。

５ 阪神淡路大震災のような都市型の地震では，公共交通機関に被害が出ることで，外出先から帰宅できなくなる「帰宅難民」とよばれる人が多く出る。こうした人たちにとって，水道水やトイレ，テレビやラジオなどの情報を提供できる帰宅支援ステーションが大きな役割をはたすので，イが正しくない。

６ 衆議院議員選挙で採用されている小選挙区制は，１つの選挙区から最も得票数の多かった１人が選ばれるしくみなので，当選者以外の人に投じられた票である死票が多くなる。これを補うために比例代表制を組み合わせているので，アが正しくない。

７ 2011年の東日本大震災からの復興を目的として，翌12年，内閣府に復興庁が設置された。当初は2021年３月までという期限つきで設置されたが，期限が10年間延長されることとなった。

8　2007年，郵政民営化が実施され，その後，郵便事業は日本郵便，郵便貯金はゆうちょ銀行，簡易保険はかんぽ生命保険などの民間会社に引き継がれた。よって，エが正しい。なお，郵便局員は日本郵便の会社員となるが，日本郵便は民間会社でありながら100％を国が出資しており，公益性の高い職務を行う人は「みなし公務員」として，公務員と同等の待遇《たいぐう》を受けている。

9　消費税は収入に関係なくすべての消費者に一律に課されるので，低所得者ほど税負担が重くなるという逆進性が問題になる。そこで，飲食料品については税率を８％のまますえ置く軽減税率が導入されたが，石けんやシャンプー，トイレットペーパーといった飲食料品以外の生活必需品や，電気・ガス・水道の料金，鉄道やバスなどの公共交通機関の運賃など，生活するうえで必要になるにもかかわらず，これらには軽減税率が適用されなかった。一方で，低所得者ほど利用が少ない新聞の購読料が対象になるなど，低所得者の負担を減らすという目的に対して，対象品目が適切であるかどうかという点では問題が残っているといえる。

※編集部注…Ⅰの７・８につきましては，学校の了承のもと，問題文を一部修正して掲載しております。

理 科　＜第２回試験＞（40分）＜満点：75点＞

解 答

Ⅰ　(1)　エ　(2)　ア，ウ　(3)　オ　(4)　イ　(5)　カ　Ⅱ　(1)　24％　(2)　29％　(3)　12 g　(4)　36 g　(5)　113 g　Ⅲ　①　ウ　②　オ　③　ア　④　イ　⑤　エ　⑥　カ　Ⅳ　(1)　**BTB溶液**…ウ，**物質**…二酸化炭素　(2)　エ　(3)　**A**　ア　**B**　イ　**C**　ウ　(4)　**A**　イ　**B**　イ　**C**　イ　Ⅴ　(1)　**ア**　シリウス　**イ**　リゲル　**ウ**　ベテルギウス　**エ**　こいぬ座　**オ**　おうし座　(2)　21時　(3)　エ　(4)　イ　(5)　ア　(6)　イ　Ⅵ　(1)　4 cm　(2)　0.75秒　(3)　２秒　(4)　50 g　(5)　1.4秒　(6)　100 g　Ⅶ　(1)　48 g　(2)　イ　(3)　20℃　(4)　0.46カロリー

解 説

Ⅰ　気体の発生についての問題

(1)　二酸化マンガンに過酸化水素水を加えると，酸素が発生する。なお，二酸化マンガンは，過酸化水素水に溶《と》けている過酸化水素が水と酸素に分解するのを助けるはたらきをし，酸素が発生したあとも二酸化マンガンの量は減らない。このような物質をしょくばいという。

(2)　スチールウールやアルミニウムにうすい塩酸を加えると，溶けて水素が発生する。

(3)　スチールウールに水酸化ナトリウム水溶液《すいようえき》を加えても溶けず，気体も発生しない。

(4)　石灰石にうすい塩酸を加えると，空気の約1.5倍の重さである二酸化炭素が発生する。なお，ア，ウで発生する水素は空気の約0.07倍，エで発生する酸素は空気の約1.1倍，カで発生するアンモニアは空気の約0.6倍の重さである。

(5)　無色のフェノールフタレイン溶液を入れたときに赤くなるのは，アルカリ性の水溶液である。

塩化アンモニウムと水酸化カルシウムを混ぜて加熱するとアンモニアが発生し，そのアンモニアを水に溶かしたアンモニア水はアルカリ性の水溶液となる。なお，水素や酸素は水にほとんど溶けない。また，イで発生した二酸化炭素を水に溶かした炭酸水は酸性の水溶液である。

Ⅱ ものの溶け方と濃度《のうど》についての問題

⑴　20℃の水100ｇに溶ける固体Ａの重さは32ｇなので，このときにできる水溶液の濃度は，$\frac{32}{100+32}\times 100 = 24.2\cdots$より，24％とわかる。

⑵　40℃の水50ｇに固体Ａは，$64\times\frac{50}{100}=32$(ｇ)まで溶けるから，固体Ａ20ｇは全部溶ける。したがって，濃度は，$\frac{20}{50+20}\times 100 = 28.5\cdots$より，29％となる。

⑶　40℃の水50ｇに溶ける固体Ａの重さは32ｇで，はじめに固体Ａ20ｇを溶かしているので，さらに溶かすことができる固体Ａの重さは，$32-20=12$(ｇ)と求められる。

⑷　20℃の水200ｇに溶ける固体Ａの重さは，$32\times\frac{200}{100}=64$(ｇ)なので，水に溶けきれずに出てくる固体Ａの重さは，$100-64=36$(ｇ)となる。

⑸　20℃の水100ｇに溶ける固体Ａの重さは32ｇである。よって，出てきた固体Ａ36ｇを溶かすために必要な20℃の水の重さは，$100\times\frac{36}{32}=112.5$より，113ｇと求められる。

Ⅲ 動物のなかま分けについての問題

①　アリ，クモは背骨がない無せきつい動物，ヤモリ，ヒト，ツバメ，イモリ，フナは背骨があるせきつい動物である。

②　アリは，からだが頭部，胸部，腹部の３つに分かれており，胸にあしが６本ある。クモは，からだが頭胸部と腹部の２つに分かれており，頭胸部にあしが８本ある。

③　ヒトは子を産む胎生《たいせい》の動物，ヤモリ，ツバメ，イモリ，フナは卵を産む卵生の動物に分けられる。

④　ツバメは周囲の温度が変化しても体温がほぼ一定に保たれる恒温《こうおん》動物，ヤモリ，イモリ，フナは周囲の温度によって体温が変化する変温動物である。

⑤　ヤモリは体内で受精を行い，陸上に卵を産む。イモリ，フナは，めすが産んだ卵に，おすが精子をかけて，体外で受精する。

⑥　イモリは，子のときはえらで呼吸し，親になると肺と皮ふで呼吸する。フナは一生えらで呼吸する。

Ⅳ 植物の呼吸と光合成についての問題

⑴　はく息には二酸化炭素が多く含《ふく》まれており，二酸化炭素が水に溶けるほど液を酸性化させる。また，BTB溶液は酸性のときに黄色，中性のときに緑色，アルカリ性のときに青色になる。よって，もともと青色(アルカリ性)であった液に，息に含まれる二酸化炭素が溶けて中和した結果，緑色(中性)になったと考えられる。

⑵，⑶　オオカナダモが光合成を行うと，水に溶けている二酸化炭素を吸収して酸素を放出する。また，オオカナダモが呼吸を行うと，水に溶けている酸素を吸収して二酸化炭素を放出する。試験管Ａのオオカナダモは，呼吸と光合成を行っているが，呼吸よりも光合成の方をさかんに行うので，水に溶けている二酸化炭素が減少する。すると，液はアルカリ性になるので，青色になる。また，試験管Ｂのオオカナダモは光が当たらず，呼吸のみを行うので，水に溶けている二酸化炭素が増加

する。すると，液は酸性になるので，液は黄色になる。試験管Ｃは，液が緑色のまま変わらなかったことから，水に溶けている二酸化炭素の量は変わらず，このことから光合成量と呼吸量は等しいとわかる。

⑷　試験管Ａ～Ｃのオオカナダモには光が当たらず，呼吸のみを行うので，水に溶けている二酸化炭素が増加する。よって，液は酸性になり，黄色になると考えられる。

Ⅴ　天体とその動きについての問題

⑴　アはおおいぬ座のシリウス，イはオリオン座のリゲル，ウはオリオン座のベテルギウスである。また，エはこいぬ座で，含まれる１等星はプロキオン，オはおうし座で，含まれる１等星はアルデバランである。

⑵　星を同じ時刻に観察すると，１か月に約30度，東から西へ動くので，３か月後には，30×３＝90(度)だけ東から西へ動いている。また，１日のうちでは，１時間に約15度，東から西へ動くことから，３か月後に西の星空が図と同じように見えるのは，３時の，90÷15＝６(時間)前の21時ごろである。

⑶　星は東からのぼり，南の空を通って西にしずむ。よって，３時に西の地平線近くに見えた星は，２時間前の１時には，南の空(図の左上側)に見えていたことになる。

⑷　日食は，太陽，月，地球の順に一直線に並んだ新月のときに観測できることがある。ア，ウは月食についての説明である。

⑸　火星は，地球よりも外側の軌道《きどう》を公転しているので，真夜中に観測することができる。大きさは地球よりも小さい。なお，「よいの明星《みょうじょう》」，「明けの明星」と呼ばれるのは金星，うすい輪を持っているのは土星などである。

⑹　日食が観測される日には，太陽，月，地球の順に一直線に並んでいるので，この日は新月である。新月は太陽とほぼ同じ動きをするので，月の出の時刻は，日の出の時刻(６時49分)に最も近い６時30分ごろを選ぶ。

Ⅵ　ばねの振動《しんどう》についての問題

⑴　表から，おもりはＢ点を中心として，BC間の長さとBD間の長さが等しくなるようにCD間を往復運動していると考えられる。AB間の長さは12cmなので，AC間の長さが20cmのとき，BC間の長さは，20－12＝８(cm)となる。よって，BD間の長さも８cmになり，AD間の長さは，12－８＝４(cm)とわかる。

⑵　おもりの重心が10往復するのにかかる時間はすべて30秒なので，１往復するのにかかる時間は，30÷10＝３(秒)である。BD間を移動するのにかかる時間とCB間を移動するのにかかる時間は等しいため，おもりの重心がCB間を移動するのにかかる時間は，１往復にかかる時間の$\frac{1}{4}$にあたる。よって，$3\times\frac{1}{4}=0.75$(秒)と求められる。

⑶　図３より，ばね①に200ｇのおもりをつけたとき，おもりが10往復する時間は20秒なので，おもりが１往復する時間は，20÷10＝２(秒)である。

⑷　⑶の半分の時間は，２÷２＝１(秒)なので，おもりが10往復する時間が，１×10＝10(秒)になればよい。図３より，おもりが10往復する時間が10秒であるのは，50ｇのおもりをつるしたときである。

⑸　図２より，ばね②は10ｇで10cmのびるので，ばね②の長さを半分にして10ｇのおもりをつるしたとき，のびは半分になり，10÷２＝５（cm）となる。つまり，ばね②の長さを半分にしたばねは，ばね①とおもりの重さとばねののびの関係が同じばねになる。したがって，図３より，ばね①に100ｇのおもりをつるしたとき，おもりが10往復する時間は14秒なので，おもりが１往復する時間は，14÷10＝1.4（秒）である。

⑹　おもりが１往復する時間を2.5秒にするには，おもりが10往復する時間を，2.5×10＝25（秒）にすればよい。また，ばね①に10ｇのおもりをつるしたときののびは５cmなので，ばね①を直列に３本つないだばねに10ｇのおもりをつけたときののびは，５×３＝15（cm）になる。つまり，ばね①を直列に３本つないだばねは，ばね③とおもりの重さとばねののびの関係が同じばねになる。よって，図５より，ばね③につけたおもりが10往復する時間が25秒になるのは，おもりの重さが100ｇのときとわかる。

Ⅶ　物体の温度変化と熱量についての問題

⑴　ビーカーＡに入った70℃の水40ｇが40℃になるときに失った熱量は，40×（70－40）＝1200（カロリー）である。ビーカーＢに入った15℃の水は，1200カロリーの熱量を受け取って，40－15＝25（℃）上がるので，15℃の水の重さは，1200÷25＝48（ｇ）とわかる。

⑵　ビーカーＢに入った０℃の氷50ｇがとける間は，ビーカーＢの中の氷水の温度は０℃のまま一定で，氷50ｇがすべてとけて０℃の水150ｇになると，ビーカーＢの水の温度が上がり始める。ビーカーＡに入った90℃の水100ｇの温度は下がり続けて，やがてビーカーＢの温度と同じになる。

⑶　０℃の水がもつ熱量を０カロリーとすると，ビーカーＡに入った90℃の水100ｇがもつ熱量は，100×90＝9000（カロリー）である。０℃の氷50ｇがすべてとけて０℃の水50ｇになるまでに必要な熱量は，80×50＝4000（カロリー）なので，この4000カロリーの熱量がビーカーＡからビーカーＢにわたされたとき，ビーカーＡの水がもつ熱量は，9000－4000＝5000（カロリー）になる。つまり，ビーカーＡには5000カロリーの熱量をもつ水100ｇが入っており，ビーカーＢには０℃で，０カロリーの熱量の水150ｇが入っていると考えられる。これらの水の合計の重さは，100＋150＝250（ｇ）なので，ビーカーＡ，Ｂの水の温度は，5000÷250＝20（℃）となる。

⑷　20℃の水200ｇが35℃になったときに，金属球から受け取った熱量は，200×（35－20）＝3000（カロリー）である。このとき，100℃の金属球100ｇは，100－35＝65（℃）下がるので，金属球１ｇの温度が１℃下がったときに失う熱量は，3000÷100÷65＝0.461…より，0.46カロリーと求められる。

国語　＜第２回試験＞（50分）＜満点：100点＞

解答

一　**問１**　**Ａ**　小説　**Ｂ**　評論　**問２**　①　（例）　友人が読んだ本でまだ自分が読んでいない本。　⑥　（例）　論理は普遍的なものだと考えること。　⑧　（例）　少年時代に「正しい」と習った加工貿易による日本の発展が，「正しくない」となったこと。　**問３**　**Ｃ**　身　**Ｄ**　ふた　**Ｋ**　耳　**Ｌ**　たこ　**問４**　ところが，中　**問５**　ふつう「評　**問６**　**Ｅ**　不／ア，エ　**Ｈ**　非／イ，オ　**問７**　**Ｆ**　わかっている　**Ｇ**　わからない　**問８**　（例）

常識を把握した上で，異議申し立てや批判的検討をすること。　**問９**　(例)　お金をもらうための文章は「ふつう」のことを書いてはダメだということ。　**問10**　(例)　一般の人々が「自分の身体のことなら自分が一番よくわかっている」と思い込んでいることを前提として，鷲田清一は「自分の身体ほどわからないものはない」と説いているから。　**問11**　エ　**問12**　①　ウ　②　イ　③　オ　**問13**　論理的思考　**問14**　「天動説」から「地動説」に宇宙観が変わったこと。　**問15**　息，ウ　**問16**　(例)　地球にやさしくすることが求められるようになっていくこと。　**問17**　(例)　ある評論を読んだ時に，筆者が想定している「ふつう」と自分の「ふつう」の違いをはっきりさせ，その時の自分に必要かどうかを判断すること。

二　ア　×　イ　○　ウ　×　エ　×　オ　○　　三　下記を参照のこと。

●漢字の書き取り

三　1　危機　2　忠誠　3　体操　4　署名　5　均等　6　消費
7　混乱　8　米俵　9　沿(う)　10　営(む)

解　説

一　**出典は石原《いしはら》千秋《ちあき》の『未来形の読書術』による。**評論とは，「ふつう」がよくわかっている人が，「ふつう」ではないことを書いたものであることを紹介《しょうかい》し，その「ふつう」が時代とともに変化するものであることを指摘《してき》して，評論の読み方を説明している。

問１　A　前の部分で，「小説家で自作解説をする人」について否定的見解を示している。よって，自作解説ができるほど言いたいことがはっきりしているなら，「小説」などという回りくどい表現形式をとる必要はなかったといえる。　B　「小説」と異なり，「言いたいことがはっきりしている」場合に書くものであり，主張がはっきりしていて「自由に」解釈《かいしゃく》すれば「誤読」になるものなので，文章の最初に出てきた「評論」が入る。

問２　①　前の文の，友人が読んでいるが，自分はまだ読んでいない本のことである。　⑥　直前の，「論理は普遍《ふへん》的なものだ」と思っていることを指している。　⑧　前の段落の内容を受けている。つまり，「ショックだった」のは，「ぼくが少年時代に習った『煙《けむり》モクモク＝加工貿易＝正しい日本』というパラダイム」が，もう「『正しくない』ということになってしまった」ということである。

問３　C，D　「身もふたもない」は，表現がはっきりしすぎていて味わいがないこと。　K，L　「耳にたこができる」は，同じことを何度も言われて聞きあきること。

問４　戻《もど》す文にある「そういう教科書」，「小学生時代」，「煙モクモク」などの言葉についての記述を探すと，空らんKと空らんLがある段落で，「ぼくが小学生だった」時代の「社会」の教科で「加工貿易」という言葉がさかんに使われていたことが書かれ，さらに次の段落で，「社会」の教科書に，工業地帯の「背の高い煙突《えんとつ》から黒い煙がモクモク出ている」写真が載《の》っていて，「これが日本の国の発展だ，これはすばらしいことだ」という説明がついていたことが書かれている。よって，ここに戻す文を入れると，それを受けて，「ぼくは，そういう教科書で小学生時代を過ごしてきた」ので，「『煙モクモク』はすばらしいことだと思い込《こ》んでいた」となり，文意が通る。

問５　「たったいま書いたぼくの文章」が，「ふつうはこう思っているだろうが，ぼくはこう思う」という形式になっているということなので，同じ段落の最初にある，「ふつう『評論は，筆者の言いたいことを読解すればいい』と考えている人が多いと思うが」と始まっている部分に注目できる。

問６　Ｅ　人間は，自分の目で自分の顔を見ることが「できない」が，その顔に，自分ではコントロール「可能」ではない感情の揺《ゆ》れが露出《ろしゅつ》してしまうのである。“可能ではない”という意味にするには，「不」をつけて「不可能」とする。「不」と結びつくのは，アの「規則」とエの「完全」。
Ｈ「ふつう」は時代とともに変わり，「昔の『ふつう』はいまの『ふつう』ではない」ので，「昔の常識」はいまの「常識」ではないということになる。「常識」について否定の意味を表すのは「非」。「非」は，イの「公式」，オの「通知」と結びつく。なお，打ち消しの語をつけると，ウは「未完成」，カは「未成年」，キは「無期限」，クは「無関係」となる。

問７　Ｆ　鷲田清一《わしだきよかず》の文章に，「じぶんの身体《からだ》というものは，だれもがじぶんのもっとも近くにあるものだとおもっている」とある。彼《かれ》は，「ふつう」の人は，自分の身体を自分が一番よく「わかっている」と思い込んでいると考えている。　Ｇ　評論が成功しない，「常識の把握《はあく》が間違《まちが》ってしまった場合」の例である。鷲田清一の文章で，「ふつうは自分の身体のことはよく『わからない』と思っているだろう」と書いてあっても，それが常識ではないため，「何に対して異議申し立て(批評)」をしているかサッパリわから」ず，読者は「なにわけのわからないこと言ってるの？」と思うだけになる。

問８　前の段落の内容を受けて，「二項《にこう》」の一つ目は「常識」で，二つ目は「それに対する批判的検討(批評)」だと書かれている。評論が成功するために，この二つの要素がうまく組み合わさることを，「二項対立をうまく使うこと」と表現している。そして，一番失敗するのは，「常識の把握」が間違っている場合で，何に対して異議申し立て(批評)をしているのかわからなくなる，と述べられている。よって，評論は，「常識」をきちんと把握した上で，異議申し立てやそれに対する批判的検討を適切に行うことで，成功するのである。

問９　前の段落の，永江朗《ながええあきら》の意見に対して賛同している。永江は，「新聞の読者投稿欄《とうこうらん》」には，「ふつう」の読者に向けた「ふつう」のことしか書かれていないが，「お金をもらうための文章」ならば，「ふつう」のことを書いていてはダメだ，と言っている。

問10　直前に，「評論とは『ふつう』がよくわかっている人が『ふつう』でないことを書いた文章なのだ」とあることに注目する。鷲田清一は，「ふつう」の人々は，「自分の身体のことなら自分が一番よくわかっていると思い込んでいる」と考えている。その常識に対して鷲田は，「いや，実は自分の身体ほどわかりにくいものはないのだ」と，「ふつう」ではないことを説いている。この点で，鷲田の文章は「みごとな評論になっている」のである。

問11「パラダイム＝思考の枠組《わくぐみ》」とは，「時代によって変わっていく」ものである。時代が変わり，パラダイムが変わったことで，「まちがった」ことになってしまうこととは，「ある時代に『正しい』とされていたこと」だといえる。

問12　①　前では，「『天動説』から『地動説』に宇宙観が変わった」のは，パラダイム・チェンジのわかりやすい例の一つであると述べ，後では，「ある時代に『論理的』であったことが別の時代には『非論理的』になってしまうことがある」と述べている。前の内容を後で言いかえているので，“要するに”という意味の「つまり」がよい。　②　後に「～ば」とあるので，これと呼応して，“かりにこうだとすると”という意味を表す「もし」が入る。　③　前では，昭和三十年代には「加工貿易」という言葉がさかんに使われていたとあり，後では，「社会」という教科で日本は「加工貿易の国だ」ということを「繰《く》り返し習った」とあるので，具体的な例をあげるときに用いる「たとえば」が合う。

問13　直後の説明で，「文部科学省のお役人さんとか中央教育審議《しんぎ》会の学者さん」が，論理は一つしかないと考えているから，「学校教育で『論理的思考』を教え込もう」という発想が出てくると述べられているとあるので，重視するのは「論理的思考」の育成である。

問14　「学問の変化や新発見」の例として，「『天動説』から『地動説』に宇宙観が変わった」ことがあげられている。

問15　「息の根を止める」は，殺すこと，または，回復できないほど害を与《あた》えること。「息を抜《ぬ》く」は，一休みすること。

問16　同じ段落で書かれているように，「『開発が悪』となってゆく」と，「世の中すべて」が，「地球にやさしく」するべきだという方向に動いていくというのである。

問17　前の段落の内容に注目する。普通に評論を読むだけなら，「評論の書き手が予想した読者像」に自分を合わせて評論を読み，さまざまなことを教わればいい。しかし，「評論の読者はいつも読者の仕事を評論が想定している通りに行えるわけではない」のである。そういうときには，「評論の批評」が必要になってくる。「評論の批評」とは，「自分の『ふつう』とその評論が想定している『ふつう』との違いを正確に測定」して，その評論がそのときの自分に必要なものかどうか，または，その評論を読むだけの準備ができているかどうかを判断することである。

二　**出典は石原《いしはら》千秋《ちあき》の『未来形の読書術』による。**小説には，さまざまな読み方があることを指摘し，どのような読み方がすぐれているかを判定できるのは，他人だけであると主張している。

ア　「本の読み方」自体は読者が自分で決めることだが，その読み方が「面白《おもしろ》いか面白くないか」を評価するのは，他者である。　**イ，オ**　本文の内容と合う。　**ウ**　読書とは，「他者を信頼《しんらい》すること」で，「未来形の自分を認めてもらう」行為《こうい》である。それをもたらしてくれるのは，「読書への抵抗《ていこう》」であって，最新の流行を意識することではない。　**エ**　法律の条文は「一通りの解《かい》釈《しゃく》しか許さない」が，文学の場合は，「解釈の余地があればあるほど，言葉が多義的であればあるほど，すぐれた文学だとさえ言える」のである。

三　**漢字の書き取り**

1　危険な時・状態。　**2**　君主や主人，国家や集団などにつくす真心。　**3**　健康や訓練のために，手足や体を規則正しく動かす運動。　**4**　書類などに自分の氏名を記すこと。　**5**　差がなく，等しいこと。　**6**　金や物などを使ってなくすこと。　**7**　物事が乱れてまとまりがなくなること。　**8**　米を入れるために，ワラなどを編んでつくった袋《ふくろ》。　**9**　音読みは「エン」で，「沿岸」などの熟語がある。　**10**　音読みは「エイ」で，「営業」などの熟語がある。

Memo

Memo

出題ベスト10シリーズ

①国語読解ベスト10

②漢字合格の2790題

③計算合格の820題

④図形問題ベスト10

■過去の入試問題から出題例の多い問題を選んで編集・構成。受験関係者の間でも好評です！

有名中学入試問題集

●男子校編

●女子校編

■中学入試の全容をさぐる!!
■首都圏の中学を中心に、全国有名中学の最新入試問題を収録!!

※表紙は昨年度のものです。

算数の過去問25年分

■筑波大学附属駒場
■麻布
■開成

○名門３校に絶対合格したいという気持ちに応えるため過去問実績No.1の声の教育社が出した答えです。

都立中高一貫校 適性検査問題集

■都立一貫校と同じ検査形式で学べる！

●自己採点のしにくい作文には「採点ガイド」を掲載。
●保護者向けのページも充実。
●私立中学の適性検査型・思考力試験対策にもおすすめ！

スーパー過去問の **解説執筆・解答作成スタッフ（在宅）募集！** ※募集要項の詳細は、10月に弊社ホームページ上に掲載します。

2025年度用
中学スーパー過去問

■編集人 声の教育社・編集部
■発行所 株式会社 声の教育社
〒162-0814 東京都新宿区新小川町8-15
☎03-5261-5061(代) FAX03-5261-5062
https://www.koenokyoikusha.co.jp

※本書の内容についての一切の責任は当社にあります。内容・解説・解答・その他は当社ホームページよりお問い合わせ下さい。

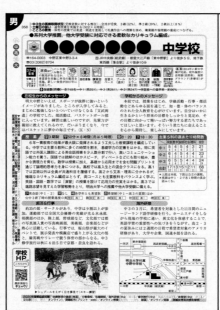

よくある解答用紙のご質問

01

実物のサイズにできない

拡大率にしたがってコピーすると，「解答欄」が実物大になります。配点などを含むため，用紙は実物よりも大きくなることがあります。

02

A3用紙に収まらない

拡大率164％以上の解答用紙は実物のサイズ（「出題傾向＆対策」をご覧ください）が大きいために，Ａ３に収まらない場合があります。

03

拡大率が書かれていない

複数ページにわたる解答用紙は，いずれかのページに拡大率を記載しています。どこにも表記がない場合は，正確な拡大率が不明です。

04

１ページに２つある

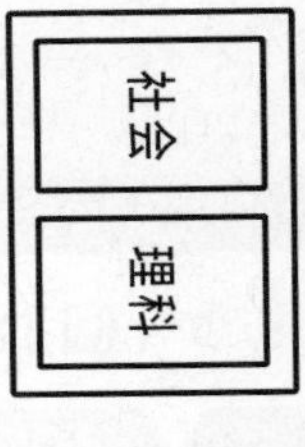

１ページに２つ解答用紙が掲載されている場合は，正確な拡大率が不明です。ほかの試験回の同じ教科をご参考になさってください。

明治大学付属明治中学校

【別冊】入試問題解答用紙編

禁無断転載

解答用紙は本体からていねいに抜きとり、別冊としてご使用ください。

※　実際の解答欄の大きさで練習するには、指定の倍率で拡大コピーしてください。なお、ページの上下に小社作成の見出しや配点を記載しているため、コピー後の用紙サイズが実物の解答用紙と異なる場合があります。

●入試結果表

年　度	回	項　目	国　語	算　数	社　会	理　科	4科合計	合格者
2024	第1回	配点(満点)	100	100	75	75	350	最高点
		合格者平均点	62.0	73.6	43.2	55.5	234.3	295
		受験者平均点	56.7	57.7	37.2	47.3	198.9	最低点
		キミの得点						男 211 女 221
	第2回	合格者平均点	62.6	53.6	41.8	49.7	207.7	最高点 268
		受験者平均点	56.9	38.9	37.3	43.9	177.0	最低点
		キミの得点						男 189 女 195
2023	第1回	配点(満点)	100	100	75	75	350	最高点
		合格者平均点	66.3	72.8	53.4	53.4	245.9	302
		受験者平均点	60.7	56.9	48.0	46.7	212.3	最低点
		キミの得点						男 221 女 233
	第2回	合格者平均点	76.6	56.8	42.3	59.2	234.9	最高点 279
		受験者平均点	71.1	38.3	37.4	53.3	200.1	最低点
		キミの得点						男 212 女 222
2022	第1回	配点(満点)	100	100	75	75	350	最高点
		合格者平均点	53.6	68.8	50.6	56.4	229.4	277
		受験者平均点	49.0	52.3	45.8	51.5	198.6	最低点
		キミの得点						男 206 女 213
	第2回	合格者平均点	64.4	73.3	50.3	41.7	229.7	最高点 277
		受験者平均点	59.0	56.4	45.0	35.1	195.5	最低点
		キミの得点						男 212 女 218
2021	第1回	配点(満点)	100	100	75	75	350	最高点
		合格者平均点	67.0	63.5	50.9	60.0	241.4	307
		受験者平均点	60.7	48.2	45.0	52.0	205.9	最低点
		キミの得点						男 221 女 225
	第2回	合格者平均点	63.9	74.5	46.9	52.7	238.0	最高点 273
		受験者平均点	57.8	56.7	41.0	46.7	202.2	最低点
		キミの得点						男 221 女 225
2020	第1回	配点(満点)	100	100	75	75	350	最高点
		合格者平均点	51.5	70.7	49.5	60.5	232.2	283
		受験者平均点	46.5	54.5	44.5	54.4	199.9	最低点
		キミの得点						男 211 女 221
	第2回	合格者平均点	71.0	62.5	49.2	54.9	237.6	最高点 278
		受験者平均点	64.3	43.5	43.7	47.7	199.2	最低点
		キミの得点						男 223 女 227

※　表中のデータは学校公表のものです。ただし、4科合計は各教科の平均点を合計したものなので、目安としてご覧ください。

声の教育社

２０２４年度　明治大学付属明治中学校

算数解答用紙　第１回

番号		氏名	

評点	／100

1

答	(1)		(2)	(ア)		(イ)		(3)		(4)		(5)	

2　(1)　式や考え方　(2)　式や考え方　(3)　式や考え方

答	(1)	段目，　番目	(2)		(3)	段目

3　(1)　式や考え方　(2)　式や考え方　(3)　式や考え方

答	(1)	円	(2)	個	(3)	個

4　(1)　式や考え方　(2)　式や考え方

答	(1)	円	(2)	円

5　(1)　式や考え方　(2)　式や考え方

答	(1)	人	(2)	午前　時　分

（注）この解答用紙は実物を縮小してあります。Ｂ５→Ａ３(163%)に拡大コピーすると，ほぼ実物大の解答欄になります。

〔算　数〕100点(学校配点)

1　各７点×５＜(2)は完答＞　2　(1)　６点　(2)，(3)　各５点×２　3　(1)，(2)　各６点×２　(3)　５点　4，5　各８点×４

２０２４年度　明治大学付属明治中学校

社会解答用紙　第１回

番号		氏名		評点	／75

Ⅰ

1						2	3	4
(1)	(2)	(3)	(4)	(5)	(6)			

5	6	7

Ⅱ

1	2	3	4	5	6
			→ → →		

7	8	9	10	11	12

13
→ → →

Ⅲ

1			
あ	い	う	え

2	3	4	5	6	7

8	
(1)	(2)

9
(1)
(2)

（注）この解答用紙は実物を縮小してあります。Ｂ５→Ａ３（163%）に拡大コピーすると、ほぼ実物大の解答欄になります。

〔社　会〕75点（学校配点）

Ⅰ　1～5　各２点×10　6　３点　7　２点　Ⅱ　1～7　各２点×7＜4は完答＞　8　１点　9～13　各２点×5＜13は完答＞　Ⅲ　1　各１点×4　2～7　各２点×6　8　各１点×2　9　(1)　３点　(2)　４点

２０２４年度　明治大学付属明治中学校

理科解答用紙　第１回

番号		氏名		評点	／75

Ⅰ

(1)		(2)			(3)	
①	②	A	B	C	a	b

(4)	(5)	(6)

Ⅱ

(1)	(2)		(3)	(4)
	水	食塩		
	g	g		

(5)			
A	B	C	D

Ⅲ

(1)			
A	B	C	D

(2)	(3)	(4)	(5)
			g

Ⅳ

(1)	(2)	(3)

(4)	(5)

Ⅴ

(1)	(2)	(3)

(4)	(5)
L	g

Ⅵ

(1)	(2)	(3)
g	cm	cm

(4)	(5)
g	g

Ⅶ

(1)	(2)
℃	℃

(3)	(4)
倍	

（注）この解答用紙は実物を縮小してあります。169％拡大コピーすると、ほぼ実物大の解答欄になります。

〔理　科〕75点(学校配点)

Ⅰ (1)，(2)　各1点×5　(3)〜(6)　各2点×5　Ⅱ (1)　1点　(2)　3点＜完答＞　(3)〜(5)　各1点×6　Ⅲ (1)〜(4)　各1点×7　(5)　2点　Ⅳ 各2点×5　Ⅴ (1)〜(3)　各2点×3　(4)，(5)　各3点×2　Ⅵ (1)〜(3)　各2点×3　(4)　3点　(5)　2点　Ⅶ (1)，(2)　各1点×2　(3)，(4)　各3点×2　(選択肢の問題の答が複数ある場合は＜完答＞となる)

2024年度　明治大学付属明治中学校

国語解答用紙　第一回

番号		氏名		評点	/100

一

問一

問二　2　3

問三

問四

問五　②　④　⑦

問六

問七　5　6　7　8　9

問八

問九

問十

問十一　↓　↓　↓

問十二　12　13　14

問十三

問十四

二

1　2　3　4　5

6　7　8　9　10 かな

（注）この解答用紙は実物を縮小してあります。B5→A3（163%）に拡大コピーすると、ほぼ実物大の解答欄になります。

〔国　語〕100点(学校配点)

一　問1～問3　各3点×4　問4　8点　問5　各4点×3　問6　3点　問7　各2点×5　問8　3点　問9～問11　各4点×3<問11は完答>　問12，問13　各3点×4　問14　8点　二　各2点×10

２０２４年度　明治大学付属明治中学校

算数解答用紙　第２回

番号		氏名		評点	／100

1

答	(1)		(2)		(3)		(4)		(5)	

2　(1)　式や考え方　　(2)　式や考え方

答	(1)	人	(2)	セット，　本

3　(1)　式や考え方　　(2)　式や考え方　　(3)　式や考え方

答	(1)	分	(2)	毎時　km	(3)	km

4　(1)　式や考え方　　(2)　式や考え方

答	(1)	：	(2)	回目

5　(1)　式や考え方　　(2)　式や考え方　　(3)　式や考え方

答	(1)	個	(2)	A　台，B　台	(3)	袋

(注)　この解答用紙は実物を縮小してあります。Ｂ５→Ａ３(163%)に拡大コピーすると、ほぼ実物大の解答欄になります。

〔算　数〕100点(学校配点)

1　各７点×５　2　各８点×２＜(2)は完答＞　3　(1)，(2)　各６点×２　(3)　５点　4　各８点×２
5　(1)　６点　(2)，(3)　各５点×２＜(2)は完答＞

２０２４年度　明治大学付属明治中学校

社会解答用紙　第２回

番号		氏名		評点	／75

Ⅰ

1						
(1)え		お		か		(2)

2	3	4	5	6	7

Ⅱ

1	2	3
川		

4	5		6	
	(1)	(2)	長崎県	沖縄県

Ⅲ

1		2	3	4	5
あ	い				

6	7	8		9	10	11
		(1)	(2)			

12
→ → → → → →

Ⅳ

1		2		3	
(1)	(2)	(1)	(2)	い	う

4		5		6
(1)	(2)	(1)	(2)	

7
Aさん・Bさん

（注）この解答用紙は実物を縮小してあります。Ｂ５→Ａ３（163％）に拡大コピーすると、ほぼ実物大の解答欄になります。

〔社　会〕75点（学校配点）

Ⅰ　1　(1)　各１点×３　(2)　２点　2　２点　3　１点　4，5　各２点×２　6　１点　7　２点　Ⅱ　1～4　各３点×４　5，6　各２点×４　Ⅲ　1～7　各１点×８　8，9　各２点×３　10　１点　11　２点　12　３点＜完答＞　Ⅳ　1　(1)　１点　(2)　２点　2～6　各２点×７＜3，5は完答＞　7　３点

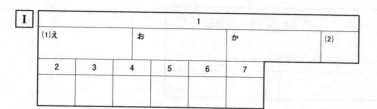

２０２４年度　明治大学付属明治中学校

理科解答用紙　第２回

番号		氏名		評点	／75

Ⅰ

(1)	
うすい塩酸	水酸化ナトリウム水溶液

(2)	(3)	(4)
		cm³

Ⅱ

(1)	(2)	(3)

(4)		
①	②	③
g	g	%

Ⅲ

(1)			
a	b	d	f

(2)	(3)	(4)	(5)

Ⅳ

(1)	(2)	(3)

(4)	(5)

Ⅴ

(1)	(2)		(3)
	惑星Ａ	惑星Ｂ	

(4)	(5)	(6)	(7)

Ⅵ

(1)	(2)	(3)
cm	cm	cm

Ⅶ

(1)	(2)	(3)
g	g	g

(4)	(5)
cm	g

（注）この解答用紙は実物を縮小してあります。Ｂ５→Ａ３（163％）に拡大コピーすると、ほぼ実物大の解答欄になります。

〔理　科〕75点(学校配点)

Ⅰ　(1)　各１点×2　(2)～(4)　各２点×3　Ⅱ　(1)～(3)　各２点×3　(4)　①，②　各２点×2　③　3点　Ⅲ　(1)，(2)　各１点×5　(3)～(5)　各２点×3　Ⅳ　各２点×5　Ⅴ　(1)　２点　(2)　各１点×2　(3)～(7)　各２点×5　Ⅵ　(1)　２点　(2)，(3)　各３点×2　Ⅶ　(1)～(4)　各２点×4　(5)　3点　(選択肢の問題の答が複数ある場合は<完答>となる)

2024年度　明治大学付属明治中学校

国語解答用紙　第一回

番号　　氏名　　評点　／100

一

問一

問二

問三　1　2

問四

問五

問七

問八　B　C　D

問六　④　⑤　⑥

問九　E　F　G　H

問十

問十一

問十二　I　J

問十四

問十五

問十三

問十六　社会の情報化が加速するなかで、

二

1　2　3　4　5

6　7　8　9　10　る　い

(注) この解答用紙は実物を縮小してあります。B5→A3(163%)に拡大コピーすると、ほぼ実物大の解答欄になります。

〔国　語〕100点(学校配点)

一 問1　5点　問2　4点＜完答＞　問3　各2点×2　問4　4点　問5　2点　問6　④,⑤　各4点×2　⑥　3点　問7　3点　問8,問9　各2点×7　問10　3点＜完答＞　問11　7点　問12　各2点×2　問13　4点　問14　3点　問15　2点　問16　10点　二　各2点×10

２０２３年度　明治大学付属明治中学校

算数解答用紙　第１回

番号　氏名　評点　／100

1

答 (1)　(2)　(3)　(4)(ア)　(イ)　(5)

2 (1) 式や考え方　(2) 式や考え方

答 (1)　分　秒 (2)　分　秒

3 (1) 式や考え方　(2) 式や考え方　(3) 式や考え方

答 (1)　% (2)　個 (3)　個

4 (1) 式や考え方　(2) 式や考え方

答 (1)　人 (2)　秒

5 (1) 式や考え方　(2) 式や考え方

(3)

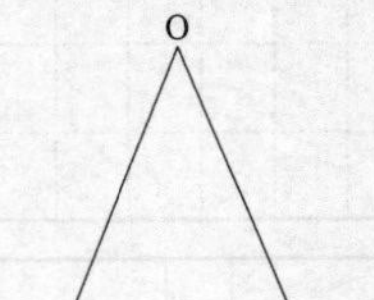

答 (1)　cm^2 (2)　cm^2

（注）この解答用紙は実物を縮小してあります。Ｂ５→Ａ３（163%）に拡大コピーすると、ほぼ実物大の解答欄になります。

〔算　数〕100点（学校配点）

1 各７点×５　2 各８点×２　3 (1)，(2) 各６点×２　(3) ５点　4 各８点×２　5 (1)，(2) 各５点×２　(3) ６点

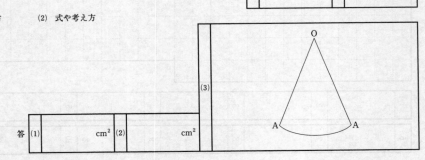

２０２３年度　明治大学付属明治中学校

社会解答用紙　第１回

番号		氏名		評点	／75

Ⅰ

1		2	3				
(1)	(2)	川	(1)A	B	C	(2)	(3)

4		5		
(1)	(2)	(1)水力	火力	風力

5
(2)

Ⅱ

1	2	3	4	5
遺跡		→ → →		

6	7	8	9	10

11
→ → →

Ⅲ

1	2

3	4

5	6	7			
		(1)	(2)	(3)	(4)

8	9	10
	省	

11

（注）この解答用紙は実物を縮小してあります。Ｂ５→Ａ３(163%)に拡大コピーすると、ほぼ実物大の解答欄になります。

〔社　会〕75点(学校配点)

Ⅰ　1，2　各２点×３　３　(1)　３点＜完答＞　(2)，(3)　各２点×２　４，５　各３点×４＜５の(1)は完答＞　Ⅱ　１　２点　２　３点　３～８　各２点×６＜３は完答＞　９，10　各３点×２　11　２点＜完答＞　Ⅲ　１～４　各２点×４＜１は完答＞　５，６　各１点×２　７　各２点×４　８～10　各１点×３　11　４点

２０２３年度　明治大学付属明治中学校

理科解答用紙　第１回

番号		氏名		評点	／75

Ⅰ

(1)	(2)	(3)

(4)	(5)

Ⅱ

(1)	(2)	
	名称	色

(3)	(4)	(5)
銅　　酸素		
：	g	g

Ⅲ

(1)	(2)	(3)	(4)	(5)

Ⅳ

(1)	(2)	(3)	(4)
	AA　Aa　aa		
	：　：		

(5)

Ⅴ

(1)	(2)	(3)	(4)
°	cm		

(5)	(6)	(7)
緯	°	

Ⅵ

(1)			(2)	(3)	(4)
①	②	③			
			通り		

Ⅶ

(1)	(2)	(3)	(4)
秒			通り

(5)
通り

（注）この解答用紙は実物を縮小してあります。Ｂ５→Ａ３（163%）に拡大コピーすると、ほぼ実物大の解答欄になります。

〔理　科〕75点（学校配点）

Ⅰ　各２点×５　Ⅱ　(1)　２点　(2)　各１点×２　(3)～(5)　各２点×３　Ⅲ～Ⅴ　各２点×17　Ⅵ　(1)　２点＜完答＞　(2)　３点　(3)，(4)　各２点×２　Ⅶ　(1)～(3)　各２点×３　(4)，(5)　各３点×２（選択肢の問題の答が複数ある場合は＜完答＞となる）

二〇二三年度　明治大学付属明治中学校

国語解答用紙　第一回

番号　氏名　評点 /100

一

問一　①　②　③　⑦　⑧

問二

問三　問四　問七　並べ替え　→　→　→　→

問五

問六

問八　〜　問九　1　2　3　4　5

問十

問十一　40　70

二

並べ替え　→　→　→　→　→

意味　ア　イ　ウ　エ　オ　カ

三

1　2　3　4　5

6　7　8　9　10　い

（注）この解答用紙は実物を縮小してあります。Ｂ５→Ａ３（163％）に拡大コピーすると、ほぼ実物大の解答欄になります。

〔国　語〕100点（学校配点）

一　問1　①，②　各4点×2　③　3点　⑦，⑧　各4点×2　問2　5点　問3，問4　各2点×2　問5，問6　各5点×2　問7　3点<完答>　問8　4点　問9　各2点×5　問10　4点　問11　6点　二　並べ替え…3点<完答>　意味…各2点×6　三　各2点×10

２０２３年度　　明治大学付属明治中学校

算数解答用紙　第２回

番号		氏名		評点	／100

1

答	(1)		(2)		(3)		(4)		(5)	

2　(1)　式や考え方　(2)　式や考え方　(3)　式や考え方

答	(1)		(2)		(3)	行目

3　(1)　式や考え方　(2)　式や考え方

答	(1)	：	(2)	cm²

4　(1)　式や考え方　(2)　式や考え方　(3)　式や考え方

答	(1)	人	(2)	人	(3)	か所

5　(1)　式や考え方　(2)　式や考え方　(3)　式や考え方

答	(1)	分	(2)	km	(3)	時　　分

（注）この解答用紙は実物を縮小してあります。Ｂ５→Ａ３(163%)に拡大コピーすると、ほぼ実物大の解答欄になります。

〔算　数〕100点(学校配点)

1　各７点×５　2　(1)，(2)　各５点×２　(3)　６点　3　各８点×２　4　(1)　６点　(2)　５点　(3)　６点　5　(1)，(2)　各５点×２　(3)　６点

２０２３年度　明治大学付属明治中学校

社会解答用紙　第２回

番号		氏名		評点	／75

I

1		2	3	4	5
(1)	(2)				

6				7
あ	い	う	え	(1)

7	8		
(2)	(1)	(2)	(3)

II

1		2	3	4	5	6	7	8
あ	い							

9	10
	→ → → →

11	12
	(1) 月 日

12		
(2)	(3)	(4)

III

1			2
あ	い	え	

3	4	5		6	7	8	9
庁		(1)	(2)				

10
(1) 賛成 反対
(2)
(3)

（注）この解答用紙は実物を縮小してあります。Ｂ５→Ａ３(163%)に拡大コピーすると、ほぼ実物大の解答欄になります。

〔社　会〕75点(学校配点)

I　1～5　各２点×6　6　各１点×4　7　(1)　２点　(2)　４点　8　各１点×3　II　1～9　各１点×10　10, 11　各３点×2＜10は完答＞　12　(1)～(3)　各２点×3　(4)　３点　III　1　各１点×3　2～8　各２点×8　9　１点　10　(1), (2)　各１点×2　(3)　３点

2023年度　明治大学付属明治中学校

理科解答用紙　第2回

番号		氏名		評点	／75

Ⅰ

(1)	(2)	(3)	(4)	(5)

Ⅱ

(1)	(2)	(3)	(4)	(5)

Ⅲ

(1)	(2)	(3)

(4)	(5) 炭酸カルシウム	(5) 塩酸
g	g	cm^3

Ⅳ

(1)	(2)	(3)
%	g	g

(4)	(5)
g	

Ⅴ

(1)

①	②	③
④	**⑤**	**⑥**

(2)	(3)	(4)	(5)

Ⅵ

(1)	(2)	(3)	(4)	(5)
℃			℃	

Ⅶ

(1)	(2)	(3) ばねA	(3) ばねB
個	個	cm	cm

(4) ばねA	(4) ばねB	(5) 100gのおもり	(5) 10gのおもり
cm	cm	個	個

（注）この解答用紙は実物を縮小してあります。Ｂ５→Ａ３（163%）に拡大コピーすると、ほぼ実物大の解答欄になります。

〔理　科〕75点（学校配点）

Ⅰ，Ⅱ　各２点×10　Ⅲ　(1)，(2)　各２点×２　(3)　１点　(4)，(5)　各２点×３　Ⅳ　各２点×５　Ⅴ　(1)　各１点×６　(2)～(5)　各２点×４　Ⅵ，Ⅶ　各２点×10＜Ⅶの(3)～(5)はそれぞれ完答＞（選択肢の問題の答が複数ある場合は＜完答＞となる）

二〇二三年度　明治大学付属明治中学校

国語解答用紙　第一回

番号　　氏名　　評点 /100

一

問一　①　②　③　⑥　⑪

問二

問三　1　6

問四　2　3　4

問五

問六

問七

問十　A　B　C　D　E　F

問八

問九

問十一

問十二

問十三　8　9　10　11

問十四　40　80

二

1　2　3　4　5

6　7　8　9　く　10　む

（注）この解答用紙は実物を縮小してあります。B５→A３（163％）に拡大コピーすると、ほぼ実物大の解答欄になります。

〔国　語〕100点(学校配点)

一　問1　各4点×5　問2　3点　問3，問4　各2点×5　問5，問6　各4点×2　問7　2点　問8，問9　各4点×2　問10　各1点×6　問11　6点　問12，問13　各2点×5　問14　7点　二　各2点×10

２０２２年度　明治大学付属明治中学校

算数解答用紙　第１回

番号		氏名		評点	／100

1

答	(1)		(2)		(3)		(4)		(5)	

2　(1)　式や考え方　　(2)　式や考え方

答	(1)	人	(2)	点

3　(1)　式や考え方　　(2)　式や考え方　　(3)　式や考え方

答	(1)	毎分　L	(2)	L	(3)	時　分

4　(1)　式や考え方　　(2)　式や考え方

答	(1)	倍	(2)	毎時　km

5　(1)　式や考え方　　(2)　式や考え方

答	(1)	：	(2)	：

（注）この解答用紙は実物を縮小してあります。Ｂ５→Ａ３（163％）に拡大コピーすると、ほぼ実物大の解答欄になります。

〔算　数〕100点（学校配点）

1　各７点×５　2　各８点×２　3　(1)　６点　(2)　５点　(3)　６点　4，5　各８点×４

２０２２年度　明治大学付属明治中学校

社会解答用紙　第１回

番号		氏名	

評点　／75

Ⅰ

1
(1)A 河川　川　平野　平野
B 河川　川　平野　平野
E 河川　川　平野　平野
H 河川　川　平野　平野

1
(2)
(3)あ　湖
い　平野
う　山脈

1　え　市
2
3
4
5　●　▲
6

7　(1)　(2)
8

Ⅱ

1　→　→　→
2
3
4
5
6
7
8
9
10
11
12

Ⅲ

1　あ　い
2
3　(1)　(2)
4
5　(1)
5　(2)
6
7
8　問題・現状
解決方法

（注）この解答用紙は実物を縮小してあります。Ｂ５→Ａ３（163%）に拡大コピーすると、ほぼ実物大の解答欄になります。

〔社　会〕75点(学校配点)

Ⅰ　1～5　各1点×18　6　2点　7　(1)　1点　(2)　2点　8　2点　Ⅱ　1～7　各2点×7＜1は完答＞　8　1点　9, 10　各2点×2　11, 12　各3点×2　Ⅲ　1　各1点×2　2　2点　3　(1)　2点　(2)　3点＜完答＞　4　2点　5　(1)　2点　(2)　3点　6, 7　各2点×2　8　5点

２０２２年度　明治大学付属明治中学校

理科解答用紙　第１回

番号		氏名		評点	／75

Ⅰ

A	B	C	D	E

Ⅱ

(1) A	(1) B	(2)	(3)	(4)

Ⅲ

(1) (a)	(1) (b)	(1) (c)	(1) (d)

(2)	(3)	(4)

Ⅳ

(1) (a)	(1) (b)	(1) (c)

(2)	(3)	(4)	(5)

Ⅴ

(1)	(2)	(3)	(4)

(5) B	(5) D	(5) C	(6)	(7)
		座		。

Ⅵ

(1)	(2)	(3)	(4)	(5)
g	g	g	g	cm

Ⅶ

(1)	(2)	(3)	(4) 電球：赤色 LED：緑色 LED
		秒間	： ：

（注）この解答用紙は実物を縮小してあります。Ｂ５→Ａ３（163%）に拡大コピーすると、ほぼ実物大の解答欄になります。

〔理　科〕75点（学校配点）

Ⅰ，Ⅱ　各２点×10　Ⅲ　(1)　各１点×4　(2)～(4)　各２点×3＜(2)，(3)は完答＞　Ⅳ　(1)　各１点×3　(2)　２点＜完答＞　(3)　１点　(4)，(5)　各２点×2＜(5)は完答＞　Ⅴ　(1)～(4)　各２点×4　(5)　各１点×3　(6)，(7)　各２点×2　Ⅵ　各２点×5　Ⅶ　(1)，(2)　各２点×2＜各々完答＞　(3)，(4)　各３点×2

二〇二二年度　明治大学付属明治中学校

国語解答用紙　第一回

番号		氏名		評点	/100

一

問一

問三　1　2　3　4　5

問二

問四　③　⑥　⑪　⑫

問五

問六

問七

問八

問十一　〜

問十二

問十三

問九

問十

問十四

国際化、合理化に伴《ともな》って、言葉のあり方や使い方が変わってきている中で、

が大事である。

二

1	2	3	4	5
6	7	8　　る	9　　める	10　　べ

（注）この解答用紙は実物を縮小してあります。B５→A３（163%）に拡大コピーすると、ほぼ実物大の解答欄になります。

〔国　語〕100点（学校配点）

一 問１　３点<完答>　問２　５点　問３　各２点×５　問４　各４点×４　問５　５点　問６　６点　問７　４点　問８　３点　問９，問10　各６点×２　問11　３点　問12　２点　問13　３点　問14　８点　二 各２点×10

2022年度　明治大学付属明治中学校

算数解答用紙　第2回

番号		氏名		評点	／100

1

答	(1)		(2)		(3)		(4)		(5)	

2　(1)　式や考え方　　(2)　式や考え方

答	(1)	人	(2)	冊

3　(1)　式や考え方　　(2)　式や考え方

答	(1)	円	(2)	月　日

4　(1)　式や考え方　　(2)　式や考え方　　(3)　式や考え方

答	(1)	m	(2)	m	(3)	m

5　(1)　式や考え方　　(2)　式や考え方

答	(1)	cm	(2)	：

(注)　この解答用紙は実物を縮小してあります。B５→A３(163%)に拡大コピーすると、ほぼ実物大の解答欄になります。

〔算　数〕100点(学校配点)

1　各７点×５　2, 3　各８点×４　4　(1), (2)　各６点×２　(3)　５点　5　各８点×２

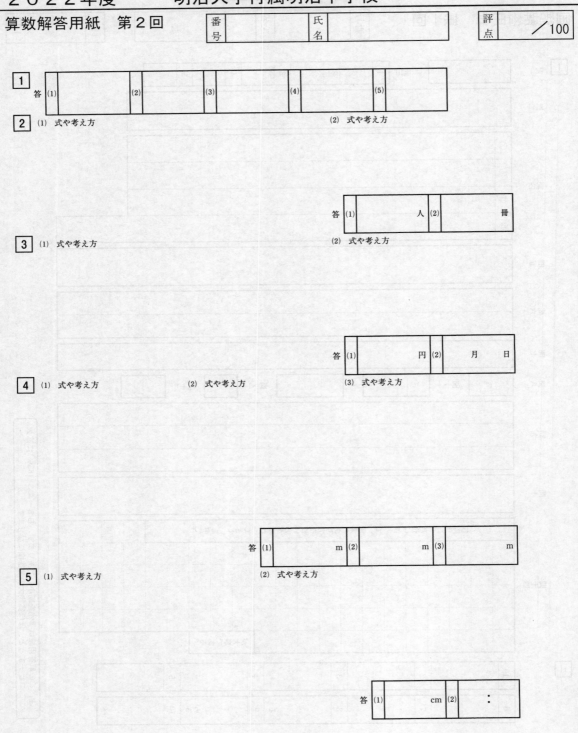

２０２２年度　明治大学付属明治中学校

社会解答用紙　第２回

番号		氏名		評点	／75

I

1				2			3
①	②	③	④	a	b	c	

4				5
(1)A	B	C	(2) → → →	(1)

5	6
(2)	

7	8

II

1			
あ	い	う	え　　寺

1		2	3	4
お	か			→ → →

5	6	7	8	9	10
					→ → → → →

11	
記号	説明

III

1	2	3

4	5

6	7	8	9	10

11

（注）この解答用紙は実物を縮小してあります。Ｂ５→Ａ３（163%）に拡大コピーすると、ほぼ実物大の解答欄になります。

〔社　会〕75点（学校配点）

I　1～3　各１点×8　4　(1)，(2)　各３点×2＜各々完答＞　5　(1)　１点　(2)　３点　6　２点　7　３点　8　２点　II　1　各１点×6　2～4　各２点×3＜4は完答＞　5　１点　6　２点　7　１点　8～10　各２点×3＜10は完答＞　11　３点　III　1，2　各２点×2＜2は完答＞　3　３点　4～10　各２点×7＜9，10は完答＞　11　４点

２０２２年度　明治大学付属明治中学校

理科解答用紙　第２回

番号		氏名		評点	／75

Ⅰ

(1)	(2)		(3)		
	一酸化炭素	酸素	二酸化炭素	残る物質	残る重さ
g	g	g	g		g

Ⅱ

(1)			(2)	
A	B	C	ア	イ

Ⅲ

(1)			
A	B	C	D

(2)	(3)	(4)

Ⅳ

(1)	(2)	(3)	(4)	(5)

Ⅴ

(1)	(2)		(3)	
	3月13日	3月14日	a	b
→ →				

(4)	(5)	(6)	(7)

Ⅵ

(1)	(2)	(3)	(4)	(5)
回転	cm	秒速 cm	kg	kg

Ⅶ

(1)	(2)	(3)		(4)
		ア	イ	
A	A	V	V	A

（注）この解答用紙は実物を縮小してあります。Ｂ５→Ａ３(163%)に拡大コピーすると、ほぼ実物大の解答欄になります。

〔理　科〕75点(学校配点)

Ⅰ　(1), (2)　各２点×３　(3)　二酸化炭素…２点, 残る物質・残る重さ…３点＜完答＞　Ⅱ　各２点×５　Ⅲ　(1)　各１点×４　(2)～(4)　各２点×３＜(3)は完答＞　Ⅳ　各２点×５＜(4)は完答＞　Ⅴ　(1)　２点＜完答＞　(2), (3)　各１点×４　(4)～(7)　各２点×４＜(6)は完答＞　Ⅵ, Ⅶ　各２点×10

二〇二二年度　明治大学付属明治中学校

国語解答用紙　第二回

番号　　氏名　　評点 /100

一

問一

問二　1　2　3　4　5

問五

問三　②　④　⑥　⑦

問四

問六

問七

問八

問九　〜

問十

問十一　→　→　→　→

問十二　50　80　100

二

1　Ⅰ群　Ⅱ群　2　Ⅰ群　Ⅱ群　3　Ⅰ群　Ⅱ群　4　Ⅰ群　Ⅱ群

5　Ⅰ群　Ⅱ群　6　Ⅰ群　Ⅱ群　7　Ⅰ群　Ⅱ群　8　Ⅰ群　Ⅱ群

三

1　2　3　4　5

6　7　8　9　10 む　る

（注）この解答用紙は実物を縮小してあります。Ｂ５→Ａ３（163％）に拡大コピーすると、ほぼ実物大の解答欄になります。

〔国　語〕100点(学校配点)

一 問１　５点　問２　各２点×５　問３　各３点×４　問４　４点　問５，問６　各３点×２　問７　８点　問８　２点　問９〜問11　各３点×３<問11は完答>　問12　８点　二，三　各２点×18<二は各々完答>

２０２１年度　明治大学付属明治中学校

算数解答用紙　第１回

番号		氏名		評点	／100

1

答　(1)　(2)　(3)(ア)　(イ)　(4)　(5)

2

(1)　式や考え方

(2)　式や考え方

答　(1)　m　(2)　秒

3

(1)　式や考え方

(2)　式や考え方

(3)　式や考え方

答　(1)　cm　(2)　cm　(3)　倍

4

(1)　式や考え方

(2)　式や考え方

(3)　式や考え方

答　(1)　%　(2)　%　(3)　%

5

(1)　式や考え方

(2)　式や考え方

答　(1)　人　(2)　分　秒後

(注)この解答用紙は実物を縮小してあります。Ｂ５→Ａ３(163%)に拡大コピーすると、ほぼ実物大の解答欄になります。

〔算　数〕100点(学校配点)

1　各７点×５＜(3)は完答＞　2　各８点×２　3　(1), (2)　各６点×２　(3)　５点　4　(1)　６点　(2), (3)　各５点×２　5　各８点×２

２０２１年度　明治大学付属明治中学校

社会解答用紙　第１回

番号		氏名		評点	／75

Ⅰ

1	2 (1)	2 (2)	3 A	3 B	3 C	3 D

4	5	6 A	6 B	6 C	6 D

7 (1)	7 (2)	7 (3)	7 (4)

Ⅱ

1	2	3	4	5

6	7	8

9	10	11

12	13	14

15

Ⅲ

1 あ	1 い	2	3 (1)
			省

3 (2)	4

5 (1)	5 (2)	6

7	8
	☆
	解決法

（注）この解答用紙は実物を縮小してあります。Ｂ５→Ａ３（163%）に拡大コピーすると、ほぼ実物大の解答欄になります。

〔社　会〕75点(学校配点)

Ⅰ　1〜3　各１点×7＜1は完答＞　4，5　各３点×2　6　各１点×4　7　各２点×4　Ⅱ　1　1点　2〜6　各２点×5　7，8　各１点×2　9〜12　各２点×4　13，14　各１点×2　15　２点　Ⅲ　1〜5　各２点×8　6　３点　7　２点　8　４点＜完答＞

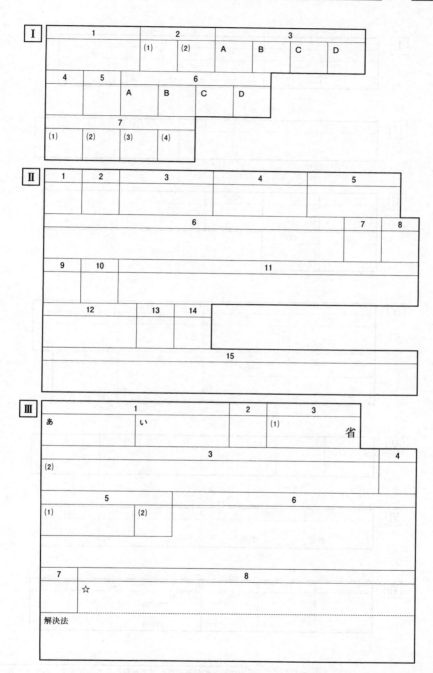

２０２１年度　明治大学付属明治中学校

理科解答用紙　第１回

番号		氏名		評点	／75

Ⅰ

(1)		(2)		
①	②	①	②	③
		g	g	g

Ⅱ

(1)	(2)	(3)	(4)	(5)

Ⅲ

(1)	(2)	(3)	(4)	(5)

(6)	(7)

Ⅳ

(1)			
①	②	③	④

(1)		(2)	(3)
⑤	⑥		

Ⅴ

(1)	(2)	(3)	(4)	(5)	(6)
					cm

Ⅵ

(1)	(2)	(3)	(4)	(5)
秒後	秒後	m	m	

Ⅶ

(1)	(2)	(3)		(4)	(5)
		A	B		
	cm	cm	cm		

（注）この解答用紙は実物を縮小してあります。Ｂ５→Ａ３（163%）に拡大コピーすると、ほぼ実物大の解答欄になります。

〔理　科〕75点（学校配点）

Ⅰ　(1)　各１点×2　(2)　各２点×3　Ⅱ，Ⅲ　各２点×12<Ⅱの(2)，(3)，Ⅲの(6)は完答>　Ⅳ　(1)　各１点×6　(2)，(3)　各２点×2　Ⅴ　(1)～(4)　各２点×4　(5)　１点　(6)　２点　Ⅵ，Ⅶ　各２点×11

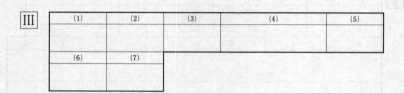

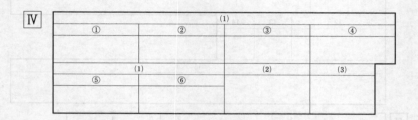

二〇二二年度　明治大学付属明治中学校

国語解答用紙　第一回

番号　　氏名　　評点　/100

一

問一

問二

問三　A　B

問四

問五

問六

問七

問八

問九

問十　⑦　⑧　⑩　⑭

問十一

問十二　Ⅰ　Ⅱ　Ⅲ

問十三

問十四　⑫　⑬

問十五　F　漢字　記号

問十六

問十七　1　2　3　4　5

二

1　2　3　4　5

6　7　8　9　う　10　ねる

（注）この解答用紙は実物を縮小してあります。B５→A３（163％）に拡大コピーすると、ほぼ実物大の解答欄になります。

〔国　語〕100点（学校配点）

一 問１　４点　問２　３点　問３　各２点×２　問４　３点　問５～問７　各４点×３　問８　２点　問９，問10　各３点×５　問11　４点　問12　各２点×３　問13　３点　問14　⑫　３点　⑬　４点　問15　各１点×３　問16　４点　問17　各２点×５　二 各２点×10

2021年度　明治大学付属明治中学校

算数解答用紙　第2回

番号		氏名		評点	／100

1

答	(1)		(2)		(3)		(4)		(5)	(ア)		(イ)	

2　(1)　式や考え方　(2)　式や考え方　(3)　式や考え方

答	(1)	時　分	(2)	毎時　km	(3)	毎時　km

3　(1)　式や考え方　(2)　式や考え方

答	(1)	cm^3	(2)	cm^2

4　(1)　式や考え方　(2)　式や考え方

答	(1)	本	(2)	本

5　(1)　式や考え方　(2)　式や考え方

(3)

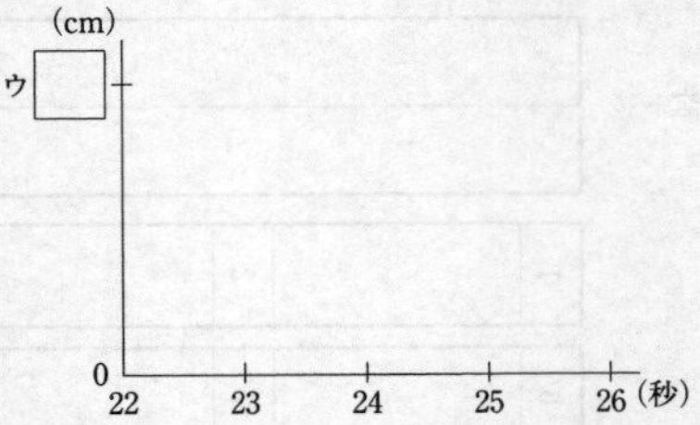

答	(1)		(2)	

（注）この解答用紙は実物を縮小してあります。Ｂ５→Ａ３（163%）に拡大コピーすると、ほぼ実物大の解答欄になります。

〔算　数〕100点（学校配点）

1　各７点×５＜(5)は完答＞　2　(1)，(2)　各６点×２　(3)　５点　3，4　各８点×４　5　(1)　６点　(2)，(3)　各５点×２

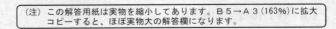

２０２１年度　明治大学付属明治中学校

社会解答用紙　第２回

番号		氏名	

評点	／75

Ⅰ

1			2		3				
(1)	(2)	(3)	(1)	(2)	(1)肉用牛	うなぎ	(2)A	B	C

4					
(1)	(2)(A)	(B)	(3)X	Y	(4)
(5)(A)					(B)

Ⅱ

1		2	3	4
①	②			

5	6	7	8	9

10
→ → → →

11

Ⅲ

1	2	3	4	5

6				7	8
あ	い	う	え		→ → → →

9	10

11	
記号	(1)
(2)	

（注）この解答用紙は実物を縮小してあります。Ｂ５→Ａ３（163%）に拡大コピーすると、ほぼ実物大の解答欄になります。

〔社　会〕75点（学校配点）

Ⅰ　1～3　各２点×6＜2は完答，3は各々完答＞　4　(1)～(4)　各２点×5＜(3)は完答＞　(5)　A　２点　B　１点　Ⅱ　1～10　各２点×11＜10は完答＞　11　３点　Ⅲ　1～9　各２点×9＜6，8は完答＞　10　３点　11　４点＜完答＞

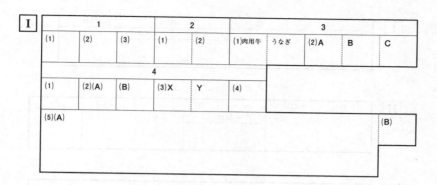

２０２１年度　明治大学付属明治中学校

理科解答用紙　第２回

番号		氏名		評点	／75

Ⅰ

(1)	(2)	(3)		(4)
		Ａ液	気体	
	mL	mL	L	L

Ⅱ

(1)	(2)	(3)		(4)	(5)
		気体	記号		

Ⅲ

(1)			
①	②	③	④

(2)	(3)

Ⅳ

(1)	(2)	(3)		
		①	②	③

(4)	(5)

Ⅴ

(1)	(2)	(3)	(4)
個	通り	g	個

Ⅵ

(1)	(2)	(3)	(4)	(5)

Ⅶ

(1)		(2)	(3)	(4)
時代	化石			

(5)	(6)

（注）この解答用紙は実物を縮小してあります。Ｂ５→Ａ３（163%）に拡大コピーすると、ほぼ実物大の解答欄になります。

〔理　科〕75点（学校配点）

Ⅰ，Ⅱ　各２点×11＜Ⅱの(4)，(5)は完答＞　Ⅲ　(1)　各１点×４　(2)，(3)　各２点×２＜各々完答＞　Ⅳ　(1)，(2)　各２点×２　(3)　各１点×３　(4)，(5)　各２点×２＜(5)は完答＞　Ⅴ　(1)，(2)　各２点×２　(3)，(4)　各３点×２　Ⅵ，Ⅶ　各２点×12

二〇二二年度　明治大学付属明治中学校

国語解答用紙　第一回

番号　　氏名　　評点　／100

一

問一

問二　A　B　C　D

問三　Ⅰ　Ⅱ　Ⅲ　Ⅳ

問四

問五　E　F　G

問六

問七　③　④　⑤　⑥

問八

問九　⑦　⑨　⑩　⑪

問十

問十一

問十二

問十三

問十四　50　60

二

1　2　3　4　5

6　7　8　9　10　く

（注）この解答用紙は実物を縮小してあります。B5→A3（163%）に拡大コピーすると、ほぼ実物大の解答欄になります。

〔国　語〕100点（学校配点）

一　問1　4点　問2，問3　各2点×8　問4　3点　問5　各2点×3　問6　3点　問7　各2点×4　問8　4点　問9　各3点×4　問10　4点　問11，問12　各5点×2　問13　3点　問14　7点　二　各2点×10

２０２０年度　明治大学付属明治中学校

算数解答用紙　第１回

番号		氏名		評点	／100

1

答	(1)		(2)		(3)		(4)		(5)	

2 (1) 式や考え方　(2) 式や考え方

答	(1)	分　秒	(2)	分　秒

3 (1) 式や考え方　(2) 式や考え方　(3) 式や考え方

答	(1)	番目	(2)		(3)	番目

4 (1) 式や考え方　(2) 式や考え方

答	(1)	分　秒	(2)	分　秒

5 (1) 式や考え方　(2) 式や考え方　(3) 式や考え方

答	(1)	cm^3	(2)	cm^3	(3)	cm^3

(注) この解答用紙は実物を縮小してあります。Ａ３用紙に152%拡大コピーすると、ほぼ実物大で使用できます。(タイトルと配点表は含みません)

〔算　数〕100点(学校配点)

1 各７点×５　2 各８点×２　3 (1) ６点　(2)，(3) 各５点×２　4 各８点×２　5 (1) ５点　(2)，(3) 各６点×２

２０２０年度　明治大学付属明治中学校

社会解答用紙　第１回

番号		氏名		評点	／75

Ⅰ

1									
(1)記号	数字	(2)記号	数字	(3)記号	数字	(4)記号	数字	(5)記号	数字
1				2					
(6)記号	数字	(7)記号	数字	(1)都市	共通点	(2)都市	共通点	(3)都市	共通点
3	4	5							
		(1)写真 A-2	写真 B-2	(2)	(3)				
6									

Ⅱ

1				2				
①	②	⑤	⑦					
3								
4	5	6	7	8				
				(1)	(2)			
9		10						
		あ	い	う	え	お		

Ⅲ

1		2				3		
		か	き					
4	5				6	7		
	(1)く	け	(2)	(3)		(1)		
7		8	9					
(2)								
10	利点							
	課題							
	方法							

（注）この解答用紙は実物を縮小してあります。Ａ３用紙に161％拡大コピーすると、ほぼ実物大で使用できます。（タイトルと配点表は含みません）

〔社　会〕75点（学校配点）

Ⅰ　1　各1点×7＜各々完答＞　2～6　各2点×9＜2は各々完答，5の(1)は完答＞　Ⅱ　1，2　各1点×5　3～7　各2点×5　8　(1)　1点　(2)　2点　9　2点　10　各1点×5　Ⅲ　1，2　各1点×3　3，4　各2点×2　5　(1)　1点＜完答＞　(2)，(3)　各2点×2＜(2)は完答＞　6　2点　7　(1)　1点　(2)　2点　8　2点　9　1点　10　利点，課題　各1点×2　方法　3点

２０２０年度　明治大学付属明治中学校

理科解答用紙　第１回

番号		氏名		評点	／75

Ⅰ

(1)		(2)		
銅	アルミニウム	金属Ａ	金属Ｂ	金属Ｃ

Ⅱ

(1)	(2)	(3)	(4)	(5)

Ⅲ

(1)				(2)
①	②	③	④	
高い　・　低い	長い　・　短い	長い　・　短い	近づけた・離した	

(3)		(4)
Ａ	Ｂ	

Ⅳ

(1)	
名称	
理由	

(2)	(3)	(4)

Ⅴ

(1)	(2)	(3)	(4)	(5)	(6)	(7)

Ⅵ

(1)	(2)	(3)	(4)	(5)
g	cm^3	g	g	g

Ⅶ

(1)	(2)	(3)		(4)
		辺ａの長さ	面Ｓの面積	
		cm	cm^2	

(注)　この解答用紙は実物を縮小してあります。Ｂ４用紙に143％拡大コピーすると、ほぼ実物大で使用できます。(タイトルと配点表は含みません)

〔理　科〕75点(学校配点)

Ⅰ, Ⅱ　各２点×10　Ⅲ　(1), (2)　各１点×5　(3), (4)　各２点×3＜(4)は完答＞　Ⅳ, Ⅴ　各２点×12＜Ⅳの(2), (3)は完答＞　Ⅵ　(1)～(4)　各２点×4　(5)　３点　Ⅶ　(1), (2)　各２点×2　(3)　３点＜完答＞　(4)　２点

二〇二〇年度　明治大学付属明治中学校

国語解答用紙　第一回

番号　　氏名　　評点 /100

一

問一

問三

問五

問六

問二

問四　②　③　⑨　⑪

問七

問八

問十　Ⅰ　Ⅱ　Ⅲ

問九

問十一

問十二

問十三

問十六

問十四

問十五

問十七　⑬道　⑭建物

問十八　（20）（40）（50）を求めている。

二

1　2　3　4　5

6　7　8　か　9　いる　10　びる

(注) この解答用紙は実物を縮小してあります。A３用紙に159%拡大コピーすると、ほぼ実物大で使用できます。(タイトルと配点表は含みません)

〔国　語〕100点(学校配点)

一　問1　3点　問2　4点　問3～問6　各3点×7　問7　5点　問8，問9　各4点×2　問10　各2点×3　問11，問12　各4点×2　問13　3点　問14　5点　問15　4点　問16　3点　問17　各2点×2　問18　6点　二　各2点×10

２０２０年度　明治大学付属明治中学校

算数解答用紙　第２回

番号		氏名	

評点	／100

1

答	(1)		(2)		(3)		(4)		(5)	

2

(1)　式や考え方

(2)　式や考え方

答	(1)	個	(2)	個

3

(1)　式や考え方

(2)　式や考え方

答	(1)	：	(2)	g

4

(1)　式や考え方

(2)　式や考え方

答	(1)	km	(2)	分間

5

(1)　式や考え方

(2)　式や考え方

(3)　式や考え方

答	(1)	cm^2	(2)	秒後	(3)	秒後

(注)　この解答用紙は実物を縮小してあります。Ａ３用紙に147%拡大コピーすると、ほぼ実物大で使用できます。(タイトルと配点表は含みません)

〔算　数〕100点(学校配点)

1　各７点×５　2〜4　各８点×６　5　(1)，(2)　各６点×２　(3)　５点

２０２０年度　明治大学付属明治中学校

社会解答用紙　第２回

番号		氏名		評点	／75

Ⅰ

1	2	3	4				5	
			2	11	13	17	1	2

6				7					8
3	8	9	12	4	5	12	15	16	

9			11	
1	2	3		A　企業
10				B　住民
7	11	18		C　自治体

Ⅱ

1		
(1)	(2)	(3)

2	3	4	5	6	7
→　→　→　→					

8	9
	(1)

9
(2)

Ⅲ

1			
あ	い	う	え

2	
(1)	(2)

3						4	5	6
(1)1	2	3	4	5	(2)			

7	9
	目的
8	問題

〔社　会〕75点(推定配点)

Ⅰ　各１点×28<11は各１点×3>　Ⅱ　各２点×12<2は完答>　Ⅲ　1　各１点×4　2　各２点×2　3～8　各１点×11　9　各２点×2

２０２０年度　明治大学付属明治中学校

理科解答用紙　第２回

番号		氏名		評点	／75

Ⅰ

(1)	(2)	(3)	(4)	(5)

Ⅱ

(1)	(2)	(3)	(4)	(5)
%	%	g	g	g

Ⅲ

①	②	③	④	⑤	⑥

Ⅳ

(1)		(2)	(3)		
BTB溶液	物質		A	B	C

(4)		
A	B	C

Ⅴ

(1)				
ア	イ	ウ	エ	オ
			座	座
(2)	(3)	(4)	(5)	(6)
時				

Ⅵ

(1)	(2)	(3)	(4)	(5)	(6)
cm	秒	秒	g	秒	g

Ⅶ

(1)	(2)	(3)	(4)
g		℃	カロリー

〔理　科〕75点(学校配点)

Ⅰ，Ⅱ　各２点×10　Ⅲ　各１点×6　Ⅳ　(1)，(2)　各２点×3　(3)，(4)　各１点×6　Ⅴ　(1)　各１点×5　(2)～(6)　各２点×5　Ⅵ　(1)～(5)　各２点×5　(6)　３点　Ⅶ　(1)～(3)　各２点×3　(4)　３点

二〇二〇年度　明治大学付属明治中学校

国語解答用紙　第一回

番号		氏名		評点	/100

一

問一　A　B

問二　①　⑥　⑧

問三　C　D　K　L

問四

問五

問六　E　熟語　H　熟語

問七　F　G

問八

問九

問十

問十一

問十二　①　②　③

問十三

問十四

問十五　漢字　慣用句

問十六

問十七

二

ア　イ　ウ　エ　オ

三

1　2　3　4　5

6　7　8　9　う　10　む

（注）この解答用紙は実物を縮小してあります。A３用紙に156%拡大コピーすると、ほぼ実物大で使用できます。（タイトルと配点表は含みません）

〔国　語〕100点（学校配点）

□一　問１　各２点×２　問２　各３点×３　問３　各２点×２<各々完答>　問４～問６　各３点×４<問６は各々完答>　問７　各２点×２　問８　４点　問９　３点　問10　４点　問11～問13　各２点×５　問14～問16　各３点×３<問15は完答>　問17　７点　□二，□三　各２点×15